D1723963

DIESER BAND IST DER DREIZEHNTE DES GESAMTWERKES

DIE
KUNSTDENKMÄLER
DER SCHWEIZ

HERAUSGEGEBEN
VON DER GESELLSCHAFT
FÜR SCHWEIZERISCHE KUNSTGESCHICHTE
VORMALS SCHWEIZERISCHE GESELLSCHAFT FÜR
ERHALTUNG HISTORISCHER KUNSTDENKMÄLER

MIT EIDGENÖSSISCHEN, KANTONALEN,
STÄDTISCHEN UND PRIVATEN SUBVENTIONEN

BIRKHÄUSER VERLAG BASEL
1942

DIE
KUNSTDENKMÄLER
DES KANTONS
GRAUBÜNDEN

VON

ERWIN POESCHEL

BAND IV
DIE TÄLER AM VORDERRHEIN
I. TEIL
DAS GEBIET VON TAMINS BIS SOMVIX

MIT 519 ABBILDUNGEN UND EINER ÜBERSICHTSKARTE

UNVERÄNDERTER NACHDRUCK 1975

BIRKHÄUSER VERLAG BASEL
1942

ALLE RECHTE VORBEHALTEN – TOUS DROITS RÉSERVÉS

© BIRKHÄUSER VERLAG BASEL, 1942, 1975

ISBN 3-7643-0806-0

Wiederum hat die Gesellschaft für Schweizerische Kunstgeschichte die Freude, ihren Mitgliedern einen Band

KUNSTDENKMÄLER DES KANTONS GRAUBÜNDEN

zu überreichen, nach Verlauf von zwei Jahren den vierten, der zugleich den XIII. des Gesamtwerks der Kunstdenkmäler der Schweiz darstellt. Auch dieser neueste Band hat den bewährten Forscher über die Kunstgeschichte Graubündens, Herrn Dr. Erwin Poeschel, zum Verfasser, dem seine Gattin vom Beginn seiner Arbeit an treue Hilfe leistete. Mit jedem neuen Band erweitert sich das Bild von dem unerschöpflichen Bestand an Kunstschätzen Graubündens; neben vortrefflichen Zeugen ländlicher Betätigung finden sich auch Beispiele hochentwickelter Kultur.

Die Gesellschaft für Schweizerische Kunstgeschichte erfüllt die angenehme Pflicht, dem Herrn Vorsteher des EIDGENÖSSISCHEN DEPARTEMENTS DES INNERN sowie den EIDGENÖSSISCHEN RÄTEN für ihr wohlwollendes Interesse zu danken, ebenso den beiden bündnerischen Instanzen, dem KLEINEN und dem GROSSEN RAT DES KANTONS, für ihre grossherzige Förderung des Unternehmens, deren im Vorwort zum dritten Band Erwähnung getan worden. Endlich aber gebührt unser besonderer Dank dem VERWALTUNGSAUSSCHUSS DER RHÄTISCHEN BAHN, der nicht aufhört, das Werk in entscheidender Weise zu fördern.

Die Gesellschaft für Schweizerische Kunstgeschichte spricht ihren Dank auch der Graubündner Lokalkommission aus, die sich aus folgenden Mitgliedern zusammensetzt: Herrn Pfarrer Prof. Dr. h. c. B. HARTMANN als Präsident, Herrn Direktor Dr. E. BRANGER, Mitglied des Vorstandes der Gesellschaft für Schweizerische Kunstgeschichte, und Monsignore Dr. h. c. CH. CAMINADA. Der Letztere ist im vergangenen Jahr zum Bischof von Chur gewählt worden, hat aber, trotz den zahlreichen Verpflichtungen seines hohen Amtes, sich bereit erklärt, in der Graubündner Lokalkommission, der er von Anfang an, d. h. seit 1931, angehört, weiterzuwirken.

Möge der neue Band die Kenntnis von der Bedeutung des Gesamtwerks in immer weitere Kreise tragen und die Überzeugung von der Wichtigkeit des Unternehmens immer tiefer im Bewusstsein des Schweizervolks befestigen.

Die Gesellschaft für Schweiz. Kunstgeschichte

Der Präsident:

Konrad Escher

Im April 1942.

VORWORT

Der Autor hätte am liebsten das ganze Gebiet des Vorderrheins von Reichenau bis hinauf zum Scheitel der Oberalp und des Lukmaniers in einem einzigen Band vorgelegt. Leider erwies sich dies jedoch angesichts der Materialfülle und der vorgeschriebenen Seitenzahl als nicht ausführbar. Der Kreis Disentis musste daher geteilt und die Gemeinden Disentis, Medels und Tavetsch dem nächsten Band vorbehalten werden. Die Trennung, wenn sie auch bedauerlich ist, verläuft immerhin einer nicht nur geographisch — durch die Talenge oberhalb Somvix — sondern auch historisch betonten Linie entlang, da sie den Grenzen des engeren Abteigebietes entspricht. Aber auch trotz dieser Beschränkung konnte das vorhandene Material nur bei äusserster Komprimierung in einem Band des vorgesehenen Umfanges untergebracht werden; und obwohl bei den Abbildungen vieles ausgeschieden wurde, auf das man nur ungern verzichtete, mussten die Abbildungen kleiner gehalten werden als bisher und für die Seitengestaltung die strengste Raumausnützung massgebend sein.

Wiederum darf ich meiner dankbaren Freude darüber Ausdruck geben, dass ich ausnahmslos bei allen Behörden und besonders den Pfarrämtern die bereitwilligste Unterstützung gefunden habe. Wie sehr es mir Bedürfnis ist, immer wieder zu sagen, was mir die Förderung durch die verständnisvolle und lebendigen Anteil nehmende Bündner Kommission bedeutet, wird vielleicht nur jener ermessen können, der Einblick in eine ähnlich weit gespannte Aufgabe hat.

Das im letzten Vorwort schon erwähnte Zusammenwirken mit dem „Technischen Arbeitsdienst Zürich" für die Herstellung der technischen Zeichnungen hat sich in der erfreulichsten Weise weiterentwickelt, und wir sind dem Leiter, Herrn Dipl. Arch. H. LABHART, für den Aufwand an Mühe und Sachkenntnis, mit dem er die Arbeiten betreute, und dem Präsidenten, Herrn Dipl. Ing. O. ZAUGG, für sein förderndes Entgegenkommen zu grossem Dank verpflichtet. Als Grundlage für die Ausführung der Zeichnungen dienten noch die vom früheren TAD (Leitung Herr Dipl. Arch. Dr. H. FIETZ) vorgenommenen Aufnahmen, für die wir hier ebenfalls danken. Dem Herstellungsredaktor, Herrn Dr. C. H. BAER, war durch die Notwendigkeit eines sehr gedrängten Seitenaufbaus diesmal eine besonders mühselige Aufgabe gestellt, der er sich — wie der Leser ihm bezeugen wird — mit grossem Geschick entledigte. In den Dank an ihn sei auch der an den Verlag für die sorgfältige Drucklegung eingeschlossen. Herrn Prof. Dr. ZEMP, der freundlicherweise den Text einer Durchsicht unterzog, und Herrn alt Direktor G. BENER, der eine der Korrekturen mitlas, spricht der Autor gleichfalls den herzlichsten Dank aus. Die Herstellung der Register oblag wieder meiner Frau und Mitarbeiterin.

Erwin Poeschel.

VERZEICHNIS DER LITERATUR-ABKÜRZUNGEN

Ämterbücher	=	J. C. Muoth: Zwei sogenannte Ämterbücher des Bistums Chur. JB HAGGr. 1897.
ASA.	=	Anzeiger für Schweizerische Altertumskunde, Zürich, Verlag des Schweizerischen Landesmuseums.
BA.	=	Bischöfliches Archiv, Chur.
Bertogg	=	H. Bertogg, Beiträge zur mittelalterlichen Geschichte der Kirchgemeinde am Vorder- und Hinterrhein, Chur 1937.
BMBl.	=	Bündnerisches Monatsblatt, Chur.
Bossard	=	Gustav Bossard: Die Zinngiesser der Schweiz und ihr Werk, Bd. I u. II, Zug 1920 und 1934. Zitiert nach den Nummern der Meisterliste.
Bühler	=	Christian Bühler: Die Kachelöfen in Graubünden aus dem XVI.—XVIII. Jahrhundert, Zürich 1880.
Bürgerhaus	=	Das Bürgerhaus im Kanton Graubünden, Text von Erwin Poeschel. Bd. XII, XIV u. XVI der Publikation des Schweizerischen Ingenieur- und Architektenvereins: Das Bürgerhaus in der Schweiz. Zürich 1923, 1924, 1925.
Burgenbuch	=	Erwin Poeschel: Das Burgenbuch von Graubünden, Zürich 1929.
Casura	=	G. Casura, Bündner Wappenbuch des Vorderrheintales, Genf 1937.
Camenisch	=	E. Camenisch: Bündner Reformationsgeschichte, Chur 1920.
Campell, Top.	=	Ulrici Campelli Raetiae alpestris topographica descriptio, herausgegeben von C. J. Kind, Quellen zur Schweizer Geschichte VII, Basel 1884.
CD.	=	Codex diplomaticus, herausgegeben von Th. v. Mohr, Bd. I—IV. Chur 1848—1865.
Frei	=	Karl Frei: Bemalte Steckborner Keramik des 18. Jahrhunderts, MAGZ, Bd. XXXI, Heft I (1932).
Futterer	=	I. Futterer: Gotische Bildwerke der deutschen Schweiz, 1220—1440. Augsburg 1930.
GA.	=	Gemeinde-Archiv.
Gaudy	=	Adolf Gaudy: Die kirchlichen Baudenkmäler der Schweiz, Bd. Graubünden. Berlin-Zürich 1921.
HBLS.	=	Historisch-Biographisches Lexikon der Schweiz, Neuenburg, 1921—1934.
H. u. Ö.	=	J. Heierli und W. Oechsli: Urgeschichte Graubündens, MAGZ, Bd. XXV, Heft I (1903).
JB HAGGr.	=	Jahresbericht der Historisch-Antiquarischen Gesellschaft von Graubünden, Chur.

JB SGU.   = Jahresbericht der Schweizerischen Gesellschaft für Urgeschichte.

Kdm. Grb.   = Die Kunstdenkmäler des Kantons Graubünden.

MAGZ: = Mitteilungen der Antiquarischen Gesellschaft Zürich.

MAYER, Bistum   = JOH. GG. MAYER: Geschichte des Bistums Chur, Bd. I u. II, Stans 1907, 1914.

Necrol. Cur.   = Necrologium Curiense, herausgegeben von Wolfgang von Juvalt, Chur 1867.

NÜSCHELER   = ARNOLD NÜSCHELER: Die Gotteshäuser der Schweiz, Heft I, Bistum Chur, Chur 1864.

NÜSCHELER Mskr.   = ARNOLD NÜSCHELER: Verzeichnis der Glockeninschriften im Kanton Graubünden, Manuskript der Zentralbibliothek Zürich, M S. R 480.

Ortsnamenbuch   = R.v.PLANTA u. A.SCHORTA, Rätisches Namenbuch, Bd. I, Materialien, Paris, Zürich u. Leipzig 1939.

Pf.A.   = Pfarr-Archiv.

Plastikkat. d. LM.   = J. BAIER-FUTTERER, Die Bildwerke der Romantik und Gotik, Kat. d. Schweizer. Landesmuseums in Zürich, 1936.

PURTSCHER, Studien   = FR. PURTSCHER, Studien zur Geschichte des Vorderrheintals im Mittelalter, Separatdruck aus JB HAGGr. 1911.

RAHN, Geschichte   = J. R. RAHN: Geschichte der bildenden Künste in der Schweiz, Zürich 1876.

Reg. clericorum   = Registrum clericorum seu sacerdotum beneficiatorum totius diöcesis Curiensis, 1520. Bischöfliches Archiv, M 146. Zitiert nach einer von Prof. Dr. O. Vasella freundlichst zur Verfügung gestellten Abschrift.

ROSENBERG   = MARC ROSENBERG: Der Goldschmiede Merkzeichen, Bd. I—IV, Frankfurt 1922—1928.

SERERHARD   = NICOLAUS SERERHARD: Einfalte Delineation, herausgegeben von Conradin v. Moor, Chur 1872.

SIMONET, Weltgeistliche   = J.JACOB SIMONET: Die kathol. Weltgeistlichen Graubündens, JB HAGGr. 1920.

TRUOG   = JAKOB R. TRUOG: Die Pfarrer der evangelischen Gemeinden in Graubünden, JB HAGGr. 1935 und 1936. Zitiert nach den Nummern der Gemeinden.

Urb. d. Domk.   = CONRADIN v. MOOR: Die Urbarien des Domkapitels zu Chur, Chur 1869.

WARTMANN   = H. WARTMANN, Rätische Urkunden. Quellen zur Schweizer Geschichte, Bd. X (1891).

WIRZ   = C. WIRZ: Regesten zur Schweizer Geschichte aus den päpstlichen Archiven 1447—1513, Heft 1—6, Bern 1911—1918.

ZAK.   = Zeitschrift für Schweizer. Archaeologie und Kunstgeschichte, herausgegeben vom Schweizer. Landesmuseum Zürich, Verlag Birkhäuser Basel.

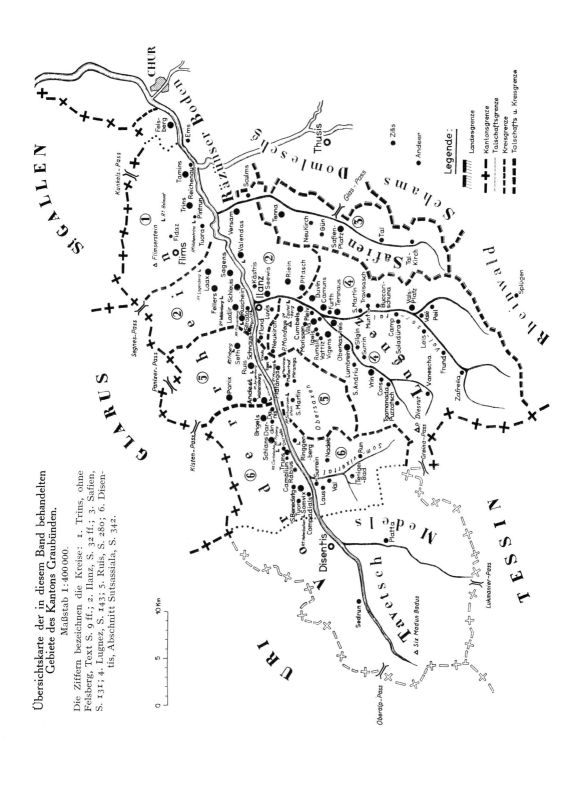

Übersichtskarte der in diesem Band behandelten
Gebiete des Kantons Graubünden.

Maßstab 1:400000.

Die Ziffern bezeichnen die Kreise: 1. Trins, ohne
Felsberg, Text S. 9 ff.; 2. Ilanz, S. 32 ff.; 3. Safien,
S. 131; 4. Lugnez, S. 143; 5. Ruis, S. 280; 6. Disen-
tis, Abschnitt Sutsassiala, S. 342.

Legende:

- Landesgrenze
- Kantonsgrenze
- Talschaftsgrenze
- Kreisgrenze
- Talschafts u. Kreisgrenze

DIE TÄLER AM VORDERRHEIN

Abb. 1. Wappenscheibe des Oberen Bundes.
Von 1548. Carl von Aegeri von Zürich zugeschrieben. — Nun im
Schweizer. Landesmuseum zu Zürich. — Text Bd. I, S. 264, Anm. 2.

GEOGRAPHIE,
GESCHICHTE UND WIRTSCHAFT

Geographie und Verkehrsgeschichte. Beinahe ein Fünftel Graubündens gehört zum Flussgebiet des Vorderrheines, der sich von Westen nach Osten fliessend in seinem ganzen Laufe parallel zur Nordgrenze des Kantons hinzieht. Im Norden wird das Tal gesäumt von den Kämmen der Glarner und Urner Alpen, im Westen und Südwesten vom Gotthardmassiv und im Süden von der Adulagruppe. Nirgends berührt es sich mit dem Ausland; seine Nachbarn sind die Kantone St. Gallen, Glarus, Uri und Tessin sowie die bündnerischen Talschaften Domleschg und Räzünser Boden. Der Name „Bündner Oberland“, unter dem die Täler des Vorderrheines zusammengefasst werden, gebührt im eigentlichen geographischen Sinn vor allem der „Surselva“, dem Gebiet „oberhalb des Waldes“, mit dem die gewaltigen Schuttmassen des diluvialen Bergsturzes von Flims bestanden sind[1]. Die Gliederung des Haupttales ist charakterisiert durch einen rhythmischen Wechsel von Ausweitungen und Verengungen; auf den weiten und fruchtbaren Talkessel von Ilanz, „Gruob“ (romanisch Foppa) genannt, folgt das vom Rhein auseinandergeschnittene Terrassengelände von Obersaxen und Waltensburg, um hernach — bei Truns — wieder einer Talerweiterung Raum zu geben. Dieser Teil des ehemaligen Disentiser Immunitätsgebietes vom Zavragiabach bei Ringgenberg bis zum Russeiner Tobel heisst „Sutsassiala“, weil er unterhalb der Felswand dieser Schlucht, „dem Stein“, liegt, im Gegensatz zur „Sursassiala“, dem Territorium von Disentis, Tavetsch und Medels. Im Tavetsch, in dessen Bereich — am Badus — der Vorderrhein seinen Ursprung hat, öffnet sich auf halbem Weg zwischen Disentis und dem Oberalppass als letzte grössere Raumausweitung der Talkessel von Sedrun.

Zu den landschaftlichen Besonderheiten des Bündner Oberlandes gehört die reichgegliederte Modellierung seiner Flanken, die von den mannigfachen Situationen der Dörfer ihre klare und anmutige Akzentuierung erhält: sie stuft sich von der Talsohle, etwa von Ilanz oder Truns, zu den Siedelungen auf niederen Terrassen, wie Sagens oder Versam, in immer höherem Anstieg hinauf bis zu den Hochlagen des Obersaxer Plateaus und den weitausschauenden Wohnstätten auf der Berglehne von Fellers bis Schlans.

Grössere Seitentäler mit längeren Wasserläufen öffnen sich nur am Südufer des Rheins: Safien, Lugnez, das Somvixertal und Medels. Demgegenüber ist das Panixertal an der linken Seite des Flusses nur einem tieferen Tobel zuzuachten. Das grösste und wirtschaftlich weitaus bedeutendste dieser Nebentäler ist das — vom Glenner durchflossene — in die Gruob ausmündende Lugnez, in dessen oberem Teil als eine Talschaft mit eigenen Kulturbedingungen das Vals abzweigt.

In v e r k e h r s g e s c h i c h t l i c h e r   H i n s i c h t ist das Vorderrheintal der Korridor zu den Pässen des Lukmaniers und der Oberalp, deren Zugangswege sich im Tal von Disentis gabeln. Von Reichenau lief der alte Weg, wie heute, nach Trins und über „Waldhäuser Flims“ nach Laax und weiter nach Ilanz, doch scheint im Hochmittelalter auch eine Variante bestanden zu haben, die von Porclis bei Trins über Pintrun und Tuora (St. Peter) direkt nach Sagens und Schleuis führte. Die Talenge zwischen der Gruob und Truns wurde in älterer Zeit über Waltensburg, Brigels und Schlans umgangen, während zwischen Somvix und Disentis die Strasse — zweimal den Rhein überschreitend — die Talsohle passierte. Die rechtsufrigen

---

1) Über diesen Bergsturz s. Alb. Heim im Jahrb. des Schweiz. Alpenclubs XVIII, S. 295 ff.

Verbindungen von Bonaduz nach Ilanz und von dort über die Terrasse von Obersaxen nach Truns hatten dagegen vorwiegend lokale Bedeutung.

Die Lukmanierstrasse mied die Medelser Schlucht, stieg von St. Agatha bei Disentis nach Mompé und erreichte von hier an Mutschnengia vorbei das Dorf Platta, um dann im wesentlichen der jetzigen Linie zu folgen. Die Oberalproute verlief besonders im oberen Teil anders als heute, da sie aus dem Talkessel von Sedrun bei Dieni steil ansteigend über Milets und Scharinas direkter dem Pass zustrebte.

Dass die Vorderrheinpässe, insbesondere der durch ungewöhnlich milde Steigungsverhältnisse begünstigte Lukmanier, schon in vorgeschichtlicher Zeit begangen wurden, leidet im Hinblick auf die prähistorischen Funde innerhalb der Talschaft keinen Zweifel. Wenn in der Römerzeit auch keine ausgebaute und mit Stationen organisierte Route für die beiden Übergänge anzunehmen ist, so wird doch der lokale Verkehr über die Oberalp schon deshalb nicht unbeträchtlich gewesen sein, weil Augustus nach der Eroberung des Berglandes das Wallis mit der Provinz Rätien verband. Gesicherte Nachricht über die Benützung des Lukmaniers („Luggm̄") erhalten wir erstmals bei einem Alpenübergang Ottos I. im Jahre 965. Unter Barbarossa scheint die Frequenz dieses Passes, der auch von Pilgern viel begangen wurde, ihre Höhe erreicht zu haben. Für ihr Absinken im Verlauf des 13. Jahrhunderts ist vor allem die Erschliessung der St. Gotthardroute verantwortlich[1]. Bis in die neuere Zeit war der Medelser Teil des Lukmanierweges (wie übrigens auch die Oberalpstrasse) nur für „gladne rösser und ochsen", jedoch nicht für Karren passierbar (vgl. CD. IV, S. 45).

Die anderen vom Gebiet des Vorderrheines ausgehenden Wege und Übergänge hatten nur lokale Bedeutung. Als Umgehungsroute (zur Vermeidung des Churer Zolles) diente bisweilen der bei Tamins einmündende Kunkels, dem internen Verkehr zwischen dem hinteren Rheinwald und der Gruob der rechtsseitige Lugnezer Weg und der Verbindung des Glarner Landes mit dem Lukmanier der Panixer Pass. Der Greinapass konnte schon wegen seiner viel schwierigeren Passagen mit dem Lukmanier nicht konkurrieren, doch verband er auf kürzestem Weg sowohl Truns und Somvix wie das Lugnez (über Diesrut) mit dem Blenio.

Der Ausbau der Oberländer Strasse für neuzeitliche Bedürfnisse begann 1840 und war 1858 bis Disentis vollendet. 1862/63 wurde die Fortsetzung über die Oberalp und erst 1870—1877 der Übergang über den Lukmanier fertiggestellt[2]. Die Modernisierung der rechtsufrigen Verbindung von Bonaduz nach Ilanz folgte 1880/81. Zuvor schon — 1872/73 — hatte das Lugnez eine neue Strasse von Ilanz nach Villa mit Abzweigung nach Peiden und Furth erhalten, und 1878/79 wurde diese letztere Strecke bis Vals, 1886/87 auch die linksufrige Linie bis Vrin fortgesetzt. Die direkte rechtsseitige Verbindung von Ilanz nach Bad Peiden entstand erst 1906.

Als Teilstück des Schmalspurnetzes der Rhätischen Bahn wurde 1903 die Linie Reichenau–Ilanz und 1912 ihre Fortsetzung bis Disentis dem Verkehr übergeben. Durch die — zum Teil als Zahnradbahn angelegte — i. J. 1911 begonnene, aber wegen des Weltkrieges erst 1926 vollendete Furka-Oberalp-Bahn gewann sie den Anschluss an das Wallis[3].

Urgeschichte. Die frühesten Siedelungsnachweise erbrachten Grabungen auf Crestaulta bei Lumbrein im hinteren Lugnez und auf der „Mutta" bei Fellers, wo

---

1) Nach A. Schulte erfolgte sie kurz nach 1218. Seine These wird neuerdings von Ferd. Güterbock gegen Karl Meyer, der den Bau der Gotthardstrasse schon in die erste Hälfte des 12. Jahrhunderts ansetzt, nachdrücklich verteidigt. Literatur s. unten.

2) 1795 war schon einmal, jedoch mit unzulänglichen Mitteln, die Passage der Medelser Schlucht versucht worden. Reste von gemauerten Auflagern sind an der rechten Seite heute noch sichtbar.

3) Das schon 1839 von La Nicca bearbeitete und von den beteiligten Kantonen 1845 beschlossene Projekt einer Bahn über den Lukmanier in Normalspur kam durch den Bau der Gotthardbahn zu Fall.

Niederlassungen der mittleren Bronzezeit — um 1200 v. Chr. — mit Zeugnissen einer bis dahin völlig unbekannten Kultur gefunden wurden. In Fellers kam zudem erstmals nördlich der Alpen eine aus Mauerwerk bestehende Wehranlage dieser Epoche zutage. Spuren einer bronzezeitlichen Siedlung fanden sich auch auf Jörgenberg, während die Spatenarbeit auf Grepault bei Ringgenberg nachwies, dass in der La-Tène-Periode die Illyrer auch schon in das Vorderrheingebiet eingedrungen waren (vgl. Bd. I, S. 6). Nahe dabei — in Darvella — wurde ein Gräberfeld der gleichen Epoche aufgedeckt, ein anderes bei Luvis.

Römerzeit. Eine römische Siedelung (bzw. deren Nekropole) konnte in unserem Gebiet bisher nur bei Tamins nachgewiesen werden. Einzelfunde wurden ausserdem bei Reichenau und Villa (Münzen) sowie auf Grepault bei Ringgenberg gemacht.

Geschichte. Das Herz des Vorderrheingebietes war in Spätantike und Frühmittelalter die „Gruob", der Talkessel von Ilanz und Sagens, wo auch die herrschende Familie Currätiens, die Victoriden, ihren wertvollsten Grundbesitz hatte, wie aus dem Testament Tellos vom Jahre 765 hervorgeht[1]. In der fränkischen Gaueinteilung (von etwa 805) gehörte das Gebiet von Flims abwärts wohl zum Ministerium Curisinum, dessen westliche Grenze der Versamer Tobel sowie „Auas Sparzas", der Wildbach bei der Trinser Mühle, gebildet haben dürfte[2]. Die „Surselva", also das ganze übrige Vorderrheingebiet einschliesslich seiner Nebentäler, scheint im Ministerium Tuverasca zusammengefasst gewesen zu sein, wenn wir auch in dieser Hinsicht für das Territorium des Gotteshauses Disentis keine Belege haben[3].

Nach dem Zerfall der alten Grafschaft setzte auch hier die Ausbildung einzelner Herrschaftsgebiete ein, die zu einer ziemlich bunten Territorialzersplitterung führte. Da auf Einzelheiten nicht eingegangen werden kann, sollen hier nur im grossen die Ergebnisse zur Zeit der Gründung des Oberen Bundes in geographischer Gruppierung umschrieben werden.

1. „Unterhalb des Waldes" entstand aus altem Königsgut die an die Burg Hohentrins geknüpfte Herrschaft Trins-Tamins, die als Lehen des Klosters Reichenau im 13. Jahrhundert den Herren von Frauenberg gehörte und um 1310 an die Werdenberg-Heiligenberg kam.

2. Das angrenzende Gebiet von Flims sowie die Güter und Leute in der Unteren Gruob (Kästris und Ilanz), im Lugnez und Vals vermochten die Belmont im 13. und 14. Jahrhundert zu einer Souveränität zusammenzufassen, in die auch verschiedene kleinere Herrschaften aufgingen. Nach dem Aussterben der Belmont (1371) kam die Herrschaft durch Heirat an die Sax-Misox und 1483 durch Kauf an den Bischof von Chur.

3. Eine kleine Enklave in der Unteren Gruob hatte sich trotz der Umklammerung durch die Belmont als eigenes Hoheitsgebiet zu erhalten vermocht: die Herrschaft Löwenberg mit dem Dorf Schleuis. Zur Zeit der Bundesgründung gehörte sie den Werdenberg-Sargans.

4. Den Werdenberg (als den Erben der Herren von Vaz) standen damals auch die landesherrlichen Rechte in Safien als bischöfliches Lehen zu.

---

1) CD. I, S. 10. Die Datierung Mohrs (766) ist in 765 zu korrigieren. Vgl. R. Thommen, Urk. z. Schweiz. Gesch., Basel 1899, Band I, S. 1 ff. — Iso Müller, JB HAGGr. 1939. — Über die „Victoriden" s. Kdm. Grb., Bd. I, S. 16.

2) Vgl. Muoth, Ämterbücher, S. 152. Hier verläuft auch eine deutliche sprachliche Grenze (Mitt. Dr. R. v. Planta).

3) Literatur s. Bd. I, S. 19, Anm. 2, sowie P. C. v. Planta, Das alte Raetien, Berlin 1872, S. 315. — Purtscher (BMBl. 1924, S. 103) greift wohl zu weit, wenn er Tuverasca auch auf die Hinterrheintäler und sogar das Misox ausdehnt; ihm folgt HBLS. VII, S. 104, und Bertogg, S. 3. Diese Anschauung dürfte auf eine Rückprojizierung der Grenzen des Oberen Bundes beruhen, die jedoch mit der Herrschaftsbildung der Feudalzeit zu erklären sind.

5. In der „Oberen Gruob" bildeten die Herren von Räzüns im Laufe des 14. Jahrhunderts eine ausgedehntere Territorialhoheit aus, indem sie zu ihren Gütern auf Obersaxen 1343 die Herrschaften Jörgenberg und Friberg (mit den Dörfern Waltensburg, Andest, Ruis und Panix) und 1378 Schlans erwarben. 1383 kauften sie — im Vorderrheingebiet — noch Safien, Tenna und Vals, was eine Arrondierung ihres anderen — aus der Herrschaft Räzüns (mit Felsberg und Ems) und dem Heinzenberg bestehenden — Hoheitsgebietes bedeutete.

6. Ein seltsames politisches Gebilde war die Grafschaft Laax, die keine Territorialherrschaft darstellte, sondern die im Gebiet der alten Grafschaft Chur wohnenden Freien (auch einige Edelfreie) zusammenfasste. Im 14. Jahrhundert war sie bereits auf die Freien in Surselva zusammengeschrumpft, da die andern (im Domleschg, Schams u. a. O.) sich unter den Schutz lokaler Territorialherren begeben hatten. Die Grafschaft Laax ob dem Flimserwald (nach der Gerichtsstätte am Fusse der Burg Lagenberg bei Laax so genannt) wurde von den Werdenberg-Sargans (vor 1395) mit der Herrschaft Löwenberg vereinigt, doch erwarben 1428 die Freien von Laax die Autonomie durch Auskauf der Herrschaftsrechte.

7. Das ganze Vorderrheingebiet oberhalb der Gemeindegrenzen von Obersaxen und Brigels mit alleiniger Ausnahme von Schlans, das zur Herrschaft Jörgenberg gehörte, unterstand der Territorialherrschaft der — seit 1048 mit der Reichsunmittelbarkeit ausgestatteten — Abtei Disentis, die, ausserhalb der heutigen Kantonsgrenzen, auch das Urserental umfasste, jedoch ihrem rechtlichen Gehalt nach in Sutsassiala weniger dicht war als im oberen Tal. Der Name dieser Herrschaft, „Cadi" (von Casa Dei = Gotteshaus), hat sich bis heute erhalten.

Die genannten geistlichen und weltlichen Herren und ihre Gemeinden sowie die Freien von Laax und die Gemeinden im Schams und Rheinwald schlossen am 16. März 1424 den „Oberen" oder „Grauen Bund" (vgl. Bd. I, S. 90).

Innerhalb der eben umschriebenen Territorial- oder Hoheitsbezirke (die in den späteren Hochgerichten der Drei Bünde nur ein Schattendasein weiterführten) entwickelten sich nun als eigentliche Träger der Staatsgewalt die Gerichtsgemeinden, die zum Teil schon bei der Bundesgründung in Ausbildung begriffen waren. Es waren dies, nach den genannten Herrschaftsgebieten geordnet:

1. Das Gericht Trins und Tamins. Während Trins schon 1616 alle Herrschaftsrechte auskaufte, wurde Tamins (mit Reichenau) erst durch die Mediation (1803) frei.

2. Aus den ehemals Sax'schen Herrschaften entwickelten sich die Gerichte Flims, Ilanz und Gruob, Lugnez und Vals.

3. Innerhalb der Herrschaft Löwenberg, die erst 1803 aufgelöst wurde, hatte sich das kleine Gericht Schleus gebildet, dem das Dorf und einige Höfe angehörten.

4. Im Safiental bestanden zwei Gerichte: Safien und Tenna.

5. In den Räzünser Herrschaften wurden am frühesten die Walsergemeinden Obersaxen und hernach auch Waltensburg zu selbständigen Gerichten.

6. Die Freien von Laax „ob dem Wald" waren schon durch den erwähnten Loskauf zu einer völlig autonomen Gemeinde geworden.

7. Schon im 13. Jahrhundert war die Kommune Disentis, die 1285 schon mit eigenem Siegel erscheint, so weit entwickelt, dass sie neben dem Stift und der Ministerialität als eigener Stand handelnd auftrat.

In der Hochgerichtseinteilung gehörten die genannten Gerichte folgendermassen zusammen:

1. Flims, Trins-Tamins und dazu noch die Gerichte der Herrschaft Räzüns (s. Bd. III, S. 2). — 2. Ilanz und Guob, Schleuis, Tenna. — 3. Safien (ohne Tenna)

mit Thusis und Heinzenberg. — 4. Lugnez, Vals. — 5. Waltensburg, Obersaxen, Laax. — 6. Disentis (Cadi).

Die Kreiseinteilung der Verfassung von 1854 hielt sich mit wenigen Modifikationen an diese Abgrenzungen. Es entsprechen also den oben genannten Hochgerichten die Kreise:

1. Trins, zu dem von den Gemeinden der Räzünser Herrschaft jedoch nur Felsberg gehört. — 2. Ilanz ohne Tenna, das zum Kreis Safien zählt, jedoch mit Laax. — 3. Safien mit Tenna, aber ohne Thusis und Heinzenberg. — 4. Lugnez. — 5. Ruis, welcher Kreis die alten Gerichte Waltensburg und Obersaxen umschliesst. — 6. Disentis.

Aus den „Nachbarschaften" (romanisch „vischnauncas") der alten Gerichte erwuchsen 1854 die neuen politischen Gemeinden (Ortsgemeinden). Wie sie sich auf die einzelnen Kreise verteilen, geht aus der Anordnung des vorliegenden Bandes hervor.

Die Siegel der Gerichte zeigten folgende Bilder: Flims: Die Mantelspende St. Martins mit Umschrift: S. DIE · GMEIND · VON · FLIMS· — Trins: Zu seiten einer Burg zwei männliche Heilige, vermutlich St. German und Remigius, Umschrift: SIGIL DER LOBLICH: GEMEIND HOHEN-TRINS A° 1800. — Gruob: Eine fünfzackige Krone, vom Rhein schräg durchflossen, darüber die Muttergottes. Umschrift: SIGILUM · AMAN · UND · DER · GEMEIN · IM · GRAWEN · PUNT[1]. — Schleuis: St. Petrus mit Schlüssel und Buch. Umschrift: „+ SIG + DER + GM * SCHLÖV — WIS +". — Tenna: St. Valentin sitzend. Umschrift in gotischen Unzialen: + S. COMUNITAT + MISTRI SUP TENAE. — Safien: St. Johannes als Schildhalter von zwei Wappen der Grafen Trivulzio[2]; daneben die Initialen: CO · IO · IA (Comes Johann Jakob), Legende: S. JOHANNES DE STUSSAVIA. — Lugnez: St. Mauritius, reitend, mit kreuzverzierter Fahne. Umschrift: + S. + DER GMEINDT + LANGNEZ +. — Vals: St. Petrus mit Schlüssel (r.) und dem päpstlichen Kreuz (l.), Umschrift: * S. PETRUS · PATHRON – IN – FALS · V · D · GMEIND · IN · SIGEL. — Waltensburg: St. Georg, beritten den Drachen tötend. Umschrift: SIGILUM * DER * GEMEINDT * WALTENENPURG *. — Obersaxen: St. Petrus mit Schlüssel. Umschrift in gotischen Unzialen: S. MINISTRI · COMUNITA(TI)S ÜBERSAX. — Laax: In sternbesetztem Vierpass ein Lachs. Umschrift in gotischen Unzialen: + SIGILLUM · LIBRORUM · COMUNITAT' LAX[3] · — Disentis: Die Mantelspende des berittenen St. Martin. Umschrift in gotischen Unzialen: S + COMUNI(TATI)S + DE LA CA DEO +. — Abgüsse der meisten Siegel im Rätischen Museum; Beschreibungen Katalog S. 91 f.

Kirchliche Einteilung. Das klassische Beispiel einer Talkirche innerhalb eines grossräumigen Pfarrsprengels bildet St. Vincenz zu Pleiv im Lugnez. Von den andern Gotteshäusern, die als primäre Kirchen gelten können, dürften in die früheste Zeit zurückreichen insbesondere jene von Trins, Flims, Sagens, Waltensburg und Brigels. Nach den Gotteshäusern geordnet, bei denen sich ein älteres Abhängigkeitsverhältnis nicht mehr feststellen lässt, stellt sich die kirchliche Gliederung unseres Gebietes folgendermassen dar:

1. Von Trins trennt sich 1459 Tamins.
2. Flims erfuhr keine Separation.
3. Von Fellers löst sich Schnaus nach 1526.

---

1) Die spätere Fassung (von 1800) zeigt die Rheinkrone ohne die Madonna.
2) Neben dem üblichen (gepfählten) Trivulzio-Wappen ein zweites mit Andreaskreuz, das schon von dem Grossvater des Gian Giac. Trivulzio angenommen worden ist. (Mitt. der Bibl. Trivulziana, Mailand.) Älter: St. Johann mit Werdenberg-Wappen. Näheres über Safier-Siegel s. W. Derichsweiler in BMBl. 1920, S. 47, sowie im Jahrb. des Schweiz. Alpenclubs 1919, S. 111 (Abb.).
3) Ein anderes spitzoval, Legende: + SIGILLUM LIBERORUM DOMINII DE LACS.

4. Zur Grosspfarrei Sagens gehörte ursprünglich auch das Gebiet der Pfarrei Kästris, die sich jedoch schon früh (zu unbekanntem Zeitpunkt) zusammen mit Seewis abtrennte. Als Kästris der Reformation beitrat (1537), wurde Seewis abgetrennt, Pfarrei seit 1647. Von Sagens lösten sich ferner Pitasch und Riein 1487, Laax 1525 und Schleuis 1850.

5. Zur Kirche Valendas gehörte das ganze Mittelalter hindurch auch Tenna, das sich erst nach der Reformation separierte. Versam trennte sich 1676 von Valendas.

6. Über Safien s. S. 132 f.

7. Von Ilanz schied Luvis 1488 vorläufig und 1526 endgültig, Flond 1731.

8. Von der Pfarrei Ruschein separierte sich 1526 Seth und 1684 Ladir.

9. Das ganze Lugnez bis hinaus zu den heutigen Gemeindegrenzen von Luvis und Pitasch bildete ursprünglich eine einzige — zur Pleivkirche St. Vincenz gehörende — Grosspfarrei. Schon frühzeitig, jedenfalls schon lange vor 1345, hatte sich Fraissen als eine merkwürdige Kleinpfarrei aus der Pfarrei St. Vincenz herausgelöst. Das Vals wurde mit der stärkeren Besiedlung durch deutsche Leute vermutlich um 1300 kirchlich selbständig, Lumbrein löste sich zwischen 1345 und 1442 los, Duvin 1526, dann folgte 1528 Oberkastels, dem Tersnaus und Camuns angehörten, die ihrerseits 1669 und 1691 zu Pfarreien erhoben wurden. Die weiteren Auflösungsetappen der Pleiv St. Vincenz sind die Separationen von Vrin 1597, Neukirch 1643, Cumbels 1653, Vigens 1697, Igels, gebildet aus der alten Pfarrei Fraissen sowie Rumein und Vattiz, 1891, Morissen 1907 und Peiden 1910, so dass heute der Sprengel der alten Talkirche auf die Gemarkung von Villa zusammengeschrumpft ist.

10. Von Ruis trennte sich Panix 1667.

11. Von Waltensburg löste sich 1526 Andest,

12. Der Sprengel Obersaxen erfuhr keine Reduktion.

13. Von Brigels löste sich zuerst Schlans 1518, dann Danis 1650 und zuletzt Dardin 1664.

14. Truns erlebte keine Verkleinerung.

15. Von Somvix trennte sich Surrhein 1786 und Rabius 1901.

16. Der Sprengel von Disentis umfasste auch das Medelser Tal, das erst 1500 endgültig eine eigene Pfarrei (in Platta) erhielt.

17. Tavetsch erfuhr bis heute keine Ausscheidung neuer Pfarreien.

In der alten Bistumseinteilung bildete das Vorderrheingebiet von Reichenau aufwärts (samt Urseren) das Dekanat „Supra Silvam" mit Ausnahme von Safien, das dem Kapitel „Supra Saxum" angeschlossen war.

Der neuen Lehre traten die Gemeinden „Unter dem Wald" und der grössere Teil der Unteren Gruob bei, weiter aufwärts konnte sie jedoch nur nach Waltensburg einen exponierten Posten vortreiben, der rings von katholischem Gebiet umgeben ist, wie Seewis andererseits eine katholische Enklave in reformierter Umgebung darstellt. Von den damals schon selbständigen Pfarreien (s. oben) nahmen folgende die Reformation an: Trins-Tamins, Flims, Kästris (ohne Seewis), Pitasch-Riein, Ilanz, Valendas-Versam, Safien, Tenna, Waltensburg (ohne Andest); ferner die Filialkirche Duvin. Der Übertritt dieser Gemeinden vollzog sich im Zeitraum von 1523—1538. In Sagens bildete sich nur eine reformierte Minderheit.

Sprache. Die autochthone Sprache des Vorderrheingebietes „Ob dem Wald" ist die surselvische Form des Rätoromanischen, während Flims und Trins schon zum Bereich des hinterrheinisch-romanischen Idioms gehören, das zwischen dem Ladinischen des Engadins und dem Surselvischen vermittelt. Deutsch gesprochen wird in den von Walsern besiedelten Gebieten Safien, Valendas, Versam, Vals mit St. Martin und Obersaxen sowie in der von Chur her sprachlich germanisierten Gemeinde Tamins.

Wirtschaft. Wie in den andern Bündner Tälern, ruht die wirtschaftliche Existenz der Bevölkerung auch hier auf der Wiesen- und Waldwirtschaft. Selbstversorgung mit Getreide, Kartoffeln, Gemüse und Obst wird durch günstige Jahrestemperaturen gefördert, die den Anbau auch noch in höheren Lagen gestatten. Obstgärten und Weinhalden sind in der Gruob schon für das Frühmittelalter nachgewiesen, ja im Lugnez gedieh die Rebe sogar bis Pleiv hinauf (CD. I, S. 12, 294). Vom Bergbau erfährt man erstmals im 14. Jahrhundert. Im Medels, dessen Name nach R. v. Planta von „metallon" abzuleiten ist, wurde Silber, im Val Punteglias bei Truns Eisen und im Somvixer Tal Blei abgebaut. Auch bei Waltensburg, Ruis und auf Obersaxen waren Minen im Betrieb.

Siedelungsform. Ein deutlicher Unterschied zeigt sich hier zwischen dem alten Kulturgebiet bis hinauf zum Russeiner Tobel, der Westgrenze vom Somvix also (dem obersten Dorf, summus vicus), und der erst unter dem Einfluss des Klosters Disentis intensiver urbarisierten Sursassiala. Während unterhalb nur in den Walsersiedlungen Safien und Obersaxen die Wohnstätten in kleineren lockeren Komplexen angelegt sind, im übrigen aber kompakte Dörfer vorherrschen, überwiegt oberhalb des Russeiner Tobels das Hofsystem. Unter den geschlossenen Dörfern finden sich typische Haufendörfer vor allem im Lugnez wie auf den Terrassen von Ruschein, Seth und Brigels; doch hat sich gerade in einer Hochlage, nämlich in Waltensburg, auch ein vom Terrain erzwungenes, besonders reines Beispiel eines Strassendorfes ausgebildet. Zwischen beiden extremen Formen kommen als Zwischenstufen allerlei Varianten von Langdörfern vor (z. B. Sagens, Kästris, Truns u. a.).

Bäuerliche Bauweise. Während im unteren Teil des Vorderrheintales das Bauernhaus im allgemeinen von den Baugewohnheiten Mittelbündens bestimmt wird — es ist ein Steinhaus mit grossen Durchfahrten und Verbindung von Wohnhaus mit Stall und Scheune — herrscht weiter oben ein Typus vor, der dem Urner haus verwandt ist, in den wesentlichen Zügen aber auch dem Prätigauer Haus, wie es in Bd. I, S. 58 f., beschrieben wurde, nahesteht. Auf einem Kellergeschoss aus Stein erhebt sich das in „Kopfstrick" konstruierte Holzhaus, das in der rückwärtigen Partie des Erdgeschosses jedoch einen gemauerten Küchenteil enthält. Die innere Einteilung entspricht jener des Prätigauer Hauses, mit dem es auch die Trennung von Wohnhaus und Stall gemein hat. Charakteristisch für die höheren Lagen sind die freistehenden „Histen", hohe Gestelle, an denen das Korn zum Nachreifen aufgehängt wird.

Spezielle Literatur. Zur Landschafts- und Volkskunde: G. THEOBALD, Das Bündner Oberland, Chur 1861. — CHR. TARNUZZER und J. C. MUOTH, Illustriertes Bündner Oberland, Zürich 1903.— NOTHER CURTI, Im Bündner Oberland, Luzern 1940.
Zur Verkehrsgeschichte: A. SCHULTE, Geschichte des mittelalterlichen Handels etc., Leipzig 1900, I, S. 7 f. — K. MEYER, Blenio und Leventina, Luzern 1911, S. 17 ff. — P. I. MÜLLER, Die Anfänge des Klosters Disentis, JB HAGGr. 1931, Kap. V. — Ders., Der Lukmanier als Disentiser Klosterpass, BMBl. 1934, S. 1, 34, 65. — Ders., Die Wanderung der Walser über Furka-Oberalp, Zeitschr. f. Schweiz. Gesch. 1936, S. 353. — FERD. GÜTERBOCK, Wann wurde die Gotthardroute erschlossen? Zeitschr. f. Schweiz. Gesch. 1939, Nr. 2.
Zur politischen Geschichte: P. C. v. PLANTA, Die currät. Herrschaften, Bern 1881, S. 417—456. — F. PURTSCHER, Studien z. Gesch. des Vorderrheintals im Mittelalter, JB HAGGr. 1911. — Ders., Der Obere oder Graue Bund, BMBl. 1924, S. 97, 144, 169. — P. A VINCENZ, Der Graue Bund, Festschrift Chur 1924.
Zur Kirchengeschichte: E. CAMENISCH, Bündner Reformationsgeschichte, Chur 1920. — H. BERTOGG, Beiträge zur mittelalterlichen Gesch. d. Kirchgemeinde am Vorder- und Hinterrhein, Chur 1937.

I. Teil: Das Gebiet von Tamins bis Somvix

KREIS TRINS

Die Gemeinde Felsberg wurde der historischen und geographischen Zugehörigkeit wegen im Zusammenhang mit dem Kreis Räzüns in Band III, S. 38—42, behandelt.

FLIMS – FLEM

Geschichte. Der Ort „Flemme" oder „Fleme" ist schon im Testament Tellos (von 765, CD. I. S. 13, 16) genannt, doch scheint das victoridische Haus dort nur geringen Grundbesitz besessen zu haben. Im Reichsguturbar von etwa 831 dagegen erscheint in „Flemes" ein Hof des Königsklosters Pfävers, und in der Folge finden wir hier in bunter Mischung geistliche und weltliche Grundherren, so neben Pfävers das Kloster St. Luzi und das Hochstift Chur, vor allem jedoch die Herren von Belmont (anscheinend als Erben welfischer Güter) und nach ihnen die Sax. Zwischen den Untertanen sassen auch freie Bauern. In Fidaz siedelten Walser. Von der den Werdenberg-Heiligenberg gehörenden Schirmvogtei Pfävers kauften sich die Flimser 1412 los. Die Sax'schen Herrschaften kamen 1483 an das Bistum. Auskauf erst 1528, doch war schon im 15. Jahrhundert das Gericht Flims praktisch autonom. In neuerer Zeit entwickelte sich Flims (Waldhäuser) zu einem Luftkurort von Weltruf.

Kirchliche Verhältnisse. Die Pfarrei geht wohl in frühe Zeit zurück. Im karolingischen Urbar (von etwa 831) werden schon zwei Gotteshäuser mit Zehentrecht als Besitz des Königsklosters Pfävers (und daher mittelbar als königliche Eigenkirchen) genannt (CD. I, S. 291). Die eine ist ohne Zweifel mit der Hauptkirche von Flims, die andere mit dem Gotteshaus in Fidaz zu identifizieren, da beide in den späteren Stiftsrodeln noch als Eigentum des Klosters Pfävers erscheinen. Hier (1440) wird die Flimser Kirche denn auch ausdrücklich als „Pfarrkirche" bezeichnet. Die Pfarrechte des Stiftes wurden 1526 und 1528 im Zusammenhang mit dem Übertritt zur Reformation ausgekauft (GA., Nr. 33, 41).

Literatur: F. PURTSCHER, Studien, S. 66f. — M. GMÜR, Urbare und Rödel des Klosters Pfävers, Bern 1910. — H. BERTOGG, S. 143f. — CAMENISCH, S. 308. — Alte Ansicht: Zeichnung von J. Hackaert von 1655, Nat. Bibl. Wien, abgeb. bei S. STELLING-MICHAUD, Unbekannte Schweizer Landschaften, Zürich 1937, Taf. 14b.

Die Evangelische Pfarrkirche

Geschichte und Baugeschichte. Die erste urkundliche Erwähnung erfolgt, wie erwähnt, um 831, die erste Nennung des Patroziniums St. Martin und St. Antonius in einem Pfäverser Rodel von 1440 (Gmür, S. 35). — Vom frühmittelalterlichen Bestand der Kirche sind keine Teile mehr nachzuweisen, vom romanischen stammen noch die unteren Partien des Turmes. Die Kirche selbst wurde 1512 von Grund aus neu gebaut. Meister: ANDREAS BÜHLER. Das Gewölbe des Langhauses wurde im 18. Jahrhundert (wohl 1789) durch eine flache Putzdecke ersetzt. Weitere Renovationen 1828, 1868, 1906 und 1930. Neues Geläute 1932.

Literatur: NÜSCHELER, S. 58. — RAHN in ASA. 1882, S. 314. — Ders., Geschichte, S. 540. — Über die Glocken: DERICHSWEILER, BMB.. 1922, S. 150f.

Baubeschreibung. Inneres. In das heute flachgedeckte Schiff öffnet sich ein nach Osten gerichteter, eingezogener und dreiseitig geschlossener *Chor*, über dem ein zweijochiges Sterngewölbe ruht. Die einfach gekehlten Rippen und Schildbogen steigen ohne Vermittlung von Kapitellen aus Runddiensten mit zylindrischen Basen. Zwei runde eingetiefte Schlußsteine. Präzise Steinmetzarbeit und geometrisch genaue Figuration. Gegen Süden und Osten drei spitzbogige Fenster mit Fischblasen und Herz-Masswerken über Mittelstützen und runden Teilbogen; beim mittleren liegt — wohl wegen des dort ehemals aufgestellten Altares — die Bank höher als bei den andern. In der Nordwand rundbogige, nun vermauerte Türe zur alten Sakristei.

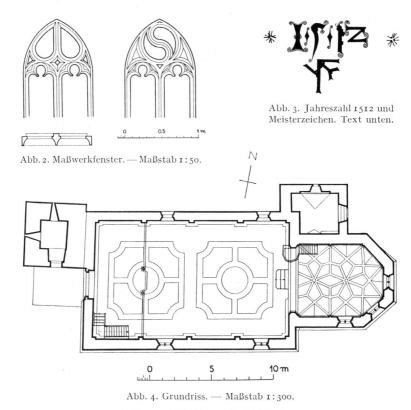

Abb. 3. Jahreszahl 1512 und Meisterzeichen. Text unten.

Abb. 2. Maßwerkfenster. — Maßstab 1 : 50.

Abb. 4. Grundriss. — Maßstab 1 : 300.

Flims. — Die Evangelische Kirche.

Chorbogen spitz und beidseits gefast. — Im *Schiff* zeigen noch flache Wandvorlagen die ehemalige Gliederung in vier Joche an. Deutliche Spuren der alten Einwölbung sind, was in diesem Zusammenhang gleich bemerkt sei, auch im Dachraum über dem Chorbogen zu sehen. Die Flachdecke ist mit Stuckrahmen geziert. In der Südwand zwei Spitzbogenfenster mit Masswerken wie im Chor. Die leeren Spitzbogenfenster der Nordseite dürften neueren Datums (1789 oder 1828) sein.

An der Westwand folgende *Bau- bzw. Renovationsdaten* in modernen Ziffern: 1507 (!), 1789, 1828, 1868, 1906, 1930. Das genaue Datum des Neubaues (1512) ist jedoch im Dachraum über dem Chorbogenscheitel zu sehen. Vgl. Abb. 3. Darunter das Meisterzeichen des ANDREAS BÜHLER aus Gmündt in Kärnten. Über das Œuvre dieses Meisters s. Bd. I, S. 94 ff. Die Zahl 1789 ist vielleicht mit der Entfernung des Schiffsgewölbes in Zusammenhang zu bringen.

Äusseres kahl, ohne Streben. Ein einfach geschmiegter Sockel läuft ringsum, desgleichen ein gekehltes Dachgesims aus Tuff. An der Westwand das rundbogige

Portal mit zwei Kehlen und Rundstab profiliert. Einheitliches, über dem Chor abgewalmtes Satteldach. Nördlich des Chores die alte Sakristei mit Tonnengewölbe und gotisch gefastem Viereckfensterchen.

Der **Turm** steht vor der Westfront des Schiffes und ist mit diesem nicht in Verband. Die unteren vier Geschosse, oben abgegrenzt durch einen gekehlten Gurt, gehören noch der romanischen Epoche an; im ersten Geschoss nur Lichtschlitze, im zweiten die originalen rundbogig geschlossenen Schmalfenster, im dritten und vierten — zum Teil vermauert und daher nur innen sichtbar — gekuppelte zweigliedrige und dreigliedrige Rundbogenfenster mit abgerundeten Kämpfern; die alten Pfeiler sind durch rohe Platten ersetzt. Das dritte Geschoss zeigt an der Nordseite eine viereckige Blendnische. Über dem erwähnten Gurt erheben sich noch zwei neuere Geschosse,

Abb. 5. Flims. — Evangelische Kirche.
Die Kanzel von 1645. — Text unten.

bekrönt von einer achteckigen Barockkuppel (um 1730)[1].

Ausstattung. *Taufstein*, zusammengesetzt aus einem gotischen Schaftstück und jüngerer Schale. — Die polygonale *Kanzel* ist mit Pilastern besetzt und reich mit Intarsien und Applikationsornamenten geziert. Im Fries das Datum 1645. (Abb. 5). Der Schalldeckel kassettiert und mit derben Laubsägeornamenten belegt; bezeichnet „I. N. 1705". — Schmucklose *Empore.*

Abendmahlsgefässe. Zwei Louis-Seize-*Kelche* aus Silber, leicht vergoldet, H. 28,5 cm. Im Medaillon Wappen Capol und Initialen „D. v. C." (Daniel v. Capol, 1722—1794). Beschau Augsburg, Rosenberg Nr. 287, Meistermarke „S B" (Rosenberg Nr. 997, wahrscheinlich Zeichen des Goldschmiedes SAMUEL BARDET, † 1800). — Drei prismatische *Schraubkannen* aus Zinn, datiert 1764; Marke des Hans Luzi Cadenat in Chur.

Vier **Glocken** von Rüetschi AG., Aarau 1932[2].

1) Auf der Zeichnung Hackaerts von 1655 bei Stelling-Michaud, Taf. 14, ist noch der niedere romanische Turm zu sehen, der nur bis zur Firsthöhe des Kirchendaches reicht und ein stumpfes Zeltdach trägt.

2) Die alten Glocken trugen (nach Mitt. von Hr. Pfarrer Caveng) folgende Inschriften: 1. ✝ Maria mater gracie, mater misericordie, tu nos ab hoste protege in hora mortis suscipe ✝ Maria virgo virginum, deposce nobis omnium remissionem criminum tuum placando filium ✝ Anno domini m ccccc x iiii (1514). Bild: Muttergottes. — 2. ✝ o ✝ rex ✝ glorie ✝ criste ✝ veni ✝ nobis ✝ cum ✝ pace ✝ anno ✝ domini ✝ m⁰ cccc⁰ xxviiii (1429). — 3. Wie Nr. 2, jedoch mit Datum „mcccc iar"

Grabtafeln. An den Chorwänden zwei Epitaphe, beide in Form einer Ädikula aus schwarzem Marmor mit weissen Kapitellen. Im Giebel jeweils das Wappen Schorsch in weissem Marmor. Texte lateinisch. Nördlich für Frau „Amelia a Georgiis" (= v. Schorsch) † 1717, Ehegattin des Landshauptmannes Joh. Gaud. v. Capol. Südlich für Frau „Anna Engalina (!) von Schorsch", geb. von Stampa, – Janua 1818, Ehegattin des Antonin von Schorsch. — Aussen an der Westfront Grabtafel mit Allianzwappen v. Capol und Schmid v. Grüneck, lateinische Inschrift für „Dorothea Smidia a Grüneck", – 1680, und ihren Gatten „Benedictus a Capaulis", – 1683 (Abb. 6).

Im Schweizerischen Landesmuseum zu Zürich eine spätgotische *Chorstuhlwange* aus Flims (LM. Nr. 2688) mit Traubenranken und dem Capol-Wappen in Flachschnitzerei.

In der Sammlung des Chorherrn Prof. Dr. Staffelbach in Luzern befindet sich eine *Holzskulptur der thronenden Muttergottes*, die aus Flims stammen soll (Abb. 7); H. 66,5 cm, hinten ausgehölt, Fassung im wesentlichen alt. Maria hält in der Rechten eine Traube, das auf ihrem linken Knie stehende bekleidete Jesuskind in der Linken eine Birne und in der Rechten eine Taube[1]. Einheimische oder innerschweizerische Arbeit aus dem ersten Viertel des 14. Jahrhunderts.

Abb. 6. Flims. — Evangelische Kirche.
Grabtafel mit Allianz-Wappen von Capol und Schmid v. Grüneck. 1683. — Text oben.

Die Evangelische Filialkirche zu Fidaz

Geschichte und Baugeschichte. Die Kirche wird schon im karolingischen Reichsguturbar genannt (s. oben S. 9). Das Patrozinium, von dem wir 1440 erstmals Kenntnis erhalten, war St. Simplicius (Gmür, S. 35: „filia aput sanctum Simplicium"). Von der frühmittelalterlichen Anlage stammt die 1925/26 aufgedeckte kleinere Apsis. Neubau vermutlich in der ersten Hälfte des 13. Jahrhunderts. Ende des 15. Jahrhunderts neue Leistendecke. Letzte grössere Renovation 1925/26 nach Plänen von Dipl. Arch. H. PETER, Zürich, durch Arch. J. M. MEILER, Chur. Damals musste die durch Feuchtigkeit zermürbte Nordwand neu aufgerichtet werden. Ausser Decke und Fussboden wurde auch die gesamte Innenausstattung erneuert.

Literatur: NÜSCHELER, S. 60. — RAHN in ASA. 1876, S. 697. — GAUDY, S. 21. Grundriss und Schnitt.

Reste des ersten Baues. Vom ersten Bau wurden 1925 die *Fundamente der Apsis* aufgedeckt, die innerhalb des heutigen Altarraumes ruht und eine Spannweite von nur 4,20 m zeigen (Abb. 8, S. 14). In der Achse stiess man auf leichtes Gemäuer das einer

---

(1500). Die Übereinstimmung der Inschriften von 2. und 3. lässt vermuten, dass eine dieser Glocken ehemals auf einer andern Flimser Kirche hing.

1) Die Taube in der Hand des Jesuskindes (als Hinweis auf die Herkunft aus dem Hl. Geist) finden wir auch bei der thronenden Muttergottes von Büren (Landesmuseum Nr. 13891, FUTTERER, Abb. 15).

Abb. 7. Thronende Muttergottes, angeblich aus Flims.
Nun in Luzerner Privatbesitz. — Text S. 12.

Grabeinfassung ähnlich sah. Der Verlauf des alten Schiffes konnte nicht genauer konstatiert werden.

Baubeschreibung der heutigen Kirche. Inneres. Nach Nordosten gerichtete kleine romanische Anlage aus rechteckigem Schiff und einer im Grundriss halbrunden, mit Halbkuppel überwölbten *Apsis*, deren Öffnung in einem Zug rechtwinklig eingekantet ist (Abb. 8, S. 14). Heute ist die Apsis fensterlos, doch wurde 1925 in der Mitte der Wandung ein mit Tuff eingefasstes schmales Fensterchen konstatiert, das im Spitzbogen schloss. Beidseits davon sah man würfelförmige Nischen für die Altargeräte. In 90 cm Abstand von der Apsis kam das Altarfundament zutage (1×1 m. Das *Schiff* trägt eine flache Decke (von 1926). Fragmente der spätgotischen Decke (aufbewahrt im Kurhaus Fidaz) zeigen einfache Maßwerke und grosse Ziernägel; Ende des 15. Jahrhunderts. In der Südwand drei rundbogige Fenster (bis 1925 mit rechteckigem Einsatz) mit konischen Leibungen. — Äusseres. Die Apsis ist durch sieben — untereinander mit je zwei Kleinbogen verbundene — Lisenen gegliedert, über denen ein Rollband läuft. Die Nordwand des Schiffes war mit drei Schräg-streben besetzt. An der Ostwand sind die Konturen einer älteren, weniger steilen Giebelneigung abzulesen. Das *Portal* an der Westfront ist rundbogig und rechteckig eingekantet. Das Satteldach des Schiffes war bis 1925 mit Schindeln, die Apsis mit Steinplatten belegt, nun Kupfer.

Abb. 9. Aufriss von Osten. Maßstab 1 : 300.

Der völlig ungegliederte **Turm** steht — ohne Verband — vor der Westfront. Im obersten Ge-schoss öffnen sich vier gekuppelte Rundbogen-fenster mit geschrägten Kämpfern und runden Teilsäulen ohne Basen und Kapitele. Darüber erhebt sich eine offene gezimmerte Glockenstube mit achteckigem Spitzhelm.

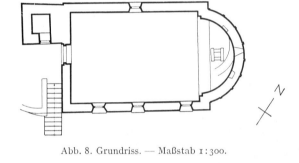

Abb. 8. Grundriss. — Maßstab 1 : 300.

Flims. — Die Evangelische Filialkirche zu Fidaz.

Datierung. Der erste Bau (mit der kleineren Apsis) entstand vor 831 (s. oben). Die Gliederung der gegenwärtigen Apsis (mit paarweisen Blendbogen) würde eine Ansetzung ins 11./12. Jahrhundert erlauben, doch weist das (nicht mehr sichtbare) Spitzbogenfenster in die erste Hälfte des 13. Jahrhunderts, sofern es, wie es den Anschein hat, zum ursprünglichen Bestand gehört. In diese Zeit passt auch der Turm. Glockenstube Ende des 15. Jahrhunderts.

Wandmalereien. Bei der Renovation von 1925 fanden sich in der Apsis zwei mittelalterliche Malschichten: von der ersten das Fragment eines Kopfes (13. Jh. ?) von der zweiten Reste einer Draperie. Die beiden anderen mit rein geometrischen De-korationen gehörten wohl der nachreformatorischen Zeit an. Übertüncht.

Im S c h i f f: An der nun abgetragenen *Nordwand* war die Vertreibung von Adam und Eva aus dem Paradies dargestellt. Zu sehen waren noch die Oberkörper der Stammeltern sowie des Engels (dessen Gesicht jedoch zerstört war); alle drei mit weisend erhobenen Händen; Mitte 14. Jahrhundert. — An der *Ostseite* kamen links des Chorbogens die Umrisse einer knienden Maria aus einem Verkündigungsbild zutage (Abb. 10). Der Logos erschien in Gestalt eines herzufliegenden Engelchens. Von Gabriel (rechts des Bogens) war nichts mehr zu sehen. Spätes 15. Jahrhundert.

Glocken. 1. Von Rüetschi AG., Aarau 1932. — 2. Dm. 70 cm, H. bis zur Krone 55,5 cm, gewölbte Haube. Inschrift in Unzialen, das M noch An-tiqua: O · REX · GLORIE · XPE · VENI · CUM · PACE. Ende des 13. Jahrhunderts.

Abgegangene Kapellen

Eine **Kapelle St. Elisabeth** kommt urkundlich erstmals 1488 vor (GA. Nr. 12: „sant elsbetten"). Sie hatte eigenes Vermögen und war 1528 noch im Gebrauch (GA. Nr. 41). In den Pfäverser Rodeln wird sie nicht genannt. Ihr Standort ist durch eine Flurbezeichnung, „Sontga Sbetta", festgehalten, die an einem Hügel südlich der Strasse von Flims nach Trins (in der Nähe von „Val Serris") haftet. Man erkennt hier noch die Grundmauern eines rechteckigen, gegen (Süd-)Osten gerichteten Gebäudes. L. 8,20 m, Br. 5,60 m. Kein ausgeschiedener Altarraum.

Gleichfalls 1488 erscheinen urkundlich erstmals die **Kapellen St. Luzius** und **St. Placidus,** „sant lutzis kappel" und „sant platzis kappel" (GA. Nr. 12). Spuren sind nicht mehr vorhanden. Den Standort der Luziuskapelle deutet wohl der Flurname „Jert Sogn Gliezi"[1], rechts der Strasse nach Trins, an. Die Placiduskapelle lag in „Komi", einer nicht mehr unter diesem Namen bekannten Örtlichkeit ausserhalb „des grossen Tobels", also wohl des Val Serris. Es besteht hier die Möglichkeit

Abb. 10. Flims. — Evang. Filialkirche zu Fidaz.
Fragment eines Verkündigungsbildes.
Spätes 15. Jahrhundert. — Text S. 14.

einer Verwechslung des populären St. Placidus mit dem unbekannteren St. Simplizius (romanisch „Sontg Amplezi") von Fidaz, doch spricht dagegen, dass noch 1528 (GA. Nr. 41) letztere Kirche unter dem Namen „sant Symplyci kilchen" erscheint, das richtige Patrozinium also noch bekannt war.

Der Name „La Caplutta" bei den Unteren Waldhäusern wird von mündlicher Überlieferung auf eine verschwundene St. Antoniuskapelle bezogen[2].

Profanbauten

Im Dorf Flims gehen sämtliche Bürgerhäuser von Bedeutung auf die seit etwa 1420 hier nachgewiesene Familie von Capol (Capaul) zurück:

Haus Meiler-Schöpfer (Nr. 113), erbaut um 1520 von Wolff v. Capol und später wiederholt umgestaltet (die untere Haustüre datiert 1657). Grundriss mit Mittelkorridor in Firstrichtung. Im östlichen Teil spätgotische *Stube.* Die gefasten Deckenbalken mit lilienförmigen Enden; auf vieren der Mittelrosetten Wappen: 1. Capol, 2. Lombris[3], 3. Zwei gekreuzte Fische, 4. Der Steinbock des Gotteshauses

---

1) Der Name ist in diesem Falle wohl nicht als Besitzbezeichnung aufzufassen, da die Luziuskapelle anscheinend kein eigenes Vermögen hatte (Vgl. GA., Nr. 41).

2) „Val Sontga Clau" südwestlich von den Waldhäusern kann sich auf eine verschwundene Nikolauskapelle oder auch nur auf Grundstückeigentum der gleichnamigen Kapelle in Laax beziehen.

3) Eine Variante: Schrägstrom, begleitet von zwei Fischen in Gegenrichtung. — Wolff v. Capol war vermählt mit Anna v. Lombris. — Eine *spätgotische Flachschnitttruhe* mit gleicher Allianz im Schweizer. Landesmuseum (LM. Nr. 2324) kommt wohl aus diesem Haus. Das Wappen Lombris zeigt hier aber das Stromband und den Fisch als Helmzier.

Chur. Die Pfosten des Türgerichtes mit Traubengewinde in Reliefschnitzerei; der alte Sturz fehlt, die Türe selbst aus dem 18. Jahrhundert. — Das reichgeschnitzte *Büfett* aus der Zeit des erwähnten Umbaues von 1657 nach dem um 1640 erfolgten Übergang des Hauses an Martin Beeli von Belfort, vermählt mit Margaretha von Capol. Initialen: „M B G C / H / M B v B F /[1] B v. B / H B v. B /".

Im **Haus Schröpfer** (Nr. 111), gleichfalls einem ehemaligen Capol-Sitz, spätgotische *Fensterstützen* in Form geschraubter Säulen und Türen, letztere mit Inschriften von 1528 und 1534. Ferner Fragment eines gemalten *Türsturzes* mit Capol-Wappen in Frührenaissance-Ornamentik. Gute Arbeit, um 1530.

Am Hotel **Bellevue** (vormals Pension Brun) ein *Wappenstein* Capol mit Initialen „R v̊ C 1577"[2]. Das Haus selbst völlig modernisiert.

Den Saal dieses Capol-Hauses hatte FRANZ APENZÄLLER von Chur i. J. 1580 mit Allegorien der Tugenden, Jagdtrophäen und ornamentalen Fensterbekrönungen dekoriert. Die *Malereien* wurden um 1890 übertüncht. Beschreibung von J. R. RAHN, Kunst und Wanderstudien, Neue Ausgabe, Zürich 1888, S. 277. Vgl. auch B. HAENDCKE, Die Schweiz. Malerei im 16. Jahrh., Aarau 1893, S. 356. — SCHWEIZER KÜNSTLER-LEXIKON I, S. 42. — J. BOTT, Hans Ardüsers Rät. Chronik, Chur 1877, S. 6. — Kdm. Grb. I, S. 180. – In letzter Zeit im Parterre Renaissance-Fenstersäulen aufgedeckt.

Im Städtischen Kunstgewerbemuseue (Grassi-Museum) zu Leipzig befindet sich ein *Täfer* aus der südwestlichen Eckstube des ersten Obergeschosses[3]. Die Türe ist umrahmt mit einer sehr gut proportionierten Renaissance-Architektur. Kredenz. Wandschrank und Bett gleichfalls architektonisch gegliedert und mit

---

1) „Beeli von Belfort und Fatscherin", vgl. Bd. II, 294, Anm. 1.
2) Regett v. Capol, Landrichter des Oberen Bundes i. J. 1577, vermählt mit Barbara von Mont.
3) Im Museumsführer von 1931, S. 22 und Abb. 21. ist der ehemalige Standort irrtümlicherweise mit „Schloss Flims" angegeben.

Abb. 11. Geschnitztes Allianzwappen v. Capol und de Mont.
An der Decke der Täferstube aus Flims. 1577.
Nun im Städtischen Kunstgewerbemuseum zu Leipzig. — Text s. oben.

Abb. 12. Täferstube aus einem ehemaligen Capol-Haus in Flims, jetzt Bellevue.
1577. Mit Bett und Kredenz, die Leinenpresse links nicht dazugehörig.
Nun im Städtischen Kunstgewerbemuseum zu Leipzig. — Text S. 16 f.

sparsamer Reliefschnitzerei geziert. Im Mittelfeld der Kassettendecke ein reichgeschnitztes *Wappenstück* mit Allianz Capol und de Mont. Vorzügliche Arbeit aus der
Erbauungszeit des Hauses (1577) (Abb. 11 und 12). — Im Bayrischen National-
museum in München steht ein buntbemalter *Turmofen* aus diesem Haus.

Schlössli. Erbaut 1682 durch Joh. Gaud. v. Capol, einem der angesehensten
Bündner Staatsmänner seiner Zeit, vermählt mit Amalie von Schorsch aus Splügen.
Von 1707—1853 im Besitz der Familie von Salis-Seewis, dann den Parli und seit
1893 der Familie Mattli gehörig.

Das Haus verkörpert den in Graubünden in der zweiten Hälfte des 17. Jahrhunderts aufgekommenen ,,Schlosstypus‟, hat einen gedrängten, annähernd quadratischen Grundriss mit angebautem Turm, der rein repräsentativen Zwecken
dient und nicht etwa die Treppe birgt. Die Räume liegen beidseits eines durch-
gehenden Mittelkorridors, der im Hauptgeschoss zu einer Halle ausgebildet ist. Der
Haupteingang an der Gartenseite (Süden); *Rustikaportal* mit Wappentafel: Allianz
Capol und Schorsch, Datum 1682 und Initialen der oben genannten Erbauer[1].

---

1) Der Balkon modern; der alte am Haus ,,zum grünen Turm‟ in Malans.

Stukkaturen. Der untere Korridor, die Saletta im gleichen Geschoss, die Haupt-halle wie die Turmzimmer dekoriert mit Stuck von 1682: Akanthus, Eierstab, Ro-setten, Gewinde; am Gewölbe des unteren Turmzimmers ein stark plastischer Kranz, von Putten getragen, im Schild in Hochrelief ein Adler mit Capol-Pfeil. In den Stuben des zweiten Obergeschosses reiche Stuckdecken in Régence-Ornamentik, eine davon mit Symbolen der vier Jahreszeiten (um 1730).

Täfer. Im Zwischenstock des Osttraktes ein Nussbaumtäfer mit Einlagen und tief kassettierter Decke. Der Schrank, an dessen Schmalseite das Lavabo aus Zinn eingebaut ist[1], birgt die interne Treppe zum Obergeschoss.

Öfen. Im zweiten Obergeschoss: 1. Buntbemalter eingeschossiger Ofen mit dunkelgrünen Füllungskacheln, auf den Lisenen kleine Landschaften und Burgen in Medaillons. Werkstatt MEYER in Steckborn; erste Hälfte des 18. Jahrhunderts. — 2. Blaubemalter Ofen mit Staffelaufsatz, in den Füllungen Landschaften, auf den Lisenen Gartenszenen und Tierfabeln in Rokoko-Ornamenten. Signiert: ,,Daniel und Heinrich Die Meyer Hafner in Steckboren 1750''. — 3. Eingeschossiger blaubemalter Ofen mit abgerundeter Front. Auf den Füllungskacheln grosse Land-schaften, auf den Lisenen Genreszenen und Mythologien in sehr guter Malerei. Um 1750—1760. Gleiche Werkstatt. — 4. Im Zwischengeschoss ein unbemalter grüner Ofen mit zylindrischer Kuppe, datiert 1761.

Abgewanderte Einrichtungsgegenstände: Das wertvollste *Täfer*, eines der reichsten der Schweiz überhaupt, befand sich in der grossen SW-Stube des Hauptgeschosses und steht nun im Metropolitan-Museum zu New York[2]. Die — horizontal in Sockel, Hauptfelder und Attika aufgeteilten — Wände sind ge-gliedert durch geflochtene und mit Büsten bekrönte Pilaster; die Attika wird durch vollplastisch geschnitzte Karyatiden in einzelne mit dichter Reliefschnitzerei gefüllte Felder geteilt. Komplizierte Kassettendecke mit Allianzwappen Capol-Schorsch. Die Türe ist als Einzelprunkstück behandelt, flankiert von ornamentierten Säulen, der Sturz mit einem phantasievollen Puttenfries geziert; in der Kartusche der Bekrönung eine Danae, in der Füllung eine Allegorie des Glücks (mit Segel). Ausgezeichnete Schnitz- und Tischlerarbeit aus der Erbauungszeit (1682), vielleicht von einem Feldkircher Meister namens THADDÄUS ACKER (Abb. 13). — Zusammen mit dieser Stube kam ins gleiche Museum ein buntbemalter *Turmofen* mit Wand-verkleidungen[3]. Auf den Füllungen biblische Szenen, auf den Pilastern Christus und die Apostel. Nicht signiert, aus der Werkstatt PFAU um 1685.

Literatur: Näheres über die genannten Flimser Häuser s. BÜRGERHAUS XVI, S. XVIIIf., XLIf., mit Taf. 37—45. — Über die reiche Stube: RAHN in ASA. 1906, S. 251, auch KDM. GRB. I, S. 250. — METROPOLITAN MUS., A Guide to the Collections, New York 1931, Bd. II, S. 25. — Über die Öfen: BÜHLER, S. 27 und 36, und FREI, S. 67. Abbildungen davon s. BÜRGERHAUS a. a. O.

Die frühere **Post** (Haus Nr. 190) bei den ,,Unteren Waldhäusern'' trägt eine originelle ländliche *Fassadendekoration*: Oben die Wappen der III Bünde mit Spruch, darunter die Maurerwerkzeuge Senkblei, Kelle, Winkelmaß und Hammer — vermutlich als Berufsembleme des Inhabers — sowie zwei Fische. Auf einem Schild die Hausmarke mit den Initialen ,,P M''; daneben Datum 1588. Abbildung nach

---

1) Die Giessermarke zeigt eine gekrönte Rose, begleitet von den Initialen ,,G C'', vermutlich Georg Castelmur in Chur.

2) 1884 nach Berlin verkauft und von dort 1906 nach Amerika. Vg. ASA. 1884, S. 107 und 1906, S. 251. Von den angeblich gleichzeitig verkauften drei Öfen steht einer in New York (s. oben), ein zweiter in München (Bayr. Nat.-Museum), der jedoch nicht aus dem Schlössli, sondern aus dem ,,Bellevue'' stam-men dürfte; s. S. 17. Über den dritten ist nichts Näheres bekannt.

3) Die Angaben im BÜRGERHAUS XVI, S. XLII sind dahin zu berichtigen, dass der Ofen in New York doch mit dem von Bühler, S. 27, beschriebenen identisch ist.

Abb. 13. Die Türe des reichen Täfers aus dem Schlössli zu Flims.
1682. Nun im Metropolitan-Museum zu New York. — Text S. 18.

dem Aquarell von J. R. Rahn im Schweiz. Arch. f. Heraldik 1911, Heft I, Taf. I
(Original in der Zentralbibl. Zürich) und nach Aquarell von H. Jenny in Alte
Bündner Bauweise, Chur 1940, S. 75[1]. — Im **Pfarrhaus** eine *Truhe* aus Nuss-
baumholz mit Reliefschnitzereien und guten Beschlägen, um 1670/80 (Abb. 14, S. 20).

1) In Bd. I, S. 263, ist die dortige Anmerkung 3 entsprechend zu berichtigen.

Abb. 14. Flims. — Nussbaumtruhe im Pfarrhaus.
Um 1670. — Text S. 19.

Wehrbauten

Burgruine Belmont. Die Burg war der Sitz der Herren dieses Namens, die urkundlich erstmals 1139 erscheinen (CD. I, S. 164), und stärkster Stützpunkt ihrer Herrschaft im Vorderrheingebiet (s. S. 4). Beim Aussterben des Hauses mit dem Tod Ulrichs v. B. († 1371) war sie jedoch offenbar schon zerfallen, denn 1380 ist nur vom „Burgstal ze Belmunt" die Rede (Wartmann, S. 162).

Eine 1932, 1933 und 1935 mit privaten Mitteln begonnene und 1936 von einem freiwilligen Arbeitslager weitergeführte Ausgrabung hat den grössten Teil des Burgareals aufgedeckt. Die Feste steht östlich von Fidaz an der Val Turnighel auf einem isolierten, völlig sturmfreien Felsklotz. Sie gehört jenem Typus an, bei dem sich die Bauwerke an den Bering angliedern und im Innern einen grösseren Hof frei lassen. Die Toranlage ist im Westen anzunehmen; gegen NO ein Zwinger. Die Hauptwohngebäude lagen wohl am südöstlichen Plateaurand. In einem dieser Räume wurden auch zahlreiche abgefallene Fragmente eines *bemalten Verputzes* gefunden; eines davon zeigt ein kleines Stück eines perspektivischen Mäanders und lässt eine Datierung ins späte 11. Jahrhundert zu. Auf dem kleinen, 8 m über dem Burghof liegenden oberen Plateau ist ein *Reduit* zu vermuten.

Im Hof liegt eine zylindrische *Zisterne* von 1 m Dm. und 5,7 m Tiefe, gefüttert mit einer Trockenmauer, hinter die eine Auffüllung von kleinen Steinen und Sand gepackt wurde. Die Zisterne wird von einem kreisförmigen Mäuerchen umschlossen, von dem her ein Plattenbelag zum Brunnen hin in leichtem Gefäll absinkt. Vielleicht handelt es sich auch hier wie auf Crap S. Parcazi um eine Filtriereinrichtung (s. S. 31 f.) Von den im Rätischen Museum zu Chur und im Heimatmuseum Flims aufbewahrten Kleinfunden ist der für die Datierung der Burg wichtigste ein *Stachelsporn* des 10./11. Jahrhunderts.

Literatur: BURGENBUCH, S. 72 und 227 f., Taf. 56. — HBLS. II, S. 93 f. — Pläne Photos und ausführliche Grabungsberichte im Arch. f. histor. Kunstdenkm. im Schweiz. Landesmuseum, Zürich.

Talsperre. Südlich der Strasse nach Trins sind auf einem Hügel gegenüber der Einmündung der ,,Val Serris'' Wälle und Gräben zu sehen, offenbar Reste einer ,,Letzi''.

TAMINS – TUMEIN

Urgeschichte. Im Rheinbett bei Reichenau wurde um 1895 ein *Bronzeschwert* mit kurzer Griffzunge gefunden (nun im Schweiz. Landesmuseum), ferner 1889 in einem Acker am Lawoibach eine bronzene *Certosafibel*, aufbewahrt im Rätischen Museum zu Chur; H. u. Ö., S. 7 f., mit Taf. I, 16. — JB SGU. 1911, S. 104.

Römerzeit. Im Januar 1936 wurden südlich unterhalb des Dorfes drei *römische Plattengräber* mit Beigaben aufgedeckt; 2. oder 3. Jahrhundert n. Chr. Ausserdem kamen *Sigillaten* und eine *Scharnierfibel* aus dem 3. oder 4. Jahrhundert zutage. Weiter bergaufwärts stiess man auf starke, vermutlich gleichfalls *römische Mauern* mit Mörtelverband. Es handelt sich hier um den ersten Fund einer römischen Siedelung ausserhalb Churs im nördlichen Graubünden. — BMBl. 1936, S. 213 ff. — Früher seien in Reichenau auch römische Münzen gefunden worden. H. u. Ö., S. 8.

Geschichte. Der Ort tritt als ,,Tumenne'' Mitte des 12. Jahrhunderts urkundlich erstmals auf (Urb. d. Domk., S. 4). Unter den Besitzungen, die das Domkapitel dort hatte, kommen auch Weinberge vor. Tamins bildete mit Trins und Reichenau zusammen im Mittelalter die Herrschaft Hohentrins, deren Zentrum die Feste auf Crap S. Parcazi war (s. S. 30). Bis 1428 gehörte die Herrschaft den Werdenberg-Heiligenberg, dann den Herren von Hewen. 1568 ging sie an Dr. Joh. v. Planta von Räzüns und mit Kauf vom 8. Februar 1583 an Rudolf von Schauenstein. Nach dem Auskauf von Trins (11. Januar 1616) wurde Schloss Reichenau Sitz der — nun reduzierten — Herrschaft, die fortan den Namen Reichenau trug. Nach dem Aussterben der Schauenstein (1742) gelangte sie an die Buol-(Schauenstein), von denen sie 1792 ein Konsortium (Bavier-Vieli-Tscharner) übernahm. Auflösung durch die Mediation 1803. — Über das Münzrecht der Herrschaft Reichenau und die von ihr ausgegebenen Gepräge s. Bd. I, S. 278. — Kirchlich gehörte Tamins ursprünglich zur Pfarrei Trins, von der es sich mit Urkunde vom 20. April 1459 ablöste (BA.). Der Reformation trat die Gemeinde um 1540 bei.

Literatur: F. v. SPRECHER, Rhetische Cronika, S. 260. — P. C. v. PLANTA, Die currät. Herrschaften, Bern 1881, S. 441 ff. — CHR. KIND, Schloss Reichenau, Chur 1883. — HBLS. — BÜRGERHAUS XVI, S. XLII. — FR. JECKLIN, Das Taminser Jahrzeitbuch, Chur 1921. — BERTOGG, S. 120 f. (S. 142 Abdruck der Separationsurkunde v. 1459). — CAMENISCH, S. 313 f.

Die Evangelische Kirche

Geschichte und Baugeschichte. Die erste urkundliche Erwähnung erfolgt in der genannten Separationsurkunde vom 20. April 1459 (BA.). Das Patrozinium ist hier St. Felix, doch wird in dem Jahrzeitbuch von etwa 1500 als Nebentitel

St. Johannes d. Täufer genannt (Jecklin, S. 14). 1494 ist ein umfassender Um- und Neubau vollendet. Aus dieser Etappe stammt der heutige Chor (datiert) sowie wohl der östliche Teil der Schiffsmauern. Bei der Bilderentfernung (1546) kam der Hochaltar nach St. Georg zu Räzüns (vgl. Bd. III, S. 56f.). 1559 Einbau einer Turmuhr durch Meister STEFFAN von Davos (Jahrzeitb., S. 16). Um 1840 Verlängerung des Schiffes, 1899 Errichtung eines neuen Turmes (Plan von Arch. E. v. TSCHARNER), 1920 Erhöhung des Kirchendaches und Innenrenovation (Arch. KOCH und SEILER, St.Moritz). 1923 Glasmalereien im Chor nach Entwürfen von ERNST RINDERSPACHER.

Literatur und Ansichten: NÜSCHELER, S. 60. — RAHN in ASA. 1882, S. 360. — U. FÄRBER, Beitrag z. Gesch. d. Taminser Kirche, Chur 1921 (Zus. mit Jecklin, Jahrzeitbuch). — Sepia-Aquarell von P. BIRMANN 1805, im Schloss Reichenau. — Zeichnung in der Zentr. Bibl. Zürich (Steinfels Slg).

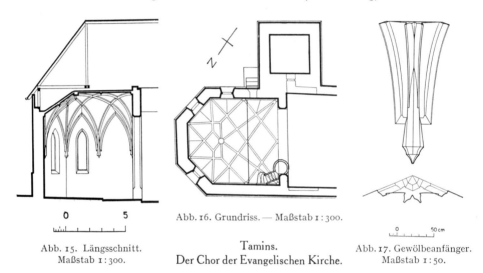

Abb. 16. Grundriss. — Maßstab 1 : 300.

0   5

Abb. 15. Längsschnitt.
Maßstab 1 : 300.

Tamins.
Der Chor der Evangelischen Kirche.

Abb. 17. Gewölbeanfänger.
Maßstab 1 : 50.

0   50 cm

Baubeschreibung. Inneres. Der nach Osten gerichtete, dreiseitig geschlossene spätgotische *Chor* ist überdeckt mit einem Rippengewölbe, dessen Figuration eine sehr kapriziöse Sternzeichnung darstellt. Beide Joche sind (für 1494 auffallend früh) nicht als selbständige symmetrische Systeme behandelt, sondern als ein — kürzere und längere Strahlen aussendender — Stern, dessen Zentrum im östlichen Joch liegt. Die einfach gekehlten Rippen und Schildbogen wachsen getrennt aus prismatischen Konsolen. Runder Schlußstein, drei leere Spitzbogenfenster. In der NO-Wand das Baudatum 1494 in originalen gotischen Ziffern, an der Abschlusswand das Wappen von Tamins: in Blau ein sechsstrahliger goldener Stern. — Über dem einschiffigen *Langhaus* ruht eine neue Holzdecke in Tonnenform (1920)[1]. In den Langseiten, dicht an der Ostwand, je eine Stichbogennische, die wohl auf ehemalige Epitaphe hinweisen. Die Empore und die darunter sich öffnende Vorhalle liegen in einer — um 1840 errichteten — Verlängerung des Schiffes gegen Westen. Die Stichbogenfenster stammen aus gleicher Zeit.

---

1) Über die frühere Schiffsdecke ist nichts Näheres bekannt. Bei der Renovation von 1920 kam ein Brett zum Vorschein mit der Inschrift: „Seger, der das Werk gemachet hat, hilf uns Gott allen ... anno dom(in)i 1513" (Färber a. a. O., S. 30 f.). Da aber auf dem (nicht mehr vorhandenen) Brett auch Namen von Taminser Geschlechtern verzeichnet gewesen sein sollen, dürfte es sich eher um den Rest eines Gestühles als einer Decke handeln.

Äusseres ungegliedert. Bis 1920 trugen Chor und Schiff niederere Satteldächer
als heute. Der alte Turm hatte einen Spitzhelm mit Wimpergen.

Kanzel aus Nussbaum. Polygonaler
Korpus mit sparsamen Intarsien und Pila-
stern auf Akanthuskonsolen, datiert 1730.
Kassettierter Schalldeckel mit Einlagen.

Vier **Glocken** von Gebr. Theus in
Felsberg von 1899[1].

Grabtafeln. Im Chor *Louis-Seize-
Tafel* aus schwarzem Marmor, bekrönt von
Allianzwappen Albertini und Cazin in Stuck.
Inschrift für Frau Anna Veronika von Alber-
tini, geb. de Cazin, † 19. Nov. 1786, Ehefrau
des Bundesstatthalters Christian v. A. Die
Grabtafel des letzteren liegt im Boden der
Vorhalle, ist zwar grösstenteils abgetreten,
doch sind die Namen der Ehegatten noch
zu erkennen.

Abendmahlsgeräte. Ein *Rokokokelch*,
Silber, vergoldet, H. 26 cm, getrieben mit
Rocailleornamentik. An der Kuppa ein
graviertes Wappen von Schorsch mit den
Initialen „A R v. G" (von Georgiis); Beschauzeichen Ausgburg Lit. H., nach Rosenberg Nr. 252 von 1747—1749; Meistermarke
drei unleserliche Buchstaben in Dreipass
(Abb. 18). — Ein *Empirekelch*, Silber, getrieben; H. 26,5 cm. Beschauzeichen Augsburg
mit Lit. S, nach Rosenberg Nr. 297 von

Abb. 18. Tamins. — Evangelische Kirche.
Abendmahlskelch. — Text nebenstehend.

1807. Meistermarke Rosenberg Nr. 1024 oder Nr. 1315. — Zwei sechseckige *Zinnkannen* mit Weinranken graviert; Zinngiessermarke: „J. U. BAUER · ZG · A CHUR".
Im Medaillon bezeichnet: „T S 1875".

Im Rätischen Museum zu Chur die alten **Kirchengeräte:** zwei glatte
hölzerne *Abendmahlsbecher* mit Füssen, H. 21,6 und 22 cm, sowie ein *Brotteller*,
gleichfalls aus Holz. — Eine *Taufschüssel* aus Messing, Dm. 26,5 cm, im Boden in
geschlagener Arbeit das Lamm Gottes; der Rand gepunzt mit Herzen. Vermutlich
Nürnberger Arbeit um 1500.

Verschwundene Kapelle. Um 1593 wurde bei der Reichenauer Brücke eine
Kapelle gebaut, die Anlass zu einem Votum der evangelischen Synode gab (CAME-
NISCH, S. 315). Sie stand vermutlich an dem nach ihr benannten „Käppelistutz",
wo die alte Brücke den Rhein überschritt (vgl. S. 24).

Schloss Reichenau

Geschichte und Baugeschichte. Der Name geht nach herrschender Ansicht
auf das Kloster Reichenau im Bodensee zurück, das nach Tschudi 888, nach dem

---

1) Die früheren Glocken trugen nach Nüscheler Mskr. folgende Inschriften: 1. Christian Felix,
Burger von Feldkirch, goss mich in Chur 1765. Ehre sei Gott etc. ... — 2. Anno Christi 1692 gos mich
Matheus Albert in Chur. — 3. Soli deo gloria 1762 Johannes Schmid von Grüneck in Chur gos mich.

Klosterchronisten Gallus Oehem erst in ottonischer Zeit hier Herrschaftsrechte erwarb. Über die Schicksale der Herrschaft Hohentrins, zu der Reichenau gehörte, bis zur Mediation s. S. 21. Reichenau hatte verkehrsgeschichtliche Bedeutung wegen der hier den Vorderrhein überschreitenden „Zollbrugg", die 1399 urkundlich erstmals erscheint (CD. IV, S. 328) und auch in gleichzeitigen bischöflichen Lehensbüchern vorkommt (Ämterbücher, S. 78)[1]. Diese Bedeutung wurde noch erhöht durch die — wohl im 14. Jahrhundert erfolgte — Verlegung des Rheinüberganges von Puntarsa bei Ems nach Reichenau, und zwar zunächst an den Käppelistutz, unmittelbar unterhalb des Schlosses[2]. Als Ersatz für die Rheinbrücke beim Käppelistutz baute JOH. GRUBENMANN von Teufen im Auftrag von Joh. Anton v. Buol eine neue, ihrer trefflichen Konstruktion wegen berühmte gedeckte Brücke dort, wo die heutige steht (1755); sie wurde 1799 von den Franzosen verbrannt und erst 1819 von J. STIEFENHOFER aus dem Allgäu wiederhergestellt. 1881 ging sie wieder in Flammen auf und wurde durch die jetzige eiserne ersetzt. 1889 konstruierte man dann auch die Vorderrheinbrücke aus Eisen[3].

Zu Campells Zeit (um 1570) gab es zu Reichenau nur ein Zollhaus, das zugleich als Gaststätte diente (vielleicht auf der Stelle des heutigen Gasthauses „Adler")[4]. Herrschaftsgebäude entstanden vermutlich erst anfangs des 17. Jahrhunderts (Verlegung des Herrschaftssitzes nach Reichenau). Sererhard aber spricht 1742 schon von einem „schönen Schloss" (II, 20). Den Zustand kurz nach der Erbauung der Grubenmann'schen Brücke (1755) stellt ein Ölgemälde im Schlössli Flims dar (BÜRGERHAUS XVI, Taf. 50, Nr. 1). Man sieht an der Stelle des heutigen Hauptbaues ein massiges Haus mit Krüppelwalm und einem offenbar vor der Westfront stehenden Turm mit Zwiebelhelm, vielleicht von etwa 1680—1700. Im rechten Winkel dazu gegen Osten ein regellos aneinandergereihter Trakt von Bauwerken verschiedener Grösse mit der Kapelle als Eckpfeiler und an der Hofseite (Süden) durch eine durchlaufende hölzerne Aussengalerie verbunden. Es sind Wirtschaftsgebäude, zum Teil wohl noch vor dee erwähnten Haupthaus entstanden und in der Anordnung auf den alten Strassenzug eingestellt, der von der Brücke beim Käppelistutz herkam. Um 1775 Ausbau dieses Traktes unter Joh. Ant. v. Buol-Schauenstein zu einem geschlossenen Gartenflügel. Neues (Mansard-) Dach auf dem Haupthaus. Diesen Zustand zeigt ein Sepia-Aquarell, signiert „P. Birmann ad nat. fecit 1805" im Schloss Reichenau (Abgeb. BÜRGERHAUS XVI, Taf. 55, Nr. 2). Um 1820 unter Ulrich v. Planta – Samaden Umbau des Haupttraktes zur bestehenden klassizistischen Gestalt mit Türmchen über einem Dreieckgiebel; am Gartenflügel Vereinfachung des Giebels und des Kapellendaches. Gleichzeitig teilweiser Neubau der Gebäude um den Wirtschaftshof nördlich vom Herrenhaus. Heute Besitz der Familie Schöller-v. Planta.

Schloss Reichenau ist die einzige grössere, auch in der Gestaltung des Aussenraumes, des Gartens und Wirtschaftshofes rein durchgeführte klassizistische Herrenhausanlage unseres Gebietes. Bemerkenswerte Räume: im Obergeschoss des Gartenflügels ein *Sälchen mit sehr graziösem Rokokostuck* an den Wänden und der Decke (um 1775). Im Haupthaus klassizistischer, in Anlage und Ausstattung sehr einheitlicher *Speisesaal* (um 1820). Gute *Familienbilder* aus der Zeit nach dem Neubau: so von dem Erbauer Ulrich v. Planta und seiner Familie; ein Porträt darstellend den

---

1) Es ist hier sicher nicht etwa eine Brücke über den vereinigten Rhein, sondern die Vorderrheinbrücke „im Farsch" gemeint, die noch Campell und Sererhard als „die Zollbrücke" bezeichnen.

2) An die Stelle, wo auf dem Aquarell im BÜRGERHAUS, Taf. 50, Z. 2, rechts im Hintergrund eine Notbrücke sichtbar ist, die zwischen 1799 und 1819 in Benützung stand.

3) Eine eingehende Arbeit über die Rheinbrücken bei Reichenau bereitet L. Joos für das BMBl. vor.

4) Top., S. 27. Ebenso Sprecher, Rhet. Cronica, S. 260. — Ob vom Turm zu Reichenau damals noch Reste zu sehen waren, geht weder aus Campells noch Sprechers Schilderung hervor.

Abb. 19. Schloss Reichenau.
Ansicht von Süden.

Bds. Präs. Florian v. Planta, signiert ,,W. Mosbrugger pinxit 1824'', ein anderes zwei Kinder, ein Knabe und ein Mädchen, signiert ,,J. Grund 1828''[1]. Ferner zwei Bilder von FRANZ X. WINTERHALTER, die Louis Philipp als Jüngling und als König zeigen (H. 106 cm, Br. 75 cm)[2].

Öfen. Im Erdgeschoss des Haupthauses ein eingeschossiger abgerundeter, blau-bemalter Ofen. Auf den glatten Kacheln Landschaften mit Staffagen in Rund-medaillons von Blattwerk; um 1740 (Abb. 20, S. 26). Die Signatur ,,G'' auf einem der Bildchen bezieht sich wohl auf den ausführenden Maler; der Ofen stammt aber sicher-lich aus der Werkstatt RUOSTALLER in Lachen, wie die genaue Übereinstimmung in der Malerei mit einem gleichfalls aus Schloss Reichenau stammenden ebenfalls ein-stöckigen, aber würfelförmigen Ofen im R ä t i s c h e n M u s e u m z u C h u r zeigt. Er ist blau bemalt mit ganz ähnlichen Landschäftchen mit Staffage, umrahmt von denselben Ornamenten. Signatur: ,,Johan Caspar und Johannes Joseph Ruo-staler Haffner in Lachen 1748''.

---

1) WENDELIN MOOSBRUGGER, 1760—1849, aus Au im Vorarlberg, vielbeschäftigter Porträtmaler; JOH. GRUND, 1808—1887, seit 1839 bad. Hofmaler. Vgl. Thieme-Becker XV, S. 142, XXV, S. 109.

2) Louis Philipp lebte vom Oktober 1793 bis Juni 1794 unter dem Namen Msr. Chabos hier als Sprachlehrer in der damals dort untergebrachten Schulanstalt von J. B. v. Tscharner.

Näheres über das Schloss s. BÜRGERHAUS XVI, Text S. XXff. u. XLII, Taf. 46 bis 52, vgl. auch BURGENBUCH, S. 183[1].

Im Schweizerischen Landesmuseum zu Zürich: Ein *Prunkschwert* (Nr.LM. 16988), 126 cm lang mit silbereingelegtem Knauf und Parierstange. Auf der reichverzierten, teilweise vergoldeten Klinge das Schauensteinwappen mit Initialen „R.V.S." sowie der Inschrift: „RUDOLPH · VON · SCHAVENSTEIN · RITER · ZIE RICHANAW · 1614"[2].

Literatur: R. FORRER, Schwerter und Schwertknäufe der Sammlung von C. von Schwerzenbach, Bregenz, Leipzig 1905, S. 24, Fig. 92, Taf. XLI, XLII. — JB. DES SCHWEIZER. LANDES-MUSEUMS 1925, S. 82.

Das **Haus Bass** wurde 1906/07 an Stelle eines 1790 erbauten Sitzes der Familie von Albertini errichtet, das im Habitus dem Haus Blumenthal in Rodels ähnlich sah; Teile der ehemaligen Pächterwohnung sind im Ostflügel erhalten. — *Öfen:* 1. Buntbemalter Kuppelofen mit zylindrischem Turm; die Füllkacheln meergrün, auf den Lisenen in Rundmedaillons Landschäftchen mit Genreszenen und Tieren. Am Ofensitz signiert: „Daniel Meyer und Heinrich Meyer, beyde Haffner in Steckboren 1749". Der Ofen stammt aus dem Haus von Ott in Grüsch (Bd. II, S. 74f.). Vgl. FREI, S. 83; BÜHLER, S. 34. — 2. Buntbemalter, eingeschossiger Ofen mit meergrünen Füllkacheln. Auf den Lisenen die Apostel. Steckborner Arbeit; einige Kacheln von einem anderen Werk. Im Antiquitätenhandel erworben.

Aus der *Bildersammlung* sind zur Bündner Topographie folgende Gouache-Malereien zu notieren: 1. Vue de la réunion de deux bras du Rhin supérieur et du milieu (Gegend bei Disentis). — 2. Vue du château de Razuns. — 3. Environs de Tousis. — 4. Vue du village de Zillis. — 5. Vue d'Andeer en venant de Splügen. — 6. Le Prese. — Maße der Blätter ohne Passepartout: H. 32 cm, Br. 48 cm; signiert auf dem Karton: „par Louis Bleuler à Schaffhouse en Suisse". Nr. 1 und 6 ohne Signatur, jedoch sicher von derselben Hand. — Andere Bündner Ansichten: Blick auf das Domleschg von oberhalb Thusis her, Pinselzeichnung; H. 27 cm, Br. 27,7 cm. — Domleschg von Süden her, Sepia-Zeichnung; H. 34,5 cm, Br. 51 cm. — Sils i. D. von Süden her, gleiches Maß. — Blick auf die Heinzenberger Dörfer, getuschte Zeichnung; H. 22 cm, Br. 29,2 cm. — Zillis, Sepia; H. 22,5 cm, Br. 29 cm. Die letzteren Blätter ohne Beschriftung und Signaturen.

Abb. 20. Schloss Reichenau.
Bemalter Ofen um 1740. — Text S. 25.

1) In der Kapelle ist eine Wappentafel aus weissem Marmor aufbewahrt: Wappen und Inschrift des „POMPEIUS PLANTA A WILDENBERG MARESCHAL EPISCOPAT. CUR. ET PRAESES FÜRSTENOW MDCXVI." Kein Grabstein (Pompeius † 1621), sondern Wappentafel, vielleicht vom Wohnhaus des Pompeius in Paspels oder vom Schloss Fürstenau, wo er seit 1614 als Landvogt amtete.

2) Erwerber der Herrschaft Reichenau, s. oben S. 21. — Das Schwert war früher in der Sammlung Schwerzenbach in Bregenz.

Abb. 21. Trins. — Ansicht des Dorfes.
Mit dem Turm auf „Canaschal" vgl. S. 31.
Bleistiftzeichnung von Joh. Ulrich Fitzi um 1830.

TRINS – TRIN

Urgeschichte. Auf dem Hügel Canaschal wurde östlich des Burgturmes ein *Schalenstein* gefunden, auf der Alp Mora eine *Certosafibel* mit runder Scheibe. JB SGU. 1935, S. 75; 1939, S. 73. Siehe auch Nachtrag Bd. VII, S. 447.

Geschichte. Der Ort kommt urkundlich unter dem Namen „Turunnio" zwar erst Mitte des 12. Jahrhunderts vor (Urb. d. Domk., S. 4), doch weist die seit 1325 belegte Bezeichnung des „Künges Gut" (Königsgut) „ze Trünsse" auf alten Königs-besitz (CD. II, S. 275). In der Feudalzeit gehörte die Gemeinde zur Herrschaft Hohentrins (s. unter Tamins, S. 21), von der sie sich mit Urkunde vom 11. Januar 1616 auskaufte. Die alte Pfarrei Trins umfasste bis 1459 auch Tamins. Pfarrkirche war ursprünglich St. Pankratius in der Burg (s. S. 30) und seit dem hohen Mittel-alter die heutige Dorfkirche. Übertritt zur Reformation um 1535 (CAMENISCH, S. 313).

Die Evangelische Kirche

Geschichte und Baugeschichte. Urkundlich erfahren wir erstmals von der Trinser Kirche 1459 bei der Abtrennung von Tamins (BA.). Das Patrozinium ist St. Germanus, Nebentitel vielleicht St. Remigius (vgl. das Siegel S. 6)[1]. Vom ersten Bestand wohl noch die unteren Partien des Turmes, vielleicht auch die Umfassungsmauern des Schiffes. Neubau des Chores und Einwölbung des Schiffes 1493. Renovation: 1809 und 1888.

---

1) Die Glocke Nr. 3 in Fellers nennt diese beiden Heiligen nebeneinander, desgl. der Churer Kirchen-kalender (Necrol. Cur., S. 99).

Literatur und alte Ansicht: Nüscheler, S. 59. — Bertogg, S. 65, 120 f., 142 f. — Rahn in ASA. 1882, S. 361. — Ders., Geschichte, S. 405. — Alte Ansicht des Dorfes und der Kirche von J. U. Fitzi um 1830 in Privatbesitz in Speicher.

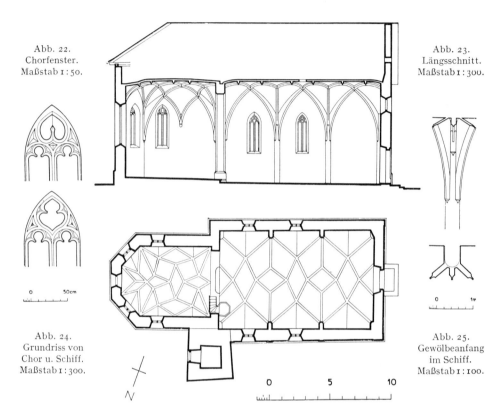

Abb. 22.
Chorfenster.
Maßstab 1 : 50.

Abb. 23.
Längsschnitt.
Maßstab 1 : 300.

Abb. 24.
Grundriss von
Chor u. Schiff.
Maßstab 1 : 300.

Abb. 25.
Gewölbeanfang
im Schiff.
Maßstab 1 : 100.

Trins. — Die Evangelische Kirche.

Baubeschreibung. Inneres. An das einschiffige Langhaus schliesst sich ostwärts der eingezogene, dreiseitig geschlossene *Chor,* der mit einem originellen, komplizierten Rippengewölbe überdeckt ist. Die Figuration zieht die beiden Joche zu einem einheitlichen Sterngebilde zusammen. Die einfach gekehlten Rippen wachsen an der Ostwand unmittelbar aus der Mauer, im übrigen jedoch aus Konsolstümpfen, die spitz zulaufen oder mit Schildchen geziert sind. Die Eigenart der Figuration ergibt, dass die Konsolen an den Längswänden höher sitzen als in den Ecken und dass hier die Rippen auffallend stark in den Raum treten. Fünf spitzbogige Fenster, vier davon mit einfachen Maßwerken über Mittelstützen und runden Teilbogen. Vielleicht gleicher Meister wie in Tamins. Der Chorbogen spitz und beidseitig gefast. An der Abschlusswand in modernen Ziffern: ,,Ed. 1493, Rnv. 1888"[1].

Über dem *Schiff* liegt ein Netzgewölbe von drei Jochen, das auf starken, abgerundeten Wandpfeilern ruht. Die gekehlten Rippen steigen aus vorgesetzten Konsolstümpfen. Wie im Chor, so auch hier weder Schlußsteine noch Schildbogen. Das

---

1) Rahn sah 1874 statt dieser Zahl: 1809.

Gewölbe wurde vermutlich in das ältere Schiff eingezogen, dafür sprechen die Wandvorlagen und der Umstand, dass die Achse des Schiffes nicht genau mit jener des — etwas nordwärts verschoben — Chores von 1493 übereinstimmt. Auch geht der Verputz über dem Chorbogen in den Dachraum hinein. In beiden Langseiten je zwei Spitzbogenfenster mit Maßwerken, davon jedoch je eines neu[1]. In der Westwand ein Oculus.

Äusseres: Das *Portal* in der Westfront mit einfacher, in einem Kielbogen endender Fase. Die Form der Dächer neu, wohl von 1888.

Der **Turm** steht ohne Verband an der Nordseite des Chores; der Zugang zum älteren Chor ist noch zu erkennen. Lichtscharten. Neuer Helm (1888). Auf der Zeichnung von FITZI (um

Abb. 26. Trins. — Evangelische Kirche.
Die Kanzel um 1680. — Text unten.

1830) hat die Kirche ein steileres Satteldach und der Turm einen Spitzhelm ohne Wimpergen.

Kanzel. Polygonkorpus mit Kandelabersäulchen besetzt; rundbogige Füllungen mit Rankenwerk in guter Reliefschnitzerei. Schalldeckel mit Applikationsornamenten; um 1680.

Drei **Glocken** von Gebr. Theus in Felsberg von 1889[2].

Profanbau

Im **Haus Calonder-Fausch** (früher Caprez) eine *Täferstube* mit Kasettendecke. Die Pilaster des Türgerichtes tragen Intarsien in Schuppenform, Fries und Decke Applikationsornamente; Mitte des 17. Jahrhunderts[3]. — Am Haus Nr. 44 sogenanntes „Kanzler-Haus", *Wappenstein* der Caprez[4].

---

1) Rahn konstatierte 1874 nur je ein Fenster. Die neue Fensterdisposition wurde offenbar 1888 vorgenommen (Datum der Glasmalereien).

2) Die früheren Glocken trugen nach Nüscheler Mskr. folgende Inschriften: 1. SI · DEUS · PRO · NOBIS · QUIS · CONTRA · NOS · ANNO · DOM(IN)I · 1500. — 2. Jch · bin · us · dem · fyr · geflofen · mit · der · hilf · gotes · hat · mich · Jacob · Tfchop · gofen · anno · domini · m·ccccviii (1508). — 3. MARIA ✝ IERIMANUS (St. Germanus) ✝ HILF ✝.

3) Ein spätgotischer Fries mit Traubengewinden und dem Wappen Hewen und Valendas (? Drei Kugeln) im Schweizer. Landesmuseum dürfte des ersteren Wappens wegen eher nach Trins statt nach Truns (wie im Katalog angegeben) gehören.

4) Über die Caprez von Trins vg. Casura, Bündner Wappenbuch, S. 22 und Taf. 42.

Die Burg Hohentrins

Geschichte. Campell berichtet von einer Tradition, die er aus einem ehemals im Kloster Disentis aufbewahrten Pergamentband schöpft, dass die Burg Hohentrins um 750 von Pipin gebaut worden sei (Top. S. 25). Auf Crap Sogn Parcazi bezogen wird die Überlieferung glaubhaft; doch handelt es sich dabei nicht um eine feudale Privatburg, für die zu jener Zeit noch die ständischen Voraussetzungen fehlen, sondern um eine alte Kirchenburg, die vom König damals stärker befestigt wurde. Zur Feudalburg und Sitz der Herrschaft Hohentrins wurde die Feste erst im hohen Mittelalter. Man darf sie also mit der Burg Hohentrins identifizieren[1], und als solche nimmt sie an den Handänderungen der Herrschaft teil (vgl. S. 4 und 21). Die frühesten Wohngebäude dürften demnach aus dem 11. Jahrhundert stammen, die spätesten aus dem 15. Jahrhundert. Am 2. Juli 1470 brannte die Burg ab und wurde nicht mehr aufgebaut. Weil die Turmanlage auf dem Hügel Canaschal nur als Vorwerk zu betrachten sein dürfte, wird sie um die gleiche Zeit aufgegeben worden sein. Beachte auch den Nachtrag Bd. VII, S. 447.

Beschreibung. A. Die Kirchen- und Burgruine auf Crap Sogn Parcazi. Die Feste, die Hauptburg Hohentrins also, liegt auf einem isolierten, nach allen Seiten sturmfreien Felsklotz westlich von Trins an der Talenge Porclis, der von Norden her erstiegen wird. Die Fundamente der Anlage waren bis in die neueste Zeit unter Schutt begraben[2] und wurden erst durch Ausgrabungen des Schweizer. Burgenvereins i. J. 1931 (ergänzt und gesichert 1936/37) aufgedeckt (Abb. 27).

Der älteste Bestandteil ist ohne Zweifel die *Pankratiuskirche*, von der die Burg ihren volkstümlichen Namen hat. Sie liegt daher bezeichnenderweise auf dem höchsten Punkt des Plateaus und zeigt zwei Bauetappen: Unmittelbar auf den Fels gegründet, fanden sich die Grundmauern eines einschiffigen Langhauses mit halbrunder, leicht gestelzter Apsis und an der Nordseite des Schiffes ein länglicher Anbau, dessen Bodenaufstrich aus rötlichem Ziegelmörtel römischer Art sich fugenlos in einer Kehle zu den Wänden hinaufzog. Man darf den Raum deshalb als primitives Baptisterium ansprechen und diese Anlage in die frühchristliche Zeit, etwa um 500, setzen. Durch eine Schuttschicht getrennt, erhoben sich darüber die Fundamente des zweiten — vielleicht merowingischen — Baues mit annähernd gleichem Grundriss und nur um weniges grösseren Maßen. Dieser Bau zeigt an der Westfront die Ansätze zu Blenden; in der Apsis fand sich das Altarfundament, davor (ohne Verband mit den Langseiten) eine Abschrankung mit schmalem Durchlass.

Wehrbauten. Der Bering umzieht das ganze Plateau. Das Tor war an der Ostecke angelegt. Gegen Süden und Westen an den Bering angegliedert Gebäude unbekannter Bestimmung; etwas zurückliegend parallel zur Kirche ein rechteckiger turmartiger Bau mit etwa 2 m Mauerstärke und nur 3 m lichter Weite, also wohl durch einen auskragenden Obergaden zu ergänzen. Die sorgfältigere Mauertechnik verweist diese Bauten in die romanische Zeit, Bering und Turmhaus vielleicht ins 11. Jahrhundert, die andern um weniges später, während ein langes, nachlässig gefügtes Gebäude an der Ostfront der Ringmauer vermutlich erst ins frühe 15. Jahrhundert gehört. Gefundene *Ofenkacheln* aus dieser Zeit beweisen, dass es damals noch bewohnt war[3].

---

1) In diesem Sinn sind die Angaben im BURGENBUCH nun auf Grund der unterdessen durchgeführten Grabungen zu berichtigen.

2) Daher konnten im BURGENBUCH nur unsichere Angaben über die Anlage gemacht werden. Sie sind durch die hier gegebenen Mitteilungen zu ergänzen.

3) Dieser Fund vor allem widerlegte die im BURGENBUCH noch ausgesprochene Vermutung, dass sich die Feste nicht zur Feudalburg weiterentwickelt habe.

Abb. 27. Die Burg Hohentrins auf Crap Sogn Parcazi.
Federzeichnung von Architekt Eugen Probst, Zürich, 1931.

Im nördlichen Teil des Burghofes ist eine *Zisterne* von 2 m Weite und etwa
3,80 m Tiefe angelegt mit interessanter Filtriervorrichtung. Das im Hof abfliessende
Wasser lief durch zwei in der Brüstungsmauer ausgesparte Löcher auf eine reinigende
Aufschüttung aus Kieseln und Sand und von dort aus in den Schacht (Abb. 28
und 29, S. 32).

B. Das Vorwerk. Auf dem „Canaschal" genannten Hügel östlich der Kirche
erhebt sich ein dreigeschossiger, viereckiger *Turm*, dessen Erdgeschoss ehemals gewölbt war. Rundbogiger Hocheingang ins zweite Geschoss. Spuren einer Kamin-
anlage und einer Wehrlaube. Lichtscharten. An einem Eckstein ist ein menschlicher
Kopf ausgehauen; vermutlich 12. Jahrhundert. Mit diesem Turm korrespondierte
ein zweiter an der Ostecke des Hügels; beide waren wohl durch eine Mauer verbunden. Die Anlage diente zur Beherrschung der Strasse (Abb. 21, S. 27).

Literatur: BURGENBUCH, S. 35, 73, 226, Taf. 56. — Über die Grabungen: E. POESCHEL, Crap Sogn Parcazi in BMBl. 1933, S. 314, und in den Nachrichten des Schweiz. Burgenvereins 1933, Nr. 3. — Über die Zisterne: E. PROBST in der gleichen Zeitschr. 1937, Nr. 6. — Über die Kirche auch E. POESCHEL in Zeitschr. f. Schweiz. Arch. u. Kunstgesch. 1939, S. 30. — BERTOGG, S. 38 f. — Pläne und Photos im ARCH. F. HISTOR. KUNSTDENKM. IM SCHWEIZER. LANDESMUS., in Zürich.

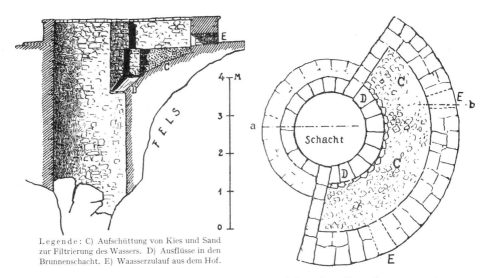

Legende: C) Aufschüttung von Kies und Sand zur Filtrierung des Wassers. D) Ausflüsse in den Brunnenschacht. E) Waasserzulauf aus dem Hof.

Abb. 28 und 29. Burg Hohentrins auf Crap Sogn Parcazi.
Die Zisterne mit Filtrieranlage. Grundriss und Schnitt a b. Maßstab 1:100.
Aufnahme von Architekt Eugen Probst, Zürich.

KREIS ILANZ

FELLERS – FALERA

Urgeschichte. Auf der „Mutta", dem Hügel östlich von St. Remigius, wurde von W. Burkart 1936 und 1939 eine Siedelung der mittleren Bronzezeit — um 1200 v. Chr. — mit einer Trockenmauer von 3 m Fundamentstärke und 2 m Kronenbreite, einer Toranlage und Hütten aus Rundholz festgestellt. Die *Keramik* sowie eine bronzene *Dolchklinge* belegen den Kulturzusammenhang mit Crestaulta bei Lumbrein. *Schalensteine*, ein *Steinkreis* und sechs gereihte säulenartige *Felsblöcke* unterhalb des Hügels deuten auf eine Kultstätte. JB SGU. 1935, S. 30 f.; 1939, S. 62 f. — Bündner Tagblatt 1939, Nr. 221. — JB HAGGr. 1939, S. 160 f. — Vgl. auch Nachtrag, Bd. VII, S. 447.

Geschichte. Der Ort kommt als „Falariae" oder „Falaria" schon im Tellotestament (765) und im karolingischen Reichsguturbar (um 831) vor (CD. I, S. 13, 16, 296). Im hohen Mittelalter bildete sich hier eine Herrschaft der Herren von Wildenberg aus, die bei Fellers ihre Stammburg hatten. Nach deren Aussterben gelangte sie an die Werdenberg-Heiligenberg (s. BURGENBUCH, S. 229, mit Literaturangaben). — Fellers gehört offenbar zu den Alt-Pfarreien der Gruob, denn das Tellotestament (765) nennt dort schon einen Presbyter: „presbyter Lopus in Falarie" (CD. I, S. 16); ein Plebanus erscheint um 1325 (WARTMANN, S. 465). Im 11. Jahrhundert dürfte die Kirche vorübergehend im Mitbesitz des Kloster Schänis gestanden

Abb. 30. Fellers. — Die alte Pfarrkirche St. Remigius.
Ansicht von Nordwesten.

haben[1]. Mit päpstlicher Bulle vom 25. Mai 1491 wurde sie dem Kloster Disentis förmlich inkorporiert (Wirz V, S. 171). Im Laufe des 17. Jahrhunderts ging die Kollatur auf die Gemeinde über. 1714 Errichtung einer Kaplanei, die jedoch 1885 wieder einging (GA. Nr. 35. — Simonet, Weltgeistliche, S. 62f.). Seit dem Bau der neuen Dorfkirche 1903/04 wird St. Remigius nur noch an besonderen Festen und bei Begräbnissen benützt.

Die alte Pfarrkirche St. Remigius

Geschichte und Baugeschichte. Die Gründung der Kirche reicht, wie oben erwähnt, ins Frühmittelalter zurück; doch sind Baubestandteile dieser Zeit nicht mehr zu erkennen. Aus der spätromanischen Epoche steht noch der Turm. Ablassbriefe vom 29. Oktober und 20. Dezember 1475 (GA. Nr. 3 u. 4) hängen vielleicht schon mit dem Plan eines Neubaues zusammen, der dann am 7. Dezember 1491 (mit drei Altären) konsekriert wurde (GA. Nr. 10). Damals war der Chor neu gebaut und wohl auch das Schiff gegen Westen hin verlängert worden. In der zweiten Hälfte des 17. Jahrhunderts neue Fenster, Beinhaus mit Vorhalle, Stuckierung.

---

1) So Nüscheler, S. 61, auf Grund des Diploms Heinrichs III. von 1045; s. R. P. Marqu. Herrgott, Genealogia Diplomatica, Wien 1737, S. 117: „dimidia pars curtis, & ecclesiae Faleres Pludenes etc.". In der Urkunde vom 24. Oktober 1178 sind dagegen im Besitz von Schänis zwar Güter (drei Mansen), aber nicht mehr die Kirche genannt (CD. I, S. 209). — P. Notker Curti lehnt die These Nüschelers ab (BMBl. 1921, S. 262).

Literatur: Nüscheler, S. 39. — Rahn in ASA. 1882, S. 313. — P. Notker
Curti, BMBl. 1915, S. 42. — Bertogg, S. 145. — ASA. 1936, S. 239.

Baubeschreibung. Inneres. An das einschiffige Langhaus schliesst sich der
geostete, dreiseitig geschlossene, eingezogene *Chor*, über dem ein Sterngewölbe von

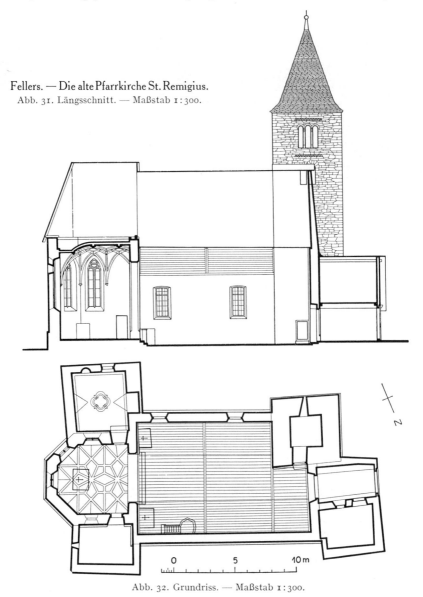

Fellers. — Die alte Pfarrkirche St. Remigius.
Abb. 31. Längsschnitt. — Maßstab 1 : 300.

Abb. 32. Grundriss. — Maßstab 1 : 300.

zwei Jochen ruht (das westliche unvollständig). Gekehlte, aus Konsolstümpfen
steigende Rippen in präziser Arbeit; keine Schlußsteine. Von den vier Spitzbogenfenstern zeigen zwei noch die originalen Maßwerke und Mittelstützen[1]. In der

---

1) Das nördliche in neuerer Zeit angelegt.

Ostwand kleine Spitzbogennische. Die rundbogige Türe zur alten Sakristei (nördlich) ist gotisch gefast. In der Nordseite ein *Wandtabernakel* mit Gittertürchen und skulpierter Bekrönung: Maßwerke mit dem Wappen des Oberen Bundes und dem Monogramm Mariä in Vierpässen (Abb. 38). Der *Chorbogen* spitz und beidseits gefast. —

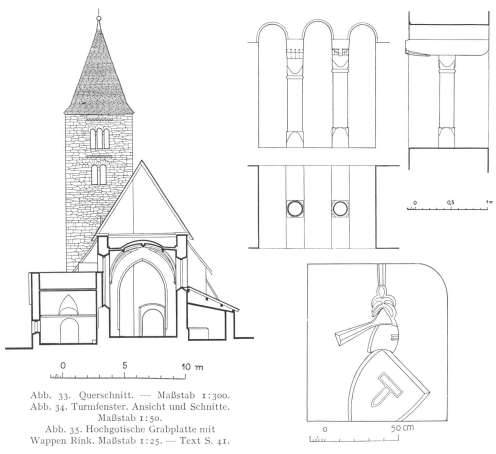

Abb. 33. Querschnitt. — Maßstab 1:300.
Abb. 34. Turmfenster. Ansicht und Schnitte.
Maßstab 1:50.
Abb. 35. Hochgotische Grabplatte mit
Wappen Rink. Maßstab 1:25. — Text S. 41.

Fellers. — Die alte Pfarrkirche St. Remigius.

Über dem *Schiff* liegt eine trapezförmige Decke neueren Datums, doch war bei der Visitation von 1643 eine solche gleicher Form vorhanden (BMBl. a. a. O.). Zwei stichbogige Fenster (17. Jahrhundert). Der Turm tritt in der SW-Ecke bis zu seiner halben Breite in den Schiffsraum herein. Vermutlich reichte ursprünglich das Schiff nur bis an den Turm heran. Die Vergrösserung (vielleicht völlige Neuerrichtung) erfolgte wohl 1491.

Äusseres ungegliedert und ohne Streben, ringsum laufender, geschmiegter Sockel. Das Portal in der Westseite rundbogig und gotisch gefast. An der Nordseite des Chores die alte Sakristei mit Lavabo-Ablauf; südlich die neue Sakristei. Vor der Westfront Beinhaus und Vorhalle des 17. Jahrhunderts, daneben steht der teilweise ins Schiff eingebaute **Turm,** ein kahler, unverputzter Bau. Im dritten und vierten Geschoss zwei- und dreigliedrige, gekuppelte, rundbogige Schallfenster. Die Teil-säulen mit Würfelkapitellen und zugeschrägten Sockeln, die Kämpfer an der Stirn-

Abb. 36. Fellers. — Kirche St. Remigius.
Detail der Wandgemälde im Chor.
Gethsemane. 1623. — Text nebenstehend.

seite mit einem eigenartigen Rillenmotiv geziert (Abb. 34, S. 35). Über den Fenstern Rollfriese. Spätromanisch.

Wandmalereien, im Sommer 1935 von P. Notker Curti entdeckt und hernach mit Bundeshilfe durch die Firma CHR. SCHMIDT in Zürich restauriert. Im Chor fanden sich Malereien dreier Etappen:

A. Neben dem W a n d t a - b e r n a k e l (Abb. 38) in hochrechteckigem Feld *St. Jodokus* als Pilger; zu seinen Füssen eine Krone, Ende des 15. Jahrhunderts[1]. — B. Vier — nur noch in rotbrauner Untermalung vorhandene — *Medaillons mit Halbfiguren.* Erste Hälfte des 16. Jahrhunderts. — C. *Gesamtbemalung des Chores* von 1623. An den Wänden (im Norden beginnend): 1. Gethsemane, darunter betende Stifterin mit unbekanntem Wappen (in Gelb ein weisser Schräglinksbalken) und lateinisches Distichon mit Datum 1623 (Abb. 36). — 2. Zu seiten des Wandtabernakels unter gotisierenden Baldachinen St. Remigius und St. Augustinus mit Titeln (Abb. 38, S. 37). Darüber links der Leidenschristus, sein Blut aus der Seitenwunde in einem Kelch auffangend (Abb. 36), rechts Moses mit erhobener Rechten. Auf einem Spruchband fragmentarische Inschrift: ,,Hic est panis qui de caelo descendit, non sicut manducaverunt... (Joh. 6, 59). Das Ganze ist eine auf das Wandtabernakel hinweisende Symbolisierung der Eucharistie, Christus für den Wein (Blut im Kelch), Moses für das Brot (Manna)[2]. — 3. Kreuzigung. Darunter ein kniender Stifter im Pilgerkleid und dem Wappen Capol. — 4. Himmelfahrt. — In den Strahlenfeldern des Gewölbesternes musizierende Engel, in den andern zartgliedriges Rankenwerk mit Blumen, noch durchaus im Geist der Frührenaissance mit gotischen

---

1) Zur Identifikation vgl. die Jodokusdarstellungen in Brigels, S. 366 und 370.
2) Vgl. Joh. 6, 31 f.: ,,Unsere Väter haben Manna gegessen in der Wüste, wie geschrieben steht: ,,Er gab ihnen Brot vom Himmel zu essen". Als Parallele dazu: ,,Panis qui de caelo descendit". Eine i. J. 1939 abgedeckte gemalte Tabernakel-Umrahmung in der Kirche von Cazis zeigt den Manna-Regen (nach 2. Moses 16, 14 f.) in Gegenüberstellung zum Abendmahl, s. BMBl. 1940, S. 331.

Abb. 37 und 38. Fellers. — Kirche St. Remigius.
Oben: Das Chorgewölbe, Bemalung von 1623. Text S. 36 f. — Unten: Wandtabernakel
mit gemalter Umrahmung von 1623. — Text S. 36. Ziff. A und C2.

Abb. 39. Fellers. — Die alte Pfarrkirche St. Remigius.
Innenansicht gegen Osten.

Reminiszenzen (Abb. 37, S. 37); von gleicher Art die Weinranken in den Leibungen
der südlichen Fenster. Signiert sind diese Malereien durch ein Monogramm ,,A H P (?)
1623" an einer Gewölberippe, vgl. Tab. II, 15. Diese Datierung lässt die in ihrer
ganzen Anlage noch gotisierenden Arbeiten als stilistisch verspätet erscheinen; sie
sind verwandt mit den Gewölbemalereien von Bonaduz.

An der Nordseite des Schiffes kam ein über die ganze Wand sich hinziehen-
des monumentales *Abendmahlsbild* zutage. Die überlebensgrossen Figuren sind
zwischen gemalte Säulen eingeordnet. Dargestellt ist nicht — wie sonst meist — die
Verratsankündigung, sondern die Einsetzung des Abendmahls: Christus segnet
einen Kelch mit der Hostie. Das Verratsmotiv ist nur dadurch angedeutet, dass
Judas allein, gleichsam ausgestossen, an der vorderen Tischseite sitzt und keinen
Nimbus.trägt. Ungewöhnlicherweise zeigt der Nimbus Christi die Form eines übereck
gestellten Quadrates. Der Tisch ist reich besetzt mit Geräten und Speisen aller
Art. Simon hält einen Krebs in der Hand, der (als Fastenspeise) ein Hinweis auf die
Fastenzeit sein dürfte[1]. Die Namen stehen in Majuskeln zu Häupten der Figuren[2].
Zeit: Anfang des 17. Jahrhunderts. Über die Würdigung des originellen Werkes

1) Auf dem Abendsmahlsbild in Monte Carasso sieht man Krebse auf dem ganzen Tisch verstreut.
Vgl. P. Bianconi, La Pittura Medievale nel Cantone Ticino I, S. 30.
2) Jacobus minor ist betitelt: ,,JACOBUS TER KLEIN" (Übersetzung von minor).

Abb. 40 und 41. Fellers. — Kirche St. Remigius.
Abendmahlsbild an der nördlichen Langhauswand. Anfang des 17. Jahrhunderts.
Oben: Ausschnitt. Unten: Kopf des Apostels Mathias. — Text S. 37.

s. Bd. I, S. 156 f. (Abb. 40 und 41). — An der Südwand eine kunstlose Schilderei des *Jüngsten Gerichts* mit Sprüchen in romanischer Sprache. — **Stukkaturen.** Zu seiten des Chorbogens *Mariae Verkündigung;* um 1670.

Altäre. Der *Hochaltar*[1] ist ein reichvergoldeter Holzbau mit zwei Paaren gewundener, von Laub umflochtener Säulen und durchbrochenem Frontispiz. Auf dem Gebälk zwei Posaunenengel; um 1710—1720. Das Altarblatt zeigt die Taufe des Königs Chlodwig durch St. Remigius. Signiert: „Math. Schieder inv. et pinxit 1837". Ohne höheren Kunstwert. Der Altar hat ein reichgeschnitztes Rokokoantependium (Abb. 44).

Die beiden *Seitenaltäre*, aus Stuck, bilden Pendants und sind einfache Aufbauten mit je einem Paar glatter Säulen und einem Frontispiz. Auf der Verdachung sitzen Putten. Am Altar der Evangelienseite wurde um 1720 ein Rahmen mit Rosenkranzmedaillons eingefügt, an der Epistelseite um 1760 ein origineller Einbau mit Reliquienschreinen, um ein Maria-Hilf-Bild gruppiert. Rokokodekor. An beiden Altären geschnitzte Antependien mit Rokokozierart.

Übrige Ausstattung. Auf dem Aufsatz des schmucklosen T a u f s t e i n e s steht eine *spätgotische Figur*, Johannes d. Täufer (H. 66,5 cm), um 1490, die vom früheren

---

1) Bei der Visitation von 1643 war der spätgotische Schnitzaltar noch vorhanden; Schreinfiguren: zu seiten der Maria St. Remigus, Katharina, Barbara, Augustin. Auf den Flügeln links St. Florinus und Maria Magdalena, rechts St. Luzius und Emerita (BA).

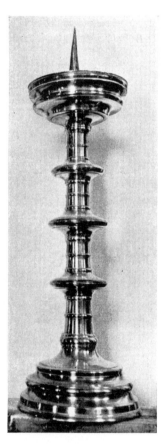

Abb. 42. Barockkelch. — Text S. 41.   Abb. 43. Messingleuchter. 16. Jahrhundert.

Fellers. — Kirche St. Remigius.

Abb. 44. Fellers. — Kirche St. Remigius.
Geschnitztes Rokoko-Antependium am Hochaltar. — Text S. 40.

südlichen Seitenaltar stammt[1]. — Die polygonale *Kanzel* wurde um 1770 durch aufgelegten Rokokodekor modernisiert. — Die Wangen des *Gestühls* mit Blatt- und Blumenwerk geschnitzt: 18. Jahrhundert. — Am Chorbogen ein spätgotischer *Kruzifixus* in etwa zweidrittel Lebensgrösse; um 1500[2].

Kultusgeräte. Ein *Barockkelch*, Silber, vergoldet. H. 29 cm, geschweifter Fuss, Blattwerk und Engel in Treibarbeit. Am Fuss vier und an der Kuppa drei Medaillons in Email: St. Sebastian, Mystische Vermählung und Marter der St. Katharina, Rosenkranzkönigin und Heilige. Beschaumarke Augsburg, Meistermarke ,,B S'' (vielleicht BALTHASAR VON SALIS oder BERNARD STRAUSS, Rosenberg, Nr. 679 u. 680). Ende des 17. Jahrhunderts (Abb. 42). — Zwei *Messingleuchter* mit abgetreppter Fussplatte, der Schaft durch drei Scheiben gegliedert, profilierte Tülle. H. (ohne Dorn) 50 cm. 16. Jahrhundert (Abb. 43).

Glocken. 1. Dm. 121 cm. Inschrift: DEUM LAUDO CELITES (COELITES) COLO POPULUM CONVOCO DEFUNCTOS DEPLORO DEMONES FUGO NEBULAS SPARGO. — CHRISIAN FELIX VON VELDTKIRCH GOSS MICH IN CHUR 1771. Bilder: Marienkrönung, Hl. Familie, Kreuzigung. — 2. Dm. 105 cm, Inschrift: GOSS MICH IN CHUR 1765 CHRISTIAN FELIX BURGER VON VELDTKIRCH. — JOAN · JAC · DE · CABALZAR ALVASCHEIN^{IS} SS TH^{GIE} DOCT · CAN^{US} CUR^{IS} FALLERIE. Klöppel, gezeichnet: I D 1778. — 3. Dm. 71 cm, Inschrift in gotischen Unzialen: + REMIGII · ET GERMANI · LUCAS · MARCUS · MATEUS · JOHANES · HOG (deutlich so!). Auf der Haube die Buchstaben: ,,K M''. (Meisterinitialen?) Als Trennungszeichen: Glocken und Schilde mit Lilien; um 1300. — 4. Von GEBR. THEUS in Felsberg, 1900.

Grabtafel. Bei einer nachträglichen Erweiterung der Turmtüre wurde ein hochgotischer *Grabstein* als Sturzplatte verwendet; 14. Jahrhundert. Der von einem Topfhelm bekrönte Schild zeigt eine Wagenlünse (Achsnagel), das Wappen der Rink, die schon um 1400 für Fellers bezeugt sind (Abb. 35, S. 35). Vgl. Urkundensammlung der Hist. Ant. Ges. Grb., Bd. V, S. 20.

---

[1] Nach dem Visitationsprotokoll von 1643 standen in diesem Schnitzaltar die Statuen von St. Anna, Joh. Baptist und Sebastian. Vgl. BMBl. 1915, S. 42.

[2] 1643 waren dazu noch die Figuren von Maria und Johannes Ev. vorhanden.

Im Schweizerischen Landesmuseum zu Zürich: Holzfigur einer *thronenden Muttergottes*, das Kind mit beiden Händen präsentierend; aus einer Epiphaniendarstellung (LM., Nr. 8929). H. 45 cm. Stilistisch der Werkstatt JACOB RUSS verwandt. Ende des 15. Jahrhunderts. Die Figur gehörte offenbar zu dem bei der Visitation von 1643 genannten Altar der Evangelienseite (BA.)[1].

Burgruinen

Wildenberg. Die Burg war Zentrum der Herrschaft Wildenberg und im Besitz der Herren dieses Namens, die 1252 erstmals vorkommen. Nach 1319 an die Werdenberg-Heiligenberg und hernach — wohl schon vor 1408 — an die Rink[2]. Von der Anlage sind nur noch völlig eingewachsene Fundamentreste einer ziemlich ausgedehnten Burg in zwei durch einen Graben getrennten Abteilungen am linken Rand des Schleuiser Tobels zu sehen. Näheres darüber — sowie über die Burgstelle „**Chistialia**" am Nordrand des Dorfes — s. BURGENBUCH, S. 72, 229.

FLOND

Geschichte. Der Ort liegt auf der Hochterrasse von Obersaxen, gehörte aber politisch und kirchlich ehemals zu Ilanz. Die politische Verselbständigung wurde praktisch schon in einem Schiedsspruch vom 14. Juli 1519 durch Teilung von Wald und Weiden und Befreiung der Flonder von den Ilanzer Steuern vollzogen.

In kirchlicher Hinsicht fand jedoch die Ablösung erst durch eine Pfrundteilung am 15. März 1731 statt (GA., Nr. 156). Zur Reformation trat Flond zusammen mit Ilanz um 1526 über. Eigene Pfarrer von 1729—1914; seither in Pfarrgemeinschaft mit Luvis.

Literatur: FR. PURTSCHER in BMBl. 1922, S. 270f. — E. CAMENISCH in BMBl. 1927, S. 382f. — TRUOG, Nr. 36.

Die Evangelische Kirche

Baugeschichte. Erbaut 1713 in Gemeinderegie durch Maurermeister LORENZ von Schnaus (GA., Nr. 11, 12, und Rechnungsbücher). 1891 Renovation. 1934 Fresko von L. MEISSER, Chur: Jesus der Kinderfreund.

Baubeschreibung. Inneres. Anspruchsloser, gegen (Süd)Osten gerichteter Bau, bestehend aus dem Schiff und einem eingezogenen, dreiseitig geschlossenen Chor, der sich im Rundbogen öffnet. Der Chor ist niederer als das Schiff und mit einer dem Polygon angepassten Tonne überwölbt. Über dem Langhaus eine gewölbte Holzdecke. Stichbogige Fenster, Eingang von Westen. Innere Maße: Chor L. 4,35 m, Br. 3,55 m; Schiff L. 8,0 m, Br. 6,15 m. — Das Äussere ungegliedert. Aufgemalte Daten: 1713 und 1891. — Der **Turm** steht an der Südseite des Chores und trägt einen hohen achteckigen Spitzhelm.

Ausstattung. Bescheidene *Polygonkanzel* aus der Erbauungszeit der Kirche.

---

1) „Altare a sinistris ingrediendo tabulam habet inauratam, cuius imagines sculptae repraesentant mysterium S. Epiphaniae" (vgl. BMBl. 1915, S. 42). Die Figur wurde 1906 aus einem Privathaus in Fellers erworben. Vgl. Plastik-Kat. d. LM., S. 64. Der im Beinhaus stehende Schrein (83 × 109 cm) stammt wohl von einem der beiden Seitenaltäre (vgl. auch S. 41, Anm. 1).

2) Also nicht erst nach dem Aussterben der Werdenberg (1428), wie im BURGENBUCH, S. 229, angegeben. Vgl. HBLS., Bd. V, S. 641, und Urkundensammlung d. Hist. Ant. Ges. Grb. Bd. V, S. 20.

Abb. 45. Ilanz im Jahre 1655.
Zeichnung von J. Hackaert in der National-Bibliothek zu Wien.

Glocken. 1. Dm. 71,5 cm. Die Inschrift besagt in romanischer Sprache, dass Ilanz i. J. 1731 der Gemeinde Flond die kleine Glocke von St. Martin sowie 100 Reichsgulden geschenkt hat[1]. — 2. Dm. 55 cm, Inschrift: ,,1713 GOSS MICH MA-THEUS ALBERT IN CHUR".

ILANZ – GLION

Urgeschichte. Funde aus der Bronzezeit: Ein *Bronzeschwert* mit rauten-förmigem Querschnitt, gefunden 1850, Stelle unbekannt; nun im Rätischen Museum. — Ein *Randleistenbeil* mit elliptischer Schneide von lombardischem Typus kam 1899 unterhalb der Ruine Grüneck zutage; aufbewahrt im Schweizer. Landesmuseum Zürich. — Ein *Schaftlappenbeil* von ähnlicher Art wurde 1928 ausserhalb des Ober-tores beim Bau des Talasyles gefunden. Beide Beile aus dem Ende der Bronzezeit.
Literatur: H. u. Ö., S. 9. — J. HEIERLI in Festgabe a. d. Eröffn. des Schweizer. Landesmuseums Zürich 1898, Taf. II. — ASA. 1912, S. 189. — JB SGU. 1912, S. 118, 1928, S. 39.

---

1) Wortlaut der Inschrift s. BMBl. 1927, S. 382, Anm. 20 — Die Schenkung der Glocke von St. Martin erfolgte schon 1727 auf Grund eines Abkommens von 1723 (GA., Nr. 19). Die fragliche Glocke selbst ist nicht mehr vorhanden. Der Giesservertrag für die jetzige Glocke Nr. 2 liegt im Archiv (Nr. 10).

Frühmittelalterlicher Münzfund. Beim Bau der neuen Strasse nach Ruschein wurde 1904 in einem Felsspalt unterhalb der Ruine Grüneck ein grösseres Schatz-depot gehoben. Es fanden sich insgesamt 115 silberne und golden-silberne *Münzen*, vorwiegend langobardische und karolingische Gepräge, dazu *Goldschmuck* (Ohrringe in Körbchenform, Ringe) langobardischer Herkunft. Die Deponierung dürfte um 775 erfolgt sein. Aufbewahrt im R ä t i s c h e n M u s e u m z u C h u r. In der gleichen Ge-gend war bereits 1811 ein Schatz aus offenbar etwas späterer Zeit zutage gekom-men: zwei „sonderbar gestaltete *Hörner*" mit über 50 *Silbermünzen* italienischen Gepräges der letzten Karolinger sowie der italienischen Könige Lambert und Be-rengar (888—924).

Literatur: FR. JECKLIN, Der langobard. karoling. Münzfund bei Ilanz, Mitt. d. Bayr. numismat. Ges., XXV, München 1906—1907. — Vgl. dazu auch JB SGU. 1913, S. 137. — G. W. RÖDER und P. C. v. TSCHARNER, Der Kanton Graubünden, St. Gallen 1838, S. 99.

Geschichte. Der Name Ilanz = Glion geht nach J. U. Hubschmied auf das keltische „ittu-landas" = Kornplätze, Dreschtennen, zurück (NZZ. v. 13. Januar 1933, Bl. 6). Urkundlich kommt der Ort im Testament Tellos (765) erstmals vor, der seinen dortigen Grosshof („villam meam Iliande", CD. I, S. 13) dem Kloster Disentis vermachte. Die Gunst der geographischen Lage — am Schnittpunkt der rechts- und linksseitigen Talstrassen sowie an der Einmündung des Lugnez — schufen die wirtschaftlichen Vorbedingungen zur Erlangung der Stadtrechte. 1289 erscheint Ilanz urkundlich erstmals in diesem Rang („opido in Illanz", WARTMANN, S. 17). Die Stadtgemeinde bildete innerhalb des Gerichtes Gruob einen eigenen Gerichtsbezirk unter bischöflicher, hernach belmontischer und seit 1400 Sax'scher Vogtei. Von einem eigenen kodifizierten Stadtrecht hören wir erstmals 1390 (GA., Nr. 8). Ilanz war die einzige Stadt im Oberen Bund und im Turnus mit den anderen Vororten (also alle drei Jahre) Sitz der allgemeinen Bundesversammlungen, während die St. Jörgen-Tagungen des Oberen Bundes zu Truns stattfanden. Zu einer völligen Exemtion der Stadt vom Gericht Gruob kam es nicht, wie sie denn überhaupt innerhalb des Bundes keine rechtliche Ausnahmestellung einnahm. In die Staats- und Kirchengeschichte ist ihr Name durch die hier von den Bünden beschlossenen, die Reformation herauführenden Artikelbriefe von 1524 und 1526 eingegangen.

In kirchlicher Hinsicht bildete Ilanz ursprünglich mit Flond, Luvis und Strada zusammen einen Sprengel, dessen Pfarrkirche St. Martin zu Ober-Ilanz war. Die Kollatur war Bestandteil der Herrschaft „in der Gruob". Der Übertritt zur Reformation erfolgte nach dem Ilanzer Religionsgespräch von 1526. — Eine ka-tholische Kirchgemeinde wurde 1858 gegründet. Sie hat seit 1862 eigene Pfarrer und seit 1879 eine Kirche (erbaut von Arch. NÄSCHER, Chur).

Das W a p p e n der Stadt ist die vom Rhein durchflossene Krone. Bis zur Re-formation fungierte die Muttergottes als Schildhalterin[1].

Geschichte der Stadtanlage. Der Grosshof der Victoriden, der durch das Testament Tellos an das Kloster Disentis überging, bildete vermutlich den Kern der heutigen Stadt. Um das Herrenhaus („sala"), das auf dem Areal des Häuser-komplexes gegenüber der „Casa Gronda" gestanden sein dürfte[2], gruppierten sich die Wirtschaftsgebäude und die Behausungen der Kolonen. Aus dieser Siedelung entwickelte sich die mittelalterliche Stadt, die schon im 13. Jahrhundert mit einer

---

1) Auf dem Türgericht auf dem Disentiser Klosterhof in Ilanz (um 1480) erscheint die Krone ohne Strom. Die Muttergottes und die „Rheinkrone" auf einer Ilanzer Fahne im Rät. Museum sowie auf dem alten Siegel des Gerichtes Gruob, vgl. z. B. die Urkunde von 1532 (GA., Nr. 111).

2) Denn hier erhob sich der Disentiser Klosterhof, von dem Teile noch im heutigen Pfarrhaus er-haltes sind (s. unten S. 60 f.).

Abb. 46. Ilanz um 1720.
Zeichnung in der Zentralbibliothek zu Zürich.

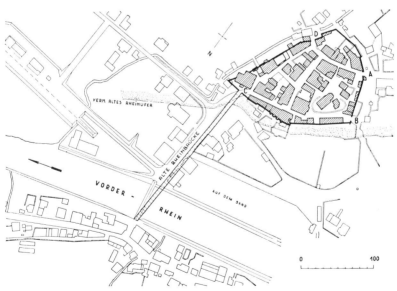

Abb. 47. Ilanz. — Rekonstruktion des alten Stadtumfangs. — Maßstab 1:5000.
Legende: A Das Obere Tor; B Das Rote Tor; C Das Untere oder Rheintor; D Das Schwarze Tor.

Ringmauer umgeben war. Sie wurde in der Belmont'schen Fehde (1352) gebrand-
schatzt und am 1. März 1483 abermals vom Feuer zerstört (GA., Nr. 55). Ihre Umrisse sind im heutigen Stadtplan deutlich erkennbar (Abb. 47), da die Mauern in grösseren Partien, so insbesondere im Südwesten zwischen den beiden noch stehenden Toren

sowie im Südosten und Osten, sich erhalten haben. Die Stadt wird von der Lugnezer Strasse in zweimal gebrochenem Lauf durchzogen. Die an ihr liegenden Gebäude bilden wohl den älteren Stadtkern, und das kleine Quartier um St. Margarethen mit dem Burgturm dürfte ehemals ein eigener — wie bei Maienfeld — gesondert bewehrter Burgbezirk gewesen sein, der nachträglich in die Stadtmauer einbezogen wurde.

Die Wiederherstellung der 1483 vom Brand zerstörten Befestigung scheint erst 1513 erfolgt zu sein und auch dann — nach SERERHARD (II, 11) — nur notdürftig. Eine gründlichere Erneuerung, insbesondere der Tore, wurde 1715/17 mit Beihilfe der Städte Zürich und Bern vollendet (s. darüber S. 47).

Die etwa 70 m über dem Niveau der Stadt an der Lugnezer Strasse gelegene ziemlich geräumige Terrasse, auf der sich St. Martin, die alte Pfarrkirche (s. S. 48), erhebt und wo ursprünglich auch das Pfarrhaus stand, wird in älteren Urkunden (so 1300) „Ober-Ilanz" — und zwar „civitas" — genannt und war mit einer eigenen Ringmauer bewehrt[1]. Ob es sich um eine bedeutendere Siedelung oder nur um eine grössere Kirchenburg mit wenigen Behausungen handelte, könnten nur Grabungen klären. Jedenfalls wird die heutige Stadt schon 1288 schlechthin als „Ilans" und nicht etwa als „Unter-Ilanz" bezeichnet (CD. II, S. 50 u. 73).

Am linken Ufer des Vorderrheins entwickelte sich im Anschluss an die Brücke die Vorstadt St. Nikolaus (romanisch „Sontga Clau").

Literatur: FR. PURTSCHER, Die Gerichtsgemeinde „Zu Ilanz und in der Gruob" und die Stadtgemeinde Ilanz am Ausgang des Mittelalters, erschienen im BMBl. 1922, zitiert als „Purtscher, Ilanz", nach Sep.-Druck, Chur, 1922. — BÜRGERHAUS XVI, S. XIV, XX[2]. — Übrige Belege oben angegeben.

Die Mauern und Tore. Die noch erhaltenen Teile der Stadtmauern zeigen ein unregelmässiges, ziemlich sorglos geschichtetes Mauerwerk mit Schlitz- und Kreuzscharten. Vor der Mauer lief, zum mindesten an der Westseite, ein Graben, über den vom Obertor aus eine steinerne Brücke führte[3]. An der Südostecke der Ringmauer ist noch ein auf Kragkonsolen vorspringender *Erker* mit Schlüssellochscharten und zwiebelförmigem Helm vorhanden; datiert 1715 (Abb. BÜRGERHAUS XVI, Taf. 4). Von den vier Toren existieren zwei nicht mehr: Das „*Schwarze Tor*" — auch „Porta Bual" genannt, im Ostzug der Ringmauer — durch das ein Strässchen gegen den Glenner hinabführte[4], und das „*Untere*" oder „*Rheintor*", bisweilen auch Wassertor genannt (GA., Nr. 111), das in der Achse der Rheinbrücke — auf dem Platz vor dem heutigen Schulhaus — stand[5]. Über diesem Tor erhob sich ein schlanker Turm mit vier Wimpergen und laternenartigem Aufsatz, in dieser Form offenbar 1715 entstanden (Abb. 46); niedergelegt 1842. Erhalten sind noch die beiden Tore im südwestlichen Zug des Beringes:

1. *Das Obere Tor* als Ausgang zur Lugnezer Strasse. Das Erdgeschoss, das eigentliche Tor, stammt von 1513 und öffnet sich nach innen im Stichbogen, nach aussen in einem von Bossenquadern umrahmten Rundbogen mit der eingemeisselten Inschrift: „1513 peter ſtachius"[6]. Daneben Meisterzeichen, Tab. II, 9. Bei

---

1) 1300: „hortum meum situm ante portam civitatis Illantz superioris", Purtscher, S. 17. Die Terminologie erinnert an Chur, wo der „Hof", der ja auch eine Kirchenburg war, ebenfalls mit „civitas" bezeichnet wird (CD. I, S. 76 f.). — Von einer Hofstatt bei St. Martin ist noch 1537 die Rede.

2) Zu berichtigen ist hier, dass der Stadtbrand nicht 1484, sondern 1. März 1483 stattfand.

3) Die „Steiner Bruckh" beim Oberen Tor wird 1664 erwähnt (GA., Nr. 150). Hier wird auch unterschieden zwischen einem „Laufgraben" und dem „Stadtgraben". Ob es einen zweifachen Graben gab?

4) Im alten Gemäuer oberhalb des Hauses Maissen (Nr. 163) sind noch Spuren des Anschlusses dieses Tores an die Ringmauer zu sehen.

5) Urkundlich erstmals 1390 genannt, Purtscher, Ilanz, S. 45.

6) „Stachius", nicht „stachinus", wie in Bd. I, S. 99, angegeben, ist der Name zu lesen. Peter Stachius war Mitglied der Heiligkreuz-Bruderschaft und starb März 1517. Vg. C. Decurtins, Disentiser Kloster-Chronik, Luzern 1888, S. 48.

der Wiederherstellung der Mauern (1717) wurde der Oberbau aufgesetzt; er ist mit Lisenen und Gesimsen gegliedert, mit Walmdach abgedeckt und trägt folgenden heraldischen Schmuck: Auf der Innenseite, von einer gemalten Draperie umrahmt, Wappenstein Schmid von Grüneck mit Inschrift: JOH. GAUD. SCHMID A · GR · HANC PORTAM PONI CURAVIT sowie die Standeswappen Zürich und Bern mit dem Text: IN HONOREM POT. DOM^{ORUM} TUGINORUM ET BERNATUM HOC GRATITUDINIS MONUMENTUM POSUIT JOH.GAUD.' SCHMIDIUS DE GRUEN. PRAET. TIR. A^{O} MDCCXVII. Im Oberteil die Wappensteine Capol und Salis, laut Inschrift zu Ehren des Landshauptmanns von Capol sowie des Hauses Salis-Soglio und des Hauptmanns Peter v. Salis. — Auf der Aussenfront die Wappen der Stadt Ilanz und der III Bünde. Abb. s. BÜRGERHAUS XVI, Taf. 2 u. 3. — Die Malereien wurden 1924 durch CHR. SCHMIDT, Zürich, restauriert.

2. Das *Rote Tor*, südwestlich von St. Margare-

Abb. 48. Ilanz. — Das Rote Tor.
Ansicht von Westen.

then mit ungegliederten Fronten und geschweiftem Giebel (in dieser Form von 1715/17), Schlitzscharten und Hocheinstieg, der wohl mit dem Wehrgang in Verbindung stand. Im Bogen des Durchganges sieht man noch den Spalt für das Fallgitter (Abb. 48).

Alte Stadtansichten. Die älteste stammt von J. HACKAERT von 1655, in der Nationalbibliothek in Wien (Abb. 45, S. 43), abgeb.nach STELLING-MICHAUD, Unbekannte Schweizer Landschaften, Zürich 1937, Taf. 14a. — Ferner eine unsignierte Zeichnung um 1720 in der Zentralbibl. Zürich, Steinfels-Sammlung, Mappe Graub. X, 79 (Abb. 46, S. 45). — Von der späteren Graphik zu nennen ein Aquatintablatt von L. BLEULER um 1825. — Zeichnungen von Ilanzer Baudenkmälern auch in Skizzen und Studien von J. R. RAHN, Zürich 1911, Taf. 44, 60—63. Dargestellt sind hier folgende Objekte: St. Margarethen und Casa Gronda von Süden, das unten S. 64 beschriebene Gartenhaus, der Turm und das Innere von St. Martin sowie der Erker der Ringmauer von 1715 (s. oben S. 46); gezeichnet 1903 und 1906.

Die alte Pfarrkirche St. Martin

Urkundliche Nachrichten. Die Martinskirche zu Ilanz kommt als Grundbesitzerin urkundlich schon im Testament des Bischofs Tello von 765 vor (CD. I,
S. 13). Im karolingischen Urbar von etwa 831 erscheint sie als Königsbesitz, ausgestattet mit dem Zehentrecht[1]. In einem Indulgenzbrief von 1300 wird sie als
teilweise zerfallen („in parte destructa", GA., Nr. 4; CD. II, S. 167) bezeichnet.
1460 und 1465 werden Ablässe zugunsten des mit eigener Kaplanei ausgestatteten
Marienaltars der Martinskirche und der dortigen Liebfrauenbruderschaft erteilt (GA.,
Nr. 36 u. 51), Am 15. Oktober 1500 Neuweihe des noch als „ecclesia parochialis"
bezeichneten Gotteshauses mit vier Altären; ein fünfter wird am 11. August 1508
konsekriert (GA., Nr. 78 u. 87). — Die Pfarrwohnung war anscheinend noch im
15. Jahrhundert in Ober-Ilanz, wurde später aber in die Stadt verlegt. Pfarrkirche
blieb St. Martin bis zur Reformation, doch bestand bei der Stadtkirche St. Margarethen schon 1438 ein eigener Friedhof (GA., Nr. 28). Über den alten Pfarrsprengel s. oben. S. 44. Die aus dem heutigen Bestand zu erschliessende Baugeschichte wird in den „Schlussfolgerungen" dargestellt.

Literatur: NÜSCHELER, S. 60. — RAHN in ASA. 1876, S. 697, 1882, S. 315. —
Ders., Geschichte, S. 541. — CAMENISCH in BMBl. 1927, S. 369 ff. — BERTOGG, S. 152 ff.

Baubeschreibung. Inneres. Der Grundriss ist völlig einzigartig in unserm
Inventar. An ein saalförmiges Schiff, das in der Länge 3,5 m weniger misst als in
der Breite, schliesst sich ohne Einzug gegen Osten eine *Chorpartie*, die aus dem
queroblongen Vorchor und zwei längsrechteckigen, flachgeschlossenen Seitenkapellen
besteht, welch letztere durch Rundbogen mit dem Vorchor in Verbindung stehen.
An den Vorchor schliesst sich der aus der Ostfront vorspringende, flachgeschlossene
kleine *Altarraum*, der nur als Nische wirkt. Er ist mit einer Stichtonne überwölbt
und entbehrt eines Chorbogens. Über dem *Vorchor* ruht ein Sterngewölbe mit spitzbogigen Schilden. Seine sehr derben Rippen sind nur gefast, wachsen aus prismatischen, zugespitzten Konsolen und laufen in einem mit Rosette gezierten, runden
Schlußstein zusammen. Der spitzbogige gefaste Chorbogen steigt über einer einfach
geschmiegten Kämpferplatte auf[2]. — Über den *Seitenkapellen* ruhen rippenlose,
unmittelbar aus der Wand wachsende Kreuzgewölbe mit stark vorgezogenen Graten.
In der Ostwand des Altarraumes ein zweiteiliges Spitzbogenfenster mit einfachen
Maßwerken über runden Teilbogen; in der Nordkapelle ein Kreisfenster mit sechs-
strahligem Stern (gegen Osten) und ein zweiteiliges, mit Maßwerk (über spitzen Teilbogen) geziertes Spitzbogenfenster (gegen Norden). In der Südkapelle ein leerer
Oculus und ein modernes Viereckfenster.

Über dem *Schiff* liegt eine in gestrecktem Bogen gewölbte Leistendecke mit
Profilen des 17. Jahrhunderts. An dem Pfeiler zwischen Vorchor und nördlicher
Seitenkapelle sieht man eine einfach geschmiegte Kämpferplatte und rechts des
Chorbogens — an Unebenheiten des Verputzes erkennbar — Spuren einer weg-
gespitzten Hochwand des Mittelschiffes und die Bogenlinie eines Gewölbeansatzes.
Dicht am Chorbogen ferner zwei aus der Wand kragende Konsolen, die augenscheinlich zur Aufstellung von Figuren gedient hatten, die linke als Maske, die rechte als
menschliche Halbfigur ausgebildet. Ein alter Fussbodenbelag aus Kalkguss ist in
grösseren Partien noch erhalten. In der rechten Schiffshälfte — und zwar in der

---

1) CD. I, S. 294. Ohne Titel. Es ist daher nicht völlig auszuschliessen, dass die Marien- (später
Margarethen-)kirche damit gemeint ist. Vgl. S. 54 f.

2) Sie ist nur noch an der Nordseite vorhanden; gegenüber wurde sie offenbar bei Anlage der Kanzel
entfernt.

Abb. 49. Ilanz. — Die alte Pfarrkirche St. Martin.
Ansicht von Nordosten.

Achse des rechten Chorbogenauflagers — zeichnen sich die Umrisse eines *Säulen-stumpfes* von 47 cm Durchmesser ab (Schlussfolgerungen daraus s. unten). Viereck-fenster des 17. Jahrhunderts; dazu ein leerer Oculus in der Nordseite. — Spitz-giebelige *Nischen* für Altargeräte im Vorchor und in der Nordseite des Schiffes (nahe dem Chor). — An der West- und Nordseite eine *Holzempore* mit Leistenprofilen des 17. Jahrhunderts[1].

Äusseres. Während sich im Grundriss die Gliederung der Ostpartie kaum ab-zeichnet, drückt sie sich im Aufriss durch die Abstufung der Satteldächer vom Schiff zum Vorchor mit Seitenkapellen und endlich zum Altarraum deutlich aus. Das *Portal* ist spitzbogig und gotisch gefast. An der Türe ein spätgotischer, geschmiedeter

1) Es muss jedoch schon zuvor wenigstens eine Seitenempore vorhanden gewesen sein, da die Türe aussen gotisch profiliert ist (s. S. 50).

Griff mit Anschlagplatte in Form von Laubwerk (Abb. 56, S. 53). An der Nordseite, beim Turm, gemauerte Stiege zur Empore. Die Türe hat einen geraden Sturz mit eingetieften Kielbogen. — In den Spitzen der, ziemlich steilen, Giebel des Schiffes die Zahl 1662, gegen Osten ausserdem die *Meister-Initialen* „M / G A C".

Der **Turm** ist in den Schiffgrundriss einbezogen und tritt an der Nordseite nur ganz wenig hervor. Zwei Etappen lassen sich erkennen: der untere Teil, bis etwa 1 m unterhalb der Blendnischen, zeigt gute Eckquadern aus Tuff, im übrigen aber unregelmässiges Mauerwerk mit Kellenfugen, während im oberen Teil der Eckverband aus niederen Gneisplatten besteht und die Kellenstriche fehlen. Die spitzen Giebel der Blenden weisen zierlichen maßwerkartigen Schmuck aus backsteinförmig geschnittenen Tuffsteinen auf, gitterähnliche Motive, gegen Süden — nach dem Dachraum der Kirche hin — mit Spitzbogenfries. Belichtung nur durch Schlitze. Oben eine gezimmerte, offene Glockenstube. Turm und Schiff haben keinen Verband.

Den Eingang zum Friedhof flankieren zwei *Säulen*, Dm. 47 cm, H. 1,78 m (s. unten).

Baugeschichtliche Schlussfolgerungen. Ohne Grabungen lassen sich die Etappen nicht zuverlässig festlegen. Nach dem Augenschein dürfte es sich folgendermassen verhalten:

I. Für eine Rekonstruktion der 765 urkundlich als bestehend nachgewiesenen Anlage fehlen uns Anhaltspunkte.

II. Zur Zeit, als die unteren Teile des Turmes errichtet wurden (um 1000?), war das Schiff schmaler als heute, da der Turm ausserhalb des Langhauses gestellt worden sein dürfte; die Grundrissgestaltung dieser Anlage ist unbekannt.

III. Der Neubau der teilweise zerstörten Kirche nach 1300 (s. S. 48) brachte vielleicht die Kirche im wesentlichen auf ihre heutige Ausdehnung, und zwar in Form einer dreischiffigen Säulenbasilika. Dafür sprechen die erwähnten Spuren eines früher vorhanden gewesenen Hochschiffes, des Säulenstumpfes und die mit ihm in der Dimension übereinstimmenden Säulen vor dem Friedhofstor[1]. Das Gewölbe mit den nur gefasten plumpen Rippen lässt sich in der ersten Hälfte des 14. Jahrhunderts unterbringen (vgl. St. Georg zu Räzüns), würde jedoch nicht in die Zeit um 1500 passen. Doch werden die Seitenkapellen noch nicht in der jetzigen Form bestanden haben, auch die Altarnische nicht. Der heutige Vorchor bildete also den Altarraum. Aus dieser Etappe wohl die oberen Teile des Turmes.

IV. Die Neuweihe vom 15. Oktober 1500 bezieht sich vermutlich auf die Umgestaltung der Ostpartie: Anfügung der Kapellen und Ausbau der Altarnische (alle mit spätgotischen Maßwerken)[2].

V. 1662 wurde wohl die heutige Decke eingezogen, das Dach erhöht und vielleicht das Schiff jetzt erst durch Herausbrechen der Gewölbe und Hochwände zu einem Raum zusammengefasst.

Wandmalerei. Im Inneren: An der Ostwand des Vorchores (links vom Bogen) wurde ein kleines Stück freigelegt, das zwei Schichten zeigt: a) Fragment einer *weiblichen Heiligen* mit Kerze (St. Brigida von Irland oder St. Agathe?). Anscheinend gleichzeitig mit der Malerei der ersten Schicht an der Turmwestwand; 14. Jahrhundert; b) ein grauer mit Krabben besetzter *Giebel*; 15. Jahrhundert.

Am Äusseren: An der Westwand des Turmes zwei Schichten: a) Fragment von *zwei weiblichen Heiligen*, die eine (rechts) offenbar St. Emerita mit Szepter und

---

1) Dass diese Säulenstücke, wie berichtet wird, für eine Vorhalle Verwendung gefunden hatten, bewirkte ihre Erhaltung, während die andern verschwunden sind.

2) Für die spätere Entstehung der Kapellen (an Stelle von Rundapsiden?) sprechen die an der Ostwand aussen erkennbaren Fugenrisse, auch lässt sich am Ansatz der Bogen zwischen dem Vorchor und den Kapellen deutlich sehen, dass sie erst nachträglich durchgebrochen wurden.

brennendem Scheit. b) Rest einer ikonographisch merkwürdigen *Darstellung:* die nur noch in den oberen Partien erhaltene stehende Muttergottes mit dem Kind, auf das sich die Taube herabsenkt; links davon — auf einem Flammenbündel — das

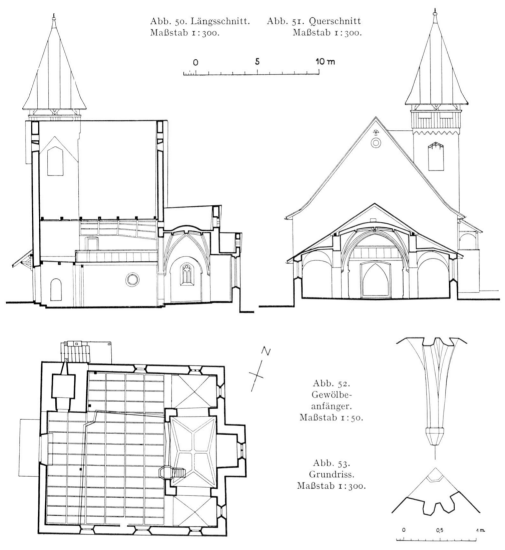

Abb. 50. Längsschnitt.   Abb. 51. Querschnitt
Maßstab 1:300.   Maßstab 1:300.

0   5   10 m

Abb. 52.
Gewölbe-
anfänger.
Maßstab 1:50.

Abb. 53.
Grundriss.
Maßstab 1:300.

0   0,5   1 m.

Ilanz. — Die alte Pfarrkirche St. Martin

gekrönte Haupt Gottvaters (Herabsendung des Logos zur Jungfrau), daneben die Büste des weisenden Erzengels, also die Verquickung von Verkündigungsmotiven mit dem traditionellen Bild der Maria als Mutter. Verbunden damit sieht man noch den Kopf eines Königs in Rundmedaillon sowie Teile eines königlichen Heiligen mit Muschel und Pilgerstab, den Schriftresten nach zu schliessen St. Jodokus. Beide Schichten wohl spätes 14. Jahrhundert, in geringen zeitlichen Abständen (Abb. 54, S. 52).

Abb. 54. Ilanz. — Kirche St. Martin.
Fresko am Turm, wohl spätes 14. Jahrhundert. — Text S. 50 f.

An der Nordwand des Schiffes der *Gekreuzigte* zwischen Maria und Johannes sowie Fragment der *Ölbergszene;* zweite Hälfte des 14. Jahrhunderts. Abgedeckt und restauriert durch CHR. SCHMIDT, Zürich 1924.

Ausstattung. Die *Kanzel* ist polygonal, gegliedert mit geschuppten Pilastern und gekröpften Füllungen; um 1660. — An der Süd- und Westwand *Familienstühle* mit Baldachinen, geziert mit geschuppten Pilastern und Applikationsornamenten. Datiert 1664 und 1665. — Siehe auch Nachtrag Bd. VII, S. 447.

Glocken. 1. Dm. 140 cm. Inschrift: + av(e) + maria + gracia + plena + dominus + tecum + m + cccc + lxxxiiii (1484) + iar +. Ausserdem in gotischen Majuskeln: I H E + N A S (unerklärt, vermutlich nur Füllsel)[1]. — 2. Dm. 82 cm, Inschrift: + ano · dñi · mcccclxi · die · xxviv · mensis · octobri (29. Oktober 1461), conpletum (!) · est · hoc · opus · Trennungszeichen: Blattmotive und Glocken. — 3. Dm. 49,5 cm, ohne Inschrift. Der Form nach aus dem 14. Jahrhundert.

Grabtafeln. An den Wänden des Altarraumes stehen mehrere schmale *Stelen:* 1. Wappen und Inschrift für ,,Peter Kareget‘‘, † 1678. — 2. Ohne Wappen, für Cäcilia, Tochter des Vicari Schmid von Grüneck, † 1706. — 3. Allianzwappen Arpagaus und Alig, für Landammann ,,Murez von Arpagaus‘‘, † 1696. — 4. Wappen Gabriel, für Stefan Gabriel; Datum unleserlich, 18. Jahrhundert. — 5. Ohne Wappen, für Klaus Kindler, † Februar 1713. — Im Vorchor: 6. Ohne Wappen, für die Ehefrau des Meisters Josef Teytter, † 1658. Die Namen der Kinder waren in zwölf Ringe eingezeichnet. — 7. Wappen Gabriel, für Frau Barbara Gabriel, Tochter des Dekans Luzius Gabriel und dessen Ehefrau Anna, geb. Casutt. Todestag fehlt. Um 1680. — Im Schiff zu seiten des Chorbogens: 8. Allianzwappen Montalta und Gabriel, für Maria Montalta, geb. Gabriel, † 24. September 1710. — 9. Allianzwappen Schmid von Grüneck und Salis (Abb. 55), für Jacob Schmid v. Grüneck, gest. zu Chiavenna am 21. August 1644[2]. — An der Westwand: 10. Wappen Montalta, für Julius von Montalta, † 16... — 11. Wappen Caprez, für Pancratius von Caprez,

---

1) Diese Glocke hing bis 1932 auf dem Turm bei St. Margrethen. Ein Madonnenrelief wurde weggefeilt. Vgl. Chr. Caminada, Die Bündner Glocken, Zürich 1915, S. 25.

2) Vermählt mit Cäcilia von Salis. Vgl. Siegel und Wappen der Fam. v. Salis, Basel 1928, S. 60.

† 15. Januar 1676[1]. — 12. Wappen Montalta, Inschrift unleserlich. — Am Turm (im Schiffsinnern): 13. Wappen Castelberg, für Menga von Montalta, geb. von Castelberg, † 15. Dezember 1669. — 14. Wappen Castelberg, grösstenteils unleserliche Frakturinschrift, für Thomas von Castelberg († 1546). — 15. Allianzwappen Schmid von Grüneck und Schorsch; Inschrift unvollständig[2]. — 16. Inschrift für Raget Kuonrad, † 15. April ...., und seine Ehefrau Maria, † 26. September 1674. Stark verwittert. — An der Nordwand: 17. Allianzwappen Castelberg und von Mont, für Christina von Mont. Ehefrau des Junkers von Castelberg, † 22. Februar 1698. — 18. Wappen Castelberg; Inschrift verwittert. — 19. Allianzwappen Riebler und Fagineus, Inschrift unleserlich[3]. — 20. Allianzwappen Schmid von Grüneck und Travers, für Dr. Wilhelm Schmid von Grüneck, † 29. ..... 1662 (vermählt mit Cäcilia von Travers). — 21. Allianzwappen Castelberg und Montalta, für Frau Stina von Castelberg, geb. von Montalta, Ehefrau des Benedikt v. Castelberg, † 10. ...... 1659. — 22. Allianzwappen Montalta und Buol, für Frau Anna von Buol, Ehefrau des Landammans Bal-

Abb. 55. Grabtafel mit Allianzwappen Schmid v. Grüneck und v. Salis. 1644. — Text S. 52, Nr. 9.

Abb. 56. Türgriff.

Ilanz. — Kirche St. Martin.

---

1) Stammvater des Trinser Zweiges der Caprez mit eigenem Wappen. Vgl. G. Casura, Wappenbuch, S. 22 und Taf. 42.

2) Der Haupttext mit den Namen steht vielleicht auf der Rückseite. Es kommen in Frage: Hans Jacob Schmid v. Grüneck, † 1686, verm. mit Anna v. Schorsch, oder Jacob Wilh. Schmid v. Gr., † 1718, verm. mit Jacobea v. Schorsch (Stammbaum Kant. Bibl. K III, 207).

3) Nach Casura, S. 47, für Werkmeister GILLI RIEBLER, 17. Jahrh.; das Fagineus-Wappen (eine Buche = fagus) auch auf Haus Nr. 152 in Ilanz, s. S. 63 f.

thasar von Montalta, † Juni 1775. — 23. Wappen Montalta, Inschrift für Landshauptmann Christoph von Montalta, † 23. Mai 1652.

   Aussen rechts vom Eingang: 24. Allianzwappen Castelberg und Montalta,
mit Inschrift für Joh. Gaud. von Castelberg, † 18. August 1692, in den Ecken die

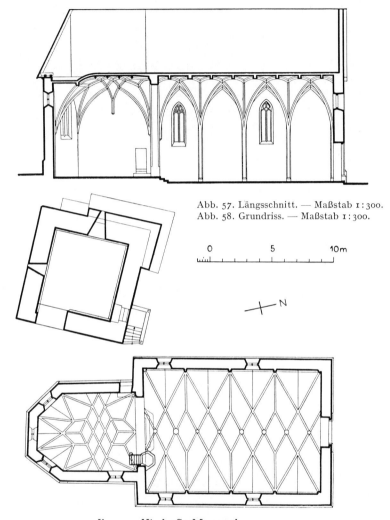

Abb. 57. Längsschnitt. — Maßstab 1:300.
Abb. 58. Grundriss. — Maßstab 1:300.

Ilanz. — Kirche St. Margarethen.

Wappen der Söhne Christoffel und Johann sowie ihrer Frauen: Julia von Latour
und Marg. Faustina v. Baselgia. — 25. Klassizistischer Grabstein mit Allianzwappen
Caprez und Veraguth für Landammann Jakob Caprez, † 1817.

Die Kirche St. Margarethen

Geschichte und Baugeschichte. Im Testament des Tello von 765 wird im
Gebiet von Sagens und Ilanz wiederholt ausser St. Martin auch eine Kirche St. Maria
als Grundbesitzerin aufgeführt (CD. I, S. 12 ff.). Sie kann wohl nur die spätere

Abb. 59. Ilanz. — Die Kirche St. Margarethen.
Ansicht von Süden.

St. Margarethenkirche sein, die noch im 13. Jahrhundert „St. Maria" als ersten Titel führt: „capellam beatae Mariae virginis et beatae Margarete" (CD. II, S. 48, 73)[1]. Die bischöfliche Bestätigung eines Indulgenzbriefes vom 21. Januar 1288 spricht von einem Neubau (de novo constructam, CD. II, S. 50); während der Belmonter Fehde 1352 wohl beschädigt. Bei der Neuweihe am 1. Juni 1385 (CD. IV, S. 112, und GA., Nr. 7) wird nur noch der St. Margarethentitel genannt. Am 5. Februar 1438 Ankauf des alten Wehrturmes als Glockenturm (GA., Nr. 28). Beim Stadtbrand vom März 1483 wurde die Kirche offenbar zerstört. Konsekration des Neubaues mit vier Altären am 16. Oktober 1500 (GA., Nr. 79). Vermutlich trug er jedoch nur provisorische Flachdecken und wurde erst 1518 eingewölbt (datiert). Abermalige Weihe des nun erst völlig vollendeten Baues am 3. Oktober 1520 (GA., Nr. 102)[2]. An der Kirche bestanden Bruderschaften zur Verehrung des St. Jakob d. Ä. (mit eigener Kaplanei) sowie des hl. Kreuzes (GA., Nr. 94, 98). Letzte Renovation 1934, Architekten: SCHÄFER und RISCH, Chur.

Literatur: NÜSCHELER, 61. — J. R. RAHN in ASA. 1882, S. 315f. — Ders., Geschichte, S. 540, 807. — BERTOGG, S. 153. — Über die Wandmalereien: C. SCHMIDT in ASA. 1935, S. 145 mit Abbildungen.

---

1) Welche von den beiden Ilanzer Kirchen im karolingischen Urbar von ca. 831 gemeint ist, muss offenbleiben. Vgl. S. 48, Anm. 1.

2) Die ganze Kirche wurde der hl. Margaretha geweiht, der Hochaltar an erster Stelle St. Maria; ihr folgten St. Margaretha u. a.

Baubeschreibung. Inneres. Einheitlich spätgotische Anlage, bestehend aus einem rechteckigen Langhaus und eingezogenem dreiseitigem, nach Süden gerichtetem *Chor* (Abb. 57 und 58). Über ihm ruht ein zweijochiges Netzgewölbe, dessen Figuration die beiden Joche zu einem einheitlichen, aus einem Stern und aus Rauten originell kombinierten System zusammenfaßt. Diese — die Joche nicht mehr als Einzelelemente betrachtende — Zeichnung spricht für die Datierung des Gewölbes auf 1518 (und nicht auf 1500, s. S. 55). Die einfach gekehlten Rippen steigen aus Konsolstümpfen, die teilweise mit Schildchen geziert sind. Weder Schildbogen noch Schlusssteine. In den Schrägseiten des Chores je ein zweiteiliges Spitzbogenfenster mit Maßwerken über runden Teilbogen, in der Abschlusswand eine Fensterrose (Abb. 60). *Chorbogen* spitz und beidseits gefast. Über dem Chorbogen Datum 1518 und die *Zeichen* des Baumeisters und wohl des Zimmermanns (Abb. 61), (s. Bd. I, S. 97).

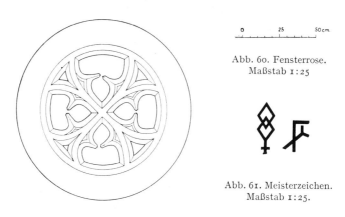

Abb. 60. Fensterrose.
Maßstab 1:25.

Abb. 61. Meisterzeichen.
Maßstab 1:25.

Ilanz. — Kirche St. Margarethen.

Über dem *Schiff* liegt ein Rautengewölbe von vier Jochen ohne Gurtentrennung. Die einfach gekehlten Rippen steigen aus Runddiensten, die vor flachen Vorlagen stehen, aus denen die Schildbogen wachsen. In den Ecken beim Chor nur Konsolstümpfe. Runde und polygonale Schlußsteine. In jeder Langseite je zwei Spitzbogenfenster mit Fischblasenmaßwerken über Mittelstützen und runden Teilbogen. In der östlichen Langseite eine vermauerte stichbogige Pforte.

Äusseres ohne Streben; einheitliches, über dem Chor abgewalmtes Satteldach. Das Portalgewände schliesst im Spitzbogen und ist mit Kehle und überkreuzten Rundstäben profiliert.

Der **Turm** ist ein ehemaliger Wehrturm (s. S. 65), der seit 1438 als Campanile dient (GA., Nr. 26). Schon HACKAERT zeichnete ihn 1655 mit einem Krüppelwalmdach, wie er es heute trägt, doch scheint er im 18. Jahrhundert vorübergehend mit einer geschweiften Haube bekrönt gewesen zu sein (vgl. Abb. 45, S. 43).

Wandmalereien. Bei der Renovation von 1934 wurden durch CHR. SCHMIDT Söhne, Zürich, die *Gewölbemalereien*, von denen bis dahin nur das Feld mit den Evangelistensymbolen sichtbar gewesen, von der Tünche befreit und restauriert.

Näheres über den Charakter und die künstlerische Bedeutung dieser Dekoration s. Bd. I, S. 108 und 110, nebst Abb. 51, S. 111, dortselbst. Hier folgt nur die gegenständliche Beschreibung. Das in der Anlage noch spätgotische Geflecht der Ornamentik mischt vegetative Elemente — Ranken, Blumen und Früchte aller Art — mit Frührenaissancemotiven, wie Vasen, Füllhörnern und Fratzen von Tier-

Abb. 62. Ilanz. — Die Kirche St. Margarethen.
Innenansicht gegen Süden.

und Menschengesichtern. Im Mittelfeld sieht man die Symbole der Evangelisten
und ihre Namen in gotischen Minuskeln auf Schriftbändern. Das Datum 1518 steht
beim Namen des St. Marcus. Bemerkenswert sind besonders die in das Gezweig
hineinkomponierten Todesdarstellungen in den Zwickeln der Evangelienseite, die
hier zwar im Osten liegt, aber bei normaler Achsenstellung Nordseite, also in
symbolischem Sinn die Seite der Nacht und des Todes wäre. Die betreffenden
Bilder sind überdies an den gegen Norden sehenden Kappenfeldern angebracht. Der
Tod ist nicht völlig als kahles Gerippe dargestellt wie bei Holbein, vielmehr ist —
nach spätgotischer Gepflogenheit — nur der Schädel entfleischt, der Körper aber
mit Haut bekleidet. Bilderfolge von Nord nach Süd: 1. Der Tod mit dem Schwert
gegürtet, in der Rechten eine Fahne mit Totenschädel (Abb. 65, S. 59). 2. Der Tod mit
einer Frau am Schachtisch; er fasst ihre Hand, die eine Figur ziehen will, und zeigt
auf das abgelaufene Stundenglas (Abb. 64). 3. Er steht auf einer geflügelten Weltkugel,
die auf einer Sanduhr ruht, und sendet Pfeile herab, vermutlich als Pestbringer. 4. Er
sitzt auf dem Regenbogen und stützt die Füsse auf die Weltkugel. Aus seinem Schädel
wächst ein Halbmond, auf dem sich eine Nachteule niedergelassen hat, und vom
Mund gehen Schwert und Lilienstengel aus; in der Linken hält er das Stundenglas,
in der Rechten die Waage, in deren sinkender Schale das dreiarmige päpstliche
Kreuz liegt, während die steigende ein Schwert hält. Der Tod ist hier deutlich als
Gegenbild zu der traditionellen Darstellung Christi beim Jüngsten Gericht aufgefasst.

Die Wägung versinnbildlicht das Übergewicht der geistlichen über die weltliche Macht (Abb.66). Im Gezweig um diese Todesbilder sieht man, in verschiedener Fassung, die von Tagvögeln verspottete Nachteule, als Gleichnis des Sieges des Lichtes über die Finsternis. Vorzügliche und in ikonographischer Hinsicht äusserst interessante Arbeit.

Nach der Freilegung übertüncht wurden — vor allem ihres fragmentarischen Zustandes wegen — die Malereien beim Chorbogen: rechts sah man, als Teil eines Verkündigungsbildes, den Erzengel und neben ihm ein kleines, offenbar eine Posaune haltendes Engelchen. Der englische Gruss war in Spiegelschrift geschrieben. Zu Füssen Gabriels das Capol-Wappen[1]. Links des Bogens waren die Malereien zerstört. Im Scheitel zwischen den genannten Meisterzeichen fanden sich die Wappen des Oberen Bundes und der Stadt Ilanz, von Putten gehalten; zwischen ihnen ein Wilder Mann (abgeb. in ASA. 1935, S. 148 u. 149).

Abb. 63. Ilanz. — Kirche St. Margarethen.
Der Taufstein. Wohl 14. Jahrhundert.

Die Eintiefungen der acht Schlusssteine sind mit — nicht genauer identifizierbaren — Halbfiguren von Heiligen bemalt.

Ausstattung. Der *Taufstein* ist eine ungefüge achteckige Schale auf rundem Fuss mit wulstförmigem Ring[2]. Wohl 14. Jahrhundert (Abb. 63). — Die *Kanzel* polygonal mit toskanischen Säulchen und Rankenwerk in reicher Reliefschnitzerei; datiert 1669 (Abb. Bd. I, S. 235, nebst Text, S. 233 f.). Schalldeckel gleichfalls mit Schnitzdekor. — Die *Chorschranken* tragen Rokokovasen. — Von den alten *Familienstühlen* noch vorhanden: 1) im Chor ein zweisitziger Baldachinstuhl mit Applikationsdekor, laut (gemaltem) Wappen und Inschrift von Landrichter Wilhelm Schmid von Grüneck, 1653. — 2) An der Nordwand des Schiffes ein sechssitziges Gestühl, dessen Dach auf Säulchen ruht; die architektonisch gegliederten Rückwände mit Intarsien und Flachschnittornamenten geziert, datiert 1666. — 3) Familienstuhl, dessen Rückwand von dem durch Meerweibchen gehaltenen, à jour geschnitzten Wappen des Landammanns Lorenz Willi von Ilanz bekrönt ist; datiert 1732. — Das Mittelstück der *Orgel* ist mit Rocaillen, Ranken und musizierenden Engelchen geziert; um 1760. — Die *Orgelempore* mit glatten Säulen gegliedert, vermutlich um 1700[3].

Kirchliche Geräte: Ein aus Holz gedrehter *Abendmahlsbecher* mit Fuss. — Zwei runde *Schraubkannen* aus Zinn von 6 Liter Inhalt. Meistermarke: Gekrönte Rose, begleitet von den Initialen C C. — Eine *Zinnplatte* mit dem gevierteten Diplom-Wappen Schmid v. Gr. und dem Wappen Brügger in Gravour. Initialen ,,A · F S · V · G‘‘.[4]. Keine Marken.

---

1) Hans von Capol (1494—1565), der Stifter der Gemälde, war Mitglied der Bruderschaft zum hl. Kreuz bei St. Margarethen. Siehe das Reg. confratrum bei C. Decurtins, Die Disentiser Kloster-Chronik, Luzern 1888, S. 50.

2) Das Behältnis rund, mit innerem Ablauf; seit 1934 mittels einer Plattenabdeckung zum Altartisch umgewandelt.

3) Vor 1934 von Holzsäulen gestützt. Die Nordempore neu.

4) Landshauptmann Ambrosius Schmid v. Gr. (1665—1704) war vermählt mit Flandrina v. Brügger.

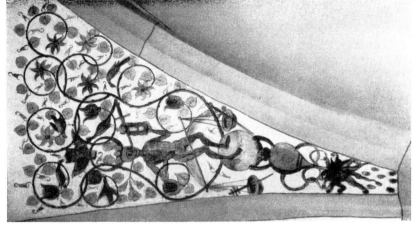

Abb. 66. Todesdarstellung Nr. 4.

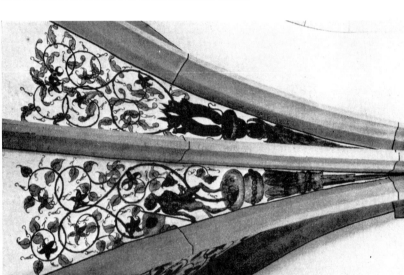

Abb. 65. Todesdarstellung Nr. 1.

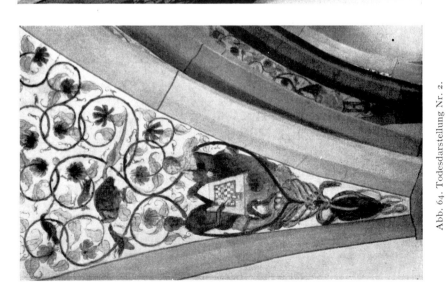

Abb. 64. Todesdarstellung Nr. 2.

Abb. 66. Todesdarstellung Nr. 4.

Ilanz. — Kirche St. Margarethen. Gewölbemalerei von 1518. — Text S. 56ff.

Glocken. Fünf Glocken von RÜETSCHI AG. in Aarau 1932[1].

Im Schweizerischen Landesmuseum: *Holzplastik* (L. M Nr. 9493): Verkündigungsengel (?), H. 62,7 cm, Vollfigur in alter Fassung. Hände und Flügel fehlen (Plastik-Kat. d. LM., S. 67f.). Aus welcher Ilanzer Kirche die Plastik stammt, ist unbekannt. — Dagegen soll aus St. Martin stammen: *Relief eines hl. Bischofs* mit Buch und Stab (H. 118 cm, Br. 31 cm), offenbar Fragment einer Gestühlwange. Ferner geschnitzte *Friesstücke* (von einer gotischen Decke) mit dem Ave-Gruss in Minuskeln. Gegenwärtig magaziniert (LM. Nr. 5773/74).

Abgegangene Kapellen

St. Nikolaus. Diese Kapelle wurde am 27. Mai 1408 zu Ehren von St. Nikolaus, Leonhard, Luzius und Antonius geweiht und war wohl damals neu errichtet worden. Indulgenzbrief vom 30. Januar 1410 und Neuweihe eines Altars am 1. Juli 1423. Eigene Kaplanei, die 1532 der Aufhebung verfiel. (GA., Nr. 9, 10, 16, 111). Wann die Kapelle niedergelegt wurde, ist nicht bekannt. Sie stand in der nach ihr benannten Vorstadt nahe der Brücke, und zwar dort, wo 1903 die jetzige Kapelle errichtet wurde[2].

In der Filialkirche von Cresta-Ferrera hängt eine aus St. Nikolaus stammende, 1873 in Ilanz erworbene **Glocke**: Dm. 67 cm, Inschrift: * iɧeſus * maria * nicolai * lienɧardus * luci † antonius * anno * dni * m° * cccc° * lxviii (1468)[3].

Profanbauten

Der **Disentiser Klosterhof** wurde unmittelbar nach dem Stadtbrand von 1483 wieder neu aufgebaut; er stand an der Stelle des heutigen evangelischen Pfarrhauses (zuvor Haus Casparis), das i. J. 1893 wieder durch Brand schwer beschädigt wurde. Von alten Teilen haben sich erhalten: im Haus selbst eine gewölbte *gotische Decke* mit gefasten, an den Enden mit Herzblattmotiven gezierten Balken, ferner ein Inschriftenstein mit den Wappen des Klosters und des Abtes Johannes VI. Schnag und dem Datum: anno m° cccc° lxxxiii°. In der Südwestecke des Erdgeschosses lag die Hauskapelle, deren Gewölbe aber schon vor dem letzten Brand herausgerissen worden waren. An ihrer Nordwand sah man indes noch einen gemalten *Fries von Wappen*, die zwar zum Teil zerstört, aber im wesentlichen noch zu erkennen waren. Im mittleren Joch das Wappen eines Churer Bischofs und eines Disentiser Abtes (?) aus dem Haus Sax-Misox[5]; in den beiden andern Jochen je vier — gegen die Mitte zu schräg gestellte — Wappen von Bündner Edelgeschlechtern: 1. Valendas, 2. Ro-

---

1) Eine der alten Glocken nun in St. Martin, Nr. 1 (S. 52 mit Anm. 1), die andern drei stammten von Gebr. Grasmayr in Feldkirch 1873.

2) Beim damaligen Abbruch des ,,Schwarzen Hauses" fand man Mauerteile der alten Kapelle, die dann in den Neubau einbezogen wurden (Mitt. Gg. Casura, †).

3) Wiederholt erscheint im bischöflichen Fiskalbuch eine ,,capella St. Jacobi" (so S. 966: ,,capella Sti Jacobi vel altaris parochiae Inlanz" 1513; vgl. auch ASA. 1889, S. 241). Da aber die St. Jakobsbruderschaft ihren Altar bei St. Margarethen hatte (GA., Nr. 94), so dürfte ,,capella" nicht im architektonischen Sinn, sondern als Kaplanei, als Altarpfründe, aufzufassen sein.

4) Dieser Stein wurde 1939 von Herrn Pfarrer Ragaz neu aufgefunden und ist nun über der Haustüre des Pfarrhauses eingemauert. Steinmetzzeichen Tab. II, 3. Die unrichtige Datierung im BÜRGERHAUS XVI, S. XXXIX, geht auf eine Zeichnung Rahns zurück, abgeb. im Schweiz. Arch. f. Heraldik 1919, S. 106.

5) Das gevierteilte bischöfliche Wappen zeigt in 1 und 4 in Silber den schwarzen Steinbock Churs, in 2 und 3 in Silber einen schwarzen Pfahl und schwarzes Schildhaupt, beide belegt mit silbernem Andreaskreuz. Helmzier Mitra in den Farben des Wappenbildes 2 und 3. Das Disentiser Wappen: 1 und 4 in Rot das silberne Andreaskreuz der Abtei, 2 und 3 ein Sack, rot in Gold in Wechselfarben. Als Helmzier der wachsende Bär der Sax; keine äbtlichen Insignien.

Abb. 67. Täferstube aus der Casa Gronda in Ilanz.
Um 1700—1710. — Nun im Schloss Ortenstein. — Text S. 63.

dels, 3. Lumbrein, 4. Räzüns, 5. Belmont, 6. Raitnau, 7. Montalt, 8. Übercastels.
Von den Überschriften in gotischen Minuskeln waren noch erhalten: „fallanꝺas,
ranꝺesʒ · lumrein · rott(ʒüns)“. Die Schild- und Helmformen passen in die Mitte
des 14. Jarhunderts. — Farbige Wiedergabe unter Rekonstruktion des Fehlenden
bei R. VON HESS-CASTELBERG, Fragmente aus dem einstigen Hofe der Abtei Disentis
zu Ilanz 1883, Manuskript im Klosterarchiv Disentis.

Im Rätischen Museum zu Chur eine geschnitzte und bemalte *Türein-
fassung* mit Traubenranken und den Wappen Werdenberg-Sargans[1], Oberer Bund,
Ilanz, Abt Johannes VI. und einem Schild mit Mitra. Abb. s. BÜRGERHAUS XVI,
Taf. 5, Nr 2. — Siehe auch Nachtrag, Bd. VII, S. 447.

Häuser der Schmid von Grüneck. Auf die Bautätigkeit der — lange Zeit
in Ilanz führenden — Familie Schmid von Grüneck gehen folgende Häuser zurück:

Haus Nr. 147 mit zwei *Wappensteinen:* a) Allianz Schmid und von Mont mit
den Initialen W. S. v. G. 1611 — M V M 1611. — b) Allianz Schmid (geviertteiltes

---

1) Nicht Montfort, denn der Grund ist rot, die Fahne weiss (die gelbe Farbe ist eine spätere Übermalung). Über das Bundeswappen vgl. Bd. I, S. 26.

Wappen) und Schorsch mit den Initialen I. W. S. v̊. G. — I. S. A. G. N. G. 1710[1]. Dies ursprünglich das älteste Schmid-Haus, aber völlig erneuert.

Haus Schmid am Obertor (jetzt Casty). Das Haus besteht aus zwei getrennten Teilen: das vordere gehörte ursprünglich der Familie Cavazza, dann Bertogg und gelangte 1594 an die Schmid von Grüneck. Es enthält vom gotischen Bestand noch eine gefaste *Kellertüre* mit Kragsturz und dem Steinmetzzeichen, Tab. II, 4[2]. Steinerne *Wendeltreppe*. Das *Portal* mit Rustikaquadern von 1680. Darüber Wappenstein mit Allianz Schmid und Schorsch und den Initialen H. S. v̊. G. — A. S. (Hans Schmid von Grüneck — Anna Schorsch); über der kleineren Türe ein *Stein* mit gleichen Wappen und Initialen, datiert 1660. — Aus diesem Teil im Rätischen Museum eine *Zimmertüre* mit stark plastischer Reliefschnitzerei: Vasen und Tulpen, umschlossen von portalförmigen Rahmen, datiert 1674 (Abb. s. BÜRGERHAUS XVI, Taf. 5, Nr. 3). Ferner in der Villa Villino (Buchli) zu Chur ein gutes gleichzeitiges *Täfer* mit Eschen- und Nußbaum-Intarsien, architektonisch gegliedert mit Bogen und Schuppenpilastern; Kassettendecke.

Der rückwärtige Teil des Hauses wurde 1670 angebaut (datiert an einer Lukarne) und enthält einen nun unterteilten *Saal* mit Muldengewölbe. Im Spiegel auf einer von Putten getragenen Draperie das Allianzwappen Schmid und Schorsch mit Inschrift: JOHANNES JACOBUS SCHMIDIUS A GRÜNEGG ET ANNA A GEORGIIS EIUS CONIUX 1673.

Die „**Casa Gronda**" (Grosses Haus). Erbaut 1677 von Joh. Ant. Schmid v. Gr. Kubischer Bau mit Mittelkorridor, der rechtwinklig zur Richtung des Hauptfirstes verläuft; die Treppe liegt in einem aus der Westfront vortretenden Turm. Am Äussern ist bemerkenswert die für unsere Verhältnisse reiche Verwendung von ornamentaler Skulptur in Form kräftiger vegetabilischer Barockmotive (Ranken, Blattwerk, Rosetten), insbesondere an dem zweigeschossigen polygonalen *Erker*, der als architektonischer Hauptakzent für den Anblick aus der Gasse an die Ecke gesetzt ist. Über den Fenstern des Erdgeschosses gleichfalls gemeisselte Schmuckgiebelchen. Kräftiges *Rustikaportal* mit grossem Wappenstein: Allianz Schmid v. Gr. (gevierteilt) mit Planta von Wildenberg, umgeben von den Wappen Schmid v. Gr., Travers, Planta und Salis. Auf den ornamentierten Seitenstücken die Initialen I. A. SM G — D. P A W[3]. Auch über der Türe im Treppenturm ein ornamentierter Giebel, datiert 1677.

Innenausstattung. Das Muldengewölbe der Saletta im Erdgeschoss (NO-Ecke) trägt eine reiche *Stuckierung* hochbarocken Charakters aus der Erbauungszeit (1677) mit Karyatiden, Draperien, Putten und Vasenmotiven; über dem Kamin Allianzwappen Schmid v. Gr. und Planta. Von etwas anderer Art der *Stuck* im Gewölberaum der NW-Ecke mit prallem Fruchtkranz, Putten und vollplastischem Adler; gleiche Arbeit wie im Schlössli in Flims, um 1682.

Die wertvollen *Täfer* sind zerstreut, blieben aber immerhin dem Kanton erhalten: 1. Stube im Schloss Marschlins, aus dem unteren Erkerzimmer stammend. Hartholztäfer aus der Erbauungszeit (um 1677), gegliedert mit geschnitzten Hermenpilastern; die Füllungen aus verschiedenen Hölzern, umrahmt von geschnitzten Leisten. Architektonische Türeinfassung mit Schnitzerei. Als Wandabschluss ein Fries mit Spätrenaissance-Ornamenten; reich kassettierte Decke mit

---

1) Auflösung: a) Wilh. Schmid v. Gr. — Mierta v. Mont. b) Jacob Wilh. Schmid v. Gr. — Jacobea Schmid v. Gr. nata Georgiis (Schorsch).

2) Dieses Zeichen erscheint in der Kirche St. Vittore zu Poschiavo als Zeichen des Meisters SEBOLD WESTTOLF 1503.

3) Auflösung: Joh. Ant. Schmid von Grüneck — Dorothea Planta a Wildenberg. Die kleinen Wappen beziehen sich auf die Eltern der beiden Ehegatten.

Intarsien und Schnitzdekor. Das Ganze ist eine noch vorwiegend auf flächige Wirkungen zielende, handwerklich vorzügliche Arbeit. In der Tradition hiess der Raum „Glarner Stube", und in der Tat zeigt er Stilverwandtschaft mit Täfern dieser Gegend, z. B. in Bilten. — 2. Stube im Haus Dr. Bernhard, St. Moritz. Sie zierte den Nebenraum der vorigen Stube und ist ähnlich gestaltet. — 3. Stube im Schloss Ortenstein (vgl. Bd. III, S. 172 und 174, Anm. 2). Sie war im Erkerraum des zweiten Obergeschosses untergebracht. Die Wände sind horizontal in Sockel, Hauptgeschoss und Attika geteilt und vertikal durch gedrehte Säulchen gegliedert, die bogenförmigen Füllungen mit Reliefranken umrahmt; in einer Fensternische Hunde in Relief. Als Supraporte der von Säulen flankierten Türe üppiges Blattwerk mit Fratze. Die tiefen Kassetten sind reich profiliert und geschnitzt, wie

Abb. 68. Ilanz. — Haustüre mit Wappenstein.
Allianzwappen Casutt und Fagineus, 7710. — Text S. 64.

denn überhaupt im ganzen Werk sich das Streben nach stärkerer Plastik des Schmuckes zeigt. In den oblongen Mittelkassetten der Decke das holländische Staatswappen und zwei gevierteilte Schmid v. Gr.-Wappen in Allianz. Um 1700—1710 (Abb. 67, S. 61). Vgl. auch Bd. I, S. 249 f.[1]

Öfen aus der Casa Gronda: 1. in Ortenstein ein bunt bemalter Turmofen mit grünen Füllungen, auf den Friesen Landschaften, auf den Lisenen Medaillons mit Illustrationen zu Psalmstellen. Werkstatt MEYER in Steckborn, um 1730—1740. Näheres FREI, S. 77. — 2. in Marschlins ein bunt bemalter Turmofen, auf den Füllungen Illustrationen zum Alten Testament (Geschichte Jakobs) mit Versen, auf den Lisenen Christus und die Apostel, auf den Friesen Landschaften und Vögel. Am Kranz Reliefkacheln (Judith), Löwenfüsse. Signiert: „1710 H P (verbunden) Hafner" (HANS HEINRICH PFAU von Winterthur).

Haus Geronimi, erbaut 1624 von Pancraz v. Caprez. An einem Bogenfenster *Skulptur* nach Art der Casa Gronda, datiert 1699. Einfache *Täferstube,* datiert 1625, eine andere im Oberstock, datiert 1698; hier reichgeschnitztes *Büfett* mit Fratzen, Ranken, Fruchtgewinden und grossen Muscheln, bezeichnet E V. K („Kaprez"?) 1699.

---

1) Die Zugehörigkeit dieser Wappen ist ungeklärt; bei beiden steht in Feld 1 und 4 die Schlange der Schmid, in 2 und 3 beim einen ein Greif mit Szepter, beim anderen ein steigender Löwe mit Streitkolben. Abgeb. BÜRGERHAUS XVI, Taf. 10. Es scheint sich um Varianten des Schmid-Wappens zu handeln. Vgl. Casura, S. 50.

Gartenhaus, nördlich der Altstadt, erbaut 1710 durch die Schmid v. Gr.; malerische Dachgestaltung durch Kreuzfirst und vier geschweifte Giebel, 1940 durchgreifend restauriert. — Näheres über alle diese Häuser s. BÜRGERHAUS XVI, S. XIV—XVIII, XXXIXf., Taf. 2—18.

Einzelheiten. *Steinhauerarbeiten* mit Blattwerk als architektonischem Schmuck finden sich noch an folgenden Häusern: Haus Nr. 159 (altes Castelberg-Haus) an der Türe und zwei Fenstern, und an Haus Nr. 113 (versetzt); ferner an der Türbekrönung von Haus Nr. 152 mit Wappenstein: Allianz Casutt und Fagineus, bezeichnet I v. C., C v. C. C F A° 1710[1] (Abb. 68). — Fragment eines Zyklus von *Monatsbildern* in guter Grisaillemalerei als Eckborte an Haus Nr. 158; erhalten sind nur noch: Mai, Juni, November und Dezember. Erste Hälfte des 17. Jarhunderts (Abb. 69).

Im Rätischen Museum zu Chur: *Stadtfahne* von Ilanz, etwa 140×120 cm. Gelbe Seide, darauf gemalt die Muttergottes im Strahlenkreuz, darunter das Stadtwappen: die Krone, vom Rhein durchflossen. Sehr defekt. Um 1510.

Im Schweizerischen Landesmuseum zu Zürich steht ein gotisches *Schmuckkästchen* aus Ilanz (LM. Nr. 2939); Holz, geschnitzt, H. 11 cm, L. 23 cm, Br. 16,5 cm. Auf dem Deckel ein Hirsch, auf den Schmalseiten greifenähnliche Vögel, an den Längswandungen Rosen auf gerautetem Grund. 15. Jahrhundert[2].

Abb. 69. Ilanz. — Fassadenmalerei am Haus Nr. 158.
Monatsbilder in Grisaille; erste Hälfte
des 17. Jahrhunderts. — Text oben.

Im Bernischen Historischen Museum: *Kabinettscheibe* mit Wappen Castelberg. H. 32,5 cm, Br. 22 cm (Inv.-Nr. 378). Das Wappenbild, der Pfauenhals, steht vor weißem Damastgrund, also nicht in Blau wie auf dem Diplomwappen oder in Rot wie später meist. Helmdecke weiss, rot und blau. Inschrift: Tomā vō kaſtelberg vō ilanntʒ. Das Glasbild befand sich in der im Juni 1881 aufgelösten Sammlung Fr. Bürki, Bern. — Die linke obere Ecke ist erneuert, im übrigen ist die Scheibe gut erhalten. Nach Helm- und Schildform sowie der Schrift und Ornamentik wird sie 1515—1520, vermutlich vor 1518 entstanden sein

1) Jacob von Casutt, Christoph (?) von Casutt, Cath. Fagineus, vgl. S. 53, Anm. 3.
2) Zwei gleichfalls im Landesmuseum aufbewahrte Friesstücke sollen nach der Inventarnotiz aus dem „Rathaus" zu Ilanz stammen. Es stand an der Stelle des heutigen Schulhauses und hiess das „Graue Haus" („Casa grischa"). Ein drittes Stück trägt das Wappen des Bischofs Ortlieb von Brandis.

Abb. 70. Wappenscheibe des Thomas von Castelberg von Ilanz.
Nun im Bernischen Historischen Museum zu Bern. — Text S. 64 f.

(vielleicht in die St. Margarethenkirche gestiftet?)[1]. — Farbige Abbildung in „Meisterwerke Schweizerischer Glasmalerei", hg. vom Histor. Antiquar. Verein in Winterthur, Berlin, ohne Jahr, Taf. Nr. 58.

Burgen

Wohntürme in Ilanz. Der Turm bei St. Margarethen gehörte offenbar ehemals zur bischöflichen Amtswohnung, in der Literatur wird er bisweilen mit der von Chronisten genannten Burg Brinegg identifiziert. Quadratischer Wohnturm. Der alte rundbogige Einstieg liegt in der Nordseite des zweiten Geschosses. Neuer Verputz. — Der Standort eines 1486 genannten anderen Wohnturmes ist nicht bekannt.

---

1) Thomas v. C. erhielt 1518 eine Wappenbestätigung; es ist unwahrscheinlich, dass der damit Bedachte selbst darnach nicht das in drei Feldern gespaltene und anders tingierte Diplomwappen abgebildet hätte, wenn es auch (nach Casura, S. 24) späterhin nicht geführt wurde. Der „terminus ante quem" wird also 1518 sein, was auch in stilistischer Hinsicht gut passt, s. auch BMBl. 1940, S. 361.

Burgruine Grüneck, roman. Carniec, am linken Rheinufer östlich von Strada. Urkundlich nicht genannt. Ruine eines turmartigen, wehrhaften Palas mit fünfeckiger Grundfläche, vermutlich im 12. Jahrhundert erbaut.

Geringe, nicht sicher zuweisbare Mauerreste eines Wehrturms am Ostende der Vorstadt, vielleicht von der Burg **Löwenstein.** Näheres über alle vorgenannten Wehrbauten s. BURGENBUCH, S. 72, 134, 230, 231, Taf. 58, 60.

KÄSTRIS – CASTRISCH

Urgeschichte. Oberhalb des Dorfes wurde ein Schalenstein mit Rinnen gefunden. ASA. 1876, S. 904, Abb. Taf. XXIV, 3.

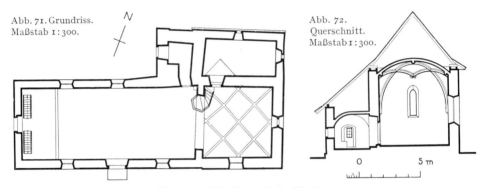

Abb. 71. Grundriss.
Maßstab 1:300.

Abb. 72.
Querschnitt.
Maßstab 1:300.

Kästris. — Die Evangelische Kirche.

Geschichte. Der Ort kommt urkundlich bereits 765 mit dem Namen „castrices" (CD. I, S. 13) vor; es befand sich also damals dort schon eine Wehranlage (castrum), die wohl nur eine Volksbefestigung (vermutlich eine befestigte Kirche, s. unten) gewesen sein kann. Die Siedelung liegt an einer alten Verbindung von Schleuis über den Rhein nach Safien (HBLS.). Im Hochmittelalter entwickelte sich hier eine Herrschaft der Herren von Kästris, die 1139 erstmals genannt werden („de Castrisis", CD. I, S. 161). 1371 fiel sie an die Herren von Belmont und 1390 an die Grafen von Sax-Misox, die sie 1483 an das Bistum abtraten. 1538 Auskauf der Herrschaftsrechte durch die Gemeinde.

Kirchlich gehörte Kästris ursprünglich wohl zur Grosspfarrei Sagens, von der es sich zu unbekanntem Zeitpunkt, aber wohl ziemlich früh, zusammen mit Seewis ablöste (s. Sagens, S. 95 f.). Urkundlich erscheint Kästris 1340 zum erstenmal als Pfarrei (GA. Seewis, Nr. 1). Die Kollatur war Bestandteil der Herrschaft. 1520 amtet dort neben dem Pfarrer ein Frühmesser und ein Kaplan (Reg. clericorum)[1]. Der Beitritt zur Reformation erfolgte vor 1537 (GA., Nr. 14) und hatte die Abtrennung von Seewis zur Folge, wo die Mehrheit katholisch blieb.

Die Evangelische Kirche

Geschichte und Baugeschichte. Die Kirche von Kästris erscheint schon im karolingischen Urbar (um 831) mit ihrem Titel St. Georg[2]. Von diesem früh-

---

1) Eigene Benefizien bestanden für die Altäre St. Maria, St. Sebastian und für das Heiliggrab.

2) Im BURGENBUCH, S. 225, wird der Georgstitel für die Burgkirche (s. unten, S. 69) in Anspruch genommen. Diese Angabe geht auf Nüscheler, S. 61, und Simonet, Weltgeistliche, S. 23, zurück, die beide

mittelalterlichen Bestand sind jedoch ausscheidbare Teile nicht zu erkennen. Der romanischen Epoche dürften ausser den Turm (12. Jahrhundert) auch die östlichen Partien des Schiffes angehören. Ende des 14. Jahrhunderts wohl Erhöhung des Turmes, in der zweiten Hälfte des 15. Jahrhunderts Neubau des Chores und der Sakristei. Später — unbekannt wann — Verlängerung des Schiffes gegen Westen. Renovationen 1817, 1877, 1917.

Literatur: NÜSCHELER, S. 61. — BERTOGG, S. 43 f., 154 ff. — RAHN in ASA. 1882, S. 316.

Baubeschreibung. Inneres. An das Schiff schliesst gegen (Nord-)Osten in gleicher Breite ein quadratischer *Chor*, über dem ein Rautengewölbe mit einfach gekehlten Rippen liegt, die aus zugespitzten Konsolstümpfen steigen. Der Chorbogen spitz und ungefast. Das *Schiff* zeigt durch die ganz ungewöhnlichen Maßverhältnisse (L. 14,20 m, Br. 5,50 m), dass es nachträglich verlängert sein muss. Ein Pfeilerstumpf in der NO-Ecke stammt wohl aus früherem Bestand. Die Stichbogendecke, die Form sämtlicher Fenster (mit Ausnahme eines vermauerten Spitzbogenfensters in der Abschlusswand des Chores) und vermutlich auch der beiden rundbogigen Eingänge im Westen und Süden stammen aus neuerer Zeit (1817?). Aufgemalte Daten: 1817, 1877, 1917. — Äusseres kahl. Einheitliches, über dem Chor abgewalmtes Satteldach.

Abb. 73. Kästris. – Der Turm der Evangelischen Kirche.
Ansicht von Nordwesten.

Der romanische **Turm** steht an der Nordseite des Schiffes. Merkwürdigerweise ist nur seine Nordseite gegliedert, und zwar die ersten vier Geschosse durch Blendnischen mit dreiteiligen Rundbogenfriesen; an den beiden Obergeschossen fehlen diese Blenden, dagegen ist als Rest der obersten noch unter dem Kranzgesims ein fünfgliedriger Bogenfries vorhanden. Die Blenden des Obergeschosses wurden offenbar bei Neugestaltung der gekuppelten rundbogigen Schallfenster (14. Jahrhundert?) zerstört. Sie sind im fünften Geschoss zwei-, im sechsten dreigliedrig, mit gefasten und gerundeten Teilpfeilern. Gleichzeitig wurden die einfachen Rundbogenfenster im vierten Geschoss angelegt. Zwiebelförmiger Helm (18. Jahrhundert). Neuer Verputz.

behaupten, die Dorfkirche sei St. Maria geweiht gewesen. Das wird aber widerlegt durch die schon genannte Urkunde des GA., Seewis, Nr. 1: ,,ad ecclesiam parrochialem ecclesie in Kestris sancti Georgii''. Nach dem Namenbuch I, S. 78, ist die Bezeichnung ,,Sogn Gieri'' für die Dorfkirche noch bekannt.

Die Sakristei liegt an der Nordseite des Chores. Tonnengewölbe, Fenster und Türen gotisch gefast.

Ausstattung. Achteckiger gotischer *Taufstein* mit kantigem Knauf. — Die *Kanzel* polygonal mit verjüngten Pilastern und eingelegten Friesen; Nussbaum, Mitte 17. Jahrhundert. — **Abendmahlskannen.** Zwei prismatische *Zinnkannen*, dat. 1790. Marke des MATHEUS BAUER in Chur.

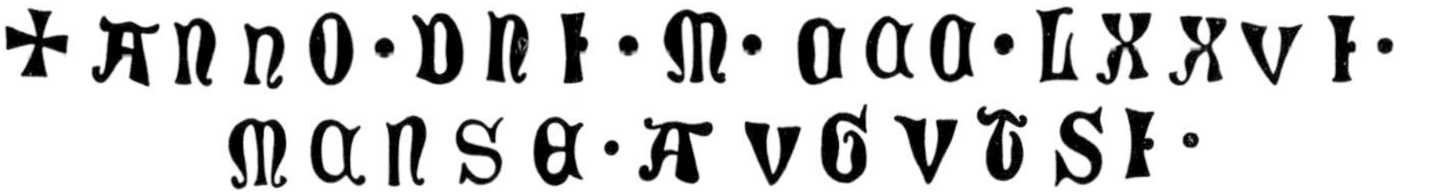

✠ ANNO · DNI · M · CCC · LXXVI · MENSE AVGVTSI ·

Abb. 74. Kästris. — Evangelische Kirche. Inschrift der Glocke Nr. 2. Ausschnitt. — Maßstab 1:5.

M CCCLXXXXVIIII · MAGIS TER · IOVANES ET ANTORIOLLS · FILIUS · EIVS · D E · LLVGANO · FECERVM · hOC OPVS

Abb. 75. Kästris. — Evangelische Kirche. Inschrift der Glocke Nr. 3. — Maßstab 1:5.

Abb. 76. Kästris. Evangelische Kirche.
Grabtafel d. Grafen Johann v. Sax, 1427.
Aufnahme vor der Restaurierung.

Glocken. 1. Dm. 102,5 cm, Inschrift: GOT ZU LOB DEM MENSCHEN ZU GUT GOS MICH LEONHART ERNST IN CUR AUS FEIRES GLUT 1638. — 2. Dm. 93,5 cm, Inschrift in gotischen Majuskeln: + ANNO · DNI · M · CCCLXXVI (1376) MENSE AUGUSTI O REX GLORIE CŪ + (PACE fehlt) (Abb. 74). — 3. Dm. 61,3 cm, Inschrift in gotischen Majuskeln: M CCCLXXXXVIIII (1399) MAGISTER JOHANES ET ANTORIOLUS[1] FILIUS EIUS DE LUGANO FECERU(N)T HOC OPUS (Abb. 75). Die Form der Glocke ist nach italienischer Gepflogenheit schlanker, die Haube höher gebaucht als bei Nr. 2.

Gotische Grabtafel an der Westwand im Innern des Schiffes, H. 220 cm, Br. 92 cm (Abb. 76). Wappen von Sax-Misox, Inschrift: anno dm milesimo cccc° xxvii° obÿ dns iohñes · comes de saxo ultima feria sexta mai (30. Mai 1427). Wie an den eingelassenen Ringen zu sehen ist, handelt es sich um die Platte eines Bodengrabes[2].

Die Ruine der Kirchenburg Kästris

Der 765 schon beurkundete Name „castrices" deutet auf eine frühmittelalterliche Burganlage (CD. I, S. 13). Nach Analogie von Hohenrätien, Räzüns, Crap Sogn Parcazi und Jörgenberg ist diese wohl am besten mit der östlich des Dorfes

---

1) Das T in Antoriolus ist unsicher. Vgl. Vrin, Glocke Nr. 4 (S. 276).
2) Abgebildet und beschrieben auch von J. R. Rahn in Schweiz. Arch. f. Heraldik XI (1897), S. 10.

oberhalb der Strasse nach Valendas in Ruinen liegenden Feste zu identifizieren, die eine bewehrte Kirche mit anschliessender Burg erkennen lässt. Die Burg Kästris war dann im Hochmittelalter Sitz der Herren dieses Namens und wechselte mit der Herrschaft die Hand (s. S. 66). Ausdrücklich genannt wird sie erstmals 1380 (CD. IV, S. 189, „Vesti Cästris"). Mitte des 16. Jahrhunderts war sie schon Ruine.

A. **Die bewehrte Kirche.** Das Patrozinium war offenbar nicht St. Georg (s. S. 66, Anm. 2), sondern St. Michael, denn im Einkünfterodel der Kästriser Kirche von 1485 kommt ausser der Hauptkirche noch eine „ecclesia sancti michael" vor[1]. Aus dem Michaelstitel erklärt sich nun auch der bis dahin rätselhaft gebliebene, mit Stumpf auftauchende Name „Engelberg" oder „Engelburg" (auch die Engelsburg in Rom ist ja dem Erzengel St. Michael geweiht wie die Kirche auf dem Monte S. Angelo, dem „Engelsberg" bei Manfredonia). Die Kirche ist — wie die ganze Anlage — nur noch in Fundamentspuren erhalten. Sie lag bergwärts auf dem höchsten Punkt. Der Grundriss ist ohne Grabungen nicht sicher zu bestimmen; sollte der Chor polygonal sein, wäre ein Neubau in gotischer Zeit anzunehmen.

B. Im Hochmittelalter hat sich offenbar an die alte Kirchenburg (Fluchtburg) die **Feudalburg** angesetzt, von der westlich der Kirchenruine auf stufenweise abfallendem Gelände Fundamentreste zu sehen sind. Näheres s. BURGENBUCH, S. 72, 225.

Ein völlig verschwundener **Wohnturm** („la Tuor" genannt) soll unterhalb der Dorfkirche gestanden haben (vgl. BURGENBUCH, S. 226).

LAAX – LAGS

Urgeschichte. 1936 Fund eines *Schalensteines* mit einer einzigen Eintiefung. JB SGU. 1936, S. 93.

Geschichte. Das Dorf tritt urkundlich erst um 1290 hervor (CD. II, S. 101, „Lages")[2] und stand ursprünglich mit Sagens in ökonomischem Verband, der erst im 19. Jahrhundert völlig liquidiert wurde. Den Anstoss zur Trennung gab aber schon im Mittelalter der gehobenere rechtliche Stand der freien Dorfgenossen. Aus der Gerichtsgemeinde „der Freien zu Laax", die alle Freien ob dem Flimserwald zusammenfasste (s. oben, S. 5), löste sich infolge innerer Streitigkeiten Laax mit Seewis 1518 als eigenes Gericht los, das bis 1851 bestehenblieb (HBLS.). Um 1303 erscheint erstmals der dortige Markt (im Habsburger Urbar), der in „Marcau" am Fuss der Burg Lagenberg am St. Gallen-Tag abgehalten und auch von Kaufleuten aus Lugano viel befahren wurde (CD. II, S. 179 f., Quellen z. Schweizer Gesch. XIV, S. 528). Die Gerichtsstätte „Sessafret" (Saissafratga) befand sich jedoch nicht hier, wie früher angenommen wurde, sondern am rechten Rheinufer bei Kästris (Joos im BMBl. 1930, S. 257 ff.). — Kirchlich gehörte Laax ursprünglich zur Pfarrei Sagens, und zwar als selbständige Kaplanei (GA. Fellers, Nr. 7). Vollständige Ablösung am 22. Juli 1525 (GA., Nr. 15a).

Die Katholische Pfarrkirche St. Othmar und Gallus

Geschichte und Baugeschichte. Die Existenz der Kirche, deren Patrozinium nach späteren Urkunden St. Othmar und Gallus ist, darf schon um 1309 vorausgesetzt werden, da damals der St. Gallus-Tag in Laax bereits besonders ge-

---

1) St. Michael passt ebenso wie St. Georg, dem er auch als Drachentöter nahesteht, als Schutzherr für Burgen; bekanntlich kommt der Michaelstitel bei Burg- und Turmkapellen, überhaupt hochgelegenen Gotteshäusern häufig vor. – Die Stelle des Einkünfterodels verdanke ich einer Abschrift von Hr. Dr. Bertogg.

2) Der Name ist von den kleinen Seen (lacus, roman, lags) in der Nähe des Dorfes abzuleiten.

Abb. 77. Laax. — Die Katholische Pfarrkirche St. Othmar und Gallus.
Ansicht von Nordosten.

feiert wurde[1]. Sonst stehen als Belege aus dem Mittelalter nur (überlieferte und vorhandene) Glocken von 1404 und 1485 zu Gebot. Der alte Bau war nach dem Visitationsbericht von 1643 klein, hatte einen gewölbten Chor und eine flache Schiffdecke (BA.), stellte also vielleicht einen gotischen Bau dar. Schnitzaltäre existierten nicht. Der Turm trug einen Steinhelm. Die heutige Kirche ist ein (laut Inschrift) in den Jahren 1675—1678 fertiggestellter Neubau, der am 17. Oktober 1677 zu Ehren von St. Othmar und Gallus mit drei Altären geweiht wurde. Meister des Baues war Maestro ,,DOMENICO BARBE di Rogoredo (Barbieri von Roveredo)"[2]. Im Vertrag wird vereinbart, dass das Schiff je eine Elle länger und breiter sein solle als St. Plazi in Disentis und der Chor sogar zwei Ellen länger und eineinhalb Ellen breiter[3]. Die Schlussabrechnungen finden für die Kirche 1675 und für den Turm,

---

1) Habsburger Urbar: ,,ze Sant Gallen tult sol sin der jarmerkt". Die ,,Dult" ist also hier nicht der Markt, sondern das Kirchenfest; siehe dazu Grimm, Deutsches Wörterbuch II, 1510.

2) Vor der Vereinbarung mit BARBIERI war ein Vertrag über den Neubau der Kirche mit MRO GASPARE CASELLA von Carona abgeschlossen und der Baubeginn auf 1671 festgesetzt worden. Nach seinem Tod bestätigt sein Sohn den Akkord und will 1672 beginnen. Es kam aber, wie wir sahen, nicht dazu. Casella hätte auch den Hochaltar oder die Stukkatur des Gewölbes machen sollen. Er war also zugleich Stukkateur. Verträge im Pf. A.

3) Diese Bestimmung wurde annähernd eingehalten. — Über DOMENICO BARBIERI und dessen Sohn Martino s. M. Zendralli, Graubündner Baumeister, Zürich 1930, S. 66 f.

Abb. 78. Laax. — Die Katholische Pfarrkirche St. Othmar und Gallus.
Innenansicht gegen Norden.

der unter MARTIN BARBE errichtet wurde, 1676 statt. Die Fenster lieferte ADAM
HITZ von Chur (1676).

Quellen: Bau-Akkord der Gemeinde Laax mit MRO DOMENICO BARBE vom
30. April 1674. — Rechnungen und Zahlungseinträge, Pfarrarchiv. Die Archivalien
werden ergänzt durch Notizen von Pfarrer Job (1866–1889) über die von ihm noch
vorgefundenen Schriftstücke.

Baubeschreibung. Inneres. Einheitlich barocke, nach Norden gerichtete
Anlage, bestehend aus einem *Langhaus* ohne Seitenkapellen und eingezogenem, flach
abgeschlossenem *Chor;* in beiden Raumteilen grätige Kreuzgewölbe, im Schiff durch
Gurten in drei Joche geteilt. Wandgliederung durch Pilaster, im Schiff ausserdem
durch flache Bogenblenden, darüber ein im ganzen Raum durchlaufendes Gebälk.
Belichtung in der Wandzone durch viereckige Fenster, in den Schilden durch
Ochsenaugen. Alle Fenster weisen noch die alten Bleiverglasungen (Butzenschei-
ben) auf. Innere Maße: Chor L. 9,90 m, Br. 7,70 m. Schiff L. 15,40 m, Br. 9,80 m. —
Äusseres. Chor und Schiff durch flache Blendbogen gegliedert; die Fenster von
einfachen Sgraffiti umrahmt. Das Portal in der Südfront mit geradem Sturz und
der Bauinschrift: IN TRIENNIO TOTUM HOC TEMPLUM A COMMUNITATE EX FUNDA-
MENTO ERECTUM EST. ANNO 1678. Im Giebel das Datum 1675. Ein Einheitliches
Satteldach deckt Chor und Langhaus.

Die gewölbte Sakristei an der Ostseite des Chores.

Abb. 79. Laax. – Katholische Pfarrkirche.
Aufsatz des Taufsteins. — Text S. 73.

Der **Turm** steht an der Nordwand des Chores und ist von Ecklisenen eingefasst. Die Unterkante
der beiden Glockengeschosse —
mit rundbogigen Schallfenstern —
markiert ein kräftiges Gesims; Datum 1676. Zwiebelförmige Haube.

Ausstattung. Sämtliche Altäre aus Holz. Der *Hochaltar*
wurde laut Widmungsinschrift
auf dem Bild von Christian Coray
aus Ruschein, ehem. Podestat zu
Trahona, 1708 gestiftet. Der gut
proportionierte Aufsatz ist aus
vorgetreppten Pilastern und toskanischen Säulen mit Kompositkapitellen und einem geschweiften
Gebälk gebaut; am Gesims das
Wappen Coray. Figuren unten:
St. Othmar und Gallus, oben St.
Sebastian und Nikolaus. Das
Hauptbild zeigt die Hl. Dreifaltigkeit mit Maria und St. Georg;
signiert „Johann Beromayer invenit et pinxit 1708", das Giebelbild eine Verherrlichung des Al-
tarsakraments.

Der *Altar auf der Evangelienseite* wurde laut lateinischer Inschrift von Julius A. Coray aus
Laax, ehem. Podestat zu Teglio,
1688 gestiftet. Gewundene Säulen
und aufgelöste Segmentverdachung mit einer Figur des St. Michael über dem Wappen Coray.
Als Umrahmung der Nische (mit
moderner Marienstatue) Medaillons mit den Rosenkranzgeheimnissen; à jour geschnitzte Seitenranken. — Der *Altar auf der
Epistelseite* hat ebenfalls gewundene Säulen, doch ist — im Gegensatz zu den beiden anderen
Aufbauten — hier die horizontale

Abb. 80. Laax. – Katholische Pfarrkirche.
Das „Prager Jesuskind" am rechten Seitenaltar. — Text S. 73.

Abb. 81. Laax. — Katholische Pfarrkirche.
„Schutzmantelmadonna". Anfang des 17. Jahrhunderts. — Text S. 74.

Gliederung völlig unterdrückt; das Gebälk ist stark emporgeschweift und durch das
Gespinst der Ornamentik mit dem Giebel zusammengezogen. Das reichbewegte
Werk wurde von dem Bündner PLACIDUS SCHMIDT 1764 hergestellt[1]. Im Sockel
in Rokoko-Rahmen das „Prager Jesuskind" (Abb. 80). Die Hauptfiguren, Maria
und Joseph, setzen — an Stelle der modernen Herz-Jesu-Statue — eine verschwundene Figur des Jesusknaben voraus.

Der *Taufstein-Aufsatz* ist ein Baldachin mit gedrehten Säulen, unter dem auf
hohem Sockel die Taufe Christi im Jordan freiplastisch dargestellt ist. Originelle Arbeit,
wohl aus der Werkstatt RITZ im Wallis (Abb. 79). — Die *Kanzel:* polygonaler Korpus

---

1) Abrechnung mit Meister PLACIDUS SCHMIDT wegen des Namen-Jesu-Altars über fl. 100.— im
Pf. A. Laax. Nach dem Konsekrationsbrief von 1767 diente der Altar der Epistelseite der Confraternitas
Sanctissimi Nominis Jesu.

mit glatten Ecksäulchen, reich mit geschnitzten Reliefranken geziert, datiert 1677; von Meister MENG (oder MANG?) aus Ilanz[1]. — Das *Chorgestühl* mit Hochwänden, gegliedert durch geschuppte Lisenen; Intarsien. Die Füllungen sind mit Flachschnitt-ornamenten geziert; um 1677, von Meister MENG (Abb. 82). — Am Chorbogen guter barocker *Kruzifixus*, um 1675.

Bilder: Im Chor eine *Schutzmantelmadonna*, umgeben von Rosenkranz-medaillons; anfangs 17. Jahrhundert[2] (Abb. 81, S. 73). Im Schiff eine andere *Rosenkreuzmadonna* mit St. Dominicus und Katharina von Siena, signiert „F. Frido-linus Eggert professus Disertinensis pingebat 1688".

In der **Sakristei:** Ein getriebener *Barockkelch*, Silber, vergoldet, H. 24 cm. Am Fuss zwischen Putten und Ähren Emailmedaillons mit St. Gallus und Othmar; in einem Silbermedaillon Symbol des Abendmahles. Am Korb zwischen Akanthus Medaillons mit den Passionssymbolen. Um 1670/80. — Ein getriebener *Speise-kelch*, Kupfer, vergoldet, H. 32 cm. Am Fuss Engelsköpfe mit Rollwerk. Im Deckel Wappen Montalta mit Inschrift: JULIUS MONTALTA UND CATRINA MONTALTA 1658. — Auf einer erneuerten roten Casula eine Silberplakette mit *Wappen* Cabalzar und Unitialen C A C · C C 1691. — *Sakristei-Schrank* mit eingelegten Spät-Renaissance-Ornamenten; um 1675 (Abb. 83).

---

1) Laut einer Notiz von Pfarrer Job im Pf.A. (um 1880) wurde die Kanzel für fl. 60.— von Meister MENG (oder MANG?) von Glion (Ilanz), der auch das Chorgestühl für fl. 52.— verfertigte, hergestellt. Der Originalbeleg, aus dem Job diese Mitteilung nahm, war jedoch nicht mehr auffindbar.

2) Offenbar das Bild des älteren Altares auf der Epistelseite. Die Visitation 1643 notiert hier eine „tabula depicta S. Rosarii".

Abb. 82. Laax. — Katholische Pfarrkirche.
Detail der Rückwand des Chorgestühls um 1677. — Text oben.

Abb. 83. Laax. — Katholische Pfarrkirche.
Sakristeischrank um 1675. — Text S. 74.

Glocken. 1. Dm. 123,5 cm, Inschrift: ET VERBUM CARO FACTUM EST ET HABI-
TAVIT IN NOBIS. ECCE CRUCEM DOMINI. FUGITE PARTES ADVERSAE VICIT LEO DE
TRIBU JUDA RADIX DAVID ALLELUIA. — MENTEM SANCTAM SPONTANEAM HONOREM
DEO ET PATRIAE LIBERATIONEM. DURCH DAS FEYR BIN ICH GEFLOSSEN ANDREAS
APPORTA BURGER IN VELDKIRCH HAT MICH GEGOSSEN ANNO M D C C. Bilder: St. Othmar, Gallus, Carlo Borromeo, Joder, Nikolaus, Sebastian, mit Titeln. — 2. Dm.
107 cm, gegossen von GEBR. THEUS in Felsberg 1840. Geistlicher Spruch. — 3. Dm.
83,5 cm, von JAKOB KELLER in Zürich 1856. — 4. Dm. 65 cm, Inschrift: + aᵥe ·
mari(a) · grat(ia) plena · m ccclxxxv (1485). Als Trennungszeichen Blütenstengel[1].

Grabtafeln im Innern: 1. Eine Tafel mit Rokoko-Aufsatz aus marmoriertem
Holz mit Wappen und Inschrift für Oberst Joachim von Cabalzar, geb. 6. Juni 1694.
† 21. März 1776 (Abb. 84, S. 76). — 2. Klassizistisches Epitaph aus Nussbaum mit ein-
gelegtem Wappen Schmid und Inschrift für Peter Martial Schmid von Somvix, Kapi-
tular in Ottobeuren, † 27. März 1815; die Tafel gesetzt am 3. August 1833. — Aussen
rechts vom Eingang: 3. Allianzwappen Cabalzar und Schauenstein für Landammann
Martin von Cabalzar und dessen Ehefrau; Daten fehlen. — Am Beinhaus: 4. Allianz Cabalzar und Deflorin für „Barbara von Florino", Ehefrau des Ammanns
Caspar d. J. von Cabalzar, † 16. September (Jahr fehlt); ferner verwitterte Tafeln

1) Nüscheler, S. 63, teilt noch eine Glocke von 1404 mit. Bei der Visitation von 1643 waren nur zwei
Glocken, also die von 1404 und 1485, vorhanden.

Abb. 84. Laax. — Katholische Pfarrkirche.
Grabtafel aus Holz von 1776. — Text S. 75, Nr. 1.

mit Wappen Toagenburg sowie Allianz Coray-Cabalzar. Auf dem Friedhof drei *eiserne Grabkreuze* der Familie Arpagaus in guter Schmiedearbeit, mit Ranken, Spiralen und aus Rundstäben herausgehämmerten Blättern und Blumen; 18. Jahrhundert. Abgeb. bei Chr. Caminada, Die Bündner Friedhöfe, Taf. 2—4, Text dortselbst S. 65.

Im **Pfarrhaus**: Fragment einer *Buchschliesse* (Kupfer, vergoldet, H. 6 cm), das in Halbfigur einen Engel mit hochgestellten Flügeln auf ehemals emailliertem Grund zeigt. Spätes 13. Jahrhundert. — *Weibelschild* aus Silber, Dm. 8 cm. Im kreisrunden Medaillon ein Schild mit dem Laaxer Wappen: in Blau schräg rechts ein silberner Fisch. Den Rand bildet ein Zweig mit Blättern. Ursprünglich mit Agraffe zum Anstecken, später mit Kette zum Aufhängen eingerichtet; um 1510—1520 (Abb. 85).

Die Kapellen

St. Jakob, am Weg nach Sagens, erbaut vermutlich 1503, und zwar mit Hilfe einer Stiftung von Jan Clau Pitschen (Pitzen)[1]. Einräumige, gewölbte Kapelle mit dreiseitigem Schluss. Innere Maße: L. 5,40 m, Br. 3,90 m. Bescheidener zweisäuliger *Altar* (Holz) mit einem Bild der Muttergottes zwischen St. Jakob und Johannes. Am Gebälk *Cabalzarwappen;* um 1670.

St. Nikolaus, an der Strasse nach Flims, erbaut zu unbekanntem Zeitpunkt

---

1) In einem Schiedsspruch vom 17. April 1555 (GA., Nr. 35) wird erwähnt, dass Jon Clauw Pittschen vor „mengen" (= vielen) Jahren die Jakobskapelle erbaut und Glocke und Kirchenzierden gestiftet habe. Da sein Name mit der Zahl 1503 auf der Tafel erscheint, die nun an der Nikolauskapelle eingemauert ist, darf man annehmen, dass dieser Inschriftstein ursprünglich zu St. Jakob gehörte.

Abb. 85. Laax. — Weibelschild aus Silber.
Um 1510—1520. Im Pfarrhaus. — Text oben.

vor 1624[1]; die Apsis später, vielleicht erst im 19. Jahrhundert, erneuert. Schiff
und halbrunde Apsis, beide gewölbt. Gesamtlänge innen 6,25 m, Br, 2.70 m. An
der Front eine von der St. Jakobs-Kapelle her übertragene *Tafel* (s. S. 76, Anm. 1) mit
unvollständigem Wappen und Inschrift: „ian cla piʒen 1503". Von der Ausstattung
ist nur das verhältnismässig frühe, in Anm. 1 genannte Votivbild erwähnenswert.

St. Sebastian, am alten Weg nach Ilanz, erbaut um 1520. Einfacher Viereckbau mit rippenlosem Kreuzgewölbe. Der Rundbogen der Türeinfassung ist spätgotisch gekehlt. Einfacher *Altar* mit kunstlosem Bild der Heiligen Sebastian und
Rochus, um 1700.

Abb. 86. Truhe aus Laax. Zweite Hälfte des 16. Jahrhunderts.
Nun im Schweiz. Landesmuseum zu Zürich. — Text S. 78.

Profanbauten

Haus Montalta, „casa liunga" genannt. Der obere Teil wurde nach dem an der
Front aufgemalten Datum erbaut 1609, der untere 1615/16 (datiert am Tor und dem
Erker). Langgestreckte Anlage ohne durchlaufenden Korridor. Stube mit *Fenster-
säule*[2]. Auf dem *Dreieck-Erker* die Wappen Montalta und Joder mit Inschrift:
WOLFF V̊ MUNTALTA GEWESTER POTISTAD ZU THIRAN 1616 — ANNA V̊ MUNTALTA EIN
GEBORNE JODERA 1616. — Siehe BÜRGERHAUS XVI, S. XLI, Taf. 36.

Haus von Toggenburg, erbaut im frühen 17. Jahrhundert; das Äussere nach
dem Dorfbrand von 1874 erneuert. Im ersten Obergeschoss überstrichene *Täferstube* mit einer in Bogen gegliederten Attika (um 1650). Im Türaufsatz die Wappen

---

1) Ein Votivbild in der Kapelle sagt, dass am 15. September 1624 der fünfjährige Knabe des Junkers
von Montalt drei Schritt unter der Kapelle mit dem Wagen in den Tobel fiel, aber unverletzt blieb. „Drum
zu Gotts Sant Niclaus Ehren sein Herr Vatter tuod dies verehren." Eine Nikolaus-Kapelle bestand also
damals bereits.

2) Ein einfaches Täfer aus Laax im Landesmuseum in Darmstadt, mit Applikationsdekor, datiert
1625, stammt vermutlich auch aus diesen Haus.

Toggenburg und von Mont[1]. An der Lavabo-Verkleidung aus Zinn die eingravierten Wappen Jochberg und Planta mit den Initialen „I V I B R - C V I B G P"[2]. — *Ofen* mit zylindrischem Obergeschoss aus grün glasierten Kacheln.

Im **Haus Coray-Bergamin** (Haus Nr. 37), erbaut laut Inschrift 1788 von Joh. Ant. Arpagaus, eine *Täferstube* mit Rocailledekor und origineller Kassettendecke. Das *Büfett* mit kräftig dekorativer Schnitzerei. Vgl. BÜRGERHAUS XVI, S. XLI, Taf. 36.

Im Schweizerischen Landesmuseum steht eine *Truhe* aus Laax (Nr. I N 6792) mit geschnitzten Büsten und Figuren, eingelegter Mauer-Imitation und reichem Rankenwerk mit Vögeln in farbigen Intarsien. Zweite Hälfte des 16. Jahrhunderts (Abb. 86, S. 77).

Burgruine Lagenberg. Die Burg stand auf einem Hügel an der Strasse nach Flims, gehörte zur Herrschaft Laax und wird 1303 erstmals genannt, reicht aber wohl in weit frühere Zeit zurück. 1323 durch Donat von Vaz zerstört und hernach nicht mehr aufgebaut. Vorhanden sind noch geringe Reste einer langgestreckten Anlage mit Turm. Näheres s. BURGENBUCH, S. 75, 228 (mit Plan).

LADIR

Geschichte. Ladir kommt als „Leitura" im karolingischen Urbar von 831 erstmals vor (CD. I, S. 291) und bildete mit Ruschein und Schnaus einen ökonomischen Verband (s. S. 91). Ein Teil der Bevölkerung waren freie, später der Grafschaft Laax eingegliederte Bauern. — Kirchlich gehörte Ladir zur Alt-Pfarrei Ruschein, von der es sich erst 1684 löste. Vgl. A. v. CASTELMUR im JB HAGGr. 1927, S. 45 f. — Bezüglich der Kollatur s. Ruschein S. 91.

Die Katholische Pfarrkirche St. Zeno

Geschichte und Baugeschichte. Schon im karolingischen Urbar von 831 wird eine Kirche mit Zehntenrecht zu Ladir genannt, und zwar im Besitz des Klosters Pfävers. Als solche erscheint sie dann auch in der zwar gefälschten, aber in diesem Punkt sachlich zutreffenden Urkunde von 998, wobei das Patrozinium St. Zeno genannt wird (CD. I, S. 105)[3]. Vom frühmittelalterlichen Bestand sind keine erkennbaren Teile mehr, vom romanischen nur noch die unteren Geschosse des Turmes vorhanden. Das Visitationsprotokoll von 1643 berichtet von einem ziemlich engen Bau mit gewölbtem (spätgotischem?) Chor und flacher Holzdecke. Der Chorbogen war mit den Bildern der Evangelisten und Kirchenväter bemalt (P. Notker Curti in BMBl. 1915, S. 419 f.). Um 1710 Neubau, vielleicht unter Verwendung von Teilen der alten Umfassungsmauern[4]. 1900 Errichtung eines neuen Turmes mit Anbauten vor der Westfront.

---

1) Nachträglich eingesetzt? Ein Georg von Toggenburg vermählt sich 1706 mit Maria Barbara von Mont (Stammbaum Kantonsbibl. K III 108).

2) Joachim von Jochberg und Catarina (?) v. Jochberg, geb. Planta.

3) Die Richtigkeit der Besitzangabe wird durch die späteren Pfäverser Rodel bestätigt; vgl. M. Gmür, Die Urbare und Rödel des Klosters Pfävers, Bern 1910, S. 30, 35.

4) P. Notker Curti vermutet (in BMBl. 1935, S. 420, Anm. 4), dass der heutige Chor das alte Schiff gewesen sein könnte. Das wird jedoch durch die Angabe des Visit. Prot. widerlegt, dass der Eingang zum (alten) Turm rechts vom Choreingang gelegen sei. Heute noch ist er dort — rechts, nahe dem alten Seitenaltar — zu sehen. Die Gesamtdisposition ist also die alte. — Auf das Datum des Neubaues ist vielleicht vom Hochaltar zu schliessen. Ein Konsekrationsbrief ist nicht vorhanden, da beim Dorfbrand von 1891 das Pfarrarchiv zugrunde ging.

Abb. 87. Ladir. — Die Katholische Pfarrkirche St. Zeno
Ansicht von Nordosten.

Baubeschreibung. Inneres. Die nach Osten gerichtete Anlage besteht aus einem einschiffigen Langhaus ohne Kapellen und dem eingezogenen, flach geschlossenen Chor. Über dem Chor ein unechtes Kreuzgewölbe mit Milieu-Medaillon, über dem Schiff eine in zwei Joche geteilte Tonne mit Stichkappen. Wandgliederung durch Pilaster und ein durchlaufendes Gebälk. Die Belichtung erfolgt in der Wandzone durch Viereckfenster, in den Schilden durch Oculi. Eingang mit geradem Sturz im Westen. Innere Maße: Chor: L. 6 m, Br. 4,60 m; Schiff: L. 10,70 m, Br. 7,20 m. — Das Äussere erfuhr im Jahre 1900 eine wesentliche Veränderung, da vor die Westfront ein neuer, von Anbauten flankierter Turm gesetzt wurde.

Die Sakristei steht an der Nordseite des Chores. Einheitliches Satteldach über Kirche und Anbauten.

Abb. 88. Ladir. — Katholische Pfarrkirche.
Hochaltar von 1710 und 1760. — Text unten.

Vom romanischen **Turm** an der Westseite des Schiffes trug man die oberen Geschosse — bis herab zur Traufhöhe des Langhauses — ab. Die noch bestehenden zwei Geschosse zeigen Blendnischen mit viergliedrigen Rundbogenfriesen.

Ausstattung. Vom *Hochaltar* stammt der Hauptteil — mit den zwei gedrehten Säulen und der aufgelösten Giebelverdachung — von 1710; er wurde aber um 1760 renoviert und durch die Seitenaufbauten mit den Reliquien-Etageren in Rokoko-Ornamentik bereichert. Die beiden Statuen der Apostel Petrus und Paulus standen zuvor wohl dicht an den Säulen; oben Gottvater. Das Altarblatt zeigt in gewandter, tonal gut abgestufter Malerei St. Zeno mit Angelrute und Fisch und dem zu seinen Füssen sich krümmenden Teufel[1]. Unten, durch den Rahmen (von 1760) zum

---

1) Anspielung auf die legendäre Teufelsaustreibung an der Tochter des Kaisers Gallienus. Die Boten fanden den Heiligen beim Fischfang. Vgl. die Bronzetüre in Verona.

Abb. 89. Ladir. — Katholische Pfarrkirche.
Die Kanzel, um 1680. — Text oben.

von den Garben (1. Mose 37,7); Wappen Caderas und Stifterinschrift: MATHIAS CADERAS F. F. Beide Bilder sind beschnitten und stammen aus Altären der zweiten Hälfte des 17. Jahrhunderts. Geschnitzte Antependien. — Das *Taufbecken* ist in einem mit Reliefschnitzerei reichgezierten *Wandschrank* verwahrt; um 1700 (Abb. 90). — Die *Kanzel* ist polygonal, die Füllungen geschnitzt mit Doppeladler und Vasenmotiven. Geschuppte Pilaster. Um 1680 (Abb. 89).—

Abb. 90. Ladir. — Katholische Pfarrkirche.
Der Taufbecken-Schrank, um 1700. — Text oben.

Teil verdeckt, das Wappen Castell à St. Nazar und Inschrift: P. A. CASTELL S. NAZARIO 1710 (Abb. 88).

Die beiden *Seitenaltäre*, gleichfalls aus Holz, sind als Pendants komponiert: gedrehte Säulen mit vorgekröpftem Gebälk und Giebelkartusche, von Akanthus gerahmt; um 1710. Altarblatt auf der Evangelienseite: eine Skapuliermadonna, auf der Epistelseite: der hl. Josef mit dem Jesuskind, darunter — als alttestamentliche Parallele — in Medaillon Josephs Traum

Abb. 91 und 92. Altarflügel aus Ladir. Die Innenseiten.

Ende des 15. Jahrhunderts. — Nun im Schweiz. Landesmuseum zu Zürich. — Text S. 84.

An der Wand darüber ein *Ölbild* mit dem Antlitz Christi, laut Inschrift gestiftet von Balthasar Vincenz von Seth, um 1820[1].

Drei **Glocken** von H. RÜETSCHI in Aarau, 1901 und 1902[2].

---

1) Die Inschrift spricht von einer „vera imago salvatoris D. N. Jesu Chr. ad Abgarum missa"; es handelt sich also um eines der sogen. authentischen Christusbilder von Edessa (Abgar-Bild); das vorliegende ist offenbar nach einer italienischen Fassung kopiert. — Vgl. K. Künzle, Ikonographie d. Christl. Kunst, Freiburg 1928, S. 590.

2) Nach Nüscheler Mskr. war die frühere Glocke Nr. 1 von CHRISTIAN FELIX von Feldkirch 1772. — Nr. 2 von BONIFAZ WALPEN von Reckingen im Wallis 1803. — Nr. 3 ohne Giessernamen 1743.

Abb. 93 und 94. Altarflügel aus Ladir. Die Aussenseiten.
Ende des 15. Jahrhunderts. — Nun im Schweiz. Landesmuseum zu Zürich. — Text S. 84.

Abgewanderte Kunstgegenstände

Fragmente eines spätgotischen Schnitzaltars aus Ladir. Im Kloster-museum zu Disentis steht der leere Schrein. H. 174 cm, Br. 154 cm. Auf dem rot damaszierten Hintergrund zeichnen sich die Nimben einer Muttergottes mit Kind und zweier weiterer Standfiguren ab, die jetzt im Kloster St. Georgen zu Stein am Rhein stehen (s. S. 84). Die Rückseite des Schreines ist bemalt mit einem Gethse-manebild, im Vordergrund Christus und die schlafenden Jünger, hinten die Häscher

Abb. 95. Frühgotische
Holzfigur aus Ladir.

Nun im Klostermuseum
zu Disentis. — Text unten.

Abb. 96. Frühgotische
Holzfigur aus Ladir.

Nun im Klostermuseum
zu Disentis. — Text unten.

unter Führung des Judas. — Die Flügel dieses Schreins befinden sich im Schweizerischen Landesmuseum in Zürich (Nr. I N 7058). H. 171 cm, Br. 78 cm, beidseitig bemalt. Auf den Innenseiten St. Luzius mit Johann Baptist (links) und Maria Magdalena mit Barbara (rechts) vor golden damasziertem Hintergrund. Auf den Aussenseiten die Verkündigung. Ende 15. Jahrhundert (Abb. 91—94, S. 82 und 83). Die Malereien sind nahe verwandt mit den in Bd. II, S. 376, genannten Altarflügeln aus Schmitten sowie mit zwei Tafeln in der Schlosskapelle zu Vaduz[1] und stehen wohl in Werkstattbeziehung zu dem Meister „h.h." in St. Maria zu Lenz (1479) und Tomils (1400)[2].

Als Depositum des Schweizerischen Landesmuseums stehen im Kloster St. Georgen zu Stein a. Rhein zwei der erwähnten drei Schreinfiguren: *St. Dorothea* mit Körbchen, und *Elisabeth*, die in der linken Hand ein Buch trägt, auf dem drei Brote liegen (LM. 9485 und 9405). Die Figuren zeigen tief geschnittenen Faltenwurf und sind derb gebildet. Die jetzt aufgesetzten Köpfe mit plumpen, gequollenen Gesichtern gehören nicht zu den alten Statuen. Höhe der Figuren ohne Köpfe 76 und 80 cm. Es handelt sich, wie aus dem Visitationsprotokoll von 1643 hervorgeht, um Teile des alten Hochaltars[3]; er wurde damals erst neu geweiht, und da überdies an ihm nirgends der Patron der Kirche (und daher des Hauptaltars) St. Zeno vorkommt, ist anzunehmen, dass er zuvor aus einer andern Kirche erworben worden war. Vielleicht wurden dabei auch die fremden Köpfe aufgesetzt.

Im Klostermuseum zu Disentis ferner noch zwei — bis vor einigen Jahren im Pfarrhaus von Ladir verwahrte — *Holzplastiken:* männliche und weibliche Heilige, beide sitzend, H. 84 und 83 cm. Die Unterarme fehlen ganz, die Kronen zum Teil. Keine Fassung. Sehr primitive Arbeiten eines ländlichen Schnitzers, anfangs 14. Jahrhundert (Abb. 95 und 96).

---

1) Abgebildet bei H. Rott, Quellen und Forschungen, Text Bd. I, Stuttgart 1933, S. 177.

2) Vgl. Bd. I, S. 121; II, S. 358 f.; III, S. 164, ferner Kdm. Liechtenstein, S. 204 und 205.

3) Im Protokoll von 1643 (vgl. BMBl. 1915, S. 420) ist das Figurenprogramm ungenau wiedergegeben; von den Schreinfiguren sind nur Maria und Dorothea genannt, dann kommt eine Lücke; auf den Flügeln: Luzius, Johannes Bapt., Augustin und Maria Magdalena. Statt Augustin muss es — wie der Augenschein zeigt — Barbara heissen. Rahn fand 1873 in der Sakristei nur noch die beiden Flügel; er nennt richtig St. Barbara, nicht Augustin. ASA. 1882, S. 346.

Abb. 97. Luvis. — Die Evangelische Kirche.
Ansicht von Nordwesten.

LUVIS – LUVEN

Urgeschichte. 1887 und 1892 wurden oberhalb der Brücke über das Val Pilaccas *Steinkistengräber* aus der La-Tène-Zeit gefunden. Beigaben: eine *Menschenkopffibel* und ein *Spiralring*. — **Römerzeit.** Eine nicht näher bekannte Münze.

Literatur: ASA. 1887, S. 495 mit Taf. XXXIII, 13. — Sitzungsber. d. Wiener Anthrop. Ges. 1892, S. 92 mit Abb. — H. u. Ö., S. 9.

Geschichte. Der Ort kommt als „Lobene" urkundlich schon 765 im Tellotestament vor und erscheint auch im karolingischen Urbar von 831 (CD. I, S. 13, 296), und zwar mit einem „presbyter", war also offenbar damals schon Pfarrei. Wegen Verarmung der Pfrund in Kriegs- und Pestzeiten schloss sich Luvis später — unbekannt wann — der Pfarrei St. Martin in Ilanz an. 1488 wird die Separation betrieben; aber erst 1526 erfolgt die Ablösung. Damals auch Übertritt zur Reformation.

Literatur: SIMONET, Weltgeistliche, S. 68. — CAMENISCH, S. 265. — BERTOGG, S. 128 (Separationsurkunde) u. S. 152.

Die Evangelische Kirche

Geschichte und Baugeschichte. Die im Tellotestament 765 als Grundbesitzerin genannte St. Stephanskirche (CD. I, S. 13) ist mit dem Gotteshaus in

Luvis zu identifizieren, das den Titel St. Stephan und Florinus trug[1]. Im karolingischen Urbar von 831 erscheint es als königliche Eigenkirche. Im Hochmittelalter diente die Kirche als Begräbnisstätte der Herren von Castelberg[2]. — Vom frühmittelalterlichen Bau sind keine Teile mehr erkennbar, aus dem romanischen Bestand ist jedoch noch der Turm vorhanden. Um 1510—1520 durchgreifender Umbau, um 1700 Vergrösserung der Kirche gegen Osten. 1857 und 1937 Renovationen.

Baubeschreibung. Inneres. Die nach Osten gerichtete Anlage besteht aus einem rechteckigen Schiff und dem eingezogenen, dreiseitig geschlossenen Chor. Über beiden Raumteilen liegen Tonnen (im Chor mit Stichkappen und dem Polygon angepasst). Der *Chor*, der sich ohne Vermittlung eines Bogens in das Schiff öffnet, hat stichbogige Fenster, das *Schiff* jedoch in jeder Langseite ein Spitzbogenfenster mit einfachen spätgotischen Fischblasenmaßwerken. Zwei Meter westlich des Chores erkennt man deutlich den Ansatz einer Verlängerung des Schiffes. — An der Westwand schmucklose *Holzempore*. Maße: Chor: L. 4,50 m, Br. 5,40 m; Schiff: L. 11 m, Br. 7 m.

Äusseres. Auch hier, besonders an der Nordwand, ist die nachträgliche Verlängerung des Schiffes an einem Ansatz abzulesen. Das *Portal* ist rundbogig und mit Kehle und einem aus geschraubtem Sockel steigenden Rundstab profiliert.

Datierung. Fenster und Türformen im Langhaus deuten auf einen Umbau des Schiffes um 1510—1520, die erwähnte Fuge am Schiff auf dessen Verlängerung unter gleichzeitigem Neubau des Chores; Verlängerung, nach den Chorfenstern zu schliessen, im 17. oder 18. Jahrhundert (vielleicht erst 1774? vgl. Ausstattung).

Der **Turm** ist romanisch. Er steht ohne Verband vor der Westfront des Schiffes und ist völlig kahl. Über schmalen Rundbogenfenstern gekuppelte rundbogige Schallfenster, deren ursprüngliche Teilstützen nicht mehr vorhanden sind. Geschrägte Kämpfer. Zwiebelförmiger Helm des 18. Jahrhunderts[3].

Dekoration. *Stuckmedaillons*, mit barocken ländlichen Blumen- und Blattornamenten bemalt.

Ausstattung. Massiger *Taufstein* mit aussen achteckiger, innen runder Schale und Schaftring (14. Jahrhundert). — Die *Kanzel* aus Nussbaum, polygonal mit glatten Ecksäulen, datiert 1774. — Dreisitziges *Baldachingestühl* der Familie Dalbert mit Datum 1774.

Abendmahlsgeräte. Ein glatter *Silberkelch*, H. 23 cm, datiert 1761, Beschau Chur Tab. I, 2, Meistermarke Tab. I, 14 (RECHSTEINER). — Zwei prismatische *Schraubkannen* aus Zinn, a) datiert 1761, Marke des JOH. BAUER, Chur, b) datiert 1788, Marke des MATHEUS BAUER, Chur.

Glocken. 1. Dm. 94 cm, Inschrift: MARTI ALIG ALS SCHWARNER (Geschworner) ZU LUVIS · JELLIG V. BASELGEN ALS SCHWARNER ZU LOWIS · SOLI DEO GLORIA · A · D · 1641. Giesserwappen: über zwei Sternen eine Glocke, begleitet von den Initialen „D.P.". — 2. Dm. 86,5 cm, von JAKOB KELLER in Zürich 1870. — 3. Dm. 60,5 cm, Inschrift: DIE NACHPAURSCHAFFT LUVIS HATT DIE ZWO GLOCKEN GIESSEN LASSEN ANNO DOMINI 1641. Keine Giessermarke, jedoch vom gleichen Meister wie Nr. 1.

Burgruine Castelberg

Erbaut um 1200 durch die urkundlich erstmals 1289 erscheinenden Herren dieses Namens, einem Zweig derer von Übercastels; wohl um 1400 verlassen. Die auf einem Hügel unterhalb der Strasse ins Lugnez stehende Ruine gehört neuer-

---

1) Anniversarium von Ilanz: „reliquit quoque capelle sanctorum Stephani et Florini in Lufens unam libram etc." Purtscher, Studien, S. 47, Anm. 129; s. auch JBHAG GR. 1942, S. 77.

2) 1526 „dann die herren von Castelberg, die liegen da oben vergraben". Bertogg, S. 128.

3) Zuvor trug der Turm einen Spitzhelm. Siehe die Ansicht von Ilanz um 1720, S. 45.

Abb. 98. Pitasch. — Die Evangelische Kirche.
Ansicht von Osten.

dings wieder der gleichen Familie. Aufrecht ist noch ein viereckiger Berchfrit mit Hocheinstieg und Resten eines hölzernen Aborterkers auf Kragsteinen sowie Reste des Beringes und eines Nebenbaues. Näheres s. BURGENBUCH, S. 74, 247 (mit Zeichnungen), Taf. 70, sowie V. v. CASTELBERG im BMBl. 1940, S. 353 —384.

PITASCH

Geschichte. Erste urkundliche Nennung des Ortes im karolingischen Urbar von 831 in der Form „Pictavi". Er liegt an einer alten Verbindung von Kästris über das Güner Kreuz nach Safien und dem Rheinwald, gehört geographisch zwar zum Lugnez, bildete politisch jedoch einen Teil des Hochgerichtes Gruob. Der Grund dafür lag wohl in der alten kirchlichen Zugehörigkeit zur Pfarrei Sagens. Am 18. Dezember 1487 wird Riein von Sagens als neue Pfarrei abgetrennt und ihr Pitasch als Filiale zugeteilt (GA. Ilanz, Nr. 58). Nach der Reformation, der Pitasch um 1526 beitrat, lebte die Gemeinde meist in Pfarrgemeinschaft mit Duvin und in neuerer Zeit auch mit Riein.

Die Evangelische Kirche

Geschichte und Baugeschichte. Die Kirche zu Pitasch wurde offenbar zwischen 831 und 960 gegründet, denn im karolingischen Urbar erscheint sie noch nicht, 960 aber tritt sie als königliche Eigenkirche auf und wird von Otto I. zusammen

mit der Rieiner Kirche dem Churer Bischof im Tauschweg übertragen (CD. I, S. 79
und 297). Das Patrozinium St. Martin erfahren wir 1487 (GA. Ilanz, Nr. 58).
Der heutige Bestand (ohne den Turm) ist im wesentlichen wohl ein Werk des 12. Jahrhunderts. 1721 neue Ausstattung. Letzte Renovation (Arch. SCHÄFER u. RISCH,
Chur) 1921.

Literatur: RAHN in ASA. 1876, S. 715. — C. BUHOLZER in BMBl. 1933, S. 109.

Baubeschreibung. Inneres. Nach (Nord)Osten gerichtete romanische Anlage, bestehend aus einem rechteckigen *Schiff* und einer im Grundriss halbkreis-
förmigen gewölbten *Apsis*, deren Bogen rechtwinklig eingekantet ist. Über dem
Schiff liegt eine moderne Gipslattendecke, stichbogig gewölbt. Die Fenster stammen in ihrer heutigen Form aus neuerer Zeit.

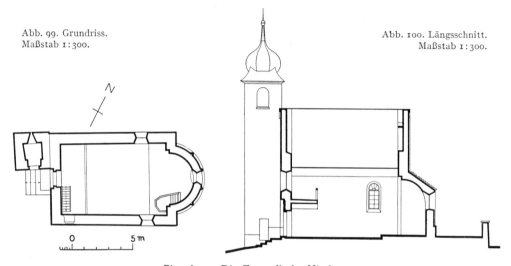

Abb. 99. Grundriss.
Maßstab 1:300.

Abb. 100. Längsschnitt.
Maßstab 1:300.

0   5 m

Pitasch. — Die Evangelische Kirche.

Äusseres. Die Apsis ist mit halbrunden Blendbogen gegliedert, die paarweise
zwischen Vorlagen liegen, vor denen Halbsäulen stehen; Mitte des 12. Jahrhunderts.
Es ist dies die einzige romanische Apsisgliederung mit Säulchen in unserm Gebiet.
Die *Türe* in der Westfront ist bekrönt von einem schmucklosen Tympanon in Lünettenform. Nachträglich erhöhtes Satteldach.

Der **Turm** steht (ohne Verband) vor der Westfront, ist kahl und weist ausser
Lichtschlitzen einfache halbrund geschlossene Schallfenster auf. Zwiebelförmiger
Helm des 18. Jahrhunderts. Dieser Turm gehört nicht zum romanischen Bau, er
ist wohl sogar erst nachmittelalterlich, denn im Dachraum des Schiffes sieht man noch
den im Westgiebel verbauten alten Glockenstuhl.

Wandmalereien. Bei der Renovation von 1921 kamen in der Apsis und an
der Ostwand des Schiffes Wandmalereien zutage, die auf Verlangen der Gemeinde wieder übertüncht werden mussten, aber noch durch den Anstrich schimmern. Dargestellt waren: An der Wand der Apsis unter kleinen Baldachinen die
zwölf Apostel mit ihren Attributen und Büchern; auf grossen aufwärts geschwungenen Schriftbändern waren die Artikel des Credo in gotischer Minuskelschrift verzeichnet. Höhe der Figuren etwa 1 m. In der Mitte der Kuppel thronte in der Man-
delglorie Christus, auf dem Regenbogen sitzend, die Rechte segnend erhoben, in der
Linken den Reichsapfel haltend. In den Zwickeln die Symbole der Evangelisten

Abb. 101. Pitasch. — Evangelische Kirche.
Wandmalereien in der Apsis, frühes 15. Jahrhundert. Nach der Freilegung 1920. — Text S. 88 f.

mit Schriftbändern. Der Kante der Apsis entlang die klugen und die törichten Jungfrauen und eine Laubborte. An der Schiffswand rechts der Apsis ein nimbierter bärtiger Alter, darüber Spuren einer nicht mehr kenntlichen Darstellung (Verkündigung?). Gute Arbeiten aus der Frühzeit des 15. Jahrhunderts (Abb. 101).

Ausstattung. Massiger *Taufstein,* die Schale vom Achteck ins Rund übergehend, Fuss mit flachem Schaftring. Frühes 15. Jahrhundert. — Polygonale *Kanzel* mit Band- und Rollwerk in Flachschnitzerei, datiert 1686. — Bestuhlung, Täfer und Empore von 1921[1].

Abendmahlsgeräte. Ein *Zinnkelch,* H. 27 cm, und eine sechseckige *Schraubkanne,* beide mit Widmungsinschrift der Knabenschaft, datiert 1699 und Marke des Churer Zinngiessers H. L. CADENATI.

Glocken. 1. Dm. 77 cm, von JAKOB KELLER in Zürich 1861. — 2. Dm. 58 cm, Inschrift: CHRISTIAN FELIX A FELDKIRCH GOS MICH IN CHUR 1764.

RIEIN

Urgeschichte. 1881 stiess man bei Sprengarbeiten hoch oberhalb des Dorfes auf 14 in den Fels gehauene und mit Tuffplatten abgedeckte *Gräber* mit Knochen-

---

1) Vom alten Täfer wurden noch Teile eines Spruchfrieses, datiert 1733, an der Südwand verwendet.

resten, einigen Scherben und einer zerbrochenen kleinen Stichwaffe. Eine zeitliche Bestimmung fehlt. — ASA. 1881, S. 128. — H. u. Ö., S. 9.

Geschichte. Auch Riein gehört — wie Pitasch — geographisch zum Einzugsgebiet des Glenner, also zum Lugnez, politisch jedoch zur Gruob, und wird gleichfalls im Tellotestament (765) urkundlich erstmals genannt („Rennino")[1]. Der zur Gemeinde gehörige Weiler Signina ist eine — nun romanisierte — Walsersiedelung (Ortsnamenbuch, S. XLIII).

Kirchlich stand Riein ursprünglich unter Sagens und wurde 1487 zur Pfarrei erhoben (s. Pitasch, S. 87)). Übertritt zur Reformation 1526, seit 1872 in Pfarrgemeinschaft mit Pitasch (Truog, Nr. 76).

Die Evangelische Kirche

Geschichte und Baugeschichte. Das karolingische Urbar (831) nennt in Riein eine königliche Eigenkirche mit Zehntenrecht, die 960 dann von Otto d. Gr. zusammen mit der Pitascher Kirche im Tauschweg an das Bistum übertragen wurde (CD. I, S. 16, 81, 94). Ihr Patrozinium St. Nazarius wird 1487 erstmals bekannt und ist das einzige dieses Namens in Graubünden (GA. Ilanz, Nr. 58). Vom frühmittelalterlichen Bestand sind keine erkennbaren Bauteile mehr vorhanden, aus dem romanischen stammt wohl noch der Turm und vielleicht die Umfassungsmauern des Schiffes. Ende des 15. Jahrhunderts Neubau des Chores. Beim Dorfbrand von 1879 wurde auch die Kirche schwer beschädigt und die Glocken zerstört, doch blieb das Chorgewölbe erhalten. Letzte Renovation 1926.

Baubeschreibung. I n n e r e s. Die nach Norden gerichtete Anlage besteht aus einem rechteckigen Schiff und dem eingezogenen, dreiseitig geschlossenen *Chor*, über dem ein Sterngewölbe von zwei Jochen ruht (Ende des 15. Jahrhunderts). Figuration wie in Valendas (S. 123). Die einfach gekehlten Rippen wachsen aus zugespitzten Stümpfen. Weder Schildbogen noch Schlußsteine. Die Fenster schliessen in gedrückten Spitzbogen. Die *Türe* zum Turm rundbogig mit gotischer Fase. Bauinschrift: RENOVAZIUN 1926. Der *Chorbogen* spitz und gefast. Über dem *Schiff* liegt eine flache Gipsdecke mit Kehle (von 1880). In den Langseiten kleine rundbogige, über der Empóre medaillonförmige Fenster. Maße: Chor L. 5,40 m, Br. 4,70 m, Schiff L. 8,30 m, Br. 5,40 m.

Ä u s s e r e s ungegliedert. Die Gewände der Chorfenster sind gekehlt. Einheitliches Satteldach.

Der **Turm** steht an der Westseite des Chores und dürfte im Hauptteil noch romanisch sein. Gegen Norden ein gekuppeltes rundbobiges Schallfenster mit geschweiftem Kämpfer, die andern Schallöffnungen einfach rundbogig. Zwiebelförmiger Helm (neu von 1881).

Ausstattung modern (von 1880 und 1926).

Zinn. Zwei prismatische *Schraubkannen*. 1. Die Bodenrosette zeigt die Meistersignatur: MATHEUS JOH. ULRICH BAUER ZINNGIESSER IN CHUR 1780. Auf dem Medaillon Initialen „H. C.". — 2. Meistermarke des JOH. ULR. BAUER von Chur (Bossard, Nr. 352), Bodenrosette wie oben. Im Medaillon „H-C".

Zwei **Glocken** von GEBR. THEUS in Felsberg 1881[2].

Über die (unsichere) **Burgstelle Montalta** auf einer künstlich abgeplatteten Erhebung am Südrand des Dorfes s. BURGENBUCH, S. 246.

---

1) Nach Thommen, Urkunden zur Schweizer Gesch., Basel 1899, I, S. 1; also nicht „Renio" wie CD. I, S. 16.

2) Nach Nüscheler Mskr. trugen die früheren Glocken die Inschriften: 1. + o rex glorie criste veni nobis cum pace. — 2. Romanische Inschrift mit Datum 1818.

RUSCHEIN

Urgeschichte. Nahe der Ruine Frauenberg wurden elf *Schalensteine* gefunden. JB SGU. 1934, S. 95, und JB HAGGr. 1935, S. 325 f. mit Abb.

Geschichte. In Ruschein („Rucene") wird im Tellotestament (765) ein Hof mit Herrenhaus, ausgedehnten Wirtschaftsgebäuden und Gütern genannt (CD. I, S. 15). Die Dorfschaft bildete mit Ladir und Schnaus zusammen in alter Zeit einen politisch-ökonomischen Verband mit gemeinsamen Weiden und Alpen, und noch Ende des 17. Jahrhunderts handeln die drei Ortschaften in gewissen Angelegenheiten vereint. In kirchlicher Hinsicht war Ruschein Sitz einer alten Pfarrei, die auch Ladir und Seth mitumfasste, während eine Zugehörigkeit von Schnaus, die wohl für die älteste Zeit anzunehmen ist, urkundlich nicht sichtbar wird. Das Eigenkirchenrecht und später die Kollatur gehörten dem Kloster Pfävers, das sie 1489 an Disentis veräusserte. Formelle Inkorporation am 25. Mai 1491 (WIRZ V, S. 171). Ablösung der Gemeinde Seth 1526 und von Ladir 1684 (s. S. 78 und 312). Die kirchliche Bedeutung von Ruschein in älterer Zeit ist auch daraus zu erkennen, dass es Sitz des Archidiakonates war (WIRZ I, S. 39).

Literatur: A. v. CASTELMUR, Jahrzeitbuch u. Urb. v. Ruschein, JB HAGGr. 1927, S. 45 f. — BERTOGG, S. 146. — SIMONET, Weltgeistl., S. 141.

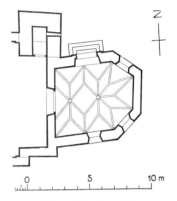

Abb. 102. Ruschein.
Katholische Pfarrkirche St. Georg.
Der ehemalige Chor. Grundriss.
Maßstab 1:300.

Die Katholische Pfarrkirche St. Georg

Geschichte und Baugeschichte. Schon das karolingische Urbar (831) nennt eine Kirche mit Zehntenrecht im Besitz des Königsklosters Pfävers (CD. I, S. 291), und sie erscheint denn auch noch später in den Rodeln dieses Stiftes. Dort erfährt man 1440 auch erstmals das Patrozinium: St. Georg. Aus frühmittelalterlichem Bestand sind keine Teile mehr vorhanden, aus romanischem der Turm. 1493 wurde zumindest der (gewölbte) Chor, vielleicht auch das Schiff neu gebaut. Meister: ANDREAS BÜHLER aus Gmünd in Kärnten, wohnhaft in Thusis. Ein Visitationsprotokoll von 1643 berichtet, dass das Schiff eine flache Holzdecke trug. Im Chor stand ein gotischer Schreinaltar[1], von dem nur noch zwei Figuren erhalten sind (s. unten, S. 93 f.). 1900 wurde das Schiff niedergelegt und eine neue Kirche mit gegen Westen gerichtetem Chor gebaut; der spätgotische Altarraum blieb als Vorhalle stehen (Arch. BALTH. DECURTINS, Chur). Neuweihe 8. Mai 1902.

Literatur: RAHN in ASA. 1882, S. 354. — P. NOTKER CURTI in BMB. 1915, S. 46 ff. (Abdruck des Visitationsberichtes von 1643). — ASA. 1936, S. 238.

Baubeschreibung. Inneres. Schiff und Chor modern (1900—1902). Der alte *Chor* dient als Vorhalle, er ist dreiseitig geschlossen und überdeckt mit einem Sterngewölbe, dessen einfach gekehlte Rippen aus profilierten Konsolstümpfen wachsen. Glatte runde Schlußsteine, keine Schildbogen. Vier leere Spitzbogen-

---

1) Im Schrein die Figur der Muttergottes zwischen St. Luzius, Ursula, Sebastian und Placidus; auf den Flügeln die Verkündigung, in der Bekrönung St. Georg („in summitate S. Georgius"). Ob der Altar auf der Epistelseite mit St. Fabian und Sebastian in Relief — „in sculpturatis picturis" — auch spätgotisch war, ist nicht bestimmt zu sagen.

Abb. 103. Ruschein. — Katholische Pfarrkirche.
Taufbecken-Schränkchen mit Régence-Dekor. — Text unten.

fenster. In der Südwand (von der Nordseite hierher versetzt) eine einfache unprofilierte Sakramentsnische. Im Schild der Abschlusswand wurde 1935 folgende Bauinschrift aufgedeckt: ḥoc opus perfecit diſcretus magiſter andreas buehler de tuſis anno domini 1496. Über A. Bühler s. Bd. I, S. 94 und 96. — Äusseres ohne Streben.

Der **Turm** steht nördlich, am Zusammenstoss von Schiff und altem Chor und gehört noch der romanischen Epoche an. Am 3. und 4. Geschoss Blenden mit dreigliedrigen Rundbogenfriesen. Im 3. Geschoss einfache Rundbogenfenster, in den beiden obersten gekuppelte rundbogige Schallöcher. Barocker Kuppelhelm[1].

Wandmalereien. 1935 wurden im alten Chor (Vorhalle) durch Schürfungen folgende *Darstellungen* nachgewiesen: In den Schilden paarweise die zwölf Apostel mit auffallend grossen scheibenförmigen Nimben; auf den Gewölbekappen Ranken und Blätter; an den Längsseiten Anna selbdritt mit Joachim sowie zwei weibliche Heilige, die eine einen Totenkopf haltend, die andere mit einem Schwert in der Brust (Maria Magdalena und Maria?). Zweite Hälfte des 17. Jahrhunderts[2].

Von der früheren **Ausstattung** noch vorhanden: Ein *Taufbecken-Schränkchen* mit Régence-Dekor und geschweiftem Giebel, bekrönt von einer Gruppe der Taufe im Jordan (Abb. 103). — Die *Kanzel*, ein Polygonkorpus mit geschuppten Pilastern, von Büsten bekrönt. In den Füllungen ungelenke Halbreliefs der Evangelisten, in der Rückwand in derber Intarsia eine Kirche, datiert 16(2)9[3]. Originelles *Messglöckchen* mit geschnitztem Griff in Form eines primitiv gestalteten Löwen (Abb. 104). — S. auch Nachtrag Bd. VII, S. 447.

Glocken. 1. Dm. 92 cm, von GEBR. THEUS in Felsberg 1881. — 2. Dm. 72 cm, von JAKOB KELLER in Zürich 1857. — 3. Dm. 62,5 cm, von JOS. ANT. GRASMAYR in Feldkirch 1830.

---

1) 1643 trug der Turm noch ein Steindach. BMBl. 1915, S. 47.
2) Im Visitationsbericht von 1643 nicht erwähnt.
3) Gestiftet 1629 von J. J. Tag. Vgl. JB HAGGr. 1927 S. 29.

Abb. 104. Ruschein. — Katholische Pfarrkirche.
Messglöckchen.

Abb. 105. St. Georg vom ehemaligen Hochaltar von Ruschein.
Holzplastik, Ende des 15. Jahrhunderts.
Nun im Hause Peterelli zu Savognin. — Text unten.

Abgewanderte Kunstgegenstände

Im Klostermuseum zu Disentis: *Kruzifixus* auf einem Astkreuz. Korpus
H. 61,5 cm, neu gefasst. Anfang 16. Jahrhundert.

Im Haus Peterelli zu Savognin: Spätgotische *Holzplastik* des hl. Georg,
H. 89 cm. Der Heilige zückt mit der Rechten das Schwert gegen den unter dem
Pferd liegenden Drachen. Die Klinge des Schwertes fehlt; sonst gut erhalten in origi-
naler Fassung. Charaktervolle Arbeit aus dem Ende des 15. Jahrhunderts (Abb. 105).
Die Figur stammt von der Bekrönung des gotischen Schreinaltars (s. S. 91, Anm. 1).

Im Schweizerischen Landesmuseum zu Zürich (LM., Nr. 9052): Spätgotische *Holzplastik* einer stehenden Muttergottes, H. 106,5 cm. Originale Fassung;
um 1505 (Abb. 106, S. 94). Verwandt mit der Plastik des Strigelaltars von Seth, die
ihrerseits unter Syrlinschem Einfluss steht (vgl. S. 317 f.). Die Figur stand offenbar in
dem 1643 noch erwähnten gotischen Hochaltar (vgl. S. 91, Anm. 1).

Literatur: G. OTTO, Die Ulmer Plastik der Spätgotik, Reutlingen 1927, S. 153
und 156, Abb. 168. (Der ehemalige Standort hier irrtümlich mit Thurgau angegeben.)
— POESCHEL in ASA. 1932, S. 226 ff. — Plastik-Kat. d. LM., S. 63 f.

Die Kapellen in Ruschein

Abb. 106. Muttergottes
vom ehemaligen Hochaltar in Ruschein.
Holzplastik um 1505. — Nun im Schweiz.
Landesmuseum zu Zürich. — Text S. 93.

St.Antonius von Padua. Reizvoller kleiner, sechseckiger Zentralbau ohne ausgeschiedenem Altarraum, bedeckt von einer auf Pilastern ruhenden Kuppel mit Stichkappen. Stichbogige Fenster. Das Dach ist eine sechseckige Kuppel, die in malerischer Linienführung in eine Laterne übergeht. Bescheidener *Altar* mit Widmungsinschrift von Valentin Franz und Datum 1635; Bild: Marienkrönung mit Antonius von Padua und St.Georg. Der Altar wurde offenbar aus einer anderen, älteren Kapelle übernommen, da die gegenwärtige wohl erst um 1680 entstanden ist. — *Glocken.* 1. Dm. 29 cm. Datum: MDCL XXX IIII. Meisterinitialen: „P V F". Brustbilder von Christus und Maria. — 2. Dm. 27 cm, Datum: 1683. Meisterplakette: Glocke mit Umschrift: DOMINICO DE ANDREI FECIT[1].

St. Maria, geweiht am 19. August 1643 mit einem Altar (Pf.A.). Die nach Norden gerichtete Kapelle besteht aus einem gewölbten Schiff und einem schwach eingezogenen, dreiseitig geschlossenen, gleichfalls gewölbten Chor. Stichbogenfenster. Innere Maße: Chor L. 3,30 m, Br. 4,15 m, Schiff L. 3,75 m, Br. 4,85 m. Vor der Südfront ein Vorzeichen auf Holzstützen. Satteldach und Dachreiter. Moderne Ausstattung. — *Wandmalereien.* Im Herbst 1935 aufgedeckt und durch Dr. LUSSER restauriert. Innen: An den Chorschrägseiten drei Szenen aus dem Marienleben: Verkündigung. Epiphania und Krönung. Aussen im Giebel: Mariä Himmelfahrt mit unbekanntem Stifterwappen; aus der Erbauungszeit (1643). — *Glocken.* 1. Dm. 44 cm, von GEBR. GRASMAYR in Feldkirch 1861. — 2. Dm. 32 cm, Inschrift: S. MARIA MATER NOSTRA MALA PELLE BONA POSCE 1818.

St. Valentin. Erbaut um 1730, kleine Feldkapelle östlich von Ruschein am Fussweg nach Ladir, bestehend aus einem mit grätigem Kreuzgewölbe bedeckten

---

[1] Glocken und Dach wurden am 11. November 1939 durch Brand zerstört. Erneuerung 1940.

Schiff und einer mit Tonne überwölbten Altarnische. Satteldach. Zierliches *Altärchen* aus
Holz mit gedrehten Säulen und geschweiftem
Giebel. Altarbild: St. Valentin mit dem Epi-
leptiker. Signiert: „W. C.". Seitenfiguren:
St. Rochus und Sebastian, im Giebel Gottvater. — Gutes geschnitztes *Antependium* mit
Régencedekor und dem Brustbild St. Valentins, um 1730—1740, wie der Altar.

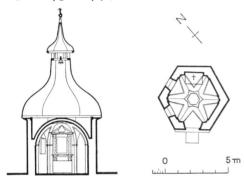

Ruschein. — Die Kapelle St. Antonius von Padua.
Abb. 107. Grundriss und Schnitt. Maßstab 1:300.
Abb. 108. Ansicht des Bauzustands 1930. — Text S. 94.

Profan- und Wehrbau

Ein **Täfer** aus Ruschein gelangte ins Schweizerische Landesmuseum,
Inv. Nr. 7373 (gegenwärtig im Depot). Kassettendecke mit Rosetten, Türgericht mit
geometrischen Einlagen, Wandkasten und Wabenfenster; um 1650.

Die Burgruine Frauenberg. Die Burg wurde von den 1257 erstmals urkundlich auftretenden Herren dieses Namens erbaut und war Zentrum einer Grundherrschaft. Der letzte des Geschlechts ist der in der Manesseschen Handschrift erscheinende Minnesänger († vor 1314). Besitznachfolger wurden die Werdenberg-
Sargans. Aufrecht ist noch die Ruine eines viereckigen Wehrhauses mit eben-
erdigem Eingang, das ehemals wohl einen gezimmerten Obergaden trug. Näheres,
auch weitere Literatur, s. BURGENBUCH, S. 72, 231, Taf. 57.

SAGENS – SAGOGN

Geschichte. In Sagens (765 „Secanium"), das im Frühmittelalter offenbar eine
der Hauptsiedelungen des Vorderrheingebietes war, lag ein Grosshof der Victoriden,
der vom Bischof Tello 765 dem Kloster Disentis vermacht wurde (CD. I, S. 12). Die
Güterbeschreibung unterscheidet zwischen dem „vicus" und dem „castrum" (einem
befestigten Platz), eine Trennung, die sich vielleicht heute noch in den beiden Dorf-
teilen Vitg dado und Vitg dadens, dem inneren und äusseren Dorf, ausspricht. Im
Hochmittelalter war Sagens Sitz des bischöflichen Vogtes über alle Gotteshausleute
auf Müntinen (Surselva).

Die **Pfarrei** Sagens umfasste ursprünglich das Gebiet der heutigen Gemeinden
Sagens, Laax, Schleuis, Riein und Pitasch und in ältester Zeit wohl auch Kästris

und Seewis[1]. Letztere beiden Dorfschaften wurden vielleicht schon im Frühmittelalter abgetrennt, Riein mit Pitasch 1487, Laax 1525 und Schleuis erst 1850. —
Der Reformation schloss sich in Sagens nur eine Minderheit an, die von Kästris aus
pastoriert wurde. Der evangelische Gottesdienst fand zunächst in einem Privathaus
statt, der Friedhof stand indes beiden Konfessionen zur Verfügung. 1701 kam es
zwischen beiden Teilen zu Streitigkeiten, die beinahe zu einem Bürgerkrieg geführt
hätten (sogen. ,,Sagenser Handel"). Ein Kompromiss wurde 1704 geschlossen. Seit
1713 hatten zwar die Evangelischen einen eigenen Pfarrer, doch erfolgte die vollständige kirchliche Trennung der Konfessionen erst 1742. Die katholische Pfarrei
wurde 1633—1649 und 1724—1923 durch Kapuziner versehen.
    Literatur: ÄMTERBÜCHER, S. 45 f. — BURGENBUCH, S. 27. — BERTOGG, S. 144. —
A. v. SPRECHER, Gesch. d. Rep. der III Bünde im 18. Jahrh., Bd. I, Chur 1872, S. 1—33.
— TRUOG, Nr. 81. — SIMONET, Weltgeistliche, S. 143 f.

Die Katholische Pfarrkirche St. Mariä Himmelfahrt

Geschichte und Baugeschichte. Die im Tello-Testament (765) wiederholt als
Grundbesitzerin genannte Kirche St.Columban ist mit der Sagenser Pfarrkirche
zu identifizieren. Sie erscheint in der Güterbeschreibung bei Sagens (Secanium),
auch wird ein an St. Columban grenzender Acker mit ,,Sarrs" bezeichnet, einem
Flurnamen, der heute noch nahe der Kirche vorkommt[2]. Trotzdem sie nicht
Eigenkirche war, wurde sie bei der karolingischen Säkularisation dem Bischof ent-
zogen, ihm aber auf Beschwerde hin 831 wieder zurückerstattet (CD. I, S. 12, 32)[3].
Am 16. August 1282 Inkorporation an das Kloster St. Luzi (CD. II, S. 12). 16. Juli
1350 Stiftung zweier Altäre z.E. aller Heiligen und von St. Michael (CD. II, S. 408).
In diesen Urkunden wird das Patrozinium nicht genannt; wann der Wechsel von
St. Columban zu St. Maria eintrat, ist unbekannt.
    Ob im heutigen Langhaus noch Teile des frühmittelalterlichen Mauerwerkes
enthalten sind, ist nicht zu bestimmen. Aus gotischer Zeit (1449) stammt der Turm.
Durchgreifender Um- und Neubau 1634 vollendet und am 22. Juli 1640 geweiht, z.E.
von Mariä Himmelfahrt, mit drei Altären (Pf.A.). Renovation 1899. — RAHN,
ASA. 1876, S. 716, 1882, S. 354.
    Baubeschreibung. Inneres. Die nach Osten gerichtete Anlage hat die Form
eines lateinischen Kreuzes und besteht aus dem einschiffigen Langhaus, einem Querschiff mit zwei ostwärts angefügten Seitenkapellen und dem quadratischen Chor.
Der *Chor* ist überwölbt mit einem grätigen Kreuzgewölbe. Die durch Gurten in
vier Joche geteilte Tonne des *Langhauses* kreuzt sich mit dem Tonnengewölbe des
Querschiffes. Wandgliederung durch Pilaster mit Kompositkapitellen, über denen
ein Gebälk auf gleichem Niveau in der ganzen Kirche ringsumläuft. Die Seitenkapellen reichen nur bis in die Höhe dieses Gesimses und sind mit schmalen Tonnen
überwölbt. Die Belichtung des Haupt- und Querschiffes erfolgt nur oberhalb des
Gesimses, und zwar durch dreigeteilte Lünetten, im Chor und den Kapellen in der
Wandzone durch Viereckfenster.
    Bauinschrift im südlichen Querschiff in modernen Lettern: ,,D. O. M.
Templum hoc annis 1634 et seq: a. P. P. Miss, Cap^nis aedificatum in honorem
B. M. V. in coelum assumptae Ill^ms et Rev^us Ep. Joannes Deo sacravit CVIII Kal.

---

1) Nur so ist die — urkundlich gesicherte — Zugehörigkeit von Riein und Pitasch erklärlich, die
sonst ja keinen Zusammenhang mit Sagens gehabt hätten.
    2) ,,spunda da sars" und ,,sars" westlich der Kirche. Auch Iso Müller verweist die Columbanskirche
nach Sagens JB HAGGr. 1939, S. 118 f.
    3) Wegen der richtigen Datierung — 831 statt 825 — siehe Jahrb. f. Schweiz. Gesch. XV, S. 221.

Abb. 109. Sagens. — Die Katholische Pfarrkirche St. Mariä Himmelfahrt.
Ansicht von Nordwesten.

Julii (24. Juni) Anno domini 1640". Datum der Renovation: M D CCC XCIX. — Äusseres ohne Wandgliederung. In der Westfront das Portal mit Pilastern und Giebel. Satteldächer (Abb. 109).

Der **Turm** steht ohne Verband in der Ecke zwischen Langhaus und nördlichem Querschiff. Mächtiger hoher Viereckbau, nur an der Nord- und Westseite gegliedert durch je drei flache, fortschreitend niederer werdende Blendnischen mit gegen Norden acht- und gegen Westen sechsteiligen Friesen von kleinen gedrückten Spitzbogen[1]. Darüber läuft jeweils ein Streifen schräg gestellter Steine. Rundbogige Schmalfenster (Abb. 113, S. 99). An der Westseite etwa 3 m über Bodenniveau das eingemeis-

---

1) In der untersten grossen Blende der Nordwand war ein riesiger Christophorus aufgemalt; er wurde 1903 übertüncht, war aber damals schon fast erloschen. ASA. 1876, S. 716, und 1906, S. 202.

selte Datum 1449 und Meisterzeichen Abb. 111. Die gezimmerte Glockenstube ist bekrönt von einem achteckigen Spitzhelm mit Bruch.

In der Ecke zwischen Chor und südlichem Querschiff die Sakristei, mit einem rippenlosen Kreuzgewölbe überdeckt wie die Marienkapelle, die zwischen

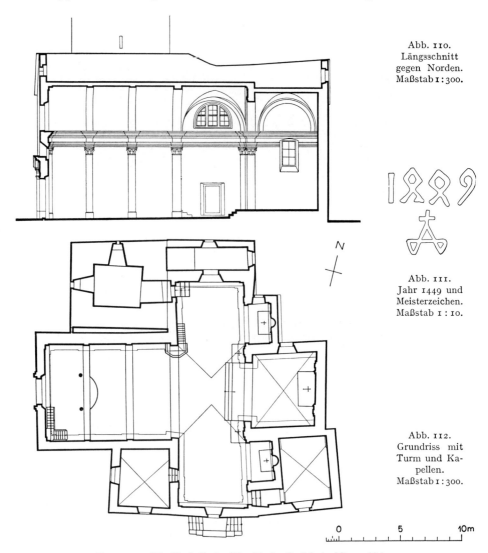

Abb. 110.
Längsschnitt
gegen Norden.
Maßstab 1 : 300.

Abb. 111.
Jahr 1449 und
Meisterzeichen.
Maßstab 1 : 10.

Abb. 112.
Grundriss mit
Turm und Ka-
pellen.
Maßstab 1 : 300.

Sagens. — Die Katholische Pfarrkirche St. Mariä Himmelfahrt.

Langhaus und südlichem Querschiff eingestellt ist. Der Sturz ihres Eingangs von aussen her ist gotisch und weist einen eingetieften Kielbogen mit Kreuz auf; vermutlich hierher versetzt von einem Seiteneingang des älteren Baues. An der Nordseite des Querschiffes schmales Beinhaus.

Stukkatur. Der Fries des Gebälkes und die Archivolte des Chorbogens ist belegt mit spiralförmig gewundenem Akanthus, auf dem Gesims zu seiten des Chor-

bogens sitzen zwei vollplastische Figuren des
Königs David, die ihn thronend und auf der
Harfe spielend zeigen[1]. Im Scheitel das „Ka-
puzinerwappen", auf den Archivolten der Seitenkapellen Engelchen. Die Deckengemälde (s.
unten) sind in Stuckrahmen eingeordnet, die,
gekröpft oder medaillonartig, mit Eierstab und
Blattmuster geziert sind; andere auch kar-
tuschenförmig mit eingerollten Bändern. Dazwischen Akanthus, Girlanden und Engelsköpfe.

Wandmalereien. Innen: In den einzelnen,
von den erwähnten Stuckrahmen eingefassten
Bildern wird dargestellt: A) im Chor: am Gewölbe die Evangelisten, in den Schilden St. Franziskus und Felix von Cantalice, an den Wänden
Szenen aus der Kindheit Christi. B) Am Gewölbe
des Hauptschiffes: Passion und Himmelfahrt
Christi in neun Szenen. Auf der Darstellung des
Abendmahles die Meistersignatur: GO BAPTA
MACOLINUS VALLIS S[I] JACOBI PINXI ANNO DOMINI
1639. Zu diesem Zyklus gehören auch noch zwei
Bilder an den Wänden des Hauptschiffes: Beweinung, mit Stifterwappen Montalta, und Christus in der Vorhölle, mit Inschrift und Wappen
des Canonicus Scholasticus Christian Cabalzar.
An den Langhauswänden ferner die Hl. Familie
und St. Martin. C) Am Gewölbe des südlichen
Querschiffes: Bild des göttlichen Zornes[2], Schutz-
mantelmaria und Rosenkranzmadonna. Dazu
gehören ikonographisch die Darstellungen der
Rosenkranzgeheimnisse in der südlichen Seitenkapelle. D) Am Gewölbe des nördlichen Querschiffes und in der Kapelle dieser Seite Szenen
aus dem Leben von S. Carlo Borromeo. E) Am
Gewölbe der Vierung: Immakulata, Taufe im
Jordan, Versuchung. — Diese gesamte Dekoration stammt offenbar von gleicher Hand, von
dem oben genannten JOH. BAPT. MACHOLINO aus
dem Val S. Giacomo (vgl. auch Pleiv, S. 258f.).
Die Bilder sind durch Übermalung entstellt; in
der Komposition versucht der Maler bisweilen
kühne Verkürzungen, die sein Können nicht zu
bewältigen vermag (Abb. 116, S. 101).

Die **Altäre.** Von den fünf Altären sind die
drei mit dem Neubau der Kirche (1640) entstandenen — der Hochaltar und die Kapellen-

---

[1] Hier, rechts, fehlt die Harfe, doch zeigt der Gestus
noch das Spielen an.

[2] Christus, Pfeile schleudernd (Pest!), Maria und
Mönche als Fürbitter, im Hintergrund Sagens und Schleuis
mit der Feste Löwenberg.

0   5   10m

Abb. 113. Sagens.
Katholische Pfarrkirche
Nordfassade des Turms. – Maßstab 1:300.

altäre — aus Stuck. Beim *Hochaltar* sind, wie in Italien häufig, Mensa und Aufsatz getrennt. Letzterer bildet eine Ädikula mit zwei kannelierten Säulen und Kompositkapitellen. Im Giebel Halbfigur Gottvaters. Bild: Himmelfahrt Mariä[1]. — Bei den *Kapellenaltären* werden die verglasten Nischen flankiert durch Hermen mit Halbfiguren von Engeln. — Die beiden *Altäre zu seiten des Choreinganges* sind aus Holz und um 1740—1750 entstanden. Reichbewegte treffliche Arbeiten des Überganges vom Régence- zum Rokokostil: gewundene, mit Trauben belegte Säulen tragen ein geschweiftes Gebälk mit Lambrequins. Hauptgeschoss und Giebel sind zu einer male-

Abb. 114. Sagens. — Katholische Pfarrkirche.
Bekrönung des Familiengestühls der von Mont, um 1670. — Text unten.

rischen Einheit zusammengeschlossen und übersponnen von wucherndem Schmuckwerk aus Ranken, Blattwerk, Blumen und rocailleähnlichen Gebilden. In den Nischen St. Antonius von Padua (nördlich) und St. Fidelis (südlich). Geschweifte Mensen mit Dekor von Bandwerk und Rocaillemotiven.

Übrige **Ausstattung.** Einfache *Polygonkanzel* mit Bogengliederung, datiert 1626. —*Familiengestühl* im südlichen Querschiff, aus Nussbaum. Die Hochwand bekrönt von einem giebelförmigen Aufsatz mit drei geschnitzten Wappen: von Mont zu Löwenberg zwischen von Mont und Castelli à St. Nazar. Um 1670 (Abb. 114). — Die *Wangen der Bänke* mit Blatt- und Blumenranken in Flachschnitt. 18. Jahrhundert (Abb. 117, S. 102). — Von den *Rahmenbildern* bemerkenswert: im südlichen Querschiff Wochenstube Mariä, geschrumpft und beschädigt; nördlich Mariä Geburt; zweite Hälfte des 17. Jahrhunderts. Neben der Kanzel Maria mit Anna, S. Carlo und Sebastian, 17. Jahrhundert. — An der Nordwand des Turmes ein grosses *Kruzifix* (früher wohl am Chorbogen); Ende 17. Jahrhundert, unter Beeinflussung durch ein älteres Vorbild.

Sakristei: *Kelch*, H. 22 cm, Silber, vergoldet; geschweifter Fuss mit Voluten, aufgelegte Ornamente; um 1600. Beschaumarke von Feldkirch, Tab. I, 7; Meister-

---

1) Unter dem Bild das hierher versetzte Gittertürchen der ehemaligen Sakramentsnische.

Abb. 115. Innenansicht gegen Osten.

Abb. 116.
Gewölbema-
lerei im Schiff.

Gemalt 1639.
Text S. 99,
Ziff. B.

Sagens. — Die Katholische Pfarrkirche St. Mariä Himmelfahrt.

Abb. 117. Sagens.
Katholische Pfarrkirche.
Wange einer der Bänke im Schiff.
18. Jahrhundert. — Text S. 100.

marke Tab. II, 26[1]. — Eine *Casula* aus weisser Seide, bestickt mit Goldranken und bunten Blumen (Nelken) (Abb. 119). — Weisseidene *Casula* mit Goldborten, zarten Ranken und bunten Blumen, hergestellt aus einem Muttergotteskleid, beide Mitte 18. Jahrhundert. — Eine *Casula* aus grünem Velour. — Ein *Chormantel*, weisse Seide (erneuert), mit Ranken, Nelken, Türkenbund und Festons. Um 1740 (Abb. 118). — *Prozessionsfahne* aus rotem Damast mit gesticktem Bild des Johannes Bapt., 17. Jahrhundert.

Glocken. 1. Dm. 157,5 cm, von GEBR. GRASMAYR, Feldkirch 1868. — 2. Dm. 122,5 cm, von JOS. ANTON GRASMAYR in Feldkirch 1831. Bilder: Madonna, Kreuzigung, St. Antonius v. Padua, St. Fidelis. — 3. Dm. 97 cm, Inschrift: IN NOMINE JESU OMNE GENU FLECTATUR 1820. Bilder wie Nr. 2 ohne St. Fidelis. — 4. Dm. 78 cm, Inschrift: ET VERBUM CARO FACTUM EST ET HABITAVIT IN NOBIS M D CCC XXV III. Bilder: Madonna, Petrus und Paulus. — 5. Dm. 64 cm, Inschrift: AVE MARIA GRATIA PLENA DOMINUS TECUM 1768. — A. B B (ANTON BRANDENBERG) VON ZUG GOSS MICH. Bilder: Kruzifix, Madonna, St. Michael, Antonius v. P.

Grabtafel (nun im Haus Dr. Tuor) mit Allianzwappen Castelli à St. Nazar und von Mont; Inschrift für Frau Cath. Castelli geb. von Mont, † 1722, Ehefrau des Jos. Ludwig Castelli.

Die Evangelische Kirche

Geschichte und Baugeschichte. Ein Schiedsvertrag vom 7.—18. September 1742 (s. oben, S. 96) billigte dem reformierten Gemeindeteil die Errichtung eines eigenen Gotteshauses zu (Kathol. Pf. A.), das 1743 erbaut wurde. Baumeister: JAKOB KRÄTTLI. Einweihung am 8. Oktober 1743. Renovationen 1834 und 1861 (Inschriften), zuletzt 1933.

Literatur: E. CAMENISCH, Origin e svilupaziun della pleiv evangelica de Sagogn in „Per Mintga Gi" 1933.

Baubeschreibung. Inneres. Anspruchsloser, nach Norden gerichteter rechteckiger Predigtsaal ohne Chor. Flache Decke. An der Abschlusswand die *Empore*. Hohe Rechteckfenster. An der Südwand über dem Eingang stehen die Renovationsdaten 1834 und 1861. Innere Maße: L. 12 m, Br. 7,90 m. — Äusseres ungegliedert. Im Giebel das Erbauungsdatum 1743. Das Portal war von plumpen Halbsäulen flankiert und wurde 1933 neu gefasst. Satteldach.

Der **Turm** steht an der Nordwand und trägt einen baroken zwiebelförmigen Helm.

Ausstattung. Der dreiteilige prospekt der *Orgel* mit ländlichem Rokokodekor, datiert 1772; Spielwerk 1911 umgebaut.

Abendmahlsgeräte. *Zinnkelch*, H. 25,5 cm, bezeichnet „N. V. C. 1765". — Prismatische *Schraubkanne* mit Marke des Churer Zinngiessers H. L. CADENATI. Wappen und Nameninschrift des damaligen Pfarrers J. P. de Malacrida 1718.

1) Rosenberg verweist diese Beschaumarke und daher auch die Meistermarke (unter Nr. 4696) nach Tübingen. Das wiederholte Auftreten dieser Marke in unserm Gebiet legt jedoch die Zuschreibung nach Feldkirch nahe.

Sagens.
Sagogn.

Katholische
Pfarrkirche.

Abb. 118.
Chormantel.
Text S. 102.

Abb. 119.
Casula.
Text S. 102.

Glocken. 1. Dm. 82 cm, Inschrift: CLAMO AD IUDICEM CUNCTOS QUI LUMINA CLAUDUNT 1774. Bilder: Hl. Bischof, Sebastian, weibliche Heilige, Diakon, Kreuzigung. Giessermarke: JOHANNES ANT(ON)IUS PECCORINUS FUDIT[1]. — 2. Dm. 79,5 cm, Inschrift: ICH RUEFEN EUCH ZUM HAUS DES HERREN DAS WORT GOTTES ANZUHÖREN. JOHANES SCHMID V̊ GRUENECK BURGER IN CUR GOSS MICH DEN 9. 8BER (Oktober) 1743. — 3. Dm. 63,5 cm, Spruch: GLORIA SOLI DEO, Meisterinschrift wie Nr. 2, mit Datum 9. 8BER. — 1933 neues, vierteiliges Geläute von RÜETSCHI AG., Aarau.

Abgegangene Kapellen

St. Maximinus. 1289 erscheint urkundlich ein Ulricus de Sancto

---

1) Die Glocke stammt von Bonaduz. S. Bd. III, S. 10, Anm. 2. Die frühere trug nach Nüscheler Mskr. die Inschrift: „O rex glorie xpe (christe) veni cum pace" und soll von Flims gekommen sein.

Maximino unter andern Edlen des Vorderrheintales (Wartmann, S. 17). Zu seinem
Hof gehörte offenbar die St. Maximin-Kapelle von Sagens, die am 1. April 1333 von
Johann von Belmont zusammen mit **St. Peter** zu Tuora („Tauwurr") dem Kloster
St. Luzi in Chur geschenkt wurde (CD. II, S. 315). Der Standort von St. Maximin ist
nicht mehr bekannt. Die Peterskapelle befand sich in Tuora, einem nun völlig ab-
gegangenen Weiler am alten Weg von Sagens über Con nach Trins, der ehemals eine
Dauersiedelung aus mehreren Hofstätten war. Die Kirche könnte, wenn sie nur klein
war, auf einem heute noch „Crap baselgia" (Kirchenstein) benannten Felsblock
gestanden haben oder unmittelbar westlich von ihm, wo noch eine Planierung mit
leichten Terrainwulsten zu erkennen ist[1].

Profan- und Wehrbauten

Im **Haus Candrian** (Haus Nr. 51) ein Zimmer mit *gotischer Decke*. Die Balken
mit Kerbschnitt geziert, um 1500. — **Haus Casutt**, erbaut von Landrichter Jak.
Joder von Casutt 1579 (datiert über dem Eingang). Charaktervoller Bau mit Mittelkorridor in Firstrichtung und präzis gearbeiteter Stein-Wendeltreppe. Postumgotische Fenstergewände, gemalte Umrahmungen. — Ehemaliges **Castelli-Haus**
(nun Frau Dr. Tuor-Steinhauser). Das Gebäude besteht aus zwei Trakten, dem
turmartigen Ostflügel und dem gegen Westen angebauten Haupthaus. Der Osttrakt,
mit starken nach oben sich verjüngenden Mauern, ist in seiner Grundanlage vielleicht ein altes Wehrhaus und könnte auf den um 1400 für Sagens bezeugten
bischöflichen Meierhof „Aspermont" zurückgehen (vgl. Ämterbücher, S. 46)[2].
Seine spätgotisch gekehlten *Fenstergewände* — ehemals mit Mittelstützen, die nun
ausgebrochen sind — deuten auf einen Ausbau in der ersten Hälfte des 16. Jahrhunderts durch Hans von Jochberg, der 1539 den Besitz erwarb. — Das Hauptgebäude,
dessen Mauern an den Turm anlaufen, wurde vermutlich erst um 1670 durch J. L. Castelli à St. Nazar erbaut; hier im ersten Oberstock *Täfer* mit architektonischer
Gliederung und Felderdecke; Türe mit Intarsia, datiert 1672. Einen weiteren Ausbau des Turmhauses nahm Peter von Castelli um 1720 vor. *Balkon* datiert 1722,
Castelli-Wappen am Tor. — Näheres über beide Häuser (mit obigen Korrekturen)
s. BÜRGERHAUS XVI, S. XIIf., XV, XLI, Taf. 34—38. — Im Vorplatz des Haupthauses eine *spätgotische Truhe* mit Blattranken in Flachschnitzerei und Wappen
Jochberg; um 1530—1540.

Burgruine Schiedberg. Die Burg kommt in Urkunden nicht vor. Geringe
Reste eines Beringes und Spuren eines turmartigen Bauwerkes sind auf dem Sporn
zwischen Laaxer Tobel und Rheinschlucht zu finden. BURGENBUCH, S. 230. —
Der oben genannte Name **Tuora** weist auf eine Turmstelle. Eine der Hausruinen
dort hat ein auffallend dickes Ostfundament.

SCHLEUIS - SCHLUEIN

Urgeschichte. Der „Crap Sogn Sein" (Stein des hl. Zeno) dürfte ein durch
christliche Bräuche entsühnter *Opferstein* sein. Vgl. CHR. CAMINADA in JB HAGGr.
1935, S. 321.

---

1) Der Flurname „Crest Sontga Frena" (Ortsnamenbuch I, S. 92) zwischen dem innern und äussern
Dorf weist auf eine Verena-Kapelle, vermutlich nur einen Bildstock, wie vielleicht auch der Name „Crest
Sogn Giosch" (St. Jodocus) nahe der Gemeindegrenze gegen Schleuis (Mitt. Hr. Pfarrer Dr. E. Camenisch).
Die Flurnamen mit „Sogn Giacun" (a. a. O., S. 92) beziehen sich auf die Jakobskapelle in Laax.

2) Zuvor vielleicht Sitz der Herren von Sagens? Vgl. BURGENBUCH, S. 230.

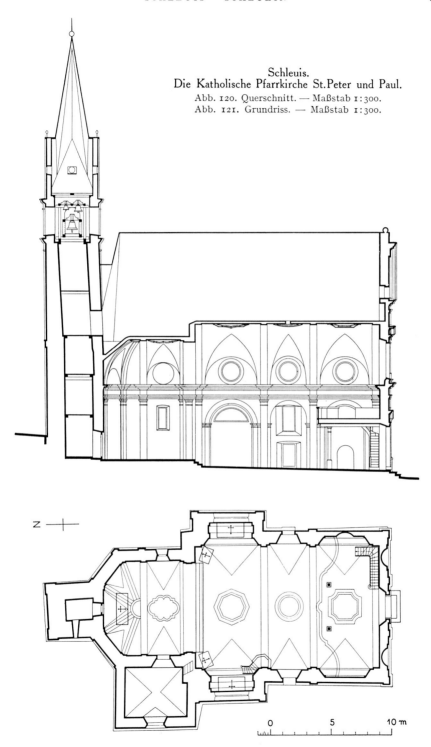

Schleuis.
Die Katholische Pfarrkirche St. Peter und Paul.
Abb. 120. Querschnitt. — Maßstab 1:300.
Abb. 121. Grundriss. — Maßstab 1:300.

Geschichte. Schleuis war das einzige Dorf der engeren Herrschaft Löwenberg. Aus dem Besitz der 1160 urkundlich erstmals erscheinenden Herren von „Lebenwert" oder „Lewenberc" kam diese Herrschaft um 1378 an die Grafen von Werdenberg-Sargans, 1429 an die Lumerins, 1493 an die von Mont aus Villa, denen sie — nach den Capol und Ninguarda — 1595 wieder anheim fiel. In der Hand dieser Familie, die sich seither „von Mont zu Löwenberg" hiess, blieb sie bis zur Mediation von 1803, war jedoch durch den Auskauf wesentlicher Herrschaftsrechte seitens der Gemeinde längst sachlich entwertet.

In kirchlicher Hinsicht gehörte Schleuis seit alters zum Sprengel Sagens, scheint jedoch 1520 schon eigene Kaplanei gewesen zu sein (Reg. clericorum: „Schlewis capellanus")[1]. Die Erhebung zur Pfarrei erfolgte jedoch erst am 20. November 1850. Sie wurde bis 1888 von Kapuzinern besorgt.

Literatur: BURGENBUCH, S. 230. — HBLS. IV, S. 705 f., VI, S. 197. — MAYER, Bistum II, S. 664. — SIMONET, Weltgeistliche, S. 156.

Die Katholische Pfarrkirche St. Peter und Paul

Geschichte und Baugeschichte. Dass in Schleuis schon im Mittelalter ein Gotteshaus stand, kann nur indirekt aus der Existenz einer Kaplanei um 1520 vermutet werden (s. oben). Kurz vor 1643 erfolgte ein Neubau, denn ein Visitationsprotokoll dieses Jahres spricht von der „ecclesia filialis S. Petri Ap. de nova fabricata" (BA.). Das Patrozinium war also früher St. Peter allein. Die Kapelle war klein und hatte nur einen Seitenaltar. Die heutige Kirche ist ein am 7. September 1716 z. E. von St. Peter und Paul konsekrierter Neubau (SIMONET, a. a. O., S. 156). Letzte Renovation 1928.

Baubeschreibung. Inneres. Die Kirche ist eine rein barocke, nach Norden gerichtete Anlage, bestehend aus einem dreijochigen Langhaus mit zwei nahe dem Chor angeordneten Seitenkapellen und dem eingezogenen dreiseitig abgeschlossenen Chor (Abb. S. 105). Die sehr flachen Seitenkapellen reichen mit dem Scheitel nur bis an das Hauptgesims, haben also nicht Querschiff-Charakter. Über Chor und Schiff liegen Tonnen mit Stichkappen, im Chor dem Polygon angepasst. Wandgliederung durch Pilaster, darüber ein in der ganzen Kirche einheitlich durchlaufendes Gebälk. Die Belichtung erfolgt unterhalb des Gesimses durch Viereckfenster, oberhalb durch Oculi und in den Kapellen durch Lünetten. Die Proportionen sind gut abgewogen, und in der Abschrägung der Kapellenecken und der Diagonalstellung der Seitenaltäre wird das Bestreben nach einheitlicher Raumwirkung sichtbar.

Äusseres. Gliederung durch Lisenen. Die Fassade ist durch Pilaster und Gesimse in sechs Kompartimente geteilt, und ihre Mittelachse wird betont durch das mit Giebel bekrönte Portal sowie das darüber liegende Fenster. Inschrift: „Renovada M C M XX VIII". — Die Sakristei an der Westseite des Chores ist gewölbt.

Der **Turm** steht an der Abschlusswand des Chores, ist von Eckstreifen eingefasst und durch einen Spitzhelm mit Wimpergen bekrönt.

Wandmalereien. Innen. Am Chorgewölbe die Trinität, am Schiffgewölbe in Medaillons: die Enthauptung des hl. Paulus, signiert „J. Soliva pinxit anno 1715"; ferner die Schlüsselübergabe sowie die Kreuzigung Petri. Aussen in Halbrundnischen St. Peter und Paul, Christus und Maria, signiert „G C 1738"[2] (restauriert 1928 durch CHR. SCHMIDT, Zürich).

Die fünf **Altäre** sind alle aus Holz, verhältnismässig reiche und in der Komposition persönliche Arbeiten. Der *Hochaltar* ist ein zweigeschossiger Aufbau mit

---

1) Wenn es sich hier nicht um einen Schlosskaplan von Löwenberg handelt.
2) Nach C. Buholzer (BMBl. 1930, S. 181) vielleicht: Giachem Caliesch von Schleuis.

Abb. 122. Schleuis. — Die Katholische Pfarrkirche St. Peter und Paul.
Innenansicht gegen Osten.

je vier Paaren glatter Säulen, die in ihrer Aufstellung auf energische Tiefenwirkung hinzielen. Im Scheitel des leicht gebogenen Gebälkes die Allianzwappen von Mont zu Löwenberg und Castelli à St. Nazar. Unten die Figuren von St. Petrus und Paulus unter Baldachinen aus Akanthus; oben St. Antonius von Padua und königlicher Heiliger (St. Luzius?). Das Altarbild: Christus und Petrus auf dem Meer, im Giebel St. Michael. Tüchtige Arbeiten — wie der Altar selbst — aus der Zeit um 1715. Die Reliquiennischen zu beiden Seiten um 1750. — Die *Kapellenaltäre* stehen quer zur Achse des Schiffes und sind als Pendants komponiert aus geflochtenen Säulen und reichem Akanthuswerk mit Engelchen. Altarblatt auf der Evangelienseite: Die Muttergottes mit St. Nikolaus, Sebastian und Magnus; darüber das Wappen Caduff. Epistelseite: Namen Jesu, bekrönt vom Wappen Castelli à St. Nazar. Beide Altäre um 1715. — Die beiden *Seitenaltäre* in den Ecken beim Chor sind schräg gestellt und gleichfalls als Pendants konzipiert, der eine jedoch oben etwas schlanker als der andere. Es sind reichbewegte Aufbauten, bei denen die horizontale Teilung zugunsten einer einheitlichen malerischen Wirkung und eines schwungvollen Umrisses aufgegeben und auf betont architektonische Elemente wie Säulen usw. verzichtet ist. Das Ganze üppig dekoriert mit Ranken, Voluten, Festons und Rocaille. In der Nische auf der Evangelienseite der Erzengel Raphael mit dem Knaben Tobias, aussen St. Anna und Margaretha; oben St. Michael und Schutzengel zu seiten des Wappens von Mont zu Löwenberg mit dem Wappen Deflorin als Herzschild. Die Mensa-Front konkav mit Rocailledekor. Auf der

Abb. 123. Schleuis. — Katholische Pfarrkirche.
Kruzifix, um 1715. — Text unten.

Epistelseite in der Nische Immakulata, seitlich St. Joseph und Johannes
von Nepomuk, oben Engelchen. Im Sok-
kel eingebaut ein geschnitztes Reliquiar;
Mensa mit Bandwerk und Blumen (Abb.
124). — Beide Altäre sehr gute Arbeiten,
um 1760[1]. — Siehe Nachtrag, S. 466.
      Übrige **Ausstattung.** *Taufstein* mit
plumper Rundschale aus Granit (mittel-
alterlich?, aus Sagens?). — Die *Kanzel*
ein Polygonkorpus mit praller Reliefschnitzerei, marmoriert und vergoldet;
die Pilaster als Voluten mit Engelsköpfen
ausgebildet, in den Füllungen gleichfalls
Engelsköpfe mit Akanthuswerk. Kassettierter Schalldeckel, bekrönt von Blatt-
wedeln; um 1715. — Im Chor ein *Kruzi-*
fixus in Dreiviertel der Lebensgrösse, mit

[1] Die Bilder früherer Seitenaltäre sind im
Pfarrhaus aufbewahrt.

Wunden bedeckt, aber friedlichen Zügen.
Sehr gute, ausdrucksvoll modellierte Ar-
beit um 1715 (Abb. 123). – Sonstige Ausstat-
tung modern, Empore 1928 vergrössert.
      Kultusgeräte. *Barockkelch*, H. 23,5
cm, Silber, getrieben und vergoldet, durch-
brochener Korb. Beschaumarke Tab. I, 12.
Meistermarke Tab. I, 29. Um 1710. —
Gotisches Vortragekreuz aus vergoldetem
Kupferblech (auf Holzkern), graviert mit
Ranken und dem Brustbild St. Petri. Die
Medaillons fehlen. 15. Jahrhundert.

Abb. 124. Schleuis. — Katholische Pfarrkirche.
Der Seitenaltar der Epistelseite, um 1760.

Paramente. *Casula* aus weisser Seide mit neu aufgesetzter Stickerei von bunten Blumen; 18. Jahrhundert. — *Casula* aus fraisefarbenem Seidenbrokat mit Silberbroschierung, Distelmotive. — *Casula* aus grünem Seidenbrokat mit Goldbroschierung.

Glocken. 1. Dm. 90 cm, Inschrift: ET VERBUM CARO FACTUM EST ET HABITAVIT IN NOBIS SS. PETRE ET PAULE A͞PLI OR. PRO NOBIS. — CHRISTIAN SCHMID VON BREGENZ HATH MICHT (!) GOSSEN M D CC XX VIII. Bilder: St. Peter und Paul, Kreuzigung. — 2. Dm. 65,5 cm, Inschrift: * aue * maria * gracia * plena * dominus * tecum. Um 1500. — 3. Dm. 51,5 cm, Inschrift in gotischen Unzialen: + o · REX · GLORIE · XPE · VENI · CU͞ · PACE +. Die Krone abgebrochen. Anfangs 14. Jahrhundert.

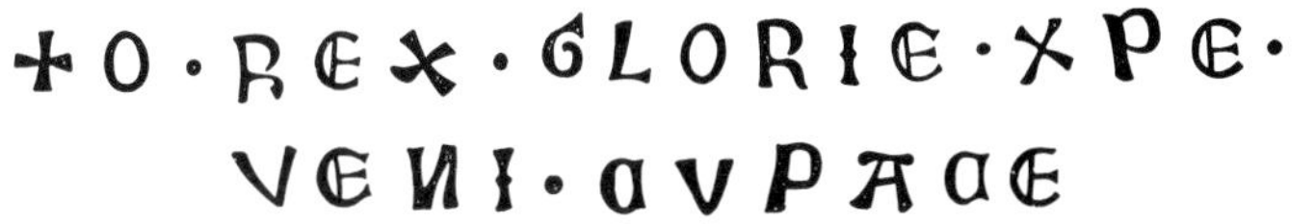

+ O · R E X · 6 L O R I E · X P E ·
V E N I · α V P A α E

Abb. 125. Schleuis. — Katholische Pfarrkirche. Inschrift der Glocke Nr. 3, Maßstab 1:5.

Profanbauten und Burgstellen

Ehemaliges **Haus Cangina** (Haus Nr. 97), laut Datum an der Giebelfront erbaut 1560. Gedrängter Grundriss mit Vorplatz an Stelle eines Korridors, Aufstieg zum ersten Obergeschoss über eine Wendeltreppe. Im zweiten Stock postumgotische *Rundbalkendecke* mit herzblattförmig geschnitzten Enden. — Näheres s. BÜRGERHAUS XVI, S. XLI, Taf. 34, 35, 38. — An Haus Nr. 61 ländliche Fassadenmalerei in Grau: Ornamente, Fruchtbündel, Pfeifenraucher und Vogel. Datiert 1770.

Löwenberg. Die Burg war Sitz der Herrschaft dieses Namens; über die Handänderungen s. oben, S. 106. 1685 wurde das Schloss durch Brand beschädigt, aber wieder aufgebaut. Von 1832 an Lehranstalt für Geistliche und seit 1851 Waisenanstalt. Am 15. April 1886 durch Brand zerstört. Es stand östlich des heutigen Anstaltbaues.

Literatur: BURGENBUCH, S. 72, 230, mit Zeichnung von Rahn (1873) auf Tafel 57. — BMBl. 1934, S. 305 f. — Alter Stich: „Prospect des Schlosses Lauenberg", sign. „J. C. ULINGER" (1703—1768).

Spielberg, nahe der Schleuiser Mühle; nur noch Flurbezeichnung. BURGENBUCH, S. 230.

SCHNAUS

Geschichte. Zwar bildete Schnaus mit Ladir und Ruschein einen Gemeindeverband, aus dem es sich 1470 löste, doch ist eine kirchliche Zugehörigkeit zu Ruschein urkundlich nicht fassbar (s. S. 91), vielmehr erscheint Schnaus im Spätmittelalter als Filiale von St. Remigius zu Fellers (1489 und 1520, GA., Nr. 12 und 15). Der Übertritt zur Reformation (1526) hatte die Abtrennung von Fellers, das katholisch blieb, und den Anschluss an Ilanz zur Folge. Von 1692—1865 amteten in Schnaus eigene Pfarrer, seither ist es mit Waltensburg verbunden (TRUOG, Nr. 94).

Die Evangelische Kirche

Geschichte und Baugeschichte. Von einem Gotteshaus zu Schnaus erfahren wir erstmals 1480 gelegentlich der Stiftung einer ewigen Messe. Das Patrozinium war damals noch St. Sebastian, Maria Magdalena und St. Jörg, doch steht 1522

Abb. 126. Schnaus. — Die Evangelische Kirche.
Ansicht von Osten.

ten Teil „eingespart". Diese Disposition lässt vermuten, dass die Umfassungsmauern des Schiffes sowie der Turm älter sind als der Chor. Über dem Chor liegt ein einjochiges Sterngewölbe einfacher Figuration. Die Rippen wachsen aus Konsolstümpfen, von denen drei mit Schildchen geziert sind. Runder, eingetiefter Schlußstein. Präzise Steinmetzarbeit. *Chorbogen* spitz und ohne Fasen. Im *Schiff* neue Flachdecke (1937). Spitzbogenfenster mit einfachen Maßwerken, Fischblasenrosette in der Abschlusswand des Chores. — Äusseres ohne Streben. Das rundbogige Portal in der Westfront mit Rundstab ist spätgotisch profiliert. Satteldach; Vorzeichen.

St. Maria Magdalena schon an erster Stelle (GA., Nr. 9 und 12). Die Messe hat der Pfarrer von Fellers zu halten (1489, GA., Nr. 12). Am 25. April 1514[1] bekommen die Kirchenvögte die Erlaubnis, die Kapelle abzubrechen („infringendi capellam"), die, wie aus dem Kollektenbrief von 1522 hervorgeht, völlig baufällig geworden war (GA., Nr. 16). Am 5. Oktober 1520 Neuweihe mit drei Altären (GA., Nr. 15). Aus dieser Zeit stammt der Chor, während die Umfassungsmauern des Schiffes und der Turm wohl zum älteren Bestand gehören. Mit Bundessubvention renoviert 1937 (Arch. SCHÄFER und RISCH, Chur). — Vgl. NÜSCHELER, S. 64. — RAHN in ASA. 1882, S. 358.

Baubeschreibung. Inneres. Die nach Osten gerichtete kleine Kirche besteht aus dem rechteckigen Langhaus und einem dreiseitig geschlossenen *Chor*, der aus der Schiffsachse nordwärts verschoben ist, so dass nur südlich ein schwacher Einzug bleibt. Er ist ohne Verband an den Turm angelehnt, seine Nordwand zum grössten

Abb. 127. Schnaus.
Evangelische Kirche.
Spätgotischer Wandtabernakel
Text S. 111.

---

1) Laut Nachprüfung von Prof. Dr. O. Vasella, also nicht 1518 wie von J. Gg. Mayer in ASA. 1889, S. 241, angegeben.

Der **Turm** an der Nordseite des Chores aus unregelmässigem Mauerwerk ohne Verputz. Gezimmerte Glockenstube mit Zeltdach.

Ausstattung. In der Nordwand des Chores ein *Wandtabernakel* mit einer Bekrönung, die mit Kielbogen, Maßwerk und Schildchen geziert ist (Abb. 127, S. 110). — Die *Kanzel*, ein Polygonkorpus mit Ecksäulen, ist eine Kopie der alten. Auch die sonstige Ausstattung von 1937.

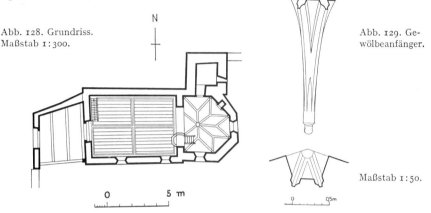

Abb. 128. Grundriss. Maßstab 1:300.

N

Abb. 129. Gewölbeanfänger.

Maßstab 1:50.

Schnaus. — Die Evangelische Kirche.

Abendmahlskanne. Prismatische *Schraubkanne*, datiert 1796. Marke des Zinngiessers H. L. Cadenati in Chur.

Glocken. 1. Dm. 67,5 cm. Gegossen 1932 von Rüetschi AG. in Aarau[1]. — 2. Dm. 53,5 cm, Inschrift: + o · rer · glorie · crifte · veni · cum · pace · sca · maria · magdalena. Um 1510—1520.

SEEWIS I.O. – SEVGEIN

Urgeschichte. Der vorrömische Name „Parnaul" („Patnal") und in dessen Nachbarschaft das aus „castellum" abgeleitete „Castlatsch", 400 m über dem Dorf, lassen eine alte Volksburg vermuten. — Auf „Pleun da Morts" in der Seewiser Alp, etwa 2000 m ü. M., *Schalenstein* mit Fussabdruck. — Vor mehreren Jahren wurden unterhalb des Dorfes nicht näher bestimmte Gräber gefunden[2]. — Vgl. JB SGU. 1934, S. 95, 1935, S. 75, 1936, S. 93.

Geschichte. Das im karolingischen Urbar genannte „Soviene" ist mit Seewis zu identifizieren. Im Mittelalter gehörte das von freien Bauern bewohnte Dorf zur Grafschaft Laax, von der es sich 1518 löste; seitdem bildete es mit Laax zusammen ein eigenes Gericht bis 1850.

Kirchlich gehörte Seewis zum Sprengel Kästris, ein Zusammenhang, der schon im karolingischen Urbar sichtbar ist, da der Zehnten von Seewis der Kästriser Kirche zustand[3]. Die Loslösung war eine Folge des Übertritts der Mutterkirche zur Reformation (vor 1537), der sich in Seewis nur eine Minorität anschloss. Teilung

---

1) Die ältere Glocke trug nach Nüscheler Mskr. die Inschrift: „Anno 1657 gos mich Gaudentz Hempel in Chur".

2) Die von Rödiger beobachteten „Erdburgen" sind wohl ausschliesslich geologisch bedingte Formationen. ASA. 1877, S. 762.

3) Über eine frühere Zugehörigkeit zu Sagens s. S. 96 mit Anm. 1.

des Kirchengutes 1575, Erhebung zur Pfarrei 1647. Sie wurde (mit kurzer Unterbrechung von 1823—1844) bis 1929 von Kapuzinern besorgt, seitdem amtieren Weltgeistliche. Die evangelische Minorität hält sich zu Kästris.

Literatur: NÜSCHELER, S. 63. — HBLS. VI, S. 325f. — SIMONET, Weltgeistliche, S. 158f. — BERTOGG, S. 155f.

Die Katholische Pfarrkirche St. Thomas

Geschichte und Baugeschichte. Erste Erwähnung in einem Schiedsspruch vom 17. November 1340. Patrozinium St. Thomas. Indulgenzbrief vom 5. März 1357. Am 23. April 1411 Konsekration eines Tragaltares, die auf einen durchgreifenden Neubau schliessen lässt. Am 14. März 1449 erfolgt eine Neuweihe der Kirche, eines Altares und des Friedhofes[1]. Als Nebenpatrone der Kirche wer-

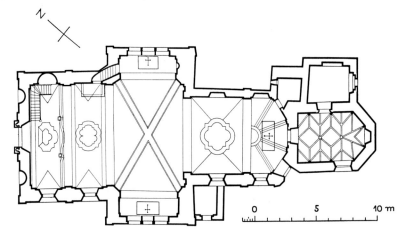

Abb. 130. Seewis i. O. — Die Katholische Pfarrkirche St. Thomas.
Grundriss. — Maßstab 1:300.

den dabei genannt: St. Bonifatius und Oswald (GA., Nr. 1—3, 6). Am 26. November 1491 Konsekration der Kirche mit drei Altären (Pf.A.). Auf den vorangegangenen Neubau geht der heute als Sakristei dienende gotische Chor zurück, während der Hauptteil des Turmes noch aus älterer Zeit stammt. Nach dem Visitationsbericht von 1658 trug das Schiff dieses Baues eine Holzdecke (BA.). 1687 bis 1691 wurde die Kirche völlig neu erbaut, und zwar westlich anschliessend an den bestehenden Chor, der, wie erwähnt, nur noch als Sakristei weiter beibehalten wurde[2]. Neuweihe mit drei Altären am 25. Mai 1694 (Pf.A.). 1706 Erhöhung des Turmes (Pf.A.). 1905 Renovation. — Vgl. NÜSCHELER, S. 63. — RAHN in ASA. 1882, S. 359.

Baubeschreibung. Inneres. Der *Chor der alten Kirche* (jetzige Sakristei) ist nach Südosten gerichtet, dreiseitig geschlossen und überwölbt mit einem Sterngewölbe von zweieinhalb Jochen, dessen einfach gekehlte Rippen aus Konsolstümpfen wachsen. Glatte, runde Schlußsteine, keine Schildbogen. Die Spitzbogenfenster

---

1) Die Urkunde gebraucht hier — vor der Rekonziliation — den Ausdruck „purgavimus". Ob er sich nur auf die übliche „Lustration" (Entsühnung) bezieht oder auf irgendeine Profanationshandlung hinweist, die sich ereignet hatte, wird nicht deutlich.

2) Als Baumeister nennt die Tradition den Meister der Pfarrkirche von Vrin (erbaut 1689—1694): ANTONIO BEROGIO (Broggio) von Roveredo. Vgl. Igl Ischi 1928, S. 329, Anm. 16.

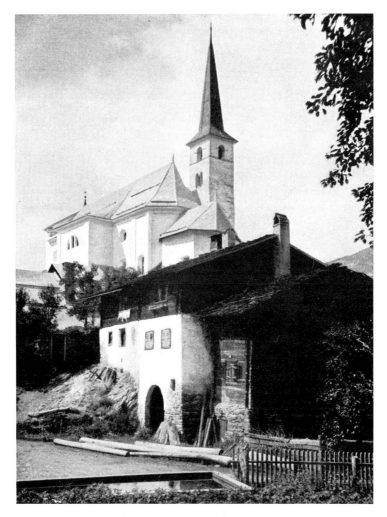

Abb. 131. Seewis i. O. — Die Katholische Pfarrkirche St. Thomas.
Ansicht von Südosten.

zugemauert. — Die heutige Kirche schliesst sich in gleicher Achsenrichtung westwärts an. Sie besteht aus einem dreijochigen *Langhaus* mit zwei Seitenkapellen und
dem dreiseitig geschlossenen *Chor*, der wenig niederer ist als das Schiff. Die *Kapellen*,
deren Ecken abgeschrägt sind wie in Schleuis, liegen dicht am Chor und steigen durch
das Hauptgesims bis in die Gewölbehöhe des Schiffes hinauf, haben also Querschiffcharakter. Überall Tonnengewölbe, im Chor dem Polygon angepasst. Wandgliederung durch gestufte Pilaster, bekrönt von ionisierenden Kapitellen, an denen Fruchtbündel hängen. Darüber ein Gebälk mit Eierstab und Palmetten. Die Belichtung
erfolgt unterhalb des Hauptgesimses durch Viereckfenster, in den Schilden durch
Oculi und Lünetten. — Schmucklose *Empore*. — Äusseres. Die Fassade ist durch
Gesimse und Lisenen in sechs Kompartimente aufgeteilt, das Portal wird gerahmt
von toskanischen Säulen und einem Volutengiebel. Satteldach.

Der **Turm** steht am Zusammenstoss des alten und neuen Chores. Im dritten Geschoss nach jeder Seite gekuppelte Rundbogenfenster (davon drei vermauert) mit gefasten Teilpfeilern, darüber vier gekuppelte Fenster mit gedrückten Spitzbogen, geschrägten Kämpfern und Teilsäulen mit polygonalen und viereckigen Basen. Der Turm stammt wohl aus dem 14. Jahrhundert, mit Ausnahme der heutigen Glockenstube und dem achteckigen Spitzhelm, die 1706 aufgesetzt wurden (s. oben).

Etwas reichere **Stuckierung** weisen nur die Kapellen auf: an den Wänden und den Gewölben Kreismedaillons mit Engelchen, an den Archivolten Blattranken und über den Lünetten Gewinde und Putten mit den Wappen Bertogg (nördlich) und Cabalzar (südlich).

Wandmalerei. In den Seitenkapellen *Medaillons* — auf Leinwand gemalt — mit Szenen aus der Legende des St. Antonius v. Padua (nördlich) und den Rosen-

Abb. 132. Seewis i. O. — Katholische Pfarrkirche.
Der Tabernakel, um 1750. — Text S. 115.

Abb. 133. Seewis i.O. — Die Katholische Pfarrkirche St. Thomas.
Innenansicht gegen Osten.

kranzgeheimnissen (südlich). Die Malerei an dem Gewölbe und der Fassade kunstlos (von 1865).

Die **Ausstattung.** Der *Hochaltar* — aus Holz — ist ein gut komponierter, zweigeschossiger Aufbau von polygonalem Grundriss, mit gewundenen, schräg voreinander
gestellten Säulen und gekröpftem Gebälk. Seitlich stehen unter Akanthuslaub
die Figuren von St. Franziskus und Felix von Cantalice. Altarblatt: der Ungläu-
bige Thomas, im Giebel Immakulata. Durchschnittsqualität; anfangs 18. Jahrhundert. Die Seitenstücke mit den Durchgängen sind in bewegten Umriss-
linien gebaut, weiss grundiert und mit graziösen Régence-Ornamenten geziert; um
1730. — Der *Tabernakel* ist ein zierlicher Rokokobau mit baldachinartigem Aufsatz,
der zugleich als Expositorium dienen kann. Das Ganze mit seinen kapriziösen
Konturen von reicher malerischer Wirkung. Um 1750 (Abb. 132). — Die *Seitenaltäre*
stehen an den Rückwänden der Kapellen und sind Aufbauten aus Stuck in Form einer
Ädikula mit gewellten Halbsäulen und Giebeln mit Blattvoluten. Altarblatt auf der
Evangelienseite: Antonius v. Padua in grisaillehaften Tönen, auf der Epistelseite
eine Figur der Muttergottes in bunt gesticktem weissem Seidengewand. Zeit des Neubaues von 1694. — Die *Kanzel* ist ein viereckiger Korpus aus Nussbaumholz mit
schmucklosen Füllungen; kassettierter Schalldeckel, datiert 1696. Aus gleicher Zeit
das *Chorgestühl*, Nussbaum, gegliedert mit geschuppten Pilastern.

Glasmalereien. In zweien der Chorfenster sind paarweise *Scheiben in Kabinett-malerei* eingesetzt. 1. Wappen: In Rot ein silbernes Kreuz, das stilisierte Haus-zeichen der Stammlinie Bertogg[1]. Maße des Wappen-Ovales: H. 32,5 cm, Br. 25 cm. — 2. Der hl. Thomas zwischen zwei Putten, die aus Blattwerk wachsen. Unter der Figur des Heiligen die Hausmarke der Capeder (Rheinstuhl) und die Ini-tialen „H C". Widmungsinschrift des Hans Capeder und Psalm 120 in deutscher Fassung nach der Lutherbibel; datiert 1731. Ein Scheibenstück ist ausgebrochen. — Die beiden anderen Malereien zeigen in gleicher Anordnung und mit dem gleichen Wappen und Datum: 3. eine Kreuzigungsgruppe, Stifterinitialen „I C". Widmungs-inschrift des Joan Capeder und geistliche Sprüche in Deutsch (Abb. 135). — 4. St. An-tonius v. Padua, Initialen „A C", Inschrift des Anton Capeder zu Ehren des hl. An-tonius in deutschem Text. Maße der Malereien 2—4: H. 46 cm, Br. 39 cm.

Rahmenbild. Im Chor eine Rosenkranzmadonna mit St. Dominikus und Katharina von Siena, in matter grauer Tönung; um 1700.

Kelche. 1. *Barockkelch*, H. 25 cm, Silber, getrieben, mit Voluten und Muscheln. Beschaumarke Glarus, Tab. I, 4, Meistermarke Tab. I, 16. An der Unterseite Wid-mungsinschrift von Hercules de Runtz (Derungs), 1756. — 2. *Barockkelch*, Silber, getrieben, mit Früchten und Engelsköpfen, H. 24 cm. Keine Marken.

Paramente. Eine weisse *Casula*, mit bunten Blumen und Goldranken bestickt; um 1730—1740.

Glocken. 1. Dm. 89 cm, Inschrift: IN NOMINE JESU OMNE GENU FLECTATUS (!) AVE MARIA GRATIA PLENA. — CHRISTIAN SCHMID VON BREGENTZ UND JOHANNES SCHMID VON CHUR GOSS MICH 1733. Bilder: Kreuzigung, St. Rochus, Thomas, Franziskus, Immakulata. — 2. Dm. 64 cm, Inschrift in gotischen Majuskeln (Unzial vermischt mit Antiqua): + S. THOMA · S. LUCAS · S. MARCUS · S. MATHEUS · S. JOHAN-NES. Krone fehlt. Frühes 14. Jahrhundert. — 3. Dm. 54,5 cm, Inschrift in gotischen Unzialen, unleserlich[2]. 14. Jahrhundert (Abb. 134).

---

1) Nach Mitt. von Herrn alt Kreis-Präs. Demont kommt das Kreuz auf Gegenständen dieser Familie Bertogg häufig vor, während sie das Bärenwappen nicht führte.

2) Die zum Teil im Guss verlaufenen — und in verschiedener Richtung gesetzten — Buchstaben ergeben keinen erkennbaren Sinn und waren vielleicht nur dekorativ gemeint. Die drei Glocken wurden 1938 durch vier neue der Firma RÜETSCHI in Aarau ersetzt. Nr. 3 kam ins Schweiz. Landesmuseum.

Abb. 134. Seewis i. O. — Katholische Pfarrkirche.
Inschrift der Glocke Nr. 3 nach Abguss. 14. Jahrhundert. — Text oben.

Abb. 135. Seewis i. O. — Katholische Pfarrkirche.
Kabinettsscheibe des Joan Capeder von 1731. — Text S. 116.

Grabtafeln: Vor der nördlichen Seitenkapelle zwei *Bodenplatten,* 1. mit Wappen und Inschrift für Pfarrer Ulrich Bertogg[1], 2. mit Allianzwappen Cabalzar und Demont und Inschrift für Joh. v. Cabalzar,† 17. Dezember 1664.

Im Schweizerischen Landesmuseum zu Zürich: Spätgotischer *Schnitz-altar* (LM. Nr. 7211), H. 152 cm. In dem kleeblattförmig geschlossenen Schrein vor golden damasziertem Hintergrund in Hochrelief in der Mitte Verkündigung an Maria; über dem Erzengel Gottvater in Halbfigur und unter ihm (auf der Mittelleiste) die Taube. Seitlich St. Katharina und Emerita[2]. Die Rückseite bemalt: Christus beim Jüngsten Gericht zwischen Engeln mit den Passionswerkzeugen. Unten Öffnung der Gräber und Maria mit dem Täufer als Fürbitter. Signatur auf der unteren Leiste: „**iörg kendel maler in bibrach**"[3], daneben die Marke Tab. II, 13. Auf der Rückseite der Predella (im Depot des Museums) das Schweisstuch, von Engeln gehalten. — Von den Flügeln sind nur noch die *Reliefs* vorhanden: vom linken Flügel hl. Papst und St. Luzius, vom rechten St. Johannes Bapt. und hl. Abt. Um 1520 (Abb. 136—139 und 140, S. 118ff.). Nach den Untersuchungen von L. Böh-

---

1) Nach Simonet, Weltgeistliche, S. 141 f. gestorben am 7. September 1699. Nach der Inschrift ist er der Stifter des linken Seitenaltars.

2) Mit dem brennenden Span. Wohl nicht Agatha, wie im Katalog angegeben.

3) Der Vorname ist kaum noch lesbar, darf aber nach der Tinzener Inschrift ergänzt werden (s. Bd. III, S. 310).

Abb. 136. Der Schrein eines Schnitzaltars aus Seewis i. O.
Um 1520. Die Rückseite. — Nun im Schweiz. Landesmuseum zu Zürich. — Text S. 117.

ling ist Kändel nicht als Meister der Plastiken, sondern nur als Maler und wohl auch als Verfasser des Gesamtentwurfes anzunehmen. Vgl. auch Bd. I, S. 127 f.[1].

1) Den Altar sah Rahn noch 1873 in der Sakristei von Seewis. Auffallend ist jedoch, dass von den auf dem Altar vorkommenden Heiligen keiner — mit Ausnahme des Diözesanheiligen Luzius — unter den in Konsekrationsbriefen genannten Patronen der Kirche und der Altäre vorkommt. Als Hochaltar diente er nicht (s. S. 120, Anm. 1). Vielleicht hatte er ursprünglich einen andern Standort.

Abb. 137. Der Schrein eines Schnitzaltars aus Seewis.
Um 1520. Die Vorderseite. — Nun im Schweiz. Landesmuseum zu Zürich. — Text S. 117.

Literatur: RAHN in ASA. 1882, S. 359. — F. MADER in Christliche Kunst, München 1906/07, S. 156. — FRANZ WOLTER in Festschrift des Münchner Altertums-Vereins 1914, S. 83. — J. BAUM, Deutsche Bilderwerke, Stuttgart 1917, S. 51 (mit Literatur). — Ders., Schwäbische Kunst, Augsburg 1923, S. 102 ff. — LOUISE BÖHLING in ASA. 1932, S. 28 f., Abb. Taf. IV. — HANS ROTT, Quellen und Forschungen, Stuttgart 1933, Textband I, S. 151, Quellen-Band I, S. 184. — Plastik-Kat. des LM., S. 45.

Holzplastik eines hl. Oswald (LM. Nr. 7207), H. 86 cm, mit aufflatterndem Mantel, gekrönt, in der Rechten einen Doppelbecher. Meister der Plastik des obigen Altars; um 1520[1] (Abb. 139).

Die Wallfahrtskapelle zum Heiligen Grab (Santa Fossa)

Baugeschichte. Nach einer (verschwundenen) Inschrift über der Türe erbaut 1679. Konsekriert am 7. Juli 1683 z. E. des Hl. Grabes mit einem Altar. Eine erste

---

1) Zuweisung an den Seewiser Meister von J. Baier-Futterer, im Plastik-Kat. d. LM., S. 59. Die Figur wurde zwar in Brigels erworben, stammt aber olfenbar aus dem alten Seewiser Hochaltar. Das Visitationsprotokoll für Seewis von 1658 (BA.) zählt unter den Figuren dieses Altares einen St. Oswald

Abb. 138. Flügelrelief des Altars
Abb. 137. Um 1520.   Abb. 139. St. Oswald, um 1520.   Abb. 140. Flügelrelief des Altars
                                                                               Abb. 137. Um 1520.

Holzskulpturen aus der Pfarrkirche von Seewis i. O.
Nun im Schweiz. Landesmuseum zu Zürich.

Abb. 141. Seewis i. O. — Die Wallfahrtskapelle zum Heiligen Grab.
Innenansicht gegen Osten. — Text unten.

Vergrösserung fand 1736 statt (Pf.A.); auf sie geht im wesentlichen der jetzige Umfang zurück. 1774 wurde zwecks Erweiterung des Schiffes der Chor gekürzt und die ganze Kirche erhöht (BA.)[1]. Meister: GIOV. ANT. BAROGI von Dardin. Nach einem Schreiben von 1776 fanden ehemals hier grössere Wallfahrten statt von etwa 5000 Pilgern jährlich (Pf.A.).

Quellen: Kontobuch, Libro di S. Fossa, angelegt 1774, im Pf.A. — Schreiben des Paters J. Franciscus de Livinio vom 4. Mai 1774 im BA., Mappe 156.

Baubeschreibung. Inneres. Barocke, nach Westen gerichtete Anlage, bestehend aus einem mit Tonne überwölbten Schiff und flach geschlossenem, eingezogenem Chor mit Kreuzgewölbe. Viereckfenster und Oculi. In der Nordwand des Schiffes öffnet sich die nischenartige rundbogige Grabkapelle. Innere Maße: Chor L. 5,40 m, Br. 4,40 m; Schiff L. 8,15 m, Br. 6,70 m. — Äusseres. *Portal* mit Halbsäulen und Volutengiebel. Satteldach mit Dachreiter, von Zwiebelhelm bekrönt. An der Fassade das Datum „1776".

Drei **Altäre** aus Holz. Der *Hochaltar* ist ein konkaver Aufbau mit schräg auswärts gestellten, glatten Säulen und Volutengiebel, dekoriert mit Festons und Rocaille. In der Nische eine Pietà, vor den Säulen und auf dem Gebälk Engel mit den Passionswerkzeugen; Aufbau um 1775, die Pietà um 1680. Mensafront geschnitzt mit Rokokodekor. — Der *Altar der Evangelienseite* hat einen säulenlosen Aufbau mit

---

auf (er ist Mitpatron der Kirche), während in den sehr eingehenden Beschreibungen der Visitation von 1643 in Brigels keine Altarstatue dieses Heiligen vorkommt.

1) „licet aliquandulum elevantur parietes et aliquid demitur de choro ut longior evadet ecclesia" (BA.)

Voluten; die Rokoko-Ornamentik zeigt sich schon durchsetzt mit Elementen des Louis-Seize-Stiles. Altarblatt: St. Joseph mit dem Jesusknaben; um 1780—1790. — Der *Altar der Epistelseite*. Zwischen zwei gewundenen Säulen von Pilastern spannt sich ein geschweifter Lambrequin. Giebel mit Voluten, durchbrochene Akanthusranken. Altarblatt: St. Michael; um 1740. Die *Grabnische* ist eingerahmt von einer Portalarchitektur aus Holz; die Figuren des Hl. Grabes ländlich ungelenk.

Glocken. 1. Dm. 40,5 cm, Inschrift: SANCTE FRANCISCE ORA PRO NOBIS A. D. 1656. Bilder: Kruzifix, Muttergottes, St. Franziskus, hl. Bischof. Die Glocke hing bis 1901 in Danis. — 2. Dm. 31,5 cm. Bilder: Muttergottes mit St. Antonius. Keine Inschrift.

Kapelle St. Sebastian am alten Weg nach Riein. Bescheidene kleine Feldkapelle mit Kreuzgewölbe. Innenmaße: L. 3,60 m, Br. 3 m. Einfacher *Barockaltar* um 1750—1760. Altarblatt: hl. Papst und St. Sebastian.

Wohn- und Wehrbauten

Haus Cadalbert, erbaut 1790 von Joh. Chr. Nuttli. Kubischer Bau mit Mittelkorridor. Die Mittelachse wird betont durch den Eingang mit geschweiftem Abschluss, ein Fenstergitter und den graziös geschweiften Giebel. Malerei mit Rokokomotiven, Mansarddach. Geschnitzte *Türe* und geschmiedeter *Klopfer*. Originelles *Täfer* mit radförmig eingeteilter Decke. — Näheres s. BÜRGERHAUS XVI, S. XL. Taf. 25, 26, 28.

Burgstelle Casti (volkstümlich „Muota de Chisti"), am alten Weg nach Riein und nach Pitasch. Fundamentreste einer Abschnittburg mit Turm. — BURGENBUCH, S. 246.

VALENDAS – VALENDAU

Urgeschichte. 1890 wurden beim Strassenbau in einer Felsspalte zwei *Bronzebeile* gefunden, das eine vom Typus der „Salezerbeile", das andere länglich, meisselartig. Im Rätischen Museum zu Chur. — H. u. Ö., S. 8 mit Abb. Taf. I, 1 und 3.

Geschichte. Das Dorf, das schon in der Tello-Urkunde 765 erscheint („Valendanum", CD. I, S. 16), war im Mittelalter der Kern der Herrschaft Valendas, zu der ausser einigen „Höfen" (Weilern) bis ins 17. Jahrhundert auch Versam gehörte. Die Germanisierung durch deutschsprechende Walser aus Safien, vielleicht auch von Obersaxen, begann schon im 14. Jahrhundert in diesen Höfen und griff im 15. Jahrhundert auch auf das Hauptdorf über. Die Herrschaft Valendas gehörte ursprünglich offenbar den Vaz, dann den Werdenberg-Sargans und scheint seit 1383 dem Gericht der Freien von Laax und später dem Gericht Ilanz angeschlossen gewesen zu sein.

Der Kirchensprengel von Valendas umfasste ehemals auch das Gebiet der heutigen Gemeinden Versam und Tenna. Urkundlich wird die Pfarrei erstmals 1384 genannt („Kirchhöre zu Valendaus", CD. IV, S. 98). Am 25. Mai 1491 wird sie dem Kloster Disentis, das zuvor schon die Kollatur besass, formell inkorporiert (WIRZ V, S. 171). Übertritt zur Reformation 1523, Entfernung der Bilder 1526.

Literatur: HBLS. VII, S. 187 ff. — L. JOOS, Die Herrschaft Valendas, JB HAGGr. 1915. — E. CAMENISCH, Die Reformation in Valendas, BMBl. 1924, S. 241 ff. — BERTOGG, S. 156.

Die Evangelische Kirche

Geschichte und Baugeschichte. Erste Erwähnung 1384 (s. oben). Das Patrozinium St. Blasius wird urkundlich erstmals genannt 1464 (WARTMANN, S. 423). Am heutigen Bestand stammt der Turm aus der romanischen Epoche. 1481 fand ein durchgreifender Umbau statt: Vergrösserung des Schiffes, neuer Chor. Renovationen 1723, 1856, 1911, letztere durch Arch. SCHÄFER u. RISCH, Chur, unter Bundesaufsicht. Zuletzt 1931.

Baubeschreibung. Inneres. Nach Osten gerichtete Anlage aus langem, rechteckigem Schiff und eingezogenem, dreiseitig geschlossenem *Chor* mit einem zweijochigen Sterngewölbe. Zugespitzte Konsolen, weder Schlußsteine noch Schildbogen. Von den vier — nun maßwerklosen — Spitzbogenfenstern ist eines vermauert. Der *Chorbogen* rundbogig, ohne Fasen. In den Schiffsecken beidseitig des Choreinganges sieht man als Reste des vorgotischen *Langhauses* Mauerabsätze, aus denen abzulesen ist, dass das frühere Schiff etwa

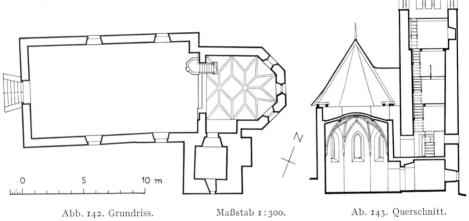

Abb. 142. Grundriss.   Maßstab 1 : 300.   Ab. 143. Querschnitt.

Valendas. — Die Evangelische Kirche.

1,90 m schmaler war als das heutige[1]. Die stichbogige Gipsdecke modern, vermutlich von 1856; zuvor eine polygonale Holzdecke (vgl. ASA. 1882, S. 362). Aus dieser Zeit wohl auch die Form der Fenster. — *Inschrift* in modernen Lettern: „Erbaut 1481[2], Renov. 1723, 1856, 1911, 1931".

Äusseres ohne Streben. Das *Portal* ist rundbogig und spätgotisch gefast mit Rundstab und Kehle. Rechts daneben eine *Tafel* mit Inschrift: „1594 sind 430 Personen gestorben und die nüw mur (Friedhofmauer) gmacht worden 1595".

Der **Turm** steht südlich am Zusammenstoss von Schiff und Chor; glatter Viereckbau mit dreigliedrigen rundbogigen Schallfenstern; die gefasten Teilpfeiler wohl

---

1) Es war auch kürzer. Bei der Renovation 1921 stiess man innerhalb der Kirche auf die Fundamente der Westfront (Mitt. von Hr. Pfr. Dr. E. Camenisch).

2) Das Datum des spätgotischen Neubaues von 1481 dürfte trotz der modernen Schrift sachlich richtig sein und auf eine originale, bei den Renovationen jeweils übertragene Inschrift zurückgehen.

in gotischer Zeit erneuert. Das Ostfenster wurde in neuerer Zeit verändert (in der Zeichnung, Abb. 143, rekonstruiert). Der Turm selbst ist romanisch, mit Ausnahme des vielleicht 1481 aufgesetzten Helmes mit Wimpergen[1]. Im Erdgeschoss (nun Archiv) war ehemals die Sakristei untergebracht, wie der Lavabo-Ablauf in der Westwand zeigt.

Ausstattung. Der *Taufstein* achteckig mit kantigem Knauf. Die Schale innen rund mit Ablauf; 15. Jahrhundert. — Die *Kanzel* aus Nussbaum; polygonaler Korpus, die Pilaster mit Blattvoluten und geschnitzten Ranken geziert. Datiert 1740; nach der Tradition von dem Tischler BANDURER von Versam. — Die *Orgel* bäuerlich barock, marmoriert und von geschnitzten Ranken umrahmt; Wappen Marchion und Schmid von Grüneck sowie Widmungsinschrift des Joh. Peter von Marchion. Auf den Innenseiten der verschliessbaren Flügel in ländlicher Malerei ein Engel und König David. Im Innern das Datum 1737. — Die *Empore* wie die sonstige Ausstattung neu von 1911.

Abendmahlsgeräte. Zwei glatte *Kelche*, H. 20,5 cm, Silber, der runde Fuss graviert mit Blattborte; Buckelnodus. Wappen Nuttli, Initialen „R. N." sowie Widmungsinschrift des „Reget Nuttli" 1659. Beschaumarke Chur, Tab. I, 1, Meistermarke Tab. I, 13. — Zwei *Zinnteller*, reich mit Blumenranken graviert. Im Boden Wappen Nuttli, bezeichnet „RN 1659". Keine Marken (Abb. 144).—Sechs pris-

---

1) Das Werk der Turmuhr steht nun im Rätischen Museum zu Chur. Das Gehäuse dazu war datiert 1541.

Abb. 144. Valendas. — Evangelische Kirche.
Abendmahlsteller aus Zinn 1659. — Text oben.

Abb. 145 und 146. Zwei der drei Glasgemälde aus der Evangelischen Kirche in Valendas.
St. Blasius und St. Barbara, 1513. Nun im Privatbesitz zu Arbon. — Text S. 126.

matische *Schraubkannen*, zwei datiert 1750 und zwei 1810, bezeichnet mit der Marke der Zinngiesser GEBR. BAUER in Chur von 1804 (Bossard, Nr. 353). — *Abendmahls-decke*, weiss Leinen mit blauen Borten von Einhörnern und Vögeln sowie dem Monogramm Christi und Mariä, spätgotisch.

Glocken. 1. Dm. 128,5 cm, Inschrift: WAN IHR HÖRT MEIN GETÖN SOLT IHR FLEISIG ZUR KIRCHEN GEN UND ANHÖREN GOTES WORT ZU EUWEREN HEIL HIER UND DORT. — AUS DEM FEIR FLOS ICH JOHAN GEOR(G) GAPP UND GABRIEL FELIX BEIDE BURGER ZU VELKIRCH GOSSEN MICH HIER ZU VALLENDAS ANNO 1701. — 2. Dm. 93,3 cm, Inschrift: ✝ o · rex · glorie · criste · veni · nobis · cum · pace · anno · domini · m° · cccc° · xxxvii (1447). Als Trennungszeichen Blattstengel. — 3. Dm. 75,4 cm, Inschrift: EHR SEY GOTT IN DER HÖHE FRID AUF ERDEN DEN MENSCHEN EIN WOLGEFALLEN. — MATHEUS ALBERT GOS MICH ANNO DOMINI M D C X C IX (1699).

Abb. 147. Valendas. — Evangelische Kirche.
Inschrift der Glocke Nr. 2 (1447).

Abgewanderte Kunstgegenstände

Drei *spätgotische Glasmalereien*, bis 1911 in den Chorfenstern in nachstehender Reihenfolge eingesetzt, nun im Besitz von Frau Saurer-Hegner in Arbon. H. 45 cm, Br. 32,8 cm.

1. St. Blasius, unter einem auf gewundenem Astwerk ruhenden gekehlten Bogen. An seiner Rechten kniet der Stifter mit seinem Wappen, das in Gold eine Hausmarke zeigt. Unterschrift: S᾽ blasius 1513 (Abb. 145). — 2. St. Katharina mit Stifter und gleichem Wappen wie Nr. 1, flankiert von glatten Säulen; im Laubwerk Engel mit Windhaspeln. Kein Titel. — 3. St. Barbara. Im Laubwerk Engel mit Trommel und Pfeife. Unterschrift: S᾽ barbara 1513 (Abb. 146, S. 125).

Literatur: ASA. 1882, S. 362. — MAGZ. 1912, S. 430. — E. CAMENISCH im BMBl. 1914, S. 311 ff.

Profan- und Wehrbauten

Unteres Marchion-Haus (Nr. 85). Am Hauseingang geschnitzte *Türe* mit Wappen Marchion-Casutt, datiert 1681. Über dem südlichen Eingang *Wappenstein* d'Arms, bezeichnet V v̊ A — CS. 1770[1].

Oberes Marchion-Haus (Nr. 83), erbaut laut Datum über der Türe 1710. Schmales, hohes, einbündiges Haus mit Kreuzgiebel. Im ersten Obergeschoss ein Saal mit reicher *Stuckdecke*, die beherrscht wird von einem grossen ovalen Mittelfeld mit Allianzwappen Marchion und Schmid v. Gr.; um 1710[2]. Abb. s. BÜRGERHAUS XVI, Taf. 46, 47, 49.

Am „**Roten Haus**" (Nr. 70) eine *Türeinfassung* mit Blattwerkskulptur, um 1700, sowie einem später eingesetzten *Wappenstein* Marchion, bezeichnet „LMN"

---

1) Valentin v. Arms und Catharina Sutter. Dieser Gebäudeteil ist ein ehemaliges d'Arms-Haus.
2) Johann Peter von Marchion, vermählt mit Anna Maria Schmid von Grüneck aus Ilanz.

Abb. 148. Valendas. Dorfplatz.
Mit Brunnen von 1760. — Text unten.

(verbunden). — Am „**Grauen Haus**" (am Platz) *Wappenstein* mit Allianz Casutt und Finer, datiert 1663. — Davor der originelle **Dorfbrunnen:** auf dem Schaft eine aus Holz geschnitzte *Wasserjungfer* mit grossem Florentiner Hut, datiert 1760[1] (Abb. 148); beschrieben und abgebildet bei P. MEINTEL, Schweizer Brunnen, Frauenfeld 1931, S. 109, Taf. 67.

Haus Jenal (Haus Nr. 21) am Weg nach Dutga. Doppelwohnhaus aus — zum Teil verblendetem — Strickbau und gemauertem Küchentrakt. Postumgotische, rundbogige *Türe* mit gekehltem Steingewände, Datum 1604; Hausmarke und Steinmetzzeichen Tab. II, 11.

Burgruine Valendas. Die Burg war Sitz der Herrschaft Valendas (s. oben), wurde vermutlich im späten 12. Jahrhundert erbaut und war von den Herren von

---

1) Der Hut ist offenbar eine spätere Zutat; der Rand aus Blech, der Hutkopf aus einem Holzklotz.

Valendas — ehemals vazischen und später werdenbergischen Ministerialen — bewohnt; 1529 von der Gemeinde erworben und hernach verfallen. Vorhanden sind
noch Teile der Front eines wehrhaften Palas. — Näheres s. BURGENBUCH, S. 71,
224, Taf. 55.

VERSAM – VERSOMI

Urgeschichte. Auf einer Alp bei Sculms wurde ein *Bronzebeil* mit elliptischer
Schneide gefunden; lombardischer Typus wie das Beil von Grüneck (S. 43), spä-
testens frühe Hallstattzeit. — H. u. Ö. S. 8. — JB SGU. 1912, S. 118.

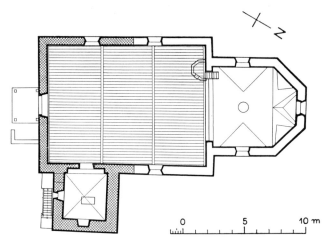

Abb. 149. Versam. — Die Evangelische Kirche.
Grundriss. — Maßstab 1:300. Die schraffierten Teile gehören zum ersten Bau von 1634.

Geschichte. Versam bildete ursprünglich mit Valendas einen ökonomisch-
politischen Verband, aus dem es sich in der ersten Hälfte des 17. Jahrhunderts löste.
Die Germanisierung erfolgte durch Walser aus Safien schon im Laufe des 14. Jahrhunderts. — Die kirchliche Trennung wurde am 29. Februar 1676 formell vollzogen, nachdem die Verbindung zuvor schon gelockert war. Am 9. November 1676
kaufte sich auch der Hof Sculms in die Kirchgemeinde Versam ein[1]. Eigene
Pfarrer seit 1673 (Truog, Nr. 121).

Die Evangelische Kirche

Geschichte und Baugeschichte. Nur der Name „bi Chappälä"[2] deutet
darauf hin, dass schon vor der Reformation in Versam ein kleines Gotteshaus stand.
15. Februar 1634 wird der Bau einer Kirche beschlossen, im gleichen Jahr Grundsteinlegung und am 11. Dezember Ablieferung der Glocken (GA., Nr. 8 und 22).
Dieser erste Bau stand in Richtung Nordost-Südwest. 1710 Vergrösserung der
Kirche unter Achsendrehung nach Nordwest. Unternehmer: FLURY BRUNNER,
Baumeister: STOFFEL BIELER aus Bonaduz, Zimmermeister: W. PETER aus Tirol.

---

1) Die politische Zugehörigkeit von Sculms nach Bonaduz dauerte aber noch bis 1854. Vgl. Bd. III, S. 3.
2) In der Nähe des unten, S. 130, genannten „Gross Haus"; vielleicht nur ein Bildstock?

Abb. 150. Versam. — Die Evangelische Kirche.
Ansicht von Süden.

Literatur: S. SUTTER-JUON, Aus Versams Vergangenheit, BMBl. 1929, S. 180f., S. 211f.

Baubeschreibung. Inneres. Die heutige Kirche (von 1710) besteht aus einem rechteckigen Schiff und einem nach Nordwest gerichteten, eingezogenen, dreiseitig geschlossenen *Chor,* der von einer dem Polygon angepassten Tonne mit Stichkappen überwölbt ist und sich ohne Vermittlung eines Chorbogens zum Schiff öffnet. Über dem *Schiff* eine trapezförmige Holzdecke; stichbogige Fenster. Über dem Chorbogen die *Bauinschrift:* ,,Im 1634 Jahr war diser Kirchen den Ersten Grund geleget gar. Nun auf Vermehrung des Volckhs war sie vergrösseret Im 1710 Jahr aufgebut wie sie da stat.'' — Äusseres ohne Streben. Satteldach, neues Vorzeichen.

Der **Turm** steht in der nordöstlichen Langseite des Schiffes nahe der Front und birgt in seinem Erdgeschoss den alten — mit grätigem Kreuzgewölbe überdeckten — Chor. Dort zwei vermauerte Korbbogenfenster. Unterhalb der jetzigen rundbogigen Schallfenster sitzen die alten, nun vermauerten, gekuppelt stichbogigen Schallöcher. Spitzhelm über Wimpergen.

Baugeschichtliche Feststellungen. Die zwei Etappen sind am Bestand deutlich ablesbar. 1. 1634: Die Eingangsfront des heutigen Baues ist identisch mit der südöstlichen Längswand des ersten Schiffes. Die alte Höhe ist durch einen Einsprung in der jetzigen Eingangswand markiert. Im Dachraum ist zu sehen, dass dieses Schiff auch eine trapezförmige Decke trug. Der Eingang lag in der Südwestseite. Den Chor dieser Kirche barg — wie erwähnt — das Erdgeschoss des Turmes (Turmchoranlage), der um ein Geschoss niederer war als heute.

2. 1710: Erweiterung des Schiffes gegen Nordwesten. Errichtung des Chores, Erhöhung des Turmes.

Ausstattung. *Abendmahlstisch* aus Stein mit Akanthusfuss. Widmungsinschrift von Dominic Ritz à Porta. 18. Jahrhundert (Deckel datiert 1869). — Die *Kanzel.* Polygonkorpus mit Reliefschnitzerei, Datum 1710[1]. Bemalung der Füllungen gleichzeitig mit der *Orgel:* Fünfteiliger Prospekt, auf den Flügeln in kunstloser Malerei David und Engel. Widmungsinschrift von Jakob Gredig 1789. Die Brüstung der *Empore* in ländlichem Rokoko bemalt[2].

Abendmahlsgeräte. Zwei glatte *Silberkelche,* H. 26,2 und 25,5 cm, keine Beschaumarke. Meistermarke Tab. I, 31. Wappen und Inschrift von ,,Oberst J. B. (Joh. Buchli) 1823''.

Glocken. 1. Dm. 116,5 cm, von FRANZ THEUS in Felsberg 1846. — 2. Dm. 91,5 cm, Inschrift: WAN IR HERT MEIN GEDON SOLT IHR FLISIG ZUR KIRCEN GAN UND HEREN FLEISIG GOTTES WORT DENSELBEN BRISEN HIE UND DORT — GOSEN MICH LEONHART UND THEODOSIUS ERNST IN LINDAW ANNO 1634. — 3. Dm. 75 cm, Inschrift: GOT ZU LOB DEM MENSCHEN ZU GUT GOSEN MICH LEONHART UND THEODOSIUS ERNST IN LINDAW ANNO 1634. Sehr guter Guss.

Profanbau und Burgstellen

,,**Gross Hus**'' (Buchli-Camenisch Nr. 52), datiert 1725. Gewölbter Mittelkorridor in Firstrichtung. *Täfer* mit Barockprofilen. In der Stube ein *Büfett,* gegliedert mit Pilastern und reich geschnitzt mit Blattwerk und Muscheln. Bezeichnet ,,J B 1720''[3].

Burgstelle Sculms. Geringe Fundamentreste auf einem Felskopf. — Schlossbühel bei Areza. Keine Mauerspuren. — S. BURGENBUCH, S. 250.

---

1) Hergestellt von FELIX PRADER und JOOS BANDURER von Versam. Vgl. BMBl. 1929, S. 212.
2) Die Orgel wurde gebaut von Orgelmacher KEYSER von St. Margarethen für fl. 600.—, Vertrag vom 17./28. September 1788 (GA., Nr. 71). Die Register waren laut Aufschrift: Cornet, K. Flaut, Sp. Flaut, Copel, Surbass, Prinzipal, Mixtur, Quint, Octav. Nun umgebaut.
3) Die Initialen gehören wohl dem Besitzer (Jakob Buchli) und nicht dem Meister J. BANDURER, von dem die Arbeit nach der Überlieferung stammt. In Bd. I, S. 252, Anm. 2, ist dies Büfett versehentlich nach Valendas verwiesen.

Abb. 151. Tenna, Kreis Safien. — Evangelische Kirche.
Inschrift, 1504, an der Leistendecke des Kirchenschiffs. — Text S. 141 und Abb. 165, S. 142.

KREIS SAFIEN

Geographie und Geschichte. Der Kreis umfasst das eigentliche Safiertal (romanisch Val Stussavgia), also das Einzugsgebiet der beim Bärenhorn entspringenden Rabiusa bis zum Versamer Tobel. Die Wohnstätten liegen in der Mehrzahl auf der linken, sanfter geneigten Talflanke, sind in zahlreiche kleinere Gruppen aufgelöst und bilden grössere dorfartige Komplexe nur in Safien-Platz und Tenna. Der alte Talweg ging, die Versamer Schlucht meidend, von Valendas-Carrära aus, stieg nach Tenna hinauf und von dort wieder ins Tal hinab, um hier ungefähr die heutige Route zu verfolgen. Vom „Turrahus" führte der Übergang über Löchliberg ins Rheinwald. Die neue, durch das Versamer Tobel führende Strasse wurde 1858 vollendet.

Die Versamer Schlucht zwar wird 1015 als Vallis Versamia (CD. I, S. 130) schon urkundlich erwähnt, das Safiertal selbst jedoch erst um 1314, als „Stosavia", im Vazer Klagerodel (Anz. f. Schweiz. Gesch. 1910, S. 47). Die Vogtei über das Tal gehörte damals als bischöfliches Lehen den Freiherrn von Vaz, kam 1338 an die Werdenberg-Sargans, 1383 an die Herren von Räzüns und 1443 wieder an die Werdenberg-Sargans, die sie 1493 an den Grafen Gian Giac. Trivulzio von Mailand verkauften. Endgültige Ablösung der letzten Hoheitsrechte nach langwierigen Verhandlungen 1696.

Die Grundherrschaft im weitaus grössten Teil des Tales gehörte dem Kloster Cazis, das nach einem Urbar von 1512 in Safien 13 Höfe besass. In der ersten Hälfte des 14. Jahrhunderts siedelten sich, vom Rheinwald her, Walser an, zuerst im Innern des Tales, dann immer weiter vorrückend bis hinaus nach Versam, was bald zu einer Germanisierung ganz Safiens führte. Diese „deutschen Leute" genossen einen privilegierten Freiheitsstand, der in einem Schirmbrief vom 15. Juni 1450 formell umschrieben ist. Im Oberen Bund bildete das Gebiet der heutigen Gemeinde Safien mit Thusis und Heinzenberg ein Hochgericht, während das kleine Gericht Tenna zum Hochgericht Gruob gehörte. Die Verfassung von 1854 schloss jedoch die beiden Gemeinden Safien und Tenna zu einem Kreis zusammen, was der geographischen Situation besser entsprach.

Literatur: An Stelle einer Einzelaufzählung sei hier verwiesen auf die zusammenfassenden Arbeiten von W. DERICHSWEILER, Das Safiental, im Jahrbuch des Schweiz. Alpenclub 1919, S. 80—118, sowie von L. JOOS, Safien unter der Herrschaft der Trivulzio, BMBl. 1933, Heft 9 und 10 mit ausführlichen Literaturangaben. Dazu seither: MARCELLE KLEIN, Die Beziehungen des Marschalls G. G. Trivulzio zu den Eidgenossen und Bündnern 1480—1518. Zürich 1939.

SAFIEN

Urgeschichtliche und frühmittelalterliche Funde. Auf dem Tomülpass wurde 1869 ein *Dolch* und eine *Wurfspiess-Spitze* in weidenblattartiger Form aus Bronze gefunden. Aufbewahrt im Rätischen Museum zu Chur. Die Lanzenspitze ist (nach H. Zeiss) karolingisch.

Literatur: ASA. 1870, S. 124, Abb. Taf. X, 2 und 3. — ANTIQUA 1887, S. 5, Taf. III, 2—4.

Geschichte. Die Gemeinde wurde, schon seit dem Mittelalter, in vier „Bürden" oder „Nachbarschaften" eingeteilt, die auf Höfe der vorwalserischen Zeit zurückgehen, denn sie trugen romanische Namen: Malönnia (heute Talkirch), Camana,

Zalön (Platz) und Gün mit Salpänna (Neukirch). — Urk. von 1498, GA., Nr. 9. —
Sprecher, Rhet. Cron., S. 266.

Über die kirchlichen Verhältnisse vor der Walsereinwanderung ist nichts
bekannt, doch ist kaum daran zu zweifeln, dass die Seelsorge dem Kloster Cazis

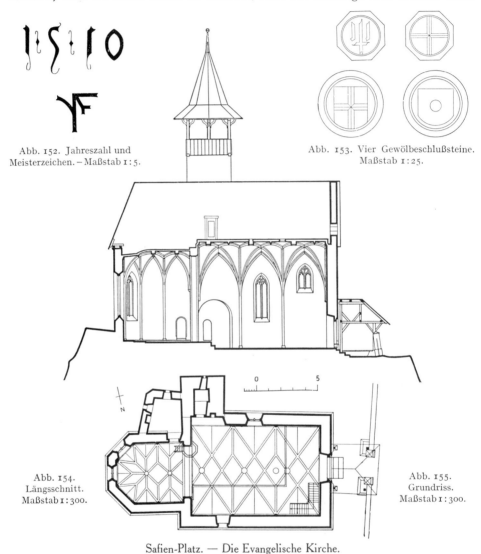

Abb. 152. Jahreszahl und
Meisterzeichen. — Maßstab 1:5.

Abb. 153. Vier Gewölbeschlußsteine.
Maßstab 1:25.

Abb. 154.
Längsschnitt.
Maßstab 1:300.

Abb. 155.
Grundriss.
Maßstab 1:300.

Safien-Platz. — Die Evangelische Kirche.

zustand. In der Dekanatseinteilung gehörte Safien denn auch nicht zum Kapitel
„Supra Silvam", sondern zu „Supra Saxum" wie Cazis selbst (Reg. clericorum).
Die Gründung der Pfarrei dürfte in die erste Zeit der Walsersiedelung (Mitte
14. Jahrhundert) fallen, urkundlich wird die Pfarrkirche jedoch erst 1448 genannt[1].
Bei der Marienkapelle in „Talkirch" bestand eine Kaplanei mit eigenen Sakraments-

---

1) In einer nur in Abschrift von Joh. Ulr. v. Salis-Seewis überlieferten Urkunde über die Auferlegung
einer Kirchenbusse. Kant. Bibl. B 1790.

Abb. 156. Safien-Platz. — Die Evangelische Kirche.
Ansicht von Südwesten.

rechten. Beitritt zur Reformation um 1526. „Im Tal" amteten von 1738—1852 und in Neukirch von 1715—1880 eigene Pfarrer. Seither werden diese Filialen von Platz aus versehen.

Die Evangelische Kirche in Safien-Platz

Geschichte und Baugeschichte. Urkundlich 1448 erstmals erwähnt (s. S. 132). Das Patrozinium St. Joh. Baptist erfahren wir anlässlich eines am 30. Oktober 1500 erteilten und am 27. Februar 1509 vom Bischof bekräftigten Ablasses, der — wie ausdrücklich bemerkt — zur Unterstützung des damals geplanten Neubaues dienen sollte. Vollendung 1510 (Datumsinschrift). Meister des Baues: ANDREAS BÜHLER aus Kärnten, wohnhaft in Thusis. Neuer Dachstuhl unter Mei-

ster PETER ZURR 1677 (GA.), Renovation 1768 (Inschrift), Empore 1788 von Meister
ENGELHARD FALLER aus Tschappina (GA.). Partielle Brandbeschädigung und
Renovation 1886 (Inschrift).

Literatur: RAHN in ASA. 1882, S. 354. — Derselbe, Geschichte, S. 536f., 807. —
W. DERICHSWEILER in BMBl. 1917, S. 387f. — L. JOOS, Die Kirchlein des Safien-
tales in BMBl. 1936, S. 1—26.

Baubeschreibung. Inneres. Spätgotische nach (Süd-)Osten gerichtete Anlage, bestehend aus dem Langhaus und einem eingezogenen, dreiseitig geschlossenen Chor. Über dem *Chor* liegt ein zweijochiges Sterngewölbe. Die einfach gekehlten Rippen und Schildbogen wachsen aus halbrunden Diensten mit zylindrischen
Basen, in den Westecken zu Stümpfen verkürzt, die mit Schildchen verziert sind.
Zwei achteckige Schlußsteine, im einen das Monogramm Christi, im andern das
Wappen des Oberen Bundes: In Rot ein von Weiss und Grau gevierteiltes Kreuz (über
die Tingierung s. Bd. I, S. 263) (Abb. 153). Zwei spitzbogige *Fenster* mit Fischblasen-
maßwerken über Mittelstützen. In der Südwand gotisch gefaste Türe zur ehemaligen
Sakristei (nun Archiv). Am Chorgewölbe steht das Datum 1510 in originalen gotischen
Ziffern und darunter das Meisterzeichen des ANDREAS BÜHLER (Abb. 152, S. 132).
Die gleiche Marke an dem Konsolschildchen in der Südostecke des Chores; gegenüber
auf dem anderen Schildchen sowie auf einer Rippe des Gewölbes das Zeichen
Tab. II, 7. Es gehört einem Steinmetzen, der hier offenbar Palier Bühlers war,
in Ilanz (1518) aber als selbständiger Meister auftritt (s. S. 56). — Näheres über
beide s. Bd. I, S. 94f. u. 97f. An der nördlichen Schrägwand: „Jm jar 1550 feintt
in Savia 155 Parßonen und im Jar 1629 feintt 100 Parßonen und im Jar 1630
feintt 31 Parßonen alle an der Peftolentz geftorben". An der Südwand: „FLAMMIS
EREPTA RENOVATA EST M D CCC LXXXVI (Dachbrand)". Der *Chorbogen* ist spitz und
beidseitig gefast.

Über dem *Schiff* liegt ein Rautengewölbe von drei Jochen, ruhend auf Halbrunddiensten wie im Chor, in den Ecken gleichfalls zu Stümpfen mit Schildchen
verkürzt. Schildbogen. Drei runde Schlußsteine, einer ringförmig durchbrochen,
die anderen geschmückt mit dem Wappen Reitnau[1] und des Oberen Bundes, in gleichen Farben wie im Chor (Abb. 153, S. 132). In der Südwand zwei Maßwerkfenster
wie im Chor, das eine davon — der Empore wegen — nachträglich verkürzt. In
der gleichen Wand dicht an der Südostecke eine halbrund geschlossene Nische, die
den Eingang zum Turm umfasst. Dort stand ehemals ein Seitenaltar, wie eine
würfelförmige Geräte-Nische zeigt. Auf einer Rippe des Gewölbes das Steinmetzzeichen
Tab. II, 7, wie im Chor. Über dem Chorbogen: „17 M H S — C B 68", die
Initialen der Meister der Renovation von 1768, daneben das übertragene Meisterzeichen BÜHLERS (s. oben).

An der Nord- und Westwand eine *Holzempore*, die eine empfindliche Beein-
trächtigung des Raumeindruckes bedeutet. An einem Pfeiler datiert 1788 (dabei
der Name des Kirchenvogtes Joh. Finschen). Auf die Errichtung dieser Empore
bezieht sich auch die Inschrift an der Westwand: A° M D CC L XXXVIII MEISTER
FALLER[2].

Würdigung. Der Raum zeichnet sich durch schlanke leichte Proportionen
aus und wirkt daher über seine wirklichen Maße hinaus hoch. Wie in Thusis entspricht die Höhe des Chores der Breite des Schiffes, während das Schiff selbst im
Verhältnis zu seiner Breite höher, also schlanker ist wie dort. Die Achse des Chores

---

1) Das Wappen (in Silber eine schwarze Kugel) gehört der Äbtissin Clara von Reitnau, reg. 1508
bis 1528.

2) Es handelt sich nicht um eine Baumeisterinschrift. Meister ENGELHARD FALLER von Tschappina
war Schreiner und verfertigte auch die Bänke und den Boden lt. Vertrag im GA. vom 7. März 1787. S. auch
S. 136.

Abb. 157. Safien-Platz. — Die Evangelische Kirche.
Innenansicht mit Blick zum Chor.

weicht — was bei der sonstigen Präzision Bühlers auffällt — von jener des Schiffes ab, es scheint also, dass der Chor errichtet wurde, als das alte Schiff noch stand[1]. Äusseres ohne Streben. Gelblicher Verputz mit Sgraffito-Eckquadern. Der Sockel und das gekehlte Dachgesims sowie die Verkleidungen der Fensterleibungen sind aus Tuff gearbeitet. Das *Portal* in der Westfront rundbogig und gotisch gekehlt.

---

1) L. Joos, a. a. O., S. 4 f., nimmt an, dass die Kirche St. Johann vor dem Neubau von 1510 auf dem linken Ufer beim Rathaus gestanden habe, da in einer Urkunde vom 15. Oktober 1514 (GA., Nr. 17) vom Rathaus „bei der Pfarrkirchen am Platz" die Rede ist. Ich möchte diese Angabe lieber als Ortsnamen auffassen, der die ganze Siedelung „Platz" umfasst und sie abtrennt gegen die andern Wohnkomplexe des Tales, und nicht als engste Lokalisierung. Sie entspricht der Benennung „das Gut zur Kilchen" im Urbar für Cazis von 1512 (BA.). Dass das Priesterhaus nicht dicht bei der Kirche stand, kam anderwärts — bei exponierten Kirchensituationen — auch vor. Da die neue Johanneskirche 1510 nachweislich schon vollendet war, dürfte man sonst wohl in der Urkunde von 1514 zum mindesten die

Vordächlein aus Holz; einheitliches Satteldach. An der Südseite Reste eines Gewölbeansatzes, offenbar von einem Beinhaus herrührend.

Der **Turm** steht an der Südseite des Chores und ist ein kahler Bau mit einem
viereckigen, einem spitzbogigen und einem rundbogigen Lichtschlitz. Die oberen
Teile der Nordwand sind auf dem Schiff abgestützt. Das letzte gemauerte Geschoss
scheint nachträglich aufgesetzt. Oben gezimmerte Glockenstube mit achteckigem
Spitzhelm. An der Südseite des Chores Sakristei mit gotisch gefastem Fenster.

Malereien und Ausstattung. In den Gewölbezwickeln Blumenzweige, ein
Storch, zwei gekreuzte Kranichhälse und Masken mit Mützen; in den Feldern ge-
flammte Sterne. An der Abschlusswand des Chores das Wappen des Oberen Bundes
in Tinkturen wie oben; alle von 1510, jedoch leicht retouchiert[1]. — Der *Taufstein.*
Eine schwere, von der Halbkugelform ins Achteck übergehende Schale, ist geziert mit
acht eingetieften leeren Schilden. Das Innere rund mit Lagern für das Becken; um
1510. — Die *Kanzel* aus Nadelholz, die geschnitzten und profilierten Teile Nussbaum.
Polygonaler Korpus mit Bogenfüllungen und geschuppten Pilastern, datiert 1690. —
Einfacher *Baldachinstuhl*, datiert 1787, vgl. S. 134, Anm. 2.

Abendmahlsgeräte. Zwei identische *Louis-Seize-Kelche*, Silber, vergoldet,
H. 24,2 cm. Wappen und Inschrift von Landammann Christian Buchli 1783. Be-
schau: Augsburg, Meister: BRUGLOCHER (Rosenberg Nr. 1038). — Zwei prismatische
Kranzkannen, laut Inschrift gestiftet von der Knabenschaft 1840. Meistermarke des
Churer Zinngiessers HEINRICH WILH. LANGE; vgl. Bd. I, S. 240.

Glocken. 1. Dm. 96 cm, Inschrift: GOT ZU LOB UND DER GEMAIENDT IN SAFFIEN
ZUM GUETEM GOS MICH THEODOSIUS UND PETER ERNST IN LINDAW A° 1658[2]. — 2. Dm.
62 cm, Inschrift in gotischen Unzialen: + SANT LUCAS · SANT MARKUS · SANT MATEUS ·
SANT JOHAN̄S · 14. Jahrhundert.

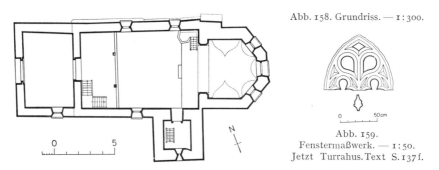

Abb. 158. Grundriss. — 1:300.

Abb. 159.
Fenstermaßwerk. — 1:50.
Jetzt Turrahus. Text S. 137 f.

Safien. — Die Evangelische Kirche im Tal.

Die Evangelische Kirche im Tal

Geschichte und Baugeschichte. Die erste urkundliche Nachricht erhalten
wir durch eine Konsekration: am 1. August 1441 wird die Kirche mit drei Altären
und dem Friedhof z. E. von St. Maria und den Hl. Drei Königen, Andreas, Sebastian,

---

Formulierung erwarten „bei der alten Pfarrkirche". Die von Joos als Fundamente der alten Kirche an-
genommenen Mauerteile eines Wohnhauses zeigen keine Merkmale, die für einen Kirchenbau typisch
wären. Doch könnten nur Grabungen in der Kirche hier Klarheit schaffen.

   1) Bei der Renovation von 1886 sollen an der Nordwand des Schiffes Überreste von Malereien konstatiert worden sein. Camenisch, S. 300.

   2) Die Glocke wurde in Lindau selbst gegossen, laut Waagschein vom 6. Dezember 1658 im GA.

Abb. 160. Safien. — Die Evangelische Kirche im Tal.
Ansicht von Südwesten.

Antonius Abt, Maria Magdalena und Theodul geweiht. (Abschrift J. U. Salis, s. S. 132, Anm. 1.) Die Weihe des Friedhofes sowie das später erwähnte Taufrecht zeigen, daß die Kirche damals schon Pfarrechte ausübte, jedoch sind keine Anzeichen dafür vorhanden, dass hier die alte Pfarrkirche stand und St. Johann erst nachträglich zu diesem Rang aufstieg. Vom Bau von 1441 dürften noch die Umfassungsmauern des Schiffes sowie der Turm stammen. Ein Neubau des Chores wurde am 15. Oktober 1503 geweiht mit dem Hochaltar z. E. der Hl. Placidus, Sigisbert und der Drei Könige (GA., Nr. 12). Aus dieser Etappe (vielleicht! s. Anm. 2) die Umfassungsmauern des Chores und der Chorbogen. 1712 Emporeneinbau. 1757 Neu-Einwölbung des Chores und Neuanlage der Fenster, vermutlich auch neue Schiffdecke und Errichtung der Vorhalle; 1789 Täfelung, Kanzel und Gestühle. Letzte Gesamtrenovation 1925/26 (Arch. SCHÄFER u. RISCH, Chur). Damals wurde auch nach Plänen von Ober-Ing. BERNASCONI, Chur, der Chor durch Beton-Konstruktionen gestützt, da er abzurutschen drohte. — Vgl. L. JOOS, BMBl. 1936, S. 12—17. — TRUOG, Nr. 80.

Baubeschreibung. Inneres. Rechteckiges Schiff mit geschlossenem Vorraum von gleicher Breite und schwach eingezogenem, dreiseitig geschlossenem *Chor*. Er ist überwölbt von einer dem Polygon angepassten Tonne mit Stichkappen. Auf diese Einwölbung wie die Neuanlage der Chorfenster[1] dürfte sich das Datum 1757 über dem Scheitel des Chorbogens beziehen[2]. Von den früheren spätgotischen Fenstern

---

1) Sie waren Stichbogig wie im Schiff und wurden 1926 in neue Form gebracht, da sie in ungleicher Höhe sassen.

2) Das alte Chorgewölbe war offenbar baufällig gewesen, wenn nicht damals der auffallend kurze Chor im wesentlichen neu aufgerichtet wurde.

ist noch ein Fischblasenmaßwerk am „Turrahus", taleinwärts, vorhanden (Abb. 159). Der *Chorbogen* ist rund und beidseits breit gefast mit Anlauf in Keilschnitt. Über dem *Schiff* liegt eine trapezförmige Leistendecke des 18. Jahrhunderts. Stichbogige Fenster der gleichen Zeit. Die schmucklose *Empore* an der Westwand datiert: „M H C. 1712" (Meisterinitialen). — Äusseres ohne Streben. Die Türe mit neuem Gewände (1926), früher Stichbogen. Über dem Eingang fand man 1925 spärliche Reste *gemalter nimbierter Heiliger* (BMBl. 1936, S. 12), deren Restaurierung nicht möglich war. Über Schiff und Chor einheitliches Satteldach, in neuerer Zeit mit Steinplatten gedeckt (erneuert 1926). Das Dach der Vorhalle liegt etwas tiefer.

Der **Turm** steht an der Südseite des Schiffes. Gegen Süden eine rundbogig geschlossene Scharte, sonst einfache Lichtschlitze; die Schallöcher rundbogig. Zeltdach mit Plattenbelag.

Die ornamentale **Malerei** am Gewölbe und über den Fenstern des Chores stammt von 1757.

Ausstattung. Der *Taufstein* ist um 1503 entstanden; seine achteckige Schale wird umkränzt von einem knorrigen Ast (Abb. s. Bd. I, S. 137). — *Kanzel* aus Tannenholz, polygonal mit Bogenfüllungen. Bezeichnet: „17 M E F 89" (Meister ENGELHARD FALLER)[1]. — Einfaches *Baldachingestühl* und *Predigersitz*, beide datiert 1789. Inschrift im BMBl. 1936, S. 15.

Abendmahlsgeräte. *Louis-Seize-Kelch* wie jener in „Platz" (S. 136). — Eine prismatische *Schraubkanne* aus Zinn, mit Marke des Churer Zinngiessers J. U. BAUER, datiert 1736. Stifterinitialen.

Glocken. 1. Dm. 84 cm, Inschrift: + aɐe + maria + gracia + plena + dominus („tecum" fehlt) + m + cccc + lɣɥɐii iar (1477). — 2. Dm. 65,7 cm: * ɐ * reɣ * glorie * criſte * ɐeni * nob(i)s * cum * pace * anno * dm̄ * m° * cccc° liiii° (1454)[2].

Abgegangene Kapelle (?). Im Volksmund heisst ein kleines viereckiges Gebäude mit schwach geneigtem Steinplattendach beim unteren Turrahus „Kapelle". Innere Maße: L. 4,45 m, Br. 3,20 m. In Sgraffittechnik datiert 1663. Im Innern unverputzt. Alter vermauerter Eingang im Westen. Sichere Anhaltspunkte, dass das Bauwerk vor der Reformation kirchlichem Gebrauch diente und 1663 nur umgebaut wurde, waren nicht zu finden.

Die Evangelische Kirche in Neukirch

Geschichte. Die Kirche wurde 1697/98 für den Gemeindeteil ausserhalb des Treuschbaches neu gebaut.

Literatur und Quellen: SERERHARD II, S. 32 — L. Joos in BMBl. 1936, S. 17—19. — TRUOG, Nr. 78. — Steuer-Büchlein von 1697 im GA.

Baubeschreibung. Inneres. Anspruchsloser, nach (Süd-)Ost gerichteter Bau, bestehend aus einem Schiff mit flacher Leistendecke und dreiseitig geschlossenem eingezogenem Chor, letzterer überwölbt von einer Tonne mit Stichkappen. Über dem ungefasten runden Chorbogen das Baudatum 1698. Innere Maße: Chor L. 5,30 m, Br. 3,85 m; Schiff L. 6,70 m, Br. 5,45 m. — Das Äussere ohne Zierglieder. Geschindeltes Satteldach. Vorhalle. — Der **Turm** steht an der Südseite des Chores und trägt einen achteckigen Spitzhelm.

Ausstattung schmucklos, aus der Erbauungszeit.

Abendmahlsgeräte. Ein *Louis-Seize-Kelch* wie in „Platz" und „Tal". — Eine prismatische *Schraubkanne* aus Zinn, datiert 1822, Marke des J. U. BAUER in Chur.

---

1) Lt. Vertrag vom 9. April 1789 (GA.) hatte er ausser der Kanzel auch das Täfer, Stiegen, Türen, Glockenstuhl, die Fensterläden und das Schindeldach neu zu machen und die Empore instand zu stellen.

2) In BMBl. 1917, S. 38 ff., und 1936, S. 13, ungenau.

Glocken. 1. Dm. 84,4 cm, Inschrift: ANNO CHRISTI M D C X C VII GOS MICH MATHEUS ALBERT IN CHUR. — 2. Dm. 65 cm, Inschrift: AUS DEM FEIR FLOS ICH GABRIEL FELIX JOHAN GORG (!) GAPP GOSEN MICH IN FELDKIRCH. ANNO 1701.

Burgstellen. „Bei der Burg". Sichtbar sind nur noch Fundamentwülste am Südrand des Treuschtobels bei Untergün. — Rosenberg. Spurlos verschwunden und unverbürgt. — Näheres s. BURGENBUCH, S. 250.

Im Rätischen Museum zu Chur: Zwei *Talschaftsfahnen*. 1. Dreieckiges „Fähnli", Leinen, beidseits aufgemalt das Lamm Gottes; 15. Jahrhundert, 170 × 180 cm. — 2. Blaue Seide, durch ein von Grau und Weiss gevierteiltes Kreuz in vier Quartiere geteilt, im ersten das Lamm Gottes. Fragment. 210 × 165 cm; 16. Jahrhundert. Abgeb. bei DERICHSWEILER, a. a. O., S. 110.

TENNA

Urgeschichte. Bei einem Maiensäss oberhalb des Dorfes wurde 1912 eine *Bronzelanze* vom Typ Chevroux (Musée Lausanne) gefunden und ging in den Antiquitätenhandel. Späte Bronzezeit. JB SGU. 1908, S. 42, 1909, S. 75, 1912, S. 126f.

Geschichte. Tenna war nur ein — vermutlich von Valendas genutztes — Alpgebiet, bevor es in der zweiten Hälfte des 14. Jahrhunderts von deutschen Walsern aus Safien besiedelt und intensiver bewirtschaftet wurde; 1383 gelangte es zugleich mit Safien unter die Territorialhoheit der Herren von Räzüns. 1398 erwarben die Leute von Tenna das ganze heutige Gemeindeterritorium, das damals noch als die „Alp auff Thena" bezeichnet wurde, von den Grundherren, den Grafen von Werdenberg-Sargans. Als Bestandteil der Räzünser Herrschaften ging es 1458 an die Zollern und 1497 an Habsburg, dem es verblieb, bis es 1819 an Graubünden kam.

In kirchlicher Hinsicht gehörte Tenna im Mittelalter zu Valendas, hatte aber eine eigene Kuratkaplanei[1], also hinsichtlich der Sakramentsrechte die Stellung einer Pfarrei. Frühester urkundlicher Nachweis der „Ewigen Messe" von 1475 (GA., Nr. 6). In der gleichen Urkunde wird auch das Patrozinium St. Valentin genannt, doch erscheint der Heilige schon auf einem Tenner Siegel des späten 14. Jahrhunderts[2]. Nach dem Übertritt zur Reformation, der mit Valendas um 1523 erfolgt sein dürfte, wohl Ablösung von der Mutterkirche; eigene Pfarrer sind jedoch erst von 1573 an nachgewiesen; seit 1915 mit Versam verbunden.

Literatur: NÜSCHELER, S. 63. — W. DERICHSWEILER, Jahrbuch des S.A.C., Jahrgang 54, S. 115f. — L. JOOS, BMBl. 1936, S. 19—26. — BERTOGG, S. 157.

Die Evangelische Kirche

Geschichte und Baugeschichte. Die Gründung eines Gotteshauses in Tenna erfolgte — wegen des weiten Weges zur Pfarrkirche in Valendas — wohl bald nach der Walseransiedelung in der zweiten Hälfte des 14. Jahrhunderts. Dafür spricht auch das Valentinssiegel (s. oben). Von dieser ersten Kirche stammen noch die östlichen Teile der Umfassungsmauern des Schiffes und wohl auch der Turm. 1504 Neubau: Verlängerung des Schiffes und Errichtung eines neuen Chores. 1733 teilweise Erneuerung der Decke, Neu-Disposition der Fenster. 1865 neuer Glockenstuhl 1891 Renovation.

---

1) Im Registrum induciarium: „Thenna parrochia filialis Valendas"; im Reg. clericorum (1520): „Thenna curatus" (BA.).

2) Nach Nüscheler I, S. 63, kommt das Siegel schon 1390 vor. Legende: s. COMMUNITAT + MISTRI SUP TENAE. Stilistisch zweite Hälfte des 14. Jahrhunderts. Abb. Derichsweiler, a. a. O., S. 115.

Literatur: RAHN in ASA. 1882, S. 360. — Derselbe, Geschichte, S. 542, 806. — L. JOOS, a. a. O.

Baubeschreibung. Inneres. An das lange und schmale Schiff schliesst sich gegen (Nord-)Osten der eingezogene, dreiseitig abgeschlossene *Chor*, der aus der Achse des Schiffes leicht gegen Süden hin abgedreht ist. Er ist überdeckt mit einem zweijochigen Sterngewölbe, dessen Figuration von den spätgotischen Konstruktionen unseres Gebietes dadurch abweicht, dass im Schluss das Sternsystem auf einfache, zu den Ecken gehende Rippen (also einen Fächer) reduziert ist. Die halbrunden Dienste sind im unteren Teil des Täfers wegen verstümmelt. Weder

Abb.161. Sakraments-
häuschen. Detailan-
sicht und Querschnitt.

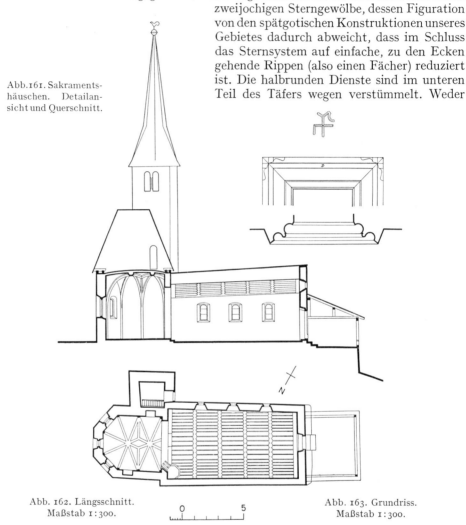

Abb. 162. Längsschnitt.
Maßstab 1:300.

0   5

Abb. 163. Grundriss.
Maßstab 1:300.

Tenna. — Die Evangelische Kirche.

Schlußsteine noch Schildbogen. Rundbogige Fenster mit gekehlten Tuffgewänden. Auf-gemaltes Renovationsdatum 1891. Der *Chorbogen* spitz und ohne Fasen. Der Grundriss des *Schiffes* zeigt ein verzogenes und überdies von West nach Ost sich leicht ver-breiterndes Rechteck. Die im Verhältnis zu seiner Breite ungewöhnliche Länge lässt darauf schliessen, dass der Raum nachträglich, wohl beim Neubau von 1504, ver-längert wurde. 4,30 m von der NW-Ecke entfernt sieht man denn auch an der Nord-wand eine vertikal durchgehende Unebenheit, die auf einen Ansatz hindeutet. Das

Abb. 164. Tenna. — Die Evangelische Kirche.
Ansicht von Norden.

Schiff trägt eine spätgotische, durch Friese in fünf Abschnitte geteilte *Leistendecke*.
Die Friese sind in Form von Kielbogen mit Nasen ausgeschnitten und mit Schling-
und Blattwerk, auch Traubenmotiven, einem Uhu und einem Vogelpaar bemalt. Die
Leisten zieren Zacken- und Bandmuster. Am östlichen Anschlussbrett das Datum:
„anno domini m cccc iiii" (1504); Abb. 151, S. 130, und Abb. 165, S. 142. Auf einer
Leiste nahe der Südwand der Spruch: „Wer · Gotes · Wort · Allhier · nicht · nimbt ·
Ann · Der · wirtt · Dort · kein · leben · han · mein · fromer · man". Die beiden west-
lichen Reihen der Füllungsbretter sowie der Hauptteil der dazugehörigen Friese samt
dem erwähnten Spruch gehören nicht mehr zum Originalbestand; Inschrift: Anno
Domini 1733 ERNEWERT[1]. — Modern rundbogige Fenster mit stichbogigen Nischen.

1) Vielleicht war dieser Teil einmal durch eindringendes Dachwasser beschädigt worden. Die Verlängerung ist aber offenbar nicht erst 1733, sondern schon 1504 erfolgt, denn der erneuerte Deckenteil
enthält noch gotische Leistenfragmente; auch ist das gotische Friesbett zum alten Teil hin beidseits
kielbogig ausgeschnitten, kann also kein Wandanschluss gewesen sein.

Äusseres ohne Zierglieder und ohne Streben. Das *Portal* rundbogig mit gotischer Fase. Vorzeichen aus Holz. Sehr pittoresk wirkt die grosse Differenz zwischen
den Firsthöhen von Chor und Schiff. Vermutlich war ursprünglich auch eine Erhöhung des Schiffsdaches geplant.

Der **Turm** steht an der Südseite des Chores. Unten Lichtschlitze, oben gekuppelte rundbogige Schallfenster mit gotisch gefasten Mittelstützen; darüber ein kreis-
förmiges Loch als verkümmertes Maßwerk. Achteckiger Spitzhelm mit Bruch. Der
Glockenstuhl erneuert (datiert „1865 M H.").

Wandmalerei. An der inneren Nordwand des Schiffes sieht man Spuren
einer Bemalung. Nach mündlicher Überlieferung soll es sich um eine *Apostelreihe*
mit Christus handeln (BMBl. 1936, S. 22).

Ausstattung. An der Nordseite des Chores *Wandtabernakel* mit einem Gewände von überkreuzten Rund- und Dreikantstäben. Im Sturz das Zeichen des
Steinmetzen (Abb. 161, S. 140), der vermutlich zugleich der Meister des Chorneubaues
war. Der Inhaber der Marke, die in unserm Gebiet sonst nicht vorkommt, ist unbekannt. — Plumper achteckiger *Taufstein* mit Schaftwulst; um 1400. — Polygonale *Kanzel* mit geschuppten Pilastern und Zahnschnitt, zweite Hälfte des 17. Jahrhunderts.

Abendmahlsgeräte. Glatter *Kelch* aus Silber, H. 26,5 cm. Wappen und
Widmungsinschrift von Dr. Philipp Besta (ehem. Podesta in Teglio) 1691. Beschau
Feldkirch Tab. I, 7. Meistermarke Tab. I, 25. — Eine prismatische *Schraubkanne*
aus Zinn mit Inschrift von Ammann „Johanes Suther 1714".

Glocken. 1. Dm. 66,5 cm, Inschrift: LOBETT DES HERREN NAMEN EWIGLICH —
ANNO 1745 DEN 19. OKTOBER JOHANES SCHMID V̊ GRÜNECK BURGER IN CUR GOSS
MICH DER GEMEINDE THENNA. — 2. Dm. 46,5 cm, Inschrift: + ave · maria · graciaa (!) ·
plena · dominus · tecum · benedichta (!). 15. Jahrhundert.

Abb. 165. Tenna. — Evangelische Kirche.
Detail der Leistendecke von 1504. Text S. 141, vgl. auch Abb. 151, S. 130.

KREIS LUGNEZ

Geographie und Geschichte. Die Abgrenzung der Bezeichnung Lugnez (romanisch Lumnezia) ist unscharf. Sie umfasst heute meist das Einzugsgebiet des Glenner bis zu seinem Austritt in das Vorderrheintal, während der ältere Sprachgebrauch, den politischen Verhältnissen entsprechend, die beiden untersten rechtsseitigen Gemeinden Riein und Pitasch — wie übrigens auch Luvis auf der linken Seite — von dem Begriff Lugnez ausnahm. Eine selbständige Benennung führt in der Regel auch der oberste südliche Zweig, das Valser- oder St. Peterstal. Über die etymologische Bedeutung von Lumnezia s. Bd. I, S. 7.

Dass sogar die oberste Talstufe schon in der mittleren Bronzezeit besiedelt war, belegten die Ausgrabungen bei Surrin. Im Frühmittelalter erscheint das Lugnez als gut bebautes Land, denn es erbrachte unter den Karolingern ebenso viel an Königszins wie das fruchtbare Domleschg und das Ministerium ,,in Planis". Im hohen Mittelalter hatte das Bistum besonders im Herzen des Tales, in Villa und Vigens, bedeutenden Grundbesitz, der sich um die Höfe Schiflans und Ort gruppierte. Die Vogtei über das Tal gehörte als bischöfliches Lehen den Freiherren von Belmont und nach deren Aussterben (1371) den Herren von Sax-Misox. Die Untervogtei übertrugen sie den Herren von Lumerins, die mit ihnen gleichen Stammes waren. Von 1483 an übte der Bischof die Hoheitsrechte unmittelbar aus, bis sie 1538 durch Auskauf an die Gemeinde übergingen. Innerhalb des Oberen Bundes bildete das Glennergebiet ohne Riein und Pitasch, jedoch einschliesslich des Valsertales, ein eigenes Hochgericht[1]. Der Ausdehnung nach stimmt mit ihm der heutige, durch die Verfassung von 1854 geschaffene Kreis Lugnez überein.

Über die kirchlichen Verhältnisse s. S. 7 sowie die Angaben bei St. Vincentius zu Pleiv, S. 248 f.

CAMUNS

Geschichte. Nach Sprecher (Rhet. Cron., S. 316) und Sererhard (II, S. 8) bildete Camuns mit Cumbels und Peiden ehemals eine ,,Nachbarschaft", was ungefähr einer Gemeinde im heutigen Sinn entspricht[2]. — Kirchlich gehörte das Dorf ursprünglich zu St. Vincentius in Pleiv, wovon es sich am 9. Juni 1528 — zusammen mit Oberkastels und Tersnaus — ablöste. Nachdem Tersnaus sich schon 1669 als selbständige Pfarrei konstituiert hatte, folgte Camuns am 15. Mai 1691 nach (GA. Oberkastels, Nr. 18 und 37). Die Pfarrei wurde bis 1921 von Kapuzinern besorgt; dann Vakanz und seit 1934 Weltgeistliche.

Die Katholische Pfarrkirche St. Johann Ev. und St. Antonius Abt

Geschichte und Baugeschichte. Der erste Bau wurde 1597 errichtet und am 6. August 1600 z. E. von St. Johann Ev. und St. Antonius Abt konsekriert. Von dieser Kirche ist der Chor — nun als Sakristei verwendet — noch vorhanden. Am 3. Juli 1696 Grundsteinlegung des Neubaues, Vollendung 1700, Konsekration am 4. Juli 1704 z. E. der genannten Patrone[3].

---

1) Zwei *Fähnli* dieses Hochgerichtes aus der Zeit des Bischofs Heinrichs VI. (1491—1505) s. Bd. I, S. 267 (Abb.) und 268.

2) Daraus erklärt sich, dass nach einem Abkommen von 1563 den Camunsern Rechte an der Kirche S. Sigismund in Peiden zustanden; auch durften sie das Bad Peiden gebrauchen (GA.).

3) Laut Notizen von 1845 im Pf.A. Also nicht 1716, wie bei Mayer, Bistum II, S. 437, angegeben.

Quellen: „PREAMBOLO CRONICO" (Pf.A.). — Ferner handschriftliche Notizen und Auszüge zur Pfarrgeschichte von Pfarrer ANTON SCHMID in Camuns.

Baubeschreibung. Inneres. Die nach Nordost gerichtete Anlage besteht aus einem zweijochigen Schiff mit zwei Seitenkapellen und dem quadratischen Chor. Die Kapellen liegen dicht beim Chor und reichen nur bis ans Hauptgesims des Langhauses hinauf, haben also nicht Querschiffcharakter. Tonnengewölbe und stichbogige Fenster. Haupteingang in der Südwestfront. Holzempore. — **Äusseres** ohne Zierglieder und mit einheitlichem Satteldach.

Die jetzige **Sakristei** an der Nordwestseite des heutigen Chores ist der *Chor der ersten Kirche*. Er ist dreiseitig geschlossen und bedeckt von einem Fächergewölbe mit stark vorgezogenen Gräten. Ein leeres Spitzbogenfenster. Der nun zugemauerte, aber noch deutlich sichtbare Chorbogen ist zugespitzt und ungefast. In der Evangelienseite (hier Südwest) ein *Wandtabernakel*, bekrönt von einem aus Stuck hergestellten Giebel in Form von entartetem Vierpassmaßwerk (Abb. 166).

Der **Turm** steht an der Südostseite des Chores und trägt — über Wimpergen — einen achteckigen Spitzhelm. Im Innern sieht man den Aussenverputz der Schmalseite des alten kleineren Schiffes.

Baugeschichtliche Schlussfolgerungen. Der erste Bau stand im rechten Winkel zum heutigen, war also talwärts gerichtet. Sein Chor ist die jetzige Sakristei; das Schiff entsprach — wie der alte Verputz im Turm zeigt — dem heutigen Chor. Im übrigen ist die jetzige Kirche einschliesslich des Turmes ein Neubau von 1697 bis 1701. Vgl. Abb. 168.

Abb. 166. Camuns. — Katholische Pfarrkirche.
Spätgotischer Wandtabernakel. — Text oben.

Stukkatur und Wandmalerei. Die Wandpfeiler tragen Kompositkapitelle, auf dem Gesims zu seiten der Kapellen sitzen Engel aus Stuck. Die Wand- und Deckenbilder sind ländlich ungelenk, zudem übermalt. Am Mittelbild des Schiffsgewölbes, das die Immakulata und St. Antonius Abt darstellt, die Signatur: „1698 Ego Giõ Giacobus Rieg pinzi (!)".

Ausstattung. Drei Altäre aus Holz. Der *Hochaltar* mit kannelierten Säulen und scharfkantigem Akanthuslaub um 1700. Altarblatt: St. Johannes Ev. und St. Franziskus; im Frontispiz St. Antonius Abt. Seitlich Reliquienkästen der gleichen Zeit, bekrönt von Statuetten der Patrone. Ein etwas derber *Tabernakel* in Tempelform mit Figuren, datiert 1725[1]. — Die *Altäre in den Kapellen* sind als Pendants

---

1) Das Datum steht auf dem Buch, das der hl. Bonaventura in der Hand hält.

komponiert, um 1710 bis
1720. A-jour-geschnitzte
Akanthusrahmen um ver-
glaste Nischen mit Figu-
ren, an der Evangelienseite
St. Antonius von Padua,
gegenüber moderne Marien-
statue.

Antependien: am Hoch-
altar ein Antependium aus
einer gepressten Ledertape-
te mit Früchten, Putten,
Widdern und Adlern, durch
Aufmalung eines Medaillons
mit St. Johann Ev. zum
kirchlichen Gebrauch her-
gerichtet; 17. Jahrhundert.
An den Seitenaltären: links
aus Leinwand mit gepress-
tem Wollfasermuster, rechts
Leder in schwacher Prä-
gung; um 1720. — Die
Kanzel ist polygonal, mit
gewundenen Säulen besetzt
und in Bogenform geglie-
dert, datiert 1701. Rück-
wand mit ländlicher Schnitzerei.

Kelch Silber, H. 25,5
cm, getriebener Muschel-
dekor und Engelsköpfe;
durchbrochener Korb. Ohne
Marken; um 1710.

Vier **Glocken** von
Gebr. Grassmayr in Buchs
1910[1].

Die **Kapelle St. Anton**
wurde 1730 von den Kapu-
zinern errichtet zur Fürbitte
gegen Lawinengefahr.

---

1) Die alten Glocken trugen
nach Nüscheler Mskr. folgende
Inschriften: 1. A fulgure et tem-
pestate libera nos domine Jesu
Christe. Rageth Mathis, Burger
in Chur 1790. – 2. Sancta Maria
ora pro nobis. Joseph Gvayta
Comensis 1597. Bilder: Kreuzi-
gung, St. Stephanus. – Sancte
Stephane ora pro nobis 1597.
Giesser und Bilder wie Nr. 2.
(St. Stephan ist der Patron von
Cumbels. (Siehe S. 146.)

Abb. 167. Ansicht von Osten.

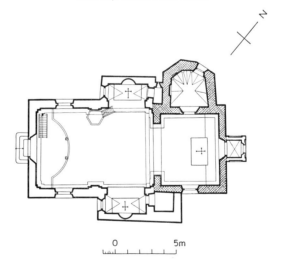

Abb. 168. Grundriss. — Maßstab 1:300. Die schraffierten
Mauerzüge gehören zur ersten Bauperiode. Text S. 144.

Camuns. — Die Katholische Pfarrkirche St. Johannes Ev.
und St. Antonius Abt.

CUMBELS - CUMBEL

Römerzeit. Bei Cumbels wurden vier *Gräber* entdeckt, eines davon enthielt einen römischen Scherben. JB SGU. 1937, S. 86.

Geschichte. Das Dorf erscheint als „villa Cumble" schon im karolingischen Urbar (CD. I, S. 295). Über den alten „Nachbarschafts"-Verband s. Camuns, S. 143. Von der Lugnezer Mutterkirche St. Vincentius in Pleiv löste sich die Dorfschaft am 28. März 1653 als selbständige Pfarrei ab (Pf.A.), die bis 1924 von Kapuzinern versehen wurde. Seitdem Weltgeistliche. 1745 wird eine Altarpfründe St. Katharina und Conrad genannt (GA., Nr. 17).

Die Katholische Pfarrkirche St. Stephan

Geschichte und Baugeschichte. Die erste Kirche von Cumbels war St. Mauritius (s. S. 150 f.). Von der Existenz einer Stephanskirche in Cumbels erhalten wir die früheste, nur indirekte Kunde durch die Anrufung ihres Titelheiligen auf einer Glocke der Kirche Camuns, die von der Kapuzinermission Cumbels versehen wurde (vgl. S. 145, Anm. 1, Glocke Nr. 3). Die Kirche dürfte am Anfang des 16. Jahrhunderts entstanden sein. Durchgreifender Umbau und Vergrösserung vollendet 1689 (s. S. 148). 1788 verfertigt JOSEF STIEFENHOFER ein neues Turmdach (Pf.A.). 1903–1907 Gesamtrenovation.

Abb. 169. Cumbels. — Katholische Pfarrkirche.
Sgraffito von 1689 an der Südwand.

Baubeschreibung. Inneres. An ein langgestrecktes dreijochiges Schiff mit zwei Seitenkapellen schliesst sich ostwärts ein verhältnismässig geräumiger, flach geschlossener *Chor*, der von einer Tonne mit Stichkappen überwölbt ist. Im vorderen Teil des Chores tritt der Turm in ganzer Frontbreite 95 cm weit von Norden her in den Raum herein. Viereckfenster und Oculi. Der *Chorbogen* sowie die Turmtüre sind rundbogig und spätgotisch gefast. Das *Schiff* ist überwölbt von einer Tonne mit Stichkappen. Die *Seitenkapellen* reichen nur bis ans Hauptgesims, haben also nicht Querschiffcharakter. Fenster- und Türformen modern (von 1905).

Äusseres. Die Fassade ist durch zwei Gesimse horizontal gegliedert. Einheitliches Satteldach. Die ganze Kirche samt Sakristei war mit guten Sgraffiti

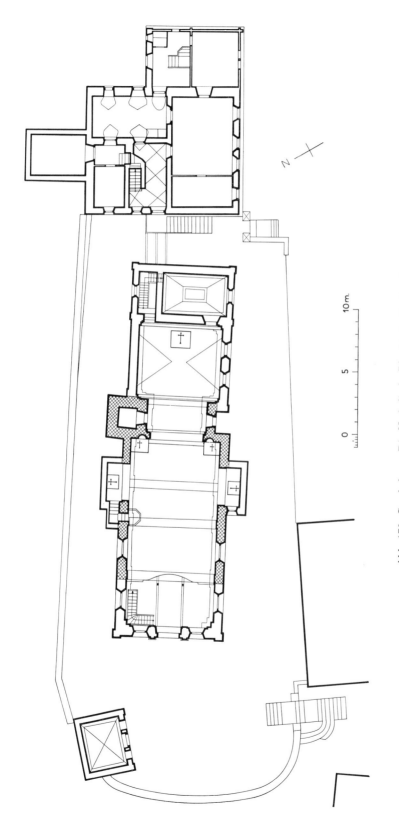

Abb. 170. Cumbels. — Die Katholische Pfarrkirche St. Stephan.

Grundriss von Kirche, Pfarrhaus und Beinhaus. — Maßstab 1 : 300. — Die schraffierten Mauerzüge gehören zur ersten Bauperiode.

in gelblicher Tönung geziert, die jedoch nur noch an der Südwand des Chores und der Ostwand der Sakristei erhalten, an der Schiffswand immerhin durch die Tünche (von 1907) hindurch noch zu erkennen sind. Es handelt sich um Fensterumrahmungen aus frühbarocken Architekturmotiven, datiert 1689 (Abb. 169, S. 146). — Die Sakristei ist — nach italienischer Art — an den Chorschluss angebaut und durch einen Gang mit dem Pfarrhaus verbunden.

Der **Turm** steht an der Nordseite des Chores (s. oben), hat im gemauerten Teil rundbogige Schallfenster und trägt ein gezimmertes, von einem Spitzhelm bekröntes Obergeschoss neueren Ursprungs.

Baugeschichtliche Beobachtungen und Schlussfolgerungen. Das in einem Einsprung liegende Mauerstück der Chorsüdwand, in dem sich ein Nebeneingang öffnet, weist aussen einen geschmiegten Tuffsockel auf, der hinter die vorspringende Chorwand hineingeht. Dieses Mauerstück einerseits und der in den Chor tretende Turm andererseits geben die Breite des alten, 1689 niedergelegten Chores an, der also nur um weniges breiter war als der Chorbogen. Die Länge des alten Schiffes ist zu erkennen: einmal an Haarrissen der beiden Langseiten, ca. 4,5 m von den Westecken, ferner daran, dass das gekehlte Dachgesims aus Tuff an den entsprechenden Stellen aufhört und durch ein neueres Gesims fortgeführt ist, endlich, dass der Dachstuhl hier deutlich nachträglich verlängert ist. Das alte Schiff war also zwar gleich breit wie das heutige, jedoch im Innern nur ca. 11,30 m lang. Die südliche Seitenkapelle überschneidet den unter der Tünche noch sichtbaren Sgraffitoschmuck von 1689, wurde also (wie wohl auch die nördliche) später angefügt.

Ausstattung. Sämtliche fünf Altäre aus Holz. Der *Hochaltar* ist ein prunkvoller Aufbau von sechs gewundenen, mit Laub belegten Säulen und Pilastern, über denen ein bewegt gekröpftes Gebälk liegt. Die architektonischen Elemente der Bekrönung gehen unter in dem bewegten Gewimmel ornamentaler und figürlicher Dekoration. In der Bildnische eine Statue des hl. Stephan, im Giebel eine Gruppe der Marienkrönung zwischen Engelchen und zwei hl. Bischöfen. Auf den geschnitzten und mit Säulen gegliederten Anschlusswänden zu seiten des Altares Reliquienkästen in Rokoko und darüber die Figuren von St. Peter und Paul. Das Antependium geschnitzt: zwischen Rocailledekor ein Medaillon mit dem lehrenden Christusknaben und den vier abendländischen Kirchenvätern. Eingeschossiger Tabernakel mit gedrehten Säulen und geschweiftem Giebel; alles neu gefasst. Der Altar samt Akzessorien wurde laut Vertrag[1] von JOHANNES TRUBMANN aus Schleitz, wohl Schleis im Vintschgau, 1763 hergestellt (Abb. 171).

Die beiden *Seitenaltäre* sind als Pendants komponiert: zwei gewundene Säulen mit gekröpftem Gebälk; à-jour-geschnitzter Akanthus bildet die Bekrönung und die Rahmenstücke; um 1710—1720. In der Nische an der Epistelseite noch die originale, jedoch neu gefasste Figur der Immakulata. — In den Kapellen belanglose Altäre mit neuen Figuren.

Ausstattung. Die *Kanzel* polygonal mit Rocaille dekoriert. Vermutlich um 1690, aber um 1760 überarbeitet. — *Chorgestühl:* die Rückwände mit korinthischen Säulen gegliedert; um 1690.

Kultusgeräte. Getriebener silberner *Barockkelch*, H. 22 cm. Am Fuss Engelsköpfe. Inschrift: „Expensis P. P. Missionariorum Cappucinorum Anno 1751", ohne Marken. — *Barockkelch* von ähnlicher Arbeit, H. 25 cm. Marke Tab. I, 30. —

---

1) Vertrag im Pf.A. Der Umfang der Arbeit und das Figurenprogramm sind beschrieben. Die Farbe und das Gold hat Meister Johannes zu liefern, das übrige Material die Kirchenvögte. Der Meister hat während der Arbeit (die er demnach an Ort und Stelle ausführte) freie Wohnung und Brennholz; Barlohn K. 800.—.

Abb. 171. Cumbels. — Katholische Pfarrkirche.
Der Hochaltar von 1763. — Text S. 148.

Weihrauchfass, Silber, getrieben. Inschrift: „Comp$\underline{^{to}}$ Ant$\underline{^{o}}$ Cedrini Pa Miss$\underline{^{ri}}$ della provincia di Brescia 1752", Marke wie am vorher genannten Kelch.

Paramente. I. *Casula* aus weisser Seide mit Goldranken, Früchten und Blumen in (neu aufgesetzter) reicher Buntstickerei; um 1730—1740 (Abb. 172). — 2. *Casula* aus orangefarbenem Seidendamast mit Silberbroschierung, 18. Jahrhundert. — 3. *Casula* aus purpurrotem Wollstoff mit bunten Blumen in Wollstickerei und mit Silberborte (Abb. 173). — 4. *Chormantel* aus weisser Seide mit zarten bunten Blumenranken und Goldornamenten. Beide letzteren Mitte des 18. Jahrhunderts[1].

---

1) Die Reliquienbüste im Schweizerischen Landesmuseum zu Zürich. Nr. LM. 19817 stammt nicht — wie im Plastik-Kat. S. 55 angegeben — aus Cumbels. Sie stand in der Sammlung von Professor Dr. R. Forrer, Strassburg, der sie aus dem Münchner Kunsthandel erworben hatte und später wieder (ohne Provenienzangabe, wie er sie auch erhalten) an den Schweizer Kunsthandel veräusserte (Mitt. Prof. Dr. R. Forrer).

Abb. 172. Cumbels. — Katholische Pfarrkirche.
Weisseidene Casula um 1730—1740.
Text S. 149.

Glocken. 1. Dm. 124,5 cm, In-
schrift: A FULGURE ET TEMPESTATE LI-
BERA NOS DOMINE JESU CHRISTE. GEGOS-
SEN VON JACOB GRASMAYR UND SOHN
IN FELDKIRCH 1826. Bilder: St. Martin,
Stephan, Madonna, Kreuzigung. —
2. Dm. 102,5 cm, Inschrift: SUB TUUM
PRAESIDIUM CONFUGIMUS SANCTA DEI
GENETRIX. Datum und Giessersignatur
wie Nr. 1. Bilder: St. Joseph, Joh. von
Nep., Madonna, Kreuzigung. — 3. Dm.
91,5 cm. Als Inschrift eine Anrufung des
St. Mauritius „patrone noster". Datum
1829, Giessersignatur wie Nr. 1. Bilder:
Maria, St. Mauritius, Bernhard von
Clairveaux (mit Bienenkorb). — 4. Dm.
81 cm, ohne Spruch. Signatur und Datum
wie Nr. 1. Bilder: St. Mauritius, Martin,
Antonius, Kreuzigung[1].

In der Nordwestecke des Friedhofes steht ein zweigeschossiges **Beinhaus** mit Satteldach. In der Front, fries-
förmig aufgereiht, acht würfelförmige
Nischen, in denen Totenschädel stehen.
Fassadenmalerei: die Muttergottes zwischen St. Stephan und Mauritius, unten
das Fegefeuer, datiert 1818 (Abb. 176,
S. 152).

Die Kapelle St. Mauritius

Geschichte und Baugeschichte.
Die Kapelle St. Mauritius gehört ihrer
Gründung nach zu den ältesten Gotteshäusern des Tales und wurde bis in die
neueste Zeit durch Prozessionen der
ganzen Talschaft ausgezeichnet. Auch
ist auffallend, dass als Talschaftpatron
nicht der Titelheilige der alten Pleiv-

1) Eine der älteren Glocken hatte CHRISTIAN
FELIX von Feldkirch 1775 gegossen (Quittung
vom 16. Juni 1776 im Pf.A.).

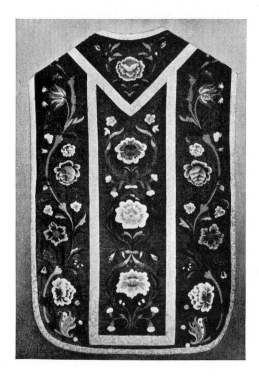

Abb. 173. Cumbels. — Katholische Pfarrkirche.
Casula aus purpurroter Wolle. Um 1750.
Text S. 149.

Cumbels. — Kapelle St. Mauritius.
Abb. 174. Bild eines ehemaligen Seitenaltars, nun im Pfarrhaus.

kirche (St. Vincentius), sondern Mauritius verehrt wurde[1]. Die Kapelle erscheint urkundlich erstmals im karolingischen Urbar als „ecclesia St. Mauritii in conspectu"[2]. Noch im grossen Indulgenzbrief für St. Vincenz von 1345 ist sie und nicht St. Stephan als Filiale genannt. 1703 wird berichtet, dass die Kapelle alt und baufällig sei. Die Absicht, sie an eine andere Stelle, näher der Strasse zu verlegen, scheiterte am Einspruch des Bischofs. Der am alten Platz errichtete Neubau wurde mit drei Altären am 30. Januar 1716 geweiht (Pf.A.). Gesamtrenovation 1935.

Baubeschreibung. Inneres. Nach Osten gerichtete barocke Anlage, bestehend aus einem zweijochigen Langhaus und eingezogenem dreiseitig geschlossenem Chor, beide mit Tonnen überwölbt. Einfache Holzempore.

Äusseres. Die Fassade ist durch Pilaster und Gesimse in sechs Kompartimente gegliedert; in den mittleren die Türe und ein grosses Fenster mit Verdachungen, in den anderen Halbrundnischen. — Satteldach.

Der **Turm,** mit schlankem Spitzhelm ohne Wimpergen, steht an der Nordseite des Chores.

1) Er wurde auch im Gerichtssiegel geführt. Siehe S. 6.
2) „In der Umgegend", bezogen auf das unmittelbar zuvor genannte Luvis. CD. I, S. 296.

Cumbels. — Kapelle St. Mauritius.
Abb. 175. Giebelbild des Hochaltars.
Um 1610. — Text S. 152.

Abb. 176. Cumbels. — Das Beinhaus.
Text S. 150.

Abb. 177. Cumbels.
Der Grenzstein der Talschaft Lugnez.
Von 1715. — Text S. 153.

Ausstattung. Der *Altar* aus Holz mit zwei gedrehten Säulen, datiert 1717. Altarblatt: St. Mauritius zu Pferd. Bemerkenswert ist das Frontispizgemälde, vermutlich das Hauptbild des älteren Altares (H. 101,5 cm, Br. 78,5 cm): St. Mauritius, unberitten, im Kreise seiner Gefährten, alle mit Harnischen. Tempera auf Holz (Abb. 175, S. 151). Um 1610, vermutlich von HANS JAKOB GREUTTER aus Brixen (vgl. Bd. I, S. 160 f.). — Von gleicher Hand das *Bild eines ehemaligen Seitenaltares*, gleichfalls auf Holz: Maria zwischen St. Stephan und Vincentius (Abb. 174, S. 151)[1].

Kultusgerät. Ein getriebener *Kelch*, Silber, vergoldet, mit Rollwerk. H. 19,5 cm. In Medaillons die Verkündigung und hl. Kapuziner; zweite Hälfte des 17. Jahrhunderts.

Glocken. 1. Dm. 49 cm, Inschrift: D.O.M. A.C.S. MAURITIO PATRONO NOSTRO · ECCE CRUCEM DOMINI, FUGITE PARTES ADVERSAE 1813. Auf einer Plakette: MEISTER JOSEPH UND BONEFATZ WALPEN VON RECKIGEN VON WALIS. Bilder: St. Maria, Mauritius. — 2. Dm. 47,5 cm, Inschrift: RAGETH MATHIS FECIT 1782.

Das Frauentor (romanisch „Porclas")[2]; Sperre der Lugnezer Strasse an der Talschaftsgrenze. Die Stelle ist durch ein herabziehendes Felsband zur Anlage einer Letzi prädestiniert. Der Durchlass ist spitzbogig mit stichbogiger

1) Als Attribut ein eiserner Haken, da dem Heiligen nach der „Legenda aurea" glühende Haken ins Fleisch gestossen werden. Das Bild war bis zur letzten Renovation an der Nordwand des Schiffes aufgehängt, nun im Pfarrhaus.

2) Der Name kommt von der Überlieferung, dass die Lugnezer Frauen hier am 12. Mai 1352 gegen die werdenbergischen Kriegsleute gekämpft. Zur Kritik dieser Tradition vgl. G. Riedi in BMBl. 1936, S. 289 ff.

Leibung und war mit zwei Torflügeln verschliessbar.Errichtet vermutlich im 14. Jahrhundert,restauriert 1858 und 1912. — Näheres nebst Angabe weiterer Literatur s. BURGENBUCH, S. 248, Abb. Taf. 68. — Alte *Ansicht* (Lithographie), gez. von ED. PINGRET bei Vte de Senonnes, Promenades, Paris 1827.

In der Nähe des Frauentors oberhalb der Strasse der **Grenzstein** der Talschaft Lugnez, H. etwa 160 cm. Auf der Lugnezer Seite in Relief der hl. Mauritius zu Pferd und die Inschrift: JOHAN HEINRICH VON MONT DER ZEIT LANDTAMEN IN LANGNETZ (!) HAT DISEN MARGSTEIN LASEN MACHEN AUS BEFELCH EINES WOLWISEN RATHS DESSELBSTEN 1715 (Abb. 177). Auswärts das Ilanzer Wappen. In der Inschrift dieser Seite ist „Piter Antoni Castell St. Nazaro" als Landammann der Gruob genannt[1].

Abb. 178. Duvin. — Die Evangelische Kirche.
Ansicht von Norden.

DUVIN

Geschichte. Duvin bildete mit Tersnaus und Furth, von denen es durch Camuns getrennt ist, zusammen eine sogenannte „Nachbarschaft" innerhalb des Lugnezer Gerichts (Sprecher, Rhet. Cronica, S. 256). — Kirchlich gehörte es zum Sprengel St. Vincenz zu Pleiv, hatte jedoch eine eigene Kaplanei (Reg. clericorum von 1520). Die Loslösung erfolgte am 25. Mai 1526 (GA., Nr. 4), und bald darauf dürfte die Dorfschaft — als einzige des Lugnezer Gerichtes — der Reformation beigetreten sein (CAMENISCH, S. 273). Eigene Pfarrer von 1589—1882, seither mit Riein und Pitasch verbunden (TRUOG, Nr. 25).

Die Evangelische Kirche

Geschichte und Baugeschichte. Urkundlich erscheint die Kirche von Duvin erstmals im grossen Indulgenzbrief für St. Vincenz von 1345 (GA. Villa, Nr. 2). Das Patrozinium war St. Maria. Vom romanischen Bestand ist noch der Turm vorhanden, vielleicht auch die Umfassungsmauern des Schiffes. Am 7. September

---

1) Den genauen Wortlaut s. bei W. Derichsweiler im Jahrbuch des Schweizer Alpenklubs 1912, S. 76.

1501 erhielten die Lichtervögte die Erlaubnis, Mauern niederzulegen wegen einer Renovation der Sakristei[1]. — Damals entstand wohl der Wandtabernakel. — Ein Neubau des Chores und die Bedeckung des Schiffes mit einer Leistendiele fanden vermutlich im 17. Jahrhundert statt; s. Grundriss Abb. 179. — Vgl. RAHN in ASA. 1876, S. 697, 1882, S. 312.

Baubeschreibung. Inneres. Die nach (Nord-)Osten gerichtete Anlage besteht aus einem Schiff, dessen Grundriss ein verschobenes Rechteck bildet, und einem gleich breiten, dreiseitig geschlossenen *Chor*, der mit einem dem Polygon angepassten, rippenlosen Kreuzgewölbe überdeckt ist. Der halbrunde *Chorbogen* ruht auf sehr schwachen lisenenartigen Vorlagen. Über dem *Schiff* liegt eine flache Leistendecke[2]. Stichbogige Fenster und rundbogiger Eingang in der Westfront.

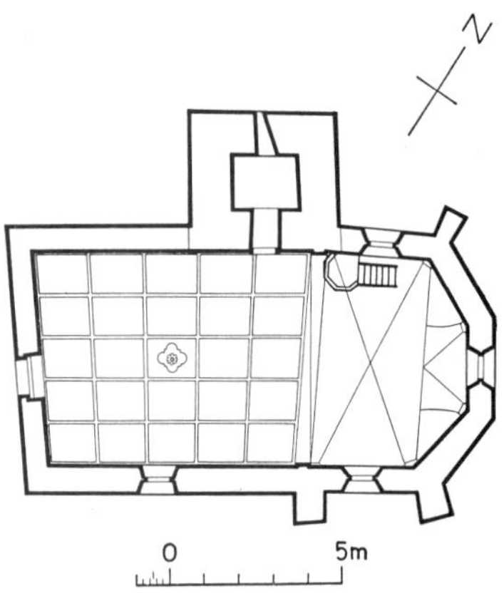

Spuren der Bauvornahme von 1501 sind (mit Ausnahme des Tabernakels) nicht festzustellen. Dass der Chor späteren Datums ist, zeigen die Gewölbe (1501 dürfte man Rippengewölbe erwarten). Auch der Umstand, dass die Sakramentsnische nicht auf der Evangelienseite (Norden) angebracht ist, spricht dafür, dass ein baulicher Eingriff zu einer Zeit erfolgte, als diese schon keine liturgische Bestimmung mehr hatte. Nach der Gewölbeform ist das 17. Jahrhundert für diesen Umbau anzunehmen. — Äusseres. Am Chor drei Schrägstreben. Einheitliches Satteldach.

Der **Turm** steht nördlich am Zusammenstoss von Chor und Schiff, deren Mauern an ihn anlaufen. Er ist rauh verputzt und zeigt noch die offenen runden Gerüstlöcher; in den unteren Geschossen Lichtscharten, zum Teil rundbogig geschlossen, im vorletzten Geschoss gekuppelte Schallfenster mit Teilsäulen ohne Basen und Kapitelle. Die Rundbogen sind, wie bei romanischen Burgtürmen, aus je einem Werkstück geschnitten. Der Turm stammt aus dem 11. oder 12. Jahrhundert mit Ausnahme des obersten Geschosses, das erst nachträglich — vielleicht im 13. Jahrhundert — aufgesetzt wurde; die gekuppelten Rundbogenfenster zeigen hier Keilsteine und gefaste Teilpfeiler; darunter, jedoch nur an der Nordseite, ein Fries aus schräg gestellten Steinen. Zwiebelförmige barocke Haube.

Ausstattung. An der Südseite (!) des Chores eine spätgotische *Sakramentsnische*, deren Bekrönung mit Maßwerk geziert ist; von 1501 (s. oben). — Die *Kanzel* ist mit geschuppten Pilastern besetzt, polygonal und trägt derbe ländliche Schnitzerei; datiert 1684. — Die schmucklosen *Bänke* im Schiff datiert 1730.

Glocken. 1. Dm. 80 cm, Inschrift: + o · rex · glorie · criste · veni · cum · pace · anno · domini · m° · cccc° · xci° · (1491). Als Trennungszeichen ein Blattstengel. — 2. Dm. 60,5 cm, Inschrift: GLORIA IN EXCELSIS DEO ET PAX IN TERRA. Anno M D CC VIII.

Abb. 179. Grundriss. — Maßstab 1:300.
Duvin. — Die Evangelische Kirche.

---

1) „licentia destruendi muros ecclesie pro reparatione sacriste". Bischöfl. Fiskalbuch, S. 937.

2) Die Mitteilungen von Rahn (ASA. 1882, S. 312) erwecken den Eindruck, als ob damals auch das Schiff ein Gewölbe getragen hätte. Doch ist davon in Duvin nichts bekannt. Auch weisen die Profile der Decke auf das 17. Jahrhundert. Die Notiz ist also wohl nur missverständlich gefasst.

FURTH – UORS

Geschichte. Furth bildete ehemals, wie S. 152 erwähnt, mit Tersnaus und Duvin einen politisch-ökonomischen Verband, gehörte jedoch in kirchlicher Hinsicht zu Oberkastels, seit diese Pfarrei sich — am 9. Juni 1528 — von der alten Mutterkirche in Pleiv getrennt hatte (GA. Oberkastels, Nr. 18).

Die Kapelle S. Carlo Borromeo

Geschichte und Baugeschichte. Von einer früheren Kapelle unter anderm Patrozinium haben wir zwar keine sichere Kenntnis, doch sprechen bauliche An-

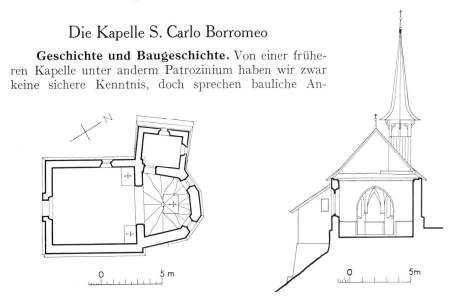

Abb. 180. Grundriss. — Maßstab 1 : 300.   Abb. 181. Querschnitt. — Maßstab 1 : 300.

Furth. — Die Kapelle S. Carlo Borromeo.

zeichen dafür, dass 1616 nur der Chor neu errichtet wurde, das Schiff aber älter ist. 1926 Restaurierung der Kapelle und der Wandgemälde unter Bundeshilfe.

Baubeschreibung. Inneres. Die Kapelle ist nach Nord(ost) gerichtet und besteht aus einem annähernd quadratischen Schiff und einem dreiseitig geschlossenen, eingezogenen und in die Tiefe sich verjüngenden *Chor* mit Fächergewölbe. Die flache Leistendecke des *Schiffes* von 1926. Der *Chorbogen* ist spitz, beidseitig gefast und springt auffallend weit in den Chorraum vor. Im Chor Viereckfenster mit halbrund geschlossenen Leibungen (Abb. 182), in der Westwand des Schiffes ein nachträglich reduziertes Spitzbogenfenster. Der Eingang in der Südwand glatt rundbogig. — Äusseres ohne Zierglieder. Steiles Satteldach, auf dessen östlicher Neigung das schlanke, mit achteckigem Helm bekrönte Türmchen sitzt. An der Westseite des Chores die Sakristei.

Baugeschichtliche Beobachtungen. Der im Verhältnis zum Altarraum enge Chorbogen lässt die Vermutung zu, dass ehemals, vor 1616, ein kleinerer Chor bestanden hat und das Schiff älteren Datums ist; dafür spricht auch die Fensterform.

Wandmalereien. Die Gemälde im Chor wurden 1926 von DILLENA und E. MORF in Firma Christian Schmidt, Zürich, restauriert, die Bilder im Schiff abgedeckt und retouchiert.

A. Im Chor: in den Schilden der Längswände westlich das Abendmahl (Abb. 184, S. 158) östlich Gethsemane, signiert „H I G M" (Auflösung s. S. 156). An der Abschluss-

Abb. 182. Furth. — Die Kapelle S. Carlo Borromeo.
Innenansicht mit Blick zum Chor.

wand das Datum 1616. Die architektonischen Linien des Gewölbes sind von Laubge-
winden betont, und aus den Zwickeln wachsen in gotisierender Art Blumen- und
Blattranken. In den Feldern die Gestalten der Evangelisten und der vier abend-
ländischen Kirchenväter, auf Wolkenballen sitzend, sowie zwei posaunenblasende
Engel. Die Namen stehen auf geschwungenen Schriftbändern. In der Leibung des
Chorbogens zwölf Halbfiguren von Vorfahren Christi (nach Matth. 1, V. 6—11),
deren Namen auf Schriftbändern stehen[1]: DAVID, ASA, JOSAPHAT, JORAM, EZECHIAS
(statt USIA), ACHAZ (AHAS), JOSIAS (statt Hiskia), MANASSE, JOZIAS (Josia), JOATAM,
SALOMON, JESSE (Abb. 183). Im Scheitel des Bogens steht die Signatur des Malers:
„M(aler) Hanſ Jakob Greutter von Bryren" (Abb. Bd. I, S. 159).

B. Im Schiff zu seiten des Chorbogens von gleicher Hand: Mariä Verkündigung mit Gottvater und der Taube. Über die Würdigung der originellen, noch
ganz in gotischer Tradition stehenden Malereien Greutters sowie dessen sonstiges
Werk s. Bd. I, S. 158f.

An der Nordwand des Schiffes von etwas späterer Hand ein Zyklus zur Verherrlichung des S. Carlo Borromeo, in drei Reihen von je sieben annähernd quadratischen Feldern, durch erklärende Unterschriften erläutert. Die Reihenfolge ist

---

1) Die Reihenfolge ist z. T. willkürlich: beginnen sollte die Folge mit Jesse, David, Salomon; ferner
ist Joatam (Jotham) zwischen Usia und Ahas einzustellen.

Abb. 183. Furth. — Die Kapelle S. Carlo Borromeo.
Wandmalereien im Chorbogen, von H. J. Greutter, 1616. — Text S. 156.

numeriert und beginnt rechts unten mit einem Bildnis des Heiligen. Dann folgen
zehn Darstellungen aus dem Leben des S. Carlo, seine Wahl zum Kardinal und Erz-
bischof von Mailand, die Teilnahme am Tridentiner Konzil, Errettung vor dem An-
schlag der Humiliaten, bischöfliche und seelsorgerische Tätigkeit des Heiligen sowie
die Entsendung von geistlichen Visitatoren und Kapuzinermissionen, Exorzismen,
Besuche bei Pestkranken und Kinderlehre; hierauf schildern zehn Bildchen Wunder-
wirkungen durch die Fürbitte des S. Carlo nach dessen Tod, und als letztes — auf
den Anfang zurückgreifend — die von wunderbarem Glanz umstrahlte Geburt des
Heiligen. Es sind Schildereien im Stil einer Bilderbibel, qualitativ unter dem Niveau von Greutters Malereien im Chor, jedoch ikonographisch und hagiographisch
bemerkenswert. Mitte des 17. Jahrhunderts.

 Ausstattung. Der *Hochaltar* ist ein einfacher Renaissance-Aufbau mit zwei
Säulen, deren Kern im oberen Teil ausgehölt ist. Altarblatt: Maria mit S. Carlo,
Johannes Ev. und Ulrich; signiert: ,,Georg Wilhelm Gresner, Maler, 1643" (Abb.
Bd. I, S. 159). Über das Bündner Oeuvre von GRESNER (GRAESSNER) aus Konstanz
s. Bd. I, S. 224.

 Glocken. 1. Dm. 50 cm, Inschrift: A FULGURE ET TEMPESTATE LIBERA NOS
DOMINE M D C XVII; Bilder: Kreuzigung, Immakulata, Mond und Krone. — 2. Dm.
42 cm, Inschrift: SANCHTA (!) · MARIA · MATER · DEI · ORA · PRO · NOBIS · 1635. Bilder: Johannes Ev., männlicher Heiliger.

Abb. 184. Furth. — Kapelle S. Carlo Borromeo.
Wandbild im Chor von H. J. Greutter 1616. — Text S. 155.

IGELS – DEGEN

Geschichte. Igels erscheint schon im karolingischen Urbar als ,,Villa Higenae", und zwar mit ansehnlichem Königsbesitz (CD. I, S. 294). Die heutige politische Gemeinde Igels umfasst drei Siedelungen: das aus den drei Hofstätten des alten Fraissen herausgewachsene Kirchdorf und die beiden ,,Höfe" (Weiler) Rumein und Vattiz.

In kirchlicher Hinsicht nahm Fraissen im Mittelalter eine eigene Stellung ein, da es schon zu einer Zeit, als die Grosspfarrei Lugnez sonst noch intakt war, einen eigenen selbständigen Miniatur-Pfarrsprengel bildete. So erscheint es im In-dulgenzbrief für St. Vincenz von 1345 nicht mehr unter den Filialen (s. S. 7), und 1346 tritt denn auch ein ,,rector ecclesiae in Igels" auf (CD. II, S. 283, Fussnote). 1347 ist ferner der Friedhof urkundlich bezeugt. Der Pfarrsprengel war jedoch auf die drei Hofstätten von Fraissen beschränkt; als isolierter Splitter gehörte ausser-

Abb. 185. Igels. — Die Katholische Pfarrkirche St. Mariä-Himmelfahrt mit Pfarrhaus.
Ansicht von Süden.

dem noch Zafreila dazu (Purtscher, Studien, S. 54). Es handelt sich hier um eine
aus einer königlichen Eigenkirche hervorgegangene Gutskirche mit pfarrherrlichen
Rechten über den engeren Gutsbezirk. Die Kollatur war Bestandteil der Herrschaft, stand also ursprünglich den Belmont und hernach den Herren von Sax zu.
Erst 1891 wurde — nach langwierigen Verhandlungen, die schon 1853 begonnen
hatten — die Pfarrei Igels im heutigen Umfang konstituiert, der sich mit der politischen Gemeinde deckt, also auch Vattiz und Rumein umfasst.

Die Katholische Pfarrkirche St. Mariä-Himmelfahrt

Geschichte und Baugeschichte. Die Kirche wird schon im karolingischen
Urbar genannt, und zwar als „basilica S. Mariae" (CD. I, S. 294)[1]. Vom früh-

---

[1] Ob das Prädikat „basilica" auf eine kirchenrechtliche Sonderstellung hinweist, ist nicht zu entscheiden. Vgl. dazu auch Bd. III, S. 443, Anm. 1.

mittelalterlichen und romanischen Bestand sind keine nachweisbaren Reste mehr
vorhanden. Unklar bleibt, wodurch die Konsekration des Hochaltares am 29. November 1491 veranlasst war, da der Neubau, auf den die heutige Kirche zurückgeht,
offenbar erst später begonnen wurde; denn am 7. September 1501 erhielt der Pfarrer
die Erlaubnis, in der noch nicht konsekrierten Kirche an einem Tragaltar zu zele-
brieren[1]. Die Weihe der neuen Kirche mit drei Altären fand am 28. Oktober 1504
statt (GA., Nr. 6). Letzte Renovationen 1886, 1899, 1906. Literatur: RAHN in
ASA. 1882, S. 314. — Derselbe, Geschichte, S. 541.

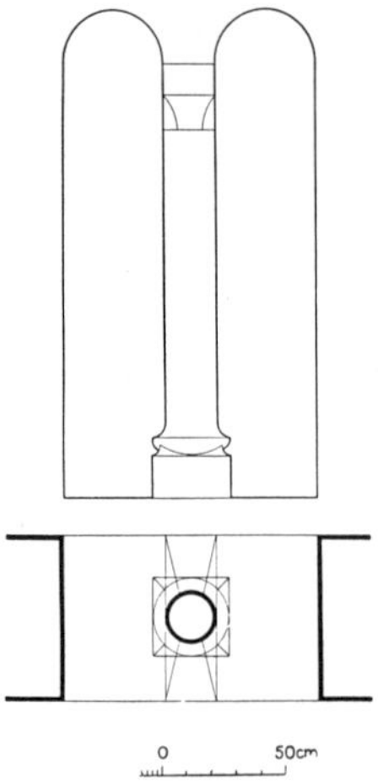

Abb. 186. Igels.
Katholische Pfarrkirche.
Turmfenster.
Maßstab 1:50. — Text unten.

Baubeschreibung. Inneres. Einheitlich spätgotische, nach (Süd-)Osten gerichtete Anlage (1504), bestehend aus einem dreijochigen Schiff und dreiseitig geschlossenem, eingezogenem Chor von zwei Jochen. Über
dem *Chor* ein Rautengewölbe mit sternförmigem Schluss.
Die einfach gekehlten Rippen und Schildbogen steigen
aus Halbrunddiensten, die auch in den Ecken nicht
verkürzt sind. Zwei prismatische Schlußsteine. Vier Spitzbogenfenster mit Fischblasenmaßwerken über Mittelstützen; ein fünftes in der Nordwand — ohne Maßwerk —
ist wohl neueren Datums. Der spitze, beidseits gefaste
Chorbogen steigt bis an die Gewölbe hinauf, beide Raum-
teile sind also in spätgotischem Sinn zu einem einheitlichen Volumen zusammengezogen. Über dem *Schiff* liegt
ein Rautengewölbe ohne Schildbogen; Rippen und Dienste wie im Chor; ein Schlusstein. Die Steinhauerarbeit
wie die Zeichnung der Figuration sind sehr präzis. Leere
Spitzbogenfenster; jenes in der Nordwand wohl modern.
In der Nordwand des Schiffes nahe dem Seitenaltar eine
schmucklose *Sakramentsnische* mit schmiedeeisernem
Türchen aus durchgestecktem Vierkanteisen und altem
Schloss; um 1504. Gegenüber die gotisch gefaste Turmtüre mit geradem Sturz.

Äusseres. Nur der Chor weist abgetreppte, mit gekehlten Wasserschlags-
gesimsen gedeckte Streben auf. An Schiff und Chor läuft ein geschmiegter Tuffsockel und ein gekehltes Dachgesims ringsum, ein Beleg dafür, dass der Bau aus
einem Guss ist. Das spitzbogige *Portal* aus Tuff ist mit Hohlkehlen und Stäben
reich profiliert. Links davon die gemauerte Mensa eines Altares für die Prozession
am St. Markustag. Einheitliches Satteldach. — An die Südseite des Chores wurde
im 17. Jahrhundert die gewölbte Sakristei angebaut.

Der **Turm** steht an der Südseite des Schiffes und wird von dem erwähnten
einheitlichen Sockel umschlossen, gehört also vermutlich zum spätgotischen Neubau,
wie übrigens auch die Achsengleichheit und Winkelübereinstimmung mit Schiff und
Chor zeigen. Im vierten und fünften Geschoss die ehemaligen Schallöcher: gekuppelte
Rundbogenfenster mit geschweiften und gefasten Kämpfern; die Teilstützen sind
im vierten Geschoss gefast; im fünften bestehen sie aus Säulen ohne Kapitelle mit
Basen, die vom Viereck ins Rund übergehen (Abb. 186). Das oberste Geschoss ist nur
aus Fachwerk konstruiert und wurde vermutlich erst im 17. Jahrhundert aufgesetzt.
Achteckiger Spitzhelm über Wimpergen. Renovationsdatum 1886.

Wandmalereien in zwei Schichten, 1906 von der Tünche befreit. I. An der
Südwand des Chores im ersten Joch: thronende Muttergottes zwischen St. Luzius

---

[1] Bischöfl. Fiskalbuch, S. 953: „pro licentia celebrandi in ara mobili in ecclesia parochiali in Ygels
non consecrata".

und Florinus. Zu diesen Bildern
gehört vermutlich auch der kniende Priester links und das Inschrift-
fragment rechts unten: 1568 HOC
OPUS FECIT (Lücke) A. JOCHBERG
S D. GENITRICIS MARIAE. — II. Im
Schild der gleichen Wand eine
Marienkrönung und darunter —
die Figuren der ersten Schicht
teilweise überdeckend — die Wappen Jochberg und Capol. Auf diese
Malerei bezog sich ganz offenbar die nicht mehr vorhandene,
von Rahn 1873 noch notierte
Signatur: „Hans Jakob Greutter
Maller zu Brixen 1624". Die Figuren Gottvaters und des Sohnes
stimmen weitgehend überein mit
jenen auf Greutters Altarbild in
Alvaneu-Bad von 1634 (Bd. I,
S. 163, Abb. 74). Von gleicher
Hand ist sicher das Bild des zwölf-
jährigen Jesus mit den Schrift-
gelehrten im zweiten Joch. Secco-
malerei.

Die **Altäre.** *Hochaltar.* Spätgotischer Flügelaltar. Der Schrein
schliesst kleeblattförmig und ist
an der Basis eingebuchtet. Vor
golden damasziertem Hintergrund
stehen auf gestuftem Postament
fünf Figuren, von denen nur die
beiden äussersten, St. Katharina
und Ursula, zum originalen Bestand gehören (Höhe ohne Kronen
85,5 cm); die mittleren sowie die
schwebenden Engel sind modern[1].
Die Innenseiten der Flügel
zeigen in Relief auf gerautetem
Goldgrund unter zartem Laubwerk zwei Paare einander zuge-
kehrter Gestalten, die äusseren
(männlichen) sitzend; es ist eine
schon bildmässige, das alte Rei-
henschema weiterentwickelnde
Anordnung. Links: St. Luzius
und Barbara (Abb. 191), rechts

1) Rahn sah 1873 an ihrer Stelle die
barocke Pietà, die nun in St. Victor steht
(S. 177); der Verbleib der alten Statuen
ist unbekannt.

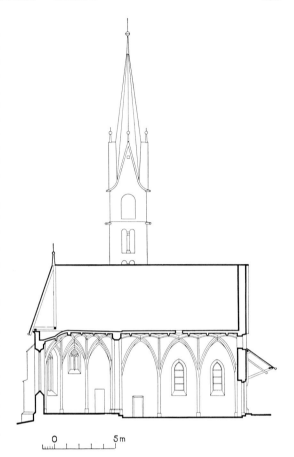

Abb. 187. Längsschnitt. — Maßstab 1:300.

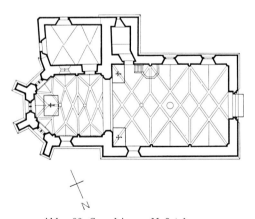

Abb. 188. Grundriss. — Maßstab 1:300.

Igels.
Die Katholische Pfarrkirche St. Mariä-Himmelfahrt.

St. Martin und Dorothea. Auf den Aussenseiten links: Mariä Verkündigung. Auf dem Schriftband: „Speziosa facta es et suavis in deliciis tuis sancta dei genitrix 1520"; rechts: Himmelfahrt und Krönung Mariä, Inschrift: „Assumpta est maria in celum

Abb. 189. Igels. — Katholische Pfarrkirche.
Der Altar an der Evangelienseite. — Text S. 164 f.

gaudet angeli laudantes bndicet dnm"[1]. Auf den feststehenden Nebenflügeln links St. Emerita, im Nimbus dekorativ gemeinte Buchstaben, daneben das Datum 1520; Unterschrift: s. merita, rechts St. Agatha, Unterschrift: s. agata virgo 1520. — An der Front der Predella, die in der Mitte segmentförmig überhöht ist, sieht man die Halbfiguren von Christus und den Aposteln in Relief. In der Bekrönung stehen zwischen Fialen und unter Kielbogen in der Mitte die Muttergottes, zu ihren

---

1) Diese Texte stammen aus Antiphonen von Marienvespern.

Abb. 190. Igels. — Katholische Pfarrkirche.
Der Hochaltar von 1520. — Text S. 161 ff.

Seiten St. Mauritius und Antonius Abt, oben der Gekreuzigte zwischen Maria und Johannes (Abb. 190).

Die Rückseite ist bemalt: auf dem Schrein Gethsemane, auf der Predella das Schweisstuch, von Engeln gehalten; seitlich davon St. Luzius und Florinus, deren Namen in die Nimben eingeschrieben sind. Auf den Nebenflügeln links St. Lorenz und Leonhard mit Titeln. Der gemalte Teil ist — mit Ausnahme der überarbeiteten oberen Partien der Schreinrückseite — in den alten Farben erhalten, im übrigen

Abb. 191. Relief eines Flügels, St. Luzius und St. Barbara. Vgl. Abb. 190.   Abb. 192. Statue St. Ursula.

Igels. — Katholische Pfarrkirche. Vom Hochaltar.

jedoch ist der ganze Altar neu gefasst. Eine Zuweisung dieses von einem schwä-
bischen Meister stammenden Werkes ist noch nicht geglückt. Literatur: RAHN in
ASA. 1882, S. 314. — Derselbe, Geschichte, S. 745.

    Die *Seitenaltäre* stimmen in der Komposition unter sich überein. Ihr Aufbau
(aus Holz) ist dadurch charakterisiert, dass die das Bild flankierenden Säulen
gleichsam nur in der Idee vorhanden, in Wirklichkeit aber durch Figuren ersetzt
sind, über denen die Kapitelle frei schweben. Dies auch am Hochaltar von Lumbrein
erscheinende Motiv ist der Werkstatt Ritz vertraut und wurde z. B. von JOH. JOST
RITZ in Silenen (1715) und Schattdorf (1736) im Kanton Uri angewendet. Die
äusseren Säulen sind gedreht, mit Laub belegt und begleitet von durchbrochen
geschnitztem, reichem, eingerolltem Akanthuswerk. Halbrund geschlossene Fronti-
spize. Auf der Evangelienseite zeigt das Altarblatt die Anbetung des Namens

Abb. 193. Igels. — Katholische Pfarrkirche.
Gotisches Vortragekreuz. Mitte des 14. Jahrhunderts. — Text S. 166.

Jesu[1]. Statuen: unten St. Augustin und Joh. v. Nepomuk, oben die Muttergottes
zwischen St. Clemens und Coelestin; das Altarblatt auf der Epistelseite: Enthauptung der hl. Barbara. Figuren unten: St. Katharina und Ursula, oben St. Margaretha zwischen Dorothea und Agata. Beide Altäre gute Arbeiten des ersten
Drittels des 18. Jahrhunderts, vermutlich aus der Werkstatt Ritz im Wallis (vgl.
dazu Bd. I, S. 215 ff.). Derb geschnitzte Antependien aus der Mitte des 18. Jahrhunderts.

Die **übrige Ausstattung.** Der alte *Taufstein* steht aussen vor der Westfront.
Rundschale über Ringwulst (spätromanisch?). — Die *Kanzel* ist polygonal, mit
Säulen besetzt und reich mit dichtem Rankenwerk in Reliefschnitzerei geziert.

---

1) Es bestand in Igels eine Bruderschaft vom Namen Jesu, gegründet 1627 (Visit. Prot. v. 1685. BA.).

Schalldeckel von gleicher Arbeit. Bekrönung mit Balustern; datiert 1693.
(Andere Kanzeln derselben Hand s.
Bd. I, S. 233.) Im Chor *Baldachingestühl*, Brüstung und Rückwand mit
geschuppten Pilastern und gekröpften
Füllungen gegliedert; zweite Hälfte
des 17. Jahrhunderts.

Kultusgeräte. *Barockkelch*, Silber, vergoldet. H. 27 cm. Der geschweifte Fuss mit Bandwerk geziert,
Nodus mit Büsten, Korb aus Akanthus. Sechs bunte Emailmedaillons:
am Fuss Monogramm Christi, St. Victor, Enthauptung der hl. Barbara;
an der Kuppa Muttergottes, St. Martin, Georg. Eine Besonderheit des
Kelches stellen die um Fuss, Schaft
und Kuppa gelegten, mit Glassteinen
besetzten Filigrangespinste dar. Keine
Marken; um 1710—1720 (Abb. 195).
— Ein *gotisches Vortragekreuz*. H.
44,5 cm, aus vergoldetem Kupferblech (auf Holzkern), beidseitig reich
mit Blattranken graviert. In den
kleeblattförmigen Enden der Vorderseite vier getriebene Medaillons: Löwe,
Agnus dei und zwei Szenen: Christi
Geburt und Geisselung. Mitte des
14. Jahrhunderts (Abb. 193, S. 165).

Paramente. *Casula* aus rotem
Wolldamast, mit Blumen in Wollstickerei. —*Casula* aus weissem Wolldamast mit bunten Blumen bestickt,
beide 18. Jahrhundert. — *Casula* aus
weisser Seide mit Goldranken und
bunten Nelken in Seidenstickerei; um
1730. — *Casula* aus weisser Seide mit
breiten Goldranken und bunten Tulpen und Nelken, in Seide gestickt;
um 1750 (Abb. 194). Beide auf neuen
Grund übertragen.

Glocken. 1.—3. von GEBR.
THEUS in Felsberg 1874. — 4. Dm.
65 cm, Inschrift: S. MARIA ORA PRO

Abb. 196. Igels. — Die Kapelle St. Sebastian.
Ansicht von Westen.

NOBIS. AUS FEIR UND FLAMEN BIN ICH GEGOSEN (!) DURCH BONIFAZT WALPEN BIN ICH GEGOSEN 1825[1]. Bilder: Kreuzigung, Maria, St. Leonhard, Antonius v. P.

An der Westseite des Friedhofs ein einfaches gewölbtes **Beinhaus.** Über die dort aufbewahrten *Altarfragmente* s. unter S. Sebastian, S. 174.

Das **Pfarrhaus** westlich der Kirche wurde unter Pfarrer Anton Arpagaus 1696 erbaut (datiert an der Haustüre und der Stube). Einfache *Täfer.* In dem erkerartig aus dem Giebel vorkragenden Türmchen mit Kreuzfirst ist eine Hauskapelle untergebracht. Das *Altärchen* aus Stuck mit gewundenen Säulen und Voluten um 1700. Das Altarblatt fehlt. Vgl. BÜRGERHAUS XVI, S. XLI, Taf. 32.

---

1) Eine der früheren Glocken war von JAKOB DE LE SEWEN gegossen worden; vgl. Vertrag vom 27. Dezember 1797 (GA., Nr. 27).

Die Kapelle St. Sebastian

Geschichte und Baugeschichte. Die Kapelle, über die keine urkundlichen Nachrichten aus dem Mittelalter vorhanden sind, dürfte Ende des 13. Jahrhunderts gegründet worden sein. Über die ältere Baugeschichte s. unter „Schlussfolgerungen", S. 169 f. 1742 Empore, vielleicht auch Turmhelm. 1895 und 1911 Renovationen.

Literatur: Nüscheler, S. 68. — S. Vögelin, ASA. 1886, S. 341. — Rahn in ASA. 1882, S. 315. — Derselbe, Geschichte, S. 541.

Abb. 197. Grundriss. — Maßstab 1:300.

Abb. 198. Querschnitt mit Turmansicht.
Maßstab 1:300.

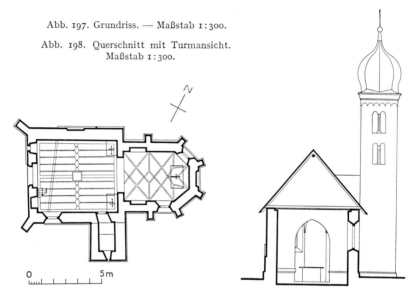

Igels. — Die Kapelle St. Sebastian.

Baubeschreibung. Inneres. An ein beinahe quadratisches Schiff schliesst sich ostwärts ein verhältnismässig tiefer, eingezogener und dreiseitig geschlossener *Chor* von zwei Jochen. Er ist überdeckt von einem Rautengewölbe mit sternförmigem Schluss von nicht sehr präziser Arbeit. Die einfach gekehlten Rippen steigen aus Konsolstümpfen; scheibenförmige Schlußsteine, keine Schildbogen. Leere Spitzbogenfenster, das mittlere zugemauert. Im vordersten Joch beidseits spitzbogige Wandnischen, in denen ehemals Seitenaltäre standen (s. unten). Der *Chorbogen* spitz und gefast. Über dem *Schiff* liegt eine Leistendecke, die eine Kopie des im Landesmuseum eingebauten, unten beschriebenen Originals darstellt. Je ein leeres Spitzbogenfenster in der Süd- und Westwand; ein weiteres in der Nordwand vermauert. — An der Westwand eine *Empore*, deren Brüstung durch kannelierte Pilaster gegliedert ist. In den gekröpften Mittelfüllungen in kunstloser Malerei Salvator mundi und Maria[1]. Inschrift: IN DER ZEIT SEINT KÜRCHKENVOGTEN GESEIN HER LANTSCHRIBER RUODOLF VON CADUF ANNO 1742.

Äusseres. Abgetreppte Streben mit gekehlten Gesimsen, sechs am Chor und zwei an den Westecken des Schiffes. Das Gewände der viereckigen Türe in der Westfront ist gotisch gefast. Rechts davon gemauerte Mensa wie vor der Pfarrkirche.

---

1) Zwei weitere Bilder dieser Empore, St. Petrus und Paulus, im Beinhaus bei der Pfarrkirche.

Abb. 199. Igels. — Die Kapelle St. Sebastian.
Innenansicht mit Blick zum Chor.

Das Satteldach des Schiffes ist um weniges höher als jenes des Chores. An der Westfront die Daten 1494 (in originalen Ziffern) und 1911. — Der **Turm** steht an der
Südseite des Schiffes, ein schlanker glatter Baukörper, an der Krone von einem sechsteiligen Rundbogenfries mit gekehlten Konsölchen gesäumt; Schlüssellochscharten.
Im vierten und fünften Geschoss öffnen sich gekuppelte rundbogige Schallfenster
mit geschrägten Kämpfern und gotisch gefasten Stützpfeilern, zum Teil mit unregel-
mässig kubischen Basen; 14. Jahrhundert. Zwiebelförmige Barockhaube.

    Baugeschichtliche Beobachtungen und Schlussfolgerungen. Im Dach-
raum sieht man eine Übermauerung des Chorbogens, die im unteren Teil durch

schmale viereckige, im oberen durch abgetreppte Öffnungen durchbrochen ist. Letztere sind Reste eines ehemaligen zweiteiligen Glockenstuhles, die ersteren Durchlässe zum Chordach. Nur die oberen Partien sind denn auch für „Ansicht" verputzt, die Öffnungen mit einem getünchten Rahmen eingefasst. Die Umfassungsmauern des Schiffes zeigen ungefähr in halber Höhe, besonders sichtbar an der Nordseite, einen deutlichen Absatz. Desgleichen ist der Turm in den untersten Partien ohne Verband mit dem Schiff, weiter oben jedoch verzahnt. Daraus ergeben sich folgende Etappen: I. Schiff von heutigem Umfang mit Glockenjoch über dem Ostgiebel, ohne Turm. Chorform unbekannt. Zeit unbestimmbar, vielleicht Ende des 13. Jahrhunderts. II. Errichtung des Turmes im 14. Jahrhundert mit noch romanischen Gliederungsformen (Rundbogenfries!). III. 1494 durchgreifender Umbau. Niederlegung des Altarraumes, teilweise Abtragung des Schiffes, Neubau des Chores und Erhöhung des Schiffes.

Wandmalereien. Die erwähnten Nischen im Chor sind mit Bildern für ehemalige Seitenaltärchen ausgemalt, nördlich St. Valentin und Bartholomäus, datiert 1494, südlich St. Anna selbdritt. Durch schlechte Übermalung entstellt. Von RAHN wurden 1873 noch folgende, nun verschwundene Wandmalereien notiert: An der Westfront Muttergottes zwischen St. Sebastian und Rochus, signiert: „H. I. G. MA 16 von Brixen 30" (HANS JAKOB GREUTTER, Maler, 1630). An der Westfront des Turmes ein Christophorus, datiert 1592.

Altäre. Der *Hochaltar*, ein gotischer Flügelaltar, erfuhr um 1710—1720 in folgender Weise eine barocke Umgestaltung: Predella und Schrein wurden in eine sechssäulige Ädikula mit Segmentverdachung und virtuos geschnitzten durchbrochenen Seitenranken eingebaut, die Flügel zum Giebel zusammengestellt, wobei der eine — in Hälften geteilt — die Aussenstücke eines Triptichons ergab. Im Schrein (Lichtmaß H. 137 cm, Br. 123 cm) stehen unter reichem Laubwerk vor golden damasziertem Hintergrund fünf Figuren: in der Mitte die Muttergottes, über die zwei schwebende Engel eine Krone halten, an ihrer Rechten St. Sebastian, bekleidet, und St. Johannes Bapt.; an ihrer Linken St. Georg als Drachentöter und Rochus mit dem Engel. Höhe der Figuren 78—83 cm. Auf der Front der Predella die Halbfiguren von Christus und den Jüngern in Relief. Auf den ehemaligen Flügeln (nun Giebelstück) in Relief vor golden damasziertem Grund St. Magdalena und Verena (nun Mitte) sowie St. Katharina und Barbara (aussen). Die Rückseite des Schreins trägt ein Gethsemane-Bild. Am Sockel die Meisterinschrift: anno · milleno · quigent · ac · insup · 6/cū · spūs · almij · celebrat · ecclesia · festum / huc me · locavit · yvo · cnoie · strigel · civis · iam · dubū · in · memingē · imperiali[1]. Auf den ehemaligen Aussenseiten der Flügel (nun Rückseite der Giebelfelder) in Malerei ein hl. Bischof (St Valentin?) und St. Antonius Abt in der Mitte, St. Mauritius sowie ein Heiliger im Patriziergewand mit Baumstamm aussen, alle auf blauem Grund. Die Malerei beschädigt, Fassung der Skulpturen original (Abb. 200—203). — Nach G. Otto ist die Plastik des Altars keine eigenhändige Arbeit Strigels, sondern einem von ihm beschäftigten Schnitzer zuzuweisen, der hier erstmals einen neuen, im Altar von Calanca zur Reife entwickelten Stil in die Strigelwerkstatt einführte.

Literatur: NÜSCHELER, S. 68. — R. VISCHER in ASA. 1889, S. 112. — RAHN in ASA. 1882, S. 315. — Derselbe, Geschichte, S. 744. — M. SCHÜTTE, Der Schwäbische Schnitzaltar, Strassburg 1907, S. 246f. — F. X. WEIZINGER, Die Malerfamilie der Striegel, Festschrift d. Münchner Altert. Ver. 1914, S. 107 und 137. — G. OTTO, Grundsätzliches zur plastischen Tätigkeit Ivo Strigels, Memminger Geschichtsblätter 1935, Nr. 1, besonders S. 3.

---

1) Zu deutsch: „Im Jahre 1506, da die Kirche das Fest des hl. Geistes (spiritus almi, Pfingsten) feiert, hat mich hier aufgestellt Yvo, mit Beinamen (cognomine) Strigel, seit langem Bürger der Reichsstadt Memmingen.

Abb. 200. Igels. — Kapelle St. Sebastian.
Schrein und Predella des Hochaltars von 1506. — Text S. 170.

Die *Seitenaltäre* stimmen im Aufbau überein. Das trapezförmig abgeschlossene
Bild wird flankiert von gedrehten Halbsäulen und Pilastern, vor denen Figuren
stehen. An der Seite schlingt sich elegantes à-jour-geschnitztes Akanthuswerk, der
Giebel ist halbrund geschlossen und von gedrehten Säulen gerahmt. Das Altarblatt
auf der Nordseite: St. Magdalena, Dorothea und Katharina. Frontispizbild:

Abb. 201—203. Igels. Kapelle St. Sebastian.
St. Johannes Bapt., St. Georg und die Muttergottes aus dem Hochaltar von 1506.

St. Mauritius. Figuren unten: St. Katharina und Barbara, oben St. Bartholomäus und Vincentius. — Südliches Altarblatt: eine ikonographisch interessante Darstellung der Heimsuchung durch die Pest mit St. Sebastian und Rochus als Fürbitter vor der Trinität. Auf Bändern Sprüche. Das Bild gehört zu einem früheren Altar; um 1630. Im Frontispiz: St. Georg als Drachentöter. Figuren unten: St. Bartholomäus und Magdalena, oben St. Valentin und Antonius Abt.

Die drei Altäre sind vorzüglich aufeinander abgestimmt, und auch der gotische Bestand ist geschickt in das Ensemble einbezogen. Gewandte, im Schmuckwerk reich ausgebildete und mit schwungvollen Figuren geschmückte Arbeiten, vermutlich aus der Werkstatt RITZ um 1710—1720.

Abb. 204. Martyrium des St. Sebastian, nun im Schweiz. Landesmuseum zu Zürich. — Text S. 176

Abb. 205. St. Valentin und St. Antonius Abt. Ölmalerei auf Leinwand. — Text S. 174.

Igels. — Kapelle St. Sebastian.

Ein *Fragment eines der früheren Seitenaltäre* befindet sich nun im Beinhaus bei der Pfarrkirche: eine Predella mit dem von Engeln gehaltenen Schweisstuch, in flachem Relief geschnitzt, zwei Rahmenstücke mit Hermen und ein Fries mit Widmungsinschrift der „Nachperschafft zu igels", und der Kirchenvögte „Gilly von Cappalzar und Josch Denigt von Joch Berg", zu Ehren von St. Sebastian 1630. Wortlaut s. Nüscheler, S. 68. Der Altar stammte vermutlich von H. J. Greutter (der 1630 hier tätig war, s. S. 170), wie ein Vergleich mit der Predella eines von ihm signierten Altars in Brigels (1633) zeigt (S. 360).

Abb. 206.
Aus der Kapelle St. Sebastian in Igels.
Detail der Decke von 1495.
Nun Schweiz. Landesmuseum zu Zürich.

Die übrige Ausstattung. Die *Bänke* im Schiff mit Ranken in flachem Relief geschnitzt: Ende 18. Jahrhundert. — Fünf kleine *Bilder*, Ölmalerei auf Leinwand: 1. St. Georg, Margaretha, Magdalena. 2. St. Mauritius zu Pferd. 3. St. Valentin und Antonius Abt (Abb. 205). 4. St. Katharina, Barbara und Verena. 5. St. Bartholomäus und Vincentius. Ein Vergleich mit signierten Arbeiten Greutters (z. B. dem erwähnten Altärchen in Brigels) lässt die Zuschreibung an diesen 1630 hier beschäftigten Maler (s. S. 170) begründet erscheinen. Von anderer Hand ein sechstes Bild: St. Sebastian und Rochus mit den Wappen Caduff (Initialen „B. v. C.") und Cabalzar („C. v. C.").

Glocken. 1. Dm. 61 cm, Inschrift in fehlerhaftem Satz: 1600 s. sebasea (!) * u. fabian * ich * gos * mich (!). Bild: Kreuzigungsgruppe. — 2. Dm. 54 cm, Inschrift in gotischen Unzialen: + lucas · marcus · mateus · johannes · Mitte 14. Jahrhundert.

Im Schweizerischen Landesmuseum Zürich: Das Original der genannten spätgotischen *Decke des Schiffes*, restauriert 1894 von Prof. Regl und eingebaut in Raum XV („Kreuzgang"). Auf der Zarge eines quadratischen Mittelstückes steht die Inschrift: 𝔇𝔦𝔢𝔰 𝔴𝔢𝔯𝔨 𝔦𝔰𝔱 𝔤𝔢𝔪𝔞𝔠𝔥𝔱 𝔡𝔬 𝔪𝔞𝔫 𝔷𝔞𝔩𝔱 𝔳𝔬𝔫 𝔡𝔢𝔯 𝔤𝔢𝔟𝔲𝔯𝔱 𝔠𝔯𝔦𝔰𝔱𝔦 𝔪 cccc l ꝛꝛꝛiiii (1495) iar. meſtar Gregoriuss Bugar von Banitꝫꝫ h(a)t es gmachꝫꝫ[1]. Auf dem mittleren Längsbrett folgende Wappen: sogenanntes „Künstlerwappen"[2], Oberer Bund, Castelberg, Belmont[3], Bischof Heinrich VI. von Hewen, Planta, Cabalzar; auf den kielbogig ausgeschnittenen Querfriesen Wappen Blumenthal, Capol, Unbekannt (Adler mit gebreiteten Schwingen), Jecklin, Lumbrein, Sax-Misox, Summerau (?, wahrscheinlicher aber nur ein dekoratives Motiv [ohne Helmzier!]), Demont, Montalta, Solèr, Unbekannt[4]. Die Friese sind ausserdem bemalt mit reichem Rankenwerk, in dem Tiere spielen. Zwischen zwei Drachen ein Band mit dem Datum 1495 (Abb. 206 bis 208).

1) Soll wohl heissen: Bürger von Panix.

2) Gewerksabzeichen der Malerzünfte; hier in Silber drei rote Schilde statt umgekehrt, jedoch mit dem alten Helmkleinod: einem Jungfraurumpf zwischen Hirschgeweihen. Das Wappen wurde abgebildet und erläutert von J. Zemp im Schweiz. Arch. f. Heraldik XI (1897), S. 19 und 68 f.

3) In Gold ein dreifaches Kreuz (s. Abb. 207). Da das Wappen als der missverstandene Steigbaum der damals längst ausgestorbenen Belmont aufzufassen ist, kommen für das vorher genannte statt Castelberg auch die Übercastel in Frage (erloschen gegen 1450).

4) Ähnlich wie Castelli à St. Nazar: in Gelb über einem Burgtor ein Adler (s. Abb. 208).

Abb. 207 und 208. Aus der Kapelle St. Sebastian in Igels.
Details der Decke von 1495, nun im Schweiz. Landesmuseum zu Zürich. — Text S. 174.

Literatur: Abbildungen W. DERICHSWEILER im Jahrbuch d. Schweiz. Alpen-
klub 1912, S. 78 f. — J. R. RAHN in ASA. 1898, S. 93. — Derselbe in Festg. auf die
Eröffnung des Schweiz. Landesmuseums 1898, S. 195, S. 200.

Gruppe eines Sebastians-Martyriums vermutlich aus einem verschwundenen
Schreinaltar (Nr. LM. 12341). Drei Holzfiguren: St. Sebastian (H. 88 cm) zwischen
zwei Schützen mit Bogen und Armbrust (H. 65 und 68 cm). Alte Fassung, um 1500.
YVO STRIGEL von Memmingen zugeschrieben (Abb. 204, S. 173). PLASTIK-KAT. LM.,
S. 65 ., Abb. Taf. 44 und 45. — Zwei *Leinwand-Antependien* mit Wollfaserdruck
(LM. 1052). — Spätgotischer eintüriger *Sakristeischrank* (Nr. I N 6789, Raum XVIII)
mit flachgeschnitzten und bemalten Friesen und Zinnenbekrönung; H. 220 cm.

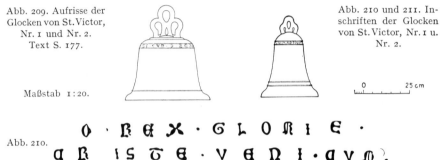

Abb. 209. Aufrisse der
Glocken von St. Victor,
Nr. 1 und Nr. 2.
Text S. 177.

Maßstab 1:20.

Abb. 210 und 211. In-
schriften der Glocken
von St. Victor, Nr. 1 u.
Nr. 2.

0   25 cm

Abb. 210.

Abb. 211.

Die Kapelle St. Victor (Sogn Vetger)

Geschichte und Baugeschichte. Schon im karolingischen Urbar (um 831)
wird in Igels eine Victorskirche genannt[1]: am 29. Oktober 1504 wurde sie, als
Filiale der Pfarrkirche St. Maria, neu geweiht (GA., Nr. 7). Von dem damaligen,
wie überhaupt dem mittelalterlichen Bestand sind keine erkennbaren Teile mehr
vorhanden. Die heutige Kapelle geht auf einen Neubau zurück, der — mit einem
Altar — am 27. Juni 1704 konsekriert wurde (GA., Nr. 23).

Baubeschreibung. Inneres. Gegen (Nord-)Osten gerichtete einheitlich
barocke, gut proportionierte Anlage, bestehend aus einem zweijochigen Schiff und
schwach eingezogenem, dreiseitig geschlossenem *Chor*, beide mit Tonne überwölbt,
die im Chor mit Halbkuppel kombiniert ist. Wandgliederung durch gestufte Pilaster,
im Chor mit ionisierenden Kapitellen; darüber ein durchlaufendes Hauptgesims.
Belichtung durch Viereckfenster unterhalb des Gebälkes. An der Westwand die
Inschrift: CONSECRATA ANNO M D CC IV, DIE 27 JUNII. — Äusseres ohne Zierglieder,
einheitliches Satteldach.

Der **Turm** wächst erst in Traufhöhe des Schiffes über dessen Nordostecke
empor. Halbrund geschlossene Schallfenster, Wimpergen und Spitzhelm.

Die **Innendekoration** beschränkt sich auf *Stuckmedaillons* mit kunstlosen
Malereien. — Der *Altar* ist eine Ädikula aus Stuck: auf zwei glatten Säulen liegen

---

1) CD.I, S. 295: „in villa Egena · Ecclesia S. Victoris". Egena dürfte zweifellos mit Igels — romanisch Degen — zu identifizieren sein. Mohr, CD. I, S. 302, denkt an Vigens; doch spricht das Patrozinium für Igels. Die von Sprecher (Cronica, S. 255) in die Literatur eingeführte Behauptung, die Kapelle
sei von den Sax nach einem Sieg über ihre Untertanen im Lugnez erbaut worden — also nach 1371 — wird
schon dadurch widerlegt, dass sie im Urbar von 1347 wiederholt genannt wird. S. Purtscher, Studien, S. 59.

übereck gestellte Gebälkstücke mit Akanthusvoluten, auf denen posaunenblasende Engel sitzen. Dazwischen ein Frontispiz. Zu seiten der Säulen die Figuren von St. Johannes Ev. und Florinus, alles derb und ungelenk; von 1704, wie die Kapelle. Das Altarblatt dagegen stammt aus der ersten Hälfte des 17. Jahrhunderts: in der Mitte St. Victor, seitwärts gerahmt von zweimal vier Bildchen mit Szenen aus dem Martyrium des Heiligen, durch lateinische Inschriften erläutert. Davor steht eine barocke *Pietà* (17. Jahrhundert), die bis in die jüngste Zeit im Hochaltar der Pfarrkirche untergebracht war (vgl. S. 161, Anm. 1).

Glocken. 1. Dm. 46 cm, Inschrift in gotischen Unzialen: · o · REX · GLORIE · CRISTE · VENI · CUM · (pace fehlt). Mitte 14. Jahrhundert (Abb. 209 und 210). – 2. Dm. 31,5 cm, Höhe bis zur Krone 34 cm, Zuckerhutform, helles Metall mit reichlichem Zinnzusatz. Die Inschrift steht auf dem Kopf, ist nicht mittels aufgesetzter Wachsformen, sondern durch Einritzen in den Mantellehm hergestellt und in Unzialen (aber mit Antiqua-T) geschrieben; sie gibt den Namen des Giessers wieder: VIVIANUS (S)TEMADIUS; um 1200[1] (Abb. 209 und 211). Vgl. Bd. I, S. 56 f.

Die Kapelle St. Antonius von Padua in Rumein

Geschichte und Baugeschichte. Politisch gehörte Rumein — wie Vattiz — von jeher zu Igels, kirchlich jedoch war es Filiale von St. Vincentius zu Pleiv bis zur Vereinigung mit Igels i. J. 1891 (s. S. 159). Schon seit 1712 besteht jedoch hier eine selbständige Kaplanei, die von Disentiser Konventualen versehen wird (SIMONET, Weltgeistliche, S. 66). Die Kapelle wurde 1669 begonnen, 1670 vollendet und 1672 geweiht (s. unten). Turm um 1700. Letzte Renovation 1905.

Baubeschreibung. Inneres. Rechteckiges Schiff und eingezogener, dreiseitig geschlossener, gegen Norden gerichteter Chor. Gewölbe: über dem Chor Tonne mit Halbkuppel kombiniert, im Schiff grätige Kreuzgewölbe in zwei Jochen[2]. Die Längswände sind mit Blenden und gestuften Pilastern gegliedert. Stichbogenfenster. Innere Maße: Chor L. 3,55 m, Br. 4,25 m, Schiff L. 7,15 m, Br. 5,30 m. — *Bauinschriften:* 1. Über der Sakristeitüre im Chor: VON IHRO HOCH F. G. ULRICHCUS (!) VON MUNDT BYSCHOFFEN ZU CHURR (!) WAHR DIESE CAPEL DEN 1. JULLY A° 1672 GEWEICHT WELCHE ANGEFANGE DEN 12. MAYEN A° 1669 UNND ALFS (wohl alles) VOLLENNDET ZU BAUEN IM SEPTEMBER A° 1670. A° 1691. RENOVIERT 1905 P. BERNARD. — 2. An der nördlichen Langseite des Schiffes: A° 1696 WAHREN DISE OB STEHENTE GEMEHL VERRICHT UND WAHREN DAMALE … (Lücke) … CAPELEN VÖCKT CHRISTIA VON BLAUMENTHAL (!) UND JUILLIUS VŌ CATUFF. Die Gemälde selbst liegen vermutlich unter der neuen Bemalung.

Äusseres. Fensterumrahmungen mit Blendbogenimitation in Sgraffito. Einheitliches Satteldach.

Der **Turm** steht an der Nord(west-)wand des Chores und wurde erst nachträglich an diesen angebaut: der Verputz von Chor und Schiff geht hinter die Turmwand hinein, auch ist der Turm auf der Chormauer abgestützt. Stichbogige Schallfenster, schlanker Spitzhelm.

Ausstattung. Der *Hochaltar* ist eine zweisäulige Aedikula aus Holz im Stil des Frühbarocks. Neu gefasst. Altarblatt: Antonius von Padua. Die beiden *Seitenaltäre* — aus Stuck — bilden Pendants: über gewellten Säulen und Gebälk Voluten;

---

1) Auf der ganz ähnlichen Glocke von S. Lucio in S. Vittore (Misox) lautet der Name: VIVIANUS STEMADIUS.

2) Die Mauern sind oberhalb des Hauptgesimses etwa 30 cm schwächer als unten, doch scheint dies baugeschichtlich ohne Belang zu sein.

sie sind um 1700 entstanden und von gleicher Hand wie das Altärchen im Pfarrhaus. Altarblatt nördlich: Epiphania, südlich: die hl. Familie[1].

Sakristei. Ein silberner *Kelch* mit Sechspassfuss, H. 23,7 cm und sechskantigem Nodus. Beschau Feldkirch, Tab. I, 7, Meistermarke unleserlich. Erste Hälfte des 17. Jahrhunderts.

Glocken. 1. Dm. 72,5 cm. Die Inschrift ist beim Guss teilweise zerflossen: SANCTUS ANTONIUS ... (Lücke)[2] ... JOHANNES SCHMID GOSSEN MICH IN CHUR 1738. Bilder: Muttergottes, St. Antonius von Padua. — 2. Dm. 62,5 cm. Gegossen 1862 von GEBR. GRASSMAYR in Feldkirch.

Abb. 212. Grundriss. — Maßstab 1:300.

Vattiz.
Die Kapelle St. Nikolaus und Valentin.

Abb. 213. Querschnitt. — Maßstab 1:300.

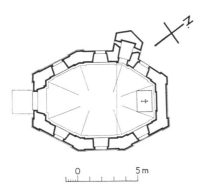

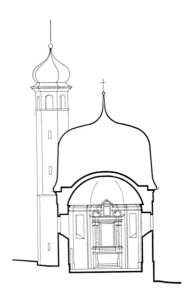

VATTIZ

Die Kapelle St. Nikolaus und Valentin

Geschichte und Baugeschichte. Über das Filialverhältnis zu Pleiv und Igels s. oben, S. 177. Die Kapelle wurde um 1700 gebaut und 1931 nach einer Brandbeschädigung renoviert. Abbildungen vor dem Brand bei A. GAUDY, Nr. 379 u. 380.

Baubeschreibung. Inneres. Der Grundriss bildet ein längliches, gegen Nordost gerichtetes Oktogon ohne eigenen Altarraum. Über Lisenen und einem ringsum laufenden Hauptgesims liegt ein Muldengewölbe. Die Belichtung erfolgt nur in der Wandzone, und zwar durch stichbogige Fenster. — Das Äussere ist durch Lisenen gegliedert, der Eingang an der Südwestseite viereckig. Pittoreskes Dach in Form einer achteckigen geschweiften Kuppel.

Der **Turm** steht an der Nordwestseite, ist sechseckig und mit einer zwiebelförmigen Haube bekrönt. Er wurde nach dem Brand von 1931 etwas gekürzt, was die ursprüngliche Proportion beeinträchtigte.

---

1) Vorhanden, aber in anderer Form, waren sie schon bei der Visitation von 1672 (Prot. im BA.).
2) Die Lücke ist vermutlich zu ergänzen: „Christian Schmid von Bregenz und...", vgl. Seewis i.O., S. 116, Glocke Nr. 1.

Abb. 214. Bronzezeitliche Tongefässe von Crestaulta bei Surrin.
Jetzt im Rätischen Museum zu Chur. — Text unten.

Ausstattung. Der *Altar* aus Stuck ist ein derber Aufbau aus gewundenen Freisäulen und glatten Halbsäulen mit einem Volutengiebel. Altarblatt: Muttergottes mit St. Nikolaus und Valentin. Übermalt.

Zwei **Glocken,** gegossen 1931 von F. HAMM in Staad.

Über die **Burgstellen** in der Gemeinde Igels: Turraccia bei Fraissen und Casauma bei Vattiz, beide ohne Mauerreste, s. BURGENBUCH, S. 249. Nach der Tradition handelt es sich um die Stammsitze der Blumenthal und Solèr.

LUMBREIN

Urgeschichte. In den Jahren 1935—1938 wurde durch W. Burkart auf dem Hügel Crestaulta bei Surrin eine Siedelung mit einer bisher völlig unbekannten inneralpinen — anscheinend spezifisch rätischen — Sonderkultur der Bronzezeit entdeckt. Die Niederlassung reicht in die mittlere Phase der Bronzezeit (1400 bis 1000 v. Chr.) und dauerte bis ca. 800 v. Chr. weiter. An *Bauwerken* wurden nachgewiesen: zwei Stützmauern und eine Blockmauer, die zu drei zeitlich verschiedenen Planierungen (Siedelungsperioden) gehören, ein vollständiger Grundriss eines rechteckigen Ständerbaues (ausser Partien von neun weiteren Hütten) sowie eines kreisrunden Kellerraumes, eine zisternenartige Vorratsgrube und endlich ein Brennofen, der bisher einzige bronzezeitliche Töpferofen der Schweiz.

Unter den *Bronzefunden* sind zu erwähnen: zwei Bronzedolche, Sichel, Nadeln, Pfeilspitzen, Armreifen und Spiralen. Die keramische Ausbeute war aussergewöhnlich reich: Randstücke von etwa 450 Gefässen, 20 ganze oder rekonstruierbare Töpfe, von sechs weiteren konnte die obere Hälfte wiederhergestellt werden. Ein Krug ist mit drei kranzartigen Ringen geschmückt, ein weiterer zeigt eine bis dahin in Europa nicht bekannt gewordene Technik, indem der Bauchknick in Wellenform verläuft und über jeder Buchtung ein mit Strahlen umgebener Fingertupf einge-drückt ist. Ausserdem fanden sich Buckelgefässe von besonderer Schönheit und Eigenart. Die Funde sind im Rätischen Museum zu Chur aufbewahrt. — 1947/48 wurde die Nekropole dieser Siedelung entdeckt. JBSGU 1947, S. 41f., 1948, S. 44

Schon 1890 soll im Dorfteil Camiez in Surrin ein Schaftlappenbeil aus Bronze zutage gekommen sein; Verbleib unbekannt. 1936 wurde bei einem Stall nahe Crestaulta ein Nadelschaft aus Bronze gefunden; Urnenfelderkultur.

Literatur: JB SGU. 1935, S. 32, 1936, S. 43f., 1937, S. 62ff. mit Abbildungen, 1938, S. 92; 1939, S. 67. Zusammenfassend über Crestaulta: JB HAGGr. 1939, S. 161—169. Vgl. auch Germania, Heft 4, 1938, S. 221f. — Nachtrag Bd. VII, S. 447.

Geschichte. Urkundlich erscheint Lumbrein erstmals im karolingischen Urbar (831) als „Villa Lamarine" (CD. I, S. 296). Im Mittelalter war es Sitz der 1231 erst-mals nachgewiesenen Herren von Lumbrein oder Lumbrins, die mit dem Hause Torre im Blenio und daher auch mit den Herren von Sax-Misox stammverwandt waren. — In kirchlicher Hinsicht ist Lumbrein 1345 noch Filiale von St. Vin-centius in Pleiv, aber 1442 wird schon von einer „Kilchhöri Lammarins" gesprochen (GA. Vrin, Nr. 1). Die Erhebung zur Pfarrei liegt also zwischen 1345 und 1442. Im Reg. clericorum von 1520 erscheint denn auch ein Plebanus von Lumbrein[1].

Die Katholische Pfarrkirche St. Martin

Geschichte und Baugeschichte. Urkundlich erstmals — und zwar mit dem Titel St. Martin — im Indulgenzbrief für St. Vincentius von 1345 genannt (GA. Villa, Nr. 2). Der mittelalterliche Bau war nach Osten gerichtet, stand also quer zur heutigen Kirche, und zwar lag der Chor dort, wo sich jetzt der Turm erhebt[2]. Der Chor war gewölbt, das Schiff jedoch trug nur eine Flachdecke; der Turm mit Spitzhelm stand an der Nordseite des Schiffes[3]. Die Kirche war anscheinend 1408 umgebaut worden, denn die Sakramentsnische trug dieses Datum (Visit.-Prot.).

Die heutige Anlage ging aus einem 1646 begonnenen Neubau hervor. Die Kirche selbst war im Rohbau vollendet 1647, die Wandgemälde im Chor stammten von Joh. Rudolf Sturn aus Chur[4]. Weihe mit drei Altären am 6. Mai 1649 (GA., Nr. 31). 1654 Errichtung des Turmes. Am 28. Juni 1716 Weihe des Altares der Schmerzhaften Muttergottes (GA., Nr. 41)[5], 1902 Renovation und neue Ausmalung.

Baubeschreibung. Inneres. Nach Süden gerichtete, einheitlich barocke An-lage (1646/47), bestehend aus einem dreijochigen Schiff ohne Seitenkapellen und ein-gezogenem dreiseitig abgeschlossenem *Chor*. Über beiden auf flachen Vorlagen ruhende grätige Kreuzgewölbe, im Chor dem Polygon angepasst. Stichbogige

---

1) Die Angaben von Nüscheler (S. 67) und Purtscher (Studien, S. 62) sind danach zu berichtigen.

2) Liber baptizatorum, S. 4 (Pf.A.): „stabat orientem versus ita ut ubi nunc turris campanilis est, tunc chorus". Diese Angabe wird durch das Visitationsprotokoll von 1643 bestätigt (BA.).

3) Das geht daraus hervor, dass nach dem Vis.-Prot. der Eingang zum Turm beim linken Seiten-altar war.

4) Die Meistersignatur stand über dem Gesims (Liber bapt.). Bilder und Inschrift sind nicht mehr vorhanden. Über Sturn s. Bd. I, S. 222.

5) Dieser Altar existiert nicht mehr. Er stand auf der Epistelseite (Lib. bapt., S. 4). Vielleicht iden-tisch mit dem Altar in Almens, Bd. II, S. 88. Über die volkskundlich sehr interessante Sieben-Schmerzen-Prozession („Geni"-Prozession) am 2. Sonntag im Oktober s. P. Notker Curti in „Kirche und Leben", Jahrg. 1933, S. 103 f.

Abb. 215. Lumbrein. — Die Katholische Pfarrkirche St. Martin.
Ansicht von Südwesten.

Fenster. Im Norden geschweifte *Empore*, errichtet 1767 (Lib. bapt. Pf.A.), Dekoration modern. Äusseres. Die Fassade ist durch drei Nischen mit belanglosen Malereien gegliedert; Sgraffitecken. Im Giebel Datum 1647. Das Portal in der Nordfront ist halbrund geschlossen, die Türflügel mit derber Schnitzerei aus der Erbauungszeit geziert. Einheitliches Satteldach.

Das Untergeschoss des Chores, das zum Ausgleich des Terraingefälles dient, beherbergt das gewölbte Beinhaus.

Der **Turm** steht an der Ostseite des Schiffes und ist durch glatte Gurte gegliedert. Zwiebelförmige Barockhaube. Datum 1654.

Stukkaturen. Die Dekoration ist auf den Choreingang konzentriert: auf dem Gebälk in Vollrelief der Verkündigungsengel und Maria, darüber zwei schwebende

Lumbrein.
Die Katholische Pfarrkirche
St. Martin.

Abb. 216.
Längsschnitt.
Maßstab 1:300.

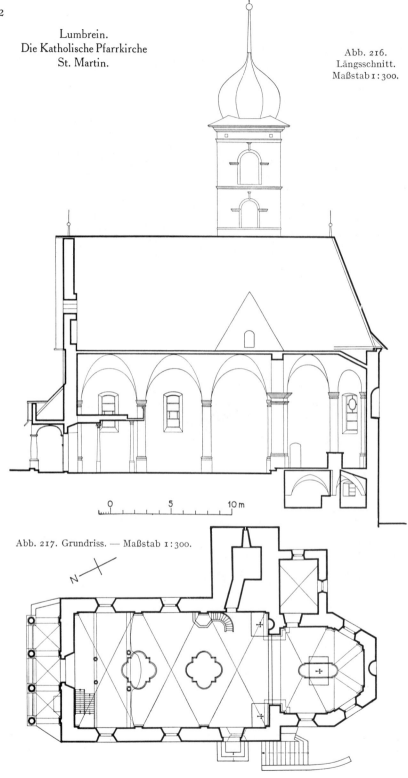

0   5   10 m

Abb. 217. Grundriss. — Maßstab 1:300.

Abb. 218. Lumbrein. — Katholische Pfarrkirche.
Der Hochaltar. — Text unten.

Engel, die eine Kartusche mit dem Monogramm Christi halten; auf der Leibung des
Bogens Putten, Fruchtgehänge und Rahmenwerk, alles in praller italienischer Art,
zum grössten Teil in Formen gegossen.

Die **Altäre.** Der *Hochaltar* (aus Holz) ist ein gut disponierter Aufbau von
maßvollem Prunk. Die — zur Erzielung einer Tiefenillusion — schräg auswärts
gestellten gewundenen Säulen haben ziemlich weite Interkolumnien, die aber vom

Abb. 219.
Lumbrein. — Katholische Pfarrkirche.
Die Muttergottesfigur aus dem Rosen-
kranzaltar Mitte des 17. Jahrhunderts.
Text nebenstehend.

Geflecht des Akanthuswerkes übersponnen
sind. Das ergibt einen architektonisch klaren
und doch bewegt flimmernden Eindruck.
Altarblatt: Muttergottes mit St. Martin, Joh.
Bapt., Katharina und Maria Magdalena; das
Bild ist beschnitten und stammt von einem
Altar des 17. Jahrhunderts. Im Frontispiz
St. Martin zu Pferd. Figuren unten: St. Joseph und Joh. von Nepomuk, in der Bekrönung die Trinität. Der Altar wurde 1741 bis
1743 für 1600 fl. hergestellt (Lib. bapt., S. 4)
und gehört zur „Walliser Gruppe“ (vgl. Bd. I,
S. 214ff.). Als Autor kann ANTONI SIGRIST
von Brig in Frage kommen. Vgl. Vals, S. 225.
Tabernakel in Tempelform um 1700. — Zu
seiten des Altares hängen an der Wand zweigeschossige *Reliquien-Etageren* mit Säulen-
gliederung; um 1740.

Die beiden *Seitenaltäre* am Choreingang
sind aus Stuck und stammen, mit Ausnahme
der später angefügten Holzornamente, aus
der Erbauungszeit der Kirche (1647). Sie
stellen eine Aedikula mit glatten Säulen und
Segmentgiebel dar, auf dem Putten sitzen.
Altarblatt auf der Epistelseite (Kreuzaltar): Kreuzigung mit Wappen Capol. Aus
dem Altar der Evangelienseite (Rosenkranzaltar) stammt die nun an der westlichen
Langseite aufgestellte *Holzskulptur* der Muttergottes, ein vorzügliches Werk von fürstli-
cher Haltung, vermutlich süddeutsch[1]; Mitte
des 17. Jahrhunderts, originale Fassung (Abb.
219). Auf dem gleichen Altar ein geschnitzter Rokoko-Tabernakel. Die *Antependien* geschnitzt mit Blatt- und Fruchtdekor; um 1750.

Fragmente zweier gotischer Altäre aus
dieser Kirche sind in der Kapelle St. Andreas untergebracht und werden dort beschrieben (S. 193 f.). — Ein Rest eines *Renaissance-Altärchens* steht nun im Beinhaus:
auf feststehenden Seitenteilen gemalt St. Mar-
tinus und Carlo Borromeo. Auf der Predella Verkündigung. Der Rahmen mit Reliefschnitzerei; um 1630, vermutlich Werkstatt H. J. GREUTTER.

Die übrige Ausstattung. *Taufstein* in Becherform mit Schaftwulst; frühes
15. Jahrhundert. — Einfache polygonale *Kanzel* mit sparsamem Dekor, datiert
1648. — Auf dem Hochaltar ein *Standkreuz*. Der Gekreuzigte aus Elfenbein mit
hocherhobenen Armen und fein gefaltetem, flatterndem Lendentuch; um 1750.
Französisch? — Nun auf dem Dachboden, früher am Chorbogen: ein lebensgrosser
Kruzifixus mit extrem realistischem Antlitz und einem — ehemals grünlich bemalten — wundenübersäten Körper; Ende des 17. Jahrhunderts (Abb. 220).

---
1) Zur Frage des Meisters (Erasmus Kern), siehe nun Kdm. Liechtenstein, S. 117.

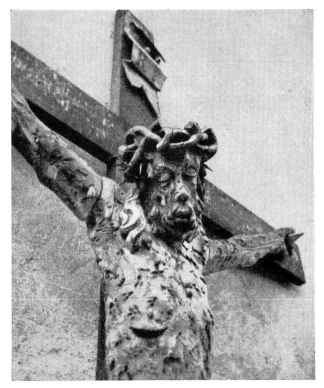

Abb. 220. Lumbrein. — Katholische Pfarrkirche.
Detail eines lebensgrossen Kruzifixus. — Text S. 184.

Kultusgeräte. *Sonnenmonstranz* aus Silber, H. 68 cm. Als Schaft ein voll-
plastischer Engel; erste Hälfte 19. Jahrhundert. Ohne Marken[1]. — Ein *Kelch*, Silber,
vergoldet, H. 23 cm. Auf dem sechspassförmigen Fuss Medaillons mit den Leidens-
symbolen. Nodus mit Rotuli, der Korb aus durchbrochenem Rollwerk; am Schaft
ist eine Hausmarke im Schild mit Initialen „M M" eingraviert. Beschaumarke Prag,
Tab. I, 9, Meistermarke Tab. I, 19, um 1580. *Barockkelch* mit gedrehtem Schaft,
Silber, vergoldet H. 25 cm, Marken Tab. I, 8 und 28. — *Rokokokelch*, Silber, vergoldet,
H. 27,5 cm, getrieben mit Rocailledekor; am Fuss die Inschrift: „Fatg à Paris
Gl'onn 1782 per la Pleif de Lumbrein". Ohne Marken. Auf der Patena ist St. Martin mit dem Bettler eingraviert. — Zwei getriebene *Messkännchen*, Silber, vergoldet (H. 13,1 cm), mit Blumenranken. Beschau Augsburg, Meistermarke Tab. I, 20,
um 1650 (Abb. 225). — Ein gotisches *Vortragekreuz*, Kupfer, vergoldet, auf Holzkern,
H. 43,5 cm. Auf das eigentliche Tragekreuz ist ein kleineres mit dem Gekreuzigten
aufgelegt, dessen Füsse nebeneinander auf der Stütze stehen. In den kleeblattförmigen
Enden Medaillons mit Christus als Pantokrator (unten) sowie Löwe, Adler und Engel;
erste Hälfte des 15. Jahrhunderts (Abb. 224, S. 187). — Sechs *Leuchter* aus Silber,
leicht vergoldet, H. 31—36 cm (ohne Kerzendorn); Blumen und Akanthus in Treibarbeit. Am Fuss in Kartuschen das Monogramm Christi und Capolwappen; um
1700 (Abb. 222, S. 186). Gestiftet von Johannes v. Capaul (Capol) in Prag[2].

---

1) Die alte gotische Monstranz wurde an die beim Franzoseneinfall 1799 beraubte Pfarrkirche von
Disentis abgegeben und wird dort beschrieben.
2) „Joan de Capaul de Praga 6 candelabra argentea." (Pf. A.)

Abb. 221. Casula aus Silberbrokat.
Um 1730. — Text S. 188.

Abb. 222. Silberner Altarleuchter.
Um 1700. —- Text S. 185.

Abb. 223 (links). Weisse Casula.
Seidenstickerei, um 1750. — Text S. 188.

Zu Seite 187

Abb. 224. Kupfer-vergoldetes Vortragekreuz. Erste Hälfte des 15. Jahrhunderts.

Abb. 225. Silber-vergoldete Messkännchen.
Text S. 185.

Lumbrein. — Katholische Pfarrkirche.

Oben:
Abb. 224.

Unten:
Abb. 225.

Abb. 226. Hochgotisches Kruzifix aus Lumbrein.
Jetzt im Klostermuseum zu Disentis. — Text unten.

Paramente. Eine *Casula* aus Silberbrokat mit bunten Blumen und reichen Goldornamenten; um 1730 (Abb. 221, S. 186). — Eine weisse *Casula* mit bunten Blumen in Seidenstickerei (auf neuen Grund übertragen); um 1750 (Abb. 223, S. 186).

Glocken. Nr. 1, 3—5 von GEBR. GRASSMAYR in Feldkirch 1876, Nr. 2 von F. HAMM in Staad 1926[1]. — 6. Dm. 44 cm, Inschrift: SCHRIBER LUCIUS VON CAPPAUL BENNEDICT VON CAPPAUL 1609.

Im Klostermuseum zu Disentis: Hochgotisches *Kruzifix*[2]. Korpus 131,5 cm hoch; magerer Leib mit stark vortretenden Rippen, geschwungene lange Arme, der Mund und die Augen geöffnet, das Haupt leicht geneigt. Die nebeneinander genagelten Füsse sind ein Anachronismus, der wohl auf ein älteres Vorbild zurückgeht.

---

1) Nach Nüscheler Mskr. trug die Glocke Nr. 2 den Spruch: „Ecce crucem domini" etc. und eine Anrufung der Muttergottes und St. Martins. Giesserinschrift: „Hanc campanam fecit Franciscus Subtilis de Varissio Lumbreinii 1669". Nach Chr. Caminada, Bündner Glocken, Zürich 1915, S. 46: „de Varisio Lothringae".

2) Das Kreuz hing in der alten Kirche neben dem linken Seitenaltar (Visit.-Prot. v. 1643: „crucifixus ligneus cum quatuor clavis").

Abb. 227. Lumbrein. — Kapelle St. Rochus
Altarbild um 1630. — Text unten.

Der rechte Fuss ist stark beschädigt. Das (leider beschnittene) Kreuz ist bemalt mit zwei Engeln auf rotem Grund; um 1350. Die Figur des Gekreuzigten war in der Barockzeit durch Kürzung der Extremitäten und des Unterleibes dem Zeitgeschmack angepasst worden. 1934 restauriert durch Dr. LUSSER, Freiburg (Abb. 226).

Literatur: P. NOTKER CURTI in Disentis, Blätter für Schüler und Freunde, 1. Jahrg., S. 31—35. — Ferner KATALOG der Disentiser Klostersammlung, Text S. 17, Abb. S. 23.

Die Kapelle St. Rochus in Lumbrein

Baugeschichte. Die Kapelle wurde in der Pestzeit 1628/29 gebaut und erhielt einen eigenen Pestfriedhof, der jedoch nicht mehr belegt wurde (Visit.-Prot. von 1643). Weihe am 23. Juni 1630. Die — inzwischen verschwundenen — Wandmalereien wurden 1733 renoviert „sed quam miserabiliter!" (Lib. bapt. Pf.A., S. 5), letzte Renovation 1895 (Innenbemalung, Aussenverputz).

Baubeschreibung. Kleine Kapelle westlich des Dorfes an der Strasse nach Vrin. Schiff und eingezogener, dreiseitig geschlossener, nach Westen gerichteter Chor, beide gewölbt. Stichbogige Fenster. Innere Maße: Schiff L. 3,75 m, Br. 3,60 m, Chor L. 2,25 m, Br. 2,90 m. Einheitliches Satteldach und sechseckiger Dachreiter mit zwiebelförmiger Haube. Vorzeichen mit Pultdach.

Ausstattung. Das *Altarbild* stammt noch aus der Erbauungszeit (um 1630) und zeigt die stilistischen Merkmale der Arbeiten des HANS JAKOB GREUTTER aus

Abb. 228. Die Kapelle St. Andreas in Sontg Andriu.
Ansicht von Nordosten.

Brixen, der im gleichen Jahr in Igels nachgewiesen ist (s. S. 170). Dargestellt ist
die Muttergottes zwischen St. Rochus und Sebastian. Ursprünglich war das Bild
in ein Halbrund eingefasst, nun wird es von einem viereckigen Rahmen mit vorzüglich geschnitztem, durchbrochenem Akanthuswerk und breiter Innenborte umschlossen (um 1710–1720). Geschnitztes Rokoko-*Antependium*.

Glocken. 1. Dm. 35 cm, Inschrift: SANCTA MARIA ORA PRO NOBIS M D C XX VII.
Giesserwappen: Halbmond mit Glocke. Bilder: Kruzifixus, Madonna, hl Bischof. —.
2. Dm. 24,2 cm. Gleicher Text wie Nr. 1, jedoch Datum 1624. Bilder: Maria, Engel,
hl. Bischof[1].

Die Kapelle St. Andreas in Sontg Andriu

Geschichte und Baugeschichte. Sontg Andriu ist ein zur Gemeinde Lumbrein gehöriger Weiler an der Strasse nach Vrin, der 1666 erstmals urkundlich unter

---

[1] Die Daten können nicht mit Sicherheit für die Entstehungszeit der Kirche herangezogen werden.
Die Glocken tragen kein Bild des Patrons, zudem haben sie beide die gleiche Inschrift, dürften also zusammen „vom Lager" gekauft worden sein.

Abb. 229. Die Kapelle St. Andreas in Sontg Andriu.
Innenansicht mit Blick gegen den Chor.

diesem Namen erscheint (GA., Nr. 35). Die jetzige Kapelle wurde 1660 gebaut und
am 10. September 1662 geweiht (Lib. bapt., S. 7, Pf.A.). Zuvor scheint kein Gotteshaus hier gestanden zu haben, denn im Visit.-Protokoll von 1643 ist keine Andreas-
Kapelle zu Lumbrein erwähnt.

Baubeschreibung. Inneres. Die einheitlich barocke, nach Südost gerichtete
Anlage besteht aus einem rechteckigen Schiff und eingezogenem, quadratischem
Chor, beide mit grätigen Kreuzgewölben überdeckt. Viereckfenster mit stichbogigen
Leibungen. Eingang glatt rundbogig in der Nordwestfront. Innenmaße: Chor
L. 4,30 m, Br. 3,70 m, Schiff L. 7,15 m, Br. 5,55 m. — Äusseres. Sgraffito-Ecken.
An der Fassade die Daten 1660 und 1666. Nachträglich erhöhtes einheitliches
Satteldach.

Der **Turm** steht an der Nordostseite des Chores, hat rundbogige Schallfenster
und eine barocke Kuppelhaube. Er ist ohne Verband mit dem Chor.

Wandmalerei. Das Kirchlein ist vollkommen ausgemalt, im einzelnen unge-
schickt, im ganzen aber von ländlich-schmuckhafter Wirkung. Signiert (im Bild
der Grablegung): „Johann Christoph Guserer v. Ding(o)lfing aus Bay(e)rn, der
zeit M(aler) auf dem f(ürstlichen) Hoff Chur 1695". Im Chor an der Abschlusswand

Abb. 230. Aus der Kapelle St. Andreas in Sontg Andriu.
Flügel eines gotischen Altars um 1745, nun im Pfarrhause. Aussenseiten. — Text S. 193.

eine grössere Draperie, die als Umrahmung des früheren Altars diente; im Schild
links St. Placidus und Sigisbert, im Hintergrund die Klosterkirchen von Disentis
vor dem Neubau und das dortige Schloss Caschliun; rechts St. Andreas und
Martin, am Gewölbe die vier Kirchenväter. Im Schiff: zu seiten des Chorbogens
Mariä Verkündigung, dabei die Inschrift: ANDREAS DE MUN VUGAD DE QUEST TEMPEL
(Kirchenvogt). In den Ecken die Stigmatisation des St. Franziskus sowie St. Johann Baptist, an den Wänden die zwölf Apostel; am Gewölbe: Kreuzigung, Beweinung, Grablegung und Auferstehung. Ferner Rundmedaillons mit den Wund-
malen Christi und Blumenranken.

Die **Altäre**. Der *Hochaltar* (aus Holz) ist ein Aufbau aus vier gewundenen Freisäulen und geschweiftem Giebel mit Baldachin. Seitlich davon Türbekrönungen, die
als Rückwände für die auf S. 194 erwähnten gotischen Figuren dienen. Rokoko-
Dekor. Das Ganze eine graziöse, die alten Figuren geschickt verwendende Komposition; um 1750—1760. Die Aufsätze der beiden *Seitenaltäre* sind halbrund geschlossene üppige Akanthusrahmen mit weit vorschnellenden Blättern, in kartuschen-
artigen Bekrönungen mit den Monogrammen Christi und Mariä endend; um 1720.
Die Altarblätter kunstlos; links St. Johannes Ev. und Jakobus d. Ä., rechts
St. Franziskus und Nikolaus.

Abb. 231. Aus der Kapelle St. Andreas in Sontg Andriu.
Flügel eines gotischen Altars um 1475, nun im Pfarrhause. Innenseiten. — Text unten.

Altarfragmente. Aus den in dieser Kapelle aufgestellten Altarteilen und Skulpturen sowie anderen im P f a r r h a u s aufbewahrten Fragmenten lassen sich zwei gotische Flügelaltäre rekonstruieren, die sicher ehemals in der Pfarrkirche zu Lumbrein standen:

I. Ein kleiner, der Verehrung der 11 000 Jungfrauen bestimmter *Flügelaltar*. Der leere S c h r e i n (Lichtmaß H. 87,5 cm, Br. 88 cm) steht hinter dem Hochaltar, innen golden damasziert, rückseitig unbemalt. Von den ehemals drei Figuren heiliger Jungfrauen sind zwei noch vorhanden: 1. gekrönte Heilige ohne Attribut (jetzt auf dem Baldachin des Priestersitzes stehend); H. ohne Kronenzacken 74,5 cm; der linke Arm fehlt (Abb. 232, S. 194). 2. St. Katharina (jetzt im Giebel des Hochaltars), H. 76,5 cm. Stark geschwungene Haltung. Figuren hinten ausgehöhlt; achteckige Sockel, übermalt.

Die F l ü g e l dieses Altares sind nun im Pfarrhaus untergebracht (H. 87,2 und 86,5 cm, Br. 46,7 und 47,7 cm); sie sind beidseitig bemalt und zeigen innen: links die Marter der 10 000 Ritter, rechts die 11 000 Jungfrauen unter Führung von St. Ursula bei ihrer Landung in Köln; Hintergrund golden damasziert; auf den Aussenseiten die Verkündigung. Originale Farben, auf den Aussenseiten teilweise abgerieben; um 1475 (Abb. 230 und 231). — Beachte den Nachtrag Bd. VII, S. 448.

II. Vom ehemaligen Hochaltar, einem spätgotischen *Schreinaltar*, sind noch folgende Teile vorhanden[1]: Der Schrein, an der linken Chorwand aufgehängt. Lichtmaß H. 136,5 cm, Br. 113,5 cm. Hintergrund golden damasziert mit Silberfransen; der Abschluss gefüllt mit Kielbogenmaßwerk. — Die Flügel sind beidseits bemalt. Innen auf golden damasziertem Grund je eine weibliche Heilige mit Namensunterschriften, links SANTA MARIA MAGDALENA, rechts SANTA BARBARA VIRGO; aussen (ohne Titel) links St. Dorothea mit dem Kind, von dem sie das Blu-

Abb. 232.
Kapelle St. Andreas in Sontg Andriu.
Heilige aus einem gotischen Altar.
Text S. 193.

menkörbchen entgegennimmt, und Margaretha mit Kreuzstab und Drachen. Die Gesichter noch in den originalen Farben erhalten, das übrige teilweise übermalt. — Von der Bekrönung liegen Reste (Fialen und Kielbogen mit Krabben) noch im Schrein. Die Figuren sind im jetzigen Hochaltar verwendet: in der Mittelnische die Muttergottes (H. 104,5 cm), über den seitlichen Durchgängen links St. Martin in bischöflichem Gewand (H. 103,5 cm), rechts St. Joh. Baptist (H. 95,5 cm). Die Goldfassung original, die farbigen Teile übermalt. Ausdrucksvolle, ernst-feierliche Gestalten. — Der Altar entstand in der Werkstatt des YVO STRIGEL in Memmingen, wie aus seiner stilistischen Verwandtschaft mit dem signierten Altar in Disentis (1489) hervorgeht; die Malerei ist zudem aufs nächste verwandt mit den Flügelbildern des zwar nicht signierten, aber sicher dem gleichen Atelier zuweisbaren Altärchens von Obersaxen und dürfte daher von Yvos Sohn Bernhard stammen (vgl. S. 292).

Literatur: G. OTTO, Grundsätzliches zur plastischen Tätigkeit Yvo Strigels, Memminger Geschichts-Blätter 1935, Nr. 1, S. 2.

Sonstige Altarfragmente. Eine Rosenkranzmadonna mit St. Dominikus und Katharina an der Nordostwand des Schiffes sowie Reste eines Renaissance-Altärchens mit St Mauritius als Frontispizbild im Turm; um 1630 Werkstatt des H. J. GREUTTER.

Glocken. 1. Dm. 53 cm, Inschrift: SANCTA ANDREA ORA PRO NOBIS ANNO 1660. Auf einer Plakette: THEODOSIUS ERNST UND PETER ERNST IN LINDAU GOSS MICH M D C L X. — I H S · ECCE CRUCEM + DOMINI · FUGITE SORTES (statt partes) ADVERSAE · VICIT LEO DE TRIBU JUDA RADIX DAVID ALLELUIA. Bilder: St. Andreas, Madonna. — 2. Dm. 46 cm, Inschriften wie Nr. 1, jedoch Datum M D C L XI. Bilder: Kreuzigung, Madonna.

Die Kapelle St. Sebastian in Silgin

Geschichte. Silgin ist ein Weiler der Gemeinde Lumbrein auf der Terrasse am rechten Ufer des Glenner. Die dortige Kapelle wurde am 5. September 1643 konsekriert, doch handelt es sich hier offenbar nur um eine Neuweihe. Den Fenster-

---

1) Bei der Visitation von 1643 stand dieser Altar noch in der Pfarrkirche, doch scheint der Jungfrauen-Altar schon aufgeteilt gewesen zu sein, denn als Bekrönungsfigur des Hochaltars wird St. Katharin genannt.

Abb. 233 und 234. In der Kapelle St. Andreas in Sontg Andriu.
St. Martin und St. Johannes Bapt. sowie die Muttergottes aus dem ehemaligen Hochaltar
der Pfarrkirche Lumbrein. — Text S. 194.

formen wie den Glocken nach zu schliessen, existierte die Kapelle schon zuvor, vielleicht bereits im 16. Jahrhundert. Letzte Renovation 1928.

Baubeschreibung. Inneres. An das annähernd quadratische Schiff mit flacher Leistendecke schliesst sich ostwärts der eingezogene, mit einem grätigen Kreuzgewölbe überdeckte, flach geschlossene Chor. Der Chorbogen halbrund über barocken Kämpfergesimsen. Je ein leeres Spitzbogenfenster in Schiff und Chor. Die Türe glatt rundbogig. An der Westwand eine geschweifte Holzempore, datiert 1824. Innere Maße: Schiff L. 4,60 m, Br. 4,15 m; Chor L. 3,60 m, Br. 2,80 m. Eine *Inschrift* an der Westwand meldet die Konsekration der Kapelle durch Bischof Johannes Flugi von Aspermont am 5. September 1643 z. E. von St. Sebastian. — Äusseres ohne Wandgliederung. Satteldach mit Dachreiter, von zwiebelförmiger Haube bekrönt. Am Chorschluss eine nachträglich angebaute Sakristei.

Abb. 235. Die Kapelle St. Sebastian in Silgin.
Ansicht von Westen.

Wandmalereien im Innern: An den Wänden des Chores St. Antonius von Padua und Paulus sowie Ursula und Franziskus. Am Gewölbe die vier Evangelisten. Am Chorbogen Joseph und Maria. Im Schiff zu seiten des Chorbogens St. Dominikus und Katharina sowie Medaillons mit den Rosenkranzgeheimnissen. Alle diese Bilder wurden 1928 restauriert und teilweise übermalt durch Pfarrer Glockner in Vals. An den übrigen Schiffswänden die zwölf Apostel mit den Artikeln des Credo: Mitte oder zweite Hälfte des 17. Jahrhunderts (Abb. 236 und 237). Aus dem ersten Drittel des 18. Jahrhunderts stammt die Bemalung der Decke mit Ranken, Fruchtkörben und Medaillons mit Heiligen.

An der Westfront Architekturimitation, Ecce homo, die Immakulata und mehrere Heilige, darunter St. Georg als Reiter und der Patron der Kapelle (über der Türe); zweite Hälfte des 18. Jahrhunderts (Abb. 235).

Abb. 236. Blick in den Chor. — Abb. 237. Detail der Wandmalereien.
Die Kapelle St. Sebastian in Silgin.

Abb. 238. Kapelle St. Nikolaus in Surrin.
Die Kanzel. Anfang des 17. Jahrhunderts. — Text S. 199.

Ausstattung. Kleiner, sehr graziöser *Rokoko-Altar* mit gewundenen Säulen, grün marmoriert mit vergoldetem Dekor; seitlich ziervolle Supraporten mit Statuetten: St. Joseph und Johannes Ev. Datiert 1785. Das Altarblatt aus dem 17. Jahrhundert: Madonna mit St. Sebastian und Rochus. Geschnitztes Rokoko-Antependium. — Kleine kastenförmige *Orgel*.

Glocken. 1. Dm. 45,5 cm. Am Hals gotische Minuskeln ohne Sinnzusammenhang in verfehltem Guss: b · o o v r x. Um 1500. — 2. Dm. 38 cm, Bilder: Maria, Kreuzigung, St. Lorenz, Sebastian. M D C XXX[1].

Die Kapelle St. Nikolaus in Surrin

Geschichte. Surrin ist eine Fraktion der Gemeinde Lumbrein auf der rechten Talseite und hat seit 1704 eine eigene Kaplanei (Simonet, Weltgeistliche, S. 84). Die dortige Kapelle wird 1599 urkundlich erstmals genannt (GA., Nr. 25) und war wohl kurz vorher gebaut worden (vgl. S. 200, Datum der Glocke Nr. 3). Die heutige Kapelle stammt im wesentlichen aus einem Neubau, der am 1. Juli 1695 z. E. von St. Nikolaus mit drei Altären geweiht wurde[2]. 1928 letzte Gesamtrenovation.

Baubeschreibung. Inneres. An das mit einer Tonne überwölbte Schiff schliesst sich (nord)ostwärts der eingezogene, dreiseitig geschlossene Chor, der mit einer Kombination aus Kreuzgewölbe und Halbkuppel überdeckt ist. Stichbogige Fenster, Eingang in der Westfront. Innere Maße: Chor L. 7,10 m, Br. 4,70 m; Schiff L. 9,15 m, Br. 6,60 m. — Äusseres ohne Wandglieder. Einheitliches Satteldach.

Der **Turm** steht (ohne Verband) an der Südseite des Chores. Zeltförmiges Plattendach.

Ausstattung. *Hochaltar* (aus Holz): zwei Säulen, gekröpftes Gebälk und Volutengiebel; um 1700, nachträglich (um 1770) durch Rokokodekor bereichert. Auch die St. Nikolaus-Statue aus dieser Zeit. — Der *nördliche Seitenaltar* ist bemerkenswert als Übergangsform von der Spätgotik zur Renaissance. Im Schrein (H. 88 cm, Br. 86,5 cm) auf Postamenten drei derb ländliche Figuren: Maria zwischen St. Nikolaus und Johannes Ev. Oben St. Anna selbdritt und Margaretha. An den Bogen zwei Schildchen mit Wappen Capol und unbekannter Hausmarke. Die Flügel

---

1) Zumindest diese Glocke, die das Bild des hl. Sebastian trägt, spricht für die Existenz der Kapelle schon vor der Weihe von 1643.

2) „sacellum destructo veteri parvo erectum." Liber bapt., S. 6, Pf.A.

Abb. 239. Kapelle St. Nikolaus in Surrin.
Der nördliche Seitenaltar. Erste Hälfte des 17. Jahrhunderts. — Text S. 198 f.

sind beidseits bemalt; innen St. Peter und Martin, aussen Verkündigung, qualitativ wesentlich über der Stufe der Schnitzarbeit (Abb. 239). Erste Hälfte des 17. Jahrhunderts[1]. — Der *südliche Seitenaltar*, neu gefasst und völlig übermalt im Jahre 1928; Flügelaltärchen, bemalt; anfangs des 17. Jahrhunderts. Mittelbild: Maria zwischen St. Rochus und Sebastian; auf den Flügeln innen St. Luzius und Antonius Abt, aussen Capolwappen und neue Inschrift. Als Bekrönung ein Kruzifix. Predella: Christus, Magdalena und die zwölf Apostel[2]. — Drei geschnitzte Rokoko-*Antependien*.

Die *Kanzel* polygonal, gegliedert mit männlichen und weiblichen Hermen; in den Füllungen die vier Evangelisten in Relief (durch Übermalung verdorben); anfangs des 17. Jahrhunderts (Abb. 238, S. 198).

Glocken. 1. Dm. 65,5 cm. Spruch: ,,Ecce crucem etc.", wie in St. Andreas Glocke Nr. 1 (S. 194). Dazu: SANCTE NICOLAE ET ANNA INTERCEDITE PRO NOBIS ANNO 1664. Giesserinschrift: THEODOSIUS ERNST IN LINDAU GOSS MICH ANNO M D C L XIIII. Bilder: St. Nikolaus und Anna mit Titeln, Kreuzigung, Maria. — 2. Dm. 59 cm, Inschrift: JESUS MARIA · JESUS NAZARENUS REX JUDEORUM · BENE-DICTO SANCTI ANTONII DE PADUA · S. NICOLAE ORA PRO NOBIS DEUM UNA CUM OMNI-BUS SANCTIS 1669. Auf der Flanke ,,F S F" (sicher FRANCISCUS SUBTILIS FECIT, vgl.

---

1) Zu Bd. I, S. 162, ist berichtigend zu bemerken, dass der Altar nur im Aufbau den Greutter-Altären verwandt ist, während die Malerei zu ihr keinerlei Beziehung hat.

2) Das Altärchen befand sich ehemals in der Sebastianskapelle von Silgin.

Abb. 240. Lumbrein. — Der Turm Lumbrein.
Ansicht von Südwesten. — Text unten.

die Glocke von Lumbrein S. 188, Anm. 1). — 3. Dm. 36 cm, Inschrift: 1598 LEON-HART ERNST ZU LINDAW GOS MICH. Neben einer Kreuzigung der Name HANS DIWION.

Wohn- und Wehrbau

Turm Lumbrein, „Chisti" = „Schloss" genannt, erbaut vermutlich anfangs des 13. Jahrhunderts von den Herren von Lumbrein („Lumarins"); s. oben S. 180. Seit Anfang des 16. Jahrhunderts im Besitz der Familie Capaul (Capol). Unter-kellertes, dreigeschossiges, noch bewohntes Turmhaus am Südrand des Dorfes Lumbrein (Abb. 240). Hocheingang ehemals im zweiten Geschoss; Rundbogenfenster. Innenausbau und Riegelwerk im obersten Stockwerk neueren Datums. Näheres s. BURGENBUCH, S. 71, 249 (mit Zeichnungen), Taf. 68, 69.

Casaulta. Turmhaus im oberen Dorf, erbaut Ende des 16. Jahrhunderts. Spät-gotische Fenstergewände. S. BURGENBUCH, S. 250.

MORISSEN – MURISSEN

Geschichte. In den Urbarien des Churer Domkapitels erscheint im 12. Jahr-hundert eine Taverne zu Morissen — „ad Mureinsene" — mit nicht unerheblichen Abgaben, was für einen lebhaften Verkehr von Villa nach Obersaxen spricht (Urb.

d. Domk., S. 4). — Die kirchliche Emanzipation des Dorfes
von Pleiv begann 1702 mit der
Errichtung einer Kaplanei; 1802
Kuratie mit Tauf- und Begräbnis-
recht; 27. Dezember 1907 Erhebung zur Pfarrei (BA., Mappe 145).

Die Katholische Pfarrkirche St. Jakob und Philippus

**Geschichte und Bauge-
schichte.** Die Kirche wird im
Indulgenzbrief für St. Vincenz von
1345 erstmals urkundlich genannt
und zwar unter dem Patrozinium St. Jakobus und Christophorus, doch ist der Nebentitel
schon 1484 verschwunden (GA.,
Nr. 2, ebenso GA. Villa, Nr. 5).
Die mittelalterliche Kirche hatte,
wie bei der Visitation von 1643
berichtet wird, einen gewölbten
und bemalten Chor, während über
dem Schiff eine flache Holzdecke
lag[1]. Welcher Art das Gewölbe war,
erfahren wir nicht. 1867/68 wurde
der alte Bau niedergelegt und die
heutige Kirche errichtet, die als
zweiten Titel St. Philipp führt.

Von der **früheren Aus-
stattung** wurde in den Neubau
übernommen: Der *Hochaltar*, ein
Holzaufbau aus zwei Paaren gewundener, schräg vortretender
Säulen mit Weinranken; um 1720.
Neu gefasst 1926. Altarblatt: Immakulata von P. DESCHWANDEN

Abb. 241. Morissen. — Katholische Pfarrkirche.
Die Kanzel von 1706. — Text S. 202.

1869[2]. Ausserhalb der Säulen stehen zwei spätgotische *Holzskulpturen:* St. Jakobus
d. Ä. (H. 79,5 cm), Johann Baptist (H. 84 cm); hinten ausgehöhlt, neu gefasst;
schwäbisch, um 1500. Die Figuren stammen vom alten Hochaltar[3]. — Der Tabernakel, ein zweigeschossiger Tempel mit Seitenteilen und mit vielen, etwas plumpen
Figuren besetzt; um 1680.

Die *Seitenaltäre* (aus Holz) sind Pendants: zwei gewundene Säulen, datiert 1709.
Am Giebel ältere Bestandteile; desgleichen stammen die Bilder, die nach unten hin
nachträglich verlängert wurden, von früheren Altären. Auf der Evangelienseite

1) Visit.-Prot. von 1643, BA. Vgl. auch BMBl. 1916, S. 125.
2) Vom gleichen Maler zwei beidseits des Altares an der Wand hängende Ölgemälde: St. Nikolaus
von der Flüe und S. Carlo Borromeo.
3) Im Visit.-Prot. von 1643 (BA.) ist dieser Altar erwähnt. Zwischen den genannten Heiligen stand
die Muttergottes, auf den Flügeln St. Luzius und Florinus. Der leere Schrein soll vor ca. 30 Jahren noch
vorhanden gewesen sein. (Mitt. von Pfr. Solèr).

Anna selbdritt mit Joachim; süddeutsch, im Detail sorgfältig, im Ausdruck aber schematisch; Mitte des 17. Jahrhunderts. Auf der Epistelseite St. Clara.

Die *Kanzel* polygonal mit dichter Reliefschnitzerei in der Art der Kanzel von Igels (s. S. 165f.), an der Rückwand datiert 1706. Der Schalldeckel kassettiert (Abb. 241, S. 201). Vgl. Bd. I, S. 233.

In der **Sakristei:** Ein gotisches *Vortragekreuz* aus ehemals vergoldetem Kupferblech mit Kleeblattenden. Auf den Medaillons Haupt Christi und Pietà; beschädigt, 15. Jahrhundert. — *Casula* aus Lyoner Seidendamast mit bunten Blumen auf hellblauem Grund.

Im Beinhaus stehen Fragmente eines *Schreinaltares:* zwei Flügel, bemalt mit St. Barbara und Ursula unter Frührenaissance-Architektur; um 1520, sehr beschädigt.

Vier **Glocken** von GEBR. THEUS in Felsberg 1885[1].

Im Kloster-Museum zu Disentis eine *Glocken-Casula* aus Seide, goldgelb und rot gemustert mit zwei überkreuzten Vogelhälsen, der Stab aus Cyperngold; um 1200. Seltenes Stück. — *Altardecke* in Doppeldurchbruch mit Ranken- und Hakenkreuzmotiven; 15. Jahrhundert.

Im Schweizerischen Landesmuseum zu Zürich: *Holzskulptur* eines St. Martin (Nr. LM. 9489), H. 48 cm; vollrund, alte Fassung. Zweite Hälfte des 15. Jahrhunderts. Plastik-Kat. des LM., S. 61.

Die Kapelle S. Carlo Borromeo

Geschichte. Erbaut vermutlich in der zweiten Hälfte des 17. Jahrhunderts.

Beschreibung. Inneres. Bescheidene Kapelle am Osthang des Piz Mundeun, 1605 m ü. M., am alten Weg von Morissen nach Obersaxen. Schiff und eingezogener, flach geschlossener Chor gegen (Nord-)Ost, beide mit Holzdecken (im Chor stichbogig). Halbrunder Chorbogen. Westeingang. — Das Äussere ohne Wandglieder, Satteldach ohne Türmchen. Innere Maße: Chor L. 3,65 m, Br. 2,90 m. Schiff L. 5,20 m, Br. 4,70 m.

Wandmalerei. Im Schiff kunstlose Schilderei eines Jüngsten Gerichts mit St. Michael als Seelenwäger. Daneben Muttergottes mit unbekanntem Allianzwappen[2], bezeichnet „ I G v. C.".

Am Weg nach S. Carlo ein kleiner **Bildstock.** Abb. GAUDY, Titelvignette. Über die **Burgstelle Casaulta** s. BURGENBUCH, S. 248.

NEUKIRCH – SURCUOLM

Geschichte. Geographisch gehört Neukirch zu Obersaxen, politisch jedoch zum Lugnez. Der Zusammenhang erklärt sich durch die schon erwähnte viel begangene Wegverbindung (S. 200). 1480 besteht die Dorfschaft aus sieben Höfen, deren damalige Namen aber, mit Ausnahme von zweien (Marschaga und Permanigia), nicht mehr im Gebrauch sind. Die Höfe gehörten zum Hochgericht Lugnez und schlossen sich 1630 zu einer eigenen Gemeinde zusammen, hatten aber Alpen und Weiden mit Morissen gemeinsam (HBLS.). Die Gemeinde trug anfänglich nur den romanischen Namen Surcuolm; das Kirchdorf ist die Siedelung Caduff (1643 „St.

---

1) Zwei der früheren Glocken hängen nun in der Kapuzinerkirche von Lenzerheide: 1. Dm. 68 cm, Inschrift: SANCTA MARIA ORA PRO NOBIS ANNO 1809. — JOANNES BIZOZERUS VARISIENSIS FECIT. Bilder: St. Sebastian, hl. Bischof, Antonius, Rochus, Kreuzigungsgruppe. — 2. Dm. 64 cm, Inschrift: „Gegossen von Franz Theus in Felsberg für die Gemeinde Murissen 1838".

2) 1 und 4 in Blau ein sechsstrahliger goldener Stern, 2 und 3 in Rot (?) ein halber Steinbock.

Abb. 242. Neukirch. — Die Katholische Pfarrkirche St. Georg.
Ansicht von Nordosten.

Georgii in Caduff seu Surcuolm"). Die Bezeichnung Neukirch scheint erst im 18. Jahrhundert aufgekommen zu sein. — In kirchlicher Hinsicht stand Surcuolm ursprünglich unter St. Vincenz in Pleiv. Lostrennung am 12. September 1643 (GA., Nr. 13, BA., Mappe 141).

Die Katholische Pfarrkirche St. Georg

Geschichte und Baugeschichte. Vermutlich war der am 22. Juli 1604 geweihte Bau das erste Gotteshaus. Der Chor war gewölbt und das Schiff flach gedeckt; der Turm hatte einen Spitzhelm und trug zwei Glocken. Drei Altäre (Visit.-Prot. v. 2. September 1643, BA.). 1856 wurde nach Niederlegung der alten eine neue Kirche errichtet; Weihe am 24. August 1858 (Simonet, Weltgeistliche, S. 105).

Der heutige, nach Westen orientierte Bau ist an der Fassade mit 1856 datiert und besteht aus einem Langhaus ohne Kapellen und quadratischem Chor. Tonnengewölbe. Turm mit Kuppel.

Ausstattung. Der *Hochaltar*, ein zweigeschossiger Aufbau mit glatten Säulen, ist stilistisch nicht völlig einheitlich. Altarblatt (Schmerzhafte Muttergottes) von dem Deschwanden-Schüler J. D. ANNEN 1874. — Tabernakel in Tempelform mit gewundenen und glatten Säulen. In den Nischen der Flankenteile die Figürchen der Patrone von Morissen und Neukirch (St. Jakob und Georg); um 1680. — Die *Seitenaltäre* mit gewundenen Säulenpaaren und Verdachungen ohne Frontispiz. Der Altar der Evangelienseite datiert 1718; moderne Marienfigur. Auf der Epistelseite datiert 1740; in der Nische gute gleichzeitige Figur der St. Magdalena. — Antependien mit derber Rokoko-Schnitzerei.

Glocken. 1. Dm. 71 cm, Inschrift: aus · dem · feir · bin · ich · geflosen · leonhartt · ernst · zu · lindaw · hatt · mich · gossen · 1604. Bild: Kreuzigung. — 2. Dm. 62 cm, Inschrift wie Nr. 1, jedoch in lateinischen Majuskeln.

OBERKASTELS – SURCASTI

Urgeschichte. Der „Crap de la Gneida", ein Gneisblock südlich des Dorfes, weist fünf Schalen und zwei eingeritzte Kreuze auf; es handelt sich also wohl um einen durch christlichen Brauch entsühnten Kultstein. JB HAGGr. 1935, S. 328 mit Abb. — Nachtrag Bd. VII, S. 448.

Geschichte. Der Dorfname Surcasti = „Über der Burg" deutet auf eine sehr alte Wehranlage (Fluchtburg?), die für den Ort namengebend wurde. Er war Sitz eines Geschlechtes von Übercastel, aus dem sich die Herren von Castelberg und die von Löwenstein abzweigten (vgl. BURGENBUCH, S. 36 und 247). Innerhalb des Hochgerichtes Lugnez bildete Oberkastels mit Vigens eine Nachbarschaft. — Kirchlich stand die Dorfschaft ursprünglich unter St. Vincenz in Pleiv, wovon sie sich am 9. Juni 1528 ablöste, um sich mit Tersnaus und Camuns als eigene Pfarrei zu konstituieren (GA., Nr. 18). Über die Abtrennung der beiden letzteren Gemeinden s. S. 143 und S. 215.

Die Katholische Pfarrkirche St. Laurentius

Geschichte und Baugeschichte. Urkundlich erstmals bezeugt im Indulgenzbrief für St. Vincenz von 1345 (GA. Villa, Nr. 2, „S. Laurencii in Supra Castello"). Am 10. November 1515 Erlass eines bischöflichen Kollektenbriefes für einen Neubau, der am 30. September 1520 mit drei Altären geweiht wird (GA., Nr. 14, 15). Aus dieser Etappe stammt im wesentlichen der heutige Bestand. Die Barockisierung des Schiffes (Kapellenanbauten, Decke) erfolgte vermutlich 1774 (s. unten). Literatur: RAHN in ASA. 1882, S. 350. — Derselbe, Geschichte, S. 541. — GAUDY, Abb. Nr. 149, 150, 153.

Baubeschreibung. Inneres. Die nach Nordost gerichtete Anlage besteht aus einem Schiff mit einem Paar Seitenkapellen und dem eingezogenen dreiseitig geschlossenen spätgotischen Chor. Die Kapellen liegen dicht beim Chor und steigen nur bis ans Hauptgesims, haben also nicht Querschiffcharakter. Über dem *Chor* ruht ein zweijochiges Sterngewölbe, dessen einfach gekehlte Rippen aus Runddiensten wachsen, die in den Ecken zu Stümpfen mit Schildchen verkürzt sind. Zwei Schlusssteine ohne Schmuck, Schildbogen. Figuration und Steinhauerarbeit sehr präzis, Baumeister vielleicht ANDREAS BÜHLER (über ihn s. Bd. I, S. 94f.). Zwei Spitzbogenfenster mit Fischblasenmaßwerken über Mittelstützen. In der Evangelienseite ein spätgotischer *Wandtabernakel*, profiliert mit überkreuzten runden und kantigen Stäben. Das Gittertürchen aus Bandeisen mit Rosetten. Über dem *Schiff* stichbogige Tonne, in den Kapellen grätige Kreuzgewölbe. Stichbogige Fenster, barock rundbogiger Eingang in der SW-Front.

Äusseres ohne Streben, Satteldächer in gleicher Firsthöhe. In den Ecken zwischen Chor und Kapellen ein **Beinhaus** und die **Sakristei**, ohne Verband angefügt.

Über den **Turm**, einen ehemaligen Wehrturm, siehe S. 209.

Beobachtungen zur Baugeschichte. Das Schiff zeigt aussen an den Langseiten noch das gekehlte gotische Dachgesims, stammt also aus dem Neubau zwischen 1515 und 1520. Die Kapellen sind mit Lisenen eingefasst und laufen an die Schiffswände an. Sie entstanden bei dem barocken Umbau, der auch eine Neudisposition der Fenster und der Türe und eine Barockisierung des Chorbogens brachte. Das in den Verputz des Türgewändes gedrückte Datum 1774 darf wohl auf diese Umgestaltungen bezogen werden.

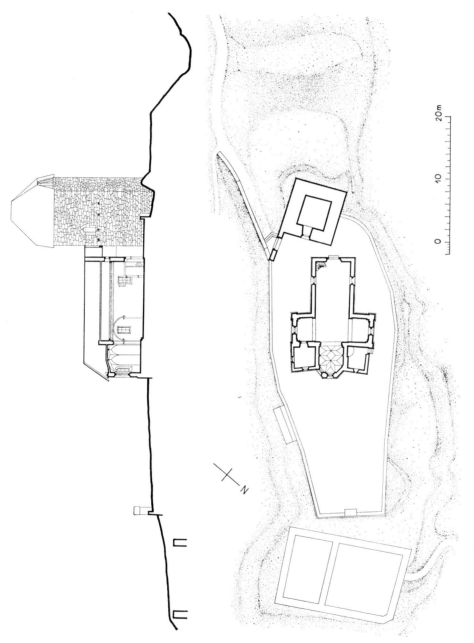

Abb. 243. Oberkastels. — Die Katholische Pfarrkirche St. Laurentius mit dem alten Burgturm.
Längsschnitt und Grundriss mit dem Gelände. — Maßstab 1:600.

Stukkatur am Chor- und den Kapellenbogen in Form von Medaillons und Rosetten. Ländliche und stark übermalte *Wandbilder* zu seiten des Chorbogens (St. Mauritius und Laurentius) und in der Lünette darüber (Laurentiusmarter).

Ausstattung. Der *Hochaltar* trägt statt eines Aufsatzes einen grossen Tabernakel in Form eines zweigeschossigen Tempelbaues mit Flankenteilen, von Figuren besetzt. Auf der Rückseite datiert 1685 und 1764 (Entstehung und Renovation). Die *Seitenaltäre* stehen nicht an den Rückwänden der Kapellen, sondern dicht am Choreingang in Richtung der Schiffsachse. Bescheidene zweisäulige Holzaufsätze um 1660, im 18. Jahrhundert umgearbeitet. Altarblatt links Rosenkranzmadonna (übermalt), rechts Namen Jesu. — Drei geschnitzte Rokoko-Antependien mit den Altarpatronen im Mittelfeld.

Spätgotische Fragmente: zwei Reliefs weiblicher Heiliger mit Buch und Schriftrolle (H. 67 cm), von den Flügeln eines kleinen Schreinaltares stammend. Neu bemalt; um 1515. — Die *Kanzel* in Truhenform, durch Halbsäulen gegliedert; Rollwerk und Blumenornamente in Einlegearbeit sowie Applikationsdekor. Kassettierter Schalldeckel; an der Rückwand Datum 1674. — *Chorstühle*, mit geschuppten Pilastern gegliedert. — Über dem Chorbogen *Kruzifixus*, 17. Jahrhundert. — Im Turm ein *Ölgemälde* der Kreuztragung, signiert: „P. Fridolinus Eggert, professus Disertinensis pinxit Anno 1700".

Kultusgeräte. Zwei gotische *Kelche*, 1. H. 19 cm, runder Fuss, Kupfer vergoldet, granatapfelförmiger Nodus, konische Kuppa; um 1400. — 2. H. 19,5 cm. Im runden Fuss getriebener Sechspass, flachgedrückter Nodus mit getriebenen Blättern; am Schaft graviertes Maßwerk; Anfang des 16. Jahrhunderts (Abb. 244).

Abb. 244. Oberkastels. — Katholische Pfarrkirche.
Zwei gotische Kelche. Um 1400 und Anfang des 16. Jahrhunderts. — Text oben.

Abb. 245. Romanische Muttergottesfigur aus Oberkastels.
Zweite Hälfte des 12. Jahrhunderts. Jetzt im Klostermuseum zu Disentis. — Text S. 208.

Paramente. Eine weisse *Casula* mit bunten Blumen und Vasenmotiven in übertragener Seidenstickerei; um 1750. — Eine Kasula aus grünem Lyoner Damast; 18. Jahrhundert.

Glocken (im alten Burgturm aufgehängt). 1. Dm. 102 cm, Inschrift: AD DEI OMNIPOTENTIS GLORIAM IN HONOREM BEATISSIMAE V. MARIAE, S. LAURENTII MAR-

TYPRIS PN̄I (Patroni) NOSTRI. Um eine Kreuzigungsgruppe: CHRISTUS VINCIT, CHRISTUS REGNAT, CHRISTUS IMPERAT, CHRISTUS AB OMNI MALA TEMPESTATE NOS LIBERET ET DEFENDAT. Um ein Marienbild: ORA PRO NOBIS DEI GENETRIX S. LAURENTI MARTYR CHRISTI INTERCEDE PRO NOBIS. — JOANNES BUNDY PAROCHUS, LANTAMMAN CONRADUS DE RUNCHS (Rungs) SUMPTIBUS TOTIUS PAROCHIAE — GOS MICH GAUDENTZ HEMPEL IN CHUR M D C L XIII. — 2. Dm. 90,5 cm, Inschrift: A FULMINE ET TEMPESTATE LIBERA NOS DOMINE JESU CHRISTE 1796. Wappen des Giessers und Signatur: FECIT RAGETH MATHIS. Bilder: Trinität, Maria, Antonius von Padua, Kruzifix. — 3. Dm. 54 cm, Inschrift in gotischen Unzialen: + MARIA · SANCTUS · LAURANCIUS(!). Mitte des 14. Jahrhunderts. Als Trennungszeichen Rosetten.

Im Pfarrhaus: Torso einer Pietà. Köpfe und Extremitäten fehlen. H. noch 102 cm; Spuren alter Fassung; erste Hälfte des 14. Jahrhunderts. — FUTTERER, S. 158, Nr. 43.

Im Klostermuseum zu Disentis: eine romanische Holzfigur der *Thronenden Muttergottes*, H. 55 cm, alte Fassung. Der Jesusknabe sitzt, als Halberwachsener aufgefasst, in langem Gewand auf dem linken Bein der Mutter, die einen Apfel in der Hand hält. Auf dem Thron Fragment einer Kapitalinschrift, zusammenhängend nur noch „U R A D S", vielleicht als Conradus zu lesen; zweite Hälfte des 12. Jahrhunderts (Abb. 245, S. 207). — Charakterisierung s. Bd. I, S. 46. Genaue Beschreibung von P. N. CURTI in ASA. 1908, S. 124 f., Abb. Taf. IX.

Die Kapelle St. Joseph

Geschichte. Konsekriert am 26. Mai 1689 (GA., Nr. 36). Ausmalung durch JAKOB SOLIVA aus Truns 1724. Vergrösserung des Schiffes und Gesamtrenovation 1928.

Baubeschreibung. Inneres. Die nach Norden gerichtete barocke Anlage von 1689 besteht aus einem Schiff ohne Kapellen und dreiseitig geschlossenem, eingezogenem Chor. Das südlichste der drei Joche des Schiffes wurde 1928 angefügt. Über dem Chor eine Kombination von Tonne und Halbkuppel, im Schiff grätige Kreuzgewölbe. Stichbogenfenster und Oculi. Eingang in der Südfront[1]. — Das Äussere ohne Wandglieder.

Der **Turm** steht an der Westseite des Chores und trägt eine zwiebelförmige Haube.

Wandmalereien, signiert an der Innenseite des Chorbogens: „Jacobus Soliva Tronensis (von Truns) pinxit Anno M D CC XX IIII". Renoviert von E. DILLENA und J. MÜLLHAUPT in Firma Christian Schmidt, Zürich 1928. Ländliche, aber dekorativ wirksame Schildereien in schweren Tönen. An den Schilden des Chores: Verkündigung an Maria, Vermählung und Traum Josephs mit Sprüchen aus der Vulgata, Matth. 1, 18 und 20. Am Gewölbe die hl. Trinität mit Maria und Joseph und vielen Heiligen. Auf den Gewölbeanfängen St. Placidus und Johannes v. Nepomuk, in der Leibung des Chorbogens St. Michael, Magdalena und Schutzengel. Über dem Bogen in Medaillons Szenen der sieben Schmerzen Mariae. Die Gemälde am Schiffgewölbe vorwiegend neu.

Ausstattung. Drei *Altäre* aus Holz und übereinstimmend im Aufbau[2]. Über zwei aus Akanthusblättern aufsteigenden Kandelabersäulen liegt ein Gebälk mit Blattwerkgiebel. Altarblatt am Hochaltar: Tod Josephs; am Altar der Evangelienseite: hl. Familie, signiert „Fridolinus Eggert, Profess. Disert. invenit et pinxit 1694". Von ihm zweifellos auch das Hochaltarbild. Auf der Epistelseite:

---

1) Innenmaße: Chor L. 4,45 m, Br. 3,70 m. Schiff L. 11,75 m, Br. 5,20 m.

2) Der Hochaltar ist am Fries datiert 1707, doch zeigt die auf der Rückseite eingekratzte Zahl 1674, dass es sich dabei nur um einen späteren Umbau handelt.

St. Placidus bringt sein abgeschlagenes Haupt St. Sigisbert dar, im Hintergrund die Enthauptung des Heiligen. Signiert: „Sigisbert Frey pinxit"[1].

Glocken. 1. Dm. 62,5 cm, Inschrift: A FULGURE ET TEMPESTATE LIBERA NOS DOMINE JESUS MARIA JOSEPH. Bilder: Christus, Maria und Joseph. — 2. Dm. 54,5 cm, Inschrift: JESUS MARIA JOSEPH. — GOS MICH GAUDENTZ HEMPEL IN CHUR ANNO 1688. Bilder: Kreuzigung, St. Joseph.

An der Dorfstrasse, eingebaut in das Haus Chr. Conrad-Derungs die unvollendete **Fassade einer Kapelle,** gegliedert durch Pilaster und Gesims; datiert 1712[2].

Wehrbau

Der Geländesporn, auf dem die Pfarrkirche liegt, bildet das Areal der ehemaligen **Burg Übercastel;** ursprünglich wohl Dorfkastel (Kirchenburg?), später Sitz der 1253 urkundlich erstmals genannten und offenbar um 1430 im Mannesstamm ausgestorbenen Herren dieses Namens[3]. Nach oben hin ist das Burggebiet durch einen Halsgraben gesichert. Von den Bauwerken ist der Berchfrit noch aufrecht, ein viergeschossiger Turm aus lagerhaftem Mauerwerk mit Eckbossen; 12. Jahrhundert. Der alte rundbogige Hocheinstieg im dritten Geschoss. Walmdach des 18. Jahrhunderts (ehemals Zinnen und Zeltdach). Näheres s. BURGEN-BUCH, S. 36, 247, Taf. 69.

Nördlich des heutigen Friedhofes — also wohl ausserhalb des engeren Burgberinges — wurden durch Schürfungen die Grundlinien eines rechteckigen, quer unterteilten Bauwerkes festgestellt. Wirtschaftsgebäude? Vorwerk? (Abb. 243, S. 205.)

PEIDEN

Geschichte. Über den ehemaligen ökonomisch-politischen Zusammenhang mit Camuns und Cumbels s. S. 143. Das Dorf liegt am Hang, das Bad jedoch, das nach der Tradition schon im 13. Jahrhundert besucht wurde, unten am Ufer des Glenner. Die Quellen gehörten Peiden und Camuns gemeinsam (HBLS.). — In kirchlicher Hinsicht stand Peiden unter St. Vincenz zu Pleiv; 1745 Kuratkaplanei, seit 1910 selbständige Pfarrei (von 1873–1924 wurde die Seelsorge durch Kapuziner besorgt)[4].

Die Katholische Filialkirche St. Luzius in Peiden-Bad

Geschichte und Baugeschichte. Die Kirche wird unter ihrem ursprünglichen Patrozinium S. Sigismund 1345 erstmals urkundlich genannt („S. Sygmunei in Pedens", GA. Villa, Nr. 2); wann sie den Titel St. Luzius annahm, ist nicht bekannt. Das Schiff der heutigen Kirche stammt noch aus dem romanischen Bestand. Um 1510 Neubau des Chores, vielleicht auch des Turmes. — RAHN in ASA. 1882, S. 351.

Baubeschreibung. Inneres. An das im Grundriss ein verschobenes Rechteck bildende Schiff schliesst sich (nord)ostwärts der eingezogene, dreiseitig geschlossene

---

1) Das Bild über der Empore ist vermutlich ein früheres Altarbild: Der Gekreuzigte mit St. Placidus und Sigisbert; laut Inschrift ein Legat des am 10. Juli 1686 gestorbenen Pfarrers Dr. Jacob von Rungs. Wappen Demont und Derungs (Variante).

2) Nach der Tradition sei der Stifter während des Baues gestorben.

3) Hartwig der Letzte wird 1433 als verstorben erwähnt. Vgl. BMBl. 1940, S. 368.

4) Simonet, Weltgeistliche, S. 124. — A. Bürgler, Die Franziskus-Orden in der Schweiz. Schwyz 1926, S. 122.

Chor, dessen Achse leicht nach Norden abgedreht ist. Er ist überdeckt mit einem zweijochigen Sterngewölbe; die Rippen und Schildbogen steigen aus Konsolstümpfen, die teils zugespitzt, teils mit Schildchen geziert sind. Keine Schlußsteine. Zwei spitzbogige Fenster mit Fischblasenmaßwerken über Teilbogen; die Mittelstützen sind ausgebrochen; um 1510. Der *Chorbogen* spitz und beidseits gefast. Über dem Schiff liegt eine einfache Leistendecke des 17. Jahrhunderts. In der Südwand noch ein Fenster alter Form, hochsitzend, rundbogig mit geschrägter Leibung, aber gerader Bank. Dieses Fenster sowie die Chorabdrehung verraten, dass beim gotischen Umbau das romanische, vielleicht noch aus dem 11. Jahrhundert stammende, Schiff bestehen blieb. Westeingang stichbogig; schmucklose Empore aus Holz. — Äusseres ohne Wandglieder und Streben. Am Chor geschmiegter Sockel und gekehltes Dachgesims. Einheitliches Satteldach.

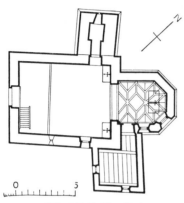

Abb. 246. Peiden-Bad.
Die Katholische Filialkirche St. Luzius.
Grundriss. — Maßstab 1:300.

Der **Turm** steht ohne Verband an der Nordseite des Schiffes. Die weiten Schallfenster charakterisieren ihn als ein Werk der Zeit um 1510, nicht der romanischen Epoche. Krüppelwalmdach des 18. Jahrhunderts[1].

Die **Altäre** sämtlich aus Holz. Der *Hochaltar* mit gewundenen Säulen und kompositen Pilastern, vor denen die Figuren von St. Luzius und Florinus stehen; anfangs des 18. Jahrhunderts. Altarblatt: Maria, hl. Bischof und St. Luzius. Frontispizbild: St. Katharina. Der *nördliche Seitenaltar* mit schräg auswärts stehenden Säulen, das Gebälk in Zacken vorstossend. Altarblatt: Beweinung, im Giebel St. Magdalena; um 1730. Der *südliche Seitenaltar* ist der älteste. Die Säulen steigen aus Akanthusblättern, darüber ein segmentförmiges Tympanon und ein Frontispiz. Im Sockel Allianzwappen Caduff und Solèr. Altarblatt: Marienkrönung, signiert „J. B. picit (!) 1666". Der Altar selbst aus gleicher Zeit.

In einer Nische der Nordwand ein hochgotisches *Vesperbild* aus Holz, H. 110 cm, hinten ausgehöhlt und mit Deckbrett verschlossen. Zwei der Finger Christi fehlen. Der Umriss umfliesst die Figur wie eine sich neigende Welle; um 1360—1370. Neu bemalt, Sternchen und Schwerter spätere Zutaten (Abb. 248, S. 212). Vgl. auch Bd. I, S. 68. Das Bildwerk stand vor der Reformation vermutlich in Duvin[2].

Glocke. Dm. 43 cm, Inschrift: GOS MICH GAUDENTZ HEMPEL IN CHUR 1683. Bild: Immakulata.

Im Rätischen Museum zu Chur eine *Leder-Casula* mit gepresster Band-Ornamentik; um 1720. *Figur* im Schweiz. Landesmuseum s. Nachtrag Bd. VI, S. 399.

Die Katholische Pfarrkirche hl. Dreifaltigkeit in Peiden-Dorf

Baugeschichte. Erbaut anfangs des 18. Jahrhunderts (NÜSCHELER, S. 68), 1896 durch Brand beschädigt, bei der Wiederherstellung vergrössert.

---

1) Ein barockes Christophorus-Bild an der Fassade, s. Abb. 247, wurde 1910 übertüncht. Konturenzeichnung davon im BMBl. 1925, S. 272.

2) Dies wohl der wahre Kern der Überlieferung, dass die von den Duvinern in das Tobel geworfene Figur von den Peidnern bei der Einmündung des Baches in den Glenner herausgefischt worden sei. S. Camenisch, S. 275.

Abb. 247. Peiden-Bad. — Die Katholische Filialkirche St. Luzius.
Ansicht von Süden vor der Renovation.

Baubeschreibung. Der Bau ist ohne architektonische Bedeutung; Schiff und dreiseitig geschlossener, gewölbter Chor gegen Südosten. Der südöstliche Teil des Schiffes (in einer Länge von 3,70 m), die Spiegeldecke aus Gips und das Glockengeschoss des Turmes (in Riegelwerk) mit Spitzhelm sind neu (von 1926).

Der *Hochaltar* (aus Holz) ein einfacher Aufbau mit zwei aus Akanthus wachsenden Säulen; aussen durchbrochene Ranken. Altarblatt: Mariä Krönung; um 1700. Die *Seitenaltäre* von ähnlicher Komposition. Das Altarblatt auf der Evangelienseite neu (hl. Familie, von Pfarrer GLOCKNER gemalt 1926), auf der Epistelseite: Stigmatisation des St. Franziskus.

Drei **Glocken** von GEBR. THEUS in Felsberg 1897[1].

ST. MARTIN – SOGN MARTIN

Geschichte. Die Gemeinde St. Martin weist keine geschlossene zentrale Dorfsiedelung auf, sondern besteht aus sieben zerstreuten „Höfen", die vorwiegend von deutschsprechenden, aus dem Vals hierher vorgedrungenen Bauern bewohnt sind. Diese sieben Weiler vereinigten sich schon mit Urkunde vom 22. Oktober 1671 zu

---

1) Nach Nüscheler Mskr. war die frühere Glocke Nr. 1 gegossen von RAGETH MATHIS 1797; die beiden andern trugen nur — unsicher überlieferte — Initialen.

Abb. 248. Peiden-Bad. — Katholische Filialkirche St. Luzius.
Vesperbild um 1360—1370. — Text S. 210.

einer „Nachbarschaft" mit gemeinsamem Dorfrecht (GA., Nr. 6), konstituierten sich aber erst 1878 zu einer selbständigen politischen Gemeinde. — Kirchlich standen die Höfe ursprünglich unter St. Vincentius und machten dann die Entwicklung der Pfarrei Tersnaus mit (s. S. 215), der sie heute noch angehören. Am 2. November 1776 erhielt St. Martin eine Kaplaneipfründe für einen deutsch sprechenden Benefiziaten (GA. Tersnaus, Nr. 17), seit 1868 wird es jedoch wieder von Tersnaus her versehen (Simonet, Weltgeistliche, S. 182.)

Die Katholische Filialkirche St. Martin

Geschichte und Baugeschichte. Im Indulgenzbrief von 1345 für St. Vincentius wird die Kapelle als „S. Martini in Valles" (Vals) erstmals urkundlich genannt (GA. Villa, Nr. 2)[1]. Am 5. Juni 1462 Weihe eines Altares z. E. von St. Mar-

---

1) Die Stelle wurde in der Literatur, so von Nüscheler, S. 69 und Purtscher, Studien, S. 59, immer auf Vallé im Vals bezogen. Die Wahrscheinlichkeit spricht dagegen (s. darüber S. 240, Anm. 1). Unter

tin, 4. Juli 1497 Neuweihe der Kapelle
(GA., Nr. 1 und 2). Von diesem Neubau stammt noch das heutige Schiff.
Umbau durch die Kapuziner und
Neukonsekration am 30. Juni 1695
(GA., Nr. 7). Damals entstand wohl
der Chor, das Gewölbe des Schiffes,
die ganze heutige Fensterdisposition
sowie der Turm.

Baubeschreibung. Inneres.
Bescheidene, nach Westen gerichtete
Anlage mit eingezogenem, dreiseitig
geschlossenem und verhältnismässig
tiefem *Chor*, der aus der Schiffsachse
nach Süden zu abgedreht ist. Der
Chor ist überdeckt mit grätigen Kreuzgewölben in zwei Jochen, dem Polygon angepasst, das *Schiff* mit einer
Tonne. Stichbogige Fenster, durchlaufendes Hauptgesims. Schmucklose
Holzempore. Innere Maße: Chor L.
6,50 m, Br. 4,75 m; Schiff L. 9,10 m,
Br. 6,50 m. — Äusseres. Eingang in der Ostfront, von gotischem
Kielbogen bekrönt. Sgraffito-Ecken
(Abb. 250).

Der **Turm** ist auf Schiff und Chor
abgestützt und durchstösst das Sakri-
steidach (tritt also im Grundriss nicht
hervor). Rundbogige Schallfenster,
achteckiger Spitzhelm mit Bruch.

Ausstattung. Drei Altäre aus
Holz, ländlich derb. Der *Hochaltar* mit
zwei gedrehten, mit Weinlaub belegten
Säulen und Seitenranken; datiert 1698.
Altarblatt: St. Martin mit St. Anto-
nius von P. und Ignatius. Die beiden
Seitenaltäre mit glatten, unten mit
Perlstäben belegten Säulen, datiert
1704. Altarblatt südlich (links):
Marienkrönung, nördlich: Mater
dolorosa, vermutlich von FRIDOLIN
EGGERT. — *Kanzel*, polygonal mit ge-
wundenen Freisäulen; um 1700. —
Auf dem nördlichen Altar steht eine

Abb. 249.
Die Kapelle St. Anna in Bucarischuna von Südosten.
Gemeinde St. Martin
Abb. 250.
Die Katholische Filialkirche St. Martin von Südosten.

„Valles" wird hier eben nicht der heutige Begriff
Vals, sondern das ganze Tal des Valser Rheins
verstanden. Dieser Ansicht ist auch Bertogg,
S. 16, Anm. 41. Die Frühdatierung der Kapelle
wird durch die hochgotische Martinsfigur (siehe
S. 214) bestätigt.

spätgotische Vespergruppe bescheidener Qualität. H. 67 cm, übermalt. Anfangs des 16. Jahrhunderts.

Am Chorbogen ein *gotischer Kruzifixus;* die scheibenförmigen Medaillons an den Enden sind bemalt mit den Symbolen der Evangelisten. Auf Schriftbändern stehen ihre Namen in Minuskeln; um 1500.

In der Sakristei eine *Leder-Casula* mit gepresstem Blatt- und Blumendekor, neu bronziert. Dazu eine *Stola* gleicher Art. Spätes 17. Jahrhundert.

Glocken. 1. Dm. 48,5 cm, von F. HAMM in Staad 1932. — 2. Dm. 46,5 cm, Inschrift: S. MARTINE ORA PRO NOBIS P.V.S. CAPOL F.F.P.S.D. — DOMENICO MORELA DE BERGAMO FECIT 1767. Bilder: St. Martin, Jakobus (?), Immakulata, Kreuzigung. — 3. Dm. 28,5 cm. Statt Krone nur eine Öse. Inschrift: SAN(C)TE MARTINE ORA PRO NOBIS 1655. Bilder: Kruzifix, St. Johann Bapt., Martin, Madonna.

Im Diözesan-Museum zu Schwyz: Hochgotische *Holzfigur* eines stehenden St. Martin; H. 94 cm, vollrund. Einheimische, von Südschwaben beeinflusste Arbeit, um 1340; neu gefasst. (FUTTERER, Text S. 91 f., 181, Abb. Taf. 46, Nr. 144.)

Die Kapellen

St. Anna im Bucarischuna an der Strasse nach Vals, erbaut 1756. Kleine Kapelle mit gegen Westen gerichteter Altarnische; Tonnengewölbe. Innenmaße: Gesamtlänge 4,20 m, Schiffbreite 2,15 m. Die Fassade ist mit Ecklisenen gegliedert, die sich in einem Blendbogen schliessen. Datum 1756. Glockenjoch über der Ostfront. Malerische Situation (Abb. 249). — *Stuck-Altar* aus Halbsäulen und Gebälk, mit schweren, eingerollten Voluten bekrönt. Kunstloses Altarblatt: Anna selbdritt.

Glocke. Dm. 37,5 cm. Giesserplakette: AUS DEM FEUR FLOSS ICH CHRISTIAN FELIX GOSS MICH IN VELDKIRCH 1765. Bild: Marienkrönung.

St. Antonius von Padua in Travisasch (1690 m ü. M.), erbaut um 1700. Barocke Kapelle mit eingezogenem, dreiseitig geschlossenem Chor gegen Westen. Tonnengewölbe mit Stichkappen, durchlaufendes Hauptgesims über Lisenen. Eingang in der Ostfront. Innenmaße: Chor L. 3 m, Br. 2,60 m; Schiff L. 4,25 m, Br. 3,30 m. Aussengliederung durch Lisenen. Satteldach mit Dachreiter (Abb. 252). — Der *Altar,* ein zweisäuliger Holzaufbau von etwa 1670, stammt offenbar von anderem Ort und ist zurechtgeschnitten. In der Nische kunstlose Antoniusfigur.

Glocken. 1. Dm. 48 cm, Inschrift: SIT NOMEN DOMINI BENEDICTUM. — FRANZ JOSEPH FELIX GOSS MICH IN VELDKIRCH ANNO 1739. Bilder: Kreuzigung, Madonna, St. Andreas, hl. König. — 2. Dm. 39,5 cm, ohne Inschrift; neueren Datums.

St. Sebastian in Munt (1470 m ü. M.), erbaut um die Mitte des 17. Jahrhunderts. Nach (Süd-)Westen gerichtete Kapelle mit flach geschlossenem, eingezogenem Chor, von Tonnen überwölbt. Der halbrunde Chorbogen wächst erst in Kämpferhöhe aus der Wand. Chorfenster mit spitzgiebeligem Einsatz und Stichbogennische. Rundbogige Türe in der Ostfront. Innenmaße: Chor L. 2,40 m, Br. 1,80 m; Schiff L. 4,80 m, Br. 3,60 m. — Das Äussere ohne Wandglieder. Niederes Steinplattendach; Glockenjoch auf dem Chorbogen aufgesetzt (Abb. 251). — Bilder: Über dem Altar ein kunstloses *Bild* des Titelheiligen in einem à-jour-geschnitzten Akanthusrahmen von etwa 1710. Rechts des Chorbogens eine Kopie des Innsbrucker Maria-Hilf-Bildes von Cranach, links St. Rochus, datiert 1771.

Glocken. 1. Dm. 38,5 cm, ohne Inschrift. Borte im Knorpelstil. Bilder: Kreuzigung und Madonna. Um 1660. — 2. Dm. 34 cm, Inschrift: S. SEBASTIANE ORA PRO NOBIS 1737. Bild: St. Sebastian[1].

---

[1] Die von Nüscheler (S. 70) erwähnte „Nikolauskapelle" ist nur ein bescheidener Bildstock an der Kantonsstrasse etwa 800 m taleinwärts von St. Martin.

Abb. 251. St. Sebastian in Munt. Ansicht von Westen.

Abb. 252. St. Antonius von Padua in Travisasch. Ansicht von Osten.

Kapellen in der Gemeinde St. Martin.

TERSNAUS

Urgeschichte. Ein *Schalenstein* mit eingegrabenen Kreuzen liegt in der Nähe der Kirche. JB SGU. 1931, S. 108.

Geschichte. Der Zehnten von Tersnaus gehörte ursprünglich den Herren von Valendas, wie denn überhaupt gewisse, wohl durch die Walser vermittelte Verbindungen mit Valendas bestanden (CD. III, S. 287). Im Hochgericht Tersnaus bildete Tersnaus mit Furth und Duvin zusammen eine „Nachbarschaft". Am 18. Juli 1900 wurde das ganze Dorf vom Feuer zerstört. — Kirchlich stand die Dorfschaft ursprünglich unter St. Vincentius zu Pleiv. Am 9. Juni 1528 schloss sie sich mit Oberkastels und Camuns zu einer gemeinsamen Pfarrei zusammen, von der sie sich aber am 14. Juni 1669 wieder — als nun selbständige Pfarrei — loslöste (GA. Oberkastels, Nr. 18, GA. Tersnaus, Nr. 11). Sprachgeschichtlich interessant ist die gottesdienstliche Vereinbarung vom 1. September 1627, die Bestimmungen darüber traf, an welchen Sonn- und Feiertagen deutsch und an welchen „welsch" gepredigt werden solle[1] (GA. Oberkastels, ohne Nummer).

Die Katholische Pfarrkirche St. Apollinaris u. Maria Magdalena

Geschichte und Baugeschichte. Urkundlich erstmals genannt 1345 als „S. Bellonis in Terznaus", was eine latinisierte Form des rätoromanischen „Sogn Balaun" = St. Apollinaris ist (GA. Villa, Nr. 2). Am 31. Januar 1469 erhält die Kirche anlässlich einer Wiederherstellung einen Ablass. Von den Altären war einer dem Walserheiligen St. Theodul geweiht. Die Neuweihe scheint dann um 1478

---

1) Weil die deutschsprechenden Walser der sieben Höfe von St. Martin auch nach Tersnaus gehörten. Vgl. S. 212.

stattgefunden zu haben, wie aus einer Zeugenaussage von 1488 hervorgeht (GA., Nr. 1, 2, 4). Dabei wird St. Luzius als Nebentitel genannt („S. Belli et Lucii"), der jedoch später nie mehr erscheint. Konsekration mit drei Altären — nach Vollendung eines Neubaues von Grund aus — am 30. Juni 1672 (GA., Nr. 12). Patrozinium ist nun St. Apollinaris und Maria Magdalena. Von dem Theodulsaltar ist nicht mehr die Rede. Auf diesen Neubau geht die Gestalt der heutigen Kirche zurück; aus romanischer Zeit stammen nur die Hauptteile des Turmes, aus gotischer einige Werkstücke. Letzte Renovation 1915.

Baubeschreibung. Inneres. Nach Nordosten gerichtet einheitlich barocke Anlage, bestehend aus einem dreijochigen Schiff ohne Kapellen und einem geräumigen, dreiseitig geschlossenen Chol. Das Raumvolumen ist stark in die Höhe gestreckt. Über dem *Chor* eine Kombination von Kreuzgewölbe und Halbkuppel. Die Wände des *Schiffes* sind gegliedert durch gestufte Pilaster, zwischen denen sich Stichbogenblenden spannen; darüber liegt ein Hauptgesims (das auch im Chor umläuft). Tonnengewölbe. Die Belichtung erfolgt nur unterhalb des Gewölbes und zwar durch stichbogige Fenster. Haupteingang von Südwesten. — Äusseres mit Lisenen gegliedert. Über dem Portal einfacher Giebel, um die Fenster und den Seiteneingang Architekturumrahmungen in Sgraffito.

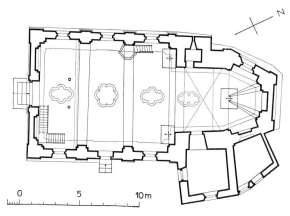

Abb. 253. Tersnaus. — Die Katholische Pfarrkirche St. Apollinaris und Maria Magdalena.

Grundriss. — Maßstab 1:300.

Der **Turm** steht an der Nordwestseite des Chores, und zwar läuft die Chorlängsseite an den Turm an, so dass also dieser zwischen Chor und Schiff eingeklemmt ist. Unten Lichtschlitze, im dritten Geschoss schmale und im vierten breite Rundbogenfenster, drei davon zugemauert. Diese vier Geschosse stammen noch aus mittelalterlichem (romanischem) Bestand, die beiden Glockengeschosse mit kuppelförmiger Haube wurden beim Neubau von 1672 aufgesetzt.

Die Altäre. Alle drei entstanden in der Zeit des Neubaues von 1762, sind aus Holz gebaut und in der Komposition aufeinander abgestimmt. Der *Hochaltar* ist eine zweigeschossige Aedikula, unten mit vier, oben mit zwei Säulen; das Hauptgesims ruht auf Konsolen, in den Ranken erscheinen Elemente des Knorpelstiles. Altarblatt: Steinigung des St. Apollinaris, Frontispizbild: St. Maria Magdalena. Seitlich auf Reliquienschreinen barocke Figuren der genannten Titelheiligen; 18. Jahrhundert. Der Tabernakel tritt in Form eines eingeschossigen Tempels aus dem Sockel des Altares hervor. Statuetten in Muschelnischen. Die *Seitenaltäre* von ähnlichem Aufbau, jedoch auf je ein Säulenpaar reduziert. Altarblatt der Evangelienseite: Rosenkranzmadonna[1], im Frontispiz St. Ulrich; auf der Epistelseite Altarblatt: das hl. Abendmahl. Im Frontispiz Monstranz. Die Antependien mit à-jour-geschnitzten Akanthusranken gerahmt (um 1710—1720). An jenem des

---

[1] Vielleicht wurde dies Bild erst 1708 bei Errichtung der Rosenkranzbruderschaft eingesetzt. Die Sakramentsbruderschaft (Altar rechts) wurde schon 1673 gegründet (GA., Nrn. 13 und 16).

Abb. 254. Tersnaus. — Die Katholische Pfarrkirche St. Apollinaris und Maria Magdalena.
Ansicht von Südosten.

Hochaltars eine ältere Leder-Bespannung mit bunten Blatt- und Blumenranken und den Titularheiligen im Medaillon; um 1670 (Abb. 255).

Sonstige Ausstattung. In der Nordwand die Umrahmung des gotischen *Wandtabernakels* (vom Umbau von 1478). Der Giebel mit Maßwerkblenden aus vier

Abb. 255. Tersnaus. — Katholische Pfarrkirche.
Leder-Antependium um 1670. — Text oben.

Nasenbogen; 1672 in den Neubau übertragen und nicht präzis zusammengesetzt[1]. — Die *Kanzel* polygonal und mit Reliefschnitzereien wie in Igels, datiert 1678. Kassettierter Schalldeckel. Auf den Voluten der Bekrönung ein Kapuzinerfigürchen. Vgl. Bd. I, S. 233f.[2].

Kultusgeräte. *Ziborium*, H. 31,3 cm, Fuss Kupfer, Kuppa Silber, vergoldet. Korb aus durchbrochenem Akanthus. Am Fuss aufgemaltes Wappen Derungs, bezeichnet „O P R" (O. P. Rungs) 1669. — *Barockkelch*, H. 22,7 cm, Silber, vergoldet, getrieben, mit Engelsköpfen und Akanthuswerk. In Medaillons am Fuss und Korb die Leidenswerkzeuge graviert; in einer Emailplakette des Fusses Wappen Rütimann mit Umschrift: SEBASTIANUS RÜTIMANN PRIMUS PAROCHUS HIC. Beschauzeichen Augsburg, Meistermarke „F" in Oval, bei Rosenberg, Nr. 705; Name des Meisters unbekannt. Um 1670 (Abb. 256).

Glocken. 1. Dm. 76 cm, Inschrift: CHRISTIAN SCHMID UDN (statt und) JOHANNES SCHMID GOSSEND MICH 1735. — AVE MARIA GRATIA PLENA DOMINUS TECUM · TITULUS TRIUMPHALIS DEFENDAT NOS AB OMNIBUS MALIS. Bilder: Immakulata, St. Appolinaris, Sebastian, Kreuzigung. — 2. Dm. 68 cm, von GEBR. GRASSMAYR in Feldkirch 1865. — 3. Dm. 47 cm, Inschrift: + anno · dm̄ · m° · ccc° · lxxxv (1395) · s · iehaen[3] · ora pro nobis. Medaillons mit den Symbolen der Evangelisten.

Im Schweizerischen Landesmuseum Holzskulpturen aus Tersnaus: 1. *Stehende Muttergottes* (Nr. LM. 10417), H. 74,5 cm, Vollfigur; ältere Fassung, Ende des 14. Jahrhunderts. Plastik-Kat. LM., S. 14 (Abb. 257). — 2. *St. Magdalena* (Nr. LM. 10419), H. 99 cm. Hinten gehöhlte Figur mit originaler Fassung; Unterarm ergänzt. Ende des 15. Jahrhunderts (Abb. 258). Nach Futterer „aus der Werkstattnachfolge des Yvo Strigel von Memmingen". Plastik-Kat. LM., S. 60. — 3. *Anna selbdritt* (Nr. LM. 10418), H. 73,5 cm. Ausgehöhlt und mit Brett verschlossen. Ältere Fassung, schwäbisch; um 1510—1520. — Plastik-Kat. LM., S. 48.

Die Kapelle St. Katharina. An der Strasse nach Vals, im Jahre 1759 als Ersatz für eine ältere Kapelle erbaut, die nahe dabei an der Tersnauser Kommunalstrasse lag. Renoviert 1911. — Kleine Kapelle mit zweijochigem Schiff und schwach eingezogenem dreiseitigem, gegen (Süd-) Osten gerichtetem Chor. Tonnengewölbe mit Stichkappen, im Chor durch Halbkuppel dem Polygon angepasst. Viereck-

Abb. 256. Tersnaus. — Katholische Pfarrkirche.
Barockkelch um 1670. — Text oben.

1) Vom Bau von 1478 stammt gleichfalls das aussen an der Chorwand lehnende spätgotische Fenstermaßwerk mit runden Teilbogen.

2) Im Beinhaus Fragment eines Renaissance-Altärchens. Auf den Seitenteilen St. Florinus (?) und Magdalena; Ende des 16. Jahrhunderts.

3) Alte Form für St. Jean = St. Johann; der Giesser war vermutlich französischer Herkunft. Vgl. „iehan deschamps" auf der Glocke von Conters i. Pr. Bd. II, S. 122.

Abb. 257. Muttergottes. Ende des 14. Jahrhunderts.   Abb. 258. St. Magdalena. Ende des 15. Jahrh.

Holzskulpturen aus Tersnaus.

Jetzt im Schweiz. Landesmuseum zu Zürich. — Text S. 218.

fenster, Westeingang. Innere Maße: Schiff L. 4,35 m, Br. 3,40 m, Chor L. 3,10 m,
Br. 2,80 m. — Das Äussere mit Lisenen gegliedert, an der Fassade aufgemalt
St. Katharina und Datum 1759. Satteldach ohne Dachreiter. — Der *Altaraufsatz*
ein Bild der Madonna mit St. Katharina und Georg, gefasst in einem Rahmen von
durchbrochenem Akanthuslaub; um 1720.

VALS – VAL

Vorgeschichtliche und frühmittelalterliche Funde. Bei den Thermen kam eine Henkel-Scherbe zutage, die zur „Crestaulta-Kultur" (s. S. 179) gehören dürfte. — Auf dem Valserberg wurde im Sommer 1869 eine bronzene *Lanzenspitze* und ein *Dolch* mit gegossenem Griff gefunden, nach Dr. H. Zeiss (mündlich) karolingisch. Aufbewahrt im Rätischen Museum zu Chur. — H. u. Ö., S. 9, Tafel I, 12. — ASA. 1870, S. 124, Taf. X, 2 und 3. — Nachtrag Bd. VII, S. 448.

   Geschichte. Heute bezeichnet man mit Valser- oder St. Peterstal (romanisch Val Sogn Pieder) das Valser Gemeindegebiet bis zur Schlucht von Bucarischuna, doch umfasste diese Bezeichnung früher wohl das ganze Tal des Valser Rheines bis über St. Martin hinaus (vgl. S. 212, Anm. 1). Urkundlich erscheint „in Valle" erstmals in der Mitte des 12. Jahrhunderts unter den Besitzungen des Domkapitels, wie uns denn überhaupt auch die rätoromanischen Hofnamen Camp, Leis, Peil, Soladüra, Valé sagen, dass das Tal schon vor der Walsereinwanderung besiedelt war; ja der Name Zafreila (von „ferraria") bezeugt sogar Bergbau für diese Zeit (Ortsnamenbuch, S. XLV).. Die Güter des Domkapitels lagen hauptsächlich in Vals-Platz, das 1370 schon als „Villa" (Dorf) bezeichnet wird, und Camp und unterstanden einem Meier. Neben ihm hatten die Belmont hier Grundbesitz. Eine intensivere Bewirtschaftung setzte erst mit der Einwanderung freier Walser ein, die — vermutlich etappenweise — im 14. Jahrhundert vom Rheinwald her kamen. Sie nahmen vom Bischof die Güter zu Erblehnen, um sie später dann abzulösen. So wurde bald das ganze Tal bis nach St. Martin hinaus germanisiert. Aus der bischöflichen Herrschaft entwickelte sich ein eigenes Niedergericht Vals innerhalb des Hochgerichtes Lugnez, das 1538 durch Auskauf frei wurde. Das Gericht war eingeteilt in die vier „Nachbarschaften": „Zur Kirchen", Camp mit Soladüra, Valé mit Peil sowie Leis mit Zafreila.

   Die kirchlichen Verhältnisse im Vals vor der Walsereinwanderung sind urkundlich nicht aufgeklärt, doch ist die Zugehörigkeit zur Mutterkirche des ganzen Lugnez — St. Vincentius in Pleiv — als sicher anzunehmen[1]. Die Walser dürften dann sehr bald nach ihrer Ansiedelung auf genossenschaftlichem Weg eine Pfarrpfründe gestiftet haben. Dies scheint schon vor 1345 geschehen zu sein[2], da

Abb. 259. Vals.
Die Pfarrkirche im Zustand um 1647.
Ausschnitt aus dem Bild am St. Sebastiansaltar der Pfarrkirche. — Text S. 221 und S. 230.

___

1) In diesem Zusammenhang ist zu beachten, dass Zafreila noch am Ausgang des Mittelalters unter Igels stand, auch kennt die Volkstradition noch die Stelle, wo Vals auf dem Friedhof von Pleiv seinen Begräbnisplatz hatte, wie den Stein, auf dem die Valser die Leichen abstellten, bevor sie damit den Hang erstiegen. Chr. Caminada, Bündner Friedhöfe, Zürich 1918, S. 193. — N. Curti, ASA., S. 240.
   2) Über „S. Martini in Valles" s. S. 212 und 240.

Abb. 260. Vals. — Die Katholische Pfarrkirche St. Peter und Paul.
Ansicht von Nordwesten.

im Indulgenzbrief dieses Datums Vals nicht mehr als Filiale. von St. Vincentius auftritt (GA. Villa, Nr. 2). Im Reg. clericorum von 1520 figuriert ein Plebanus.

Literatur: Urb. d. Domk., S. 4, 74, 75. — Ämterbücher, S. 46, 71, 153. — PURTSCHER in BMBl. 1924, S. 153. — HBLS. VII, S. 194.

Die Katholische Pfarrkirche St. Peter und Paul

Geschichte und Baugeschichte. Die Kirche, deren Patrozinium allein St. Peter war, wird 1451 urkundlich erstmals genannt (GA., Nr. 1 und BERTOGG, S. 17). Der mittelalterliche Bau stand, wie aus dem Visitationsprotokoll von 1643 hervorgeht, quer zum heutigen; die Umfassungsmauern der linken (östlichen) Seitenkapelle umschlossen den alten Chor. Ob dieser noch von der ersten Kirche stammt, oder — was im Hinblick auf den dreiseitigen Abschluss (und die Altarfragmente!) wahrscheinlicher ist — auf einen spätgotischen Neubau zurückgeht, ist nicht bestimmt zu entscheiden, da das alte Gewölbe nicht mehr vorhanden ist. Nach Niederlegung des Schiffes Erbauung einer neuen Kirche mit Richtung gegen Süden, Neu-Einwölbung des alten Chores und Neu-Konsekration zu Ehren von St. Peter und Paul am 6. September 1643. Umbau der oberen Turmgeschosse 1650. Anbau der St. Antoniuskapelle 1711 (datiert, s. S. 224; auf dem Altarbild von 1647 existiert sie noch nicht, Abb. 259). Renovationen 1742, 1780, 1842, 1923 (Arch. STEINER, Schwyz).

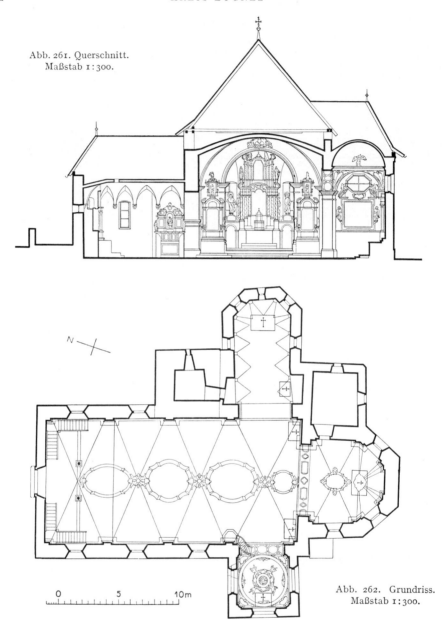

Abb. 261. Querschnitt.
Maßstab 1:300.

Abb. 262. Grundriss.
Maßstab 1:300.

0   5   10m

Vals. — Die Katholische Pfarrkirche St. Peter und Paul.

Literatur: NÜSCHELER, S. 66. — SIMONET, BMBl. 1916, S. 9f. — LEONH. HOLLWECK, Führer durch die Kirche und Kapellen in der Pfarrgemeinde Vals.

Baubeschreibung. Inneres. Die nach Süden gerichtete barocke Anlage (von 1643) besteht aus einem vierjochigen Langhaus mit zwei ungleichartigen Seitenkapellen und dem eingezogenen, dreiseitig geschlossenen *Chor*. Er ist überdeckt mit

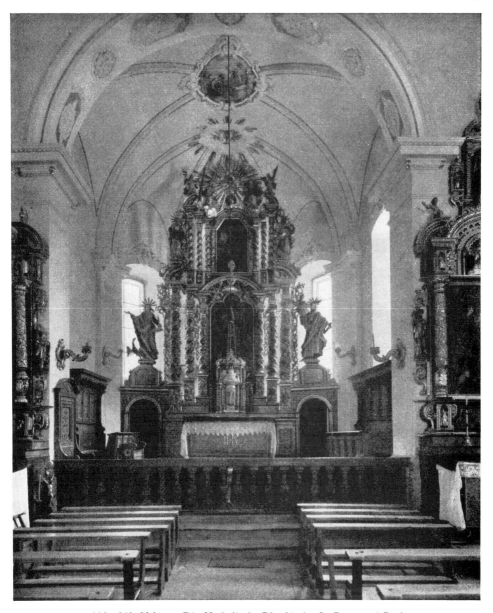

Abb. 263. Vals. — Die Katholische Pfarrkirche St. Peter und Paul.
Der Hochaltar um 1740. — Text S. 225 f.

einem dem Polygon durch Halbkuppel angepassten oblongen Kreuzgewölbe, das auf
Pilastern ruht. Über dem *Schiff*, gleichfalls auf Pilastern, vier oblonge grätige
Kreuzgewölbe ohne Gurttrennung. Im Gegensatz zu den meisten barocken Anlagen
unseres Gebietes kein durchlaufendes Hauptgesims. Über der östlichen (linken)
Seitenkapelle, dem alten Chor, wölbt sich eine ungeteilte Tonne mit Stichkappen,

über der westlichen — quadratischen — eine Pendentifkuppel. Die Belichtung erfolgt durch Stichbogenfenster, die, durch kein Gesims behindert, bis in die Gewölbezone hinaufreichen. In der Antoniuskapelle achteckige Medaillonfenster in den Schilden. Haupteingang in der Nordfront. — *Empore* des 18. Jahrhunderts im nördlichen ersten Joch. — Äusseres ohne Wandgliederung. Steinplattendach von 1913, Bemalung von 1896.

Der **Turm** steht in der Ecke zwischen dem Schiff und dem alten Chor und trug bis in die neuere Zeit das Umbau-Datum 1650 (NÜSCHELER). Das Bild des Sebastiansaltares von 1647 zeigt noch seine alte Gestalt mit gekuppelten Schallfenstern in den beiden Obergeschossen und Zeltdach (Abb. 259, S. 220). 1650 erhielt er die jetzigen stichbogigen Schallfenster. Die unteren Partien des Turmes dürften zum alten Bestand des ersten Baues gehören. Der oberste Stock mit dem Zifferblatt wurde 1923 aufgesetzt (auf der Abb. 260, S. 221, noch nicht vorhanden).

Die **Gewölbedekoration** wurde im wesentlichen bei der Renovation von 1923 neu hergestellt. Barock ist nur die Ausschmückung der Antoniuskapelle, über dem Weihwasserbecken datiert 1711; jedoch musste auch sie 1923 weitgehend reno-

Abb. 264. Vals. — Katholische Pfarrkirche.
Der Tabernakel auf dem Hochaltar. Text S. 226.

Abb. 265. Vals. — Katholische Pfarrkirche.
Der Altar in der Marienkapelle um 1720—1730 mit Figuren eines spätgotischen Schreinaltars
aus dem Anfang des 16. Jahrhunderts. Vgl. Abb. 266—269. — Text S. 226 f.

viert und — nach den alten Formen — erneuert werden. Auf der Kuppel schwebende Engel, die einen Kranz halten, in den herzförmigen Eckkartuschen die Evangelisten, auf dem Bogen Putten. Auf den Verdachungen der eingelassenen Wandbilder (Fischpredigt des St. Antonius und Anbetung der Hirten) musizierende Engel.

Die **Altäre.** Der *Hochaltar*, aus Holz (Abb. 263), stimmt im Aufbau beinahe wört-
lich mit jenem von Lumbrein überein, auf den hier verwiesen sei und dessen Entstehung
im Jahre 1741 urkundlich belegt ist (s. S. 183 f.). Da 1738/39 der Walliser Altarbauer
und Bildschnitzer ANTONI SIGRIST von Brig und der für ihn als Vergolder arbeitende
Bündner J. SOLIVA von Truns in Vals anwesend waren (s. S. 234), darf man an

Abb. 266. Vals. — Katholische Pfarrkirche.
Spätgotische Figuren im Giebel des barocken Altars in der Marienkapelle. — Text S. 228.

Sigrist als Autor dieses den Ritz-Altären stilistisch nahestehenden Werkes denken. Figuren: die vier Evangelisten; Altarblatt: Petri Berufung (im Hintergrund das Martyrium des Heiligen); Frontispiz: St. Paulus, im Hintergrund Saulus vor Damaskus. Bemerkenswert ist der Tabernakel; seine Komposition stimmt mit jenem in Sedrun überein, der 1702 von dem Walliser JOHANNES RITZ ausgeführt wurde. Es ist ein Dreh-Tabernakel, geborgen in einem von gewundenen Säulen besetzten Tempelbau; über ihm erhebt sich ein offener Pavillon, in dem Christus mit den Jüngern beim letzten Mahl sitzt (Abb. 264, S. 224).

Der *Altar in der Marienkapelle,* dem alten Chor, ist ein barocker Holz-Aufsatz mit zwei gewundenen Halbsäulen und einem von durchbrochenem Akanthus umrankten Giebel, um 1720—1730 (Abb. 265), in dem folgende Bestandteile eines spätgotischen Schreinaltares untergebracht sind: In der Hauptnische eine Vespergruppe, ihr zu

Abb. 269. Aussenseite eines der beiden Altarflügel.

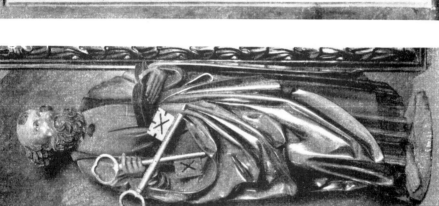

Abb. 268. Figur des St. Peter im Altar.

Abb. 267. Innenseite eines der beiden Altarflügel.

Vals. — Katholische Pfarrkirche.

Spätgotische Bestandteile am Altar der Marienkapelle. — Text S. 226 f.

Abb. 270. Vals. — Katholische Pfarrkirche.
Der St. Anna-Altar von 1647. — Text S. 230.

seiten St. Peter (Abb. 268, S. 227) und Paul (H. 85,5 und 84 cm) und im Giebel die
Muttergottes zwischen St. Sebastian und Johannes (Abb. 266, S. 226). Auf der Mensa,
vor dem Sockel, steht eine St. Anna selbdritt. An der Wand sind die ehemaligen
Flügel beweglich aufgehängt. (H. 160,5 cm, Br. 77 cm.) Auf den Innenseiten in
Relief je ein Paar männlicher Heiliger unter leichtem Laubwerk vor golden damas-
ziertem Grund, links: St. Mauritius[1] und Luzius, rechts St. Antonius Abt und
Jakobus major (Abb. 267, S. 227). Dieser ist durch seitwärts gestellte „schreitende"
Füsse als wandernder Pilger charakterisiert. Diese Teile sämtlich neu gefasst. Auf
den Aussenseiten in originalem Zustand: Die Anbetung der Drei Könige, in dunklen

---

[1] Wohl nicht St. Georg, da Mauritius Talschaftspatron des Lugnez ist; vgl. S. 150 f. Bei der Visitation von 1643 scheint der Altar noch komplett gewesen zu sein. Die Anna selbdritt stand in der Bekrönung, darüber ein Kruzifix (BA.).

moosigen Tönen (Abb. 269, S. 227). Am Halsausschnitt des dritten Königs steht
„Cupido"[1]. Der Altar wurde von M. Sattler mit Yvo STRIGEL in Beziehung gebracht,
während ihn G. Otto — wohl zutreffender — wegen seiner Stilverwandtschaft mit

Abb. 271. Vals. — Katholische Pfarrkirche.
Der St. Johann-von-Nepomuk-Altar um 1710. — Text S. 230.

der Skulptur des Bingener Altars in den Werkstattkreis des jüngeren SYRLIN stellt.
Anfang des 16. Jahrhunderts.

Literatur: M. SATTLER, Zwei unbekannte Altäre von Yvo Strigel, ASA. 1918,
S. 53. — G. OTTO, Der Export der Syrlin-Werkstatt nach Graubünden. ASA. 1935,
S. 290.

Zu seiten des Choreinganges stehen zwei im Aufbau übereinstimmende Spät-
renaissance-Altäre origineller Komposition, die 1647, bald nach dem Kirchenneubau,
entstanden sind. Über den aus Akanthuskelchen wachsenden, mit Weinreben in
Reliefschnitzerei gezierten Säulen liegt ein halbrundes Tympanon, auf dem noch
ein Giebelstück balanciert. Am *Sebastiansaltar* (östlich des Chores) stehen seitlich

1) Wohl ohne Sinnbedeutung, analog den häufig ohne Zusammenhang als Dekoration auf die Borten
gesetzten Buchstaben.

Abb. 272. Vals. — Katholische Pfarrkirche.
Figur der St. Katharina von Siena
am St. Nepomuk-Altar Abb. 271.

der Säulen auf Volutenkonsolen die Figuren eines Apostels und des hl. Theodul[1]. Im Tympanon Christus als Pantokrator. Im Giebel Anna selbdritt und als Bekrönung St. Sebastian. Vor Sockel und Gebälkstücken kleine Statuetten. Altarblatt: Über St. Sebastian, Theodul und Katharina erscheint in den Wolken die Muttergottes zwischen St. Magdalena und Margaretha. Im Hintergrund sieht man die Kirche von Vals nach dem Umbau von 1642, jedoch noch mit der alten Turmform und ohne die St. Antonius-Kapelle (Abb. 259, S. 220); aus blaugrauen Tonharmonien entwickelt, süddeutsch. Im Sockel eine Widmungsinschrift von Pfarrer Sebastian Rütimann 1647, in der als Altarpatrone genannt sind: St. Sebastian, Katharina, Theodul und Maria Magdalena. — Am Gegenstück, dem *St. Anna-Altar*, stehen die Seitenfiguren St. Rochus und Joseph, im Tympanon Gottvater, im Giebelstück die Muttergottes zwischen St. Gallus und Johannes Ev.; als Bekrönung Christus. Das Altarblatt zeigt St. Anna selbdritt mit St. Martin und Antonius Abt in einer gut gebauten pyramidenförmigen Komposition; süddeutsch (Abb. 270, S. 228).

Links vom Sebastiansaltar, schon innerhalb der Marienkapelle, steht der *Johann-von-Nepomuk-Altar*. Ein als Typus interessanter, sehr persönlicher Aufbau, der in unserm Inventar kein Analogeon hat; um 1710. Vorzüglich gearbeitet ist das sehr feingliedrige Laubwerk, das in zartem Gespinst die ganze Tafel überzieht. In der Mittelnische die Figur des St. Johann von Nepomuk, seitlich St. Dominikus und Katharina; die Statuetten dürften etwa vier Jahrzehnte später entstanden sein als der Altar selbst, die mittlere als Ersatz einer älteren. Die Medaillons sind bemalt mit Szenen aus der Legende des Altarpatrons (Abb. 271, S. 229, und Abb. 272). Vgl. auch Bd. I, S. 218. Alle Altäre 1923 neu gefaßt.

Allein der *Altar in der St. Antoniuskapelle* ist aus Stuck. Freisäulen tragen ein mit Fruchtgewinden dekoriertes Gebälk, auf dem Giebel musizierende Engel. Altarblatt neu (1923).

Die **übrige Ausstattung.** Der *Taufstein* in der Marienkapelle aus einem grob zugerichteten Monolith, zum Teil noch in der Naturform, wohl aus der ersten Kirche (14. Jahrhundert). Tempelförmiger Aufsatz mit Volutenbekrönung; um 1650. — Die *Kanzel* polygonal mit derben Intarsien; die hermenförmigen Pilaster sind bekrönt mit Büsten der Evangelisten und Christi. Mitte des 17. Jahrhunderts. — Aus gleicher Zeit die *Chorstühle:* Rückwände mit Rollwerk-Intarsien. Hinter dem Johann-von-Nepomuk-Altar ein einfacher *Beichtstuhl*, datiert 1682.

---

1) Der erstere kleiner und deshalb auf eine Kugel gesetzt. Die gleiche Eigentümlichkeit auf dem Pendant-Altar und in Soladüra. Es sind vermutlich aus Lagervorräten verwendete Figürchen.

Abb. 274. Barockkelch von 1678 (rechts) und 1687 (links). — Text S. 232.

Vals. — Katholische Pfarrkirche. Kultusgeräte.

Abb. 273. Speisekelch um 1680.

Auf dem Altar der Marienkapelle ein geschnitztes vergoldetes *Standkreuz* (H. 66,5 cm) mit gemalten Evangelistensymbolen, datiert 1742.

Kultusgeräte. *Monstranz*, Abb. Bd. I, S. 238, Silber, vergoldet, H. 101 cm; getrieben. Am Fuss vollplastische Engelsköpfe; auf dem Knauf steht ein Engel, der das Sonnenostensorium trägt. Im Wolkenkranz: Immakulata zwischen St. Peter und Paul, darunter St. Franziskus, Johannes v. Nepomuk, Ignatius und Therese. Oben Gottvater und die Taube. Beschau Augsburg, Meistermarke „F" in Oval, bei ROSENBERG, Nr. 705. Name des Meisters unbekannt. Um 1680. — Ein *Speise-kelch*, Silber, vergoldet, H. 36 cm; am Fuss in Treibarbeit zwischen Blattwerk die Halbfiguren des St. Sebastian, Antonius v. P., eines hl. Bischofs und einer hl. Nonne. Am durchbrochenen Korb zwischen Akanthuslaub St. Petrus und Paulus sowie St. Joseph; um 1680. Beschau Augsburg. Meistermarke „I S" im Rund, nach ROSENBERG, Nr. 610 vielleicht dem Goldschmied IOHANNES SCHEPPICH († 1701) gehörig (Abb. 273, S. 231). — Ein *Barockkelch*, Silber, getrieben, H. 27,5 cm. Auf Emailmedaillons am Fuss: St. Peter mit Umschrift: VALLIS S. PETRI PIIS LEGATIS ANNO 1678, ferner Fusswaschung und Begegnung Christi mit Petrus auf dem Meer; an der Kuppa Petri Berufung, seine Befreiung aus dem Gefängnis, seine Kreuzigung. Am Fuss Widmungsinschrift von Pfarrer Christian Arpagaus 1678. Beschau Augsburg, Meistermarke wie auf der Monstranz. – *Barockkelch*, Silber, getrieben, H. 28 cm, gleich-falls mit sechs Emailmedaillons: unten Jakobus d. Ä., Rosenkranzmadonna und Tobias, oben St. Sebastian mit Katharina, Peter und Paul, Mariae Heimsuchung. Widmung des Jakob Penk. 1687 (Abb. 274). Beschau Augsburg, Meistermarke Tab. I, 24.

Glocken. Nr. 1, 3 und 4 von GEBR. THEUS in Felsberg 1890. — 2. Dm. 111,5 cm, Inschrift: + JESUS NAZARENUS REX JUDAEORUM NOS DEFENDAT AB OMNI MALO AMEN. SANCTE PETRE APOSTOLE ET PATRONE CONFIRMA NOS TUOS FILIOS IN FIDE 1655. Giesserplakette mit hl. Bischof und Inschrift: NICOLAUS BESSON F. Bilder: Kreuzigung, St. Peter, Theodul, Madonna[1]. — Nachtrag S. 466.

Die Wallfahrtskapelle St. Maria in Camp

Baugeschichte. Erbaut 1692 (datiert), nach der Tradition als Votivkirche an der Stelle, wo ein Bauernhaus mit acht Bewohnern verschüttet wurde. 1918 Stuckie-rung des Gewölbes, 1931 letzte Renovation.

Literatur: NÜSCHELER, S. 69. — HOLLWECK, a. a. O., S. 8. — GAUDY, Abb. Nr. 370—373.

Baubeschreibung. Inneres. Einheitlich barocke, nach Südosten gerichtete Anlage, bestehend aus einem zweijochigen Schiff mit einer Seitenkapelle und dem eingezogenen, flach geschlossenen Chor. Die Kapelle hat annähernd die Höhe des Schiffes. Über dem Sockel und der Kapelle ein grätiges Kreuzgewölbe, über dem Schiff eine durch Gurt geteilte Tonne mit Stichkappen. Wandgliederung durch Pilaster, darüber ein im ganzen Raum umlaufendes Hauptgesims. In der Wandzone stichbogige Fenster, in den Schilden der Kapelle vierpaßförmige Lichtluken. Der Eingang liegt in der Nordwestfront. Im ersten Joch eine — in der Mitte kanzelartig vorspringende — Empore. — Äusseres. Neuer Verputz (1931), Ecklisenen. Über dem Portal ein Volutengiebel, im Giebel die Daten: CONSTRUCTA 1692, RESTAURATA 1931. Satteldächer. Vorzeichen mit Tonnengewölbe, von starken Pfeilern getragen.

---

1) Die 1890 ersetzten Glocken trugen nach Nüscheler Mskr. und Nüscheler Gotteshäuser, S. 66, folgende Inschriften: 1. A fulgure et tempestate etc. Dazu eine Anrufung der Rosenkranzkönigin. Ge-gossen von GAUDENTZ HEMPEL 1662. — O rex glorie xpe veni nobis cum pace. S. Petre ora pro nobis. — 4. JUSU (iussu) MAG(ISTR)I BURCHARDI DE SUL M CCC V FECIT. Unsicher überlieferte, in gotischen Ma-juskeln gesetzte Schrift.

Abb. 275. Vals. — Die Wallfahrtskapelle St. Maria in Camp.
Ansicht von Südwesten.

Über der Seitenkapelle, jedoch hinter deren Flucht zurückspringend, erhebt sich der **Turm,** ein Viereckbau mit achteckigem Obergeschoss und Zwiebelhaube.

Ausstattung. Die zwei Altäre sind in Form einer Ädikula mit gewundenen kompositen Säulen aus rotem Stuckmarmor und eingerollten Segmentverdachungen gebaut; um 1692. In der Nische des *Hauptaltars* eine Bekleidungsfigur der Schmerzensmutter. Im Giebel eine Kopie des Gnadenbildes von Pötsch in Ungarn, nun im Stephansdom zu Wien[1]. Das Bild des *Seitenaltars:* St. Rochus. In der Kartusche Datum 1750 (vermutlich auf eine Renovation bezüglich).

An der Emporenbrüstung sind drei *Ölgemälde* eingelassen, die Prozessionen von Tersnaus (1710), Cumbels (1716), und Peiden (1717) darstellen. — Unter den

---

1) Durch Johann Berni von Leis, 1701—1735 Kaplan in Vals, hierher verbracht; auf allen Votifbildern von 1707 an ist sie zu sehen.

vielen *Votivbildern* (von 1707 an) sind zwei der Stifter wegen bemerkenswert: 1. Der Maler JAKOB SOLIVA von Truns auf dem Krankenlager. Neben dem Bett Palette und Farbnäpfe. Inschrift: „Ex voto J. Soliva in sua infirmit(ate) factum 1738". — 2. Der Walliser Altarbauer und Bildschnitzer A. SIGRIST kniend. Rechts eine in die Schnitzbank eingespannte Figur, auf einem Tisch eine Anzahl von Schnitzmessern. Inschrift: „Vot. Antoni Sigerist aus dem Valiß 1739" (Abb. 278 und 279).

Glocken. 1. Dm. 62 cm, Inschrift: ET VERBUM CARO FCATUM EST ET HABI-TAVIT IN NOBIS · ANNO 1749. AUS DEM FEUR · FLOS ICH ANTONI KEISER ZUO ZUG GOSS MICH. — 2. Dm. 46 cm. Gegossen von GEBR. THEUS in Felsberg[1].

Abb. 276. Querschnitt. — Maßstab 1:300.

Abb. 277. Grundriss. — Maßstab 1:300.

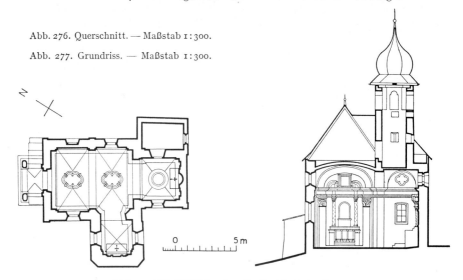

Vals. — Die Wallfahrtskapelle St. Maria in Camp.

Die übrigen Kapellen

St. Nikolaus bei Camp, erbaut vermutlich im 15. Jahrhundert. Einwölbung und Ausstattung Mitte des 17. Jahrhunderts. Renovationen 1731, 1923. Die Kapelle liegt nördlich von Camp und stand in Verbindung mit einer Talsperre[2]. Der alte Weg nach Vals führte in einem mit Tonne überwölbten rundbogigen Durchlass von 1,70 m Weite unter ihr hindurch. Darüber erhebt sich — wie ein Torhaus — die geostete rechteckige, chorlose Kapelle, überwölbt mit einer Kombination aus Tonne und grätigem Kreuzgewölbe. Ein Spitzbogenfenster mit spitzgiebeligem Einsatz. Die Westfront ist in einer grossen, früher wohl nur mit Gitter verschlossenen Rundbogentüre geöffnet. Satteldach mit Steinplatten. Über dem Fenster das Datum 1731. Innenmaße: L. 3,80 m, Br. 2,60 m (Abb. 280).

Der *Altar* ist aus Stuck. Die Mittelnische, mit einer vollplastischen Figur des St. Nikolaus, wird flankiert von zwei Hermen mit weiblichen Büsten und bekrönt von einer Segmentverdachung; Mitte des 17. Jahrhunderts. 1923 zum Teil erneuert. Damals wurden auch die *Wandbilder* stark übermalt.

---

　　1) Die frühere Glocke trug nach Nüscheler Mskr. die Inschrift: Fecit Rageth Mathis Burger in Chur 1784.
　　2) Von den Mauern dieser Letzi sah Meyer von Knonau (ASA. 1876, S. 714) noch beträchtliche Reste ober- und unterhalb der Strasse. Wenn er von einem „starken niederen Turm" spricht, meint er offenbar den Kapellenbau, der vielleicht ehemals ein Torhaus war. Von einem andern Turm ist nichts bekannt.

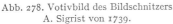

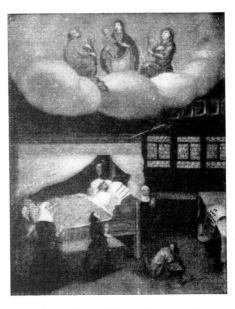

Abb. 278. Votivbild des Bildschnitzers
A. Sigrist von 1739.

Abb. 279. Votivbild des Malers J. Soliva
von 1738. — Text S. 234.

Vals. — Aus der Wallfahrtskapelle St. Maria in Camp.

St. Anna in Frund, erbaut 1754, bei einem Maiensäss talauswärts von Zafreila, 1993 m ü. M. Kleine tonnengewölbte Kapelle mit Altarnische. Innenmaße: Gesamtlänge 3,60 m, Br. 1,90 m. Steinplattendach mit Glockenjoch. An der Fassade Datum 1754. Bescheidener *Stuckaltar*, Bild: hl. Sippe (Abb. 281, S. 236). — *Glocke.* Dm. 37 cm, Inschrift: AVE MARIA GRATIA PLENA DOMINUS TECUM 1761. AUS DEM FEUR FLOSS ICH A. B. B (Anton Brandenberg) AUS ZUG GOS MICH. Bild: Kreuzigung.

St. Jakob in Leis, erbaut vermutlich um 1600—1610. Erstmals erwähnt im Visitations-Protokoll von 1643 (BA.). Umbau vielleicht in der zweiten Hälfte des 17. Jahrhunderts. Gewölbte Kapelle mit schwach eingezogenem, dreiseitig geschlossenem Chor gegen Nordosten. Im Chor spitzbogige Schilde. Stichbogenfenster und glattrundbogiger Eingang. Steinplattendach und offener Glockenstuhl (Abb. 282). —

Abb. 280.
Vals.
Bei Camp.

Die Kapelle
St. Niklaus.
Ansicht von Süden.

Abb. 281. — Die Kapelle St. Anna in Frund.
Ansicht von Norden. — Text S. 235.

Abb. 282. Die Kapelle St. Jakob in Leis.
Ansicht von Westen. — Text S. 235 f.

Kapellen in der Gemeinde Vals.

Abb. 283. Vals. — Kapelle St. Jakob in Leis.
Flügelaltar von 1626. — Text unten.

Handwerkliche *Gewölbebemalung* des 19. Jahrhunderts, eine ältere des 17. Jahrhunderts überdeckend.

Der *Hauptaltar* aus Holz mit glatten Säulen und Segmentverdachung, im Fries datiert 1689. Altarblatt: Marter des St. Jakobus d. Ä. — Bemerkenswerter ist ein an der linken Chorwand aufgehängtes bemaltes *Flügelaltärchen*, ohne plastischen Schmuck. Im Schrein (H. 84 cm, Br. 62 cm) Mariä Krönung. Unten eine Landschaft mit See, Architekturen und den Stifterinitialen „A B · T B · M B ·“. Auf den Innenseiten der Flügel in illusionistischen Muschelnischen die Patrone der Pfarrkirche mit Titeln: SANCT PETRUS (rechts), SANCT PAULUS (links) und Datum 1626[1]. Aussen Mariä Verkündigung. Aus der Werkstatt des HANS JAKOB GREUTTER, oder doch von ihm beeinflusst (Abb. 283).

Glocken. 1. Dm. 47,5 cm, Inschrift: GOS MICH MATHEUS ALBERT IN CHUR M D C X C VI. Bild: Antonius v. P. — 2. Dm. 47 cm, Inschrift: S. MARIA ORA PRO

---

1) Der Altar stammt offenbar aus der Pfarrkirche, wo er vermutlich als Seitenaltar für die zwischen 1625 und 1630 gegründete Rosenkranzbruderschaft diente. — Die Flügel sind ausgewechselt.

Abb. 284. Vals. — Kapelle St. Johannes Bapt. in Soladüra.
Altar um 1640—1650. — Tabernakel um 1680 — Text S. 239.

NOBIS. — MICH GOSS FRANZ THEUS VON FELSBERG FÜR DIE LÖBLICHE GEMEINDE VALS 1835.

St. Michael in Peil, erbaut um 1700 auf der linken Seite des Peiler Tales, 1740 m ü. M. Anspruchslose, nach Süden gerichtete chorlose Kapelle mit Stichbogengewölbe. Innenmaße: L. 3,50 m, Br. 2,40 m. Steinplattendach mit Glockenjoch über dem Nordgiebel. — Kunstloser *Altar* mit Michaelsbild. — *Glocke* neueren Datums.

St. Johannes Bapt. in Soladüra. I. Von der ersten, wohl anfangs des 17. Jahrhunderts errichteten und im Visit.-Protokoll von 1643 (BA.) erstmals genannten Kapelle sind nur noch Ruinen vorhanden[1]. Sie zeigen die Fundamente eines an-

---

[1] Sie wurde von einer Lawine zerstört.

Abb. 285. Vals. — Kapelle Hl. Kreuz in Valé.
Altar um 1597. Umrahmung von 1710/20. — Text S. 241.

nähernd quadratischen Schiffes (L. 6 m, Br. 5,80 m) und eines eingezogenen, gegen Südost gerichteten, dreiseitig geschlossenen Chores (L. 3,90 m, Br. 4,45 m). An der Fassade Eckpilaster.

II. Zweiter Bau, wohl im 19. Jahrhundert errichtet. Sowohl das Schiff wie der Chor mit rippenlosem Kreuzgewölbe, das Schiff mit Holztonne überdeckt. Ecklisenen, Steinplattendächer und Glockenjoch. Innenmaße: Schiff L. 5,50 m, Br. 5 m. Chor L. 3,90 m, Br. 3,35 m.

Origineller *Spätrenaissance-Altar* (aus der ersten Kapelle übernommen). In einem mit schmalen Tonnen abgeschlossenen Schrein die Statuette der Muttergottes zwischen den beiden Johannes. Die Umrahmung, in der Art des 1647 errichteten Sebastiansaltar der Pfarrkirche, doch vereinfacht, ähnelt in ihrem Aufbau sehr einem 1630 entstandenen Altar in Schaching. Bez. A. Deggendorf, Niederbayern (Abb. s. Kdm. Niederbayern XVIII, Taf. XXXII, S. 276). Die Seitenfiguren sind auch zum Teil auf Kugeln gestellt wie in der Pfarrkirche (s. S. 230, Anm. 1). Im Giebelfeld der jugendliche, lehrende Christus, oben Gottvater und Engelchen; um

Abb. 286. Vals. — Kapelle Hl. Kreuz in Valé.
Die Flügel des Altars von 1597. — Text S. 241.

1640—1650, Tabernakel um 1680 (Abb. 284, S. 238). — An der Wand ein *Stich* mit Bildnis des St. Ignatius von JOH. GEORG WOLFGANG in Augsburg, gezeichnet von ISAAC FISCHES[1]; datiert 1686.

Glocke. Dm. 35 cm, Inschrift: JOH. BAPTISTA UND HANS GEORG ERNST GOS MICH 1626. Bild: Gottvater. Das Glockenjoch datiert 1867.

Hl. Kreuz in Vale, erbaut 1677[2]. Kleine, nach Süden gerichtete barocke Kapelle mit quadratischem Schiff und eingezogenem, dreiseitig geschlossenem Chor; Tonnengewölbe. Stichbogige Fenster, der Eingang (im Norden) rundbogig. An der Fassade das Baudatum 1677; Satteldach, offenes Glockenjoch. Innere Maße: Chor L. 3,25 m, Br. 3,20 m. Schiff L. 4 m, Br. 3,95 m.

---

1) ISAAC FISCHES D. Ä., Maler in Augsburg, geb. 1638, † 1706. Vgl. Thieme-Becker XII, S. 50 f.

2) In der Literatur wird häufig die Kapelle mit „S. Martini in Valles" im Indulgenzbrief für St. Vincenz von 1345 (GA. Villa, Nr. 2) identifiziert. Dann wäre diese Kapelle und nicht St. Peter am Platz das erste Gotteshaus gewesen. Das ist schon im Hinblick auf die Bezeichnung „St. Peterstal" unwahrscheinlich. Anzeichen dafür, dass die Kapelle ins Mittelalter zurückreicht, existieren nicht. Im Visitationsprotokoll von 1643 wird sie noch nicht genannt. S. dazu auch S. 212, Anm. 1.

Abb. 287. Vals. — Die Kapelle St. Bartholomäus in Zafreila.
Ansicht von Osten. — Grundriss und Schnitt S. 242.

Bemerkenswert ist das *Altärchen*, das im wesentlichen aus einem postumgotischen
Flügelaltar besteht, der um 1710–1720 mit einem à-jour-geschnitzten Akanthus-
rahmen eingefasst wurde. Im Schrein (Lichtmaß: H. u. Br. 85 cm) drei Statuetten:
die Muttergottes zwischen St. Martin und Antonius Abt. Neue Fassung. Auf der
Predella in Malerei das Schweisstuch, von schwebenden Engeln gehalten. In der
Bekrönung die Figur des Leidenschristus (Abb. 285, S. 239). Die beidseits bemalten
Flügel sind nun seitlich des Altars an der Wand befestigt. Aussen: Verkündigung
(Abb. 286, S. 240); auf den Innenseiten, im originalen Farbenzustand, je ein Heiligen-
paar: Links St. Peter und Servatius, rechts St. Johannes Bapt. und Cyprian. Titel in
Majuskeln und Datum 1597. Das Altärchen dürfte ehemals in der Pfarrkirche gestan-
den haben. — *Glocke.* Dm. 50 cm, Inschrift: SANCTA MARIA ORA PRO NOBIS. AUS
DEM FEUR FLOS ICH, CHRISTIAN FELIX IN VELDKIRCH GOS MICH 1765. Bild: Kruzifix.
  St. Bartholomäus in Zafreila. Baudatum unbekannt, jedoch vor 1640 entstanden (Glocken!); Turm mit Sakristei 1685 (zuvor wohl nur Glockenjoch). —
Der dreiseitig geschlossene, eingezogene und gegen Norden gerichtete Chor ist etwas
aus der Schiffsachse abgedreht und mit einem Fächergewölbe überdeckt; Chorbogen
halbrund. Über dem Schiff Tonne mit Stichkappen. Stichbogenfenster, rundbogiger Eingang im Süden. — Das Äussere ohne Wandglieder. — Der Turm ist
ohne Verband an die Nordwand des Chores angebaut, im unteren Teil viereckig, von
der Firsthöhe des Schiffes an oktogonal; Zeltdach (Abb. 287). In seinem Erdgeschoss
ist die gewölbte Sakristei untergebracht; sie ist (innen) datiert 1685. — Die *Wandbilder* — Apostel und Verkündigung — wurden 1926 weitgehend erneuert. Datiert
(mit übertragenen neuen Ziffern) 1658.

Der *Altar* ist ein graziöser Aufbau aus Holz, mit gewundenen Säulen und schwungvollem, stark bewegtem Akanthuslaub. Über den beiden vor den heraustretenden Mittelpilastern, stehenden Figuren St. Bartholomäus und Johannes Ev. hängen frei schwebende Kapitelle, ein in der Werkstatt RITZ beliebtes Motiv[1]. Um 1730—1740. Altarblatt: Muttergottes (Abb. 290). Bemaltes *Leinenantependium* mit St. Bartholomäus; um 1800.

Glocken. 1. Dm. 55 cm, Inschrift: SANCTE BARTHOLOMAEE ORA PRO NOBIS 1640. Bilder: Kreuzigung, St. Rochus, Bartholomäus, Muttergottes. — 2. Dm. 48,5 cm, Inschrift und Datum wie Nr. 1. Bilder: Muttergottes, St. Bartholomäus, Sebastian, Namen Jesu.

Die Wegkapellen und Bildstöcke sind neuer, modernisiert oder sonst belanglos.

Abb. 288. Grundriss. — Maßstab 1:300.   Abb. 289. Längsschnitt.
                                                              Maßstab 1:300.

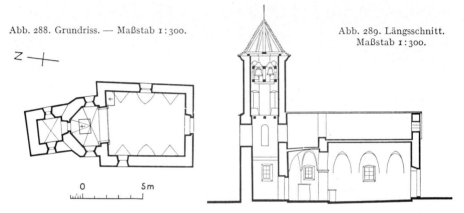

0   5m

Vals. — Die Kapelle St. Bartholomäus in Zafreila.

VIGENS – VIGNOGN

Geschichte. Im Hochmittelalter ist Vigens Sitz einer churischen Ministerialenfamilie „de Viggun" (CD. I, S. 203). Innerhalb des Hochgerichtes Lugnez bildete das Dorf mit Oberkastels zusammen einen ökonomischen Verband (Sprecher, Rhet. Cron., S. 255). — In kirchlicher Hinsicht stand Vigens unter St. Vincentius; es ist — mit Ausnahme von Igels — die einzige Ortschaft des Lugnez, in der sich schon 1345 zwei Gotteshäuser nachweisen lassen. Erhebung zur Pfarrei 1697 (SIMONET, Weltgeistliche, S. 209).

Die Katholische Pfarrkirche St. Florinus

Geschichte. Urkundlich erstmals erwähnt 1345 als „S. Florini in Vinnaus" (GA. Villa, Nr. 2). Neubau von Grund aus um 1500. Bei der Visitation von 1658 hatte die Kapelle zwei Altäre, der Hochaltar ermangelte des Aufsatzes (BA.). 1790 Empore (nun in St. Gaudentius, 1906 Verlängerung des Schiffes um ein Joch und Gesamtrenovierung. Lit.: RAHN in ASA. 1882, S. 362. — GAUDY, Abb. Nr. 152.

Baubeschreibung. Inneres. Spätgotische, nach Nordosten gerichtete Anlage, bestehend aus einem ursprünglich dreijochigen Schiff und einem eingezogenen

---

1) Es erscheint z. B. bei den Altären von JOH. JOST RITZ in Silenen (1715) und in Schattdorf (1736). Vgl. X. Histor. Neujahrsblatt Uri (1914), Taf. VI.

Abb. 290. Vals. — Kapelle St. Bartholomäus in Zafreila.
Der Altar um 1730—1740. — Text S. 242.

zweijochigen Chor mit dreiseitigem Schluss. Über dem *Chor* liegt ein Sterngewölbe, dessen Rippen und Schildbogen aus Runddiensten wachsen, die an der Südostseite zu Stümpfen mit Schildchen reduziert sind. Ein achteckiger Schlußstein. Von den drei Spitzbogenfenstern ist eines zugemauert, die zweiteiligen Fischblasenmaßwerke wurden 1906 nach den alten, aber schadhaften kopiert. Der *Chorbogen* spitz und beidseits gefast. Über dem *Schiff* ruht ein Sterngewölbe, dessen Rippen und Schildbogen aus Runddiensten steigen wie im Chor. Die Maßwerke der Schiffenster neu[1]. — Äusseres. Von den Streben sind nur die am alten Teil des Langhauses alt, diejenigen am Chor neu (vgl. RAHN, a. a. O.). Gekehltes Dachgesims, einheitliches Satteldach. Das gekehlte Dachgesims des Chores geht sowohl hinter den Turm wie in die Schiffswände hinein, woraus zu ersehen ist, dass beim Neubau um 1500 der Chor zuerst aufgerichtet wurde.

---

[1] Nur eines dieser Fenster gehört zum alten Bestand, aber auch dieses entbehrte schon 1873 des Maßwerkes (Rahn).

Der **Turm** steht — ohne Verband — an der Südostseite des Chores. Im obersten Geschoss vermauerte gekuppelte Rundbogenfenster (postum), mit geschrägten gefasten Kämpfern; darunter vermauerte Stichbogenöffnungen. Gezimmerte Glockenstube mit achteckigem Spitzhelm.

Wandmalerei. Im Chor an der Nordostwand, von Übertünchung befreit, der Evangelist Matthäus, darunter die Muttergottes; an der Schrägwand daneben Gnadenstuhl und St. Florinus, rechts davon zwei Evangelisten. Datum: 1595. Handwerkliche Schildereien[1].

Der **Hochaltar.** Der letzte Standort des Altars war Sogn Gion im Medelser Tal, s. Bd. V unter Gemeinde Medels. Zur Anpassung an das Patrozinium dieser Kapelle hatte man den Schrein vertikal geteilt und in der Mitte ein Gemälde des Täufers eingeschoben. Abbildung dieses Zustandes s. GAUDY, Nr. 151. Vor der Aufstellung in Vigens (1906) wurde der Altar von TH. SCHNELL in Ravensburg durchgreifend restauriert und dabei jener Fremdkörper wieder entfernt, die Rückwand, ein Teil des Laubwerkes im Abschluss, insbesondere das Mittelstück, sowie die ganze Bekrönung samt Figuren neu hergestellt. Die Predella erhielt dabei einen risalitartigen Vorbau, der als Tabernakel und Expositorium dient, während die ehemalige Hauptfigur, eine Muttergottes (H. 75 cm), nun im nördlichen Seitenaltar aufgestellt ist (Abb. 292). Der kleeblattförmig geschlossene Schrein (H. 134 cm, Br. 125 cm) enthält also nur noch die in Anbetung des Kindes dargestellten Seitenfiguren, je eine gekrönte kniende und

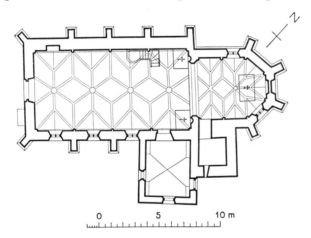

Abb. 291. Vigens. — Die Katholische Pfarrkirche St. Florinus.
Grundriss. Maßstab 1:300.

eine stehende weibliche Heilige ohne kennzeichnende Attribute, in Hochrelief (Abb. 294 und 295, S. 246). Auf den Innenseiten der Flügel je eine sitzende und eine stehende Heilige in Relief vor golden damasziertem Grund. Links gekrönte Heilige ohne Attribut mit St. Agnes (Abb. 296), rechts eine Heilige, die ein nicht mehr vorhandenes Attribut — vielleicht eine Kerze — in der Rechten trug, und St. Magdalena. Die Aussenseiten der Flügel sind bemalt: links die Verkündigung; auf einem Schriftband der englische Gruss. Rechts die Heimsuchung. An der Front der Predella Christus und die Apostel in Halbfigur als Relief (Abb. 297); die Rückseite bemalt mit dem Schweisstuch, jedoch ungewöhnlicherweise nicht von Engeln, sondern von St. Peter und Paul gehalten. Darüber die Inschrift: iörg · Kendel · maler · 1516 · zu · biberach. Seitlich St. Sebastian und Magdalena. Die der etwas ausdrucksarmen Plastik überlegene Malerei ist wohl eine eigenhändige Arbeit des genannten Meisters. Nur der Hintergrund des Predella-Bildes ist leicht übermalt, im übrigen blieb jedoch der originale Farbzustand erhalten. Der plastische und architektonische Teil des Altares dagegen wurde ganz neu gefasst.

---

1) Das von Rahn 1873 noch notierte gotische Christophorus-Bild an der südlichen Aussenwand des Schiffes ist nicht mehr vorhanden.

Da in diesem Altar die Mittelfigur noch als Vollplastik gestaltet ist, nimmt er in der Entwicklung der signierten Kändelaltäre von der „klassischen" Reihung einzelner Statuen zum bildmässigen Relief eine Mittelstellung zwischen Tinzen und Seewis ein (s. Bd. III, S. 307 f. und Bd. IV, S. 117 f.). Formal repräsentieren die Skulpturen in typischer Weise den vollentwickelten „Parallelfaltenstil".

Abb. 293. Vigens. — Katholische Pfarrkirche.
Spätgotische Kanzel um 1500. — Text unten.

Literatur: J. BAUM, Altschwäbische Kunst, Augsburg 1923, S. 102 ff. — L. BÖHLING, Jörg Kändel in ASA. 1932, S. 32 mit Taf. III, 2. — G. B. SIALM im Kalender „Il Glogn" 1931, Sl 49 f. — Literatur über Kändel s. auch S. 119.

Die sonstige Ausstattung. Die beiden *Seitenaltäre* mit Rahmen aus üppigem, vorschnellendem Akanthuslaub. Die Nischen umrahmt von Bildmedaillons; um 1710. In der Nische nördlich die Marienfigur vom gotischen Hochaltar (Abb. 292, vgl. S. 244), südlich St. Antonius v. P.

Spätgotische polygonale *Kanzel* aus Holz; um 1500. Die Füllungen sind mit komplizierten Maßwerken reich geziert; 1906 restauriert und polychromiert (Abb. 293). — Einfaches *Chorgestühl* mit geschuppten Pilastern, datiert 1708 und 1712.

Paramente. Zwei weisse *Caseln* mit bunten Blumen und Goldranken bestickt, Mitte 18. Jahrhundert; bei der einen die Seide erneuert.

Abb. 292. Vigens. — Katholische Pfarrkirche
Muttergottes aus dem Altar von 1516, nun am nördlichen Seitenaltar. — Text S. 244.

Abb. 294 und 295. Vigens. — Katholische Pfarrkirche.
Gruppen von heiligen Frauen aus dem Altar von 1516. Mittelfigur Abb. 292. — Text S. 244.

Glocken. 1. Dm. 83 cm, Inschrift: CHS VINCIT, CHS REGNAT CHS AB OMNI MALO NOS DEFENDAT. SANCTE FLORINE INTERCEDE PRO NOBIS. ANNO DNI 1655. — Bilder: Kreuzigung, Maria, St. Florinus, Luzius, Joh. Baptist. Medaillon mit hl. Bischof, darunter die Giessernamen: N. ET C. BESSON F. — 2. und 3. von GEBR. THEUS in Felsberg 1890 und 1899[1].

Grabtafeln. An der Eingangswand aussen: 1. Wappen Schmid von Grüneck, Inschrift verwittert[2]. — 2. Wappen und Inschrift für Pfarrer Ulrich Casanova, † 1713.

Im Diözesan-Museum zu Schwyz ein beschädigtes gotisches *Vortrage-kreuz*, H. 44 cm. Vergoldetes Kupferblech auf Holzkern. Die Vorderseite mit Ranken graviert; 15. Jahrhundert.

---

1) Die früheren Glocken Nr. 2 und 3 waren nach Nüscheler Mskr. 1825 und 1858 gegossen worden; letztere von Jos. ANTON GRASMAYR in Feldkirch.

2) Wohl für Pfarrer Thomas Schmid von Grüneck, auf dessen Vermächtnis die Pfrundstiftung von Vigens zurückgeht; gest. 1674 (Simonet, Weltgeistliche, S. 209). Sein Porträt hängt im Chor der Kirche.

Abb. 296 und 297. Vigens. — Katholische Pfarrkirche.
Innenseite des linken Flügels und Predella aus dem Altar von 1516.

Die Kapelle St. Gaudentius

I. Erster Bau („Sogn Gudegn veder"). Die im Indulgenzbrief von 1345 (s. S. 242) erwähnte Kapelle „S. Gaudentii in Vinnaus" lag südlich des heutigen Kirchleins dieses Namens etwas tiefer am Hang. Die Verlegung erfolgte vermutlich wegen Rutschgefahr. Bei der Visitation von 1658 war Alt-St. Gaudentius noch aufrecht[1]. 1928 wurden von Professor Derungs die Fundamente dieses Baues, der aus einem Schiff mit eingezogenem, dreiseitig abgeschlossenem Chor bestand, blossgelegt. Innere Maße: Chor L. 4,15 m, Br. 3,30 m. Schiff L. 5,90 m, Br. 4,15 m. BMBl. 1928, S. 408. – II. Die bestehende Kapelle wurde 1648 erbaut und am 16. Mai 1649 mit einem Altar geweiht (Liber ordinandorum, S. 26, BA.). Renovationen 1848 und 1923.

Beschreibung. Nach Nordwesten gerichtete Anlage aus zweijochigem Schiff und flach geschlossenem Chor, beide mit Tonnen überwölbt. Wandvorlagen und Hauptgesims. Innere Maße: Chor L. 5,35 m, Br. 3,50 m. Schiff L. 6,25 m, Br. 5,20 m. Das Portal mit einer Verdachung bekrönt, Datum 1648. Renovationsdaten 1848 und 1923. Das Vordächlein datiert 1662. Satteldächer. – Der von einem Zeltdach bekrönte Turm erhebt sich über der Westecke des Schiffes.

Ausstattung. Der *Altar* ist ein zweigeschossiger Aufbau aus Holz mit gedrehten Säulen und seitlichen Blattranken; um 1700. Altarblatt: St. Gaudentius kniet vor der Muttergottes; im Hintergrund Szenen aus seiner Legende. – Einfache *Empore*, datiert 1790; darauf eine kleine, aus der Pfarrkirche stammende *Rokoko-Orgel* mit dreiseitigem Prospekt. In einer Kartusche St. Cäcilia in modischem Kostüm.

Glocken. 1. Dm. 42,5 cm, Inschrift: A FULGURE ET TEMPESTATE LIBERA NOS DOMINE 1648. JOANNES PRICOVEY. Bilder: St. Florinus und Katharina. – 2. Dm. 37,7 cm, Inschrift: AVE MARIA GRATIA PLENA DOMINUS TECUM. 160(2?).

Profanbau

Haus Casanova, nun Derungs. Erbaut laut datiertem Casanova-Wappen im Giebel 1779 durch die genannte Familie. Würfelförmiger Bau mit Mansarddach und geschweiftem Giebel. Einfache Täfer in den vorderen Stuben. Näheres s. BÜRGERHAUS, S. XI, XLI, Taf. 27, 33.

VILLA - VELLA

Römerzeit. An nicht näher bekanntem Ort wurden acht Erzmünzen des Maximianus Herculius (285–310) gefunden. Aufbewahrt im Rätischen Museum zu Chur. H. u. Ö., S. 44.

Geschichte. Das Königsgut in Villa erscheint im karolingischen Urbar unter der Bezeichnung „beneficium … ad S. Vincentium", ist also nach der dortigen Talkirche benannt. Der Güterbesitz, zu dem auch Weinberge gehörten, war an einen weltlichen Königsmann Heriger ausgeliehen, während die Kirche mit dem Zehnten des ganzen Tales der dortige Presbyter Constantius zu Lehen trug. Da in Villa im Hochmittelalter die bischöflichen Haupthöfe lagen und der Meier hier seinen Sitz hatte, entwickelte sich das Dorf zum Hauptort des Tales, in dem heute noch die Landsgemeinde tagt. Nicht wenig trug zu diesem Vorrang freilich bei, dass bei Villa die Mutterkirche des ganzen Tales, St. Vincentius, steht. – Über die Ausdehnung

---

1) Visit.-Prot. „Capella S. Gaudentii; habent hic duae capellae" (BA.).

Abb. 298. Villa. — Die Katholische Pfarrkirche St.Vincentius in Pleiv.
Ansicht von Nordwesten.

und Auflösung ihres Pfarrsprengels, der — Fraissen und Vals ausgenommen — bis zum Ausgang des Mittelalters seinen alten Umfang bewahren konnte, s. S. 7. Die Kollatur gehörte zur Vogtei, stand also den Belmont und nach 1371 den Sax-Misox zu und fiel 1483 an den Bischof. Heute ist St.Vincentius nur noch Pfarrkirche der Gemeinde Villa.

Die Katholische Pfarrkirche St.Vincentius in Pleiv

Geschichte. Der Ortsname Pleiv, mit dem der kleine Weiler bei St.Vincentius bezeichnet wird, ist von der „ecclesia plebeia" = Pleivkirche, Gotteshaus der Pfarrei, herzuleiten[1]. Die Kirche ist, wie aus ihrem Rang hervorgeht, ohne Zweifel das älteste Gotteshaus des Tales; urkundlich erwähnt wird sie erstmals im karolingischen Urbar (831) als „ecclesia plebeia ad S.Vincentium" (CD. I, S. 294, 296). Um diese Zeit fand ein — architektonisch noch nachweisbarer — Neubau statt, doch ist ein vorausgegangener älterer Bau anzunehmen. Das Gotteshaus stand, wie auch andere Hauptkirchen Rätiens, innerhalb einer Befestigung, denn noch 1322 wird sie als „in burge" liegend bezeichnet[2] (GA., Nr. 1). Am 20. Mai 1322 und 4. Januar 1345 werden Ablässe erteilt, die nur mit der Innenausstattung in Zusammenhang gebracht werden können.

---

1) „Plebs" ist im altkirchlichen Sprachgebrauch das Kirchenvolk überhaupt, im Frühmittelalter schon die Pfarrgemeinde; daher „Plebanus" = Leutpriester. Im Rätoromanischen heisst heute noch die Pfarrgemeinde „pleiv". Vgl. auch Jud in JB HAGGr. 1919, S. 1, 5, 19.

2) Über die rätischen Kirchenburgen s. Bd. I, S. 60, und BURGENBUCH, S. 19 ff.

Die ältere **Baugeschich-te** ist im wesentlichen aus dem architektonischen Befund zu entnehmen und wird daher im Anschluss an die Beschreibung skizziert (s. S. 252). Neuweihe der Kirche sowie des Rosenkranzaltars am 8. September 1662 (Pf.A.). — 1913/14 und 1930/31 Renovationen unter Bundeshilfe.

Literatur: Nüscheler, S. 65. — Rahn in ASA. 1876, S. 715, 1882, S. 351. — P. Notker Curti, Die Kirche von Pleiv in ASA. 1911, S. 234 bis 241. — G. Batt. Sialm in „Il Glogn, calender romontsch" 1932, S. 31—51.

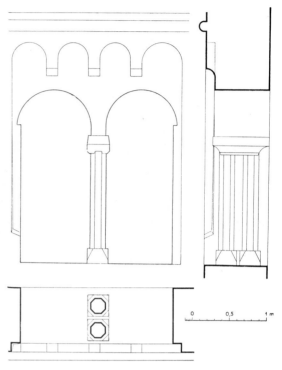

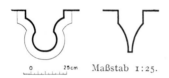

Abb. 299. Vorlage und Rippe im Chor.   Abb. 300. Schallfenster im oberen Turmgeschoss. Maßstab 1:50.

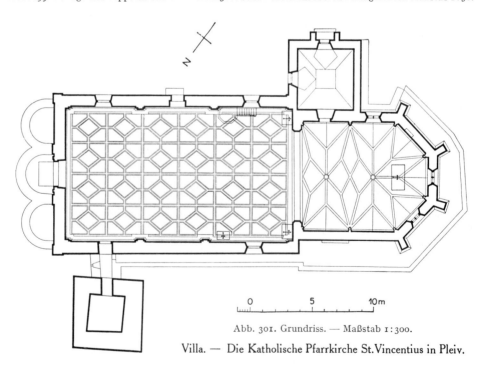

Abb. 301. Grundriss. — Maßstab 1:300.

Villa. — Die Katholische Pfarrkirche St. Vincentius in Pleiv.

Abb. 302. Villa. — Die Katholische
Pfarrkirche St. Vincentius in Pleiv.

Querschnitt und Aufriss des Turmes.
Maßstab 1 : 300.

0   5   10 m

Baubeschreibung. Inneres. An das Langhaus, das eine stützenlose Breite von 10,60 m aufweist, schliesst sich gegen Westen der eingezogene, dreiseitig geschlossene *Chor*. Er ist überdeckt mit einem spätgotischen zweijochigen Sterngewölbe, dessen einfach gekehlte Rippen und Schildbogen aus Runddiensten mit gekehlten Vorlagen wachsen (Abb. 301). Achteckige Schlußsteine. Figuration wie Steinmetzarbeit sind sehr präzis. Drei spitzbogige Fenster mit Fischblasenmaßwerken über Teilstützen. Der *Chorbogen* spitz und beidseits gefast. Über dem *Schiff* liegt eine in Rechtecke und Rhomben eingeteilte Leistendecke (von 1661). Die Wände sind gegliedert durch gestufte Pilaster, zwischen denen sich halbrunde Blendbogen spannen. Als Abschluss ein schmuckloses Gebälk. Die Belichtung erfolgt durch grosse, in der Mitte der Blendnischen sitzende Stichbogenfenster. Haupteingang im Osten, Seitenpforte in der Mitte der Südseite. Empore an der Ostwand von 1930 (mit älteren Teilen).

Äusseres. Der Chor ist mit getreppten Streben besetzt; sein gekehltes Dach-gesims geht in die Schiffs-Westwand hinein. Die Ostfassade ist durch drei Blend-bogen gegliedert, während an den Langseiten diese Bogen nur in Sgraffito imitiert sind. Hauptportal mit Verdachung, Datum 1661. Fensterumrahmungen in Sgraffito. An der Nordwand, nahe der Ecke, sieht man einen niederen, sockelartigen Vorsprung, den Rest eines Anbaues (Sakristei?) der alten Kirche. Einheitliches Satteldach. Südlich des Chores die Sakristei mit Muldengewölbe. Vor der Ostfront sind noch die 1910 ausgegrabenen Fundamente der drei halbrunden *Apsiden* zu sehen, deren mittlere über die seitlichen nur wenig hervortritt.

Der **Turm** steht in 1,70 m Abstand nördlich des Schiffes. Er ist aussen verputzt, lässt aber inwendig in den unteren Geschossen eine sorgfältige Konstruktion aus lager-haft zugerichteten Bruchsteinen erkennen. Unten Lichtschlitze, im dritten Geschoss schmale Rundbogenfenster, darüber gekuppelte Rundbogenöffnungen; die Teilsäulen, mit Halsring und wulstiger Basis. Das oberste Geschoss zeigt Blendnischen mit vierteiligen Rundbogenfriesen. Die zweigliedrigen Schallfenster neigen zum Korb-bogen und haben gepaarte achteckige Teilpfeiler und zugeschrägte Basen (Abb. 300, S. 250)[1]. Sie wurden wohl beim spätgotischen Umbau, an Stelle kleinerer Öffnungen (wie im vorletzten Geschoss). ausgebrochen. Achteckiger Spitzhelm.

Baugeschichtliche Folgerungen. I. Von der anzunehmenden ersten Kirche sind keine baulichen Reste vorhanden. II. Um 800 Neubau nach dem rätischen Drei-Apsiden-Schema. Über diesen Typus s. Bd. I, S. 21 f.[2]. Der Umfang des Schiffes deckt sich mit dem heutigen Grundriss, doch lag die Decke niederer, wie aus der Beschreibung bei der Visitation von 1643 hervorgeht[3]. Die Nordseite war fensterlos, in der Südwand sassen die Lichtöffnungen — wie stets bei karolingischen Bauten — ziemlich hoch in der Wand[4]. Der Eingang lag wohl in der Westwand. An der Nordwand oben sah man 1643 noch Bilder aus der Passion; an der Decke Einzelfiguren („figuras varias") aus dem Alten Testament. Da hiervon nichts mehr erhalten ist, lässt sich über das Alter dieser Malereien nichts aussagen.

III. Um 1100 Errichtung des Turmes[5].

IV. Um 1500 wurde die Westwand des Schiffes durchbrochen und der heutige Chor gebaut. Zugleich Niederlegung der drei Apsiden und Aufmauerung der Ost-wand, in die nun der Eingang zu liegen kam. Für die Errichtung eines grösseren Chores im Osten bot das jäh zum Glenner abfallende Gelände keinen ausreichend soliden Baugrund. Das Niveau der Schiffsdecke blieb unverändert.

V. 1661 Neubau des Schiffes. Die Ostwand rückte man um ein weniges hinaus, wie aus der Überschneidung der Apsiden hervorgeht, doch sind offenbar auch die übrigen Mauern — wenn auch auf den alten Fundamenten — im wesentlichen neu aufgeführt worden. Dafür spricht die innere Gliederung durch Blenden, die kaum später vorgemauert sein dürften.

Altäre. Der *Hochaltar* (aus Holz) ist ein konkav organisierter zweigeschossiger Aufbau aus Pilastern und gewundenen Säulen, übersponnen von üppigem, vorzüg-

---

1) Dsgl. Abb. nach Zeichnung von Rahn in „Il Glogn" 1934, S. 38.

2) An neuerer Literatur für diesen Bautypus ist nachzutragen: J. GANTNER, Kunstgeschichte der Schweiz I, Frauenfeld 1936, S. 27, und S. STEINMANN-BRODTBECK, Herkunft und Verbreitung des Drei-apsidenchores in der Zeitschrift für Schweiz. Arch. u. Kunstgesch. 1939, S. 65—95.

3) Sie lag damals noch unter dem Niveau des Chorgewölbes: „Chorus… qui ipso ecclesiae suffitu altiori aedificio et structura ascendit". ASA. 1911, S. 240.

4) Sonst hätte das Lepantobild, das nach dem Visitationsprotokoll vor dem barocken Umbau an der Südseite hing, keinen Platz gehabt. ASA., a. a. O.

5) Gegen die Annahme Rahns, dass er postumgotisch ist, sprechen die Mauerkonstruktion (gut zugerichtete, lagerhafte Steine), die Rundbogenfriese, die alten kleinen Schallfenster und die Teilsäulen im vorletzten Geschoss; s. oben.

Abb. 303. Villa. — Die Katholische Pfarrkirche St.Vincentius in Pleiv.
Innenansicht gegen den Chor.

lich geschnitztem Rankenwerk. Vor den unteren Pilastern stehen St. Peter und
Paul, im Giebelgeschoss St.Vincentius, auf dem Gebälk Joseph und Antonius von P.
Ein Altarblatt fehlt, da der Tabernakel die Mitte beherrscht (Abb. Bd. I, S. 215.
Text dazu S. 214, 216). In der Gebälkkartusche das Datum 1726, auf der Rück-
seite die Inschriften des Altarbildhauers und des Vergolders: JONNES RIZ BILT-
HUWER VON WALES A° 1724. Darüber: „Johann Franz ab Egg, mahler, gebürtig von
Schweytz (Schwyz) wonhaft bey St.Gallen 1726". Renoviert und neu gefasst von
REISS und HAAGA, Rorschach 1931. — Der Tabernakel ist ein zweigeschossiger
polygonaler Tempel mit glatten Säulen und Flankenteilen. Zu seiten zwei Leuchter-
engel; um 1640[1].

Die Seitenaltäre. Südlich (links) vom Choraufgang: Spätrenaissance-Aufbau
aus Holz, im Aufbau verwandt den Seitenaltären von St.Johann zu Ems (s. Bd. III,
20f., 25). Die aus Akanthuskelchen steigenden, auf Konsolen stehenden gedrehten
Freisäulen tragen das baldachinartig vortretende Gesims. Zu seiten der Nische (mit
moderner Marienstatue) kniend St.Dominikus und Katharina v. Siena, in der Lücke
des Giebels St.Vincentius. In die Ornamentik des Frieses verschlungen das Datum:
1694 (Abb. 304, S. 254). — Nördlich: in den Grundlinien des Aufbaues (unter
Verwendung älterer Teile?) dem linken Altar angepasst, jedoch schlanker und mit

---

1) 1643 schon vorhanden: „Tabernaculo satis eleganti deaurato more Italico extructo, quod circum-
stantes angeli duo deaurati lumina gestantes". ASA. 1911, S. 241.

Abb. 304. Villa. — Katholische Pfarrkirche in Pleiv.
Seitenaltar von 1694. — Text S. 253.

dem inzwischen aufgekommenen durchbrochenen Akanthuswerk reich geziert. In
der Sockelnische eine Schmerzensmutter, in der Haupt-Apsidiole St. Konrad zwischen Florinus und Georg; im Giebelaufsatz St. Michael. Auf der Rückseite signiert:
,,Johannes Sepp 1734"[1].

Der *St.-Anna-Altar* an der Nordwand gleichfalls aus Holz, mit einem Paar
gewundener Säulen und Volutengiebel. Seitenfiguren: S. Carlo Borromeo und Franz
Xaverius; Altarblatt: St. Anna, Maria unterweisend, Giebelbild: St. Johann Bapt.
Geschnitztes Rokoko-Antependium. Der Altar wurde 1763 von JOHANNES TRUB-
MANN für fl. 300.— ausgeführt (Pf. A.)[2].

---

1) Bei der Renovation von 1930 von Herrn Pfarrer Sialm abgelesen.
2) Die Weihe des Altars selbst z. E. von St. Anna und Johannes Bapt. hatte schon 1759 stattgefunden. Über Trubmann s. auch bei Cumbels S. 148.

Abb. 305. Villa. — Katholische Pfarrkirche in Pleiv.
Flügelaltar von 1630. — Text unten.

An der nördlichen Chorwand hängt ein kleiner bemalter *Renaissance-Altar* mit feststehenden Flügeln. Das Mittelbild zeigt Maria als Regina misericordiae (Schutz-mantelbild), umgeben von einem Kranz von 15 Medaillons mit Darstellungen der freuden-, schmerzen- und glorreichen Rosenkranzgeheimnisse. Auf dem rechten Flügel Weihnacht, links Mariae Tod und Himmelfahrt. Frontispizbild: Mariae Krönung. Darüber das Datum 1630. Die italienische Inschrift am unteren Rand spricht von der Gründung der Rosenkranzbruderschaft i. J. 1613[1]. Der Altar stammt offenbar von HANS JAKOB GREUTTER und ist insbesondere mit dessen Bild in Alvaneu-Bad stilistisch nahe verwandt (Abb. 305). Greutter ist 1630 in Igels nachgewiesen. Über sein Werk s. Bd. I, S. 158, 160 ff.

---

[1] Genauer Wortlaut der Inschrift in „Il Glogn" 1932, S. 42. — Der Altar stand bei der Weihe von 1662 an der Stelle des oben beschriebenen südlichen Seitenaltars.

Abb. 306. Villa. — Katholische Pfarrkirche in Pleiv.
Wandtabernakel um 1500. — Text unten.

Die übrige Ausstattung. In der Südwand des Chores (da der Chor nach Westen
steht) ein *Wandtabernakel* aus Tuffstein.
Der Fuss mit vorgelegtem Halbrundstab
über geschraubtem Sockel; Bekrönung
mit Maßwerk und Zinnenabschluss. Das
Türchen aus durchgesteckten Vierkanteisen; um 1500 (Abb. 306). — Der alte *Taufstein* steht vor der Ostwand im Freien; er
ist zusammen mit einer breiten Fundament-
platte aus einem Stück gemeisselt, die
Schale aussen polygonal (nun durch Ver-
witterung verschliffen), innen rund; Schaftwulst. Als Schmuck Zackenfries und Kreuz
mit Kleeblattenden; Ende des 13. Jahrhunderts (Abb. 307). — Die *Kanzel* ist polygonal, mit Freisäulen besetzt und reich mit
dichten Ranken in Reliefschnitzerei geziert.
Kassettierter Schalldeckel; Datum 1674.
Ähnliche Stücke s. Bd. I, S. 232 f. — Das
Chorgestühl ist mit Pilastern gegliedert; in
den Füllungen eingelegte Ranken; um
1650[1]. Die Bekrönungen mit den ausgesäg-
ten Drachen stammen von späterer Hand;
datiert 1694 (Abb. 309). — An der südlichen
Chorwand ein spätgotischer *Kruzifixus*,
lebensgross mit waagrecht ausgestreckten
Armen und lang auf die Schultern fallen-
dem Haar. Der Brustkorb wölbt sich über
dem flachen Leib hoch heraus, und die
Adern treten an Armen und Beinen wie
ein Geflecht stark hervor. Offener Mund
und geschlossene Augen (Abb. 308). Das
Kruzifix hing zwischen den Figuren von
Johannes und Maria (nun im Schweizerischen Landesmuseum zu Zürich,
s. unten S. 262) schon 1643 an der Chor-
abschlusswand (ASA. 1911, S. 241 f.), doch
wird die ganze Gruppe ursprünglich als
„Triumphkreuz" auf einem in den Chorbogen eingespannten Balken gestanden
haben und ist daher auf die Zeit des Chor-

1) Zwischen 1643 und 1658, wie aus den Visi-
tationsprotokollen hervorgeht. ASA. 1911, S. 241.

Abb. 307. Villa. — Katholische Pfarrkirche in Pleiv.
Der alte Taufstein. Ende des 13. Jahrhunderts.
Text oben.

Abb. 308. Spätgotischer Kruzifixus aus einer Kreuzigungsgruppe um 1500. — Text S. 256 f.

Abb. 309. Chorgestühl. Die Bekrönung von 1694, das Gestühl selbst um 1650. — Text S. 256.

Villa. — Katholische Pfarrkirche in Pleiv.

Abb. 310. Initiale des Indulgenzbriefes von 1345 für St. Vincentius in Pleiv.
Jetzt Gemeindearchiv Villa. — Text S. 260.

Neubaues — um 1500 — zu datieren.
— Über das Stilistische dieser merkwürdigen Plastiken s. unten S. 262.

Bewegliche *Bilder*: An der
Nordwand hängt ein Kolossalbild
der Schlacht bei Lepanto. Ölgemälde
auf Leinwand, H. 4 m, Br. 7 m. Dargestellt ist, wie die Christen am
7. Oktober 1571 unter dem Schutz
der von Engeln begleiteten Rosenkranzkönigin den Sieg über die Tür-
ken erringen (Abb. 312). Die Inschrift
besagt, dass das Bild im Auftrag
der Rosenkranzbruderschaft gemalt
wurde[1]. Darunter folgende Meistersignatur: GIO BAT^A MACHOLINO PI-
TORE D'VAL S^O GIACOMO COTA DI CIA-
VENA A DEPINTO ANNO 1630 A QUESTA
COMP. Der Maler benutzte vermutlich

---

1) Vollständiger Wortlaut in „Il Glogn"
1932, S. 42 f.

Abb. 311.
Villa. — Katholische Pfarrkirche in Pleiv.
Barockkelch um 1660. — Text S. 260.

Abb. 312. Villa. — Katholische Pfarrkirche in Pleiv.

Die Schlacht von Lepanto. Ölgemälde von Giovanni Battista Macholino 1630. — Text S. 258 f.

Abb. 313. Figur des St. Vincentius aus Pleiv.
Um 1345. Jetzt im Schweiz. Landesmuseum
zu Zürich. — Text S. 262.

eine gute Vorlage, wohl einen Stich, denn die Komposition zeugt von einem grösseren Können, als es Macholino zur Verfügung stand, wie an seinen Deckenbildern in Sagens zu sehen ist (S. 99, 101). — An der Südwand: Marter des St. Vincentius, Ölbild, gestiftet von Pfarrer Chr. Jochberg († 1666).

Kultusgeräte und Paramente. *Barockkelch*, Silber, vergoldet, H. 23 cm, geschweifter Fuss, kantiger Nodus und durchbrochener Korb aus Bandwerk und Ranken. Medaillons mit Emailbildchen: am Fuss St. Georg, Mauritius und Sebastian, am Korb Mariae Himmelfahrt, St. Vincentius und Michael; um 1660. Keine Marken (Abb. 311, S. 258). — Eine weisse *Casula* mit Goldranken, bunten Tulpen, Früchten und Faltern bestickt. Um 1730. Der Seidenstoff erneuert. — Eine *Woll-Casula* mit bunten Blumen, um 1700. — Eine schwarze *Samt-Casula;* nur das Schauensteinwappen und die Silberspitze noch alt; Ende des 17. Jahrhunderts.

Glocken. 1. Dm. 121 cm, Inschrift: AD MAIOREM DEI GLORIAM. B^{mae} VIRGINIS MARIAE NEC NON SS^{mi} VINCENTII ET THEODORI HONOREM FACTA EST ANNO 1641. HANS VON BLUMENTHAL, KIRCHENVOGT. — Giessermarke: JOANNES PRICOVEY. Bilder mit Initialen: St. Vincentius, Johannes Bapt. Theodor, Mauritius, Kreuzigung, Madonna. — 2. Dm. 112,5 cm. Oben: CHRISTIAN SCHMID VON BREGENZ UND JOHANNES SCHMID VON GRUENECK BURGER IN CHUR GOSSEN MICH 1735. Auf der Flanke: CAMPANA ISTA AD MAIOREM DEI GLORIAM B. V. MARIAE NEC NON SS. JOHANNIS ET PAULI MARTIRUM ATQUE CONRAD(I) EPISCOPI ET CONFESORIS HONOREM FACTA EST. Bilder: Kreuzigung, Johannes Bapt. — 3. Dm. 74 cm, Inschrift: + rex · glorie · crifte · veni · nobis · cum · pace · an · dñi · m° · cccc° · lv°. Als Trennungszeichen Blütenstengel. -- 4. Dm. 59,5 cm, Inschrift: SINITE PARVULOS AD ME VENIRE TALIUM E(S)T ENIM REGNUM COELORUM 1641. Bilder: Kreuzigung, Madonna, St. Vincentius, Mauritius. Vom gleichen Giesser wie Nr. 1.

Grabplatten. Auf dem Friedhof eine hochgotische Grabplatte, auf der jedoch nur noch die Umrisse des Schildes zu erkennen sind; 14. Jahrhundert. Verschiedene Platten mit Wappen von Mont und unleserlichen Inschriften.

Im Gemeindearchiv: Der mehrfach erwähnte *Indulgenzbrief* vom 4. Januar 1345 für die Kirche St. Vincentius beginnt mit einer U-Initiale, in der die Muttergottes

Abb. 314 und 315. Maria und Johannes einer Kreuzigungsgruppe aus Pleiv.
Um 1500. Jetzt im Schweiz. Landesmuseum zu Zürich. — Text S. 262.

zwischen St. Vincentius und einem knienden tonsurierten Kleriker steht. Auf dem
Schriftband: „*exaudi me mater mic* (misericordiae)". Deckfarben (Abb. 310, S. 258).

Im Schweizerischen Landesmuseum zu Zürich: *Glasgemälde* (Nr. I N
6796), H. 60,7 cm, Br. 34,9 cm. St. Vincentius frontal stehend, in der Rechten einen
Palmzweig, in der Linken ein Buch tragend; zu seinen Füssen zwei kniende Stifter
mit Texten in gotischen Unzialen: links Priester mit Inschrift: R. RECTOR · H' ·

ECē, rechts: Ritter mit Wappenschild Belmont, ION̄ES · D' · BELMŪT; erste Hälfte des
14. Jahrhunderts, wohl um 1345[1]. Abb. Bd. I, S. 83, sowie bei Lehmann in MAGZ.
1906, S. 204. Nähere Beschreibung dortselbst.

Holzplastiken: 1. St.Vincentius (Nr. LM. 9441), H. 141 cm. Vollrund, mit alter
Fassung. Der Heilige trägt das Diakonengewand; die Rechte hielt wohl ehemals
einen Palmzweig, wie auf dem eben erwähnten Glasbild. Plastisch empfundene Arbeit
von edler Haltung; Bodenseegebiet, um 1345 (Abb. 313, S. 260). Vgl. Bd. I, S. 70. —
FUTTERER, S. 91 und 180, Abb. 130—140, PLASTIK-KAT. LM., S. 16 f. — 2. Büsten-
reliquiar eines bischöflichen Heiligen (Nr. LM. 9442), H. 49 cm. Vollrund, alte
Fassung. Die Reliquie lag wohl in einem (verlorenen) Medaillon auf der Brust;
gegen 1400. FUTTERER, S. 182, Abb. Nr. 154, PLASTIK-KAT. LM., S. 12 f. — 3. Maria
und Johannes (LM. Nr. 9730/31) aus einer Kreuzigungsgruppe, deren Mittelstück der
S. 257 abgebildete Kruzifixus war. Gehöhlte, aber verschlossene Figuren, H. 142
und 143 cm. Alte Fassung; um 1500. Die Maria mit betend zueinander geführten
Händen, Johannes mit grossem Buch. Die grossflächigen, beinahe starren Gesichter
von merkwürdig eindringlichem Ernst, die ganzen Figuren in Haltung und Drapierung
von strenger Monumentalität. Stilistisch unterscheiden sich die — vermutlich unter
italienischem Einfluss stehenden — Skulpturen, von allen andern Werken unseres
Inventars (Abb. 314 und 315, S. 261). — JAHRESBERICHT des Schweiz. Landesmuseums 1907, S. 33 mit Abb. PLASTIK-KAT. LM., S. 58, 60 f.

Stossdegen. Der Griff in „Eisenschnitt"-Technik geziert und mit Silber tau-
schiert (französisch?). Auf der Klinge Meistermarke (gekrönter Ochsenkopf) und
Signatur: CLEMENS BONGEN ME FECIT + CLEMENS BONGEN SOLINGEN. Gesamtlänge
116,5 cm. — Dazu gehören zwei feuervergoldete *Radsporen* mit „Eisenschnitt" und
eine geschnitzte *Holzkartusche* mit Inschrift: „Johan von Mundt Rö: Ma: zuo Francks-
reich S. Michels Ordens Ritter Und Leibs Quardi Haubtman ist Gott Befohlen den
5. May ANNO DOM̄. 1635". Die Waffen samt der Tafel hingen ehemals im Chor der
Kirche, wo sich wohl die Grabstätte des Ritters befand, und waren offenbar dem
Gotteshaus gestiftet worden, — ein ziemlich spätes Beispiel des Brauches der „Fu-
neralwaffen" und das einzige unseres Gebietes[2]. — JAHRESBERICHT des Schweiz.
Landesmuseums zu Zürich 1925, S. 88. — SIALM, a.a.O., S. 44, beide mit Abbildungen.

Die Katholische Filialkirche St.Sebastian und Rochus in Villa

Baugeschichte. Die Kirche war (nach dem Glockendatum) 1587 schon vollendet und wurde am 17. August 1592 geweiht. Die Stiftung — durch Gallus von
Mont (Inschrift) — und insbesondere die Wahl des Patroziniums dürfte auf die
damals Graubünden überflutende Pestwelle zurückzuführen sein[3]. Im 17. Jahrhundert Errichtung des Turmes. 1939 Verlängerung des Schiffes um 3,25 m, Einbau
einer Empore, neue Holzdecke, Bestuhlung usw., Fassadenmalerei von AL. CARIGIET,
Zürich (St.Christophorus und Mauritius).

Literatur: RAHN in ASA. 1882, S. 362. — Derselbe, Kunst- und Wanderstudien,
Zürich 1888, S. 292—296. — B. HAENDCKE, Die schweiz. Malerei im 16. Jahrhundert,

---

1) Eine Datierung auf die Zeit um 1345 findet in dem Indulgenzbrief von 1345 eine Stütze, der mit
einer umfassenden Innenrenovierung in Verbindung gebracht werden kann. Die Datierung Lehmanns
„um 1311" (auf die sich Bd. I, S.83, stützt), geht auf die von Nüscheler zitierte Nennung der Brüder Johann und Rudolf von Belmont (CD. II, S. 217) zurück. Von den hier erwähnten Brüdern ist jedoch Johannes der Pfarrer, während auf der Scheibe dieser Name über dem Ritter steht. Der Johannes des
Glasbildes kann aber mit dem auch von Lehmann erwähnten, 1339 nachgewiesenen Ritter Johann v. B.
identifiziert werden (CD. II, S. 342).
2) Näheres über diesen Brauch bei K. Pilz, Der Totenschild in Nürnberg. Anzeiger des German.
Nationalmuseums 1936—1939, S. 57 f.
3) Die Pest forderte 1585 in Somvix allein 550 Opfer (Pf. A. Somvix).

Abb. 316. Villa. — Die Katholische Filialkirche St. Sebastian und Rochus.
Ansicht von Osten.

Aarau 1893, S. 359, 361. — C. Buholzer in BMBl. 1933, S. 97 f. — G. B. Sialm in „Il Glogn", Calender romontsch 1934, S. 38—50.

Beschreibung nach dem Zustand vor dem Umbau von 1939. Inneres. Anspruchsloser, nach Südwesten gerichteter Bau mit eingezogenem, dreiseitig geschlossenem *Chor*, über dem eine Kombination von Tonne und Fächergewölbe in der Form eines unechten Rippengewölbes liegt. Die „Rippen", die aus profilierten Gesimsen wachsen, bestehen aus Wulsten und Kehlen und sind nur in Stuck aufgetragen. Der *Chorbogen* ist halbrund und beidseits gefast. Über dem *Schiff* eine Stichbogendecke. Spitzbogenfenster mit Maßwerken aus Holz (auch im Chor).

Äusseres ohne Wandgliederung; einheitliches Satteldach. Über dem Haupteingang in der Nordostfront, dessen gefastes Gewände in gedrücktem Spitzbogen schliesst, die *Inschrift:* GALLUS A MONTE DNS. A LÖVENBERGH PATRICIUS LUNGANITIENSIS DEO OPT. MAX. DEIPARAEQU(E) VIRGINI AC S. SEBASTIANO ET S. ROCHO VOTI COPO DE PROPRIO DICAVIT ANNO 1592 XVI CAL. SEPTer GR. DEI PETRUS EPS̄

CURIES. DIE JOVIS XVI CAL. EIUSDEM MENSIS CONSECRAVIT. Die Sakristei ist ohne
Verband an den Chorschluss angebaut.

Der **Turm** steht ohne Verband an der Nordwestseite des Schiffes. Unten Lichtschlitze, zum Teil in Schlüssellochform, in den beiden obersten Geschossen, die durch
einen wulstförmigen Gurt getrennt sind, gekuppelte rundbogige Fenster mit Teilsäulen über zugeschrägten Basen. Gezimmerte offene Glockenstube mit achteckigem Spitzhelm[1].

Wandmalereien. Die Beschreibung der — um 1885 übertünchten — Wandbilder von H. ARDÜSER ist uns durch Rahn (a. a. O.) überliefert: Innen an der
nördlichen Langseite eine Reihe von Wappen. Über dem Chorbogen sah man die Verkündigung, datiert 1592, über der Empore ein Jüngstes Gericht. Aussen an der Südwand die Muttergottes zwischen St. Rochus und Sebastian, von ARDÜSER signiert. An
der Eingangswand St. Mauritius („Sanct Moretzi") als Reiter, in Anlehnung an einen
Holzschnitt von JOST AMMANN, sowie St. Christophorus. Eingehende Beschreibung
der kunstlosen Arbeiten bei Rahn (Wan-

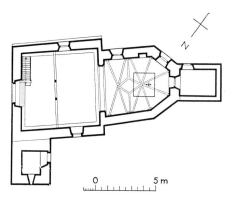

Abb. 317. Villa. — Die Katholische Filialkirche.
Grundriss. — Maßstab 1:300.

derstudien, S. 292 f.). — Von einem
anderen tüchtigeren Maler im Innern
an der südlichen Langseite: Anbetung
der Könige und Flucht nach Ägypten.
1939/40 konnten von diesen Bildern
wieder blossgelegt werden: Innen an
der nördlichen Langseite das Fragment
eines Frieses mit folgenden Wappen:
1. Bischof Petrus II. Raschèr, reg. 1581
bis 1601. — 2. Abt Nicolaus Tyron von
Disentis, reg. 1584—1593 (Feld 2 und
3 fast unkenntlich, ehemals in Blau ein
silberner Halbmond). — 3. von Mont.
— 4. Cabalzar. — 5. von Planta. —
Aussen an der Südwand Reste der
Muttergottes und des hl. Sebastian sowie der Engel des St. Rochus mit der
Signatur: Hanſ Ardüſer. Die Malereien
wurden restauriert und ergänzt von
Giac. Zanolari.

Ausstattung. Bemalter *Flügelaltar* von 1601 (restauriert 1930). Auf dem
Mittelbild die Muttergottes zwischen St. Sebastian und Rochus, darunter friesartig
aufgereiht die kniende Stifterfamilie; in ihrer Mitte die Allianzwappen De Mont
und Cabalzar; rechts aussen Planta-Wappen. Über den Köpfen von neun Personen
stehen rote Kreuzchen, zum Zeichen, dass sie bereits verstorben waren. Auf den
Innenseiten der Flügel links: St. Georg als Drachentöter, rechts: St. Ursula
und Katharina. Auf dem aufgeschlagenen Buch der Heiligen: „Jesus Maria anno
domini 1601. 4. Juni in Lugniz". Auf den Aussenseiten links: St. Magdalena,
rechts: St. Martin. Links die Inschrift: „Her Lantzhoptman Galluß von Mondt Her
zuo Löveberg Landtrichter im obre Pundt hat diſe tafel laſſe mole nach der Geburt
uſers Heren Jeſu Criſti 1601 Jahr. Hanß Ardüſer hat vollendet zu mole an unſerß
Herē Fronleichnamstag 1601". Auf der Predella Schweisstuch, auf der Rückseite des Schreines Gethsemane. Alles kunstlose Schildereien. Das Giebelbild
(auf Leinwand) stellt die Kreuzigung dar und stammt von anderer Hand. Restauriert 1930.

An der Evangelienseite des Chores Fragment eines derben *Wandtabernakels* mit
Kielbogen.

---

1) Da nach mündlicher Überlieferung sich noch in neuerer Zeit über der Eingangsfront ein Glockenjoch erhob (Mitt. Hr. Pfarrer Sialm), scheint der Turm erst nachträglich, jedoch wohl schon im frühen
17. Jahrhundert, gebaut worden zu sein.

Bewegliche *Bilder:* vier Temperage-
mälde auf Leinwand, H. 181 cm, Br. 86
cm, restauriert. Bleiche, etwas kreidige
Töne in dünnem Auftrag, gute Zeichnung, im Ausdruck schematisch. Flächig
dekorativer Stil des ersten Drittels des
17. Jahrhunderts. 1. Maria im Zustand
der Immaculata Conceptio inmitten
ihrer auf das Hohe Lied zurückgehenden
Symbole (mit Beischriften); oben Gottvater. Ikonographisch bemerkenswert
als Beispiel des im 16. Jahrhundert entwickelten Typus des Immakulata-Bildes.
— 2. Himmelfahrt Mariae. — 3. Kreuzigungsgruppe mit den Evangelistensymbolen und Gottvater mit der Taube.
— 4. Der Leidenschristus in Halbfigur,
umrahmt von den Marterwerkzeugen.
Das künstlerisch beste der vier Stücke
ist die Himmelfahrt Mariae (Abb. 318).

Kultusgeräte. *Barockkelch,* H. 21
cm. Gegossener Fuss, silberne Kuppa in
durchbrochenem Korb von Rollwerk und
Kartuschen mit den gravierten Wappen
Castelli à St. Nazar und de Mont sowie
den Initialen „A.C.S.N. — G.V.M.".
Keine Zeichen; Mitte des 17. Jahrhunderts. — Ein gotisches *Vortragekreuz* aus
vergoldetem Messingblech; beschädigt,
die Medaillons fehlen. 15. Jahrhundert.

Abb. 318. Villa. — Katholische Filialkirche.
Himmelfahrt Mariae. Temperabild.

Abb. 319. Villa. — Wandgemälde-Fragment aus dem Hause Nr. 20.
St. Antonius Abt. — Text S. 266.

Glocken. 1. Dm. 77,5 cm, Inschrift: DIESE GLOCHEN (habe) ICH RUDOLPHUS VON MARMELS VICARI DES LAND VELTLINS LASSEN GIESEN US DER KIRCHEN GUOTT ZUO VILLA SO HER LANDTRICHTER GALLUS VON MUND HERR ZUO LEWENBERG SELIGER GEDECHTNUS US SAINEM EIGNEM GUOTT GESTIFTET HAT IM IAR 1643. Bilder: Kreuzigung, Madonna, St. Rochus, Sebastian, ferner Abdrücke der Siegel der beiden Genannten. — 2. Dm. 67,5 cm, Inschrift: DISE GLOCHEN HAT DIE EHRSAME NACHBURSCHAFT WILLA LASSEN GIESEN ZUO EHREN GOTTES UND DER H. ROCHI UND SEBASTIANI IM IAR 1643. Bilder: Madonna, St. Sebastian und Rochus, Siegel De Mont. — 3. Dm. 34,5 cm, Datum 1587. Siegel De Mont. — 4. Dm. 29,5 cm, Datum und Siegel wie Nr. 3.

Profanbauten

Fresko. In einem ehemaligen Raum, nun Schuppen, des an die Post anstossenden Hauses Nr. 20 Fragment des *Wandbildes* eines St. Antonius Abt mit St. Christophorus. Von Antonius ist noch der Kopf und Teile des Gewandes, von der Christophorus-Darstellung nur die Stirnpartie sowie der Jesusknabe und Mantelteile erhalten. Vortreffliche Malerei eines italienischen Meisters vom Ende des 15. Jahrhunderts (Abb. 319, S. 265).

Alle bemerkenswerten Profanbauten in Villa gehen auf die Familie von Mont zurück: **Turmhaus** der Familie von Mont, erbaut 1511, nun als Schule eingerichtet und völlig modernisiert. Es hatte ehemals Gewölberäume, spätgotische Fenstergewände und im Erdgeschoss ein gekuppeltes Spitzbogenfenster mit Nasenbogen[1] Abb. BURGENBUCH, Taf. 68, Text S. 71, 248.

Schloss Demont. Nach einem Dorfbrand, vielleicht unter Einbeziehung alter Teile (Turm?) laut einer Inschrift an der Nordwand neu aufgeführt 1666 von der Witwe des Melchior von Mont, Margaretha, geb. von Schauenstein. Gewölbter Mittelkorridor; der Turm ist nur architektonischer Akzent, nicht Treppenhaus; hohes Walmdach nach deutscher Art. Das reichste *Täfer* gelangte ins Schweizerische Landesmuseum zu Zürich (Nr. LM. 7393, gegenwärtig magaziniert). Wandgliederung mit Bogen und Attika, die Decke mit tiefen, um einen zentralen Kreis angeordneten Kassetten. Diese wie die oberen Wandfüllungen mit Nussbaum-, Ahorn- und Eichenfournieren; um 1666.

Die **Post,** erbaut 1797[2], vermutlich von Christian Ulrich von Mont. Kubischer Bau mit T-förmigem Korridor; Walmdach mit drei geschweiften Giebeln und Dachreiter. Einfache *Täfer*. Näheres über die zwei zuletzt genannten Bauten s. BÜRGERHAUS XVI, S. XIX f., XL f., Taf. 26—29, 31, 32[3].

VRIN

Geschichte. Vrin — „Varin" — erscheint urkundlich erstmals 1209. Das Kloster St. Luzi besass hier einen Hof (CD. I, S. 246), der Zehnten gehörte zu den bischöflichen Gütern (CD. IV, S. 13). — Kirchlich stand Vrin im Ausgang des Mittelalters zwar noch unter der Mutterkirche St. Vincentius zu Pleiv, es bestand

---

[1] Aus diesem Haus stammen wohl die Friesstücke im Schweizerischen Landesmuseum zu Zürich mit dem Namen des „Albert von mundt", Datum 1529 und den Wappen Capaul und von Mont. ASA. 1898, S. 128.

[2] Laut einer nun verschwundenen Inschrift (Mitt. von A. àMarca).

[3] Das Allianzwappen von Mont und Schauenstein sowie der Schrank auf Taf. 31 stammen wohl aus dem „Schloss".

Abb. 320. Vrin. — Die Katholische Pfarrkirche St. Mariae Geburt und Johannes Bapt.
Ansicht von Südwesten.

jedoch eine eigene Kaplanei (1520 Reg. clericorum). Die Erhebung zur Pfarrei scheint
1597 erfolgt zu sein[1].

Die Katholische Pfarrkirche St. Mariae Geburt und Johannes Baptist

Geschichte und Baugeschichte. Erste urkundliche Erwähnung 1345:
„S. Mariae Virginis in Varins" (GA. Villa, Nr. 2)[2]. Am 24. Juli 1504 findet eine
Neuweihe der Filialkirche von Vrin zu Ehren der hl. Maria mit drei Altären statt
(GA., Nr. 7), die sich auf einen Neubau beziehen dürfte, der jedoch am heutigen
Baubestand nicht mehr nachweisbar ist. Nach dem Visitations-Protokoll (BA.) von
1643 war dieser Bau zwar klein, aber ausreichend, hatte einen gewölbten Chor mit
Malerei (Trinität) und eine flache Schiffsdecke. Das Patrozinium hiess nun schon
St. Mariae Geburt und Johannes Baptist. Am 4. September 1643 Weihe

---

1) Eintrag im alten Kirchenbuch von Pleiv: „Dom. Egidius Huber, Capellanus in Ferin 1596. Hoc
vel sequenti anno separatio facta videtur". Vgl. Chr. Caminada, Die Bündner Friedhöfe, Zürich 1918,
S. 190.
2) Also nicht St. Johannes, wie Nüscheler, S. 67, angibt.

des Rosenkranzaltars, Neuweihe des Hochaltars am 28. August 1658 (GA., Nr. 45, 46).
1689—1694 findet nach völliger Niederlegung des älteren Bestandes ein Neubau
statt, auf den die heutige Kirche zurückgeht. Baumeister: ANTONIO BEROGIO
(BROGGIO) von Roveredo, Stukkator: Meister JOAN BAPTIST, dessen Zunamen nicht
belegt, aber vielleicht identisch ist mit einem anderwärts vorkommenden Stukkator
GIOV. BROGGIO[1]. Deckenmalerei: CHRISTOPH GUSERER. Die Steinplatten der
Bodenbeläge liefert Steinmetz CHRISTOFFEL DAUGUSS. Tischlermeister: ANDREAS
SOLÈR. Konsekration der Kirche am 2. Juli 1695. Gesamtrenovation 1919.

Literatur: AL. SIMONET, Notizias ord la historia della pleiv e baselgia de Vrin,
in der Ztschr. „Igl ischi" 1928, S. 310 ff. Hier auch abgedruckt der für die Baugeschichte wesentliche Inhalt des Kostenheftes für den Neubau in romanischer Sprache
(GA., Nr. 49).

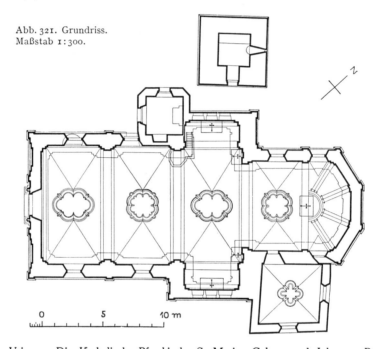

Abb. 321. Grundriss.
Maßstab 1:300.

0   5   10 m

Vrin. — Die Katholische Pfarrkirche St. Mariae Geburt und Johannes Bapt.

Baubeschreibung. Inneres. Die einheitlich barocke, nach Nordosten gerichtete Anlage besteht aus dem dreijochigen Schiff mit zwei Kapellen von Querschiffcharakter und einem eingezogenen, dreiseitig geschlossenen Chor von eineinhalb
Jochen. Über Schiff und Chor liegen durch Gurten geteilte Tonnen, im Chor mittels
Halbkuppel dem Polygon angepasst. Als Wandglieder dienen gestufte Pilaster, über
denen ein kräftiges Gebälk als Hauptgesims im ganzen Raum auf gleichem Niveau
durchläuft. Die Belichtung findet in der Wand- und Gewölbezone statt — unten
durch Viereckfenster, oben durch Oculi und Lünetten — und dies trägt viel zu der
freien und harmonischen Wirkung des in den Maßen sehr geglückten Raumes bei.

Äusseres. Die Fassade ist durch Lisenen in fünf Kompartimente geteilt. Das
Portal wird von Halbsäulen flankiert und bekrönt von eingerollter Verdachung;

1) A. M. Zendralli, Graubündner Baumeister, Zürich 1930, S. 174 f.

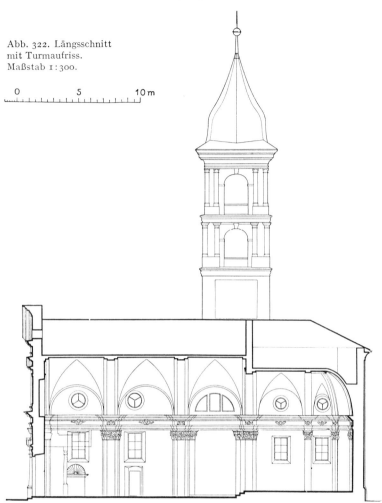

Abb. 322. Längsschnitt
mit Turmaufriss.
Maßstab 1:300.

0   5   10 m

Vrin. — Die Katholische Pfarrkirche St. Mariae Geburt und Johannes Bapt.

darüber eine — die Mittelachse betonende — Nische mit Segmentverdachung; das Mosaik (Maria) modern. An den übrigen Wänden Lisenen. — In der Ecke zwischen Chor und Südkapelle die Sakristei mit grätigem Kreuzgewölbe, ohne Verband angebaut. Zwischen Nordkapelle und Schiff ein originelles polygonales Beinhaus mit einem durch vier Reihen von Totenschädeln gebildeten Fries (Abb. 333, S. 277).

Der **Turm** steht nach italienischer Art frei, 2,10 m von der Nordkapelle entfernt. Er wird von Lisenen eingefasst und durch Gesimse in Geschosse gegliedert. Die Glockengeschosse sind durch paarweise Pilaster ausgezeichnet. Halbrund geschlossene Schallfenster mit glatten Kämpferplatten. Achteckige Kuppel. Die beiden untersten Geschosse gewölbt; die Treppe ist durch Platten, die aus den Wänden kragen, konstruiert. Ob der Turm schon 1676 (Datum der grossen Glocke) neu errichtet war, also dem Neubau der Kirche um 13 Jahre vorausging, ist nicht mit Sicherheit zu sagen.

Stukkatur. Im Schiff beschränkt sich die Stuckdekoration auf die Kompositkapitelle der Pilaster und den Schmuck des Gebälkes mit Blattborte, Eierstab und
Engelsköpfen wie auf die Medaillonrahmen der Gewölbe. Am Chorbogen eine Ver-
kündigungsgruppe. Reicher dekoriert sind die Gewölbe und Gurten der Kapellen
mit Kartuschen, Ranken, Rosetten, Engelsköpfen und Puttenpaaren. Massiger, in
Formen gegossener und gezogener Stuck italienischer Art. Am Chorbogen das Datum 1693. Die gesamte Ausmalung neu von 1919[1].

Die **Altäre.** Der *Hochaltar* — aus Holz — ist ein zweigeschossiger Aufbau. Von
den sechs aus Akanthuskelchen steigenden gedrehten Säulen des Hauptgeschosses
sind zwei durch Engelsfiguren, die als Karyatiden dienen, unterbrochen. Auf dem
vorgekröpften Gebälk stehen Figuren: Joachim und Anna selbdritt, auf der Bekrönung Engel mit Passionssymbolen. Das Altarblatt neu, im Frontispiz: Mariae
Wochenstube, signiert: „Sigisbertus Frey pinxit" (von Disentis, vgl. Bd. I, S. 223).
Das Datum 1710 auf dem ursprünglichen Tabernakel darf auch als Entstehungsjahr
des Altares gelten. Das Werk zeigt in der Gesamtkomposition und gewissen Details,
wie der Auflösung der Mittelstützen durch Figuren, Beziehungen zur Werkstatt RITZ,
doch ist andererseits das Laub der Säulengewinde und der Seitenranken massiger
und schwerer, so dass die Zuschreibung an JOHANN RITZ — nur dieser käme bei dem
Datum 1710 in Frage — nicht gesichert ist.

Seitlich Reliquienschreine aus gleicher Zeit. Der Altar wurde 1920 neu
gefasst. Der jetzige Tabernakel — ein zweigeschossiger Kuppeltempel mit gedrehten Säulen und reichem Statuettenschmuck — stand ehemals in Igels (A. SI-
MONET, a. a. O.).

Die übrigen vier Altäre sind alle aus Stuck gebaut. Die beiden kleinen Seitenaltäre beim Choreingang bilden Pendants und stellen eine Aedikula mit glatten
Säulen, Volutengiebeln und Frontispizen dar. Der *Josephsaltar* (nördlich) ist datiert mit 1699. Altarblatt: Namen Jesu, signiert: „P. F. Eggert feci 1699", im
Frontispiz St. Joseph. Der *St. Ulrichsaltar* (südlich) datiert 1697. Altarblatt: Muttergottes und St. Ulrich, Frontispiz: St. Antonius von P. — Die beiden andern *Ne-
benaltäre* stehen an den Rückwänden der Kapellen, also quer zur Schiffsrichtung;
es sind einfache, in der Komposition gleichfalls aufeinander abgestimmte, konkav
organisierte Bauten. Altarblatt nördlich: St. Maria mit Luzius, Martinus und
Nicolaus, signiert: „Ego Gio Giacobus Rieg pinxi 1701", südlich: Rosenkranzmadonna mit St. Dominikus und Katharina von S. An allen fünf Altären geschnitzte
Rokoko-Antependien.

Auf den Kapellenaltären stehen Fragmente *spätgotischer Altarwerke:* in der
Nordkapelle ein Vesperbild, H. 1 m; durch neue Fassung und Bemalung leider entstellte,
sonst jedoch ziemlich gut erhaltene schwäbische Arbeit trefflicher Qualität (Abb. 325,
S. 272), um 1504 (Weihe!)[2]. — Am südlichen Kapellenaltar eine gemalte *Predella*
(H. 37,5 cm, Br. 1,30 m) mit Christus und den Aposteln als Halbfiguren auf Goldgrund
(Abb. 324, S. 272). Das Bild stimmt bis in kleine Einzelheiten hinein mit der Predella
des von YVO STRIGEL signierten Altares in S. Croce bei Plurs (1499) überein[3].
Die Predella gehörte zum alten Hochaltar, die Schreinfiguren stehen nun in der
Kapelle St. Valentin. Siehe darüber S. 278 und Abb. 330, S. 275.

---

1) Die alte Bemalung stammte nach dem Ausgabenheft (Al. Simonet, S. 333) von „Christoph Gusa",
identisch mit JOH. CHRISTOPH GUSERER aus Dingolfing. Vgl. S. 191 sowie Bd. I, S. 205.

2) Die Figur stand 1643 (Visitation) an Stelle eines Altaraufsatzes auf dem rechten Seitenaltar:
„B V. Mariae... in sinu Jesum vulneratum tenentis"; da deshalb auf dem offenbar sehr kleinen Altar
nicht genug Platz bei der Zelebration der Messe blieb, wurde ein Aufsatz „italico more" angeordnet (BA.).

3) Auch mit der Predella eines Altarfragmentes im Histor. Museum zu Basel; abgebildet von F. H.
Weizinger in Festschr. des Münchner Altertums Ver. 1914, S. 115 f.

Abb. 323. Vrin. — Die Katholische Pfarrkirche St. Mariae Geburt und Johannes Bapt.
Innenansicht mit Blick in den Chor.

Die übrige Ausstattung. Der *Taufstein* gotisch; massige achteckige Schale
auf rundem Fuss mit Schaftring, 15. Jahrhundert. — Die *Kanzel* polygonal, an den
Kanten mit Säulchen besetzt und dicht mit Reliefschnitzerei geziert. Am Schalldeckel kassettiert und mit Balustern und Voluten bekrönt, datiert 1709 (Abb. 326).
Über den Typus s. Bd. I, S. 233. — Das *Chorgestühl* ist mit geschuppten Pilastern
gegliedert und mit Blatt- und Rankenwerk in Reliefschnitzerei geziert. Baldachine;
um 1700 (Abb. 327). — Die *Orgel* auf der schmucklosen geschweiften Empore wurde
1921 unter Verwendung des Prospektes von etwa 1800 neu gebaut. — In der
Sakristei: *Schrank* von gleicher Arbeit wie die Chorstühle.

Kultusgeräte. Ein gotischer *Kelch*, H. 21 cm. Der Fuss aus vergoldetem
Kupfer. Eingraviert: Monogramm Christi und Inschrift: ECCE PANIS ANGELORUM;
flachgedrückter Kugelnodus mit Rauten. 15. Jahrhundert (Abb. 328, S. 274). — Ein
gotisches *Vortragekreuz*, H. 42 cm, vergoldetes Kupferblech. Die Medaillons in den
Kleeblattenden fehlen. Der Korpus hängt an einem eigenen Kreuz. Auf der Rückseite

Abb. 324. Vrin. — Katholische Pfarrkirche.
Predella eines spätgotischen Altars. — Text S. 270.

ein graviertes Agnus Dei; um 1400. — *Ewig-Licht-Lampe* aus Messingguss mit durchbrochenen Ranken. 17. Jahrhundert.

Paramente. *Casula* aus weisser Seide mit Goldranken und bunten Blumen; um 1730—1740. — *Casula* aus grünem französischem Damast, der Stab mit Blättern, Enten, in chinesischer Seidenstickerei; 18. Jahrhundert (Abb. 329 und 331, S. 275).

Abb. 325. Vrin. — Katholische Pfarrkirche.
Vesperbild um 1504. Text S. 270

Abb. 326. Vrin. — Katholische Pfarrkirche.
Die Kanzel von 1709. Text S. 271. —

Im Beinhaus ein geschnitzter *Kruzifixus*. Korpus H. 129 cm. Mit Wunden übersät, aber von friedlichem Ausdruck; um 1700.

Glocken. 1. Dm. 130 cm, Inschrift: SANCTA MARIA SUCCURRE MISERIS ORA PRO POPULO, SENTIANT OMNES TUUM IUVAMEN. AMEN. — DURCHS FEUER BIN ICH GEFLOSSEN, MELCHIOR MAURER HAT MICH GOSSEN IN FELTKERCH ANNO 1676. Bilder: Kreuzigung, St. Johannes, Georg, Martin sowie ein Kreuz mit den Initialen des Zacharias- oder Pestsegens[1]. — 2. Dm. 107,8 cm, Inschrift: IN NOMINE JESU

---

1) Er ist zusammengestellt aus verschiedenen lateinischen Bibelsprüchen (besonders der Psalmen und Evangelien) und wird einem Zacharias — nach der einen Ansicht einem i. J. 115 genannten Bischof von Jerusalem, nach einer andern dem gleichnamigen Papst (8. Jahrhundert) — zugeschrieben. Die Buchstaben lauten: + z + DIA + BIZ + SAB + z + HGF + BFRS +. Vgl. Handwörterbuch des Deutschen Aberglaubens IX, S. 877, mit weiterer Literatur. Beispiele s. auch bei E. Villiers, Amulette und Talismane, bearbeitet von A. M. Pachinger, München 1927, S. 281 f.

Abb. 327. Vrin. — Katholische Pfarrkirche.
Das Chorgestühl um 1700. — Text S. 271.

OMNE GENU FLECTATUR CELESTIUM, TERRE-
STRIUM ET INFERNORUM. ANNO 1749. Giesser-
plakette: DURCHS FEUER FLOS ICH M. ANTONI
KHEISER VO ZUG GOS MICH. Bilder: Namen Jesu,
St. Maria, Anna, Joh. Bapt.[1]. — 3. Dm. 75 cm,
Inschrift: JOH. BAPTISTA UND HANS GEORG ERNST
ZU LINDAW HABEN MICH GEGOSSEN 1627. —
MARTEIN HANS ALBIN GESCHWORNER HAT IM
NAMEN UNSER LIEBEN FRAUEN UND DER GE-
MEINT DER KIRCHEN VREIN DIE GLOGEN MACHEN
LASEN. — Bilder: Kreuzigung, St. Maria, Ro-
chus, Johannes Ev., Andreas, Petrus. — 4. Dm.
62,5 cm, H. bis zur Krone 64,5 cm, gestreckte

1) Die Vorgängerin dieser Glocke war 1627 gegossen
worden; denn in diesem Jahr weihte Bischof Joseph von
Moor zwei Glocken: Nr. 3 z. E. von St. Johann Ev. und
eine andere z. E. von St. Joh. Baptist. Dorsalnotiz auf Urk.
Nr. 7 (GA.).

Abb. 328. Vrin. — Katholische Pfarrkirche.
Gotischer Kelch, 15. Jahrhundert. — Text S. 271.

Abb. 329.
Vrin. — Katholische Pfarrkirche.
Casula aus grünem Seidendamast
18. Jahrhundert. — Text S. 272.

Abb. 330. Vrin.
Kapelle St. Valentin zu Puzzatsch.
Muttergottes in dem linken Seiten-
altar; vom ehemaligen Hochaltar der
Pfarrkirche. — Text S. 278.

Abb. 331.
Vrin. — Katholische Pfarrkirche.
Casula aus weisser Seide,
um 1730—1740. — Text S. 272.

Abb. 332. Vrin. — Heilige Familie.
Ölgemälde im Pfarrhaus. Spätes 17. Jahrhundert. — Text unten.

Form, abgeflachte Haube. Inschrift in gotischen Unzialen: MAGISTER ANORIOLUS[1] DE LUGANO FECIT HOC OPUS M CCC LXXXXIIII.

Im **Pfarrhaus** zwei *Ölgemälde:* 1. Hl. Familie, H. 86,5 cm, Br. 70,2 cm. Starkes Rot und Blau (Maria) kontrastiert gegen das Gelb des Gewandes von St. Joseph. Spätes 17. Jahrhundert (Abb. 332). — 2. St. Cäcilia, H. 71 cm, Br. 56 cm. Harmonie aus gelb- und blaugrünen Tönen; 18. Jahrhundert.

Im Klostermuseum zu Disentis befindet sich eine geschnitzte *St. Johannesschale* aus Vrin. (Vgl. dazu Bd. III, S. 26.) Der lebensgrosse Kopf ist kahl, da die Haare erstmals wohl in Wolle aufgesetzt waren. Erste Hälfte des 16. Jahrhunderts.

Die Kapelle St. Valentin zu Puzzatsch

Puzzatsch ist ein zur Gemeinde Vrin gehöriges Maiensäss im Hintergrund des Tales am Beginn des Weges nach dem Diesrutpass. Die Kapelle wurde geweiht am

---

1) Nach „Ano...." eine Lücke in Breite eines Buchstabens; vielleicht — unter Verschiebung des o — Antoriolus; vgl. Kästris, S. 68, Glocke Nr. 3.

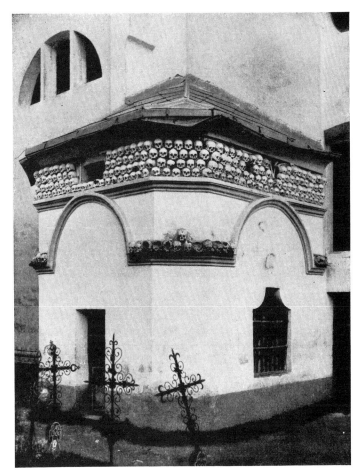

Abb. 333. Vrin. — Katholische Pfarrkirche.
Das Beinhaus. — Text S. 269.

4. September 1643 z. E. von St. Bartholomäus und Valentin (GA., Nr. 44 und Visit.-Prot. BA.). Neuweihe auf die gleichen Titel am 7. September 1744 (GA., Nr. 53). Heute wird nur noch der Titel „Sogn Valentin" genannt.

Baubeschreibung. Inneres. Nach Süden gerichtete barocke Kapelle mit eingezogenem, dreiseitig geschlossenem Chor, der mit einer dem Polygon mittels einer Halbkuppel angepassten Tonne überwölbt ist. Im Schiff sieht man noch die Reste von Kreuzgewölben, die bei einer Renovation um 1744 (Neuweihe, s. oben) durch eine ländlich bemalte Flachdecke ersetzt wurden. Ein starkes Gesims läuft in der ganzen Kirche ringsum. Stichbogenfenster, Eingang nördlich. Innere Maße: Chor L. 4 m, Br. 4,20 m. Schiff L. 7,30 m, Br. 5,80 m. — Äusseres. Die Fassade ist durch Lisenen und ein Gesims in sechs Felder gegliedert. Satteldach. Weder Turm noch Glockenstuhl. Die Glocken hängen in einer Giebelöffnung.

Die drei **Altäre** sind aus Holz. Der *Hochaltar* ist ein zweigeschossiger Aufbau aus gewundenen Säulen und Pilastern mit seitlichen Akanthusranken; in einem Schild das Datum 1731. Vor den Pilastern die Figuren von St. Johann von Nepo-

muk und Laurentius. Altarblatt: Maria zwischen St. Bartholomäus und Paulus.
Frontispizbild: St. Valentin. Die beiden *Seitenaltäre* sind gleichfalls 1731 entstanden
und als Pendants komponiert: eine Bildnische, flankiert von einem Paar gedrehter
Säulen mit übereckgestellten Gebälkstücken. Oben ein ovales Giebelmedaillon.
Am Sockel Datum 1731. Über die Figur am linken (östlichen) Altar s. unten; rechts
St. Valentin. Giebelbilder: St. Valentin und Joseph. Bemalte *Lederantependien;*
um 1730.

Figuren aus dem spätgotischen Hochaltar der **Pfarrkirche.** In der Nische des
linken Seitenaltars steht eine Muttergottes, H. 92,5 cm (Abb. 330, S. 275), auf
dem Hauptgesims des Hochaltars St. Johann Baptist und Theodul; anfangs des
16. Jahrhunderts. 1643 war der Altar noch komplett und stand im Chor der Pfarrkirche[1]. Da die oben (S. 270) beschriebene Predella offenbar dazugehörte, muss der
Altar aus der Werkstatt des Yvo STRIGEL in Memmingen stammen, obwohl die
Figuren, insbesondere die Marienfigur, nahe stilistische Verwandtschaft zu den
Werken SYRLINS d. J. aufweisen. Ein Widerspruch liegt jedoch nur scheinbar darin,
da — wie G. Otto nachgewiesen[2] — in der Plastik der Strigelaltäre kurz nach
1500 (bis 1506) deutlich ein vorübergehender Syrlin'scher Einfluss spürbar wird, der
wohl auf einen damals in der Strigel-Werkstatt arbeitenden Syrlinschüler zurückzuführen ist. Die daraus sich ergebende zeitliche Einordnung zwischen 1500 und
1506 passt gut zum Datum der Neuweihe der Pfarrkirche (1504, s. S. 267) und
stimmt auch zum Altar von Salux — zwischen 1498 und 1502 (Bd. III, S. 270) —,
dessen Skulpturen den Vriner Figuren stilistisch nahestehen.

Glocken. 1. Dm. 43 cm. Gegossen von FRANZ THEUS in Felsberg 1848. —
Bilder: Muttergottes und St. Bartholomäus. — 2. Dm. 37 cm. Unleserlicher Giessername ohne Datum. Bilder: S. Carlo Borromeo, Muttergottes.

Die übrigen Kapellen

St. Dreifaltigkeit in Cons. Erbaut 1740 (Inschrift), renoviert 1903. Anspruchslose Kapelle mit dreiseitigem, eingezogenem, nach Nordosten gerichtetem
Chor; Tonnengewölbe. *Bauinschrift:* ,,Edificata l'anno 1740, Rinovata 1903".
Innenmaße: Chor L. 4,35 m, Br. 3,80 m. Schiff L. 7 m, Br. 4,80 m. Die Fassade ist
mit Lisenen gegliedert. Der *Turm* ruht auf der südlichen Schiffsecke und ist von
einem Spitzhelm über Wimpergen bekrönt.

Der *Altar* stammt aus der Erbauungszeit der Kapelle; neu gefasst. Konkaver
Aufbau mit sechs gewundenen Säulen. Hauptfiguren: in der Nische Maria, seitlich
Joachim und Anna, aussen St. Antonius Abt und Georg. Geschnitztes Régence-
Antependium. Rokokotabernakel.

Glocken: 1. Dm. 48 cm, Inschrift: ET VERBUM CARO FACTUM EST ET HABI-
TAVIT IN NOBIS. ANNO 1747. ANTON KEISER ZUO ZUG GOSS MICH. Bilder: Kruzifix,
Mariae Krönung, Muttergottes, St. Jacobus d. Ä. (?). — 2. Dm. 42 cm, Inschrift:
AVE MARIA GRATIA PLENA DOMINUS TECUM. Giesser und Datum wie Nr. 1. Bilder:
Muttergottes, St. Antonius Abt.

St. Joseph in Tagmanada. Geweiht am 3. Juli 1716 (GA. Nr. 52). Die
kleine Kapelle ist nach Südosten gerichtet und von gleicher Anlage wie die Drei-
faltigkeitskapelle in Cons, nur dass der Turm hier auf der anderen Schiffsecke auf-
sitzt. Die Fassade ist glatt verputzt. Innenmaße: Chor L. 3,45 m, Br. 3,20 m;
Schiff L. 5 m, Br. 4,20 m.

---

1) Die drei erwähnten Figuren werden im Protokoll mit Namen genannt.
2) Vgl. Gertrud Otto in den Memminger Geschichtsblättern 1935, Nr. 1, S. 4. Dieser Einfluss wird
augenfällig am Sether Altar in Frankfurt von 1505 (Abb. 378, S. 317).

Abb. 334. Vrin. — Die Kapelle St. Valentin zu Puzzatsch.
Innenansicht mit Blick zum Chor.

Der *Altar* ist ein bescheidener Holzaufbau mit zwei glatten Säulen. Altarblatt: die Hl. Familie, datiert 1717; neu gefasst. Bemaltes Lederantependium aus gleicher Zeit.

Glocken: 1. Dm. 46 cm, Inschrift: JESU FILI DEI VIVI MISERERE NOBIS SANCTA MARIA MATER CHRISTI ORA PRO NOBIS. Bild: Kreuzigungsgruppe. — 2. Dm. 37 cm, Inschrift: ST. MICHAEL, S. JOSEPH, JACOBE, UBALDE, IGNATI OMNES SANCTI ORATE PRO NOBIS. Bild: Jugendlicher Heiliger. Ohne Daten, vermutlich 18. Jahrhundert.

St. Johann und Paul in Vanescha, 1790 m ü. M., in einem Seitental südlich von Vrin. Erbaut 1684 laut Inschrift an der Altarschwelle. Kleine Kapelle mit annähernd quadratischem Chor, von einer Tonne mit Stichkappen überwölbt. Im Schiff Leistendecke. Innere Maße: Chor L. 2,25 m, Br. 2,75; Schiff L. 4,60 m, Br. 3,90 m. Auf der Übermauerung des Chorbogens ein Glockenjoch. Altärchen aus der Erbauungszeit; Bild: das Martyrium (Enthauptung) der Patrone.

Glocken: 1. Dm. 34,5 cm, Inschrift: SANCTA MARIA ORA PRO NOBIS ANNO 1683. Bilder: Muttergottes, S. Carlo Borromeo, Barbara, Georg. — 2. Gegossen von WILH. EGGER in Staad 1923.

KREIS RUIS

ANDEST – ANDIAST

Geschichte. Das Dorf kommt schon im Tello-Testament von 765 vor, und in karolingischer Zeit finden wir dort einen Königshof (CD. I, S. 15, 295). Im hohen Mittelalter scheint es unter der Herrschaft Grünenfels gestanden zu haben, die 1378 von den Montalt an die Räzüns überging und von diesen in die Herrschaft Jörgenberg (Waltensburg) einbezogen wurde. In der Hochgerichtseinteilung des Oberen Bundes zählte es denn auch zu Waltensburg. In kirchlicher Hinsicht gehörte Andest zur Pfarrei Waltensburg, von der es sich am 8. September 1526, kurz vor dem Übertritt der Mutterkirche zur Reformation, loslöste[1] (GA. Nr. 8, Inhalt der Urkunde bei Camenisch S. 252).

Die Katholische Pfarrkirche St. Julitta und Quiricus

Geschichte und Baugeschichte. Die Bulle von 998, in der die Kirche als Besitz des Klosters Pfävers aufgeführt wird, ist geschichtlich nicht verwertbar, da das Dokument nach herrschender Ansicht gefälscht ist[2]. In den späteren Pfäverser Rodeln kommt denn auch die Kirche Andest nicht vor. Die erste zuverlässige urkundliche Erwähnung erfolgt 1461 (GA. Nr. 1), und zwar mit dem Patrozinium St. Julitta und Quiricus. Am Baubestand weisen die unteren Partien des Turmes noch in die frühromanische Zeit. Nach dem Visitationsbericht von 1643 hatte die damalige – offenbar noch die mittelalterliche – Kirche einen gewölbten Chor, der schon Risse zeigte („rimosus"), und ein mit einer Holztonne bedecktes Schiff („suffitus ex ligno ad modum navis"). Der Zugang zum Turm lag, wie heute, hinter dem Hochaltar, die Anlage hatte also die gleiche Achsenrichtung wie die bestehende Kirche, die 1707 vollendet und am 16. Juli 1716 konsekriert wurde. Renovation und Umbau 1939 durch Arch. U. CORAY, Ilanz: Verlängerung des Schiffes gegen Westen um 4 m und Anlage einer Vorhalle.

Literatur: RAHN in ASA. 1876, S. 695. — P. NOTKER CURTI, BMBl. 1915, S. 83 f. — SIMONET, Weltgeistliche, S. 20.

Baubeschreibung. Inneres (vor der Erweiterung von 1939). An das Langhaus schliesst sich gegen Nordosten der eingezogene, dreiseitig geschlossene *Chor*, der mit einer durch Halbkuppel dem Polygon angepassten Tonne überwölbt ist. Über dem *Schiff* liegt gleichfalls eine Tonne, in die Stichkappen in drei Achsen einschneiden. Wandgliederung durch Lisenen, über denen ein schmuckloses Gebälk im ganzen Raum ringsumläuft. Die Belichtung erfolgt unter dem Hauptgesims durch Viereckfenster, oben durch Oculi. Eingang im Südwesten. Innere Maße: Chor L. 6,50 m, Br. 5,60 m. Alte Schifflänge 10,75 m, Br. 7,80 m. — Äusseres. Einfache Lisenen, an der Fassade durch Gesimse überschnitten. Portal mit Verdachung. Im Giebel die Bau- und Renovationsdaten: 1707 und 1918. Einheitliches Satteldach. Die Sakristei ist ohne Verband an die Ostseite des Chores angebaut.

Der **Turm** steht an der Abschlusswand des Chores, durch einen Spalt von etwa 5 cm von ihr getrennt und aus der Hauptachse leicht nach Norden hin verschoben. Es sind deutlich zwei Etappen erkennbar: der ältere bis in halbe Höhe des

---

[1] Nach dem karolingischen Urbar scheint der Zehnten von Andest und Waltensburg mit der Kirche Ruis verbunden gewesen zu sein. Ob daraus zu schliessen ist, dass diese drei Orte ursprünglich zur Kirche Ruis gehörten, sei dahingestellt.

[2] Ediert C. D. I. S. 104. Über die Fälschung s. U. Stutz Divisio, Weimar 1909, S. 13, Anm. 3, und S. 50, sowie A. v. Castelmur in JB. HAGGr. 1927, S. 45 ff.

Schiffsdaches reichende Teil ist völlig ungegliedert und weist schmale, halbrund geschlossene Fenster auf (11. Jahrhundert). Der obere zweigeschossige Teil kragt über einem wulstförmigen Gurt etwas vor und zeigt Blenden mit Rundbogenfriesen: am unteren der beiden Geschosse zwei- und dreiteilig, am oberen vierteilig; die gekuppelten Rundbogenfenster unten (nach drei Seiten) zwei-, oben dreigliedrig, jedoch teilweise zugemauert. Abgerundete Kämpfer über jüngeren — gefasten — Teilstützen. Als Abschluss eine gezimmerte Glockenstube mit achteckigem Spitzhelm.

Die **Altäre** sind aus Holz. Der *Hochaltar* ist in der zweiten Hälfte des 17. Jahrhunderts entstanden und stammt aus Boswil (Kt. Aargau)[1]. — Die beiden Seitenaltäre sind als Pendants gestaltete Aufsätze, die 1709 (nach dem Neubau) unter Verwendung älterer Teile (der äusseren Säulen und der Giebel) neu redigiert wurden. Am *Marienaltar* (nördlich) die Hauptfigur modern, barock jedoch die Giebelfiguren: St. Christophorus zwischen Placidus und Sigisbert. Das Bild des *südlichen Altars*, übermalt und ohne Kunstwert, ist laut Wappen und Inschrift eine Stiftung des Pfarrers Jakob Schmid von Grüneck, von 1709. Auf der Bekrönung eine *spätgotische Figur* des St. Sebastian, die vom ehemaligen Hochaltar stammt[2].

Die **übrige Ausstattung**. Die *Kanzel* ist polygonal und mit Bogen gegliedert; einfache Einlege- und Beschlägornamente, datiert 1656. Schalldeckel von gleicher Arbeit. — Die *Chorbestuhlung* ohne Baldachine und mit Beschlägornamenten geziert; wohl um 1707. — Die *Orgel* (um 1770) ist in die vorgeschweifte Brüstung der *Empore* eingesetzt. Neues Spiel-

Abb. 335. Andest. – Katholische Pfarrkirche.
Ansicht des Turms von Westen.

Werk. — Am Chorbogen hängt ein blutüberströmter *Kruzifixus*; um 1700.

Glocken. 1. Dm. 94,5 cm. — 2. Dm. 79,5 cm, beide mit lateinischen Sprüchen, gegossen von Jos. Anton Grasmayr in Feldkirch 1834. — 3. Dm. 49,5 cm, Inschrift: A FURORE HERETICORUM LIBERA NOS Dᴺᴱ . SANCTA JULITTA ORA PRO NOBIS 1628. Giesserplakette mit Initialen „N. S.“. Bilder: Kreuzigung, St. Maria, Franziskus, Antonius Abt, Carlo Borromeo.

---

1) Bei einer neuerlichen Restaurierung (1939/40) fand ein in der Kirche vorhandenes Votivbild in reich geschnitztem Barockrahmen als Altarblatt Verwendung. Auch das (neugefasste) geschnitzte Antependium stammt aus älterem Bestand.

2) Dieser spätgotische Flügelaltar war bei der Visitation von 1643 noch vollständig erhalten. Im Schrein: St. Maria inmitten von St. Julitta mit ihrem Knaben Quiricus, Katharina und Sebastian. Auf den Flügeln: St. Luzius, Florinus, Emerita „etc.“. Der Schrein wurde um 1875 verbrannt, die Figuren gingen vor einigen Jahrzehnten in den Kunsthandel. — Auch der südliche Seitenaltar war noch ein spätgotisches Schnitzwerk. Im Schrein: St. Anna zwischen St. Jakobus und Placidus, auf den Flügeln St. Georg und Katharina. Von diesem Altar ist nichts mehr vorhanden.

Abb. 336 und 337.
Zwei Vesperbilder aus Andest.

Im Diözesan-Museum zu Schwyz sind drei Holzskulpturen aus Andest aufbewahrt: 1. *Thronende Muttergottes*, H. 56 cm, Fassung grösstenteils abgerieben. Der rechte Arm der Maria sowie der rechte Arm und linke Fuss des Kindes fehlen; um 1350; FUTTERER S. 155, Nr. 7 (Abb. 338). — 2. *Vesperbild*, H. 68,5 cm, stark beschädigt; die Extremitäten fehlen. Ikonographisch bemerkenswert, weil Christus zwischen den Knieen der Maria aufrecht auf dem Bohen sitzt. — 3. *Vesperbild*,

Abb. 338. Thronende Muttergottes aus Andest.
Die Plastiken Abb. 336—338 heute im Diözesan-
Museum zu Schwyz.

H. 64 cm. Christus auf dem Schoss der Mutter; gleicher Meister wie Nr. 2. Fassung abgerieben. Der rechte Arm Christi fehlt. Beide Stücke aus dem ersten Fünftel des 16. Jahrhunderts. Auffallend ist das Vorhandensein zweier gleichzeitiger Vesperbilder desselben (vielleicht einheimischen) Schnitzers in einer Kirche (Abb. 336 und 337).

Die Kapellen

Sie sind weder architektonisch noch ihrer Ausstattung wegen bemerkenswert und werden daher hier nur kurz aufgezählt: 1. St. Antonius von Padua im westlichen Dorfteil, gewölbt, mit eingezogenem Chor; 18. Jahrhundert. Altar neu, zwei *Glöckchen*, das eine von FRANZ THEUS in Felsberg von 1842, das andere ohne Inschrift. – 2. St. Joseph, kleine offene Kapelle am Weg nach Panix. – 3. St. Maria im westlichen Dorfteil. *Altar* mit gewundenen Säulen und Akanthus; um 1720. – St. Nikolaus, westlich des Dorfes. Kleine offene Kapelle mit dreiseitigem Schluss; 18. Jahrhundert. Ländliches *Barockaltärchen.*

OBERSAXEN – SURSAISSA

Vorgeschichte. Im Sommer 1904 wurde auf der Alp Gren[1] am Übergang von Obersaxen zur Greina ein „etruskischer“ Bronze-Sturmhelm ohne Kamm mit gravierten Randbändern gefunden. H. 22,5 cm, aufbewahrt im Schweiz. Landesmuseum zu Zürich (Abb. 339). Nach Stähelin typenverwandt mit dem „Olympia-Helm“ (474 v. Chr.). Vgl. auch Bd. I, S. 8 f.

Abb. 339. Bronzehelm, gefunden bei Obersaxen.
Nun im Schweiz. Landesmuseum zu Zürich.

Literatur: JB. des Schweiz. Landesmuseums Zürich 1905, S. 54 und 74 mit Abb. — STÄHELIN, Die Schweiz in röm. Zeit, II. Aufl. Basel 1931, S. 13.

Geschichte. Obersaxen tritt schon früh ins Urkundenlicht: Bischof Tello besass hier in „Super Saxa“ einen Grosshof — wohl im heutigen „Meierhof“ (romanisch „Cuort“) —, den er 765 dem Kloster Disentis vermachte (CD. I, S. 14). Doch scheint das Gut dem Stift wieder entzogen worden zu sein, denn im karolingischen Urbar kommt die „curtis supersaxum“ mit der dortigen Kirche als Königsbesitz vor (CD. I, S. 296). Otto I. schenkt sie 956 dem Bischof von Chur (CD. I, S. 88)[2]. Unter den seit alters zu dem Hof gehörenden Leuten werden „sex vassellarii vasorum magistri“ genannt, also sechs Meister, die sich mit der Herstellung von Gefässen befassen. Sie bildeten anscheinend eine Berufsgemeinschaft, die für den Export arbeitete, denn für den lokalen Bedarf wäre ihre Produktion zu gross gewesen[3]. Schon im Lauf des 13. Jahrhunderts scheint der Hof Obersaxen an die Herren von

1) Nach Mitt. des Herrn Bischofs Msgr. Caminada auf Grund von Augenzeugenberichten, also nicht auf Alp nova, wie bisweilen angegeben wird.
2) Nicht 966, wie bei Mohr. Die richtige Datierung s. Mon. Germ. hist. dipl. reg. et imp. I, S. 265.
3) Welcher Art diese Gefässe waren (Keramik, Lavez, vielleicht auch „Gebsen“ = hölzerne Milchgefässe?), ist nicht zu verkennen. Vgl. E. Poeschel in der Neuen Zürcher Ztg. 1934, Nr. 1148.

Räzüns gefallen zu sein, denn sie zahlten bereits 1290/98 das dortige Kathederaticum (CD. II, S. 102). In der Folge entwickelten sie hier — wohl aus der Grundherrschaft sowie der Schutzvogtei über die Walser — eine Territorialhoheit als Bestandteil der Herrschaft Räzüns, die 1497 an das Haus Österreich fiel und in ihren letzten Resten erst 1819 liquidiert wurde. Der Gemeinde stand indes die niedere Gerichtsbarkeit zu. In das ursprünglich von Romanen bewohnte Gebiet waren — nach neuerer These vielleicht schon vom 12. Jahrhundert an[1] — deutschsprechende Bauern aus dem Oberwallis eingerückt und hatten, später durch Wanderungsnachschübe verstärkt, das anbaufähige Land erweitert und allmählich eine vollständige sprachliche Germanisierung des Gebietes bewirkt. Das Bewusstsein ihrer Herkunft aus dem Wallis bekundeten die Obersaxer noch 1730 durch die Verordnung, dass der St. Joder-Feiertag wie von den Altvordern gehalten werde, dessen „Heiltum" von einer Deputation aus dem Wallis geholt worden war[2].

Die Grenzen der Gemeinde Obersaxen decken sich nicht völlig mit dem geographischen Tatbestand, da Flond und Neukirch, die auch „super saxum" auf der gleichen Hochterrasse liegen, eigene Gemeinden sind. Obersaxen besteht heute aus fünf Pirthen („Gebürten", Bauernschaften, nun Fraktionen): Untere, Obere, Meierhofer, Zwischentobler, Innere Pirth (taleinwärts aufgezählt).

Das älteste *Siegel* (erste Hälfte des 14. Jahrhunderts) zeigt St. Peter, den Patron der Hauptkirche, sowie eine Umschrift in gotischen Unzialen: S · MINISTRI · COMUNITAS · IN · ÜBERSAXS[3]. — Kirchlich gehört Obersaxen, dessen Gotteshaus als Zehntenkirche schon 831 genannt wird, wohl zu den primären Pfarreien des Vorderrheintales. Ein Plebanus begegnet uns urkundlich erstmals 1251 (Wartmann, S. 2). Die Kollatur gehörte zur Herrschaft, seit 1819 steht sie der Gemeinde zu. In Meierhof wurde 1684, in St. Martin erst 1738 eine Kaplaneipfründe gestiftet (GA. Nr. 31, 44).

Die Katholische Pfarrkirche St. Peter und Paul in Meierhof.

Geschichte und Baugeschichte. Die Peterskirche zu Obersaxen wird als königliche Eigenkirche im karolingischen Urbar von 831 urkundlich erstmals erwähnt: „ecclesia S. Petri cum decima de ipsa villa (supersaxa)" (CD. I, S. 296). Otto I. schenkte sie 956 dem Bistum Chur (s. oben). Von diesem frühmittelalterlichen Bau sind keine Teile mehr vorhanden, vom romanischen Bestand jedoch der Turm (um 1200). Am 30. April 1406 wird der „cappela parochialis" (!) in Obersaxen unter Festsetzung der Kirchweihe ein Ablass erteilt. Unter diesem Gotteshaus kann trotz der ungewöhnlichen Bezeichnung nur die Pfarrkirche verstanden sein[4]. Ob die Indulgenz mit einer Bauvornahme in Zusammenhang gebracht werden darf, ist nicht zu entscheiden; das gleiche trifft zu für die beiden nächsten Weihen: nämlich am 6. August 1441 von zwei Altären und im Jahre 1473, in dem Kirche und Chor samt drei Altären neu konsekriert wurden[5]. Dagegen sind die beiden darauffol-

---

[1] Vgl. Iso Müller in Ztschr. f. Schweiz. Gesch. 1936, S. 386, und R. v. Planta in Revue de Linguistique Romane 1931, S. 99. — Zur Kritik der sprachlichen Seite der Thesen Müllers s. R. Hotzenköcherle in Vox Romanica III, S. 161—172.

[2] Es handelt sich hier um ein Partikel der Valeria-Glocke des hl. Theodor (St. Joder, romanisch „Sogn Gioder") von Sitten. Vgl. Chr. Caminada, Bündner Glocken, Zürich 1915, und BMBl. 1931, S. 311.

[3] Vorkommend an Urkunden von 1472 an, doch stilistisch wesentlich älter. Über dieses und die späteren Siegel s. Derichsweiler in BMBl. 1931, S. 309.

[4] Das Original der Urkunde fehlt nun im GA. Kopie in der Mohr'schen Dokumentensammlung Bd. II, Nr. 479 im St.A. Die Kirchweihe ist hier am 5. Oktober, also zeitlich nahe der späteren Kirchweihe der Pfarrkirche (Sonntag vor Michaelis). Der Weihbischof heisst Burchard (Ep. Sebast.), nicht Berchtold, wie Mayer, Bistum I, S. 421, angibt.

[5] Während 1473 der Petertitel an erster Stelle der Patrone des Hochaltars genannt wird, kommt er 1441 überhaupt nicht vor. Die auch von Bertogg (S. 15, Anm. 39) übernommene Lesart Simonets (S. 114)

genden Weihen sicher auf den spätgotischen Umbau zu beziehen: am 15. Oktober 1500 wird der Chor der Pfarrkirche geweiht und das Schiff sowie der Friedhof rekonziliert; im Chor steht ein Altar, im Schiff zwei. Am 23. September 1509 wird dann die „ecclesia parochialis St. Petri" abermals geweiht. Zuerst war wohl der Chor völlig neu errichtet und hernach das Schiff umgebaut worden (GA. Nr. 1, 4, 8, 9.). Beidesmal ist zwar St. Peter noch der alleinige Titel der Kirche, doch erscheint St. Paul bereits als Mitpatron des Hochaltars. Dieser spätgotische Bau wurde zwar beim Dorfbrand vom 23. Juni 1740 beschädigt[1], doch blieb er im wesentlichen bis 1904 erhalten. Über dem nach Osten gerichteten eingezogenen Chor ruhte ein zweieinhalbjochiges Sterngewölbe von gleicher Figuration wie bei St. Martin, s. S. 288. Die einfach gekehlten Rippen und Schildbogen wuchsen aus Konsolstümpfen, von denen einer als Fratze ausgebildet war. Über dem Schiff lag, wie bei der Visitation von 1643 notiert wird, ehemals eine Holzdecke, die nach dem Brand durch eine flache Putzdecke ersetzt wurde. Im Chor wie in der Nordwand des Schiffes zweiteilige Spitzbogenfenster mit Fischblasenmaßwerken über runden Teilbögen. Das Äussere des Chores war durch Streben gegliedert.

Nach 1904/05 wurde die alte Kirche mit Ausnahme des Turmes völlig niedergelegt und durch einen Neubau (von Arch. BALTH. DECURTINS, Chur) ersetzt. Neuweihe am 15. Oktober 1905.

Literatur: Der ältere Bauzustand ist zu erschliessen aus dem Visitationsbericht von 1643 (BMBl. 1915, S. 39 f.), der Beschreibung von RAHN in ASA 1876, S. 698, und 1882, S. 350, und aus Skizzen (Grundriss, Choransicht, Konsoldeteil), von Arch. A. HARDEGGER im Besitz von P. Notker Curti, Kloster Disentis. — Abb. der jetzigen Kirche und des alten Turmes bei GAUDY, Nr. 17.

Abb. 340. Obersaxen-Meierhof.
Katholische Pfarrkirche
Thronende Muttergottes um 1400.
Text S. 286.

Baubeschreibung. Die Kirche ist ein Neubau von 1904/05. Aus dem romanischen Bestand stammt noch der **Turm.** Er ist aus unregelmässigem Mauerwerk gefügt und auf jeder Seite durch zwei hohe Blendnischen gegliedert; nur bei den unteren Kompartimenten ist der abschliessende vierteilige Rundbogenfries noch erhalten, während er bei den oberen — offenbar anlässlich des Aufbaues der Wim-

---

„St. Martini" statt „Ste Mariae" trifft nicht zu. Die Patrone heissen deutlich: „sanctae beatae virginis M., trium regum, Marie Magdalene sancte crucis, s. Theoduli s. Antonii s. Sebastiani". Alle diese Titel kommen denn auch als Altarpatrone der Peterskirche 1473 wieder vor, mit einziger Ausnahme von St. Antonius. Das Fehlen des Peterstitels 1441 dürfte so zu verstehen sein, dass hier überhaupt nur die Patrone zweier neuer Seitenaltäre genannt wurden und der Hochaltar nicht neu konsekriert wurde. Dafür spricht auch die Formel der Dedicatio, die sich nur auf die Altäre beschränkt: „et altarium dedicationem ponimus dominica prima mensis Augusti."

1) Eintrag im Spendbuch von Brigels. Nicht 23. Dezember, wie im BMBl. 1938, S. 132, angegeben.

pergen 1689 (Datum an der Westseite)[1] — durch einen Halbrundbogen ersetzt wurde. Unten viereckige Lichtschlitze, darüber rundbogige Schmalfenster und im obersten Geschoss zweiteilig gekuppelte Rundbogenfenster mit abgerundeten Kämpfern über primitiven Teilsäulen mit schwach ausladenden Würfelkapitellen und kubischen Basen (nur noch auf der Westseite erhalten). Über Wimpergen mit Stichbogenfenster ein achteckiger Spitzhelm.

Die **frühere Ausstattung.** Vei der Visitation von 1643 besass die Kirche noch den gotischen Hochaltar (s. unten) sowie zwei barocke Seitenaltäre aus Stuck. Nach dem Brand von 1740 wurden drei neue *Holzaltäre* aufgestellt, signiert: ANTONI SIGRIST VON BRIGG AUS WALLIS HAT DIESE ALTÄRE AUSGEHAUWEN, ANNO 1741. - JAKOB SOLIVA VON TRUNS IN LANDSCHAFT DISENTIS HAT ES GEFASSET UND VERGOLDET ANNO 1747. Gleichzeitig entstand die 1747 datierte *Kanzel.* Altäre und Kanzel wurden 1907 nach Schindellegi (Kt. Schwyz) verkauft. Beschreibung mit Abbildung des Hochaltars s. Kdm. Schwyz I, S. 308 ff. — Jetzige Ausstattung von 1904/05.

In der Sakristei steht die Holzskulptur einer *thronenden Muttergottes.* H. 80 cm, Vollfigur mit Spuren alter Fassung. Der linke Unterarm fehlt bei Mutter und Kind. Im oberen Teil mit dem glatt um die Schultern liegenden Mantel sind noch Elemente des frühen 14. Jahrhunderts zu spüren, im Faltenwurf der unteren Gewandpartien jedoch spricht sich der Stil um 1400 aus (Abb. 340, S. 285). Die Figur befand sich zuletzt in der Kapelle von Miraniga (s. S. 294), sie stammt aber offenbar vom alten Hochaltar der Pfarrkirche; denn die Haltung des Kindes lässt an die Beziehung zu einer Dreikönigsgruppe denken, und in der Tat barg der alte Hochaltar Figuren der Maria und der Drei Könige. Es handelte sich anscheinend um einen der flügellosen Szenenaltäre, wie sie im 14. Jahrhundert auch schon in der Bodenseegegend vorkamen[2]. — Über einen der *spätgotischen Seitenaltäre* und andere Altarfragmente dieser Zeit siehe unter Kapelle St. Georg, S. 291 ff.

Kultusgeräte. 1. Ein *gotischer Kelch*, H. 19,5 cm. Fuss Kupfer, vergoldet, rund, mit getriebenem Sechspass und graviertem Maßwerk. Flachgedrückter Nodus mit Rosetten und Blattschmuck. Die glatte silberne Kuppa sitzt auf einem Kranz kleiner Blätter, der gleichsam den Keim eines „Korbes" bildet[3]. — 2. *Gotischer Kelch*, H. 18,5 cm. Fuss und Nodus ähnlich wie bei Nr. 1, doch ohne Gravierung und Kelchblätter. Beide aus der zweiten Hälfte des 15. Jahrhunderts (Abb. 341). — 3. Silberner *Barockkelch*, H. 24,5 cm, geschweifter Fuss mit Muscheldekor, die Kuppa in getriebenem und durchbrochenem Korb. In den Medaillons des Fusses: St. Peter und Paul, St. Martin und Auferstehung; am Korb Passionssymbole; um 1730. Meisterzeichen „I. R.", wie am Bonaduzer Kelch Bd. III, Tab. I, Nr. 25. — 4. *Kreuzreliquiar*, Empirestil; Silber, getrieben. H. 47,5 cm, ohne Marken.

Glocken. 1. Dm. 127 cm, Inschrift: AUS DEM FEUWR KOM ICH, ZUE GOTTES EHR LEUTH MAN MICH, ALL ABGESTORBNE BEWEIN ICH, DAS UNGEWITTER VERTREIB ICH. ANTON KEISER VON ZUG HAT GOSSEN MICH A. 1740. Bilder: Kreuzigung St. Antonius v. P., Maria, Michael. — 2. und 3. von JAKOB KELLER in Unterstrass bei Zürich 1852. — 4. Dm. 66,5 cm, Inschrift: AVE MARIA GRACIA PLENA DOMINUS TECUM ANNO 1743. Bilder: Kruzifix, Maria.

---

1) Doch hatte der Turm schon zuvor einen Spitzhelm: 1643 „Campanile quadrangulare in summitate acumen ascendit".

2) Das Visitationsprotokoll vom 1. Sept. 1643 notiert über den Hochaltar: „Altare maius anchonam habet veterem, sed satis elegantem, quae in sculpturatis beatissimam Virginem cum tribus regibus et multis aliis sanctis repraesentat; in summitate crucifixus". Von Flügeln ist nicht die Rede. Vielleicht steht der Indulgenzbrief von 1406 (s. oben) mit dieser Altarerneuerung in Verbindung. — Näheres über den Typus des flügellosen Szenenaltares s. Karl Schultz, Der deutsche Altar im späteren Mittelalter, Würzburg 1939, S. 35 und 140.

3) Vergleiche dazu den Kelch von Egringen (1485) in Kdm. Basel-Stadt II, S. 225.

Abb. 341. Obersaxen-Meierhof. — Katholische Pfarrkirche.
Zwei gotische Kelche, zweite Hälfte des 15. Jahrhunderts.
Text S. 286; der Kelch Nr. 1 auf obigem Bild rechts.

Die Katholische Filialkirche St. Martin

Geschichte und Baugeschichte. Die Kirche dient den gottesdienstlichen Bedürfnissen der inneren „Pirth", des Gemeindegebietes westlich vom grossen Tobel. Da die Urkunden von 1406 und 1441 auf die Pfarrkirche zu beziehen sind (s. S. 284 und Anm. 4, 5), stehen uns mittelalterliche Dokumente über St. Martin nicht zur Vefügung[1]. Ob um 1500 nur der Chor neu gebaut wurde oder die ganze Kirche erst aus dieser Zeit stammt, ist nicht zu entscheiden; doch besteht die Möglichkeit, dass die Hauptpartien des Schiffes älter sind (s. unten). 1768 neuer Turm, 1874 Verlängerung des Schiffes gegen Westen unter Aufhebung einer dort ehemals angeordneten Vorhalle aus Holz, neue Decke und Fenster. Letzte Gesamtrenovation 1929/30.

Baubeschreibung. Inneres. Der nach Osten gerichtete eingezogene und dreiseitig geschlossene *Chor* ist aus der Achse des Schiffes um etwa 75 cm nach Süden hin verschoben und zudem in gleicher Richtung leicht abgedreht. Diese Abweichungen lassen an die Möglichkeit denken, dass das Schiff von einem älteren Bau stammt und das Terrain bei Errichtung des Chores (um 1500, gleichzeitig mit dem Chor der Pfarrkirche) eine Verschiebung bergwärts empfahl. Über dem Chor liegt ein Sterngewölbe von zwei Jochen, dessen einfach gekehlte Rippen aus Konsolstümpfen wachsen, geziert mit Schildchen, Fratzen und Sternrosetten. Keine Schildbogen; polygonale Schlußsteine. Die Figuration ist exakt gezeichnet und die Steinhauerarbeit präzis. Leere Spitzbogenfenster. In der südlichen Chorwand eine

---

1) Selbst wenn die Urkunde von 1441 sich auf St. Martin bezöge, wäre die These Bertoggs (S. 15) von einer „inneren Pfarre" bei St. Martin ohne Stütze, da das Dokument nicht von einer Pfarrkirche, sondern nur von einer „ecclesia" spricht. Das Regest im Staatsarchiv ist in diesem Punkt ungenau.

quadratische, in Tuff gefasste Nische mit Kielbogenabschluss für die Altargeräte. Spitzer, beidseits gefaster *Chorbogen*. Die für 1874 bezeugte Vergrösserung des *Schiffes* (Nüscheler Mskr. S. 21) dürfte in einer Verlängerung gegen Westen, etwa um die Emporentiefe, bestanden haben. Aus dieser Zeit stammen auch wohl die moderne stichbogige Putzdecke und die heutige Fenstergestaltung.

Äusseres ohne Wandglieder, einheitliches Satteldach. Südlich des Chores eine Sakristei neueren Datums.

Der **Turm** wurde 1768 errichtet (Nüscheler Mskr. S. 21), steht an der Abschlusswand des Chores und ist mit einer zwiebelförmigen Haube bekrönt.

Ausstattung. Drei Altäre aus Holz. *Hochaltar:* Vier gewundene Säulen tragen ein geschweiftes Gebälk, auf dem Putten sitzen; den Giebel füllt eine Strahlensonne, in der die Taube schwebt; um 1740. Das Altarbild ist modern. *Tabernakel* um 1760. Die Seitenaltäre sind als Pendants gestaltet und stellen vereinfachte, auf zwei Säulen reduzierte Varianten des Hochaltars dar. Am *nördlichen* Altar Medaillons mit Szenen der Schmerzen Mariae. Die Mittelgruppe (Pietà) modern. *Südlich* ein Altarblatt: Placidus und Sigisbert (um 1710 von einem älteren Aufsatz)[1]; die Altäre selbst um 1740; restauriert und neu gefasst 1930.

Die *Kanzel* wächst als polygonaler Korpus aus gebauchtem Sockel und ist mit Rokokozierat geschmückt; um 1770. Neu gefasst 1930. — *Kruzifixus* am Chorbogen, 17. Jahrhundert; neu gefasst.

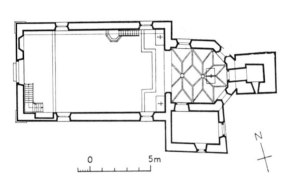

Abb. 324. Obersaxen.
Die Katholische Filialkirche St. Martin.
Grundriss. — Maßstab 1:300.

Paramente. Eine *Casula* aus rotem Samt mit grossflächigem Blattmuster auf hellem Grund, spätes 17. Jahrhundert. — Ein rotes *Kelchvelum* aus gemustertem und silberbroschiertem Samt.

Glocken. 1. von JAKOB EGGER in Staad bei Rorschach 1914. — 2. und 3. von GEBR. GRASSMAYR in Buchs 1913[2].

Die Kapellen

Die Gemeinde Obersaxen besitzt zwölf Kapellen, die hier in der alphabetischen Reihenfolge der Ortsnamen aufgeführt sind.

1. **St. Mariae Heimsuchung in Afeier,** erbaut vor 1668 (Datum des Altarbildes). Nach Norden gerichtete, anspruchslose einräumige Kapelle mit trapezförmiger Leistendecke. Innere Maße: L. 5 m, Br. 3,95 m. Satteldach mit Dachreiter; Südeingang. — Der *Altar* aus Holz. Ein Paar gewundene Säulen und zwei Pilaster, vor denen die Figuren von St. Peter und Johannes stehen, tragen ein schräg auswärts stossendes Gebälk. Seitlich Akanthusranken; um 1700. Das Altarblatt stellt

---

1) Das Klostergebäude von Disentis im Hintergrund ist offenbar eine freie, bzw. missverstandene Wiedergabe der Ansicht in der „Idea congregationis" von 1702, die auch in Einzelstichen verbreitet wurde. Die Abtreppung des Dachgeschosses macht dies deutlich.

2) Nach Nüscheler Mskr. trug die Glocke Nr. 1 die Inschrift: „St. Martine ora pro nobis 1801. Meister Joseph und Bonifaz Walpen von Reckingen in Wallis"; die beiden andern zeigten weder Datum noch Text.

die Heimsuchung dar und ist signiert: „NICOLAUS JULIANUS DE ROGOREDO[1] f. Ano 1668". Kunstlose Arbeit. Rokoko-*Antependium*. — Seitlich auf dem Schrank eine barocke *Pietà* von dem ländlichen Schnitzer des Altars. — Von GIULIANI stammt offenbar auch das Ölbild der Beweinung an der Ostwand. — *Glocken:* 1. von Gebr. THEUS in Felsberg 1881. — 2. ohne Giessername, 1901[2].

2. **St. Ignatius in Axenstein.** Die kleine, 1938 durch einen herabgestürzten Felsblock zerstörte Kapelle bestand aus einem unregelmässigen rechteckigen, nach rückwärts sich verjüngenden Schiff und einem innen halbrunden, aussen trapezförmigen, nach Süden gerichteten Altarraum. Die — offenbar nachträglich, im 18. Jahrhundert — eingezogene Tonne stiess ohne Unterteilung vom Schiff in die Apsis hinein. In jeder Langseite des Schiffes je ein kleines Rundbogenfenster mit gerader (nur an der Innenseite des Südfensters, und auch hier nur einseitig geschrägter) Leibung; die Türe in der Nordwand rundbogig ohne Fase. — Satteldach mit achtkantigem, mützenförmigem Dachreiter des 18. Jahrhunderts. — Grundriss und Fensterform liessen es zu, das Bauwerk in sehr frühe Zeit, ja ins erste Jahrtausend zu datieren. Die Nähe der Burg Axenstein würde eine Entstehung im 12. oder 13. Jahrhundert erklären[3]. Doch fehlen bestimmtere Merkmale zu so weitgehenden Schlüssen. — Belangloses *Barockaltärchen* mit modernem Ignatiusbild. — *Glocke:* Dm. 39,5 cm, Inschrift: A FULGURE ET TEMPESTATE LIBERA NOS DOMINE JESU CHRISTE. - GOS MICH ANDREAS A PORTE IN BREGENTZ M D CC VII. Bilder: Kruzifix, Maria, St. Franziskus, Ignatius.

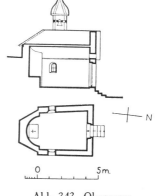

Abb. 343. Obersaxen.
Die Kapelle St. Ignatius in Axenstein.
Grundriss und Längsschnitt.
Maßstab 1:300.

3. **St. Johannes der Täufer in Ballaua,** erbaut vermutlich im 18. Jahrhundert. Nach Süden gerichtete bescheidene einräumige Kapelle mit stichbogiger Gipsdecke und belangloser Ausstattung. Innere Maße: L. 4,30 m, Br. 3,25 m. — Im offenen Dachreiter zwei *Glocken:* 1. Dm. 40 cm, Inschrift: GEGOSSEN VON JOS. ANT. GRASMAYR IN FELDKIRCH M D CCC XXX VIII. Bilder: St. Martin, Maria, Kruzifix. — 2. Dm. 31 cm, ohne Inschrift und Datum. Bilder: Kruzifix, Maria.

4. **St. Valentin in Canterdu,** erbaut vor 1643[4]. Nach Norden gerichtete einräumige Kapelle mit trapezförmiger Holzdecke; ein viereckiges und ein rundbogiges Fenster. Der rundbogige Eingang in der Südfront. Innere Maße: L. 5,10 m, Br. 3,60 m. Auf dem Satteldach ein offener Dachreiter mit geschweifter Haube. — Ländlicher *Holzaltar* mit zwei glatten Säulen und Balusterfries; um 1670. Altarblatt: Beweinung und St. Valentin, offenbar von NIC. GIULIANI (s. Afeier S. 288f.) und ohne Kunstwert, überdies übermalt. — *Glocken:* 1. Dm. 51 cm, Inschrift: SANCTE VALENTINE ORA PRO NOBIS. ANNO DOMINI 1643 TEMPORE CHRISTIANI MENISCI (Camenisch) PAROCHI ET PAULI ZOLLER PROCURATORIS. Bilder: Kreuzigungsgruppe, St. Valentin, St. Martins Mantelspende. — 2. Dm. 36,5 cm, Inschrift: AB OMNI MALO LIBERA NOS DOMINE I H S – M A 1631. Bild: Monogramm Christi.

---

1) Nicolao Giuliani, vgl. Bd. I, S. 210, 223, und M. Zendralli, Bündner Baumeister, Zürich 1930, S. 162.
2) Nach Nüscheler Mskr. stammte die frühere, nun umgegossene Glocke von Rageth Mathis, 1797.
3) In diesem Falle wäre natürlich ein Patroziniumswechsel vorauszusetzen.
4) Datum der grösseren Glocke. Jenes der kleineren — 1631 — ist nicht mit Sicherheit zu verwerten, da sie nicht den Namen des Titelheiligen trägt, also von anderwärts stammen kann.

Abb. 344. Obersaxen. — Die Kapelle St.Georg in Meierhof.
Ansicht von Nordwesten.

5. St. Antonius von Padua in Egga (roman. Largera). Der erste kleine Bau, mit einem Altar, wurde um 1675 gestiftet von Antonio del Agosto (Augustin?) mit Hilfe anderer Nachbarn. Völlig neu gebaut 1707 und konsekriert 1716 z. E. von St. Johannes Bapt. und Antonius von Padua[1]; der erstere Titel ist jedoch in neuerer Zeit in den Hintergrund getreten.

Der Bau: St. Anton ist die einzige grössere Kapelle östlich von Meierhof. Der eingezogene, dreiseitig geschlossene Chor ist nach Norden gerichtet. Tonnengewölbe, im Chor dem Polygon angepasst. Stichbogige Fenster, Südeingang. Innere Maße: Chor L. 4,85 m, Br. 4,10 m, Schiff L. 8 m, Br. 5,70 m. — Die Fassade ist mit Lisenen und Gesimsen gegliedert; Satteldach. Der Turm — an der Ostseite des Chores — wurde nachträglich angefügt (der Verputz der Chorwand geht hinter die Turmmauer hinein). Achteckiger Spitzhelm. — In den Medaillons des Schiffsgewölbes handwerkliche *Malereien*, offenbar von J. J. RIEG.

Ausstattung. Drei einfache Altäre aus Holz mit je zwei gedrehten Säulen. Der *Hochaltar* ist dadurch ausgezeichnet, dass er noch ein Giebelgeschoss trägt; um 1706. Das kunstlose Altarblatt des Hochaltars (St. Johann Bapt. und Ant. v. Padua) ist signiert: „Johannes Jacobus Rieg Maler 1721 A° 29. Augusta gemacht". Frontispizbild mit St. Benedikt und Scholastica von gleicher Hand. — Die beiden Bilder der *Seitenaltäre* mit je einem Heiligenpaar in sehr geringer Malerei, signiert: „Johannes Sepp, Maler". — Wesentlich besser ist die Bemalung einer *Prozessionsfahne*, die auf der einen Seite die Rosenkranzmadonna, auf der andern St. Antonius v. P. und Johannes Bapt. zeigt; Mitte des 18. Jahrhunderts.

Glocken. 1. Dm. 53 cm, Inschrift: SANCTA MARIA ORA PRO NOBIS GEGOSSEN VON JOS. ANT. GRASMAYR IN FELDKIRCH M D CCC VI. Bilder: Kruzifix, Madonna. — 2. Dm. 51 cm, als Inschrift ein Satz aus dem Benediktus-Segen gegen Pest und böse Geister: CRUX SACRA SIT MIHI LUX NON DRACO SIT MIHI DUX 1712. Bilder: Johann Ev. und Ant. v. P.

6. St. Joseph am Grosstobel. Die Kapelle wurde im Jahre 1862 wohl im wesentlichen neu gebaut. Sie ist weder der Architektur noch der Ausstattung nach bemerkenswert. Von den beiden Glocken ist die grössere undatiert, die kleinere goss FRANZ THEUSS in Felsberg 1844.

7. St. Georg in Meierhof, erbaut wohl anfangs des 17. Jahrhunderts, jedenfalls vor 1643[2]. — Der Bau: gegen Norden gerichtete einräumige Kapelle mit

---

1) Notizen von Pfarrer Arpagaus (1747), wiedergegeben in Nüscheler Mskr. S. 20.
2) Das geht daraus hervor, dass der Flügelaltar schon 1643 nicht mehr in der Pfarrkirche stand (s. S. 293, Anm. 1). Die Inschrift von 1651 spricht zudem nur von der Ausmalung. Die Kapelle stand damals offenbar schon geraume Zeit.

Abb. 345 und 346. Obersaxen. — Kapelle St. Georg in Meierhof.
St. Magdalena und Muttergottes aus dem gotischen Flügelaltar, um 1489. — Text unten.

gewalmter Holzdecke. Stichbogige Fenster, Eingang im Süden. Auf dem Satteldach ein offener Dachreiter mit geschweifter Haube. Innenmaße: L. 5,40 m, Br. 4 m.

Wandmalereien, nur in Fragmenten freigelegt: An der Nordwand eine Muttergottes mit Kind, über der zwei Engel ein Spruchband halten. Um ihr Haupt ein
Reif von Sternen; zu ihrer Rechten eine kniende Gestalt, vielleicht ein Stifter,
sowie St. Georg. An der östlichen Längswand sieht man die Oberkörper zweier
Apostel. Tüchtige, über handwerklichem Durchschnitt liegende Arbeit von 1651[1].

Der gotische Flügelaltar. In einem viereckigen Schrein stehen unter zierlichem
Maßwerk mit Kielbogen und Fischblasen vor golden damasziertem Grund drei
hinten leicht abgeplattete Statuen: Maria mit dem Kind zwischen St. Katharina

1) Nach Nüscheler Mskr. S. 19 stand früher an der inneren Südwand die Inschrift: „Anno 1651 hat
ein ehrsamer und weiser Rath alhier und Andere Sonderbare Andächtige Personen diese Kapel Gott
und siner liben Muoter zur Ehren malen lo von Mei[er] J. G. Bith (? unleserlich) von S. Neukirch (?) aber
dieser Zeit wohnhaft zuo Chur.“

Abb. 347 und 348. Obersaxen. — Kapelle St. Georg in Meierhof.
St. Barbara und St. Margaretha. Innenseiten der Flügel am gotischen Flügelaltar, um 1489. — Text unten.

und Magdalena (Abb. 345 und 346, S. 291). Lichtmaß des Schreines: H. 155 cm,
Br. 92,5 cm; Figurenhöhe 80—83 cm; alte Fassung. Die Flügel sind beidseits
bemalt. Auf den Innenseiten je eine weibliche Heilige auf damasziertem Goldgrund,
links St. Barbara, rechts Margaretha, den Drachen auf der verhüllten Rechten
tragend. Aussen je ein männlicher Heiliger auf blauem Hintergrund: links St. Johannes Evang., rechts St. Johannes Bapt. (Abb. 347—350). Bekrönung und Predella
fehlen (S. 293 f.)

Die Skulpturen dieses Werkes stehen in nächster Verwandtschaft zur Plastik
des von Yvo Strigel signierten Altares in Disentis (1489), was besonders ein Vergleich der Madonnen deutlich macht (M. Sattler). Sie dürfen wohl als eigenhändige
Werke des Meisters gelten. Die gemalten Figuren, schlanke, kleinköpfige Gestalten
mit subtil nuanciertem Inkarnat und sorgfältig abschattiertem Faltenwerk, gleichen
ebenfalls den Malereien des Disentiser Altares und können (nach G. Otto und Baum)
mit dem Frühwerk Bernhard Strigels in Zusammenhang gebracht werden. Der

Abb. 349 und 350. Obersaxen. — Kapelle St. Georg in Meierhof.
Die beiden Johannes. Aussenseiten der Flügel am gotischen Flügelaltar, um 1489. — Text S. 292.

Altar stand ursprünglich in der Pfarrkirche von Obersaxen in Meierhof, und zwar auf der Evangelienseite[1].

Literatur: M. SATTLER, Zuweisungen an Yvo Strigel, ASA., 1916, S. 26ff. — G. OTTO, Grundsätzliches zur plastischen Tätigkeit Yvo Strigels, Memminger Geschichtsblätter 1935, Nr. 1, S. 2. — J. Baum in Thieme-Becker, Allg. Künstler-Lex. Bd. 32, S. 187. — Kdm. Grb. Bd. I, S. 120, 121f.

Im Schloss Marschlins sind zwei aus Obersaxen stammende bemalte, querrechteckige *Tafeln* aufbewahrt. Maße übereinstimmend: H. 45 cm, Br. 71 cm. Auf beiden je ein paar Halbfiguren männlicher Heiliger auf dunkelbraunem Grund: 1. St. Martin (mit Bettler) und Judas Thaddäus (mit Keule), 2. St. Christophorus und Laurentius. Beide Tafeln hatten offenbar als Rückseiten zweier Predellen ge-

---

1) Dieser Seitenaltar war — wie aus den Konsekrationsbriefen von 1473 und 1500 (GA. Nr. 2 u. 8) hervorgeht, der Muttergottes sowie St. Maria Magdalena und Katharina geweiht, was zu den beschriebenen Schreinfiguren passt. Schon bei der Visitation von 1643 stand indes ein Rosenkranzaltar aus Stuck an seiner Stelle. Vgl. BMBl. 1915, S. 40.

dient[1]. Vielleicht gehörte Nr. 1 zu dem obigen Altar, Nr. 2 zu seinem Pendant auf der Epistelseite, unter dessen Patronen 1500 auch St. Christophorus genannt wird.

Glocken. 1. Dm. 45 cm, Inschrift: GOS MICH GAUDENTZ HEMPEL IN CHUR 1657. Bilder: Kreuzigung, St. Georg. — 2. Dm. 39,5 cm, Inschrift und Bilder wie Nr. 1.

8. **St. Sebastian in Miraniga,** erbaut 1668[2]. Gegen (Nord)Osten gerichtete Kapelle mit eingezogenem, dreiseitig geschlossenem gewölbtem Chor. Im Schiff Holztonne. Innenmaße: Chor L. 2,50 m, Br. 3,20 m. Schiff L. 4,40 m, Br. 3,75 m. Stichbogenfenster und Lunette. Westeingang. Satteldach mit offenem Dachreiter, von schlankem, achteckigem Spitzhelm bekrönt. — *Wandmalereien* im Chor: zu seiten des Chorbogens und in dessen Leibung die Rosenkranzgeheimnisse, die Verkündigung und die Hl. Trinität. An der Eingangswand St. Katharina, Agnes und Christina; ländliche Schildereien, signiert: ,,Gion Giacob Rieg Maler 1705.''

Das *Altarblatt* stellt St. Sebastian und Carlo Borromeo dar, ist signiert: ,,F. Fridolinus Eggert, professus Diserti^sis pingebat 1688'', aber in eine jüngere, um 1750 entstandene Umrahmung mit gedrehten Säulen, geschweiftem Gebälk und Giebelkartusche gefasst (Abb. 352, S. 296). — An der Nordwand ein gutes *Bild* (Leinwand, H. 79 cm, Br. 88 cm): die Muttergottes zwischen St. Peter und Paul; Gewänder übermalt. Zu Füssen der Madonna unbekanntes Stifterwappen. Mitte des 17. Jahrhunderts.

Glocken. 1. D. 55,5 cm, Inschrift: ET VERBUM CARO FACTUM EST. ANNO 1743. - F. MARIA BARBARA HENNI. Bilder: Kruzifix, Muttergottes. — 2. Dm. 37,5 cm, Datum 1669 ohne weitere Inschrift. Bilder: Kreuzigung, St. Sebastian.

9. **St. Jakob d. Ä. in Misanänga,** erbaut laut Inschrift (s. unten) 1617. Zu dieser Kapelle ging jährlich am Jakobstag eine Prozession der Pfarrgenossen. Einräumiger, gegen (Nord)Osten gerichteter Bau mit Walmdecke aus Holz. L. 5 m, Br. 3,50 m. Dachreiter wie in Miraniga (Abb. 351). Eingang stichbogig und gefast. Auf einer Tafel über der Türe (im Inneren) steht die Bauinschrift: ,,Anno 1617 Junii ist erbauen worden dise Capelen von den ersamen Crista Pargaz Jeorius Kuenig (Kuoni oder König?) und sein Sohn Peter. Hans Brunold, Peter Kuenig, Martin Brunold.''

Einfacher *Altar* in gleicher Art wie in Canterdu. Das Bild stellt St. Jakob d. Ä. zwischen St. Peter und Johannes Evang. in Verehrung der Maria dar und ist signiert: ,,Johannes Christoph Guser(er) Ma(ler) 1679. (Vgl. Bd. I, S. 205, IV, S. 191). Derbes geschnitztes Rokoko-Antependium.

Glocken. 1. Dm. 36 cm, Inschrift: JOHANNES BABTISTA ERNST ZU LINDAW GOS MICH 1617. Bild: Jakobus d. Ä. — 2. Dm. 28 cm, Giesser und Datum wie Nr. 1, doch ohne Ort. Bild: Maria.

10. **Hl. Drei Könige in Platänga.** Nach dem Bericht des Pfarrers Arpagaus (1747) stand die laut Altarinschrift 1593 errichtete Kapelle westlich des Weilers; 1695 sei sie dann an den jetzigen Standort verlegt worden. Sie ist nach Norden gerichtet und besteht aus einem mit Holztonne überwölbten Schiff und eingezogenem, flach geschlossenem Chor, der sich nach der Tiefe zu verjüngt und mit einem grätigen Kreuzgewölbe bedeckt ist. Innere Maße: Chor L. 2,65 m, Br. 2,60 bis 3,30 m. Schiff L. 4,60 m, Br. 4,40 m. Südeingang. Auf dem Satteldach ein offener Dachreiter mit geschweiftem, schlankem Helm. — Die *Wandmalereien* wurden nach einer

---

1) Dafür, dass sie nicht Vorderseiten waren, spricht der bräunliche (nicht goldene) Grund und ferner der Umstand, dass die Tafeln mit unzähligen eingeritzten Hauszeichen überzogen sind. Es handelt sich auch nicht etwa um Vorder- oder Rückseite der gleichen Predella.

2) Nach Pfr. Arpagaus a. a. O. S. 19. Die von Nüscheler S. 71 genannte Kaplanei St. Sebastian dürfte eine Altarpfründe in der Pfarrkirche gewesen sein.

3) Geteilt von Rot und Weiss, oben ein Vogel (Schwan?), unten vier Schräglinksbalken. Helmzier wie Bild.

Abb. 351. Obersaxen. — Die Kapelle St. Jakob d. Ä. in Misanänga.
Ansicht von Westen. — Text S. 294.

nicht mehr vorhandenen, von Nüscheler (Mskr.) überlieferten Inschrift 1704 von
„Johannes Rieg Maler, Bürger zu Chur, wohnhaft in Somvix" ausgeführt. Handwerkliche Schildereien, doch von kräftig dekorativer Wirkung. Im Chor: an den
Wänden St. Maria mit Anna selbdritt, Ursula und Joseph sowie musizierende Engel;
am Gewölbe die Evangelisten. Im Chorbogen die Rosenkranzgeheimnisse, zu seiten
des Bogens die Verkündigung und Ordensheilige. An den Schiffswänden die zwölf
Apostel und Heilige (sämtliche betitelt) (Abb. 354, S. 296). *Altar* aus Holz: gewundene Säulen mit Weinranken flankieren ein Epiphanienbild; um 1700.

Fragmente früherer Altäre: Auf einem Absatz der Westwand stehen,
voneinander getrennt, die Teile eines *Renaissance-Altars.* 1. Hauptbild: die Anbetung der Drei Könige, ländlich naive Malerei in Tempera auf Holz. Am Sitz der
Maria das Maler-Monogramm Tab. II, 14[1] und Datum 1593. Im Fries die Inschrift: ICH CHRIST JOS HAB DIS CAPEL GEBUWEN US MINEM GUOT 1593. ICH · BAL-
DASAR · ALLIG · VON MOREG · HAB MIN HILF DAR ZŮ TUM (!). Dabei die Wappen
Jos und Alig (Wappenbilder s. Casura S. 12, 38, Taf. 1 und 24). Die Predella
und das Giebelbild sind — von dem Mittelstück getrennt — aufeinandergesetzt;
auf ersterer sieht man Christus und die zwölf Apostel, auf dem Giebelbild — zum
grossen Teil zerstört — die Kreuzigung.

---

1) Das Monogramm gleicht genau dem Signum des Daniel Lindtmayer d. J. aus Schaffhausen
(vgl. Scheibenrisse der Sammlung Paul Ganz 1570, 1572, 1584 usw.), doch kommt wegen der viel zu
geringen Qualität der Malerei dieser Meister hier nicht in Frage.

Abb. 352.
Obersaxen. — Kapelle St. Sebastian in Miraniga.
Der Altar. — Text S. 294.

Abb. 353.
Obersaxen. — Kapelle St. Anna in Valata.
Der Altar. — Text S. 297.

Im Chor stehen von einem andern Altar stammende *Flügel* (H. 103,5 cm, Br. 63 cm), auf den Innenseiten bemalt mit je einer Figur auf damasziertem Grund: St. Barbara und männlicher Heiliger mit Szepter, vermutlich St. Luzius; Ende des 16. Jahrhunderts (Abb. 355).

Glocken. 1. Dm. 47 cm. Inschrift: ZU EHREN DER HEILIGEN DREI KÖNIG. - MDCCIV. Bild: Kreuzigungsgruppe. — 2. Dm. 33 cm, ohne Inschrift.

Das Innere des Chores. — Text S. 295 f.   Altarflügel, St. Luzius (?). — Text oben.

Abb. 354 und 355. Obersaxen. — Kapelle der Hl. Drei Könige in Platänga.

Abb. 356. Obersaxen. — Die Kapelle St. Anna in Valata.
Ansicht von Südosten.

11. **St. Anna in Valata.** Nach Arpagaus gestiftet um 1600 von Jakob Bleicher. Das Schiff der nach Osten gerichteten Kapelle ist annähernd quadratisch, Chor und Schiff von Tonnen mit Stichkappen überwölbt. Das Mauerwerk ungelenk. Eingang (im Westen) und Hauptfenster stich-bogig. Auf dem Satteldach ein offener Dach-reiter mit schlankem, achtkantigem Spitzhelm; im Dachraum ist jedoch zu sehen, dass die Kapelle ehemals auf der Westfront ein offenes Glockenjoch trug. Bescheidenes *Altärchen* mit glatten Säulen und seitlichen Akanthusranken, um 1700, das Altarblatt jedoch vermutlich aus der Mitte des 17. Jahrhunderts. Es ist ikono-

Abb. 357. Obersaxen.
Die Kapelle St. Anna in Valata.
Grundriss. — Maßstab 1:300.

graphisch bemerkenswert, da Maria in synchronistischer Weise zweimal erscheint: in der Mitte als Hauptfigur mit dem Jesusknaben, und links aussen als Kind in der Selbdritt-Gruppe. Rechts aussen St. Rochus mit dem Engel (Abb. 353, S. 296).

Glocken. 1. Dm. 46 cm, Inschrift: HEILIGE ANNA BITT FÜR UNS 1743. Bilder: Kreuzigung, St. Joseph. — 2. Dm. 38 cm. Von JAKOB KELLER in Zürich 1866.

Profanbauten

Fraktion St. Martin: Ein *Bauernhaus* mit gemauertem Küchentrakt und gestricktem Wohnteil. Querdurchlaufender Korridor mit zwei Ausgängen, die im Rundbogen schliessen und mit Architekturmotiven in Buntmalerei umrahmt sind; um 1600. — An der Giebelfront des Kaplaneihauses eine bäuerliche *Holzfigur* des St. Martin zu Pferd, datiert 1629; sie zierte ehemals die Vorhalle der Kirche (s. S. 287).

Im Hause Anton Riedi in Meierhof befindet sich ein *Porträt*, signiert „Felix Diogg, pinxit 1788". Ölgemälde auf Leinwand, H. 83 cm, Br. 67 cm. Der Dargestellte ist Franz Anton Riedi, geb. 1757, Landrichter 1791. — Literatur: W. HUGELSHOFER, Felix Maria Diogg, Zürich 1940, Katalog Nr. 11.

Burgruinen

1. **Heidenberg.** Die Burg, die am Nordhang der Obersaxer Terrasse oberhalb Tavanasa steht, kommt in Urkunden nicht vor. Ihr Name ist vielleicht die volkstümliche Bezeichnung eines für uralt gehaltenen Gemäuers. Vorhanden sind noch die auf einen Felsblock aufgemauerten Fundamente eines vermutlich fünfeckigen Turmes und die schwachen Spuren einer anschliessenden Wehrmauer. Datierung nicht möglich. Näheres s. BURGENBUCH S. 73 f. und 240 (mit Grundriss).

2. **Moregg** bei Egga. Die in Urkunden nicht erscheinende Burg wurde vielleicht um 1200 erbaut und war später räzünsisch wie alle Obersaxer Burgen; Moregg ist eine zwischen zwei Tobeln liegende „Abschnittsburg", die bergseits durch Halsgraben und Schildmauer geschützt war. Von letzterer wie der talseitigen Wehrmauer sind ansehnliche Partien erhalten. Im Innern stehen noch Reste eines Turmes mit Hocheingang im zweiten Geschoss. Näheres s. BURGENBUCH S. 73 f., 239 (mit Grundriss) und Taf. 62, 63. Zeichnungen im Nachlass Rahn in der Zentralbibl. Zürich.

3. **Saxenstein** bei dem Weiler Axenstein; gleichfalls urkundlich nicht belegt, vielleicht im 11. Jahrhundert gegründet. Ruinen eines starken viereckigen Turmes mit Verkleidung aus gutem, lagerhaftem Mauerwerk; im Kern Gussmauer. Rundbogiger Hocheinstieg im zweiten Geschoss. Die Rötung des Mörtels deutet auf Ausbrennung. Näheres s. BURGENBUCH S. 74, 241 (Grundriss) und Taf. 63, 64.

4. **Schwarzenstein.** Die Burg wird urkundlich nur einmal — 1289 — genannt, und zwar im Besitz des Heinrich Brun von Räzüns, dem sie Hartwig von Löwenstein entrissen hatte (Wartmann S. 18); sie dürfte im 12. Jahrhundert gegründet worden sein. Die ausgedehnte Anlage — nach Jörgenberg ehemals wohl die bedeutendste im Vorderrheingebiet — liegt am Steilabfall der Obersaxer Terrasse nördlich des Weilers Grosstobel und — wie Heidenberg und Saxenstein — hart an der Gemeindegrenze gegen Brigels. Sie hält einen schmalen, 50 m langen Felskopf besetzt, der dem Rand entlang mit einer Ringmauer bewehrt ist. An den Enden Kopfbauten. Die Pforte lag bei der östlichen Bastion. Über die Innenbauten sind ohne Grabungen Angaben nicht möglich. Näheres s. BURGENBUCH S. 73 und 239 f. (Grundriss, Ansicht und Schnitt).

PANIX – PIGNIU

Geschichte. Die Bedeutung des Ortes, der in älteren Urkunden übrigens nicht genannt wird, lag in seiner Situation als Ausgangspunkt einer „tribnen Strass" ins Glarnerland über den „Berg Vepchium", wie Sprecher (Chron. S. 254) den Panixerpass nennt, der heute im Romanischen auch noch „Veptga" heisst. In der neueren Geschichte wurde der Pass durch den Übergang des Generals Suworow am

6. bis 9. Oktober 1799 bekannt, dessen Truppen dabei — hauptsächlich durch Erfrieren — stark dezimiert wurden. Kirchlich gehörte Panix ursprünglich zur Pfarrei Ruis, von der es sich 1667 (nach einem vergeblichen Versuch im Jahre 1652) endgültig ablöste (GA. Nr. 11 und 13). Panix war schon zu Sprechers Zeit (1617) ein viel besuchter Wallfahrtsort zur Verehrung des in Passau beigesetzten hl. Valentin von Mais bei Meran[1].

Die Katholische Pfarrkirche St. Valentin

Geschichte. Die früheste Nachricht über das Gotteshaus erhalten wir durch einen — bei der Visitation von 1643 notierten — Konsekrationsbrief über die am 5. August 1465 erfolgte Weihe von ,,capella et altare in Benig (Panix) in honorem S. Valentini". Am 22. November 1522 findet, wie ebenfalls 1643 protokolliert wird, abermals eine Neuweihe der ,,capella S. Valentini in Banix" statt. Die Anzahl der Altäre erfahren wir dabei nicht. Über die nur aus dem Befund zu erschliessende Baugeschichte siehe unter ,,Schlussfolgerungen".

Literatur: SIMONET, Weltgeistliche, S. 117 f. — Abdruck des Visitationsprotokolls in BMBl. 1915, S. 423.

Baubeschreibung. Inneres. Die nach Osten gerichtete Kirche besteht aus einem rechteckigen Schiff und eingezogenem, dreiseitig geschlossenem *Chor*, der von einer dem Polygon angepassten Tonne mit Stichkappen überwölbt ist, die ohne Gesimse oder Konsolen unmittelbar aus der Wand wächst. Schilde spitzbogig. In der Südwand ein rundbogiges und in der südöstlichen Schrägung ein spitzbogiges Fenster, letzteres mit gekehltem Gewände, das Spuren eines herausgebrochenen Maßwerkes zeigt. Der *Chorbogen* spitz und ungefast. Über dem *Schiff* liegt eine stichbogige Gipslattendecke. In der Südwand zwei ungleiche Fenster wie im Chor; ferner ein Oculus mit Fischblasen in der Westwand. Der Eingang — an der gleichen Seite — ungefast rundbogig. Innere Maße: Chor L. 5,25 m, Br. 3,75 m. Schiff L. 7,10 m, Br. 5,30 m. — Äusseres ohne Wandgliederung. Einheitliches Satteldach, an der Westwand ein Vordach, angelehnt an den Turm.

Der **Turm.** Er steht ohne Verband vor dem Schiff, dessen Verputz hinter die Turmwand hineingeht, ist aus unregelmässigem Mauerwerk gebaut und unverputzt; halbrund geschlossene Schmalfenster, teilweise vermauert. Auch die Schallfenster rundbogig, das Zifferblatt datiert 1865. Zeltdach aus Steinplatten. Die Sakristei (mit rippenlosem Kreuzgewölbe) wurde nachträglich (ohne Verband) an den Chorschluss angebaut. Im Dachraum der Sakristei ist zu sehen, dass die Chorwand ,,für Ansicht" verputzt ist[2].

Baugeschichtliche Schlussfolgerungen. Ob der heutige Umfang der Kirche auf einen Neubau vor der Konsekration von 1465 oder vor jener von 1522 zurückgeht, ist nicht mit Sicherheit zu entscheiden, doch wird der frühere Termin wahrscheinlicher sein, da man um 1522 wohl ein Rippengewölbe im Chor erwarten dürfte; um 1465 wäre indes eine Flachdecke — auch für den Chor — denkbar, da damals das Vorderrheintal noch nicht von der spätgotischen Baubewegung berührt war[3]. Die Rundbogentüre und die rundbogigen Fenster gehörten dann zu dieser Etappe.

---

1) Über den ,,rätischen" St. Valentin s. P. Otmar Scheiwiller in Ztschr. f. Schweizer Kirchengeschichte 1940, S. 1 ff.

2) Damit ist die Tradition widerlegt, dass die Sakristei die ehemalige Kapelle sei.

3) Ausserdem ist noch zu beachten: 1465 hatte die Kapelle nur einen Altar; noch 1643 musste an den Seitenaltären mit einem altare portatile zelebriert werden, da sie nicht konsekriert waren (BMBl. a. a. O.). Sie müssen also erst lange nach 1522 entstanden sein; auch dies spricht gegen einen grösseren Umbau um 1522.

Abb. 358. Panix. — Kapelle der Schmerzhaften Muttergottes.
Predella eines gotischen Altars, 1490–1500. — Text S. 301.

Die Konsekration von 1522 bezöge sich in diesem Falle nur auf Renovationen bzw. Umgestaltungen: die Maßwerkfenster, vielleicht auch die 1643 erwähnten, seither aber verschwundenen Malereien an den Chorwänden (Leben und Passion St. Valentins). Auch der Turm fällt wohl in diese Etappe. Später, um 1600, nachdem die Kirche als Wallfahrtsstätte (besonders zur Heilung der „Freisen") erhöhte Bedeutung erlangt hatte, Wölbung des Chores. Errichtung der Sakristei erst nach 1643 (bei der Visitation dieses Jahres noch nicht vorhanden). Gipsdecke im Schiff im 18. oder 19. Jahrhundert. — Die Ausstattung stammt aus neuerer Zeit. — Geschnitztes *Kreuzreliquiar* in Rokokoformen.

Glocken. 1. Dm. 68,5 cm, Inschrift: A FULGURE ET TEMPESTATE AB INSIDIIS DIABOLI LIBERA NOS DOMINI. - JESUS MARIA SEIES P(R)O LA NOSSA CUMPAGNIA ANNO M D CC II. (Dieser Satz stellt die älteste rätoromanische Glockeninschrift Graubündens dar.) Bilder: S. Valentin, hl. Ritter, Placidus und Vitus. — 2. Dm. 55 cm, Inschrift: AVE MARIA GRACIA PLENA DOMINUS TECUM. ANNO 1765. Giesserinitialen: „P. L. K." und „A. B. B." von Zug (PETER LUDWIG KAISER und ANTON BRANDENBERG). Bilder: Kreuzigung, Maria. — 3. Dm. 45 cm. In einer Kehle des Schlagrings der Englische Gruss wie auf Nr. 2, doch mit Datum 1587. Bilder: Kreuzigung und St. Valentin (mit Titel).

Im Klostermuseum zu Disentis: Fragment einer *Holz-Skulptur*, weibliche Heilige, vermutlich Muttergottes. Vollrunde Statue, H. 101 cm. Arme und Teile des Oberkörpers abgeschnitzt zur Verwendung als Bekleidungsfigur. Teile alter Fassung; Mitte 14. Jahrhundert. Die Figur gehörte offenbar zu dem Marienaltar auf der Evangelienseite, der — nach einer Bemerkung des Protokolls von 1643 — zusammen mit dem Flügelaltar im Chor und einigen Kelchen für 200 R. (rhein. Gulden) in Filisur erworben worden war. Über den *Flügelaltar* s. S. 301 und Anm. 1.

Die Kapelle der Schmerzhaften Muttergottes

Der **Bau.** Die Kapelle wurde 1735 benediziert (Simonet, Weltgeistliche, S. 119). Nach Nordost gerichteter Bau mit quadratischem Chor; über dem Schiff zweijochige Tonne mit Stichkappen, im Chor ein grätiges Kreuzgewölbe. Ein Hauptgesims läuft in beiden Räumen, die durch Schrägung des Choreinganges architektonisch zusammengezogen sind, ringsum. Gute Proportionen. Belichtung durch

Viereckfenster und Oculi; Westeingang. Aussen ist das Schiff durch Ecklisenen eingefasst. Über dem einheitlichen Satteldach erhebt sich ein leichter Dachreiter mit zwiebelförmiger Haube.

Ländliche *Malerei* am Chorbogen und Gewölbe, datiert 1776 (aufgefrischt). — In dem sonst belanglosen barocken *Altärchen* mit einem Bild der Mater dolorosa zwischen St. Joseph und Johannes von Nepomuk (um 1735) ist eine *spätgotische Predella* eingebaut: Der Leidenschristus, dessen durchbohrte Hände von Maria und Johannes emporgehalten werden; aussen St. Peter und Paul, alle als Halbfiguren über einer Steinbrüstung. Rotbrauner Grund; 1490–1500 (Abb. 358). Die Predella gehörte sicher zu dem noch 1643 vorhandenen Flügelaltar, der laut Visitationsbericht aus Filisur erworben worden war, wo er als Seitenaltar gedient haben muss[1].

Das Glöcklein zeigt weder Inschrift noch Datum.

RUIS – RUEUN

Urgeschichte. Die Funde von drei *Bronzebeilen* deuten auf Besiedelung in früher Zeit: eines, in Schaufelform, wurde 1901 gehoben und gelangte ins Schweiz. Landesmuseum Zürich (Nr. LM 5579), zwei andere, mit Lappen, kamen 1911 bei einer Quelle zutage und waren vielleicht Weihegaben; gefunden nahe dem neuen Reservoir, aufbewahrt im Rätischen Museum zu Chur.

Literatur: H. u. Ö., S. 9. — ASA. 1901, S. 84, 1912, S. 189, Abb. S. 191 Nr. 3. — JB. SGU. 1928, S. 40.

Geschichte. Der Name, der als „Ruane" schon 765 urkundlich erscheint (CD. I, S. 14), hängt mit „ruina" = Rüfe zusammen und bezieht sich auf den Schuttkegel des Schmuërbaches, an dessen Rand das Dorf liegt. In karolingischer Zeit befand sich in Ruis ein mit ansehnlichem Güterbesitz ausgestatteter Königshof, der unter drei Lehensleuten verteilt war. Daneben hatte das Kloster Disentis hier seit dem Tello-Vermächtnis (765) Grundeigentum (CD. I, S. 14 u. 295). Im hohen Mittelalter gehörte die Dorfschaft zur Herrschaft Jörgenberg und später zum Gericht Waltensburg.

Die schon im karolingischen Urbar (um 831) genannte — mit dem Zehnten von Andest und Waltensburg ausgestattete — königliche Eigenkirche von Ruis war offenbar eine der primären Pfarrkirchen der Talschaft. Ihr Sprengel schloss ehemals auch Andest und Panix ein. Die Kollatur war später Teil der Herrschaft Jörgenberg und ging mit ihr 1472 auf das Kloster Disentis über. Von 1628 bis 1644 wurde die Pfarrei von Kapuzinern versehen[2].

Die Katholische Pfarrkirche St. Andreas

Geschichte und Baugeschichte. Erste urkundliche Erwähnung um 831 (C. D. I, S. 295). Vom frühmittelalterlichen Bestand sind keine erkennbaren Elemente mehr vorhanden, vom romanischen der Turm (12. Jahrhundert). Altarweihen, die mit Bauvornahmen heute nicht mehr in Zusammenhang zu bringen sind, fanden am 4. April 1449 und am 4. August 1465 statt. 1449 wird das Patrozinium St. Andreas erstmals urkundlich genannt. Die Kapuziner errichteten bald nach

---

1) Er hatte nur drei im Protokoll nicht näher bezeichnete Figuren („cum tribus imaginibus et alis"). Der Hochaltar von Filisur mit fünf Figuren kam nach Arvigo und von dort ins Landesmuseum. Vgl. Bd. II, S. 394 mit Berichtigung in Bd. III, S. 566, sowie ASA. 1932, S. 229.

2) Vgl. P. A. Bürgler, Der Franziskus-Orden, Schwyz 1926, S. 122. — Simonet, Weltgeistliche, S. 139.

ihrer Ankunft die bestehende Kirche, vielleicht unter Verwendung von Teilen der alten Chormauern[1]. Konsekration am 12. Juni 1633. Beim Dorfbrand vom 5. September 1834 wurde nur der Dachstuhl zerstört.

Quellen und Literatur: „Liber Aggregationis" mit geschichtlichen Notizen. Pfarr-Arch. — Visit. Prot. 1643 in BA. — SIMONET, Weltgeistliche, S. 138. — RAHN in ASA. 1876, S. 716, und 1882, S. 354. — Nachtrag Bd. VII, S. 301.

Baubeschreibung. Inneres. Die nach Osten gerichtete barocke Anlage besteht aus einem dreijochigen Schiff ohne Seitenkapellen und dem eingezogenen quadratischen Chor. Über dem *Chor* liegt ein rippenloses Kreuzgewölbe, über dem *Schiff* eine durch Gurten geteilte Tonne. Wandgliederung durch Pilaster und ein ringsum laufendes Hauptgesims. Die Belichtung erfolgt durch Viereckfenster unterhalb des Gesimses. Die Türe zum Turm in der nördlichen Chorwand zeigt einen über konvex ge-

Abb. 359 und 360. Ruis. — Die Katholische Pfarrkirche St. Andreas.
Grundriss. — Maßstab 1:300. — Ostansicht des Turmes.

rundeten Kragsteinen liegenden Sturz (romanisch?). — Im Chor derbe *Stuckrahmen* und *Kartuschen*, um 1633.

Äusseres. An der Chor-Südecke und am Schiff viereckige Streben. Ein Sockel umzieht nur das Schiff, nicht auch den Chor. Die Fassade ist durch Lisenen und Bildnischen gegliedert. Das Portal, im Westen, neu umrahmt. Satteldächer.

Der Chor wird flankiert von je einer Sakristei, nördlich mit Kreuzgewölbe (um 1633), südlich — jüngeren Datums — mit hölzerner Flachdecke.

Der romanische **Turm** steht an der Nordwand des Chores, ist unverputzt und zeigt sorgfältigen Eckverband aus grossen Quadern; er wird in drei Etagen durch Blendnischen gegliedert, die mit einem viergliedrigen Fries von Kleinbogen abschliessen. In diesen Blenden öffnen sich die Fenster, unten einfach rundbogig, dann in ansteigender Vermehrung zwei- und dreiteilig gekuppelt. Die — wohl in späterer Zeit erneuerten — gefasten Teilpfeiler stehen auf viereckigen Basen, die Kämpfer sind gerundet. Das oberste Geschoss wurde offenbar nachträglich, vielleicht erst

---

[1] Die Kirche soll „fast von Grund aus" neu gebaut worden sein: „nempe a fundamento erecta fuit".

im frühen 16. Jahrhundert, aufgesetzt; den Blenden fehlen hier die Bogenfriese, die Kämpfer sind konkav geschweift. Unter dem steilen gemauerten Zeltdach ein Karnies und einfache Wasserspeier.

Von der älteren *Ausmalung*[1] *sind nur in der* nördlichen Sakristei noch Reste vorhanden. In den Schilden die Verkündigung, Geburt Christi, Hl. Familie und Stigmatisation des St. Franziskus, am Gewölbe zarte Ranken mit Blättern und Blumen; um 1633 (Abb. 362, S. 304).

Ausstattung: *Die Altäre.* Die Aufbauten bestehen aus Stuck und stammen aus der Erbauungszeit (um 1633). Der *Hochaltar* aus marmorierten glatten Dreiviertels-Säulen mit Kompositkapitellen, über denen ein gekröpftes Gebälk mit römisch-korinthischem Konsolengesims ruht. In der Verdachungslücke eine Figur des St. Andreas, auf den Segmenten Putten. Das Altarblatt, dessen Tonharmonie der orangefarbene Mantel der Mittelfigur beherrscht, zeigt die Himmelfahrt Mariae mit den Heiligen Andreas, Luzius, Flo-

Abb. 361. Ruis. — Die Katholische Pfarrkirche St. Andreas.
Ansicht von Osten.

rinus und Franziskus (Abb. 364, S. 305). Der *Tabernakel* in Form eines Kuppeltempels ist mit Nischen und Gesimsfigürchen reich geschmückt; um 1633. Das geschnitzte *Antependium* mit dem Abendmahl (nach Lionardo) stammt von dem in Mailand ausgebildeten Schnitzer TSCHUOR von Ruis und entstand zwischen 1850 und 1860.

Mit dem Hochaltar entstanden die *Seitenaltäre*, säulenlose Rahmenbauten mit Seitenkaryatiden und den Altarpatronen auf der Verdachung. Bild des nördlichen Altares: Rosenkranzmadonna mit St. Dominikus und Katharina v. Siena; am südlichen Altar: der Gekreuzigte zwischen St. Sebastian und Carlo Borromeo. Signiert: EGO JOA BAPTISTA MACOLINUS COMITATUS CLAVENNAE PINGEBANI (!) M D C XXXV. — Einige Fragmente der gotischen *Sakramentsnische* wurden an der Rückseite der

---

1) Von den 1643 notierten Wandmalereien im Schiff, Szenen aus dem Leben des Kirchenpatrons darstellend, ist nichts mehr zu sehen.

Abb. 362. Ruis. — Katholische Pfarrkirche.
Gewölbemalerei um 1633 in der Sakristei. — Text S. 303.

Mensa eingesetzt. — Einfache polygonale *Kanzel* aus Nussbaum. — Am Chorbogen ein *Kruxifixus* mit waagrecht ausgestreckten Armen, 17. Jahrhundert, neu gefasst.

In der Sakristei ein *Vesperbild*, H. 69 cm, Goldfassung alt, Farben übermalt (Abb. 365, S. 306). Derbe, aber ausdrucksvolle Arbeit aus dem Anfang des 16. Jahrhunderts. — An der Sakristeitüre originelles *gotisches Beschläg* mit Ringträger in Form eines Ziegenkopfes (Abb. 363). — Ein Ölgemälde des Moses, das im Chor hing, befindet sich nun im bischöflichen Schloss zu Chur. Es ist eine wohl in der Frühzeit des 19. Jahrhunderts entstandene Kopie eines Bildes des 17. Jahrhunderts. Vgl. dazu S. 420, Anm. 2.

Kultusgeräte. *Barock-Monstranz*, H. 47,5 cm, Silber, vergoldet, der geschweifte Fuss mit vollplastisch getriebenen Engelsköpfen und Deflorin-Wappen in Email. Umschrift: „Johannes Simeon Deflorin 1681." Neben dem herzförmigen Fenster Maria und Johannes, oben der Gekreuzigte. Beschau Augsburg, Meistermarke des DOMINIKUS SALER, † 1718, bei Rosenberg Nr. 788. Siehe auch Bd. II, S. 368 u. 378.

Paramente. Eine *Casula* aus rotem Goldbrokat; um 1700. — Eine *Casula* aus kirschrotem Seidendamast mit Silberranken und bunten gestickten Blumen; um 1730.

Im Diözesanmuseum zu Schwyz: *Casula mit Stola* und *Manipel* aus Leder mit Ranken in Goldpressung. — *Casula* aus weissem Leinen mit Blumen, Ranken und Engeln in bunter Seidenstickerei; beide 17. Jahrhundert.

Glocken. 1. Dm. 104,5 cm, Inschrift: AD HONOREM D · ET B. V. M. F. F. HAEC CAMPANA UT LIBEREMUR A RUINA VERMIBUS LUPIS ET ALIIS PESTIFERIS ANIMALIBUS. A. M D CC XXX. Bilder: Kreuzigungsgruppe, St. Andreas, Magnus (betitelt). — 2.—4. Gegossen 1929 von F. HAMM in Staad[1].

---

1) Nach Nüscheler Mskr. trugen die früheren Glocken folgende Inschriften: Nr. 2: „Ad honorem St. Andreae et Salvatoris mundi. Veni cum virtute ad liberandum nos. Anno Domini m cccc lxiii (1463)." — 3. „Ad honorem Dei et S^mae Mariae Virginis et S.

Abb. 363. Ruis. — Katholische Pfarrkirche.
Gotische Beschläge an der Sakristeitüre. — Text oben.

Abb. 364. Ruis. — Katholische Pfarrkirche.
Der Hochaltar. — Text S. 303.

Grabtafeln. An der Westfront ein heraldisches *Wandepitaph* in geschupptem Rahmen mit Giebel. In der Mitte der Tafel Allianzwappen Deflorin-Salis, umgeben von kleineren Wappenschilden: oben Deflorin und Salis, die unteren zerstört. Inschrift in deutscher Sprache für Landrichter Johannes Simeon Deflorin, † 8. Januar 1688, und dessen Ehefrau Faustina, geb. von Salis, † 1666 (Abb. 366, S. 307). — Am Beinhaus angelehnt: *Bodenplatte* mit den Allianzwappen Deflorin und Cabalzar, in den oberen Ecken kleinere Wappen Deflorin und Montalta. Inschrift unleserlich.

In der südwestlichen Friedhofecke steht das **Beinhaus** mit spätgotisch gefastem spitzbogigem Eingang und derbem Maßwerk-Oculus. *Antependium* mit in Kreuzform angeordneten Totenköpfen in einheimischem Stoffdruck. Vgl. Bd. I, S. 254.

Andreae et S. Nicolai haec campana f. f. Año domini M D L XXX.“ — 4. „o rex glorie Christe Anno 1580.“

Die Kapelle St. Antonius

Der Bau. Im oberen Dorf, erbaut um 1690[1]. Kleine, gegen Norden gerichtete, einräumige, jedoch dreiseitig geschlossene Kapelle mit Tonnengewölbe. Innere Maße: L. 4,45 m, Br. 3,50 m. Satteldach. Über dem Südgiebel ein Dachreiter mit zwiebelförmiger Haube. — Einfaches zweisäuliges *Holz-Altärchen* mit einem Bild der Vision des St. Antonius von Padua, signiert: „Pater Fridolin' Eggert profess' Disert. 1694".

Glocke. Dm. 47 cm, Inschrift: SANCTA MARIA ET SS. FRANZISCE ET SANCTA MA. MAG. (Maria Magdalena) ORATE PRO NOBIS A. DO. 1643. — Die Glocke stammt von der Maria-Magdalena-Kapelle (s. S. 308).

Die Kapelle St. Franziskus

Der Bau. An der Strasse nach Panix, 1206 m ü. M.[2], erbaut um 1642. Nach Osten gerichteter barocker Bau mit breitem Schiff und quadratischem Chor, beide von Tonnen überwölbt. Westeingang mit Granitgewände. Maße: Schiff L. 5,25 m, Br. 4,70 m. Chor L. 3,50 m, Br. 3,25 m. Satteldächer. Der offene gemauerte Glockenstuhl sitzt nicht auf dem Giebel, sondern auf der Südostecke des Schiffes.

Am Chorgewölbe und Chorbogen Reste einer *Bemalung* (St. Franziskus und Ornamentfelder), von gleicher Hand wie in der Kapelle St. Maria Magdalena; um 1640.

Ausstattung. Am *Altar,* aus Holz, dominiert das grosse, halbrund abgeschlossene Gemälde, das beinahe bis an das Gewölbe reicht und für einen reicher ausgebildeten Giebel keinen Raum liess. Es ist flankiert von kannelierten Säulen und bekrönt vom Kapuziner-Emblem (Abb. 67, S. 308). Das Bild zeigt die Erteilung des Ablasses für die Portiunkula-Kapelle durch Christus an St. Franziskus und ist signiert: OCTAVIUS AMIGONUS CIVIS · BRIX · FEC · M D C X L I I (OTTAVIO AMIGONI von Brescia; vgl. Bd. I,

Abb. 365. Ruis. — Katholische Pfarrkirche.
Vesperbild in der Sakristei, Anfang des 16. Jahrhunderts.
Text S. 304.

1) Das Datum der Glocke (1643) kann baugeschichtlich nicht verwertet werden, da sie ehemals zur Magdalenenkapelle gehörte. Siehe S. 308.
2) Im Topographischen Atlas der Eidgenossenschaft fälschlicherweise „St. Valentino".

S. 226)[1]. Die Komposition ist ganz im Geist des Hochbarock in einer steil aufsteigenden Diagonale aufgebaut, die bei dem knienden Heiligen zusammengefasst beginnt und sich strahlenförmig in der über dem Altar erscheinenden Gruppe von Christus, Maria und den Engeln ausbreitet. Die unter dem Tuch verborgenen, zuschauenden Mitbrüder lösen sich kaum aus dem Hintergrundsdunkel. Das Gemälde ist eines der besten Altarbilder in Graubünden. Das Gewand der Maria übermalt.

Glocke. Dm. 37 cm, Inschrift: FECIT RAGETH MATHIS 1793. Bilder: Kruzifix, St. Franziskus.

Die Kapelle St. Maria Magdalena

Geschichte und Baugeschichte. Die (in Urkunden nicht vorkommende) Kapelle steht in Gula am Ausgang des Tobels gegenüber von Schnaus. Gula war ehemals eine grössere Siedelung und wird von Sererhard noch als „kleines Gemeindlin" oder „Nachbarschaft" bezeichnet[2]. Das Patrozinium wurde vielleicht von Schnaus hierher übertragen, als es

Abb. 366. Ruis. — Katholische Pfarrkirche.
Grabtafel mit Allianzwappen Deflorin-Salis, 1666.
Text S. 305.

dort durch die Reformation unterging. Die erste Kapelle (16. Jahrhundert?) hatte vermutlich nur ein offenes Glockenjoch. Die Errichtung des Turmes erfolgte wohl 1643 zugleich mit einem Umbau (Einwölbung!).

Baubeschreibung. Inneres. Nach Osten gerichteter, mit barocker Tonne überwölbter Bau, bestehend aus Schiff und flach geschlossenem Chor; Viereckfenster. Innere Maße: Chor L. 4,10 m, Br. 3,45 m. Schiff L. 6,40 m, Br. 4,70 m. — Das Äussere ist ohne Wandglieder; Westeingang, Satteldächer (Abb. 369, S. 309).

Der **Turm** steht an der Nordseite des Chores und ist trotz seinem romanisch wirkenden Habitus jünger als die Kapelle, denn seine Wandungen laufen an die „für Ansicht" verputzten Mauern von Chor und Schiff an. Als Baujahr darf das Datum der Glocken (1643) angenommen werden. Er ist unverputzt und aus unregelmässigem Mauerwerk gefügt. Rechteckige Gerüstlöcher, profiliertes Dachgesims, Zeltdach mit neuer Blecheindeckung. Unten Lichtschlitze, im Glockenhaus zweiteilige gekuppelte Rundbogenfenster; als Stützen flache Platten und geschweifte Kämpfer.

---

1) Biographische Notizen über O. Arnigoni: A. M. Bessone-Aurelij, Dizionario dei Pittori italiani, Milano, 1928, S. 32. — Thieme-Becker, Allg. Künstler-Lex. Bd. I, S. 408.

2) Vgl. auch die Urkunde vom 29. Sept. 1546 (GA. Nr. 5), in der Gula als eigene Nachbarschaft mit bestimmt umschriebenen Weiderechten erscheint.

Abb. 367. Ruis. — Kapelle St. Franziskus.
Der Altar mit Bild von Ottavio Amigoni, 1642; vgl. auch Abb. 368. — Text S. 306 f.

Wandmalerei. Die Gewölbe sind vollkommen bemalt: Einteilung durch gurten-
artige Schmuckbänder mit Blatt- und Blumenranken; dazwischen liegen — von
Stuckimitationen in Grisaille eingerahmt — die Bildfelder, in denen Szenen aus
dem Leben der Maria Magdalena dargestellt sind, durch lateinische Texte erläutert;
um 1643 (Abb. 372, S. 310). — Einfacher *Altar* aus Holz mit kannelierten Säulen aus
der gleichen Zeit, im Aufbau dem Altar von St. Franziskus (Abb. 367) ähnlich. —
Glocke. Dm. 53,5 cm, Inschrift wie bei St. Anton. Bilder: Kreuzigung, Muttergottes,
St. Franziskus, Andreas. Glockenstuhl für zwei Glocken, die zweite bei St. Anton.

Die Kapelle St. Nikolaus

Die offenbar damals gegründete Kapelle wurde am 27. April 1406 geweiht (im
Visit. Prot. von 1643, BA.). Renovation anfangs des 16. Jahrhunderts (Türe, Fenster).
1582 neue Decke.

Abb. 368. Ruis. — Kapelle St. Franziskus.
Ausschnitt aus dem Altarbild Abb. 367. — Text S. 306 f.

Abb. 369. Ruis. — Die Kapelle St. Maria Magdalena in Gula.
Ansicht von Nordwesten. — Text S. 307 f.

Baubeschreibung. Die Kapelle liegt unweit der Kantonsstrasse, ist nach Osten gerichtet und besteht aus Schiff und dreiseitig geschlossenem, eingezogenem Chor, der sich — abweichend von unseren sonstigen gotischen Bauten — ohne Vermittlung eines Chorbogens ins Langhaus öffnet[1]. Demgemäss geht auch die

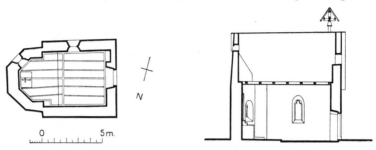

Abb. 370 und 371. Ruis. — Die Kapelle St. Nikolaus.
Grundriss und Längsschnitt. Maßstab 1:300. — Text S. 308 f.

Decke in einem Zug durch, eine Flachdiele, die am östlichen Abschlussbrett die Zahl 1582 trägt. In der Südwand des Schiffes Spitzbogenfenster mit Nasen, im Chor ein Spitzbogenfenster mit eingesetztem rundem Maßwerkbogen, beide, wie auch die rundbogige breitgefaste Türe, aus dem ersten Viertel des 16. Jahrhunderts. Im Scheitel der letzteren das Meisterzeichen Tab. II, 5, das in Chur an verschie-

---

1) Die Angabe Rahns in ASA. 1882, S. 354, der Chor sei gleich breit wie das Schiff, ist unzutreffend. Vgl. Grundriss.

Abb. 372. Ruis. — Kapelle St. Maria Magdalena in Gula.
Detail der Gewölbemalerei um 1643. — Text S. 308.

Abb. 373. Ruis. — Die Kapelle St. Nikolaus.
Ansicht von Südosten. — Text S. 308 f.

denen Orten zu dieser Zeit auftritt. — Steiles, einheitliches Dach mit gezimmertem
Glockenstuhl (Abb. 370, 371 und 373). Auf dem im übrigen belanglosen Altar stehen
zwei spätgotische *Holzskulpturen* verschiedener Hand in alter Fassung: 1. St. Nikolaus. H. 91 cm, hinten gehöhlt und abgeplattet; um 1525. — 2. St. Florinus (?),
H. 84 cm, ausgehöhlt. Ländliche Nachahmung eines Vorbildes aus der Zeit um 1520.

    Glocke. Dm. 44 cm, Inschrift: SANCTE NICOLAE 1581.

Profanbauten

    Die bemerkenswerten Bürgerhäuser gehen auf die Familie Deflorin (de Florin)
zurück: 1. **Oberes Deflorin-Haus,** gegenüber der Kirche. Erbaut um 1610 von
Joh. Simeon Deflorin, umgebaut 1670 von Joachim Deflorin. In neuerer Zeit durch
Aufstockung und Firstdrehung verändert. — Aus der Erbauungszeit im II. Oberstock ein steinernes *Türgericht* (zu einer gewölbten Saletta) mit Allianzwappen und
Namensinschrift von Joh. Simeon Deflorin und seiner Ehefrau Anna v. Capol 1612.
Die Türe selbst mit Vasenmotiven in Reliefschnitzerei um 1670. Aus dieser Zeit
auch *zwei Täferstuben*, im ersten Stock mit Balkendecke und Applikationsfries,
am Büfett datiert 1671, im zweiten mit Leistendecke und starkem Unterzug, begleitet
von derbem Perlstab. *Büfett* mit kannelierten Pilastern. Die ornamentale Stein-

hauerarbeit der von Rustikaquadern gerahmten *Haustüre* stammt von gleicher Hand wie an der Casa Gronda in Ilanz (S. 62); über der Türe Wappenstein Deflorin-Cabalzar und Initialen „I. D. F. - M. W. C. 1679".

2. **Casa alva,** erbaut 1662, am Südrand des Dorfes. Eine Besonderheit des Grundrisses ist, dass der Korridor des ersten Obergeschosses quer zum unteren verläuft (um die Südseite für Zimmer voll auszunützen). Über der Haustüre *Wappenstein* Deflorin-Salis „I. S. D. F. – F. V. S.1662"[1]. Guter geschmiedeter *Türklopfer.* – Näheres über beide Häuser sowie Abbildungen s. BÜRGERHAUS XVI, S. XL, Taf. 17, 18.

SETH – SIAT

Geschichte. Der Ort, der im karolingischen Urbar um 832 als „Septe" urkundlich erstmals erscheint (CD. I, S. 291), stand im hohen Mittelalter unter der Herrschaft Friberg, die von den Herren dieses Namens schon vor 1300 mit der Herrschaft Jörgenberg vereinigt wurde (s. S. 321). Dem aus ihr hervorgegangenen Gericht Waltensburg gehörte das Dorf denn auch an, bis es sich 1734 mit Andest, Ruis und Schlans zusammen als eigene Gerichtsgemeinde konstituierte (HBLS.). – In kirchlicher Hinsicht stand Seth (wie auch Ladir) ursprünglich unter Ruschein (s. S. 91), hatte aber schon 1522 eine eigene Kaplanei (Reg. clericorum, BA.). Die Loslösung erfolgte am 26. Mai 1526 und wurde am 27. Oktober 1644 – nach zweijähriger Wiedervereinigung – erneut ausgesprochen (GA., Nr. 1, 8, 9). Das Eigenkirchenrecht an der Kirche Seth stand in karolingischer Zeit dem Kloster Pfävers zu (CD. I, S. 291)[2], in dessen Güterverzeichnissen denn auch das Gotteshaus (bzw. die Kollatur) um 1330 und 1440 erscheint und zwar als Filiale von Ruschein. Eine Bulle vom 25. Mai 1491 inkorporierte die Gesamtpfarrei Ruschein-Ladir-Seth dem Kloster Disentis (Wirz V, S. 171). Von 1644 bis 1750 wurde die Pfarrei von Kapuzinern besorgt; seither Weltgeistliche (Simonet, S. 160). – Nachtrag: Bd. VII, S. 448.

Die Katholische Pfarrkirche St. Florinus

Geschichte und Baugeschichte. Da der Titel St. Florinus zu Seth weder im karolingischen Urbar noch in den Pfäverser Rodeln (s. oben) vorkommt, ist nicht sicher zu entscheiden, ob St. Luzius oder St. Florinus die älteste Kirche von Seth ist. Der Baubefund von St. Luzius im Zusammenhang mit der beherrschenden Lage abseits des Ortes, die für frühe Dorfkirchen in Graubünden geradezu typisch ist, spricht für das höhere Alter dieses Gotteshauses. Die erste dokumentarische Nachricht über St. Florinus ist daher eine Urkunde vom 15. Mai 1481 (Die Kirchenpfleger „des lb. hl. Fluris zu Sept" GA. Ruis Nr. 1). Über die bauliche Gestalt der vorbarocken Kirche vermittelt uns das Visitations-Protokoll von 1643 einige Angaben (publiziert in BMBl. 1915, S. 421): sie war eine kleine Kirche mit gewölbtem Chor (gotisch?) und flach gedecktem Schiff. Der – damals mit Steinplatten gedeckte – Turm stand an der Nordseite des Schiffes nahe dem Chor; das alte Schiff lag demnach etwas mehr gegen Osten und dürfte nur die Breite des heutigen Chores gehabt haben. Der Turm wies gekuppelte Fenster auf (BMBl. 1915, S. 423), war also vielleicht noch romanisch. An die Stelle der mittelalterlichen Kirche trat ein am 21. September 1744 geweihter Neubau (GA. Nr. 27). Der alte Turm blieb

---

1) Johann Simeon Deflorin, Faustina von Salis. Vgl. die Grabtafel S. 305, Abb. 366, S. 307.

2) Die betreffende Stelle des Urbars gehört zu einem eingeschobenen Pfäverser Rodel; vgl. U. Stutz, Divisio, Weimar 1909, S. 49.

Abb. 374. Seth. — Die Katholische Pfarrkirche St. Florinus und die Kapelle St. Luzius.
Ansicht von Nordwesten.

zunächst bestehen und erhielt einen barocken Aufsatz. 1924 musste er jedoch wegen Baufälligkeit abgetragen und — um weniges weiter gegen Osten — neu aufgerichtet werden (Arch. Coray, Ilanz). 1897 Innenrenovation der Kirche.

Baubeschreibung. Inneres. Die Kirche ist eine nach Osten gerichtete, einheitlich barocke Anlage, bestehend aus einem dreijochigen Schiff und zweijochigem, flach abgeschlossenem Chor. Über dem *Chor* liegt eine durch Gurt geteilte Tonne mit Stichkappen, die, im Gegensatz zu der aus Gips hergestellten stichbogig gewölbten Decke im Schiff, gemauert ist. Chor und Schiff sind gleich hoch und vereinigen sich zu einer freien Raumwirkung, die durch reichliche Belichtung — über und unter dem ringsum laufenden Hauptgesims durch Stichbogenfenster und Oculi — noch weiter und heiterer wirkt. — Äusseres. Mit Ausnahme von Ecklisenen und Gesimsen an der mit geschweiftem Giebel bekrönten Fassade keine

Wandgliederung. Das Portal mit Segmentverdachung, der Seiteneingang (südlich) mit ornamentaler Flachskulptur. Einheitliches Satteldach. Der Turm neu (1924).

Vom **alten Turm,** der etwa 1 m weiter westlich stand, ist die Südwand noch aufrecht, da sie zugleich einen Teil der Chorlängswand bildete. Die obere Partie mit dem Zifferblatt ist im Dachraum des Chores noch zu sehen. Die alte Kirche (vor 1740) war also wesentlich niedriger als die heutige und hatte wohl auch ein flacheres Dach. Südlich des Chores die Sakristei mit Flachdecke.

Stukkatur ziert nur im Chor die Pilaster und das Gewölbe. Die Ornamentik illustriert den Übergang vom Régence zum Rokoko; sie besteht aus Band- und Gitterwerk, verbunden mit dünn ausgezogenen Akanthusspiralen, also Elementen des Régence; dazwischen aber erscheinen lappige Gebilde, hier durch Quasten als Lambrequins ausgedeutet, in Wirklichkeit aber Frühformen der Rocaille; aus der Erbauungszeit (um 1744). Die Ausmalung der Medaillons modern (1900).

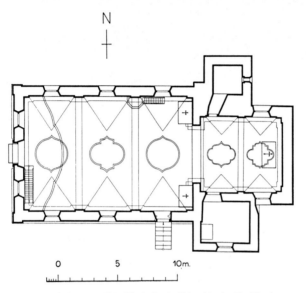

N

Abb. 375. Seth. — Die Katholische Pfarrkirche St. Florinus.
Grundriss. – Maßstab 1:300.

Die **Ausstattung.** Der *Hochaltar* (aus Holz) wurde laut Vertrag vom 25. Februar 1755 (Pf.A.) von dem Bildhauer PLACY SCHMID nach dem Vorbild des Altares von Vals hergestellt[1] und laut Akkord vom 29. September 1758 von JoHANN TRUBMANN vergoldet. Der Altar entspricht im architektonischen Aufbau ziemlich genau seiner Vorlage und damit auch dem Lumbreiner Altar (s. S. 225 und 183), nur dass in Seth das von einer Strahlensonne bekrönte Giebelgeschoss kein Bild enthält, sondern durchbrochen ist und eine Gruppe der Marienkrönung umschliesst. Auf den Segmentstücken des Hauptgesimses stehen die Figuren von St. Luzius und Emerita, oben posaunenblasende Engel. Altarblatt: St. Florinus, unten das quadrierte Wappen Vincenz. Initialen ,,V. F. V. V. Z. F. / T. D. Z. C.''[2]. Auf seitlich vorkragenden bogenförmigen Konsolen stehen graziös gebildete, mit Vasen bekrönte *Reliquien-Etageren* aus gleicher Zeit wie der Altar (Abb. 376). Zierlicher eingeschossiger *Tabernakel* mit gedrehten Freisäulen und bewegt geschweiftem Dach (Abb. 377, S. 316). Die Horizontalgliederung ist hier schon ganz verwischt zugunsten einer fliessenden, reich nuancierten Umrisslinie (vgl. Bd. I, S. 220). Im Zierwerk erscheinen Rocaillenelemente; der Tabernakel wurde um 1755 von PLACY SCHMID

---

1) Vereinbart war mit Schmid ein Barhonorar von fl. 370, wenn der Altar (samt Tabernakel und Antependium) nach dem Muster jenes in Obersaxen hergestellt würde; sollte aber — wie es dann auch geschah — auf Wunsch der Gemeinde der Altar in Vals als Vorbild gewählt werden, so würde sich die Vergütung um eine Dublone erhöhen. Schmid wurde für diesen Fall ausdrücklich verpflichtet, die Säulenzwischenräume ohne Extraberechnung mit Ranken auszufüllen. — Über Trubmann siehe auch S. 148.

2) Ulrich Freiherr von Vincenz zu Friberg, Domdekan zu Chur (,,Dom'' nach alter Schreibweise ,,Tuom''). Vincenz war von 1723 bis 1743 Domdekan.

Abb. 376. Seth. — Katholische Pfarrkirche.
Der Hochaltar von 1755/1758. — Text S. 314.

hergestellt (s. S. 314, Anm. 1), wie auch das mit Band- und Gitterwerk geschnitzte
Antependium. Im Milieu St. Florinus. — Die *Seitenaltäre,* gleichfalls aus Holz,
sind als Pendants gestaltet. Die zwei gedrehten Säulen flankieren, auf Konsolen
stehend, den geschrägten Bildrahmen; darüber liegt ein Gebälk mit Verdachung.
Im Sockel des nördlichen Altares die Inschrift: „Hoc Altare aedf.ᵐ est. a. 1749 ex
dono R. D. Georgii Dietri(ch) et Veibel Gion Cahensli." Die Nische (mit moderner
Figur) ist umgeben von gemalten Rosenkranzmedaillons; als Giebelbild die Immakulata. Südlich als Altarblatt Antonius von Padua, im Giebel Gottvater. Geschnitzte
Antependien, ähnlich wie am Hochaltar, mit den Brustbildern von Maria und St. Antonius v. P. Alle drei Altäre wurden 1897 neu gefasst.

Schmuckloser *Taufstein.* — Die *Kanzel* polygonal, am Sockel mit Frucht-
gehängen dekoriert; die rundbogigen Füllungen mit Intarsien geschmückt und von

Quaderwerk umrahmt, datiert 1650. — An der Rückwand hängt ein *Christusbild*, ein sogenanntes „Abgar-Bild", übereinstimmend mit jenem in Ladir, auch in der Unterschrift (s. S. 82). — *Chorgestühl* aus Nussbaum mit Pilastergliederung ohne Dekor; um 1745. — Vier *Ölbilder* mittelmässiger Qualität, mit Darstellungen aus der Legende des St. Florinus.

Kultusgeräte. Ein *Barockkelch*, H. 23,7 cm, Silber, vergoldet. Am Fuss Voluten. und Knorpelornamente, der Schaft von Perlschnüren begleitet; am Korb Rollwerk-motive; um 1670. Beschau Glarus, Tab. I, 3, Meistermarke Tab. I, 15. — *Monstranz* H. (mit Kreuz): 60,5 cm, Silber, teilweise vergoldet, der geschweifte Fuss getrieben mit Engelsköpfen und Fruchtbündeln. Zu seiten des Fensters Luzius und Florinus. Beschaumarke St. Gallen (?), Tab. I, 5, Meistermarke Tab. I, 17 (nicht zuverlässig lesbar); um 1690. — *Casula* aus grünem, silberbroschiertem französischem Seidendamast; 18. Jahrhundert.

Glocken. 1. Gegossen von RÜETSCHI A.G. in Aarau 1925. — 2. von GEBR. THEUS in Felsberg 1880. — 3. und 4. ebenfalls von Gebr. Theus, 1874[1].

In der Südwestecke des Friedhofs steht ein **Beinhaus.** In seinem Boden einige zum grössten Teil abgetretene *Grabtafeln*, eine davon mit Allianzwappen Capaul

---

1) Nach einem Akkord vom 12. August 1791 im Pf.A. goss Rageth Mathis von Chur drei Glocken für Seth.

Abb. 377. Seth. — Katholische Pfarrkirche.
Der Tabernakel von 1755/1758. — Text S. 314.

Abb. 378. Gotischer Schreinaltar aus Seth.
Von Yvo Strigl, 1505. Nun im Dom zu Frankfurt a. M. — Text unten.

und Maissen, datiert 1662. — In diesem Raum auch ein *schmiedeeisernes Grabkreuz*
mit Spiralen und Blattwerk. Im Zentrum ein verschliessbares Kästchen, dessen
Innenbemalung den Gekreuzigten und die Muttergottes sowie Mitglieder der Familie
Vincenz von Seth darstellt; um 1730/40. Detail-Abb. bei Chr. Caminada, Bündner
Friedhöfe, Zürich 1918, Taf. 5, Text S. 66 f.

Der **ehemalige spätgotische Hochaltar** von Seth steht nun (durch neue
Teile ergänzt) im Dom zu Frankfurt. Die Zuweisung nach Seth ist durch
die Figurenbeschreibung im Visitationsprotokoll von 1643 gesichert. Die Predella
und die Bekrönung gehören nicht zum ursprünglichen Bestand, auch die heutige
Mittelstatue — eine Herz-Jesu-Figur — ist modern.

Der *Schrein* ist viereckig und oben mit dichtem Laubwerk gefüllt, das sich
um Rundbogen windet. Vor damasziertem Hintergrund stehen auf gestuftem
Sockel die Figuren: den Mittelplatz nahm, wie aus der Beschreibung von 1643 hervorgeht, eine Marienstatue ein (die nach Luxemburg gelangt sein soll); an ihrer rechten
Seite stehen St. Barbara und St. Florinus, zu ihrer Linken St. Emerita und St. Luzius.
Auf den *Innenseiten der Flügel* je ein Paar von Heiligen in Relief vor golden damasziertem Grund, links (vom Beschauer) St. Katharina und St. Bartholomäus, rechts
St. Sebastian und St. Magdalena[1]. Die *Aussenseiten* sind bemalt: St. Georg und
die Verkündigung. Der Schreinsockel trägt die Inschrift: „𝔄° milleno q̄nget / et
inſuper q̄nto huc me fundavit ẏvo cgnm̄e ſtrigel 𝔄lman' genere / ex mēmge impiali ·
𝔙irginis alminome (?) purificacionis marie"[2]. Die Skulpturen stehen so deutlich

---

1) So auch die Beschreibung von 1643: „anchonam … quae in sculptis inauratis imaginibus repraesentant beatissimam virginem, S. Barbaram, S. Emeritam, Lucium et Florinum, in alis Bartholomaeum
et Catharinam Sebastianum et S. Mariam Magdalenam."

2) Aufgelöst: „a millesimo quingentesimo et insuper quinto (1505) huc me fundavit yvo cognomine
strigel Almanus genere ex memmingen imperiali etc." Unerklärt ist das zweite Wort des Schlußsatzes;

unter Syrlin'schem Einfluss, dass man den Altar, sofern er der Inschrift ermangelte, wohl dieser Werkstatt zuschreiben würde. Strigel muss also damals einen bei Syrlin d. J. ausgebildeten Schnitzer beschäftigt haben. Vgl. dazu auch S. 270 und 278. Das Werk kam aus dem Kunsthandel in die Ettlinger'sche Sammlung in Würzburg und von dort in den Frankfurter Dom (Abb. 378).

Literatur: F. X. WEIZINGER, Die Malerfamilie der Strigel, Festschr. d. Münchner Alt. Ver. 1914, S. 132. — MÜNZENBERGER I, S. 164. — M. SCHÜTTE, Der schwäbische Schnitzaltar, Strassburg 1907, S. 243, Abb. Taf. 16 und 17. — C. M. KAUFMANN, Der Frankfurter Kaiserdom (Führer), Kempten und München 1914, S. 72 ff. — GERTRUD OTTO, Die Ulmer Plastik der Spätgotik, Reutlingen 1927, S. 98 und 258, Abb. auf S. 261, sowie (über den Syrlin-Einfluss bei Strigel) in ASA. 1935. S. 233 und 290, und Memminger Geschichtsblätter 1935, S. 4. — ERWIN POESCHEL, Zum Werkverzeichnis Yvo Strigels in ASA. 1932, S. 226. — Kdm. Grb. I, S. 121 f.

Die Kapelle St. Luzius

Geschichte. Wie oben (S. 312) erwähnt, ist zu vermuten, dass St. Luzius die ältere der beiden Sether Kirchen ist, die Stelle des karolingischen Urbars ,,eclesiam in Septe cum decima de ipsa villa'' (CD. I, S. 291) sich also auf dieses Gotteshaus bezieht. Die Baugeschichte ist mangels Urkunden nur aus dem Befund zu erschliessen und wird daher unten in den ,,Schlussfolgerungen'' skizziert.

Baubeschreibung. Inneres. Der gegenwärtige Bau ist eine nach Süden gerichtete Anlage, bestehend aus einem Schiff und einem leicht nach Osten abgedrehten, queroblongen Chor von gleicher Breite. Über dem *Chor* liegt eine Tonne mit Stichkappen. In der Westwand öffnet sich eine Türe zum Vorraum des Turmes, deren Leibung in der Chorinnenwand liegt, während die rundbogige Umrahmung, aus grossen Werkstücken von Tuff, jetzt nach dem erwähnten Vorraum führt, ehemals aber ganz offenbar nach aussen sah (Abb. 381). Der Chorbogen halbrund. Das *Schiff* ist heute mit einer Holztonne gedeckt, trug aber früher, wie aus den inneren und äusseren Vorlagen zu sehen ist, eine gemauerte Tonne. Ringsum laufendes Hauptgesims, niedere Stichbogenfenster.

Äusseres. Am Schiff starke viereckige Streben. Das Portal in der Nordfront ist von einem glatten Steingewände gerahmt und mit einer Verdachung bekrönt. Einheitliches Satteldach, das früher, wie im Dachraum zu sehen ist, eine wesentlich schwächere Neigung hatte (wohl für Steinbedeckung). Am Giebel sind folgende Bau- bzw. Renovationsdaten aufgemalt: 1656, R. 1858, 1921.

Der **Turm** steht in geringem Abstand von der Westwand des Chores; im zweiten Geschoss öffnen sich zweiteilige gekuppelte Rundbogenfenster mit geraden Kämpfern und (ersetzten) Teilstützen aus rohen Platten; im obersten — wohl nachträglich aufgesetzten — Geschoss breite Rundbogenfenster. Über Wimpergen mit schmucklosen Wasserspeiern aus Stein ein schlanker achteckiger Spitzhelm.

Baugeschichtliche Schlussfolgerungen. I. Im heutigen Chor dürfen wir das Schiff der alten kleineren Kirche sehen. Darauf deutet nicht nur die querrechteckige Form, sondern auch der beschriebene Westeingang (Abb. 381). Die alte Kirche war also nicht nach Süden wie die heutige, sondern nach Osten gerichtet. Wie der Chor beschaffen war, wissen wir nicht. Die Türform gestattet keine nähere Datierung; sie kann hoch-, auch frühromanisch oder älter sein; am wahrscheinlichsten ist das 11. Jahrhundert[1]. In diese Zeit passt auch der Turm ohne Obergeschoss.

,,alminome'', wie meist gelesen wird, ist unbekannt und überdies unsicher, denn der vermeintliche i-Punkt gehört zur Unterlänge von y in yvo. Auch stilistisch ist das Nachhinken der Tagesbezeichnung: ,,Mariae Reinigung'' (2. Febr.) merkwürdig.

1) Falls St. Luzius die ältere Sether Kirche ist, wäre im 11. Jahrhundert ein Umbau anzunehmen.

II. Vermutlich 1656 (Datum am Giebel) erfolgte die Vergrösserung auf den heutigen Umfang, also: Errichtung des (gewölbten) Schiffes in Nord-Süd-Richtung bei Durchbruch eines Chorbogens in der alten Schiffnordseite; zugleich Niederlegung des ehemaligen Chores. Dass ein solcher vorhanden, die frühere Kirche also nicht einräumig war, ist deshalb wahrscheinlich, weil die Ostwand des heutigen Chores nicht parallel mit seiner Westwand, sondern in einer Flucht mit der Schiffsmauer verläuft, also wohl mit ihr neu aufgeführt wurde. In der gleichen Etappe erfolgte die Einwölbung des alten Schiffes (nunmehrigen

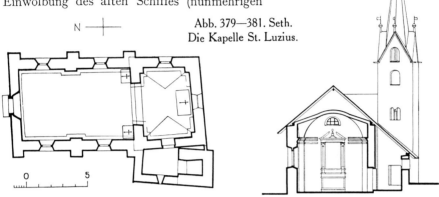

N

Abb. 379—381. Seth.
Die Kapelle St. Luzius.

Abb. 379 und 380. Grundriss und Schnitt. — Maßstab 1:300.
Abb. 381. Aufriss und Schnitt der Türe zum ehemaligen Schiff. — Maßstab 1:50.

Chores), die Erhöhung des Turmes und der Anbau des früher vermutlich als Sakristei benützten Vorraumes.

Wandmalerei. Ländliche, schlecht übermalte lebensgrosse Darstellungen der zwölf Apostel; um 1660.

Ausstattung. Der *Hochaltar* ist ein einfacher Aufsatz mit glatten Säulen und Verdachung; das kunstlose Altarblatt stellt St. Luzius mit Emerita und Barbara dar. — Der *Altar der Evangelienseite* (hier östlich) ist ein zweigeschossiger Aufbau mit glatten Säulen, dessen Seitenvoluten noch Rudimente des Knorpelstiles zeigen; datiert 1702. Das Bild stammt aus der Pfarrkirche, wo es nach dem Bericht von 1643 auf dem rechten Seitenaltar stand[1]; zum Einbau musste es an den Seiten stark beschnitten werden. Die Komposition vereinigt das Bildschema der Rosenkranzkönigin mit der Mater misericordiae: unter dem ausgebreiteten Mantel der

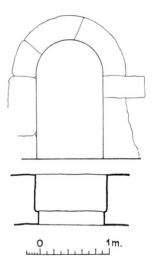

Maria Vertreter geistlicher und weltlicher Stände, vor ihr St. Dominikus und Katharina v. Siena, kniend den Rosenkranz empfangend. Das Ganze umrahmt von den 15 Medaillons der Marien-Mysterien. Datum 1627 und das Monogramm des HANS JAKOB GREUTTER, Tab. II, 16. Giebelbild: Pietà. — Der *Altar der Epistel-*

---

1) „Altare a dextris ineundo ... habet imaginem sanctissimi Rosarii mysterium repraesentantem."

seite mit Hermenpilastern und Konsolgebälk, um 1660 (Seitenranken um 1700). Das Altarblatt stellt die Erscheinung der Muttergottes vor Philippus Neri dar und ist eine Kopie des Bildes von Guido Reni in S. Maria in Vallicella zu Rom[1]. Im Frontispiz St. Ursula und Barbara mit Stiftern.

An der Westwand ein *Ölbild* von St. Luzius mit Vincenz-Wappen und Initialen wie auf dem Bild des Hochaltars der Pfarrkirche S. 314.

Glocke. Dm. 96 cm, Inschrift: A FULGURE ET TEMPESTATE LIBERA NOS DOMINE UT FRUCTUS TERRAE DARE ET CONSERVARE DIGNERIS. MATHEUS ALBERTUS CIVIS CURIENSIS RHAETUS ME FECIT ANNO DOMINI M D CC VI. Bilder: Weibliche Märtyrin, hl. Ritter, Maria, Kreuzigung.

Die Kapelle St. Ambrosius

Geschichte. Die Kapelle wird in älteren Urkunden nicht genannt (früheste archivalische Erwähnung 1672, Pf.A.), geht jedoch zweifellos ins Mittelalter zurück.

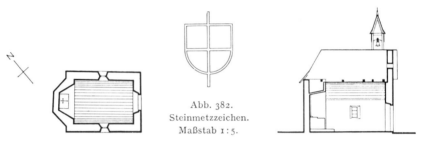

Abb. 382.
Steinmetzzeichen.
Maßstab 1:5.

Abb. 383 und 384. Grundriss und Längsschnitt. — Maßstab 1:300.
Seth. — Die Kapelle St. Ambrosius.

Baubeschreibung. Nach Nordwesten gerichtete Kapelle mit einem im Grundriss innen und aussen konischen Altarraum[2]. Die Nische ist mit einem gleichfalls konisch verlaufenden Gewölbe, wohl späteren Datums, überdeckt. Das Schiff trägt heute eine Holztonne, die an Stelle eines gemauerten Gewölbes gleicher Form getreten ist, dessen Ansätze noch zu sehen sind. Schmale Viereckfenster mit geschweiften Leibungen.

Das Äussere wurde 1939 neu verputzt und bemalt; vorher sah man an einem Quaderstein der Südwestecke des Schiffes das eingehauene Zeichen Abb. 382 (H. 10 cm). In der Südwestfront rundbogige Türe, von grossen Werkstücken eingefasst. Einheitliches Satteldach mit Dachreiter.

Datierung. Die Form des Altarraumes liesse an sich eine Datierung ins Frühmittelalter zu, da man die innere Gestaltung, insbesondere die Wölbungsform, als eine spätere — wohl erst barocke — Zutat auffassen darf. Die Türform weist in die romanische Zeit, desgleichen das Steinmetzzeichen, das um 1200 möglich ist und nicht etwa als Schildform zu betrachten ist. Es gehört vielmehr in die Reihe der romanischen Marken mit sphärischen Motiven.

Altar. Die Rückwand der Altarnische deckt ein Bild des St. Ambrosius; 17. Jahrhundert.

Glocke. Dm. 40 cm, ohne Inschrift und Datum; um 1500.

---

1) Abbildung des Originals s. Wiener Jahrbuch für Kunstgeschichte 1932, S. 82, Abb. 17.

2) Inwendig nicht halbrund, wie von Rahn in ASA. 1876, S. 717 angegeben, wo die Kapelle unzutreffend St. Luzius bezeichnet wird.

Die **Kapelle Soġn Gion della Val** im Tobel am Weg nach Ruschein, die archivalisch 1757 erstmals erwähnt wird (Pf.A.), wurde 1931 wegen Baufälligkeit abgetragen und neu aufgerichtet.

Burgruine Friberġ. Die Burg wurde von den 1255 erstmals genannten Herren von Friberg gegründet und war Sitz der Herrschaft dieses Namens. 1330 kam sie (mit Jörgenberg) an die Vaz und 1343 an die Räzüns; die weiteren Handänderungen siehe bei Jörgenberg. Zu Campells Zeit (1570) anscheinend schon in Verfall. Die Burg stand auf einem das Dorf beherrschenden Felskopf; erhalten ist nur noch ein Mauerzahn in der Höhe zweier Geschosse. Näheres s. BURGENBUCH S. 72, 232 und Taf. 58.

WALTENSBURG – VUORZ

Urgeschichte. Im Sommer 1935 wurde auf Jörgenberg, südöstlich des engeren Burgareals, eine rätisch-illyrische Siedelungsstätte der Eisenzeit nachgewiesen, unter der eine ältere der Bronzezeit liegt. Schon 1811 war in einer Kiesgrube unterhalb des Dorfes ein *Bronzebeil* mit elliptischer Schneide (wie in Sculms, lombardischer Typus) zutage gekommen.

Literatur: JB SGU. 1935, S. 36. — JB HAGGr. 1939, S. 154; 161, 1947, S. 89.— H. u. Ö., S. 10.

Geschichte. Der rätoromanische Name des Dorfes „Vuorz" hat die ursprüngliche Benennung aufbewahrt, die als „Vorce" 765 erstmals belegt ist (CD. I, S. 14). Der deutsche Name kommt in der Form „Waltramsburg" 1209 zuerst vor (CD. I, S. 246) und kann nur von der Burg abgeleitet sein, die zeitweilig offenbar so genannt wurde; während er jedoch am Dorf haften blieb, erwies sich bei der Burg — Jörgenberg — der Kirchentitel in der Namensgebung auf die Dauer als stärker (vgl. Burgenbuch S. 43). Das Kloster St. Luzius hatte in Waltensburg einen Hof (CD. II, S. 245), daneben scheinen die Herren von Wildenberg, Belmont und Schauenstein hier begütert gewesen zu sein, da sie zur Zahlung des bischöflichen Kathederatikums für die Pfarrkirche verpflichtet waren. Die Burg und Herrschaft Jörgenberg taucht merkwürdigerweise erst um 1300 auf, und zwar in der Hand der Herren von Friberg (s. S. 312). Ob sie zuvor den Wildenberg oder Belmont, die ihrerseits beide wieder mit den Welfen genealogisch zusammenhängen dürften, oder den Vaz gehörte, ist nicht zu ersehen. Jedenfalls zog Donat von Vaz um 1330 nach dem Aussterben der Friberg deren Stammburg und Jörgenberg an sich. Nach dem Erlöschen der Vaz (1337) und dem Abschluss von Erbstreitigkeiten mit den Werdenberg-Sargans gelangte die Herrschaft Jörgenberg (mit Friberg) an die Räzüns, 1461 an Jos. Nicolaus Zollern und 1472 durch Kauf an die Abtei Disentis. Von ihr löste die Gemeinde 1734 die letzten Herrschaftsrechte ab (GA. Nr. 47). Waltensburg war das Haupt einer grösseren Gerichtsgemeinde, zu der ursprünglich auch die heutigen Gemeinden Ruis, Seth, Panix, Andest und Schlans gehörten und die mit Obersaxen und Seewis-Laax ein Hochgericht darstellte. Mit Ausnahme von Seewis und Laax bilden diese Dorfschaften seit 1854 den Kreis Ruis.

Die alte Pfarrei Waltensburg, die auch Andest umfasste (Ablösung 1526), gehört zu den primären Pfarreien der Talschaft; ein Plebanus wird urkundlich erstmals 1241 erwähnt (Acta pont. Helvet., S. 148). Die Kollatur war Bestandteil der Herrschaft und fiel mit dem Auskauf an die Gemeinde. Schon 1526 oder 1527 trat Waltensburg als einzige Gemeinde der beiden oberen Hochgerichte zur Reformation über, was die kirchliche Ablösung des katholisch gebliebenen Andest zur Folge hatte. Vgl. Camenisch S. 281 f.

Die Evangelische Pfarrkirche

Geschichte und Baugeschichte. Das erste Gotteshaus von Waltensburg war ohne Zweifel St. Georg in der Burg (s. S. 338 f.). Das Patrozinium der Pfarrkirche im Dorf — Desiderius und Leodegar — wird uns 1493 erstmals genannt (GA. Nr. 5). Vermutlich stand der erste Titel ursprünglich allein. Da einschlägige Urkunden fehlen, kann die Baugeschichte nur aus dem Befund erschlossen werden und wird daher im Anschluss an die Wandmalereien in den „Schlussfolgerungen" (S. 334) dargestellt. Die letzte umfassende Renovation erfolgte 1932/33 unter Leitun von Architekt GABRIEL, Burgdorf.

Baubeschreibung. Inneres. Die nach (Nord)Osten gerichtete Anlage besteht aus dem Schiff und einem aus der Hauptachse leicht nordwärts abgebogenen, annähernd quadratischen *Chor*. Er ist überwölbt mit einer gemauerten stichbogigen Tonne. In der Ostwand des Chores sitzt ein romanisches Rundbogenfenster mit

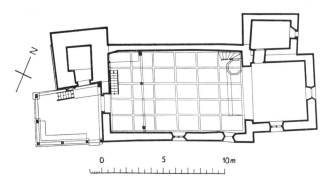

Abb. 385. Waltensburg. — Die Evangelische Kirche.
Grundriss. — Maßstab 1:300.

konischen Leibungen und abfallender Bank; ein zweites von gleicher Form öffnete sich in der Südwand, wurde aber nachträglich vermauert und durch ein zweiteiliges Spitzbogenfenster mit Fischblasenmaßwerk ersetzt. In der Nordseite eine gotisch gefaste Türe mit geradem Sturz zur alten Sakristei (nun Archiv). In jeder Chorlangseite eine würfelförmige Abstellnische. Der *Chorbogen* ist halbrund und steigt über ungeformten Kämpferplatten auf. Die nördliche Vorlage ist auf den hier im Boden offen zutage tretenden Felsgrund gemauert (Abb. 396, S. 331). Bei der Renovation von 1932 konnte nach dem Verputz vermutet werden, dass die heutige Form des Chorbogens nicht zum ersten Bestand gehört. Über dem *Schiff* liegt eine Felderdecke mit Rundstableisten und schablonierten schwarzen Ornamenten, datiert 1711. Ein romanisches Rundbogenfenster ist noch in der Südseite, nahe der Ostecke, vorhanden; das zweite in der gleichen Wand ist spitzbogig, zweiteilig und mit spätgotischem Fischblasenmaßwerk gefüllt wie im Chor. In der Nordwand — 2 m von der Ostecke entfernt — eine vermauerte kleine Nische für die Geräte eines ehemaligen Seitenaltars. Der *Eingang* liegt in der Westseite und schliesst in einem leicht gespitzten Bogen; keine Fasen. Die Füllungen der — um 1670 entstandenen — Türe selbst sind mit Band- und Rankenmotiven eingelegt; die Deckleiste geschuppt.

Äusseres ohne Wandgliederung. Den Eingang schützte ehemals — wie an den Malereigrenzen (s. unten) zu erkennen war — ein niederes pultförmiges Vordach; jetzt eine geräumige Vorhalle, die unter dem gleichen Dach wie die Kirche liegt.

Abb. 386. Waltensburg. — Die Evangelische Kirche.
Ansicht von Westen.

Der **Turm** steht ohne Verband an der Westseite des Schiffes und tritt nördlich über dieses hervor; ungegliedert und unverputzt, aus ungleichmässigen, aber annähernd lagerhaft geschichteten Steinen gefügt. Der Eingang — in der Südseite — liegt 1,70 m (Schwellenhöhe) über dem Boden und wird über eine Holzstiege betreten. Auf den Gewändsteinen (aus Tuff) liegt als Sturz ein mächtiger Block, über dem sich ein Sichelbogen als Entlastung im Mauerwerk abzeichnet. In den drei obersten Stockwerken rundbogige Fenster, von einfachen Schmalfenstern zu zwei- und dreiteilig gekuppelten ansteigend. Die Kämpfer gerundet, Teilsäulchen mit rohen Viereckbasen, eine davon durch gefaste Stützen ersetzt; 12. Jahrhundert. Achtkantige barocke Kuppelhaube.

Wandmalereien. Bei der Renovation von 1932 kamen im Innern und am Äussern der Kirche Gemälde aus drei verschiedenen Etappen zum Vorschein, die

Abb. 387. Waltensburg. — Evangelische Kirche.
Der Passionszyklus an der Nordwand des Schiffes, Fresko um 1350.
Dazu die Abbildungen 388 bis 394. — Text S. 324 ff.

— soweit sie nicht wieder übertüncht werden mussten — Kunstmaler Lüthy, Bern,
restaurierte. Fehlende, aber rekonstruierbare Teile wurden ergänzt, jedoch nur in
Konturzeichnung, um sie als neu kenntlich zu machen. Die nachfolgende thematische
Beschreibung hält sich der Klarheit wegen an die chronologische Reihenfolge der
Etappen und — innerhalb derselben — an den ikonographischen Zusammenhang,
also nicht genau an die Topographie des Bauwerkes.

   I. Von der ersten Hand stammt vor allem der grosse *Passionszyklus* an der
Nordwand des Schiffes (Abb. 387). Die Schilderung rollt in zwei Streifen ab, beginnt an der Nordwestecke und kehrt im unteren Band, von rechts nach links ab-
laufend, wieder dorthin zurück. Als Horizontal-Einfassung dienen Ornamentbänder:
Teppich-, Wellenband- und Blattborten. Eine senkrechte Aufteilung durch schmale
Stäbe findet allein in der oberen Reihe — und auch hier nur zweimal — statt, während unten die Darstellung völlig synchronistisch vor sich geht. Im ersten verhältnismässig schmalen Feld sieht man nur Architekturen: eine Kirche zwischen anderen
— burgartigen — Bauten (Abb. 388); vermutlich ist damit Jerusalem gemeint und
das Bild entweder als Rahmenstück zum nachfolgenden Abendmahl aufzufassen oder
— was wahrscheinlicher ist — als der Rest eines verschwundenen, ehemals an der
Nordwand angeordneten Einzugs Christi, der als traditionelles Einleitungsbild kaum
gefehlt haben dürfte. Das heilige Mahl ist mit der Fusswaschung zusammengezogen,
so dass also Christius zweimal erscheint. Johannes liegt an der Brust des Herrn, Judas
sitzt allein und auch im Grössenmaßstab verkümmert — wodurch er als der Ver-
achtete und Ausgestossene gekennzeichnet wird — an der Aussenseite des Tisches.
Christus reicht ihm den Bissen: damit ist der Verrat zum Inhalt des Bildes gemacht
(Joh. 13, 26), jedoch klingt das eucharistische Motiv in den Fischen an, die auf den
Schalen liegen. In der Fusswaschungsszene sucht Petrus[1] mit der Linken den Herren

  [1] Dass der Jünger nicht den traditionellen Petrustypus zeigt, ist unwesentlich, da der Kopf eine
Ergänzung ist.

Abb. 388. Waltensburg. — Evangelische Kirche.

Das Abendmahl. Fresko, Beginn des Passionszyklus an der Nordwand des Schiffes um 1350.
Text S. 324 und 328.

Gethsemane und Gefangennahme Christi.

Die Kreuztragung.

Abb. 389 und 390. Waltensburg. — Evangelische Kirche.

Freskenzyklus an der Nordwand des Schiffes um 1350. — Text S. 328.

Die Vorführung Christi vor Pilatus.

Dornenkrönung und Geisselung Christi.

Abb. 391 und 392. Waltensburg. — Evangelische Kirche.
Freskenzyklus an der Nordwand des Schiffes um 1350. — Text S. 328.

von dem Liebesdienst abzuhalten. Es ist also an die Stelle Joh. 1, 8 gedacht und nicht an Vers 9, wie dies sonst die Regel ist (Abb. 388, S. 325). Das dritte Feld dieser Reihe vereinigt Christus am Ölberg, Gefangennahme mit Judaskuss und Malchus-episode sowie die Vorführung Christi bei Pilatus; hinter dem Richtstuhl des Land-pflegers stehen zwei Gestalten, von denen die eine wie mahnend die Hand erhebt, vermutlich eine bei älteren Darstellungen sonst nicht vorkommende Anspielung auf die Stelle bei Matthäus 27, 19, wo die Frau des Pilatus, von einem Traum beun-ruhigt, den Landpfleger warnen lässt (Abb. 389 und 391, S. 326 und 327).

Die untere Reihe schildert dann — rechts beginnend, wie erwähnt — die Geis-selung, Dornenkrönung, Kreuztragung (Abb. 390 und 392) und Kreuzigung: Der Hauptmann steht, die Schwurfinger der Rechten erhebend, neben dem Kreuz („wahrlich dieser ist Gottes Sohn gewesen"; Matth. 27, 54); vor ihm, kleiner, der Mann mit dem Schwammrohr (nach der Legende Stephaton). Nicht der Hauptmann Longinus — wie in der „Legenda aurea" und vielen bildlichen Darstellungen —, sondern ein Mann in vornehmem Gewand stösst Christus die Lanze in die rechte Seite (Abb. 393). Daneben Maria und Johannes (vgl. Bd. I, S. 78 f. mit Abb.). An-schliessend daran, von der Empore teilweise verdeckt und zerstört, die Kreuzab-nahme und als Abschluss die Grablegung durch Joseph von Arimathia und Niko-demus (Abb. 394).

Der beschriebene Zyklus füllt nicht die ganze Länge der Wand, sondern setzt etwa 2 m von der Ostecke ab. Der obere Streifen reicht hier, da er Einzelfiguren aufreiht, unbekümmert um die Unterbrechung der Horizontalen etwas weiter herab. Den unteren Abschluss bildet eine Rosettenborte. Dargestellt sind — in streng frontaler Haltung — St. Luzius, Florinus (mit einem frühgotischen Schalen-kelch), Jakobus d. Ä. und ein vierter männlicher Heiliger mit erhobener Linken (Abb. 395 und 396, S. 330 und 331).

An der anschliessenden Südwand sieht man, die Folge fortsetzend, St. Seba-stian, bekleidet, den Pfeil in der Linken haltend, und Fragmente einer weiteren, nicht zu identifizierenden Figur. Der untere Streifen beginnt (an der Nordwand) mit dem Martyrium des St. Sebastian (Abb. 396); das zweimalige Erscheinen des Heiligen an dieser Stelle lässt darauf schliessen, dass hier ein Sebastiansaltar stand[1]. Darauf folgt eine noch nicht gedeutete Szene: Vor einem thronenden Richter steht eine Frau, die einen kugel- oder scheibenförmigen Gegenstand (Apfel?) in der Rechten emporhält; im Anschluss daran (auf der Südwand) die gleiche Frauengestalt denselben Gegenstand hochhaltend und mit der Rechten auf ihn weisend. Daneben ein Vorhang. Als Sockeldekoration ist das gleiche Teppichmuster mit welligen Linien verwendet wie in St. Georg zu Räzüns und in Maienfeld (Abb. 396 und Bd. II, S. 32, III, S. 48).

Rechts vom Chorbogen setzt sich die unten von einer Rosettenborte begrenzte Reihe der grossen Einzelfiguren fort und greift von hier auf die Südwand über, ist jedoch in grossen Partien zerstört. Vollständig erhalten war noch eine Figur, von drei weiteren nur Fragmente, zwei wurden in Umrisszeichnungen frei hinzugefügt. Wie die Unzialinschriften (J)OHANNES und S. TOMAS sowie die Bücher und die Rede-Gebärden der Heiligen zeigen, handelt es sich um den Rest eines Apostel-zyklus. Im unteren Teil in kleinerem Maßstab zwei bischöfliche Heilige, betitelt: S. CONRADUS und AMBROSIUS. Der Grund ist blaugrau und undifferenziert, die Gewänder vorwiegend ockergelb und dunkelrot, nur die Kleidung Christi ist stets grau gehalten. Die Fleischteile gelblich, mit Rosa lasiert; Konturen braunrot.

Die Malereien dieser Etappe sind um 1350 anzusetzen und stammen offenbar von einem Churer Meister, für den wir nach diesem Zyklus die Bezeichnung „WAL-

---

1) Auf eine Altarstelle weist auch die oben (S. 322) erwähnte Gerätenische in der Nordwand.

Die Kreuzigung Christi.

Die Grablegung Christi.

Abb. 393 und 394. Waltensburg. — Evangelische Kirche.

Freskenzyklus an der Nordwand des Schiffes um 1350. — Text S. 328.

Abb. 395. Waltensburg. — Evangelische Kirche.
Heiligenfiguren. Fresken an der Nord- und Ostwand des Schiffes, um 1350. — Text S. 328.

TENSBURGER MEISTER" gewählt haben, da er sein stärkstes Werk ist. Über die künstlerische Bedeutung, die stilistische Einordnung sowie die Technik dieser Fresken, die auf dem Höhepunkt der frühgotischen Wandmalerei im Gebiet von Graubünden stehen, siehe Bd. I, S. 72—79. Zu vergleichen sind auch die von dem gleichen Meister gemalten Wandbilder in Räzüns, Bd. III, S. 46—48, 55.

II. Auf der äusseren Westwand des Schiffes kam 1932 ein kleinfiguriger Zyklus zutage, der jedoch wieder übertüncht wurde. Es fanden sich Fragmente dreier — wie erwähnt oben schräg abschliessender — Bildreihen, in denen ohne vertikale Teilungen (also synchronistisch wie bei dem beschriebenen Passionszyklus) Szenen aus dem Leben und Martyrium der hl. Margaretha dargestellt waren. Man sah sie bei der Herde ihrer Amme auf der Weide, während der Präfekt Olibrius sich ihr näherte, dann mit erhobener Rechten neben einem Turm stehend, kniend neben diesem Turm, wobei die Hand Gottes auf sie herabwies; dann gekreuzigt und dabei ausgepeitscht; im untersten Streifen waren nur die Köpfe einer Reihe weiblicher Heiliger zu erkennen. Der Zyklus dürfte in geringem zeitlichem Abstand von den Passionsbildern in der zweiten Hälfte des 14. Jahrhunderts entstanden sein.

III. Einer dritten Etappe gehört die ganze *Ausmalung des Chores* an. Die Wände sind abermals in zwei Zonen aufgeteilt: in der oberen stehen nimbierte Einzelgestalten in kielbogig abgeschlossenen Nischen mit einem durch Rauten gemusterten Fond. Schriftbänder, deren Texte erloschen sind, flattern steil an ihnen empor oder ziehen sich hinter ihren Häuptern durch; alle tragen Bücher in den Händen. An der Nordseite zählt man sieben Figuren und ebensoviele sind an der Südwand anzunehmen, wo die Mittelpartie indes von dem gotischen Fenster zerstört ist.

Die Reihe beginnt (nördlich) mit einer weiblichen Heiligen und schliesst (südlich) mit St. Stephanus. Die zwölf übrigen Heiligen dürften als die Apostel zu

Abb. 396. Waltensburg. — Evangelische Kirche.
Teil der Fresken in der nordöstlichen Ecke des Schiffes und Kanzel von 1672.
Text S. 328 und 336.

betrachten sein, da auf der Südseite Johannes Evang. und Jakobus d. Ä. an den
Attributen zu erkennen sind (Abb. 401, S. 335). Die untere Zone bildet eine Szenen-
folge, die sich über die drei Chorseiten hinzieht, aber nördlich durch die nachträglich
eingebrochene Sakristeitüre und die Sakramentsnische (Abb. 396), südlich durch
das spätgotische Fenster teilweise zerstört ist. Geschildert ist an der Nordwand

des Chores 1. die Taufe Christi im Jordan; 2. zerstört; 3. der Täufer wird ins Gefängnis gelegt; 4. Tanz der Salome. An der Ostwand: 5. Enthauptung des St. Johannes; 6. Gastmahl des Herodes. Mit diesem letzten der Johannesbilder schliesst die Reihe an das romanische Mittelfenster an, in dessen Leibung St. Barbara und eine nicht näher bestimmbare weibliche Heilige gemalt sind. Rechts des Fensters dann 7. Verkündigung, 8. Heimsuchung (Abb. Bd. I, S. 109). An der Südwand 9. Geburt Christi (Abb. 401, S. 335); das Folgende ist dem spätgotischen Fenster zum Opfer gefallen; rechts sieht man noch die Hälfte einer männlichen Gestalt, vielleicht aus der Anbetung der Drei Könige, und darnach nur noch eine Draperie. Den oberen Teil der Ostwand füllt eine grosse Darstellung der Marienkrönung, umgeben von Rundmedaillons mit Symbolisierungen der Evangelisten, die – wie in Räzüns (Bd. III, S. 46) – als Engel dargestellt und von ihren traditionellen Attributen begleitet sind. Als äusserer Abschluss fungieren die vier grossen abendländischen Kirchenväter (Abb. Bd. I, S. 109). Die Komposition ist insofern ikonographisch merkwürdig, als die Marienkrönung hier von Akzidenzien (Evangelisten, Kirchenväter) eingerahmt wird, die sonst der ,,Majestas domini'' zukommen.

Auf der *Innenwand des Chorbogens*, also im Westen, an der ,,Untergangsseite'': Christus beim Jüngsten Gericht, zwischen Maria und dem Täufer als Fürbittern. Südlich – auf der Seite der Seligen, für die Petrus die Pforte des himmlischen Jerusalem aufschliesst – unten im Zwickel ein Mann mit offenem Geldsäckel, auf den ein Engel herzufliegt, als Sinnbild christlicher Mildtätigkeit; auf der Gegenseite unter dem Höllenrachen der Geizhals, dem ein Tier (Fuchs?) als Dämon im Nacken sitzt (Abb. 397 bis 399).

Die *Leibung des Chorbogens* ist in sechs Felder aufgeteilt, in denen Heilige stehen; von oben nach unten nördlich: 1. weibliche Heilige mit scheibenförmigem Attribut (Rad? St. Katharina?); 2. St. Laurentius; 3. hl. Bischof, wahrscheinlich St. Desiderius (als Titelheiliger seinem Mitpatron – Nr. 6 – gegenübergestellt). Südlich: 4. St. Elisabeth mit einer Schale Brote; 5. St. Wendelin als Hirte; 6. St. Leodegar, dem von einem Schergen die Augen ausgebohrt werden (Abb. 400, S. 335).

Im *Schiff* mussten die Wandgemälde dieser Etappe 1932/33 teils (so zu seiten des Chorbogens) der Aufdeckung der ersten Schicht geopfert werden, teils wurden sie aus dogmatischen Gründen wieder übertüncht. An der Ostwand sah man links vom Chorbogen St. Bernhardin von Siena zwischen drei Kirchen, über denen Mitren schwebten, als Hinweise auf die Ablehnung der ihm angetragenen Bischofswürde von Ferrara, Urbino und Siena[1]. Auf einem Schriftband stand: ſanctus bernhardinus. Die Titel auf den die drei Kirchen einrahmenden Rollen waren verblasst, lesbar nur noch [Fer]rera. Darunter in rechteckigem Feld die Figur eines männlichen Heiligen ohne Attribut. In die Zwickel am Scheitel des Chorbogens war das Opfer Kains und Abels einkomponiert (Kain mit umgekehrter Garbe und dem Teufel im Nacken), rechts die Mantelspende des zu Pferde sitzenden St. Martin (unterhalb, später darüber gemalt, ein Wappen der Sax).

An der Südwand war zwischen den beiden Fenstern eine Versuchung des hl. Antonius angeordnet (der betende Heilige, von einem gehörnten Dämon am Arm ergriffen), daneben – und von dem Maßwerkfenster in seinen linken Partien teilweise zerstört – ein Dreifaltigkeitsbild in der Form des ,,Gnadenstuhles'': Gottvater thronend und den Gekreuzigten mit den ausgebreiteten Händen haltend (die Taube fehlte); an seiner Linken stand ein bischöflicher Heiliger ohne spezielles Attribut, offenbar einer der Titelheiligen Desiderius oder Leodegar; zwischen beiden

---

1) Vgl. W. L. Schreiber, Handbuch der Holz- und Metallschnitte des XV. Jh., Band VII, S. 126, sowie R. Riggenbach, Die Eberlerkapelle, Basel 1940, S. 43.

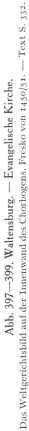

Mittelstück: Christus als Weltenrichter zwischen
Maria und dem Täufer als Fürbittern.

Südliches Teilstück: Petrus öffnet den Seligen die
Pforte des himmlischen Jerusalem. Darunter der
freigebige Wohltäter.

Nördliches Teilstück: Der Höllenrachen. Darunter
der Geizhals.

Abb. 397—399. Waltensburg. — Evangelische Kirche.

Das Weltgerichtsbild auf der Innenwand des Chorbogens. Fresko von 1450/51. — Text S. 332.

— in kleinerem Maßstab — ein kniender Stifter mit Schriftband: ſancta trinitas deus unus miſerere nobis. Die Gnadenstuhlgruppe umgaben vier Medaillons mit Symbolisierungen der vier Evangelisten in gleicher Auffassung wie im Chor (S. 332), von denen jedoch zwei, zusammen mit dem anzunehmenden Mit- bzw. Hauptpatron, dem Durchbruch des Fensters zum Opfer gefallen waren (Abb. 402, S. 336).

Am *Äusseren* wurden folgende Malereien der gleichen Etappe gefunden: an der Südwand Reste eines Christophorus, der das Kind auf der linken Schulter trug, (nun wieder übertüncht) und ein ikonographisch merkwürdiges Bild der „Feiertagsheiligung": Der Schmerzensmann mit Dornenkrone und Kreuznimbus, in ganzer Figur frei über dem Boden schwebend, umgeben von Handwerkszeugen, deren Gebrauch das Gebot der Feiertagsheiligung untersagt; oben eine Gruppe geputzter Jünglinge mit einem Tänzer (Tod?) sowie Spieler, als Hinweis auf die den Sonntag entheiligenden Lustbarkeiten[1] (Abb. 403, S. 337). Diese Darstellung blieb erhalten, wie auch an der Westwand ein Engel mit dem Schweisstuch; das Haupt Christi ist nach älterer Auffassung ohne die Dornenkrone und mit offenen Augen, also im Sinne des „Vera icon", des sogenannten „authentischen" Christusbildes (vgl. S. 82 und 350) dargestellt; doch gehört das Bild ohne Zweifel zur Etappe III, und nicht zu dem Zyklus der gleichen Wand, wie am Gewandstil des Engels leicht festzustellen ist. Aus der gleichen Zeit stammen wohl auch die *Malereireste* an der Westwand des Turmes zu seiten des Schallfensters; links undeutbare Fragmente, vielleicht Wappen, rechts ein St. Georg mit Drachen.

Die Datierung dieser dritten Etappe lässt sich auf 1450/51 festlegen: Wegen des Wappens Räzüns ist 1459 der letzte Termin, da damals dieses Geschlecht ausstarb. Das früheste Datum ist wegen des hier schon mit Nimbus abgebildeten St. Bernhardin streng genommen dessen Heiligsprechung (24. Mai 1450), zum mindesten jedoch sein Todesjahr (1444). Ein Vergleich mit den Fresken an der Ostwand von St. Sievi im benachbarten Brigels — insbesondere der Einzelfiguren unter den mit Rautenmusterung verzierten Baldachinen — ergibt, dass die Waltensburger Etappe III dem in Brigels 1451 beschäftigten Maler zuzuschreiben und offenbar gleichzeitig entstanden ist. Die Gemälde zeigen in der Zeichnung eine sichere leichte Hand und in der Gruppierung der Szenen eine entwickelte Kompositionsgabe.

Literatur: ERWIN POESCHEL in N.Z.Z. 25. November 1932 (Nr. 2194) und ASA. 1934, S. 142. — Photos (jene der nun verschwundenen Bilder koloriert) im Archiv f. hist. Kdm. im Schweiz. Landesmuseum in Zürich, Nr. 23 524—23 565.

Baugeschichtliche Schlussfolgerungen. Die Formen der Fenster von Chor, Schiff und Turm sowie der Turmtüre, auch die Konstruktion des Campanile lassen eine Datierung des Bauwerkes um 1100 zu[2]. Schürfungen im Boden des Chores (1932) trafen nirgends auf älteres Mauerwerk; im Bereich des Schiffes konnten indessen Nachforschungen nicht angestellt werden. Die Frage, ob dem bestehenden Bau ein anderer kleinerer (ohne Chor? vgl. Brigels) voranging, bleibt daher unentschieden. Die aus dem Grundriss (Abb. 385, S. 322) ersichtliche Art der Anschlüsse der Schiffsmauern an den Turm (Fugen, Verdickung der Nordwand) scheinen dafür zu sprechen, dass zwischen Schiff und Turm ehemals ein — wenn auch kleiner — Abstand klaffte. Die Verbindung muss vor 1350 (Malerei-Etappe I) hergestellt worden sein. Die Form des Kircheneinganges (leicht gespitzter Bogen) passt für das frühe 14. Jahrhundert. Ob damals oder früher der Choreingang erweitert wurde (s. S. 322), ist mangels formierter Teile nicht zu sagen.

---

1) Ausführliche Deutung dieses Bildthemas (das auch in Räzüns, Bd. III, S. 54, in Brigels und Schlans, Band IV, S. 368 u. 383f., erscheint) geben E. Breitenbach und Th. Hillmann in ASA. 1937, S. 233–6.

2) Die Annahme Rahns, dass die Kirche „spätestgotisch" sei, wird durch die Gemälde widerlegt. Es ist daher auch kein Anlass, den Turm für „postum romanisch" zu halten. ASA. 1876, S. 718, 1882, S. 362.

Im Chorbogen. — Text S. 332.   An der Südseite des Chores. — Text S. 331 und 332.

Abb. 400 und 401. Waltensburg. — Evangelische Kirche. Fresken um 1450/1451.

Vor 1451 fand die Einwölbung des ehemals wohl flach gedeckten Chores statt, denn die Gemälde der Etappe III sind der Gewölbeform angepasst. In spätgotischer Zeit — der Form des Wandtabernakels nach zu schliessen wohl erst um 1510/20 — wurden die Maßwerkfenster und die Sakramentsnische angelegt, die unbedenklich in die Bemalung eingriffen. Man hatte also damals anscheinend in Aussicht genommen, sie zu übertünchen und vielleicht durch neue zu ersetzen.

1711 Erneuerung der Decke im Schiff; zu gleicher Zeit vermutlich die Turmhaube und das einheitliche, steile Satteldach der Kirche an Stelle älterer, schwächer geneigter Dächer. Die Schrägung der Bildgrenze an der Westfront lief wohl, in einigem Abstand, parallel mit der alten Giebellinie.

Ausstattung. *Wandtabernakel* in der Nordseite des Chores, bekrönt von einem Fries mit Kreismotiven und Zinnenabschluss; um 1510/20. — Der *Taufstein* ist

Abb. 402. Waltensburg. — Evangelische Kirche.
Gnadenstuhl mit Heiligen und Stifter. Fresko um 1450/51. — Text S. 332 f.

eine achteckige Schale auf rundem Fuss; gotisch. Der Deckel eingelegt mit zartem
Rankenwerk und mit Reliefschnitzerei geziert, 17. Jahrhundert. — Polygonale
Kanzel, an den Ecken mit Halbsäulen besetzt. Die in Relief geschnitzten Ranken
der Füllungen sind in Kontrast gesetzt zu den eingetieften Ornamenten der Umrahmung; Inschrift: MIAS NURSAS AUDAN MIA VUSCH. IOH. X. 1672 (Abb. 396, S. 331).

Glocken. Vierteiliges Geläute von RÜETSCHI A.G. Aarau 1932. Zuvor hingen
folgende Glocken im Turm: 1. Dm. 98,7 cm, Inschrift: + o · ſancta · maria · et ·
omnes - ſanctus (!) orate · pro · nobis · anno · domini · mᵒ · ccccᵒ · lxviii (1468)[1].

_____

1) Auf den Eisenbändern des alten Joches standen rätoromanische Inschriften mit dem Datum 1607,
den Namen der Kirchenvorsteher Florin Alexander und Crist Peter Disch, des Pfarrers Joh. Dorta von
Vulpera sowie der histolischen Notiz: „1607 An digl Ufrür a fendlis 2 gadas vagni ansemel, Beli mes an-
tuorn", deutsch: „1607 Jahr des Aufruhrs und Fähnlilupfs, zweimal zusammengekommen, Beeli umge-
bracht" (Enthauptung des österr. Landvogtes Beeli von Belfort). Vollständiger Wortlaut der Texte
s. Chr. Caminada, Bündner Glocken, S. 23. Die Bänder sind nicht mehr vorhanden, da 1932 ein eiserner
Glockenstuhl in den Turm kam.

Abb. 403. Waltensburg. — Evangelische Kirche.
Das Gebot der Feiertagsheiligung. Fresko um 1450/51. — Text S. 334.

Als Trennungszeichen ein Blütenstengel. — 2. Dm. 90,5 cm, Inschrift in gotischen
Unzialen: + O + REX · GLORIE · CRISTE · VENI · CUM + PACE + M CCCC +
LXXXIIII (1484). — 3. von H. Rüetschi, Aarau, 1907. — Eine der Glocken Nr. 1 u. 2
hing bis 1562 im Turm der Burgkirche (GA. Nr. 12).

Profanbauten

An **Haus Nr. 89** sind als Reste einer ehemals die ganze Wand bedeckenden
Fassadenmalerei noch zu sehen: Die Wappen Räzüns (heraldisch ungenau) sowie
der III Bünde (für den Oberen Bund noch in Rot ein weisses Kreuz). In der Mitte
ein Schild mit schwarzer, nicht mehr genauer erkennbarer Hausmarke in rotem
Grund. Als dekorative Elemente: zwei Greifen und eine dreiköpfige Hydra (Zwie-
tracht?), ferner Reste eines Verses in Fraktur. Datum 1573[1]. — An **Haus Nr. 96**

---

1) Nach Buholzer BMBl. 1930, S. 178, sah man früher auch noch Reste einer Jagdszene.

(zeitweise Gemeindehaus) ein gutes *Türgericht* aus Stein mit postumgotischer Rund-stabprofilierung. Im Bogenstück die Wappen Sax und De Mont und die Inschrift: GREGORIUS V SAX DER ZIT LANDRICHTER - MARIA V SAX GEBORNE VON MUNT SIN EFRAW 1580 (Abb. 404). Zeichen des Churer Steinmetzen PAULUS GERING von Hindelang Tab. II, 10.

Abb. 404.
Waltensburg.
Türsturz von 1580.

Wohnhaus Nr. 96.
Wappen Sax und
De Mont.

Die Burgruine Jörgenberg

Geschichte der Burg. Romanisch „Mun Sogn Gieri". Die prähistorischen Funde belegen, dass das Burgareal schon in der mittleren Bronzezeit (1200—800 v. Chr.) besiedelt war. Im frühen Mittelalter finden wir hier eine Kirchenburg (765 „agrum super castellum"; 831 „ecclesia S. Georgii in Castello"), die sich im Hochmittelalter zu einer Feudalburg, dem Zentrum der Herrschaft Jörgenberg, ent-wickelte. Über die Herrschaftsinhaber siehe oben S. 321. 1580 soll das Schloss noch bewohnt gewesen sein, es geriet aber wohl im 17. Jahrhundert in Verfall. — 1930 wurde aus Mitteln des Cadonau'schen Nachlasses durch den Schweizerischen Burgenverein unter Leitung von Arch. EUGEN PROBST das Burggebiet von Schutt und Strauchwuchs befreit und damit unsere Kenntnis von den Grundlinien der Anlage erheblich erweitert. Darnach Sicherung des gesamten Mauerwerkes.

Literatur: BURGENBUCH, S. 232—235 mit Zeichnungen, Taf. 59. — Über die Ausgrabungen: ERWIN POESCHEL in N.Z.Z. vom 22. Juli 1930. — Ders. in Nachrichten der Schweizer. Vereinigung zur Erh. der Burgen und Ruinen, 1930, Nr. 4. Dort auch der durch die Aufdeckungen modifizierte Grundriss von E. Probst, Abb. 406, S. 340. — Photos und zeichnerische Aufnahmen im Archiv für histor. Kdm. im Schweizer. Landesmuseum in Zürich, Nr. 18929—18954. — Vgl. auch BMBl. 1948, S. 314 ff.

A) **Die Kirche St. Georg.** Der Entwicklungsgeschichte der Burg entspre-chend ist hier die Kirche auch im architektonischen Bestand das älteste Element der Gesamtanlage. Sie liegt, nach Osten gerichtet, dicht am Burgweg und besteht aus einem breiten Schiff und einer im Grundriss hufeisenförmig eingezogenen Apsis, die aus der Hauptachse südwärts verschoben ist. In ihrem nördlichen Teil sieht man eine Nahtstelle. Von der Halbkuppel, die ohne trennenden Gurt unvermittelt aus der Wand aufstieg, sind noch wenige Ansätze zu erkennen. Der Altar stand frei in der Apsis. Über dem Schiff lag — wie aus Verputzresten abzulesen ist — eine flache Balkendecke, wenn nicht sogar der Dachstuhl offen geblieben war. Alle Wände zeigen Malereispuren. Der Eingang in der Westfront ist, zwar der Apsis-verschiebung nicht völlig entsprechend, doch ihr einigermassen nachgebend, gegen Süden hin aus der Mitte gerückt und war durch eine kleine Vorhalle, deren Funda-mente gefunden wurden, geschützt.

Abb. 405. Die Burgruine Jörgenberg. — Die Kirche und der Berchfrit.
Blick von Norden in den Burghof.

Der **Campanile** steht in der Nordostecke des Schiffes, tritt im Grundriss nach aussen also nicht hervor. Rundbogiger Eingang in der Westseite (vom Schiff her). Die Wände sind durch Blendnischen gegliedert, die in drei Etagen mit zweiteiligen, in der vierten mit dreiteiligen Kleinbogenfriesen ohne Konsölchen abschliessen. Dazwischen laufen Zierbänder aus übereck gestellten Steinen. In den drei obersten Kompartimenten einfache schmale, rundbogig geschlossene Fenster (Abb. 405).

Datierung. Die Apsis weist mit ihrem hufeisenförmigen Grundriss in die karolingische oder spätmerowingische Zeit (vgl. Bd. I, S. 21 f.), gehört also zu dem im Urbar von 831 genannten Bauwerk. Ihre Verschiebung aus der Hauptachse wie die Naht im nördlichen Schenkel führen zu der Annahme, dass das heutige Schiff eine zweite Etappe darstellt; sie wird in Verbindung zu bringen sein mit der Errichtung des Campanile, dessen Gliederung und Fensterformen ins 11. Jahrhundert weisen. Ausserhalb des Schiffes — bei der Nordwestecke — wurde ein nur roh zubehauenes rundes *Steinbecken* (Dm. ca. 50 cm) gefunden, von dem nicht bestimmt zu sagen ist, ob es sich um ein Tauf- oder Weihwasserbecken handelt.

Westlich der Kirche stiess man 1932 innerhalb einer eigenen Umfriedung (Trockenmauer), die in ihrem südlichen Zug in einer Flucht mit der Kirche verlief, auf einen *Friedhof* mit Gräbern, was als Beleg dafür betrachtet werden darf, dass St. Georg ehemals Pfarrkirche war. Diese Mauern wurden überschnitten von den an den Berchfrit angeschlossenen Bauwerken, gehören also noch dem vorfeudalen Bestand und damit der alten „Kirchenburg" an. Ob die ausserhalb der westlichen Ringmauer gefundenen Fundamente gleichfalls zur frühmittelalterlichen Festung gehören oder vielleicht nachromanisch sind, war nicht zuverlässig festzustellen. Wahrscheinlicher dürfte die erste Alternative sein.

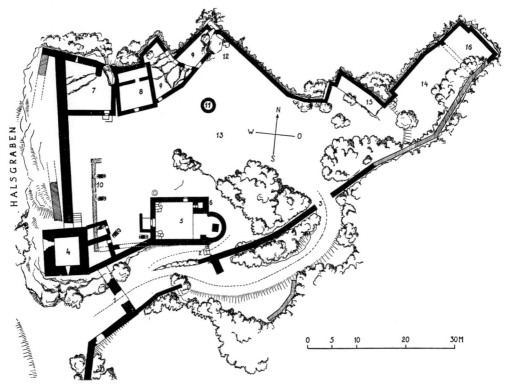

Legende: 1 Erstes Tor; 2 Zweites Tor; 3 Drittes, späteres Tor; 4 Berchfrit; 5 Kirche St. Georg; 6 Campanile; 7 und 8 Hauptwohngebäude, in 7 eine kleine Pforte nach der Schlucht; 9 Nebengebäude; 10 Mauer des frühmittelalterlichen Friedhofs und Gräber; 11 Zisterne; 12 Erinnerungstafel Cadonau; 13 Innerer Hof; 14 Äußerer Hof; 15 und 16 Nebengebäude (Ställe?).

Abb. 406. Die Burgruine Jörgenberg. — Grundriss.
Zeichnung von Architekt E. Probst 1930. — Text S. 338 ff.

B) **Die Burg.** Dem Grundriss nach gehört die Burg zu jenem Typus, bei dem alle Bauwerke an den das Plateau umziehenden Bering angeschlossen sind und innen ein grosser Hof freibleibt. Gegen das Plateau von Waltensburg hin war sie durch einen tiefen Halsgraben künstlich geschützt; gegen Norden, wo der Fels steil zum Panixer Tobel abfällt, ist sie völlig sturmfrei; nach Süd und Ost senken sich gemässigtere Abhänge zu Tal. Der Burgweg führte von Westen her zum ersten Tor, das so angelegt war, dass der Angreifer unter der vollen Geschosswirkung vom Berchfrit her stand. Hinter dem Tor gabelte sich der Weg: der linke Zweig führte über eine Rampe zum zweiten Tor bei der Kirche; der andere — wohl jüngere und mit Wagen passierbare — mündete in eine weiter östlich disponierte, später angelegte Einfahrt.

Der fünfgeschossige **Berchfrit** ist an die Südwestecke gestellt, so dass von ihm her nicht nur — wie schon erwähnt — das Tor, sondern auch die westliche Flucht der Ringmauer, über die er hervortritt, bestrichen werden konnte. Er ist aus lagerhaft geschichteten Steinen und mit Eckverband aus Bossenquadern sorgfältig konstruiert und in einem Zug aufgeführt. Der Hocheingang lag in der Ostseite des vierten Geschosses (Hofseite) und wurde wohl vom Wehrgang aus erreicht. Gegen Süden Rundbogentüre auf eine Laube. Die beiden obersten Geschosse, in denen sich gekuppelte Rundbogenfenster mit Sitznischen öffnen (das östliche wurde 1932 freigelegt), dienten Wohnzwecken. Aus der Nordwand kragte ein gemauerter Aborterker, der auch als Pechnase verwendbar war, durch die eine kleine, dicht am Tor in der Wehrmauer angelegte Pforte bestrichen werden konnte. Östlich schlossen an den Berchfrit untergeordnete Bauwerke an, während die Hauptwohngebäude von der Nordwestecke her dem Bering bis zu dessen Einschwenken gegen Süden folgten. Im Eckbau eine kleine Pforte gegen die Felsseite. Nebengebäude (Stallungen, Scheunen) im östlichen Hof. Vor den Hauptgebäuden liegt die aus dem Fels geschrotete *Zisterne* von zwei Metern Lichtweite.

Westlich der Burg im Wald stehen die zwei gemauerten Rundpfeiler des alten **Galgens** der Herrschaft Jörgenberg. — Näheres über Jörgenberg s. BURGENBUCH a.a.O.

Die übrigen Burgruinen

Grünenfels, auch Grünfels, romanisch Chischlatsch. Die Burg war Sitz der — urkundlich erstmals 1283 auftretenden — churischen Ministerialen des gleichen Namens und Zentrum einer kleinen Herrschaft, zu der seit dem Ende des 13. Jahrhunderts auch die Burg Schlans gehörte (S. 382). Um 1325 ging sie durch Erbfall in der Herrschaft Montalt auf, 1378 kam sie mit dieser an die Räzüns und wurde damit Teil der Herrschaft Jörgenberg. Die Burg stand nördlich des Dorfes Waltensburg zwischen dem Flem- und Ladralbach. Erhalten ist nur ein geringer Mauerstock (Eckpartie) eines anscheinend turmartigen Gebäudes.

Kropfenstein, auch Grottenstein, romanisch Grotta. Die Burg selbst wird urkundlich nicht erwähnt. Eine churische Ministerialenfamilie dieses Namens ist erst für das 14. Jahrhundert sicher belegt.

Kropfenstein ist die kühnste der bündnerischen Höhlen- und Balmburgen; sie ist in eine Grotte der steil abfallenden Felswand unterhalb der Strasse Waltensburg-Brigels hineingebaut und bestand aus einem Wohngebäude mit ganz schmalen Seitenwänden, das in der Höhe von drei Geschossen noch aufrecht steht. Der Eingang im Erdgeschoss der Ostwand wurde ehemals über einen gezimmerten Laufsteg erreicht. Das Innere war durch zwei Mauern quer geteilt. Viereckfenster mit Sitznischen. Abb. Bd. I, S. 63.

Im Schutt wurde 1928 ein sehr primitives *Relief* eines mit kurzem Rock bekleideten Mannes gefunden, aus dessen Haupt zwei kleine Bogen wachsen (Abb. BURGENBUCH, Taf. 59). Es können Hörner gemeint sein, wahrscheinlicher jedoch ist, dass es sich um das Fragment eines Frieses mit Kleinbogen handelt, denen Figuren als Stützen — Karyatiden — dienten. Vermutlich 12. Jahrhundert, wie auch die Burg. — Näheres s. BURGENBUCH, S. 108 f., 235 f. (mit Zeichnungen), Tafel 1 und 59.

Vogelberg, romanisch Cafoghel. Die Burg, die in Urkunden nicht vorkommt, liegt an der Strasse Waltensburg-Andest. Erhalten sind noch Teile zweier Seiten eines Turmes in Höhe von zwei Geschossen. Grundfläche 9–7,80 m. S. BURGENBUCH, S. 235.

KREIS DISENTIS

Abschnitt Sutsassiala

Der Kreis Disentis, die alte „Cadi", wird hier in zwei Abschnitten behandelt, die, wie S. 2 erwähnt, durch die Russeiner Felsenge unterhalb des Talkessels von Disentis geographisch scharf getrennt sind. Die beiden Teile unterscheiden sich aber auch ihrer historischen und kulturellen Entwicklung nach: Sursassiala — also das Gebiet „Ob dem Stein", heute das Territorium der Gemeinden Disentis, Medels und Tavetsch — war vor der Gründung des Klosters Disentis sicher fast unbesiedelt und verdankt seine Kultivierung vorwiegend der direkten oder mittelbaren Arbeit des Stiftes, während die im nachstehenden zu behandelnde „Sutsassiala" altes rätisches Kulturland darstellt. Hier, besonders in Brigels, sassen auch viele freie Bauern, wodurch die Immunitätsherrschaft des Klosters durchlöchert wurde, während sie sich in Sursassiala dichter gestalten konnte.

Die Differenzierung spricht sich ferner in den Siedelungsformen aus, da im unteren Teil das geschlossene Dorf, im oberen das lockere Hofsystem herrscht; und endlich hat die Sprachforschung den Russeiner Tobel auch in mundartlicher Hinsicht als eine Grenze erkannt. — Die Behandlung von Sursassiala kann aus Raumgründen erst im nächsten Band erfolgen.

DIE GEMEINDE BRIGELS

Urgeschichte. Ein Fels unterhalb des Dorfes Dardin zeigt zahlreiche schalenförmige Eintiefungen, die ihrer Form nach von Menschenhand stammen. Der Stein heisst „Grep (oder Crest) Patnasa", trägt also einen Namen, der zu dem vorrömischen „Padnal" gehört und einen — meist befestigten — Hügel zu kennzeichnen scheint. Vorgeschichtlichen Ursprungs ist auch der Name von Brigels selbst und von Dardin, die beide von keltischen Worten abzuleiten sind: Brigels von „brigilo" = kleine Burg, und Dardin von „are dunon" = bei der Burg. Diese vorgeschichtliche Brigelser Burg dürfte bei der Kapelle S. Sievi zu suchen sein, wo von W. Burkart eine den Plateaurand begleitende Trockenmauer sowie ein Halsgraben konstatiert wurde.

Literatur: JB SGU. 1931, S. 105—109. — R. v. PLANTA in N.Z.Z. 1925, Nr. 2104.

Geschichte. Im Frühmittelalter stand in Brigels („in Bregelo") ein den Victoriden gehöriger Grosshof mit gemauertem Herrenhaus („sala muricia"), der durch das Vermächtnis Tellos von 765 an das Kloster Disentis kam (CD. I, S. 14). Er wird im Dorfteil St. Martin zu lokalisieren sein, der heute noch „cuort" heisst. Das geschlossene eigentliche Dorf war offenbar das Quartier um die Pfarrkirche, jetzt noch „vitg" (vicus) genannt. Von dem Disentiser Hof hören wir später wieder, da Graf Hugo von Werdenberg ihn dem Stift gewaltsam entriss, jedoch am 12. August 1327 wieder zurückerstatten musste (CD. II, S. 285). Neben den Stiftsleuten, die mit Medels zusammen ein Niedergericht innerhalb der Disentiser Territorialhoheit bildeten, sassen in Brigels viele Freie, die ursprünglich zur Grafschaft Laax gehörten, sich jedoch 1536 mit den Klosterleuten zusammenschlossen. Der Auskauf des Zehntenrechtes wurde nach längeren Zwistigkeiten in einer Vermittelungsakte vom 23. März 1737 zugestanden.

Die alte **Pfarrei** Brigels umfasste das Gebiet der heutigen Gemeinden Brigels und Schlans. Schon am 11. Januar 1185 erscheint sie im Besitz des Klosters

Disentis[1], dem sie am 10. Januar 1491 dann formell inkorporiert wurde (WIRZ V, S. 170). Eine Kaplanei konstituierte der Abt am 12. Mai 1469 (GA., Nr. 3). Schlans löste sich 1518, Danis 1650 und Dardin 1664 kirchlich ab, während in politischer Hinsicht die drei Pfarreien Brigels, Danis und Dardin im gleichen Gemeindeverband verblieben. Im nachstehenden sollen indes der Übersichtlichkeit wegen die drei Pfarreien gesondert behandelt werden.

Literatur: C. MUOTH, Anz. f. Schweiz. Gesch. NF VIII, S. 146f. — P. TUOR, Die Freien von Laax, Chur 1903, S. 115f. — A. v. SPRECHER, Gesch. d. Republik der III Bünde im 18. Jahrh., Chur 1872, S. 315f. — HBLS. II, S. 356. — BMBl. 1921, S. 260. — JB HAGGr. 1939, S. 126. — Übriges zitiert.

I. DIE PFARREI BRIGELS-BREIL

Die Katholische Pfarrkirche St. Maria

Geschichte und Baugeschichte. Die Kirche, die ihrer Gründung nach ohne Zweifel ins frühe Mittelalter zurückreicht, erscheint urkundlich erstmals — als „ecclesia parochialis" — gelegentlich einer päpstlichen Bestätigung für Disentis am 11. Januar 1185 (Datierung vgl. Anm. 1). Vom frühmittelalterlichen Bestand sind keine erkennbaren Bauteile mehr vorhanden, vom romanischen wohl die unteren Partien des Turmes. Am 23. April 1392 brannte mit dem ganzen Dorf auch die Kirche ab. Neuweihe 1397 nebst zwei Altären, der eine z. E. von Mariae Himmelfahrt, St. Anton und Leonhard, der andere für St. Johann Ev. und Katharina. Am St. Jakobstag (25. Juli) 1493 wurde mit einem Viertel des Dorfes die Kirche abermals zerstört[2]. 1500 Erteilung eines Indulgenzbriefes für den Wiederaufbau, 1504 Neuweihe mit vier Altären, von denen einer — der Kreuzaltar — auf den Chorstufen stand. Auf diesen Neubau geht im wesentlichen die bauliche Gestalt der heutigen Kirche zurück. Nachträgliche Veränderungen: 1784 neuer Turmhelm, zu gleicher Zeit vielleicht die beiden Anbauten zu seiten des Turmes, und zwar zunächst einstöckig und nachträglich erhöht. 1808 wurde an Stelle der alten gotischen Flachdecke eine Gipstonne eingezogen und der Chorbogen erhöht. Im gleichen Jahr Erneuerung des Dachstuhles durch JOHANN STIEFENHOFER. Renovation 1899, 1926, 1930. In den beiden letztgenannten Jahren Neufassung der Altäre und der Kanzel.

Literatur: NÜSCHELER, S. 74. — RAHN in ASA. 1882, S. 279. — B. VENZIN, Notizias ord igl urbari vegl de Breil, Disentis 1930. Diese „Notizias" sind entnommen den Einträgen in einem Urbar-Spendbuch von 1533—1543, auf denen die meisten obigen Daten beruhen. — Edition des Visitationsprotokolles vom 21. August 1643 von N. CURTI in BMBl. 1921, S. 44.

Baubeschreibung. Inneres. Die 1504 vollendete, nach Osten gerichtete Anlage besteht aus einem einschiffigen Langhaus und dem eingezogenen dreiseitig geschlossenen *Chor*, der leicht nach Norden hin abgedreht ist. Er ist überdeckt mit einem Sterngewölbe von zwei Jochen, dessen einfach gekehlte Rippen aus zugespitzten Konsolstümpfen steigen. Weder Schlusssteine noch Schildbogen; auch keine Markierung der Jochtrennung durch Querrippen. Drei leere Spitzbogenfenster und ein Oculus. In der Nordwand eine gotisch gefaste Rundbogentüre zur Sakristei. Die heutige Form des halbrunden Chorbogens stammt von 1808. Der Grundriss des *Schiffes* ist im Westen nicht winkelrichtig, weil hier ein Ausgleich mit der Achsen-

---

1) So die richtige Datierung nach R. Thommen, Urk. z. Schweizer. Geschichte aus österr. Archiven, Bd. I, Basel 1899, S. 17, nicht 1184, wie in CD. I, S. 212.

2) Nach einer Notiz im Urbar soll 1486, also kurz vorher, mit dem Neubau des Chores begonnen worden sein (Venzin, S. 3).

stellung des aus älterem Bestand übernommenen Turmes gesucht wurde. Gipslattendecke in Flachtonnenform von 1808. Die Fensterformen (Stichbogen) wohl
aus gleicher Zeit. In der Südwand ist — zwischen dem ersten und zweiten Fenster —
noch der Umriss einer der gotischen Spitzbogenöffnungen zu sehen. Geschweifte
Holzempore mit flach geschnitztem Bandmuster, an einem Beschläg datiert 1808.

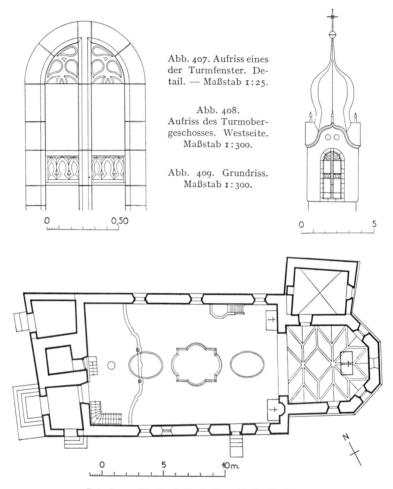

Abb. 407. Aufriss eines
der Turmfenster. De-
tail. — Maßstab 1:25.

Abb. 408.
Aufriss des Turmober-
geschosses. Westseite.
Maßstab 1:300.

Abb. 409. Grundriss.
Maßstab 1:300.

Brigels. — Die Katholische Pfarrkirche St. Maria.

Der Haupteingang, neben dem Turm, mit geradem Sturz; die rundbogige Neben-
pforte in der Südseite gotisch gefast. Der Eingang zum Turm liegt 1 m über dem
Boden, was darauf schliessen lässt, dass beim Neubau von 1504 das Niveau des
Schiffes tiefer gelegt wurde. — Das Äussere ist ohne Wandgliederung.

Der **Turm** steht vor der Westfront, deren Mauern an ihn anlaufen. In dem
beim Neubau von 1504 mit einer geringen —nur 20 cm betragenden—Auskragung
aufgesetzten Obergeschoss öffnen sich die Schallfenster mit blind gearbeitetem
Fischblasenmasswerk aus Tuff; es ist die einzige Verzierung dieser Art an Turm-
fenstern in unserem Inventar (Abb. 407). Den Abschluss bilden geschweifte Giebel und

Abb. 410. Brigels. — Katholische Pfarrkirche.
Der Hochaltar von 1783. — Text unten.

eine stark eingeschnürte barocke Haube von 1784 (Abb. 408). Flankiert wird der Turm nördlich von einem Beinhaus, südlich durch eine Vorhalle des Haupteinganges. Die nachträglich aufgesetzten Obergeschosse, in denen Abstellräume untergebracht sind, schliessen diese Vorbauten mit dem Schiff zu einem einheitlichen Architekturkörper zusammen, so dass also der Turm erst über Dachhöhe als selbständiges Bauelement in Erscheinung tritt.

Wandmalerei von 1899, mit Ausnahme der Deckenmedaillons; jedoch auch diese stark übermalt: Verkündigung, Mariae Vermählung und Krönung; signiert: „Johan Mathias Jehly pinxit 1808" (aus Bludenz, s. Kdm. Liechtenstein, S. 83, 93).

Die Altäre. Der *Hochaltar* gehört seinem Typus nach der „Walliser Gruppe" an (vgl. Bd. I, S. 214 ff.). In der Komposition, dem zweigeschossigen Aufbau mit je drei Paaren schräg auswärts gestellter gewundener Säulen und dem Segmentgiebel über dem Hauptgesims, steht er den ungefähr zu gleicher Zeit entstandenen Altären von Lumbrein und Vals sehr nahe (S. 183 und 225), doch unterscheidet er sich dadurch von ihnen, dass sein Obergeschoss kein Bild birgt, sondern—wie in Seth — durchbrochen ist. In dieser von einem Wolkenkranz gerahmten Öffnung hängt — als Symbol der Dreifaltigkeit — das gleichseitige Dreieck mit dem Auge Gottes. Aussen stehen zwei Posaunenengel, jedoch nicht auf Segmentstücken, wie die Figuren der andern genannten Retabeln, sondern auf Sockeln. Altarblatt: Mariae Himmelfahrt. Der Altar wurde laut Eintrag im Urbar 1738 hergestellt[1]. Als Meister kommt hauptsächlich ANTONI SIGRIST von Brig im Wallis in Betracht, dessen Anwesenheit im Lugnez 1738, in Obersaxen 1741 bezeugt ist (vgl. S. 234 und 286). Neu gefasst 1926. — Zu seiten des Altars stehen über den Durchgängen *Reliquiar-Etageren* mit Büsten, vermutlich vom Meister des Altares. Auch der *Tabernakel* dürfte zu gleicher Zeit entstanden sein: um das Gehäuse zieht sich eine Reihe von gedrehten Freisäulen, auf denen das weit vorspringende Gesims ruht. In dieser Galerie stehen Figürchen auf Konsolen (Abb. 410, S. 345).

Der *ehemalige gotische Hochaltar* befindet sich nun in St. Eusebius (S. 358 ff.).

Der *südliche Seitenaltar* (z. E. des hl. Rosenkranzes) ist eine Ädikula mit je einem Paar gedrehter Säulen und Pilastern und einem von glatten und geschraubten Säulen gerahmten Giebelstück. Aussen durchbrochene Akanthusranken. Die Nische — mit moderner Muttergottesfigur — ist umgeben von 15 Medaillons mit den Darstellungen der Rosenkranzgeheimnisse. Vor den Pilastern Statuen des hl. Dominikus und der Katharina von Siena, kniend. Giebelbild: St. Sebastian und Rochus[2]. Der Altar ist datiert 1734. — Der *nördliche Seitenaltar* (z. E. von St. Katharina)[3] kennzeichnet den Übergang von dem noch vorwiegend mit architektonischen Elementen und unter Betonung horizontaler Gliederungen gebauten Retabeln zur malerisch unübersichtlichen Spätbarock-Komposition. Die schräg auswärts gestellten Pilaster verbindet ein vielfach gebrochenes, aufwärts schwingendes Gesims mit reich bewegtem Umriss. Im Schmuck herrschen die Elemente des Régence-Stiles — Bandwerk und Muscheln —, während die eigentliche Rocaille noch nicht auftritt. Vor den Pilastern stehen die Figuren von St. Joh. Bapt. und Placidus, im Giebel St. Katharina und Putten. Das Altarblatt zeigt die mystische Vermählung der hl. Katharina mit dem Jesuskind und geht in der Figurenanordnung auf das letzte Bild Murillos am Hochaltar der Kapuzinerkirche von Cadiz (bei dessen Ausführung der Meister vom Gerüst stürzte) zurück, ohne jedoch eine genaue Kopie zu sein[4]. Die Töne sandfarben. — Der Altar wurde nach einem Eintrag im Urbar 1746 hergestellt (Abb. 411).

Die **übrige Ausstattung.** In der Nordwand des Chores ist noch die Zinnenbekrönung des spätgotischen *Wandtabernakels* vorhanden; um 1504. — Die *Kanzel* entstand laut Urbar 1746[5]: auf geschweiftem Fuss ruht ein polygonaler Korpus, der mit Halbsäulen gegliedert ist. Die Füllungen, wie auch das die Stiegenein-

---

1) Das Honorar betrug, einschliesslich der Vergütung für Vergoldung, 950 Rhein. Gulden.

2) Das Bild des früheren Altares befindet sich in St. Jakob und zeigt die Rosenkranzmadonna mit St. Dominikus und Katharina v. S., datiert 1626. Unten Allianzwappen: 1. Unbekannt, Initialen „I. K.", 2. Derungs (von Rungs), bezeichnet „S. v. R.".

3) 1643 wird an dieser Stelle ein St. Nikolaus-Altar notiert, auf dem indes eine Marienstatue stand, vermutlich die (S. 348) erwähnte spätgotische Figur.

4) Zwei Fassungen dieses Themas mit ziemlich übereinstimmender Anordnung der Hauptfiguren existieren von Murillo: 1. im Vatikan (1665—1675), 2. in Cadiz (1682). Das vatikanische Bild zeigt nur halbe, das andere ganze Figuren wie in Brigels. Doch ist in Cadiz die Gruppe zwischen Engel hineingestellt. In Brigels leichte Veränderung der Kopfstellung, Katharina mit Krone. Abbildungen der beiden erwähnten Bilder Murillos bei A. L. Mayer, Murillo, Des Meisters Gemälde. Stuttgart 1913, S. 58 und 197.

5) Für den Katharinen-Altar und die Kanzel zusammen wurden 646 Rhein. Gulden bezahlt. VENZIN, nach dem Urbar, S. 7.

Abb. 411. Brigels. — Katholische Pfarrkirche.
Der nördliche Seitenaltar und die Kanzel, beide von 1746. — Text S. 346.

mündung maskierende Feld zieren Relieffiguren der Maria und der Evangelisten unter gerafften Draperien, mit denen auch die Rückwand geschmückt ist. Schalldeckel mit Lambrequins und freien Voluten (Abb. 411). — An der Nordwand des Chores ein *Baldachingestühl;* die Rückwände durch kannelierte Pilaster gegliedert und mit Rollwerk und Vasen aus Intarsien geziert; um 1670[1]. Über der Empore: *Kruzifixus*, H. des Korpus 97 cm. Stämmiger Körper mit hervortretenden Rippenknorpeln. Charaktervolle Arbeit der zweiten Hälfte des 17. Jahrhunderts (Abb. 416, S. 350).

---

1) Rahn sah i. J. 1877 an der Südwand des Chores noch das — auch 1643 erwähnte — spätgotische Gestühl, dessen Rückwände mit Fischblasen geziert waren; Misericordien fehlten; zwei Mönchsfratzen als Sitzknäufe. Vgl. ASA. 1882, S. 279. Über den Verbleib des Möbels ist nichts bekannt. Die Erwähnungen bei J. Scheuber, Die mittelalterlichen Chorstühle in der Schweiz, Diss. Zürich 1910, S. 121, und bei H. Jenny, Kunstführer, Küsnacht 1934, S. 40, gehen auf Rahn zurück.

Spätgotische Holzskulpturen. In einem Raum des Frontvorbaues: *St. Wolf-gang,* H. 77 cm, vollrund; um 1485—1490 (Abb. 415). Durch neue Bemalung entstellt, doch nah verwandt mit der Figur des gleichen Heiligen im Strigelaltar zu S. Sievi (S. 359). — Vier *Halbfiguren von Aposteln:* St.Petrus, Paulus, Bartholomäus und Jako-bus. Die als Hochrelief gearbeiteten Büsten stammen ohne Zweifel von der Predella des alten Hochaltars (nun in S. Sievi), wie ein Vergleich der Modellierung des Paulus-Kopfes mit dem Haupt des St. Antonius zeigt. Von YVO STRIGEL 1486 (Abb. 412). Neue Fassung. — *Felix und Regula,* H. 83 und 72 cm (letzteres Mass ohne die neuere Sockelplatte); um 1500, vollrund. Beide Heiligen sind als Kopfträger dargestellt, Felix als Ritter in Rüstung und weit herabfallendem Mantel. Obwohl nach dem Gesichts-

Abb. 412. Brigels. — Katholische Pfarrkirche.
Halbfiguren von St. Peter und St. Paul, 1486; die Umrahmungen modern. — Text oben.

schnitt und dem Gewandstil die Figuren offenbar zusammengehören, differieren sie auffallenderweise nicht nur in der Gesamthöhe, sondern auch in der Größe der Köpfe sowie in der Proportion zwischen Kopf und Körper. Die Unbeholfenheit der rechten Hand des Felix ist vielleicht einer ungeschickten Ergänzung zuzuschreiben. Die Versilberung der Rüstung sowie des Kleides der hl. Regula alt; das Übrige neu bemalt. Die Figuren werden mit St. Placidus und Emerita benannt, doch wurde Emerita nach der Legende ja nicht enthauptet, sondern verbrannt. Die Umbe-nennung lässt vermuten, dass die Figuren von einem andern Ort kamen, vielleicht über den Panixerpass aus dem Glarnerland, wo die beiden Zürcher Heiligen verehrt wurden (Abb. 414). — *St. Sebastian,* H. 84 cm, um 1500; neu gefasst, Pfeile ergänzt.

Im Beinhaus: *Muttergottes,* H. 91 cm, vollrund; der rechte Arm mit dem Jesuskind fehlt, doch ist an der Einbuchtung der rechten Brustseite zu sehen, dass ein Christuskind zu ergänzen ist, es sich also nicht um eine andere weibliche Heilige handelt. Auffallend tief eingeschnittene Falten in derber Modellierung; um 1510 bis 1520. Die Figur stand 1643 noch auf dem nördlichen Seitenaltar (vgl. S. 346,

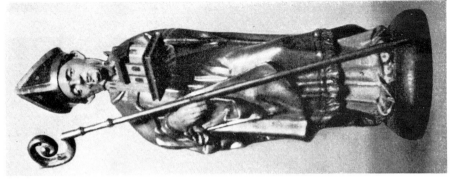

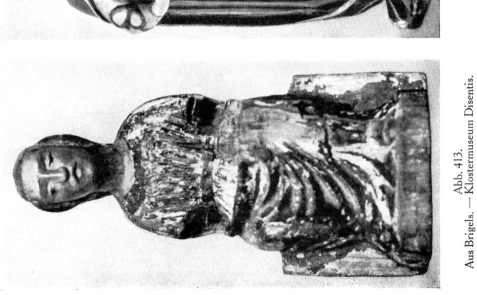

Abb. 415.
Brigels. — Katholische Pfarrkirche.
Holzfigur des St. Wolfgang, 1485 bis
1490 (H. 77 cm). — Text S. 348.

Abb. 414.
Brigels. — Katholische Pfarrkirche.
Holzfiguren der Heiligen Felix und Regula um 1500 (H. 83 und 72 cm).
Text S. 348.

Abb. 413.
Aus Brigels. — Klostermuseum Disentis.
Holzstatuette einer thronenden Muttergottes
um 1300. H. 20 cm. — Text S. 353.

Anm. 3). — *St. Jakobus d. Ä.*, H. 89 cm; um 1500. Provinzielle Arbeit. Beide Statuen schlecht übermalt. — G r a b c h r i s t u s , H. 153 cm, mit offenem Mund und verkrampften Händen; inwendig ausgehöhlt. Um 1700.

Abb. 416. Brigels. — Katholische Pfarrkirche.
Kruzifix. Zweite Hälfte des 17. Jahrhunderts. — Text S. 347.

Im P f a r r h a u s : *Schweisstuch der Veronika*, Ölmalerei auf Leinwand, aufgezogen auf eine Holzplatte. H. 41 cm, Br. 30 cm; bemerkenswert als verhältnismässig ähnliche Wiedergabe des in St. Peter zu Rom verehrten spätbyzantinischen Tuchbildes[1]; es zeigt, wie dieses, den Heiland (mit dreigeteiltem Bart) ohne Schmerzensausdruck und ohne Dornenkrone; nur ein Blutstropfen auf der Stirn deutet die Entwicklung zum Leidensbild an. Wohl aus dem späten 16. Jahrhundert. Die Tafel dient, wie ihr Urbild, zur Ausschmückung des „Heiligen Grabes" am Karfreitag.

    Kelche. Ein *spätgotischer Kelch*, Silber, vergoldet, H. 19 cm. Am getriebenen sechseckigen Fuss züngeln Flammen herab, zwischen denen kleine Bildchen, teils

1) Abbildung des Schweisstuchbildes von St. Peter in Rom s. bei K. Künstle, Ikonographie der christlichen Kunst I, Freiburg i. Br. 1928, S. 591.

von Nasenbogen umrahmt, eingeordnet sind :
St. Eusebius, Schmerzensmann, Muttergottes, Golgatha, Monogramm Christi. Auf dem
kugelförmigen, mit Blättern gezierten Nodus
sechs runde Rotuli mit dem Monogramm
Christi und Heiligenköpfen. Die Kuppa ruht
in einem niederen Korb mit dem sechsmal
wiederholten gleichen Monogramm. Um 1520,

Abb. 417. Weißseidene Casula. Um 1740.
Abb. 418. Rechts oben. Spätgotischer Kelch. Um 1520.
Abb. 419. Rechts unten. Rokokokelch. Um 1760.

Brigels. — Katholische Pfarrkirche.

vermutlich französisch. — *Barockkelch*, H.
23,5 cm, Fuss Kupfer, Kuppa Silber, beides
vergoldet, getrieben; am Fuss Engelsköpfe
und eine Wappenkartusche mit achtstrah-
ligem Stern (Maissen?); am Korb Früchte;
um 1670—1680. — *Rokokokelch*, H. 27,5 cm,
Silber; bewegt modelliert mit Voluten und
Rocaillemotiven; um 1760. Keine Marken
(Abb. 418 und 419).
   Paramente. Eine *Casula* aus weissem Seidendamast mit Goldranken, bunten

Nelken und andern Blumen in reicher Seidenstickerei; um 1740 (Abb. 417, S. 351). — *Casula* aus weissem Seidenrips mit Goldranken und bunten Blumen in Seidenstickerei. Auf einer Metallplakette die Wappen Latour und Caduff[1] mit Legende: „Herr Landsobrist Lud. Albert de la Tour. Fr. Anna Cadof (Caduff) Eheg. 1758". — Ein *Pluviale* aus weissem Seidenrips mit feinen Ranken und Blumen; um 1760. — Eine *Casula* aus grünem Seidenplüsch mit kleiner goldgelber Musterung. — Eine *Casula* aus karmoisinrotem Seidendamast mit silbernen Blattborten. Beide 18. Jahrhundert.

Glocken. 1. Dm. 124 cm. Die Inschrift in gotischen Spät-Unzialen: + MARIA MATER GRATIE MATER MISERICORDIE TU NOS AB HOSTE PROTEGE IN HORA MORTIS SUSCIPE. MARIA VIRGO VIRGINUM DEPOS(C)E NOBIS OMNIUM REMISSIUNIS (statt remissionem) SPRIMINUM (statt criminum) TUUM PLACANDO FILIUM. — GLORIA TIBI DOMINE QUI NATUS EST DE VIRGINE CUM PATRE ET SANCTE (!) SPIRITU REGNAS PER OMNE (!) SAECOLA. ANNO DOMINI M CCCCC XIII (1513). Bilder: Maria und St. Theodul.

✥ ΜΑRΙΑ ΜΑΤΕR GRACΙΕ
✥ ΜΑRΙΑ VΙRGO VΙRGΙΝVΜ

Abb. 420. Brigels.
Katholische Pfarrkirche.
Inschrift der Glocke Nr. 1.
Ausschnitte. — Text oben.

— 2. Dm. 101 cm, Inschrift: + o · rer · glorie · crifte · veni · nobis · cum · pace · anno · domini · m · ccccc · iiii · iar (1504). — 3. Dm. 94,5 cm, Inschrift: A FULGURE ET TEMPESTATE LIBERA NOS DOMINE. — VIVOS VOCO MORTUOS PLANGO FULGURA FRANGO. — GEGOSSEN VON JOS. ANT. GRASMAYR IN FELDKIRCH 1833. Bilder: Maria und Antonius v. P. — 4. Dm. 77 cm, von F. HAMM in Staad 1929[2]. — 5. Dm. 55 cm; Inschrift: GOS MICH MATHEUS ALBERT IN CHUR ANNO M D C X C IV (1694). Bild: Christus. — 6. Dm. 52 cm. Ohne Inschrift; um 1500.

Grabtafel auf dem Friedhof. Heraldische Bodenplatte mit Allianzwappen Latour und Montalta. Inschrift verschwunden. 18. Jahrhundert.

Abgewanderte Kunstgegenstände. Im Rätischen Museum zu Chur: Ein *spätgotisches Fastenvelum* (Hungertuch) zum Aufhängen am Choreingang oder unmittelbar vor dem Altar während der Fastenzeit, um den Altar zu verdecken. H. 4,72 m, Br. 6,08 m, unten beschnitten. Leinen und mit Temperafarben bemalt: in einem grossen Mittelfeld sieht man den Gekreuzigten zwischen Johannes und Maria vor einer Berg- und Seenlandschaft. Drei Engel fangen das Blut Christi in Kelchen auf. In den Ecken die Evangelistensymbole. Umrahmt wird dies Feld von einem Passionszyklus in quadratischen Feldern, die von links unten nach oben zu lesen sind: 1. Abendmahl, 2. Gethsemane, 3. Judaskuss und Malchusszene, 4. Christus vor Kaiphas, 5. Geisselung, 6. Dornenkrönung, 7. Vorführung (Ecce homo); vor dem Mund eines schreienden Mannes aus dem Volk die Buchstaben „C R" als Abkürzung für „crucifige". 8. Christus vor Pilatus, 9. Kreuztragung, 10. Annagelung, 11. Kreuzabnahme, 12. Grablegung, 13. Weltgericht; um 1500. Die Malerei zeigt italienischen Einfluss.

Barockes Fastenvelum aus Leinen, H. 3,20 m, Br. 6,45 m. Das ganze Stück ist — ohne Hervorhebung der Mitte — mit drei Reihen von je sieben Bildfeldern bemalt. Der Zyklus beginnt mit Bildern der Muttergottes sowie St. Michaels im Kampf mit den Mächten der Hölle, dann folgen Darstellungen aus der Genesis bis

---

1) Eine bei Casura nicht bezeichnete Variante des Wappens der Ruscheiner Linie: über fünfgipfeligem Berg ein schreitender Löwe mit einem Stern in der Pranke.

2) Nach Nüscheler Mskr. trug die frühere Glocke die Inschrift: „Convoco, signo, depello, convico, ploro." Gegossen von BONIFAZ WALPEN 1819.

Noah; hierauf Szenen aus der Geschichte der Erzväter Abraham und Jakob, dabei auch ziemlich selten dargestellte Themen wie die Erschleichung des Erstgeburts-rechtes und Esau auf der Jagd; hernach David und Goliath und zum Schluss die Muttergottes zwischen St. Eusebius, Martinus und Nikolaus. Darunter die Signatur: EGO JOANNES JACOBUS RIEG PINGEBAM 1695. Das Velum ist bemerkenswert als verhältnismässig spätes Beispiel dieser Gattung. Im Gegensatz zu dem beschriebenen älteren Hungertuch ist die thematische Beziehung der Darstellungen zu der Passions-zeit völlig verblasst. Die Malereien sind qualitativ besser als die meisten andern uns bekannten Arbeiten Riegs.

Im Klostermuseum zu Disentis: eine *Thronende Muttergottes*. H. 20,5 cm, Holzstatuette um 1300, alte Fassung. Die Unterarme sowie das Kind, das offenbar auf ihrem linken Knie sass, fehlen. Es handelt sich um ein kleines — vielleicht privates — Andachtsbildwerk (Abb. 413, S. 349).

Im Schweizerischen Landesmuseum zu Zürich: Über die spätgotische *St. Oswald-Figur* siehe bei Seewis S. 120. — *Sakristeischrank*, Nr. I N 6791 (Raum XVIII). H. 188 cm, Br. 122 cm. Die zwei übereinanderliegenden Türen werden von flach geschnitzten bemalten Friesen eingerahmt; um 1505. Die Zinnenbekrönung ergänzt.

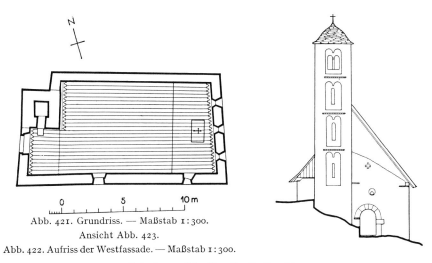

Abb. 421. Grundriss. — Maßstab 1:300.
Ansicht Abb. 423.
Abb. 422. Aufriss der Westfassade. — Maßstab 1:300.

Brigels. — Die Kapelle St. Eusebius.

Die Kapelle St. Eusebius (Sogn Sievi)

Geschichte. Die Kapelle erscheint — als Filiale der Brigelser Pfarrkirche — mit ihrem Patrozinium St. Eusebius[1] urkundlich erstmals 1185 (vgl. S. 343, Anm. 1), dürfte ihrer Gründung nach jedoch ins Frühmittelalter zurückreichen (Kirchenburg?). Im 17. Jahrhundert und wohl auch früher wurde sie als Wall-fahrtskirche „ecclesia votiva" von Kranken viel besucht, wie das Visit.-Prot. von 1643 bemerkt. Die Baugeschichte ist nur aus dem Befund zu erschliessen und wird hernach in den „Schlussfolgerungen" skizziert. Renovation 1927.

---

[1] Gemeint ist St. Eusebius von Vercelli (16. Dezember), nicht St. Eusebius von Mailand (12. August), wie Farner annimmt (JB HAGGr. 1924, S. 49). Vgl. die Legende auf dem Altar S. 360. Die Hauptfeier (mit vollkommenem Ablass) findet am 16. Dezember in Sogn Sievi statt.

Abb. 423. Brigels. — Die Kapelle St. Eusebius.
Ansicht von Süden.

Literatur: Nüscheler, S. 76. — Rahn in ASA. 1876, S. 696. 1882, S. 278. — Derselbe, Geschichte, S. 679.

Baubeschreibung. Inneres. Der Grundriss der chorlosen, nach Osten gerichteten Saalkirche bildet ein verschobenes, durch den hereintretenden Turm unterbrochenes Rechteck. Der Altarraum ist architektonisch nicht ausgeschieden, sondern nur im Bodenniveau durch eine Stufe, etwa 3,50 m von der Ostwand, markiert. Die flache *Holzdecke* besteht aus Längsbrettern, deren Fugen unprofilierte Leisten decken. Die Friesbretter an den Schmalseiten sind in Form von einfachen gotischen Nasenbogen ausgeschnitten; teilweise erneuert und unbemalt. Von den drei Fenstern in der Ostwand stammen die beiden äusseren von 1927; das alte — mittlere — ist rundbogig, hat aussen und innen konische Leibungen und eine nur schwach geneigte Bank. Von den zwei Südfenstern schliesst das östliche gleichfalls im Rundbogen, das andere mit einem Spitzgiebel. Im Westen ein Oculus. Die *Türe* in der Westfront ist von Hausteinen aus Tuff umrahmt; der Bogenschluss zeigt eine leichte, kaum merkbare Zuspitzung. Die Türe zum Turm liegt 60 cm über dem Boden und hat einen waagrechten Sturz.

Äusseres ohne Wandglieder. Die Ostwand ist unverputzt. An der Südseite sieht man 4,50 m von der Südwestecke entfernt deutlich eine Nahtstelle. Das Rundbogenfenster hat Keilsteine aus Tuff. Über dem Kreisfenster der Westfront eine kreuzförmige Öffnung zur Belichtung des Dachraumes. Darüber ist die frühere,

Abb. 424. Brigels. — Die Kapelle St. Eusebius.
Innenansicht gegen Osten.

schwächer geneigte, Giebellinie zu erkennen. In der Partie des Schiffes westlich
der erwähnten Fuge wurden die Gerüstlöcher offen gelassen. Die Nordwand steckt
fast bis zur Traufhöhe im Berg.

Der **Turm** steht zwar mit der jetzigen Front des Schiffes in einer Flucht,
jedoch nicht mit dessen Nordwand, so dass also hier, wie schon angedeutet, eine Ein-
kantung im Gesamtgrundriss entsteht. Er ist — über einem kahlen Erdgeschoss —
allseits mit je vier Blendnischen aus zwei Kleinbogen (ohne Konsölchen) gegliedert,
über denen Rollfriese laufen. In den drei unteren Kompartimenten einfache
rundbogige Schlitzfenster, oben gegen drei Seiten gekuppelte Doppelfenster mit
rohen Kämpfern und unformierten Teilstützen. Keilsteine aus Tuff. Das ungleich-
mässige Mauerwerk war ehemals ganz verputzt. Leicht geschweiftes Zeltdach mit
Steinplatteneindeckung (Abb. 422, S. 353).

Baugeschichtliche Schlussfolgerungen. Da auf dem Hügel eine alte Fluchtburg nachgewiesen ist, kann — nach Analogie anderer Anlagen — an eine frühere
Kirchenburg gedacht werden (vgl. Bd. I, S. 60, und BURGENBUCH, S. 19 f.). Die
primitive Form eines chorlosen Schiffes lässt eine Entstehung im Frühmittelalter
möglich erscheinen, wenn auch mangels formierter Teile bestimmtere Feststellungen
nicht gestattet sind. Ursprünglich reichte die Kirche westwärts nur bis zu der erwähnten Fuge in der Südwand. Der Turm wurde vor der Westfront wahrscheinlich
um 1100 errichtet. Später Verlängerung des Schiffes bis zum heutigen Umfang.

Der neue Teil musste dabei ausgeschachtet werden, da das Gelände hier leicht ansteigt. Den spätesten Termin für diese Erweiterung bezeichnet das — hernach beschriebene — Christophorusbild (Mitte 14. Jahrhundert)[1]. Vermutlich Mitte des 15. Jahrhunderts Erhöhung des Daches.

Wandmalereien aus drei Etappen: I. An der südlichen Aussenwand des Schiffes und zwar in der Zone des Erweiterungsbaues ist ein *St. Christophorus* in doppelter Lebensgrösse aufgemalt. Das stark verblasste Bild zeigt den Heiligen — in rotem, mit Hermelinkragen verbrämtem Mantel und kurzem Rock — noch in der älteren Auffassung, das Kind auf dem rechten Arm (nicht auf der Schulter) tragend. Die Haltung ist rein frontal, der Stab senkrecht aufgestellt. Mitte des 14. Jahrhunderts, von einem tessinischen oder lombardischen Maler[2].

II. Die Malereien an der östlichen Innenwand des Schiffes, die sich auf der Südseite fortsetzen, wurden 1928 von E. DILLENA (in Firma Christian Schmidt, Zürich) abgedeckt und restauriert. Die untere Zone der Ostwand ist mit

---

1) Wenn es zutreffen sollte, dass sich unter dem bestehenden Gemälde noch Spuren eines älteren befinden (s. ASA. 1932, S. 301), würde der Termin noch weiter zurückrücken.

2) Der Christophorus von Ravecchia (Tessin), gegen Ende des 14. Jahrhunderts, zeigt schon den jüngeren Typus. Abb. bei P. Bianconi, La Pittura Mediovale nel Cantone Ticino I, Bellinzona 1936, S. 13.

Abb. 425. Brigels. — Kapelle St. Eusebius.
Wandmalereien an der Südwand von 1451. — Text S. 358.

Abb. 426. Brigels. — Kapelle St. Eusebius.
Epiphanienbild um 1450—1460. — Text S. 358.

einer Draperie von hängenden weissen, mit Gelb schattierten Tüchern dekoriert; darüber zog sich — nach unten durch eine Vierpassborte begrenzt — eine Reihe von *Einzelfiguren* (H. ca. 1 m) unter kielbogigen, mit Krabben besetzten Baldachinen hin. Der Fond dieser Bogen zeigt das gleiche graue und rote Rautenmuster wie im Chor von Waltensburg. Auf geschwungenen Schriftbändern standen die Namen in gotischen Minuskeln. Einige der Figuren sind durch die erwähnten zwei neueren Fenster zerstört. Erhalten — wenn auch zum Teil nur fragmentarisch — sind an der Ostwand St. Andreas, Matthias (mit Beil), Bartholomäus, Jakobus d. Ä. sowie St. Paulus (mit Schwert). In der Fensterleibung des alten mittleren Fensters zwei kleinere Gestalten, die linke zerstört, die rechte einen die Hostie emporhebenden heiligen Priester (mit Nimbus) darstellend. Im Bogen ein gerolltes Blatt mit Aufschrift: anno d̄m̄. cccclj iar hat lassen mache̅ auf galu (wohl zu ergänzen „auf Gallustag"?) der erſant ioſt (unvollständig). Die Reihe der Einzelfiguren setzt sich an der Südwand fort mit St. Margaretha, Ursula und Nikolaus (Abb. 425), dann — jenseits des Fensters — St. Antonius Abt und Heiliger mit Buch. In der Sockelzone sieht man in zwei Feldern den *Tod* als Bogenschützen wie als Mäher (Abb. 425); er ist nach gotischer Anschauung zwar mit entfleischtem Kopf, aber nicht als Skelett dargestellt (vgl. Ilanz, S. 57). Die Inschriften auf den Bändern verschwunden. Daneben ein Jüngling und zwei Jungfrauen in höfischer Tracht. Diese Gegenüberstellung von Lebenden und Totengestalten ist ganz offenbar als eine Variante der Legende von den drei Lebenden und den drei Toten zu betrachten, stellt also eine Versinnbildlichung des Spruches dar: „Was ihr seid, das waren wir; was wir sind, das werdet ihr" (vgl. Bd. I, S. 108, Anm. 1). Die — anscheinend in Secco-Technik ausgeführten — Gemälde dieser Etappe von 1451 stammen im Gegensatz zu den andern Wandbildern der Kirche von einem Maler des deutschen Kunstkreises, der mit dem Meister der dritten Etappe in Waltensburg identisch ist. Es sind tüchtige Arbeiten von guter Zeichnung (vgl. S. 334).

III. An der Südwand schliesst an die Heiligenreihe ein grosses quattrozentistisches *Epiphanienbild* (H. 3 m, Br. 4,45 m) an. Die Darstellung ist eine volkstümlich vergröberte Variante des von GENTILE DA FABRIANO meisterlich ausgebildeten, durch die prunkvollen Dreikönigsaufzüge am Epiphanientag angeregten Typus. Aus dem Hintergrund einer phantastischen Hügellandschaft bewegt sich ein langer Reiterzug heran, das Gefolge der Drei Könige, die — mit Herodes in dessen Burg beim Mahle sitzend — durch die geöffnete Wand hindurch sichtbar werden[1]. Vom Schloss her wendet sich die Kavalkade in einer grossen Schleife zum linken Vordergrund, wo der Stall mit der heiligen Familie steht. Die Könige, die ihre Gaben in Ziborien tragen, sind zwar im Alter unterschieden, doch ist, der italienischen Gepflogenheit entsprechend, Kaspar noch nicht als Mohr charakterisiert. Helle Farben, Inkarnat grünlich lasiert, Konturen gelb und hellrot. Das Bild wurde offenbar a fresco gemalt und zwar, wie an den charakteristischen „Glotzaugen", den starren Röhrenfalten und anderen Einzelheiten deutlich zu sehen ist, von den in der zweiten Hälfte des 15. Jahrhunderts im Sopraceneri nachgewiesenen Malern CRISTOFORO und NICOLAO aus Seregno in der Lombardei, wohnhaft in Lugano[2]; um 1450—1460 (Abb. 426).

Der Altar. *Schrein* eines gotischen Altares ohne Predella, Flügel und Bekrönung. H. 169 cm, Br. 176 cm. Vor golden damasziertem Hintergrund stehen auf gestuftem Postament unter dem um einen Kielbogen geschlungenen Laubwerk fünf — hinten abgeplattete und ausgehöhlte — Figuren (H. 97,5—104 cm): in der

---

1) Die Buchstaben auf den Wimpeln haben wohl nur dekorative Bedeutung.
2) Vgl. Bd. I, S. 111 f., und P. Bianconi, a. a. O., S. 28 f.

Abb. 427. Brigels. — Kapelle St. Eusebius.
Schrein des gotischen Altars von 1486. — Text unten.

Mitte die Muttergottes, an ihrer Rechten St. Antonius Abt und Leonhard, zu ihrer
Linken St. Wolfgang und Sebastian (Abb. 427). St. Wolfgang trägt ausser dem Kirchen-
modell (als Hinweis auf den Bau der Kirche am Abersee) noch das Beil, weil er nach
der Legende den Platz für seine Zelle durch Beilwurf bestimmte[1]. Die *Rückseite* des
Schreines bemalt: Christus beim Jüngsten Gericht zwischen Posaunenengeln und
den knienden Fürbittern Maria und Johannes dem Täufer. Um das vom Haupte
des Herrn ausgehende apokalyptische Schwert und den Lilienstengel[2] schlingt
sich ein flatterndes Band mit der Aufschrift: venite benedicti in regnum patris mei
quod paratum eſt vobis — ite maledicti in ignem eternum · (Matth. 25, V. 34 und 41).
Die Schilderung der Auferstehung aus den Gräbern am unteren Bildrand ist mit
Ausnahme der Halbfigur eines der Auserwählten zerstört (Abb. 429, S. 362).
      Ein Vergleich mit der Skulpur des signierten Altars von YVO STRIGEL in Di-
sentis (1489) sichert — wie M. Sattler schon nachgewiesen — die Zuschreibung des

---

1) Der Typus mit dem Beil geht (nach K. Künstle, Ikonographie der christlichen Kunst II, Freiburg
1926, S. 597) vom Kloster Mondsee aus.
2) Das Schwert geht zurück auf Off. Joh. 1, V. 16, der Lilienstengel wird erklärt mit dem ,,Stab
seines Mundes" in der Prophezeiung des Jesaja 11, V. 4. Vgl. Künstle, a. a. O. Bd. I, S. 523.

Werkes an den Memminger Meister. Übrigens zeigen auch die Weltgerichtsbilder an beiden Altären eine beinahe wörtliche Übereinstimmung. Das Datum 1486 war zwar nur mit Kreide auf der Schreinrückseite notiert, doch spricht die nahe stilistische Verwandtschaft mit dem Disentiser Altar von 1489 dafür, dass es auf die verschwundene Originalinschrift zurückgeht[1]. Dagegen können wegen der unzweifelhaften Autorschaft STRIGELS die Buchstaben „F. H.", die gleichfalls mit Kreide aufgeschrieben waren, nicht auf den Altarmeister bezogen werden und dürften eine spätere — auf ihren Sinn hin nicht mehr kontrollierbare — Inschrift sein.

Der Altar stand ursprünglich — als Hochaltar — in der Pfarrkirche, wo er bei der Visitation von 1643 noch notiert wird. Auf den *Flügeln* sah man St. Kunigunde, Johann Bapt., Emerita und Luzius, auf der Bekrönung St. Placidus, Sigisbert und Martin. Die fehlenden Teile kamen wohl bei der Dislozierung nach S. Sievi, die 1738 — nach Errichtung des neuen Hochaltars der Pfarrkirche — erfolgt sein wird, abhanden. Dabei wurde der untere Teil des Schreines abgesägt, oben das Mittelstück des Greutter-Altars aufgesetzt und seitlich die Flügel angestückelt. Wiederherstellung unter Befreiung von der späteren Übermalung 1927.

Literatur: RAHN in ASA. 1882, S. 278. — MÜNZENBERGER, S. 103. — M. SATTLER sowie G. OTTO an den S. 293 zitierten Stellen. Dazu Ergänzung in ASA. 1918, S. 28. — Kdm. Grbd. I, S. 121.

Bemalter Flügelaltar von 1633. Er wurde bei der Renovierung des Hochaltars wieder zusammengesetzt (s. oben) und an der Südwand aufgehängt. Das *Mittelstück* zeigt die Muttergottes zwischen St. Eusebius und Georg, auf den *Innenseiten der Flügel* ist die Legende des Titelheiligen dargestellt. Links im oberen Feld: Eusebius (als Kind) wird bei der vom Papst vorgenommenen Taufe von einem Engel getragen; daneben: die Engel dienen dem Heiligen bei seiner Priesterweihe. Im unteren Feld: Engel ministrieren bei seinem ersten Messopfer; Papst Julius I. weiht ihn zum Bischof von Vercelli; in zwei Hintergrundsbildern Gefangennahme und Befreiung durch einen Engel. Rechts im oberen Feld: Eusebius vertritt die rechte Lehre vor dem Kaiser Constantius; die Hintergrundbilder schildern die Verbrennung des von 30 Bischöfen unterschriebenen arianischen Bekenntnisses und die Geisselung des Heiligen; rechts im Vordergrund sieht man, wie Eusebius auf Geheiss des Kaisers die Palasttreppe hinaufgeschleift wird. Im unteren Feld: die Einkerkung in Scythopolis, Steinigung unter dem arianischen Kaiser Valens und Bestattung in Vercelli. Ikonographisch ist dieser Zyklus bemerkenswert als ziemlich getreue Illustrierung der Erzählung in der „Legenda aurea"[2]. Auf den *Aussenseiten der Flügel* eine Verkündigung (übermalt). Links Stifter-Inschrift: „Jan Battista der Zit Cappale vogt Sant... (Lücke) 1633". Rechts Meistersignatur: „Hans Jacob Gereitter", dabei das Monogramm Tab. II, 17. Auf der *Predella* das Schweisstuch mit knienden Engeln in Reliefschnitzerei (Abb. 430, S. 363).

Übrige Ausstattung. Über der Stufe des Altarpodestes hängt an der Decke ein *Kruzifix;* H. des Korpus 140 cm, ausgehöhlt. Der Heiland ist mit nur leicht geneigtem Haupt und nebeneinander genagelten Füssen als Lebender dargestellt; flacher Brustkorb. Die sehr primitive Formgebung erlaubt keine zuverlässige Datierung, vermutlich handelt es sich um die nachmittelalterliche Nachbildung eines Originals aus dem frühen 13. Jahrhundert. Kreuz und Bemalung neu. An der Nordwand stehen — als Täfer zusammengesetzt — Rückwände und Brüstungen

---

1) Auch das Urbar überliefert die Zahl 1486, allerdings für einen Chorumbau. Es ist aber möglich, dass der Schreiber aus der Altarinschrift auf die Bauvornahme geschlossen hat.

2) Abweichend nur, dass hier der Heilige als Kind und nicht als Katechumene getauft wird ferner die aus der Legende St. Peters übertragene Befreiung aus dem Gefängnis.

Abb. 428. Brigels. — Kapelle St. Eusebius.
Detail der Muttergottes aus dem gotischen Altar von 1486. — Text S. 359 f.

eines *Gestühles* des 17. Jahrhunderts mit Pilastergliederung, Beschlägornamenten und Schablonenmalerei. Als Rahmenbild ein illuminierter *Holzschnitt* des Einsiedler Gnadenbildes von JOH. JOST HILTENSPERGER (von 1750—1793 in Zug tätig).

Glocken. 1. Dm. 61,5 cm, Inschrift: VOS VOX JOANNIS VOCAT AD BAPTISMATIS UNDAM · 1774. Giesserplakette mit Umschrift: FUDIT JOANNES ANT(ON)IUS PECCORINUS. Bilder: St. Antonius v. P., Johannes Bapt., hl. Priester, Kruzifix[1]. — 2. Dm. 37,5 cm, Inschrift auf der Flanke: DEUM LAUDO VOCO POPULUM PELLO DAEMONES. 1819. Auf dem Schlagring die Buchstaben: „D B E W P G". Die Glocke stammt vermutlich von der Giesserei WALPEN in Reckingen.

---

1) Die Glocke soll im Kanton Schwyz erworben worden sein.

Im Gemeindearchiv wird eine aus dieser Kirche stammende kreisrunde *Monolithscheibe* (Dm. 8,4 cm) mit dem Wappen von Sax aufbewahrt. Ihre Legende hat folgenden Wortlaut: 𝕳𝖆𝖓𝖘 𝕮𝖔𝖓𝖗𝖆𝖉𝖙 𝖛𝖔𝖓 𝕾𝖆𝖝 𝖚𝖓𝖉 𝖉𝖔𝖓𝖍𝖊𝖗𝖗 (!) 𝖟𝖚 𝖉𝖎𝖘𝖘𝖊𝖓𝖙𝖎ß 𝖚𝖓𝖉 𝖕𝖋𝖆𝖗𝖍𝖊𝖗 𝖟𝖚𝖔 𝖇𝖗𝖎𝖌𝖊𝖑ß 1619.

Am Südhang von S. Sievi stehen zwei kleine Kapellen: **St. Georg,** erstmals erwähnt bei der Visitation von 1643 (BA.), einräumig mit flacher Holzdecke. Länge 4,20 m, Br. 3,30 m. Kleines *Rokoko-Altärchen* mit gewundenen Säulen und einer Statuette des Titelheiligen. Gleichzeitiges geschnitztes Antependium. Der Altar wurde nach einem Eintrag im Urbar 1784 für 230 rhein. Gulden hergestellt; 1938 neu gefasst[1].

St. Peter und Paul, offene Wegkapelle. 1939 renoviert und mit neuem Geth-semane-Relief versehen.

---

1) In dieser Kapelle stand früher ein, nun im Pfarrhaus aufbewahrter, bemalter Altarflügel mit St. Barbara. Datum (15)12. Gute Malerei, aber stark beschädigt.

Abb. 429. Brigels. — Kapelle St. Eusebius.
Rückseite des gotischen Altarschreins von 1486 (Abb. 427). — Text S. 359.

Abb. 430. Brigels. — Kapelle St. Eusebius.
Flügelaltar von 1633. — Text S. 360.

Die Kapelle St. Jakob d. Ä.

Geschichte und Baugeschichte. Die Kapelle wurde 1514 gebaut (datiert) und am 16. Juni 1515 konsekriert (Urbar). 1697 fand eine Verlängerung gegen Westen um 5,60 m statt.

Literatur: Nüscheler, S. 76. — Rahn in ASA. 1882, S. 278. — Venzin, S. 4.

Baubeschreibung. Inneres. Die Kapelle ist ein geosteter, dreiseitig abgeschlossener Bau ohne architektonisch ausgeschiedenen Altarraum. An der Decke sind die beiden Bauetappen abzulesen: über dem östlichen älteren Teil von 6,80 m Länge liegt die originale *spätgotische Flachdecke* mit unprofilierten Leisten, die an kielbogig ausgeschnittene und mit Ranken in Flachschnitzerei geschmückte Querfriese anlaufen; weiss und rot bemalt mit schwarzem Grund. Ein breiter ebenso

Abb. 431. Brigels. — Kapelle St. Jakob.
Detail der Decke von 1514. — Text unten.

gezierter Fries bezeichnet die Mittelachse. Die östliche Kreuzung der beiden Schmuckbänder ziert eine geschnitzte reiche Fischblasenrosette mit roter Grundierung. Auf einem — den östlichen Querfries begleitenden — Brett steht das Erbauungsdatum der Kapelle: „A · D · M · ccccx̸4 (1514)“, davor das Meisterzeichen (s. Abb. 431). Zu seiten der Rosette in Rot das Andreaskreuz von Disentis (hier jedoch in Analogie

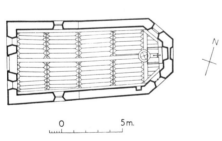

Abb. 432. Brigels. — Kapelle St. Jakob.
Grundriss. — Maßstab 1:300.

zum Wappen des Oberen Bundes von Grau und Weiss geviertelt). Auf dem Längsbrett östlich der Rosette der Meistername HANS ZINSLER in gotischen Unzialen. — Über dem neueren westlichen Teil von 5,60 m Länge ist die Rankenschnitzerei nur durch Malerei imitiert. Neben einer Tartsche mit Kelch das Datum 1697. Deutlich erkennbare Ansätze in den Längsseiten stimmen mit der Trennungslinie zwischen den beiden Teilen der Decke überein. Ein zweigliedriges *Spitzbogenfenster* mit einfachem spätgotischem Maßwerk öffnet sich in der südlichen Schrägwand. In der Abschlusswand ein vermauerter Oculus, die anderen Fenster jüngeren Datums. In der Südseite nahe dem Altar eine *Gerätenische* mit gotischer Fase.

Äusseres ohne Wandgliederung. Die Türumrahmung aus Tuff zeigt gotische Fasen, wurde also bei der Verlängerung 1697 versetzt. Einheitliches geschindeltes Satteldach mit offenem Dachreiter unter achteckigem Spitzhelm.

Abb. 433. Ansicht von Südosten.

Abb. 434. Malereien an der südlichen Aussenwand. Um 1514. — Text S. 366.
Brigels. — Kapelle St. Jakob.

Wandmalereien. Im Innern: an der Nordwand des älteren Teiles eine *Kreuzigungsgruppe* in ungelenker Malerei. Aussen an der Südwand in einem querrechteckigen Mittelfeld drei *stehende Heilige:* in der Mitte St. Jakobus d. Ä., an seiner Rechten St. Jodokus als Pilger mit Stab und Rosenkranz, eine Krone zu seinen Füssen[1]; an der linken Seite der Kapellenpatron St. Sebastian. Das Bild links dieses Mittelstückes — ein Leidenschristus mit den Passionswerkzeugen — ist im unteren Teil zerstört, rechts steht St. Christophorus. Er trägt — im Gegensatz zu dem Fresko bei S. Sievi (S. 356) — nach der späteren Auffassung das Kind auf der Schulter und hält den Stab nicht mehr gerade aufgerichtet, sondern quer gestellt[2]. Auf dem Spruchband: cpo viſa fori manus eſt inimica dolori[3]. Alle diese Malereien stammen aus der Zeit um 1514 und sind Ausläufer der Werkstatttradition der Seregnesen CRISTOFORO und NICOLAO (s. S. 358), von deren Arbeiten sie sich indes durch rötere Färbung des Inkarnats unterscheiden.

Ausstattung. Einfacher zweisäuliger *Frühbarock-Altar.* Altarblatt: St. Jakobus, signiert: ,,Ego Joa. Christoph Guser pinxi. A°Domini 1681‘‘. Handwerkliche Malerei in trüben Farben. — Geschnitztes *Antependium* mit der Halbfigur des Titelheiligen; die Ornamentik steht am Übergang vom Régence zum Rokoko; um 1750. Neu gefasst wie der Altar.

Bewegliche **Bilder.** *Stigmatisation* des St. Franziskus von einem geringen Nachahmer des P. F. MAZZUCHELLI (Morazzone), signiert: ,,J. V. S. 1656‘‘. — *Rosenkranzmadonna,* vgl. S. 346, Anm. 2.

Glocke. Dm. 49 cm, ohne Inschrift; um 1515.

Die Kapelle St. Martin

Geschichte und Baugeschichte. Die Martinskapelle wird 1185 nicht unter den Filialen der Pfarrkirche genannt[4] und kommt auch sonst in mittelalterlichen Urkunden nicht vor. Die ältere Baugeschichte ist daher nur aus dem Befund zu erschliessen, s. ,,Schlussfolgerungen‘‘ S. 367. Neukonstruktion des Turmhelmes 1736.

Literatur: RAHN in ASA. 1882, S. 279. — C. BUHOLZER in BMBl. 1930, S. 178. — VENZIN a. a. O., S. 6.

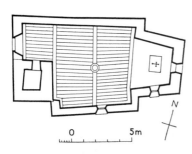

Abb. 435.
Brigels. — Die Kapelle St. Martin.
Grundriss. — Maßstab 1:300.

Baubeschreibung. Inneres. Wie bei S. Sievi ist der Grundriss des Schiffes ein verschobenes, durch den hereintretenden Turm ,,eingekantetes‘‘ Rechteck; doch ist die Kapelle nicht einräumig, vielmehr schliesst sich gegen Osten ein nach der Tiefe hin sich verjüngender, flach geschlossener Chor an,

---

[1] Die Identifikation dieses Heiligen ist gesichert durch die betltelte Darstellung auf dem Altar zu St. Martin, s. S. 370. Auch dort die Krone zu seinen Füssen als Anspielung darauf, dass er nach der Legende die Herrschaft über die Bretagne ausschlug. Jodokus war Patron der ,,Jakobspilger‘‘. Vgl. K. Künstle, Ikonographie d. christl. Kunst II, Freiburg i. Br. 1926, S. 330.

[2] Fast identisch in der Anordnung, doch von anderer Hand der Christophorus von Malvaglia im Blenio und S. Maria del Castello in Mesocco.

[3] Des Verses wegen ist der NameChristophori unter Anwendung der üblichen griechischen Abkürzung für Christo = cpo hier durch ,,visa‘‘ getrennt. (,,Der Anblick der Hand des Christophorus bedeutet Feindschaft dem Schmerz.‘‘)

[4] P. N. Curti erklärt dies damit, dass sie schon zuvor unangefochtenes Eigentum von Disentis war (BMBl. 1921, S. 260), während P. Iso Müller annimmt, sie habe Disentis überhaupt nicht gehört. JBHAGGr. 1939, S. 134.

Abb. 436. Brigels. — Kapelle St. Martin.
Detail der spätgotischen Decke. — Text unten.

der mit einer Tonne überwölbt und durch einen halbrunden Bogen ohne Kämpfer und Vorlagen vom Langhaus getrennt ist. Über dem Schiff liegt eine *spätgotische Decke* mit profilierten Leisten. Die Querfriese, die Rahmenbretter und der Mittelstreifen sind mit bunten Ranken in Konturenschnitt dekoriert, von lockererem Geflecht und anderem Duktus wie in St. Jakob. Auf der Mittelrosette das alte Wappen des Oberen Bundes: in Rot ein von Weiss und Grau gevierteiltes Kreuz (Abb. 436). — Drei rundbogige Fenster mit geschrägten Stichbogenleibungen. Im Westen der rundbogige Eingang.

Äusseres ohne Wandglieder. Am Giebel von Schiff und Chor sieht man die Konturen einer früheren, schwächeren Dachneigung. Der Chor ist anscheinend ohne Verband mit dem Schiff. Einheitliches Satteldach.

Der **Turm** steht in einer Flucht mit der Westfassade, die mit ihm nicht verzahnt ist. Er ist ungegliedert und hat gekuppelte rundbogige Schallfenster mit ungeformten Stützen und Kämpfern. Hoher achteckiger Spitzhelm.

Baugeschichtliche Schlussfolgerungen. Mangels bestimmter stilistischer Merkmale kann eine genauere Datierung der Erbauung nicht vorgenommen werden. Eine Gründung im Frühmittelalter ist möglich, aber nicht zu belegen. In völlig

Abb. 437. — St. Martins Mantelspende.
Um 1515. — Text unten.

Brigels. — Kapelle St. Martin. Wandgemälde.

hypothetischer Weise lässt sich die Abfolge der Etappen folgendermassen denken: I. Schiff, einräumig oder mit halbrunder Apsis. II. Der (romanische) Turm, zunächst ausserhalb des Schiffes; vielleicht gleichzeitig der Chor. III. Einbeziehung des Turmes in den Schiffsgrundriss unter teilweiser Erneuerung der nördlichen Langseite.

Die **Wandmalereien** im Innern der Kapelle stammen von der gleichen Hand wie die Fresken bei St. Jakob, sind also lombardisch bzw. tessinisch und um 1515 anzusetzen. An der Nordwand des Chores die Mantelspende St. Martins, der als junger Edelmann auf weissem Pferde reitend dargestellt ist (Abb. 437). Im Schiff links vom Chorbogen in hochrechteckigem Feld vor grünem Brokatgrund eine thronende Muttergottes, rechts St. Jodokus als Pilger, die Krone zu seinen Füssen (vgl. S. 366, Anm. 1), daneben St. Antonius Abt (Abb. 438); darunter, zum Teil übertüncht, in eigenem Bildfeld die hl. Magdalena mit Lendenschurz, entblösstem Oberkörper und betend erhobenen Händen mit Rosenkranz; die Heilige wird umrahmt von Symbolen der Arbeit: Werkzeugen aller Art, kleinen Figürchen, einem Schuster, einem pflügenden Bauern, einer Händlerin. Der Maler hat offenbar die Bilder der „Feiertagsheiligung" in Waltensburg oder Schlans gesehen und —

Abb. 438. St. Jodokus und St. Antonius
Abt, um 1515. — Text oben.

Abb. 429. Brigels. — Kapelle St. Martin.
Der Flügelaltar von 1518, geöffnet. — Text S. 370 f.

ikonographisch sinnlos — die dort Christus umgebenden Symbole der hl. Magdalena
zugeteilt[1]. Das von Rahn notierte Christophorusbild an der Westfront neben dem
Eingang ist nun durch ein neues, von PAUL STÖCKLI in Stans in Anlehnung an
den Christophorus von Platta geschaffenes Bild ersetzt.

Der gotische Flügelaltar. Im *Schrein,* der kleeblattförmig abgeschlossen und
an der Basis eingebuchtet ist, stehen vor golden damasziertem Hintergrund drei
Figuren (H. 77,5 bis 91,5 cm): In der Mitte der Titelheilige der Kapelle, St. Martin,
in bischöflichem Gewand, den Bettler zu Füssen; an seiner Rechten St. Jodokus,
zur Linken St. Lucia mit der Märtyrerpalme, aber ohne spezielles Attribut[2]. Auf
dem Sockel ihre Namen: ,,ꙅ. ioꙺocꙺ, ꙅ. lucia'' sowie das Datum 1518. Die *Flügel,*
sind innen und aussen bemalt. Auf den *Innenseiten* St. Katharina und Barbara,

---

1) Vgl. S. 334 und S. 383, ferner Rahn in ASA. 1882, S. 279, und Breitenbach u. Hillmann in ASA.
1937, S.31.
2) Aus diesem Figurenprogramm (Titelheiliger der Kapelle sowie der sonst noch zweimal in Brigels
vorkommende St. Jodokus!) geht hervor, dass die von Rahn mitgeteilte Tradition, der Altar stamme aus
Waltensburg, sicherlich irrt.

Abb. 440. Brigels. — Kapelle St. Martin.
Der Flügelaltar von 1518, geschlossen. — Text oben.

Abb. 441. Brigels. — Kapelle St. Martin.
Der Flügelaltar von 1518, Rückseite. — Text unten.

unten betitelt: 𝔖. 𝔨𝔞𝔱𝔢𝔯𝔦𝔫𝔞 — 𝔖. 𝔟𝔞𝔯𝔟𝔞𝔯𝔞, *aussen* die Anbetung der Drei Könige. Auf den *Nebenflügeln:* St. Eusebius und Florinus (𝔖. 𝔢𝔲𝔰𝔢𝔟𝔦𝔲𝔰 — 𝔖. 𝔣𝔩𝔲𝔯𝔦𝔫𝔲𝔰). Die Front der *Predella* trägt nur in dem segmentförmig überhöhten Mittelfeld plastischen Reliefschmuck: St. Nikolaus zwischen Antonius Abt und einer weiblichen Heiligen, deren Attribut fehlt, wahrscheinlich St. Magdalena. Die seitlichen Felder sind bemalt mit St. Johann Bapt. und Jakob d. Ä., alle in Halbfigur. Als Bekrönung zwischen gegabelten Fialen eine Kreuzigungsgruppe mit stark überdimensioniertem, aber offenbar gleichzeitigem *Kruzifixus* (Abb. 439, S. 369 und Abb. 440). — Die *Rückseite* ist vollständig bemalt: Auf dem Schrein Gethsemane, auf den Nebenflügeln links St. Placidus als jugendlicher Ritter, um den Hals den Blutreif seines Martyriums, rechts St. Georg als Drachentöter. Unterschriften: S. blacit⁹ — S. ieori⁹. Auf der Predellenrückseite: Das Schweisstuch, von Engeln gehalten, mit Datum 1518 (Abb. 441, S. 371).

Das im Aufbau sehr graziöse und in der plastischen Gestaltung zierliche Werk stammt wohl von einem südschwäbischen oder Allgäuer Meister und zeigt im Gewandstil einige Anklänge an die Art des JÖRG LEDERER in Kaufbeuren[1]. Fassung und Malerei in originalem Zustand.

Literatur: RAHN in ASA., S. 279. — MÜNZENBERGER, S. 103.

Glocke. Dm. 39 cm, Inschrift: ARMA DIES IGNES DESIGNO FATAQUE PLORO 1819. Bild: Muttergottes.

Burgstelle Marmarola: auf einem Hügel am Ostrand des Dorfes Fundamentreste eines Turmes von 7,50 × 8 m Grundfläche. Der Name der alteingesessenen Familie de Latour („vom Turm") dürfte von diesem Turm herzuleiten sein. Siehe BURGENBUCH, S. 236, und HBLS. IV, S. 610.

2. DIE PFARREI DANIS
Gemeinde Brigels

Geschichte. Der Name des Ortes kommt als „Anives" schon 765 im Tello-Testament vor und erscheint dann gleichlautend — mit der ausdrücklichen Charakterisierung als „locus" — 857. Bei letzterer Gelegenheit erfährt man, dass damals hier noch Weinbau getrieben wurde (CD. I, S. 14 und 46). Über die Zugehörigkeit zum Brigelser Gericht s. oben. Zur Bildung einer eigenen Pfarrei scheint die Ankunft der Kapuziner den Anlass gegeben zu haben, die seit 1650 die Seelsorge hier ausübten[2]. Seit 1940 Weltgeistliche. Der Sprengel umfasst die Dörfer Danis und Tavanasa sowie den Weiler Valli und den Hof Cathomen.

Die Katholische Pfarrkirche Hl. Dreifaltigkeit

Geschichte und Baugeschichte. Das vermutlich erste Gotteshaus in Danis war eine noch unter Abt Christian von Castelberg errichtete, 1581 vollendete (s. Daten der alten Glocke Nr. 3, S. 376, Anm. 1) und am 14. Juli 1584 benedizierte Kapelle. Als Baumeister wird von der „Synopsis" (Stifts-Arch. Disentis) ein „gewisser Petrus" genannt. Teile dieses Baues sind an der heutigen Kirche nicht mehr nachweisbar, die von den Kapuzinern wohl von Grund aus neu aufgeführt wurde. Die Konsekration fand am 1. September 1656 gelegentlich einer Visitationsreise des Bischofs statt (MAYER, Bistum II, S. 211 und 337). Völlige Fertigstellung 1658. Erbauung der Antoniuskapelle vor 1724 (Datum des Altars). Letzte Renovation der Kirche 1916, der St. Antonius-Kapelle 1931.

Baubeschreibung. Inneres. Die einheitlich barocke, nach Osten gerichtete Anlage besteht aus einem dreijochigen Schiff ohne Seitenkapellen und eingezogenem dreiseitig geschlossenem Chor, beide überwölbt von Tonnen mit Stichkappen, im Schiff durch Gurte geteilt, im Chor durch Halbkugel dem Polygon angepasst. Wandgliederung durch gestufte Pilaster, über denen ein Gesims im ganzen Raum ringsumläuft. Schmucklose, geschweifte Empore im Westen. Die Belichtung unterscheidet sich insofern von den andern Barockbauten dieses Gebietes, als sich auch

---

1) Zu vergleichen insbesondere die Gewandmodellierung der weiblichen Heiligen mit jener des St. Johann Bapt. in Kaufbeuren 1518.

2) Mayer, Bistum II, S. 412. — A. Bürgler, Die Franziskanerorden in der Schweiz, Schwyz 1926, S. 119.

Abb. 442. Danis. — Die Katholische Pfarrkirche Hl. Dreifaltigkeit.
Ansicht von Nordosten.

in der Wandzone einfache Lünetten öffnen, also nicht aufrechte Fenster; in den Schilden Oculi. — Äusseres. Eine Gliederung durch Bogen ist nur in Sgraffito imitiert. Datum 1658. Einheitliches Satteldach.

Der **Turm** steht an der Nordseite des Chores, ist durch Gurten horizontal gegliedert und trägt einen achteckigen Aufsatz, bekrönt von einer Kuppelhaube[1]. An der Südseite des Chores eine gewölbte Sakristei.

Räumlich sehr reizvoll ist die Gesamtgruppe mit der Kirchenfassade in der Mitte, dem Pfarrhaus zur Rechten und der später zu beschreibenden Antonius-Kapelle zur Linken.

Die **Stukkatur** beschränkt sich auf den Chor. Die Linien des Gewölbes sind durch Blattbänder betont, zwischen denen Kartuschen mit eingerollten Rahmen

---

1) Nach einer Zeichnung auf der Zentralbibliothek in Zürich trug der Turm ehemals das Datum 1658.

liegen; am Chorbogen St. Franziskus, Antonius v. P. und Engel in Halbrelief (Abb. bei Gaudy, Nr. 291). Die Malerei von 1916 zum Teil ganz neu, zum andern auf altem Grund.

Ausstattung. Der *Hochaltar* hat ein Tafelretabel, also nur ein gerahmtes Bild ohne architektonischen Umbau, das über den Leuchterbänken aufgehängt ist. Der

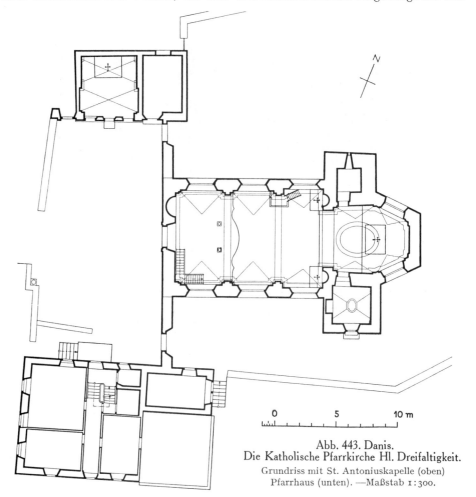

Abb. 443. Danis.
Die Katholische Pfarrkirche Hl. Dreifaltigkeit.
Grundriss mit St. Antoniuskapelle (oben)
Pfarrhaus (unten). —Maßstab 1:300.

Rahmen ist mit Voluten und Engelsköpfen geziert und unten flankiert von Reliquien-büsten. Das Bild wird im unteren Teil beherrscht von den gegeneinander geneigten knienden Gestalten der Minoritenheiligen St. Franziskus und Bonaventura, im Hin-tergrund erkennt man St. Antonius v. P., Anna, Clara und Ludwig von Toulouse, oben die Marienkrönung. Gute Malerei, die Farbharmonie ist aus einem Sfumato von grauen Tönen entwickelt und zu zarten Hellgrau, Gelb und Rosa abgestuft. Mailändisch, um 1660 (Abb. 444). Der Tabernakel, ein zweigeschossiger Tempel mit gewundenen Säulen, entstand 1666[1]. Auf den Türchen Reliefs der Kreuzigung und

---

[1] Berchter Fam.-Chron. (Stifts-Arch. Dis.): ,,1666 Jan. 20 hat die Kirchen zu Daniß zum neuwen tobernacel R 200 überkhommen.''

Abb. 444. Danis. — Katholische Pfarrkirche Hl. Dreifaltigkeit.
Der Hochaltar, um 1660. — Text S. 374 f.

Marienkrönung, im Giebel ein unbekanntes Wappen[1]. Reich geschnitztes Antependium aus üppigem Akanthusgeschlinge mit Putten und einem Engel im Wolkenkranz; um 1710—1720.

Die *Seitenaltäre* sind bescheidene Aufsätze mit Medaillons und neuen Figuren.

Taufstein aus rot geflecktem Marmor. — Die *Kanzel* in Truhenform, mit Dreiviertelsäulen besetzt. — *Chorgestühl*, mit geschuppten Hermen gegliedert, die Füllungen mit Blumenvasen in Einlegearbeit dekoriert. Beide um 1660. Die Wangen der *Bestuhlung* mit spröder Reliefschnitzerei um 1800.

In der **Sakristei:** Eine durch schlechte Bemalung entstellte *spätgotische Holzskulptur* des St. Sebastian, H. 93 cm; um 1510. — *Barockkelch*, Silber vergoldet.

---

1) Gespalten, rechts Rot, links viermal geteilt von Rot und Blau.

H. 25,7 cm, getrieben mit Voluten und Engelsköpfen. Marken Tab. I, 11, 27, um 1700.
— Eine weißseidene *Casula* mit Goldranken und bunten Blumen; um 1730—1740.

Glocken. 1. und 3. von GEBR. THEUS in Felsberg 1901. — 2. von JAKOB
EGGER in Staad[1]. — 4. Dm. 58 cm, Inschrift: A D · 1656 SANCTA TRINITAS UNUS
DEUS MISERERE NOBIS. Bilder: Madonna, Kreuzigung, hl. Bischof, Franziskus,
Apostel.

Die Kapelle St. Antonius von Padua steht im rechten Winkel zur Kirche
nördlich des Vorhofes. Sie ist ein quadratischer, mit grätigen Zwillingsgewölben
überdeckter Raum, dessen Wände mit Blendbogen gegliedert sind. Die *Wandmalereien* — Szenen aus dem Leben des Titelheiligen und dem Alten Testament —
sind ländliche, 1931 stark erneuerte Schildereien. Lünetten und Viereckfenster;
Walmdach. — Der *Altar*. In einer Ädikula aus gewundenen Säulen und segment-
förmigem Giebel öffnet sich die Nische mit der Figur St. Antons, umrahmt von
Medaillons mit Szenen aus der Legende des Heiligen. Das Ganze eingefasst von
durchbrochenen Akanthusranken mit scharfen Rippen. Im Sockel das Datum 1724,
das man wohl auch als Baujahr der Kapelle annehmen darf. Von derselben Hand
das geschnitzte *Antependium* mit dem gleichen elegant geschwungenen, aber hart-
kantigen Blattwerk. 1931 neu gefasst (Abb. 445 und 446).

3. DIE PFARREI DARDIN
Gemeinde Brigels

Geschichte. Dardin kommt in der Form „Ardunae" 765 im Tello-Testament
erstmals vor (CD. I, S. 14). Über die etymologische Bedeutung des Namens s. oben
S. 342. Die Dorfschaft umfasst mehrere Siedelungsgruppen: Capre („Haus des
Priesters"), wo die Kirche steht, sowie die Weiler Casu, Casut, Gliz und Capeder,
die sich am alten Weg von Brigels nach Schlans hintereinander aufreihen. Nach
einer unverbürgten Tradition soll die alte Hauptsiedelung bei Pugaus (Arpagaus)
gestanden haben. Die Erhebung zur selbständigen Pfarrei erfolgte durch Urkunde
vom 3. Juli 1664 (Pf.A.). Mit Ausnahme kurzer von Kapuzinern besorgter Pro-
visorien (1770/71 und 1778—1780) wurde sie stets von Weltgeistlichen versehen
(s. SIMONET, S. 41 ff.).

Die Katholische Pfarrkirche St. Sebastian

Geschichte und Baugeschichte. Am 1. September 1643 wurde zu Dardin
eine Kapelle mit einem Altar z. E. von St. Sebastian, Rochus und Stephan geweiht
(Pf.A.); sie war wohl das erste Gotteshaus des Dorfes. Ende des 17. Jahrhunderts
fand ein Neubau statt (dem Datum am Turm nach offenbar um 1696), auf den im
wesentlichen die Gestalt der gegenwärtigen Kirche zurückzuführen ist. Doch scheinen sich die Erneuerungsarbeiten noch länger hingezogen zu haben, denn die Konsekration der Kirche mit drei Altären erfolgte erst am 5. Juli 1716 (SIMONET, Weltgeistliche, S. 42). Als Meister des Neubaues sind die Brüder CARLI, GIERI und
GIUSEP BAROGGI anzunehmen[2]. 1916 Gesamtrenovation, 1925 neue Vorhalle.

---

1) Die frühere Glocke Nr. 1 trug nach Nüscheler Mskr. die Inschrift:„Sancte Deus · S. Fortis · S · et
Immortalis miserere nobis. Sancta Trinitas" usw. wie Nr. 4. Ferner:„Gos mich Gaudentz Hempel in Chur
1679". — Nr. 2 nun in Seewis s. S. 122. — Nr. 3:„Ave maria gratia plena 1581."
    2) Im Haus Baroggi zu Dardin wurden noch Stukkaturformen gefunden. Es waren dort auch noch
ganze Kisten von Plänen, Skizzen und Bauverträgen vorhanden, die erst in neuerer Zeit verbrannt wurden;
ein unersetzlicher Verlust für die Bündner Architekturgeschichte. Aus Prozessakten geht hervor, dass die
Baroggi viel im Ausland arbeiteten. Carli B. starb am 19. März 1731 in Dardin und wird im Kirchenbuch

Abb. 445 und 446. Danis. — Kapelle St. Antonius.
Der Hochaltar. Retabel und Antependium. — Text S. 376.

Baubeschreibung. Inneres. Barocke, nach (Süd-)Westen gerichtete zweijochige Kirche ohne Seitenkapellen, mit dreiseitig geschlossenem, eingezogenem Chor. Beide Räume annähernd gleich hoch und von Tonnen mit Stichkappen überwölbt, im Chor durch Halbkuppel dem Polygon angepasst. Innere Maße: Schiff L. 11,25 m, Br. 7,75 m. Chor L. 7,15 m, Br. 6 m. Die Belichtung erfolgt durch breite Viereckfenster in der Wandzone und durch Oculi in den Schilden über dem in der ganzen Kirche auf gleichem Niveau umlaufenden Hauptgesims. Eingang im Osten mit geradem Sturz. Schmucklose, geschweifte Empore. Der Chor ist im Verhältnis zu den Dimensionen des Schiffes auffallend tief, was mit den feststehenden kultischen Bedürfnissen einer Pfarrkirche auch bei geringem Gemeindeumfang zu erklären sein dürfte. — Äusseres. Die Ecken mit Lisenen besetzt; an der Fassade Halbrundnischen. Die Vorhalle neu (1925).

Der **Turm** steht an der Südseite des Schiffes und zwar in einer Flucht mit der Fassade. Die unteren Partien — bis etwas über Traufhöhe des Langhauses — gehören noch zum alten Bestand. Die beiden oberen Geschosse, bekrönt von einer zwiebelförmigen Haube, wurden (mit geringer Auskragung) 1696 neu aufgeführt[1]. An der Südseite des Chores steht die flachgedeckte Sakristei, deren Untergeschoss das Beinhaus birgt.

Ausstattung. Drei Altäre aus Holz. Der *Hochaltar* (von 1707)[2] ist ein zweigeschossiger Aufbau mit Säulen und aufgelösten Verdachungen. Das Altarblatt: St. Sebastian zwischen S. Carlo Borromeo und Franziskus, ohne höheren Kunstwert. Im Frontispiz St. Antonius Abt; von 1707. Die Figur des St. Johannes von Nepomuk auf dem Hauptgesims um 1770. — Der einfache Aufbau des *nördlichen Seitenaltars* umschliesst ein Bild des Namens Jesu, signiert: „Sigisbert Frey pinxit"; um 1700. Einige Jahrzehnte jünger ist der *südliche Seitenaltar*, ein Aufsatz mit gedrehten Säulen und durchbrochenen Akanthusranken. Figur modern. Frontispizbild St. Rochus. An beiden Seitenaltären derbe geschnitzte Rokoko-Antependien mit unbekanntem Wappen (Baroggi?). Die Altäre wurden 1903 neu gefasst. — Die *Kanzel* ist ein Polygonkorpus, mit ungelenken Hermenpilastern besetzt. Zweite Hälfte des 17. Jahrhunderts. — Das *Chorgestühl* mit Pilastergliederung und Applikationsdekor; datiert 1709. Die Wangen der *Bänke* im Schiff sind mit flacher Schnitzerei (Blumenmotive) dekoriert; um 1800.

Im Beinhaus hängt ein *Kruzifix* von starker Eigenart: die Arme sind waagrecht ausgestreckt, die Füsse übereinandergenagelt, das Haupt auf die rechte Schulter geneigt, über die eine Locke herabhängt; keine Dornenkrone. Der Heiland ist mit geschlossenen Augen, jedoch mehr schlafend als tot und ohne den Ausdruck des Leidens dargestellt. Die Bildung des Körpers, insbesondere der Brust mit den heraustretenden Rippenknorpeln, die Haltung der Beine und das Gefältel des Lendentuches deuten auf das 17. Jahrhundert, während der Kopf, vor allem der Schnitt der Lider, an die Auffassung des 13. Jahrhunderts erinnert. Es dürfte sich daher um eine unter Anlehnung an ein altes Vorbild geschaffene barocke Arbeit handeln. Die Fassung ist grösstenteils abgerieben; das Kreuz fehlt (Abb. 447). — Im Beinhaus noch ein anderes, geringeres *Kruzifix*, um 1650.

---

als „Meister" bezeichnet. Als Honorar für den Dardiner Kirchenbau sollen die Brüder B. ein Wäldchen im Wert von 1200 Rhein. Gulden erhalten haben, das noch lange „Vaul Baroggi" hiess (Mitt. von Herrn Pfr. B. Pelican in Dardin.) Die Familie BAROGGI ist ein Zweig der Berogio aus Roveredo. Vgl. M. Zendralli, Graubündner Baumeister, Zürich 1930, S. 174 und 180, Anm. 1. Das dort genannte Datum 1665 für Dardin ist nicht belegt. Zu den Baroggi (Berogi) siehe auch Vrin (S. 268) und Seewis (S. 112).

1) Diese Zahl war ehemals am Turm aufgemalt. Im Kirchenbuch steht: „Turris aedificatio videtur fuisse anno 1696. Talis enim inscriptio in summitate turris legebatur". Mitt. von Herrn Pfr. B. Pelican.

2) Nach einer Notiz im Kirchenbuch trug der Altar ehemals dieses Datum.

Abb. 447. Dardin. — Katholische Pfarrkirche.
Detail eines Kruzifixus im Beinhaus. — Text S. 378.

Glocken. 1. und 2. gegossen von GEBR. GRASSMAYR in Feldkirch 1905. — 3. Datum 1854 ohne Giessername[1].

Im Rätischen Museum zu Chur: *Holzskulptur* einer thronenden Muttergottes. H. 74 cm; das Kind steht seitwärts gerichtet auf dem linken Knie der Mutter und rührt mit der Rechten an deren Kinn. Originale, aber abgeriebene Fassung; Ende des 14. Jahrhunderts (Abb. 450, S. 381). — Vgl. FUTTERER, S. 156, Nr. 16. — Eine *Casula* aus weissem Leinen mit Flockseidenstickerei, sogenannte „Tiroler Stickerei". Der Gekreuzigte zwischen Maria und Johannes, unten Magdalena; Engel fangen in Kelchen das aus den Wunden fliessende Blut. — Weisse *Casula* in gleicher Technik. Auf dem Stab die Trinität, aussen St. Joseph (!) und Maria. Beide Mitte des 17. Jahrhunderts. — Eine *Casula* aus gepresstem Leder versilbert und vergoldet mit Gitter und Blattwerk, um 1730/40 (Abb. 449 und 451, S. 381).

Die Kapellen der Pfarrei Dardin

1. **Mater dolorosa in Capeder.** Die Kapelle wurde 1733—1736, nach der Tradition von den BAROGGI, erbaut und um 1880 gegen Westen verlängert[2]. Der

---

1) Die alte Glocke trug nach Nüscheler Mskr. die Inschrift: „Goss mich Theodosius Ernst von Lindau 1632".
2) 1869 und 1880 Ablässe zu Gunsten der Kapelle, 1877 Errichtung einer Bruderschaft der Mater dolorosa in Dardin. B. Pelican, Nossa dunna della Dolurs, Disentis 1932, S 13 f.

nach Osten gerichtete Chor ist eingezogen und dreiseitig geschlossen. Am Schiff setzt sich der ältere Teil deutlich von dem um 70 cm breiteren und 3,30 m langen jüngeren westlichen Zubau ab. Tonnengewölbe; Fenster in Lünettenform. Innere Maße: Chor L. 3,35 m, Br. 3,10 m. Schiff Gesamtlänge 8,70 m, Br. 4,05 und 4,75 m. Satteldach mit Dachreiter. — Einfacher, 1931 neu vergoldeter *Altaraufsatz* in Rahmenform, geschnitztes Rokoko-Antependium. — Zwei *Glocken* ohne Inschrift, Dm. 39 und 32 cm.

2. **St. Joseph in Casut.** Nach einer Notiz im Kirchenbuch, gestiftet 1772 von Statthalter Anton Carigiet (Pf. A.). Kleine gewölbte, nach Norden gerichtete Kapelle mit flach geschlossenem Chörlein. Gesamtlänge 5,50 m. Schiffbreite 2,75 m. — Graziöses, neu vergoldetes *Rokoko-Altärchen* mit einer Figur des hl. Joseph unter Baldachin. — *Glocke:* Dm. 31 cm, Inschrift zu seiten eines Reliefs des St. Anton v. P.: Ex S. M - A. C. (Ex suo munere Anton Carigiet). Auf der Gegenseite Heiliger mit Stab. Die Giesserinschrift ist im Guss missraten, sie scheint DOMENICO MORELA DI BERGAMO FECIT zu lauten. Als Jahr ist 1772 anzunehmen (s. oben).

3. **St. Nikolaus in Pugaus.** Geschichte. Die Kapelle soll ehemals der Hl. Dreifaltigkeit geweiht gewesen sein. Für die Wahrscheinlichkeit dieser Überlieferung spricht das Bild des Aussenaltares. Anlass zum Titelwechsel, vielleicht zu dem Neubau von 1708—1710 überhaupt, auf den wohl die heutige Kapelle zurückgeht (s. Inschrift und Glockendatum), könnte die Auffindung der alten St. Nikolaus-Figur (s. unten) gewesen sein, die in einem Acker in

Abb. 448. Dardin. – Kapelle St. Nikolaus in Pugaus.
Holzfigur des St. Nikolaus.
Mitte des 14. Jahrhunderts. — Text unten.

der Nähe der Kapelle zutage gekommen sein soll.

Beschreibung. Kleine, nach Nordosten gerichtete, gewölbte Kapelle mit flach geschlossenem, nischenartigem Chörlein. Viereckfenster und Lünette. Aussen Ecklisenen. Vor der Front ist eine gezimmerte Vorhalle mit einem von zwiebelförmiger Haube bekrönten Dachreiter angeordnet. — Die Gewölbe sind völlig bemalt: im Chor das Jüngste Gericht, im Schiff die Hl. Dreifaltigkeit, umgeben von mehreren Heiligen. Über der Lünette steht die Widmungsinschrift: IL BENEFATUR DE QUESTA CABLUTA (!) B. F. VINZENS 1710. — Einfacher *Altar.* Das Bild zeigt die Muttergottes zwischen St. Andreas, Nikolaus und Benedikt; um 1710. Auf dem Altar steht eine hochgotische *Holzfigur* des St. Nikolaus, H. 92,5 cm; vollrund. Neu bemalt. Stab und Sockelplatte sind spätere Ergänzungen. Der Heilige ist mit einer glockenförmigen Casula bekleidet. Mitte des 14. Jahrhunderts (Abb. 448). — In der Vorhalle links vom Eingang ein *Aussen-Altar* mit dem Rest eines Dreifaltigkeitsbildes auf Holz. 17. Jahrhundert. — *Glocke:* Dm. 38,5 cm, Inschrift: SANCTE NICOLAE ET SANCTE

Abb. 451. Casula aus gepresstem Leder.
Um 1730/1740.

Abb. 450. Holzfigur einer thronenden
Muttergottes. Ende des 14. Jahrhunderts.

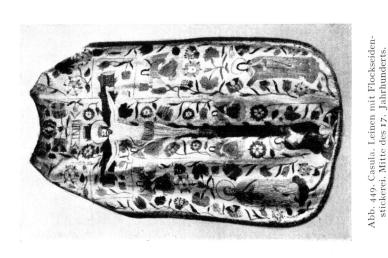

Abb. 449. Casula. Leinen mit Flockseidenstickerei. Mitte des 17. Jahrhunderts.

Aus Dardin, nun im Rätischen Museum zu Chur. — Text S. 379.

ANTONI ORATE PRO NOBIS. – GOSS MICH ANDREAS A PORTA VON BREGENTZ M D CC VIII.
Bild: Muttergottes.

SCHLANS

Geschichte. In Schlans — „in Selauno" — besassen die Victoriden einen Hof,
der durch das Vermächtnis des Tello von 765 an das Kloster Disentis fiel (CD. I,
S. 14). Im Hochmittelalter bildete sich hier eine kleine Grundherrschaft aus, die
als Lehen des Bistums ursprünglich den Herren „de Slauns" (Schlans) zustand und
nach deren Aussterben Ende des 13. Jahrhunderts an die Grünenfels kam. Von
ihnen fiel sie um 1325 durch Heirat an die Montalta; 1378 Übergang an die Räzüns
und Vereinigung mit der Herrschaft Jörgenberg, deren Geschicke sie fortan teilte
(vgl. BURGENBUCH, S. 235, 236, 246). Schlans wurde daher auch ein Glied der aus
der Herrschaft Jörgenberg sich entwickelnden Gerichtsgemeinde Waltensburg.

In kirchlicher Hinsicht gehörte Schlans ehemals zum Pfarrsprengel Brigels.
Am 5. Juni 1518 wurde die Kirche praktisch selbständig, erhielt jedoch anscheinend
zunächst nur eine Kuratie; denn im Reg. clericorum von 1520 ist für Schlans ein
„curatus" aufgeführt (BA.) und bei der Konsekration von 1630 (s. unten) wird die
Kirche noch als „ecclesia filialis" von „Broil" (Breil = Brigels) bezeichnet. Bald
darauf muss aber ihre formelle Erhebung zur Pfarrkirche erfolgt sein, denn bei der
Visitation von 1643 wird sie „ecclesia parochialis" genannt.

Literatur: Regesten der Abtei Disentis, ed. von Th. v. MOHR, Chur 1854,
S. 40. — Das Visitationsprot. von 1643, abgedruckt von P. N. CURTI in BMBl. 1915,
S. 81 f.

Die Katholische Pfarrkirche St. Georg

Geschichte und Baugeschichte. Die Kirche von Schlans erscheint urkundlich erstmals 1185 als „capella de Selaunes" gelegentlich der Übertragung der Pfarrkirche von Brigels an das Kloster Disentis (S. 343 mit Anm. 1)[1]. Das Patrozinium wird 1518 mit St. Georg und Scholastika bezeichnet (Reg. Disentis a. a. O.).
Am 31. Mai 1630 erfolgte eine Neuweihe der Kirche mit einem Altar z. E. der Jungfrau Maria und der Märtyrer St. Georg und Sebastian (Pf.A.). Der Nebentitel
St. Scholastika wird dabei nicht mehr genannt. Die heutige Kirche geht auf einen
1671 vollendeten Neubau zurück. Die aus dem Befund und dem Visitationsprotokoll
von 1643 zu erschliessenden früheren Etappen sind in den „Schlussfolgerungen"
(S. 383) skizziert. Letzte Renovation 1904.

Baubeschreibung. Inneres. Die geostete Anlage besteht aus dem eingezogenen, dreiseitig geschlossenen Chor und einem verhältnismässig breiten, nach
der Tiefe hin um einen Meter sich verjüngenden Schiff. Während die nördliche
Langseite ein Mauerwerk von durchgehend gleicher Dicke aufweist, reduziert sich
die Mauerstärke der Südwand, vier Meter vom Chor entfernt, um etwa 20 cm;
an der Stelle dieses Einsprunges zeigt der Wandverlauf auch eine deutliche Knickung.
Über dem *Chor* liegt eine durch Halbkuppel dem Polygon angepasste Tonne mit
Stichkappen aus Mauerwerk, während die Stichtonne des *Schiffes* nur als Gipsdecke
konstruiert ist. Eine Wandgliederung durch Lisenen hat nur der Chor erfahren;
doch läuft ein Gebälk in Schiff und Chor auf gleichem Niveau ringsum. Die Belichtung erfolgt im Chor und der südlichen Langseite durch Stichbogenfenster, in

---

1) Die Erwähnung in der angeblichen Bulle von 998 (CD. I, S. 104) ist hier nicht verwertbar, da diese
Urkunde nach herrschender Ansicht gefälscht ist.

der Nordwand des Schiffes durch Oculi. Die Türen mit geradem Sturz. An der Leibung des Chorbogens steht (ausser dem Renovationsdatum 1904) das Baudatum 1671, zwar bei der Restaurierung neu aufgemalt, jedoch wohl auf Grund einer vorgefundenen Zahl. — Äusseres. Auch hier hat der Chor (wie die Sakristei) Lisenengliederung, die am Schiff fehlt. Einheitliches, über dem Chor abgewalmtes Satteldach.

Der **Turm** steht vor der Westfront und ist völlig ungegliedert. Unten Lichtscharten, im obersten Geschoss gekuppelte Rundbogenfenster mit primitiv geschrägten Kämpfern und groben, flüchtig abgerundeten, wohl nachträglich erneuerten Teilstützen ohne Basen und Kapitelle. Die Mauern tragen nur im oberen Teil Verputz, der an der Ostseite hinter die Giebelwand des Schiffes hineingeht. Der gemauerte Teil des Turmes schliesst mit einem ungeformten Gurt; darüber erhebt sich, wenig vorkragend, die gezimmerte Glockenstube, von einem achteckigen Spitzhelm bekrönt. Südlich zwischen Turm und Westwand eine Vorhalle.

Baugeschichtliche Schlussfolgerungen. Von der im Jahre 1185 bereits existierenden Kirche ist noch der Turm erhalten, der aus dem 11. Jahrhundert stammen dürfte. Der Weihe von 1630 ging kein Neubau, sondern nur eine Renovation voraus, denn bei der Visitation von 1643 bestand offenbar noch die mittelalterliche (erste?) Kirche. Sie hatte, wie das Protokoll notiert, in Schiff und Chor eine flache Holzdecke, war jedoch nicht etwa einräumig wie die Kapellen von Brigels, vielmehr trennte ein bemalter Chorbogen den Chor vom Langhaus. Die Anlage muss sehr klein gewesen sein, denn die beiden einzigen

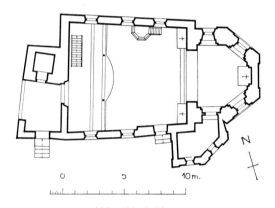

Abb. 452. Schlans.
Die Katholische Pfarrkirche St. Georg.

Grundriss. — Maßstab 1 : 300.

Altäre standen im Chor. Die Wände waren bemalt. Vom Schiff dieser Kirche existiert heute nur noch der südlich des Turmes stehende Teil der Westfront (mit dem Epiphanienbild, S. 384) und das anschliessende Stück der südlichen Langseite bis zu dem erwähnten Einsprung (also in einer Länge von 5,5 m). Für die Breite haben wir keine Anhaltspunkte. Vielleicht trat der Turm sogar über die nördliche Langseite vor. 1671 (Datumsinschrift) wurde die Kirche auf den heutigen Umfang vergrössert. Dabei bezog man altes Mauerwerk im eben erwähnten Ausmaß in den Neubau ein.

Wandmalereien. An der Südseite des Turmes, dessen ganze Breite ausfüllend, eine Darstellung des „*Gebotes der Feiertagsheiligung*" wie in St. Georg zu Räzüns und — in späterer Fassung — in Waltensburg (vgl. S. 344 und Bd. III, S. 54). Der Leidenschristus steht mit erhobenen Händen zwischen Symbolen der am Feiertag verbotenen Arbeiten; versinnbildlicht ist hauptsächlich die bäuerliche Tätigkeit, wie Pflügen, Getreideernte, Heuen, Einfahren, Butterbereitung, aber auch Fischen, Säumen u. a.; an den Beinen Christi sieht man noch einzelne, von den Handwerkssymbolen herzielende Linien, die eine Verletzung des Herrn durch die Übertretung des Feiertagsgebotes andeuten sollen. Letztes Viertel des 14. Jahrhunderts (Abb. 453, S. 384).

Literatur: C. Buholzer in BMBl. 1930, S. 177, u. in ASA. 1932, S. 300 f., mit Abb. auf Taf. XV. — E. Breitenbach und Th. Hillmann in ASA. 1937, S. 31.

An die gleiche Wand, und zwar unmittelbar oberhalb der eben beschriebenen Darstellung, setzte derselbe Maler ein — jetzt nur noch vom Dachboden der Vorhalle aus zu sehenden — Bild der „Gregoriusmesse". Der Heilige kniet vor dem Altar in Santa Croce zu Rom, auf dem in Halbfigur der Leidenschristus erscheint. Engel halten hinter ihm einen Teppich; rechts zwei Begleitpersonen. Auf dem gestirnten Grund sind die Instrumente der Passion verteilt. Die Parallelität der zerstreuten Handwerkssymbole auf dem „Feiertagsbild" und der Passionsinstrumente hier ist nicht zufällig, illustriert vielmehr eine innere Verwandtschaft beider Bildschemata, die

Abb. 453. Schlans. — Katholische Pfarrkirche.
Wandmalerei am Turm: Gebot der Feiertagsheiligung.
Letztes Viertel des 14. Jahrhunderts. — Text S. 383 f.

übrigens auch in Räzüns nebeneinander erscheinen (s. Bd. III, S. 54, Nr. 27 und 28). Die beiden Bilder sind mit wenigen Farben — vorwiegend Gelb, bräunlichem Rot und stumpfem Grau — in der flächigen, mehr zeichnerischen als malerischen Manier der Fresken der zweiten Hand in Räzüns gegeben, mit denen sie auch stilistisch aufs engste zusammenhängen. Letztes Viertel des 14. Jahrhunderts.

An der Westfront der Kirche rechts des Einganges wurden 1928 weitere Wandmalereien abgedeckt und von CHRISTIAN SCHMIDT in Zürich restauriert: unten ein Epiphanienbild, in dem — im Gegensatz zur Darstellung von S. Sievi zu Brigels — nun Kaspar schon als Mohrenkönig charakterisiert ist. Darüber sieht man noch das Fragment eines Drachenkampfes des hl. Georg. Die Hauptpartien wurden bei Anlage der Vorhalle zerstört. Die Bilder sind — nach dem Gesichtsschnitt und dem rötlichen Inkarnat — dem lombardischen oder tessinischen Maler der Fresken von St. Jakob und St. Martin (nicht von S. Sievi) in Brigels zuzuschreiben und demgemäss auf etwa 1515 zu datieren (Abb. 454).

Abb. 454. Schlans. — Katholische Pfarrkirche.
Wandmalerei an der Westfront: Epiphanienbild, um 1515. — Text S. 384.

Verschwundene Wandgemälde. Bei diesen Restaurierungsarbeiten kam an der Westseite des Turmes das Fragment eines *Christophorusbildes* zutage; das Gesicht war durch eine (vor der Bemalung zugemauerte und später wieder ausgebrochene) Lichtscharte zerstört; die unteren Teile der Figur abgeblasst. Der Heilige trug das Kind auf dem linken Arm und zeigte in der Behandlung der Haare und der Stilisierung des Laubwerkes am Stab die Auffassung der ersten Hälfte des 14. Jahrhunderts. (Vgl. ASA. 1932, S. 300 und Abb. Taf. XV, 2.)

Ausstattung. Drei Altäre aus Holz, durch braune Maserung entstellt. Der *Hochaltar*—aus der Zeit des Neubaues von 1671 — ist ein zweigeschossiger Aufbau mit glatten Säulen. Am Hauptgeschoss Seitenteile, die entwicklungsgeschichtlich späte Ausläufer fester Flügel darstellen. Sie tragen derbe Relieffiguren von St. Sebastian und Martin. Die Seitenornamente des Giebels zeigen noch Elemente des Knorpelstiles. Altarblatt: St. Georg und Hieronymus. Im Giebel drei Statuen: St. Katharina und eine andere weibliche Heilige zu seiten der S. 388 erwähnten gotischen Marienfigur. Auf der Verdachung als plastische Gruppe St. Georgs Drachenkampf (s. S. 388). Der Altar erfuhr um 1760 eine Überarbeitung und erhielt bei dieser Gelegenheit die aufgesetzten Rocailleornamente sowie die beiden kleinen Statuetten weiblicher Heiliger vor den Säulen des Hauptgeschosses. Aus dieser Zeit auch die Front der Mensa mit schräg auswärts gestellten Ecklisenen und einer grossen Gitterwerkrosette mit dem Relief des Drachenkampfes als Mittelstück. Auch der *Tabernakel* dürfte damals entstanden sein, wenn auch im Schmuckwerk ausgesprochene Rokoko-Motive fehlen. Das von Freisäulen getragene Gesims des Gehäuses ist aufgelöst, um einem über dem Expositorium hängenden Baldachin Raum zu geben.

Die *Seitenältare* sind als Pendants komponiert und beide datiert mit 1675: einfache Ädikula mit

Abb. 456. Muttergottes, nun im Giebel des Hochaltars. — Text S. 385, 388.

Abb. 455. St. Sebastian und Scholastika, nun auf dem Chorgestühl. — Text S. 388.

Abb. 455 und 456. Schlans. — Katholische Pfarrkirche.
Holzfiguren aus einem gotischen Flügelaltar, 1470–1480.

aufgelöstem Giebel. Schmuckwerk im Knorpelstil. Das Hauptbild des nördlichen Altars: Rosenkranzmadonna, südlich St. Petrus und Schutzengel. Im Hintergrund Begegnung zwischen St. Benedikt und Scholastika. Neben St. Peter ein kniender Priester, mit dem Superpelliceum bekleidet, offenbar der Stifter und Inhaber des rechts aufgemalten Caduffwappens mit den Initialen ,,P. V. C.''[1].

Fragmente des *gotischen Flügelaltars:* Bei der Visitation von 1643 stand er noch im Chor. Der Beschreibung nach barg der Schrein die Figuren von Maria,

1) Peter (von) Caduff von Schlans war 1652 bis 1679 Pfarrer in Schlans. (Mitt. Hr. Pfr. Simonet, Schlans in Berichtigung von Simonet, Weltgeistliche, S. 155.).

Abb. 457. Gotische Monstranz Nr. 1,
um 1450, als Reliquiar umgearbeitet.
Text S. 388.

Abb. 458. Gotische Monstranz Nr. 2, Anfang des
16. Jahrhunderts. — Text S. 388.

Schlans. — Katholische Pfarrkirche.

St. Sebastian und St. ... (Lücke im Original), oben St. Georg[1]. Diese vier Statuen sind noch erhalten: Im Giebel des bestehenden Hochaltars die Muttergottes, auf dem Gesims des Chorgestühls St. Sebastian (H. 86,5 cm) und Scholastika (H. 80 cm); auf der Verdachung des Hochaltares *St. Georg* mit dem Drachen (die Figur der knienden Prinzessin ist eine barocke Zutat). Sämtliche Figuren neu gefasst, die Lanze St. Georgs und wohl auch der Schweif seines Pferdes ergänzt. Die betonte Schwingung in der Haltung der Maria und die tänzelnde Stellung des St. Sebastian verweisen das Altarwerk in die Zeit um 1470—1480 (Abb. 455 und 456, S. 386).

Ins Diözesan-Museum zu Schwyz gelangte einer der beiden *Flügel dieses Altares*[2]. Er ist oben geschweift und beidseits bemalt. H. 126 cm, Br. 65,5 cm. Auf der Aussenseite St. Placidus, gerüstet, das Haupt in den Händen tragend, neben ihm St. Sigisbert in äbtlichem Gewand. Grünlicher Plattenboden, roter Hintergrund. Von der Innenbemalung sind nur wenige Reste noch vorhanden, die auf zwei Figuren schliessen lassen.

Übrige Ausstattung. Einfache *Kanzel* um 1770. — Das *Chorgestühl*, datiert 1671, ist gegliedert durch geschuppte Pilaster, die Füllungen geziert mit Intarsien und umrahmt von Applikationsdekor. — In der Vorhalle ein spätgotischer *Kruzifixus*. Höhe des Korpus 122 cm. Die Arme beinahe waagrecht, das Haupt nur leicht geneigt, der Körper über den Hüften stark eingezogen. Die Drapierung des Lendentuches zeigt die scharfkantige Plissierung des „Parallelfaltenstiles"; um 1520. — Eine auf Holz gemalte *Darstellung einer Prozession* mit den beiden Gotteshäusern und dem Burgturm von Schlans; 18. Jahrhundert.

Kultusgeräte und Paramente. Zwei gotische Monstranzen, Kupfer, vergoldet. 1. *Turmmonstranz*, H. 53,5 cm, nachträglich als Reliquiar umgearbeitet; über

sechseckigem Fuss ein flach gedrückter, granatapfelförmiger Nodus; der Aufsatz, der ehemals ein rundes Schaugefäss barg, erhebt sich über flachen, ausgeschnittenen Ranken; unter dem bekrönenden Spitzhelm steht das Figürchen eines Engels, der einen Kelch emporhält; um 1450. Die Scheibe mit dem Kreuzpartikel wurde wohl erst im 18. Jahrhundert eingesetzt (Abb. 457, S. 387). — 2. *Turmmonstranz*, H. 62,5 cm. Über ziemlich flachem, gezacktem Fuss erhebt sich der sechseckige Schaft, graviert mit Maßwerken. Über und unter dem kantigen Nodus die Namen „H. MARIA" und „JHESUS". Den Übergang zum Aufsatz bilden reich verschlungene Ranken und Trauben. Der grazile und trefflich komponierte Oberbau ist in drei Baldachine gegliedert, deren mittlerer das — nicht mehr vorhandene — zylindrische Schaugefäss barg, geschlossen von einer Kappe, die ein Figürchen St. Georgs bekrönt. Seitlich kleine Statuetten von St. Wolfgang und Nikolaus. Nach mündlicher Überlieferung soll die Monstranz aus Frankreich stammen. Anfang des 16. Jahrhunderts (Abb. 458).

Abb. 459. Schlans.
Katholische Pfarrkirche.
Kelch um 1650. — Text S. 389.

---

1) „anchonam habet satis pulchram in qua in sculpturatis visitur imago B. Virginis, S. Sebastiani et S.... desuper S. Georgius." Vgl. BMBl. 1915, S. 82.

2) 1915 befand er sich noch in der Kirche; s. BMBl. 1915, S. 83.

Abb. 460. Schlans. — Kapelle Maria zum Schnee.
Der Altar, um 1680. — Text S. 390.

Kelch, Silber, vergoldet, H. 23,7 cm. Gebauchter Fuss in Sechspassform, birnen-förmiger Nodus mit Kartuschen und glatte Kuppa. Am Fuss eingraviert ein Schild mit Hausmarke, begleitet von Initialen ,,M. R.". Unbekannte und nicht sicher lesbare Beschauzeichen Tab. I, 10. Meistermarke Tab. I, 21. Um 1650 (Abb. 459). — *Rokokokelch*, Silber, vergoldet, H. 26,7 cm. Getriebene Rocaille und Medaillons mit Halbfiguren; am Fuss St. Michael, Augustinus und Ignatius, an der Kuppa St. Franziskus, Barbara und Scholastika; um 1760. Beschauzeichen Tab. I, 6 (Zug?), Meistermarke Tab. I, 18 (nicht sicher lesbar). — *Casula* aus blauem Seidenbrokat mit bunten Blumen und Silberbroschierung.

Vier **Glocken,** gegossen 1932 von F. HAMM in Staad. Zwei der früheren Glocken sind im Schulhaus aufbewahrt: 1. Dm. 47,5 cm, Inschrift: MATHEUS ALBERT GOS MICH IN CHUR, ANNO M D C X C V (1695). Bilder: St. Nikolaus, Antonius v. P. — 2. Dm. 39,5 cm, flache Haube. Krone aus zwei Henkeln und Öse; ohne Inschrift und Zierart, vermutlich spätes 14. oder 15. Jahrhundert. Einer unkontrollierbaren

Überlieferung nach soll diese Glocke auf der Burg Salons gefunden worden sein (NÜSCHELER Mskr.)[1].

Die Kapelle St. Maria zum Schnee

Baugeschichte. Den Grundstein legte P. Josephus Pontenico, Kapuzinerpater der Provinz Brescia. Konsekration gelegentlich einer bischöflichen Visitationsreise am 25. Juni 1683 z. E. der Hl. Trinität und der hl. Maria zum Schnee (Pf.A.).

Baubeschreibung. Inneres. Nach Südosten gerichtete barocke Kapelle mit schwach eingezogenem, dreiseitig geschlossenem, gewölbtem Chor. Das Schiff mit Holztonne überdeckt. Die Wände sind mit Pilastern und stichbogig geschlossenen Blendbogen gegliedert; darüber ein rundumlaufendes Gesims. Stichbogenfenster, schmucklose Empore.

Äusseres. Die Fassade ist gegliedert von rundbogigen Nischen, die in Blenden liegen und mit handwerklichen Malereien geschmückt sind. Blendbogen sonst nur am Chor, an den Längsseiten des Schiffes lediglich Lisenen. Satteldach (ehemals geschindelt) und achteckiger Dachreiter. Ein besonderer Reiz ist die beherrschende Situation, mit weitem Blick über die ganze Cadi.

Der *Altar* bildet eine zweisäulige Ädikula, dekoriert mit Knorpelornamenten. Ausserhalb der Säulen die Statuen von St. Franziskus und Antonius v. Padua; im Giebel eine gute barocke Figur der thronenden Muttergottes; um 1680. Restauriert und neu gefasst 1932. Neueres Altarblatt: Maria zwischen St. Ignatius und Laurentius von Brindisi (Abb. 460, S. 389).

Glocken. 1. Dm. 42 cm. Auf der Flanke die Bilder von Maria, St. Ignatius und der Kreuzigung mit Anrufungen als Unterschriften. Giesserplakette: JOHANNES BAPTISTA ERNST GOSS MICH IN LINDAUW 1719. — Am Schlagring: + PER VIRGINEM MATREM ET S. IGNATIUM CONCEDAT VOBIS DOMINUS SALUTEM ET PACEM. HOC SEMPER INCLAMO. — 2. Dm. 38 cm. Bilder von St. Antonius v. P., Petrus und der Kreuzigung, ebenfalls mit Anrufungen. Giesserinschrift und Datum wie bei Nr. 1. Auf dem Schlagring: DEUM LAUDO · DEIPARAM HONORO · AD HOC VOS OMNES ARDENTER VOCO.

Burgruinen

Salons. Auf einem Felskopf nördlich oberhalb des Dorfes erkennt man Fundamentreste eine Beringes und einer Traverse mit Mörtelverband. Der benachbarte Tobel heisst: „Val chisti" (Burgtobel). Es handelt sich offenbar um eine Burg der Herrschaft Schlans, über deren Verhältnis zu dem hernach genannten Wehrturm jedoch keine Klarheit zu gewinnen ist. Vielleicht war letzterer nur ein Vorwerk und Strassenturm, wie wir dies bei Trins anzunehmen haben.

Der Turm von Schlans. Errichtet von den 1220 erstmals genannten Herren von Schlans („Slauns"), churischen Ministerialen; über den Besitzgang der Herrschaft s. oben S. 382. Der wohl im 12. Jahrhundert gebaute Wehrturm weist sorgfältige Mauerkonstruktion mit gutem Eckverband aus Bossenquadern auf. Hocheinstieg im dritten (heute obersten) Geschoss. Der Mauerstock trug vielleicht einen vorkragenden Oberbau aus Holz oder Fachwerk. — Näheres über beide Wehranlagen s. BURGENBUCH, S. 73, 237 und Tafel 61.

---

1) Nach Nüscheler Mskr. trugen die drei anderen (von ehemals fünf) Glocken folgende Inschriften: 1. „Averte iram tuam a nobis per intercessionem horum SS. 1718." — 2. „S. Scholastica + A fulgure et tempestate libera nos Domine Anno 1673. P. S. F." (wohl Fehllesung für F. S. F. = Franciscus Subtilis fecit; vgl. Surrin S. 199). — 3. „S. Georgius · Goss mich Theodosius Ernst in Lindaw Anno M D C L VI."

SOMVIX – SUMVITG

Geschichte. Das Dorf kommt urkundlich zwar erst in der zweiten Hälfte des 12. Jahrhunderts vor (,,de Sumovico", Necrol. Cur., S. 122), doch weist der Name, der ,,oberstes Dorf" bedeutet, in eine Zeit zurück, da Sursassiala noch schwach besiedelt war und das Dorf Disentis noch nicht existierte. Damals — vor der Gründung des Klosters Disentis — bildete der Russeiner Tobel wohl die eigentliche rätische Westgrenze, während sich oberhalb ein Waldgebiet — eine ,,Wildnis" = ,,Desertina" — als ,,Niemandsland" ausbreitete. In der Einteilung der Disentiser Territorialherrschaft der ,,Cadi" in sogenannte ,,Höfe" gehörte Somvix zu Truns, dem vierten Hof (Sprecher Chron., S. 253). Der heutige Gemeindebann umfasst ausser dem Hauptdorf die Ortschaften Rabius, Surrein und Compadials sowie mehrere Weiler, von denen einige im Zusammenhang mit dort stehenden Kapellen Erwähnung finden werden. Zum Gemeindegebiet gehört auch die Val Somvix, ein zum Greinapass führendes Quertal; hier liegt das Tenigerbad (romanisch ,,Bogn Tenigia"), eine bittersalzhaltige Gipsquelle, bei der 1674 Landrichter Clau Mais-

Abb. 461. Somvix.
Die Katholische Pfarrkirche St. Johannes Baptista.
Ansicht von Osten.

sen ein Badehaus mit Kapelle errichtete und heute ein modernes Kurhaus steht.

Als Pfarrei ist Somvix erstmals in der zweiten Hälfte des 12. Jahrhunderts durch die Erwähnung eines Presbyters belegt[1]. Dass dem Kloster Disentis seit alters die Kollatur zustand, ist anzunehmen. Die völlige Inkorporation erfolgte durch Bulle vom 25. Mai 1491. Von 1687—1748 wurde die Pfarrei durch Kapuziner versehen. Aus dem Somvixer Sprengel lösten sich am 18. März 1786 Surrein und am 19. März 1901 Rabius als selbständige Pfarreien ab (Pf. A. Nr. 33). Der politische Ver-

---

1) Necrol. Cur., S. 122; 1284 wird ein Plebanus genannt (CD. II, S. 31).

band wurde durch diese Separation nicht berührt, doch sollen der Übersichtlichkeit wegen im nachstehenden die einzelnen Pfarreien gesondert behandelt und nur die verschiedenen Ruinen und Burgstellen zusammengefasst werden, da sie ohnehin ausserhalb der Hauptsiedelungen liegen.

Literatur: BMBl. 1915, S. 259. — WIRZ V, S. 170. — SIMONET, Weltgeistliche, S. 132, 161f., 170f. — C. DECURTINS, Landrichter Nikolaus Maissen, ,,Monatsrosen'' 1877, S. 21. — S. auch Nachtrag Bd. VII, S. 448.

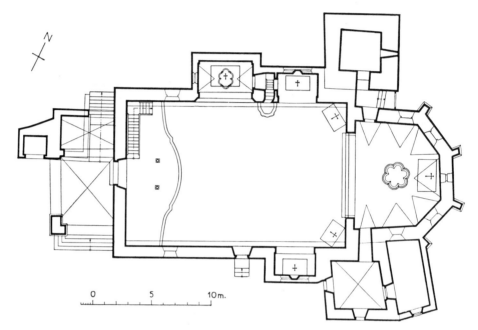

Abb. 462. Somvix. — Die Katholische Pfarrkirche St. Johannes Baptista.
Grundriss vor der Renovation von 1938. — Maßstab 1:300.

Die Katholische Pfarrkirche St. Johann Baptist

Geschichte und Baugeschichte. Die früheste Erwähnung einer Pfarrei und damit der Kirche s. oben. Im Visitationsprotokoll vom 31. August 1643 finden sich die Notizen: ,,Frater Jacobus Parendensis (?) fuit anno 1313 suffraganeus'', und ,,F. Pantaleon, Episcopus Sicariensis fuit 1431 suffraganeus Episcopi Joannis''. Es ist zu vermuten, dass der Visitator diese Notizen aus zwei nun nicht mehr vorhandenen Konsekrationsbriefen entnommen hat. Am 20. August 1459 und am 6. Februar 1460 wurden Ablassbriefe erteilt, in denen als Patrozinium St. Johannes sowie Barbara und Dorothea genannt wird (Pf.A. Urk. Nr. 10 und 11). Vermutlich ging also der Weihe von 1431 ein umfassender Um- oder Neubau voraus, für dessen weitere Ausstattung oder Schuldentilgung die Indulgenzen Mittel beschaffen sollten. In Befolgung einer bei der bischöflichen Visitation von 1630 getroffenen Aufforderung wurde die alte—zu kleine—Kirche niedergelegt. Die Weihe des Neubaues zu Ehren von St. Johann Bapt. mit drei Altären fand am 13. Juni 1633 statt (Pf.A., Nr. 14). Wie aus dem Visitationsprotokoll vom 31. August 1643 zu entnehmen ist, war zwar der Chor schon gewölbt, über dem Schiff aber lag nur eine

Abb. 463. Somvix. — Die Katholische
Pfarrkirche St. Johannes Baptista.

Querschnitt durch das Langhaus mit
Blick nach dem Chor und Aufriss des
Turmes. — Maßstab 1:300.

0   5   10 m

gewalmte Holzdecke („suffitum habet ligneum ad modum navis"). Seitenkapellen
fehlten offenbar. Der alte Turm war an der Südseite des Chores zunächst stehen-
geblieben; er wurde 1670 niedergelegt und durch einen Neubau an der Nordseite
ersetzt, zu dem Landrichter Clau Maissen 300 fl. beisteuerte (Decurtins, a. a. O.,

S. 20). Vielleicht damals auch Anbau der grösseren nördlichen Seitenkapelle. Am
26. April 1785 brannte die Kirche aus, wobei auch das siebenteilige Geläute schmolz
(Simonet, Weltgeistliche, S. 164). Bei der Wiederherstellung erhielt das Schiff eine
Gipslattendecke. Vermutlich wurden gleichzeitig die nahe dem Chor gelegenen Ka-
pellen errichtet. Die Kirchenstühle verfertigten BONIFAZ und JOHANNES SCHMID
(Pf.A., Nr. 34). 1938 letzte Renovation: Erneuerung des Putzes, Veränderung der
Portal- und Fensterformen, neue Stukkatur, Vorhalle, Empore, Orgel (1939), Be-
stuhlung; Aufhebung von zwei und Neufassung der drei verbleibenden Altäre.
Leitung: Arch. W. SULSER, Chur. – Zu beachten der Nachtrag auf S. 466.

Baubeschreibung. Inneres. Die nach Osten gerichtete Anlage besteht aus
einem einschiffigen Langhaus, in das sich nördlich zwei und südlich eine Kapelle

Abb. 464. Somvix. — Katholische Pfarrkirche.
Der Altar in der nördlichen Seitenkapelle, um 1785.
Dazu Abb. 466 und 467, S. 396. — Text S. 398.

Abb. 465. Somvix. — Die Katholische Pfarrkirche St. Johannes Baptista.
Innenansicht gegen den Chor nach der Renovation von 1938.

öffnen, und dem eingezogenen, dreiseitig geschlossenen *Chor;* dieser ist überwölbt
von einer dem Polygon angepassten Tonne mit Stichkappen, während über dem
Schiff eine aus Gips konstruierte stichbogige Decke liegt. Keine Wandgliederung.
Die Fenster schlossen ehemals (vor 1938) in ungenau gearbeiteten Spitzbogen. Wie
an den Verbandsverhältnissen vor der Renovation von 1938 noch festzustellen war,
sind die beiden nahe beim Chor liegenden Seitenkapellen, die heute die Beichtstühle
bergen, später als die grössere Kapelle an der nördlichen Langseite entstanden, die
sich in einem abgeschrägten Bogen zum Schiff öffnet.

Äusseres. Nur der Chor ist mit einfach viereckigen Streben besetzt, die Kirche
sonst ohne Wandgliederung[1]. Einheitliches Satteldach. Bis 1938 war das Portal
von einem rundbogigen, gotisierend gefasten Tuffgewände umrahmt und durch eine
gewölbte—mit dem Beinhaus zusammengefasste—Vorhalle geschützt. Das jetzige
Vorzeichen sowie die Form der Treppenanlage sind neu.

Der **Turm** steht nordwärts am Zusammenstoss von Schiff und Chor. Die
zweigeschossige Glockenstube ist durch Gesimse und Pilaster hervorgehoben und
mit einer hohen, über geschweiften Giebeln aufsteigenden Haube bekrönt. Datiert
1670. Südlich des Chores steht die mit einem rippenlosen Kreuzgewölbe überdeckte
Sakristei (um 1630).

---

1) An der Südseite war ein grosses, ziemlich primitives Christophorusbild aus der Erbauungszeit
der Kirche, um 1630, aufgestellt.

Ausstattung. Vier Altäre aus Holz, sämtliche neu gefasst. Der *Hochaltar.*
Der Aufbau ist aus drei Stützenpaaren konstruiert, von denen zwei als gewundene
Säulen gebildet sind, das dritte — mittlere — als Pilaster. Über dem in der Mitte
aufgelösten Gebälk erhebt sich ein geschweifter Giebel mit der Taube im Strahlen-

Abb. 466. Spätgotische Halbfiguren, um 1500, zu Reliquiaren umgearbeitet.

Abb. 467. Antependium des Altars, vg. Abb. 464, S. 394.
Somvix. — Katholische Pfarrkirche.
Vom Altar der nördlichen Seitenkapelle. — Text S. 398.

kranz. Darüber schwebt das Auge Gottes im Dreieck als Sinnbild der Trinität. Vor
den Mittelpilastern stehen die Figuren von St. Margaretha und Magdalena, auf dem
Giebel St. Johannes von Nepomuk und Florinus zwischen Engelputten. Das Altarblatt stellt die Muttergottes (als Immakulata) sowie St. Johann Bapt. und St. Andreas
dar. Der Altar wurde nach dem Brand von 1785 hergestellt, doch unter Verwendung

von Bestandteilen (Säulen, Akanthus) eines älteren Altares (von
etwa 1720). Der *Tabernakel*, in
Form eines eingeschossigen Tempels mit gewundenen Säulen, ist
als Drehtabernakel eingerichtet;
um 1720.

Die beiden *Seitenaltäre* stehen
quer in den Ecken zu seiten des
Chores und stimmen im System
des Aufbaues mit dem Hochaltar
überein. Doch zeigen sie, ihrer Eck-
stellung entsprechend, eine mehr
konkave Gestaltung; im Schmuck-

Abb. 469. Somvix. — Katholische Pfarrkirche.
Geschnitzter Altarleuchter, um 1740. — Text S. 398.

Abb. 468. Somvix.
Katholische Pfarrkirche.
Geschnitzter Chorleuchter, um 1670/1680.
Text S. 398.

werk tritt zudem die eigentliche Rokoko-
Ornamentik stärker hervor. Den Abschluss
bilden Baldachine mit Lambrequins. Figuren
am nördlichen Altar: unten St. Dominikus
und Katharina von Siena im Sinnzusammenhang mit dem die Rosenkranzkönigin dar-
stellenden Altarblatt (mit Stifterin und Wappen Maissen); in der Giebelnische Anna selbdritt, seitlich davon zwei männliche Heilige
(die Attribute — Pfeil und Kelch — vielleicht
ergänzt). Am südlichen Altar an Stelle eines
Bildes ein Hochrelief Gottvaters, die Taube
sendend, umgeben von einer Gloriole von
Putten; vor den Pilastern die Figuren von
St. Benediktus und Sigisbert mit dem Modell
der (bestehenden) Klosterkirche von Disentis.
In der Giebelnische St. Placidus, seitlich davon St. Peter und Paul. Die Altäre selbst
nach 1785 (s. S. 396), die Figuren der Obergeschosse von älteren Altären, vermutlich

noch aus dem 17. Jahrhundert. — An allen drei Altären geschnitzte *Rokoko-Ante-pendien* mit Mittelmedaillons.

Der *Altar* in der nördlichen Seitenkapelle ist unter völligem Verzicht auf architektonische Elemente ganz in Rokokoformen als Reliquienaufsatz nach Art einer mehrteiligen Vitrine gestaltet. Die einzelnen Nischen waren ursprünglich (bis 1938) verglast (Abb. 464, S. 394). Die zwei Büstenreliquiare in den untersten Fächern sind aus spätgotischen Skulpturen eines Apostels und eines hl. Mönches (vermutlich St. Benedikts), die unter der Brust abgesägt und eine herzförmige Vertiefung erhielten, hergestellt. Gute Arbeiten um 1500 (Abb. 466, S. 396). Das geschnitzte Antependium aus der Zeit des Altars (um 1785) mit durchbrochenem Mittelstück in Gitterwerk (Abb. 467).

Die *Kanzel* ist gleichfalls um 1785 entstanden; auch sie ist ganz in den Schmuckformen des Rokoko ohne Verwendung klassizistischer Motive gestaltet. Auf dem gebauchten Korpus die Evangelisten und das Lamm Gottes in Hochrelief, auf dem von freien Voluten bekrönten Schalldeckel Moses mit den Gesetzestafeln. — Aus den östlichen Seitenkapellen wurden 1938 die Altäre entfernt und Teile davon an den nun hier aufgestellten neuen *Beichtstühlen* verwendet, so einige gewundene Säulen und Figuren: zwei Minoritenheilige, St. Johann Evang. und Joseph; wohl vom Ende des 17. Jahrhunderts. — Zwei *Chorleuchter*, geschnitzt mit Engelsköpfen, Blattwerk und Voluten; um 1670—1680 (Abb. 468, S. 397). — Geschnitzte *Altarleuchter* mit Dekor von Blatt- und Bandwerk, um 1740 (Abb. 469). — Am Chorbogen ein grosser *Kruzifixus*, mit waagrecht ausgestreckten Armen und tiefer Seitenwunde. Dreiviertel Lebensgrösse; Mitte des 16. Jahrhunderts, neu gefasst. — *Chorgestühl* aus Nussbaumholz, gegliedert mit Pilastern, die mit Blattranken in Reliefschnitzerei geziert sind und in Voluten auslaufen. Füllungen mit Band-Intarsien; um 1785.

Kultusgeräte und Paramente. *Sonnenmonstranz*, H. 66 cm, aus Silber getrieben. Der Fuss in Form von Wolkenballen mit Engelsköpfen, als Schaft ein gerüsteter Erzengel. Zu seiten des Fensters kniend: St. Antonius v. P. und Franziskus, in ziemlich flachem Relief; oben Gottvater. Mitte des 18. Jahrhunderts (Abb. 471). — Ein *Louis-Seize-Kelch*, Silber, vergoldet, H. 25 cm. Inschrift: „Modest Schmid de Grünegg et Franc. de la Tour filio suo neomista P. Martiali salutem 1791". Beide Stücke ohne Marken. — Karmoisinrote *Casula* aus Seidendamast, reich mit Silberranken, roten Nelken, bunten Tulpen und Füllhörnern mit Früchten bestickt; um 1750 (Abb. 470). — Mattblaue *Casula* aus Seide mit gestickten Blumen und Silberranken; um 1760—1770. — *Casula* aus weissem Seidenbrokat, mit Früchten und Blumen und Silberbroschierung; 18. Jahrhundert.

Glocken. Sechsteiliges Geläute der Firma RÜETSCHI A. G., Aarau, von 1930[1].

Im Pfarrhaus eine — früher in dem kleinen Raum neben dem Beinhaus aufgestellte — *Vespergruppe*, H. 85 cm, durch Übermalung entstellt, sonst aber gut erhalten; derbe Arbeit aus dem letzten Viertel des 15. Jahrhunderts.

Profanbauten

Maissen Häuser: Das Haus Nr. 20 wurde laut Inschrift[2] von Landrichter Gilli Maissen im Jahre 1570 erbaut, in neuerer Zeit jedoch im Innern völlig um-

---

1) Von den fünf früheren Glocken hängen die beiden kleinsten nun in Compadials, s. S. 403. — Die andern trugen folgende Inschriften: 1. Per intercessionem horum sanctorum liberet nos Dominus a fulgure et tempestate ab omni malo voluntate. — Durch Mühe und Fleiss zweier Jungen (!) bin ich zu Somvix durch das Feuer geflossen. Jakob und Mathias Grasmayr von Feldkirch haben zur Ehre Gottes mich gegossen 1790. — 2. Diem festum nuntio, Gaudete et laetamini in Domino 1786. — 3. Coelum invoco, inferos terreo, mundum moveo, animos consolor. Omnia autem ad Dei gloriam 1790.

2) „Dies Hus stad in Gottes Hand zu den Lantrichder Gilli Maissen ist es genand Ano Domini 1570."

gestaltet. Bemerkenswert ist nur die *Fassadenmalerei:* In der Mitte der Front vier Wappen: 1. Hochgericht Cadi (gespalten und fünfmal geteilt von Rot und Grün, Farben, die dem Banner dieses Hochgerichts entsprechen, vgl. Bd. I, S. 268 unten, Nr. 4). 2. Oberer Bund (in Rot ein von Grau und Weiss gevierteiltes Kreuz). 3. Gotteshausbund. 4. Zehngerichtenbund. Darüber, von Engeln gehalten, das Wappen des Erbauers G. Maissen und in einer Rollwerkkartusche die erwähnte Inschrift. Links eine Darstellung des Gleichnisses vom reichen Mann und dem armen Lazarus (Luk. 16), darunter ein Geharnischter mit einem Banner in den Farben von Wappen Nr. 1. Auf der nach Osten gerichteten Schmalseite, sehr originell hoch hinaufgesetzt, ein Krieger in Brustharnisch und Pluderhose (Abb. 472, S. 400).

Abb. 470. Kasel aus Seidendamast, um 1750. Text S. 398.

Somvix. — Katholische Pfarrkirche.

Abb. 471. Sonnenmonstranz. Mitte des 18. Jahrhunderts. — Text S. 398.

Literatur: S. Vögelin in ASA. V. (1886), S. 336, und C. Buholzer in BMBl. 1930, S. 175.

Haus Nr. 59, südlich unterhalb der Kirche unter Verwendung älteren Bestandes (von dem noch gotisch gefasste Türgewände zeugen) durch den bekannten, 1678 ermordeten bündnerischen Politiker Nikolaus (Clau) Maissen im Jahre 1673 umgebaut. *Wappentafel* dieses Datums über dem Eingang.

Abb. 472. Somvix. — Haus des Landrichters Gilli Maissen, 1570.
Ansicht von Osten. — Text S. 398 f.

Verschiedene Ausstattungsteile gelangten ins Bernische Historische Museum: Eine *Decke* mit sphärischen und quadratischen Feldern, ferner eine Kassettendecke mit geschnitztem Maissenwappen inmitten von Engelsköpfen, eine *Türe* mit dem gleichen Wappen, Ranken- und Knorpelwerk in Reliefschnitzerei sowie trefflichen Beschlägen; endlich ein *Büfett* mit kräftigem charaktervollem Schnitzwerk gleicher Art und Maskenlisenen, datiert 1674 (Abb. 473, 474 und 475, S. 401 f.). Aus demselben Haus stammt ein auf Leinwand gemaltes Wappen mit Inschrift „NICOLAUS MEYSEN"; datiert 1667.

Haus Schmidt, laut Datum im Giebel erbaut 1766 von Landschreiber Schmidt. Interessante Abwandlung einer deutschen Bauform: im gemauerten Untergeschoss die Wohngemächer (getäfert), in dem in „Kopfstrick" ausgeführten Oberstock gegen die Strasse zu die grosse — zeitweise als Gerichtszimmer benützte — Stube. An der

Abb. 474. Büfett, datiert 1674. — Text S. 400.

Abb. 473. Türe, 1674. — Text S. 400.

Somvix. — Aus dem Hause des Landrichters Clau Maissen, 1673.
Nun im Bernischen Historischen Museum zu Bern.

Fassade Sprüche, datiert 1767 (Wortlaut s. Bürgerhaus, a. a. O., Taf. 23). Die Klebdächer sowie das Giebelchen mit dem Schmidtwappen über dem Eingang sind um 1820 entstanden. — Näheres s. Bürgerhaus XVI, S. XL und Taf. 21, 23—25.

Abb. 475. Somvix. — Aus dem Hause des Landrichters Clau Maissen, 1674.
Mittelstück einer Decke, nun im Bernischen
Historischen Museum zu Bern. — Text S. 400.

Die Kapelle St. Joseph in Compadials

Baugeschichte. Erbaut laut Datumsinschrift 1641 und am 30. August 1643 mit einem Altar geweiht (Pf.A., Nr. 15). Renovation 1841.

Baubeschreibung. Inneres. Nach Westen gerichtete barocke Anlage mit eingezogenem, dreiseitig geschlossenem Chor und Tonnengewölben. Wandgliederung durch Pilaster, über denen ein durchlaufendes Gebälk liegt. — Das Äussere ist mit Lisenen gegliedert, an der Fassade die Daten 1641 und 1841. Auf dem steilen Satteldach ein Türmchen mit achteckigem Spitzhelm. Innere Maße: Chor L. 5,55 m, Br. 5 m, Schiff L. 8,30 m, Br. 6,30 m.

Ausstattung. Drei Altäre aus Holz. Vom *Hochaltar* stammt der wesentlichste Teil, das Mittelstück mit seinem von zwei schräg auswärts gestellten Säulen flankierten Bild der Hl. Familie, aus der Zeit um 1700. Die auf dem Gebälk stehenden Figuren verschiedener Grössen sind jedoch wohl Rudimente eines älteren Altars, während der Giebel mit dem Baldachin und die Reliquienetageren über den Durchgängen dem Rokoko (um 1760) angehören. — Die beiden als Pendants komponierten *Seitenaltäre* sind um 1670—1680 entstanden: über Säulen mit Gehängen ein Gesims römisch-korinthischer Ordnung und ein Giebelstück. Die Seitenranken und die Voluten der Konsolen zeigen die Merkmale des Knorpelstiles. Die Bilder ohne Belang. — Das *Gestühl* des Chores ist mit geschuppten Pilastern gegliedert und trägt Beschlägornamente; um 1660. — Eine in der Sakristei aufbewahrte *Madonnenstatuette* mit derben Zügen und gotisierender Faltendrapierung gehört wohl — mit den Figuren von St. Martin und Sigisbert seitlich des Hochaltars — zu dem ersten Altar der Kapelle (um 1640), wenn sie nicht von einem älteren Seitenaltar der Pfarrkirche (um 1633) stammt.

Paramente. Eine *Casula* aus weisser, silberbroschierter Seide mit reicher Gold- und Buntstickerei: Ranken, Blumen und Puttenbüsten, die Schalen tragen. Um 1730—1740.

Die beiden **Glocken** wurden 1930 aus der Pfarrkirche übernommen. 1. Dm. 76,2 cm, Inschrift: ADVERSUS EOS QUI TRIBULANT ME · ANNO 1790. Bilder: Kreuzigung, Schutzengel, St. Placidus und Sigisbert. — 2. Dm. 60,5 cm, Inschrift: GLORIA IN EXCELSIS DEO ET IN TERRA PAX. Anno 1790. Bilder: Muttergottes, Kruzifix, St. Jakobus d. Ä. und Joseph.

Offene Wegkapelle bei Compadials an der Strasse nach Somvix mit vollrunder *Figur der Muttergottes* (H. 96 cm). Ländliche, durch Übermalung entstellte Arbeit um 1550.

Die Kapelle St. Laurentius und Sebastian in Laus

Baugeschichte. Der erste Bau war 1587 vollendet (Glockendatum). Konsekration z. E. der Hl. Laurentius und Sebastian am 3. August 1592 (Pf.A., Nr. 13). Diese Kapelle legten die Kapuziner offenbar völlig nieder und ersetzten sie durch einen Neubau, der am 9. Juli 1695 z. E. der Hl. Laurentius und Sebastian sowie St. Franziskus und Antonius v. P. mit drei Altären geweiht wurde (Pf.A., Nr. 18).

Baubeschreibung. Der Weiler Laus liegt am Südhang des Tales, 330 m über der Talsohle. Die Kapelle ist nach Osten gerichtet und hat einen flach geschlossenen, mit einer Tonne überwölbten Chor. Über dem Schiff eine Gipsdecke, gleichfalls in Tonnenform. Die Längswände sind innen und aussen durch Blendbogen gegliedert. Stichbogige Fenster und Türe (im Westen). Innere Maße: Chor L. 5,10 m, Br. 4,60 m. Schiff L. 9,40 m, Br. 6,20 m. Satteldach mit einem von achteckigem Spitzhelm bekrönten Dachreiter. Auf der Fassade die Daten 1592 und 1695.

Ausstattung. Die drei Altäre (aus Holz) sind zur Zeit des Neubaues um 1695 entstanden. Der *Hochaltar* bildet eine leicht konkave Ädikula mit zwei Paaren gewundener Säulen. Das Altarblatt mit St. Laurentius und Franziskus ist gut abgestimmt in weichen bräunlichen Tönen. Die seitlichen Anbauten um 1770. — Die beiden *Seitenaltäre* sind dem Hochaltar in einer auf zwei Säulen reduzierten Form angepasst. Moderne Figur und kunstloses Altarblatt.

Glocken. 1. Dm. 61 cm, Inschrift: ET FERBUM (!) CARO FACTUM EST ET HABITAFIT (!) IN NOBIS. ANNO 1736. — ANTON KAISER VON ZUG HAT MICH GEGOSSEN. — JACOB ADELBERT BASELGA DERZEIT KIRCHENFOGT. Bilder: Madonna, Kreuzigung. — 2. Dm. 51,5 cm, gegossen von Jos. GRASMAYR in Feldkirch 1855. — 3. Dm. 41,5 cm, Inschrift in gotisierenden Majuskeln: * SANT * SEBASTIANUS * ORA PRO NOBIS * 1·5·8·7. Bilder: Kreuzigung, St. Sebastian.

Die Kapelle St. Benedikt (Sogn Benedetg)

Geschichte. In der zweiten Hälfte des 12. Jahrhunderts (nach der Disentiser Synopsis im Jahre 1268) erbauten Frau Rigenza de Valle (aus Val im Somvixertal) sowie ein gewisser Chonradus de Rusen (von Ruschein), der den Namen Laurentius angenommen hatte, oberhalb Somvix die Kapelle St. Benedetg und begründeten hier eine Beginenniederlassung. Von Laurentius wird gesagt, dass er zuvor schon hier war, auch heisst es, die genannten Stifter hätten eine neue Kapelle erbaut

(,,aedificavit capellam novam"), so dass mit der Möglichkeit zu rechnen ist, es sei früher schon hier ein Gotteshaus gestanden. Das ,,Collegium devotorum" von S. Benedetg war eine religiöse Gemeinschaft ohne eigentlich klösterliche Bindung; die nach bestimmten Regeln lebenden Mitglieder hiessen Brüder und Schwestern (,,fratres", ,,sorores"). Weitere Stiftungen erfolgten 1321. Am 2. Juni 1346 wurde ein Ablass erteilt. Am 3. November 1522 fand (nach vollendetem Neubau des Chores) eine Neuweihe statt. 1670 Konsekration eines neuen Altares. Renovationen 1906, 1919 und 1934. Die Skizzierung der Baugeschichte folgt im Anschluss an die Beschreibung in den ,,baugeschichtlichen Schlussfolgerungen".

Literatur: CD. II, S. 31, 263; III, S. 23. — MOHR, Reg. von Disentis Nr. 114 und 276. — Monographische Darstellung mit Abdruck weiterer bis dahin unpublizierter Urkunden von I. MÜLLER und N. CURTI: Die Beginen von Somvix, in Zeitschrift f. Schweizer. Kirchengeschichte 1935, S. 1—25 und 81—100. — Ferner P. NOTKER CURTI in BMBl. 1915, S. 427, mit Edition des Visitationsprot. vom 31. August 1643.

Baubeschreibung. Inneres. Die Kapelle liegt 1276 m ü. M. am Ostrand des Val Mulineun in der Nähe einiger Wohnstätten. An ein schmales, mit einer Holztonne überwölbtes Schiff schliesst sich ostwärts ein breiterer, also nach aussen hin

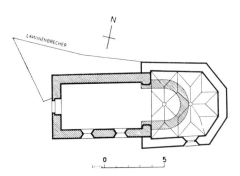

N

LAWINENBRECHER

0   5

Abb. 476. Somvix. — Die Kapelle St. Benedikt.

Grundriss. — Maßstab 1 : 300. — Die Schraffuren bezeichnen die Mauerzüge des ersten Baues.

ausspringender, dreiseitig geschlossener *Chor* von zwei Jochen, über dem ein Sterngewölbe liegt. Die einfach gekehlten Rippen wachsen aus zugespitzten Konsolstümpfen; zwei runde Schlusssteine. Der Chorbogen ist halbrund und gefast. In der Südwand des Chores ein Spitzbogenfenster mit Nasenbogen, gegen Osten eine einfache Rosette. Die Fensterformen des Schiffes wurden 1906 hergestellt. Der Eingang (Westseite) ist glatt rundbogig.

Äusseres. Der Chor springt beidseits um etwa 1 m über das Schiff vor; von der Nordwestecke der Kapelle geht ein Mauersporn aus, der als Lawinenspalter dienen soll. Satteldächer. Auf dem Chorfirst, der etwa 1 m höher liegt als jener des Schiffes, sass ein offener Dachreiter mit Zeltdach (s. Abb. 477), der an Weihnachten 1923 von einer Lawine weggerissen und hernach durch ein gemauertes Glockenjoch auf der Chorwestmauer ersetzt wurde. — Restaurierung des Weltgerichtsbildes durch Dr. J. M. Lusser 1934.

Baugeschichtliche Schlussfolgerungen. I. Das heutige Schiff bildet — wie schon der äussere Augenschein zeigt — den ältesten Teil der Anlage. P. N. Curti hat bei einer Schürfung 1934 die Fundamente des dazugehörigen Altarraumes in ihrem ungefähren Verlauf festgestellt: es war eine halbrunde, westwärts geradlinig verlängerte, also ,,gestelzte" Apsis. Diese für eine kleine Kapelle etwas ungewöhnliche Form könnte damit erklärt werden, dass die gottesdienstlichen Gebräuche des Kollegiums einen geräumigeren Chor verlangten; es wäre aber auch denkbar, dass der östliche Teil der Apsis (also die Rundung) noch von einer früheren kleinen Kapelle stammte und im Neubau der Frau Rigenza aufging.

II. Neubau des Chores 1522. Beabsichtigt war, wie aus den Verzahnungssteinen an den westlichen Stirnmauern des Chores zu sehen ist, auch eine Vergrösserung des Schiffes, die jedoch nicht mehr zustande kam. Nach dem Visit.-Prot. von 1643 hatte

Abb. 477. Somvix. — Die Kapelle St. Benedikt.
Ansicht von Südwesten. Zustand um 1920.

das Schiff damals noch eine flache Holzdecke, die um 1665 durch die Holztonne ersetzt wurde (vgl. Müller-Curti, S. 98, Anm. 2).

Wandmalereien. An der inneren Westwand entdeckte P. Notker Curti 1934 Wandgemälde, die — ikonographisch sehr eigenartig — eine Aufteilung des *Weltgerichtsbildes* in zwei getrennte Darstellungen, des Himmels und der Hölle, bedeuten. Der Teufel ist hier viel entschiedener als auf anderen Gestaltungen dieses Themas als der mächtige Gegenspieler Christi hervorgehoben. Als besonderes Motiv darf bezeichnet werden, dass der Fürbitter St. Johannes zu Füssen Christi sein — nimbiertes — Haupt in Händen hält, was P. Notker Curti wohl mit Recht als eine Parallelität zu den St. Placidus-Bildern erklärt; und ferner, dass die ihm gegenüber kniende Maria ihre entblösste Brust zeigt. Diese auf älteren Gerichtsbildern höchst seltene Gebärde bedeutet, dass Maria das Erbarmen Gottvaters für die Sünder anfleht, um der Brust willen, die Christus gesäugt[1]. Das Gegenbild, die Hölle, zeigt Luzifer in grüner Färbung, umgeben von einem Kranz nackter Gestalten, die vielleicht als Personifikationen der sieben Hauptsünden gelten können, doch wegen des schlechten Erhaltungszustandes nicht genauer zu bestimmen sind[2]. Unten erblickt man den geöffneten Höllenrachen (Abb. 478 und 479, S. 407). Die Gemälde gehören dem oberitalienischen Kunstkreis an und dürften um 1430—1440 entstanden

---

1) Näheres über dieses Motiv s. bei K. Künstle, Ikonographie der christl. Kunst I, Freiburg i. Br. 1928, S. 550 f. — Das Chorgebet sagt: „Beata ubera quae lactaverunt Christum Dominum."
2) Zu erkennen glaubt man: Völlerei, Trägheit und Unzucht. Über dieses Thema in der Kunst s. Künstle a. a. O., S. 185 f.

sein. An den Fresken von S. Sievi in Brigels und St. Agatha in Disentis gemessen, ist die Zeichnung leichter, die Formgebung zierlicher und mehr der Stilweise des Jahrhundertbeginnes nahe. Vgl. auch Bd. I, S. 110. Genaue Beschreibung bei I. Müller und N. Curti, a. a. O., S. 93 f.

Verschwundene Malereien. An der Südwand fand man 1934 Fragmente von Pferden und Reitern, vielleicht Reste eines Dreikönigsbildes. 1624 hatte ein Statthalter Christof von Disentis an die Wände des Chores Szenen aus dem Leben des Titelheiligen und auf das Gewölbe die Evangelisten und Kirchenväter gemalt. Sie wurden bei der Visitation von 1643 erwähnt, 1906 von der Tünche befreit, dann aber wieder überstrichen[1]. Über dem Chorbogen schimmern durch den Anstrich wenige Umrisse eines — anscheinend 1670 entstandenen — Bildes[2]: Erteilung der Benediktiner Regel durch den Ordensgründer. 1906 überstrichen.

Ausstattung. *Altar* von 1670 (vgl. Anm. 2). Einfacher Aufsatz aus Holz mit gewundenen Säulen. Hauptfigur modern; im Giebel St. Benedikt[3]. — An den Schrägwänden des Chores sind seit einigen Jahren zwei aus dem Medels hierher gelangte *spätgotische Figuren* aufgestellt; H. 63 und 64 cm, neu gefasst. 1. St. Sebastian, einen weitärmeligen Mantel über dem nackten Körper. — 2. St. Rochus mit dem Engel. Schwäbisch, um 1515 (Abb. 480, S. 409).

Glocken. 1. Dm. 44,5 cm, ohne Inschrift. Um 1522 (Chorneubau). — 2. Dm. 23,5 cm, ausser einem flachen Kreuz kein Schmuck. Gegossen 1665[4].

Die übrigen Kapellen der Pfarrei Somvix

Östlich von S. Benedetg am Rand des Val Luven, stand eine **St. Gregorius-Kapelle** — wahrscheinlich ein offenes Heiligenhäuslein —, von der nur noch ein Steinhaufen zu sehen ist. Müller-Curti a. a. O., S. 99. — Die **Kapelle von Clavadi** ist neu (1901). — Im Somvixertal: In Run, südlich von Tenigerbad, die 1897 von Grund auf neu gebaute **Kapelle St. Anton.** Beim Bad selbst:

St. Maria zum Schnee, erbaut 1674 (s. oben S. 391). Nach Südosten gerichtete, von einer Tonne überwölbte Kapelle mit eingezogenem, dreiseitig geschlossenem Chor. Er ist auffallend stark vom Schiff getrennt durch einen Bogen, der 1,20 m niederer ist als die Gewölbe (älterer Bestand?). Fenstergitter aus Vierkanteisen mit „durchgesteckten" Medaillons. Der Dachreiter steht auf einem einzigen Mittelpfosten und nicht wie sonst auf vier Stützen, und schwankt daher beim Läuten. (Abb. Chr. Caminada, Die Bündner Glocken, Zürich 1915, Titelbild.) Innere Maße: Chor L. 3,10 m, Br. 3 m. Schiff L. 4,65 m, Br. 3,65 m. — Das kunstlose *Altarbild* (Muttergottes und Katharina v. S.) zeigt im Hintergrund eine Ansicht des alten Bades mit der Kapelle, signiert: „1696 Gio. Jacobus Rieg pinxit". — Im Schiff ein grosser *Stich* des Gnadenbildes von Einsiedeln, gestochen von B. KILIAN, 1684.

Glocken. 1. Dm. 44 cm, Inschrift: O · MARIA · EOTES (statt Gottes) MUTER · REIN · HELF · UNS · ALEN EROS (statt gross) UND KLEIN · 1670 · Bilder: Maria und Kruzifix. — 2. Dm. 34 cm, Inschrift: AB OMNI MALO PER INTERCESSIONEM B. V. M. LIBERA NOS JESU CHRISTI AMEN M D CC XXVIII. Bilder wie Nr. 1.

---

1) Abbildung der in diese Bilder eingekratzten Hauszeichen s. Schweiz. Arch. f. Volkskunde 1908, S. 280 f.

2) „anno 1670 idem sacellum picturis exornavit, altare novum consecravit." Müller-Curti, S. 98.

3) 1643 war der gotische Altar noch erhalten. Im Schrein stand Maria zwischen St. Konrad und Sigisbert, die Flügel bemalt mit St. Katharina und Martin (BMBl. 1915, S. 427). Zwei der Figuren waren noch in neuerer Zeit vorhanden und gelangten dann in den Kunsthandel.

4) In der „Synopsis" steht beim Jahr 1665: „ecclesiam S. Benedicti... fusa quoque nova campana ad usum eiusdem ecclesiae" (Müller-Curti, S. 98, Anm. 2).

Abb. 478 und 479. Somvix. — Kapelle St. Benedikt.
Wandbilder an der inneren Westwand: Weltgericht, Hölle und Himmel; um 1430—1440. — Text S. 405.

Die Katholische Pfarrkirche St. Mariae Geburt der Pfarrei Rabius

Geschichte und Baugeschichte. Von einer Kapelle zu Rabius — mit dem Titel St. Maria — erfahren wir erstmals bei der Visitation von 1643 (BA.). Ein umfassender Neubau war offenbar 1669 vollendet[1], wurde aber erst am 22. Juni 1683 z. E. der Jungfrau Maria mit drei Altären geweiht (Pf. A. Somvix, Nr. 17). Beim Dorfbrand vom 5. März 1886 beschädigt. Gelegentlich der Wiederherstellung Errichtung eines Turmes als Ersatz für den ehemaligen Dachreiter. 1928 Neubau und Vergrösserung der ganzen Kirche unter Verwendung von Teilen der westlichen Langseite. Architekt: AD. GAUDY, Rorschach. Grundriss und Längsschnitt der früheren Kirche s. Gaudy, S. 40.

---

1) Dieses Datum ist auf einem Stein an der neuen Front angegeben.

Von der alten **Ausstattung** wurden in die neue Kirche die Altäre und die Kanzel übernommen. Der *Hochaltar* ist ein Aufbau aus Säulen mit Gehängen, flankiert von kleinen Seitenteilen mit den Figuren von St. Luzius und Placidus; vor den Pilastern des Giebels St. Jakob d. Ä. und Joseph. Die Ornamentik besteht aus prallem Blattwerk und Elementen des Knorpelstils. Das Altarblatt ist in Anlehnung an die Immakulata von Acletta bei Disentis komponiert, bewegt sich jedoch im Gegensatz zur Farbenkraft des Originals in trüben braunen und grauen Tönen. Kompositorisch unterscheidet es sich dadurch, dass Maria hier das Kind auf dem Arm trägt, was dem Typus des Immakulata-Bildes nicht entspricht. Signiert: „B. Fridolinus Eggert conversus Dissertinensis pinxit 1687"[1]. Von gleicher Hand das Giebelbild: Ruhe auf der Flucht. — Die *Seitenaltäre* sind Pendants und im Aufbau zum Hochaltar abgestimmt; im originalen Teil weisen auch sie Knorpelwerk auf, während der die Nischen mit den (neuen) Figuren umrahmende Akanthus eine spätere Zutat ist. Die Giebelbilder stammen vermutlich auch von Fr. Eggert, das westliche (Evangelienseite, da die Kirche nach Norden gerichtet ist) stellt Jakobus d. Ä. dar, das östliche St. Rochus; beide mit Wappen (Hausmarke) und Inschrift des Stifters: „Jakobus Tgeighiel" (Tgetgel); datiert 1687. Abb. des Wappens bei Casura, Tafel 37. — Die *Kanzel* ist gebaucht und mit Rocaille geschmückt. In den Füllungen Figuren in Hochrelief (Apostel und Heilige); um 1760—1770. Alle diese Ausstattungsstücke 1928 neu gefasst.

Glocken. Dreiteiliges Geläute von GEBR. GRASSMAYR in Feldkirch 1886[2].

Die Kapellen der Pfarrei Rabius

1. **St. Michael in Campieschas,** nördlich oberhalb Rabius, laut Datum an der Fassade erbaut 1669. Nach Süden gerichtete, dreiseitig geschlossene, jedoch einräumige Kapelle mit Tonnengewölbe. Die Längswände sind aussen mit einer stichbogigen Blendnische gegliedert. Offener Dachreiter mit achteckigem Spitzhelm. Innere Maße: L. 4,65 m, Br. 3,30 m. — Ausstattung belanglos.
   Glocken: 1. Dm. 41,5 cm, Inschrift: ZUO EHREN S. MICAEL HAT MICH PLAZE HITZ UND GION RUENS GIESSEN LASSEN. – AUS DEM FEIR ICH FLOSS ANDREAS APORTE VON VELDKIRCH MICH GOSS 1696. Bilder: Muttergottes und St. Michael. — 2. Dm. 36,7 cm, Bilder von St. Michael und St. Fidelis mit Unterschriften: S. MICHAEL – S. ANGELUS CUSTOS – FIDELIS · M · CAPPUC –.

2. **St. Nikolaus in Runs** an der Kantonsstrasse westlich Rabius. Erbaut vermutlich Ende des 17. Jahrhunderts und 1930 nach einer Brandbeschädigung durchgreifend renoviert. Kleine, nach Süden gerichtete, gewölbte Kapelle mit eingezogenem, dreiseitig geschlossenem Chor; Dachreiter. Innere Maße: Chor L. 2,25 m, Br. 2,30 m. Schiff L. 3,5 m, Br. 3,30 m. Auf dem Altar eine neu gefasste *spätgotische Holzfigur* des hl. Nikolaus, anfangs des 16. Jahrhunderts.

Die Katholische Pfarrkirche St. Placidus der Pfarrei Surrein

Geschichte und Baugeschichte. Wie aus der Datierung eines S. 410 notierten Bildes zu schliessen ist, muss 1595 schon eine Kapelle in Surrein bestanden haben. Am 31. August 1643 erfolgte eine Neuweihe z. E. von St. Placidus und Sebastian mit

---

[1] Die letzte Zahl ist undeutlich; ich möchte im Gegensatz zum Schweiz. Künstler-Lex. I, S. 412, nicht 1682, sondern 1687 lesen, was auch mit der Datierung auf den Seitenaltären übereinstimmt.

[2] Die grössere der früheren Glocken trug nach Nüscheler Mskr. die Inschrift: „Ad honorem Dei et Beate Virginis Mariae et omnium sanctorum 1687". Die Inschrift der andern fehlt im Manuskript.

einem Altar (Pf.A.)[1]. Die heutige Kirche geht jedoch auf
einen am 10. Juli 1695 mit drei
Altären konsekrierten Neubau
zurück[2]. Als Patrozinium
erscheint im Weihebrief nun
St. Placidus allein (Pf.A.). Renovation 1918—1919.

Literatur: Pl. S. Depla-
zes, La pleiv de Surrein in Igl
Ischi, Jahrg. 1940 (Monogra-
phie über Pfarrei und Kirche
Surrein).

**Baubeschreibung. In-
neres.** Einheitlich barocke,
nach Süden gerichtete Kirche
mit eingezogenem, dreiseitig
geschlossenem Chor und Tonnengewölben, im Chor durch
Halbkuppel dem Polygon angepasst. Über ionisierenden
Pilastern läuft ein Gebälk
ringsum. Stichbogenfenster.
Im Westen eine doppelte Empore. Maße: Chor L. 5,90 m,
Br. 4,80 m, Schiff L. 10,70 m,
Br. 7,40 m.

Äusseres. Die Wände
durch Lisenen gegliedert, die
an der Fassade von Gesimsen
überschnitten werden; in den
Feldern Halbrundnischen. Ein-

Abb. 480. Somvix. — Kapelle St. Benedikt.
Holzfiguren von St. Sebastian und Rochus, um 1515.
Text S. 406.

heitliches Satteldach. An der Ostseite des Chores die nachträglich angefügte Sakristei.

Wandmalerei. In den Schilden des Chores Szenen aus der Legende des St. Placidus; signiert: „Gio. Giacobus Rieg 1697". Die Malereien im Schiff von 1908.
Die alten waren gleichfalls von Rieg signiert und 1696 datiert.

Der **Turm** steht an der Westseite des Chores und ist von einem achteckigen
Spitzhelm über Wimpergen bekrönt.

Ausstattung. Der *Hochaltar* aus Holz ist ein viersäuliger Aufbau mit geschweiftem Giebel und Rokokodekor, flankiert von Figuren des St. Laurentius und
Sigisbert. Hauptfigur und Giebelbild neu. — Die *Seitenaltäre* stimmen in der Or-
ganisation überein: Zu seiten der Mittelnischen gewundene Säulen, darüber ein
Giebelstück, das im Kleinen das Untergeschoss variiert. In der Apsidiole des Altars
an der Evangelienseite steht eine spätgotische *Muttergottesstatue*, neu gefasst und
ergänzt; der Kopf Mariae und ihre rechte Hand sind neu. Das Giebelbild: Muttergottes und St. Placidus stark übermalt. — Das *Altarbild* auf der Epistelseite ist neu,
der Figurenschmuck derb und ländlich. Alle drei Altäre sind wohl um 1700 ent-

---

1) Gelegentlich der bischöflichen Visitation. Notiz im Prot.: „Eodem die (31. Aug. 1643) consecr.
sacellum in Surein parochie Somvici".

2) Auch diese Weihe fand gelegentlich einer Visitationsreise statt; die Nachbarn von Surrein be-
klagten sich damals beim Bischof, dass man „die Kirche allda vergrössert und erbauwet ohn ihr be-
grüssung", weshalb sie eine Beisteuer verweigerten. (Visit. Prot. BA.).

standen, wurden jedoch um 1780 unter Anbringung neuer Zierelemente überarbeitet. — Gebauchte *Kanzel* mit Rocailleschmuck und einem Relief der unterweisenden St. Anna. — *Chorstühle* mit Freisäulen, um 1690, mit nachträglich aufgesetztem Rocaille. — Die Wangen der *Schiffsbänke* geschnitzt; um 1790. — Im Schiff ein *Ölbild* auf Leinwand: St. Placidus und Sebastian darstellend, signiert: A Dⁿˡ M D L XXXXV · A P (als Monogramm verbunden).

Glocken. 1. Dm. 96 cm, Inschrift: B. V. M. ET SS. PLACIDE, SIGISBERTE ET FRANCISCE ORATE PRO NOBIS. — JESU CHRISTE A FULGURE ET TEMPESTATE A PESTE FAME ET BELLO LIBERA NOS. — JAKOB GRASMAYR VON FELDKIRCH GOSS MICH ANNO 1798. Bilder: St. Placidus und Sigisbert, Muttergottes und andere Heilige ohne Attribute. — 2. Dm. 72 cm, gegossen 1855 von JOS. GRASMAYR in Feldkirch. — 3. Dm. 58 cm, Giesserplakette mit Inschrift: THEODOSIUS ERNST UND PETER ERNST IN LINDAW GOSS MICH ANNO M D C LVII. Bilder: Muttergottes, Kreuzigung.

Grabtafel. An der Front links des Einganges ein *Epitaph.* Im Giebel das Wappen Contrin (Casura, Taf. 16); als Stützen liegende Löwen[1]. Inschrift für den Bannerherrn Anton Contrin, vermählt mit Maria Barbla von Sax, † 26. Mai 1798. Der Text schreibt ihm das Verdienst daran zu, dass am 19. März 1786 (nach der Urkunde am 18. März, s. S. 391) die Pfarrei Surrein konstituiert wurde.

Im Klostermuseum zu Disentis: Ein blutüberströmter *Kruzifixus.* Höhe des Korpus 116 cm; um 1700.

Die Kapellen der Pfarrei Surrein

St. Nikolaus in Reits, im westlichen Teil von Surrein. Anspruchslose, am 10. Juli 1716 konsekrierte (Pf.A.) Kapelle mit dreiseitig geschlossenem, jedoch nicht eingezogenem, nach Osten gerichtetem Chor. Schiff mit Holztonne, Chor gewölbt; Dachreiter. Gesamtlänge 9,30 m, Br. 4 m. Altarblatt: St. Nikolaus und Carlo Borromeo. — Glocken: 1. Gegossen von GEBR. THEUS in Felsberg 1885. — 2. Dm. 35 cm, Inschrift: AVE MARIA GRACIA PLENA DOMINUS TECUM ANNO 1759. A · B · ZUG (ANTON BRANDENBERG).

St. Paul in Val. Die Kapelle wurde mit einem Altar am 30. August 1643 zu Ehren der hl. Margaretha geweiht (Pf.A. und Visit.-Prot. BA.)[2]. Der heutige Titel kam wohl erst im 19. Jahrhundert auf. Eine Renovation oder ein Umbau 1695, weitere Renovationen 1889 und 1937. Einräumige, nach Osten gerichtete Kapelle mit flacher Leistendecke neueren Datums und halbrund geschlossenen Fenstern und Türe. Aufgemalte Daten: innen 1695, aussen 1889. Offener Dachreiter mit achteckigem Spitzhelm. Innere Maße: L. 6,15 m, Br. 4,10 m. An der Fassade Spuren einer barocken *Bemalung* (Rosenkranzmedaillons). — Auf dem Altar zwischen Architekturfragmenten eines jüngeren Aufsatzes drei bäuerlich primitive *Skulpturen:* in der Mitte die Muttergottes und an ihrer Rechten St. Margaretha mit dem gefesselten Drachen. Diese beiden Figuren gehörten offenbar zu einem Altärchen aus der Erbauungszeit der Kapelle (1643). An der Linken Mariae eine kleinere, daher wohl von einem andern Altar stammende Statuette von St. Jakob d. Ä.

Glocken. 1. Dm. 50 cm, Inschrift: MEIN STIM WERDT IR HÖREN ZU DEM GEBET WERDT IR EUCH KEHREN. 1673. Bilder: Maria, Kreuzigung. — 2. Dm. 35 cm, Inschrift: AVE MARIA GRATIA PLENA DOMINUS TECUM. ANNO DOMINI 1715. Bild: Maria.

---

[1] Dieselben Löwen unter einer gleichzeitigen, wohl von gleicher Hand gehauenen Grabtafel im Kloster Disentis.

[2] Es wurde noch ein Nebentitel geführt, doch weist das Visit. Prot. hier eine Lücke auf: „sacellum cum altare in Valle Parochiae Somvici in hon. S. Margaritae V. et ......" P. Marus Wenzin „Descriptio

Ruinen und Burgstellen in der Gemeinde Somvix

Auf der linken Talseite: **Chischliun** oberhalb Somvix, am Weg nach St. Benedetg. Nach R. v. Planta ist die Namensform sehr altertümlich, man kann daher an eine vorfeudale Wehranlage, also eine Dorfburg, denken; ob sie sich später zur Privatburg entwickelte, könnten nur Grabungen entscheiden. Von einer „Burg" Castliun im Besitz der Herren von Pultingen (Pontaningen) sprechen nur die späteren Chronisten, während in der einschlägigen Belehnungsurkunde vom 20. Dezember 1252 anscheinend nur von Gütern bei Somvix die Rede war[1]. Auf dem beherrschenden und offenbar künstlich planierten Burghügel sind Spuren von Wall und Graben sowie einer Teilungsmauer zu sehen.

Hohenbalken (romanisch „Travaulta") am Ostrand des Russeinertobels, unterhalb der alten Brücke. Über die sehr fragwürdige Benennung s. BURGENBUCH, S. 244. Auffallend ist die Situation der Burg, denn wenn sie zur Sicherung des inneren Abteigebietes gedient hätte, stünde sie richtiger am Westrand des Tobels. Vielleicht ist eher an eine Befestigung der alten rätischen Grenze zu denken (vgl. S. 391). Vorhanden sind noch Reste eines Beringes von 22×28 m Ausdehnung, aber keine Spuren innerer Bauwerke. Dieser Tatbestand würde zu einer Wehranlage der angedeuteten Art passen.

Der **Turm beim Hof Tuor,** westlich der Burg Chischliun und ungefähr auf gleicher Höhe mit ihr, wohl ursprünglich Meierturm von Disentis. Ruine eines ziemlich kleinen (5,60×8 m), aber dickwandigen Turmes mit Eckbossen, heute noch etwa 4 m hoch, vielleicht Unterbau eines Blockgadens.

Turratscha. Schutthügel am Südrand von Compadials, wohl ein Turmrest.

Auf der rechten Talseite: **„Tuor Soǵn Placi"** beim Hof Bubretsch; über die Benennung s. BURGENBUCH, S. 243. Vorhanden sind noch die Fundamente eines Turmes von 9,30× 10,80 m Grundfläche. Vermutlich Meierturm von Disentis.

Muotta surfesti. Reste von Trockenmauern auf einer Erhebung bei Val. Es dürfte sich um eine Sperre des Greinaweges handeln, auf die auch der Name des nahegelegenen Hofes Portas hindeutet. Näheres über sämtliche genannten Wehranlagen s. BURGENBUCH, S. 243 f.

TRUNS – TRUN

Urgeschichte. Auf dem Territorium der Gemeinde Truns wurden zwei wichtige prähistorische Entdeckungen aus der Eisenzeit (La Tène) gemacht: die Siedelung auf Grepault (auch Grepaul) und die Nekropole bei Darvella.

I. Auf Grepault, einem Felsrücken am rechten Rheinufer, 1 km unterhalb von Truns, wurde von W. Burkart in verschiedenen Etappen von 1932—1934 eine *Siedelung der La-Tène-Periode* erforscht, deren Bewohner nach ihrer Keramik illyrischer Abstammung waren. Ihre Zuwanderung erfolgte nicht später als um 400 und zwar, wie Beziehungen zu der auf Luzisteig und Montlingerberg gefundenen Töpferware nahelegen, vermutlich nicht auf der Route Vintschgau-Engadin, sondern über den Arlberg und durch das Rheintal. Die Ausgrabungen wiesen neun Feuerstellen

brevis", ed. in Monatsrosen, Jahrg. 26, spricht von einer Kapelle St. Adalgott bei Portas in nächster Nähe von Val. Es war eine kleine Privatkapelle. Näheres s. Deplazes a. a. O., S. 38.

1) Vgl. Urkundenauszug, CD. I, S. 341, nach einem Exzerpt im Einsiedler Archiv. Die Erwähnungen der späteren Chronisten und Annalisten notiert I. Müller in Ztschr. f. Schweizer Kirchengesch. 1935, S. 15, Anm. 3.

und die Grundrisse mehrerer Blockhütten, Wohn- und Arbeitsstätten sowie Klein-
ställen nach und erbrachten ein reiches Inventar sicher datierbarer, mit Fingertupfen,
Kerben und Leisten verzierter Scherben von handgeformter Ware, daneben auch
Fragmente von Schmelztiegeln für Kupfer und Eisenguss sowie gedrehter Lavez-
gefässe. An Bronzen kamen zutage: Bruchstücke einer Serpeggiantifibel (italienischer Form) und einer Armbrustfibel sowie eine sogenannte Bartzange mit Öse,
an Eisenartefakten ein Rasiermesser und ein anderes Messer spätbronzezeitlicher
Form; unter den übrigen Kleinfunden ist ein würfelförmiger Stein mit vier Schalen
(Kultstein?) zu erwähnen.

II. Bei dem Weiler Darvella wurde in den Jahren 1911, 1914 und 1922 eine
eisenzeitliche Nekropole aufgedeckt, die in die gleiche Epoche (La Tène) gehört wie die
Siedelung auf Grepault, doch kann nicht mit Sicherheit entschieden werden, ob es
sich hier um die Begräbnisstätte der Grepault-Leute oder einer anderen nahe gelegenen, aber noch unbekannten Niederlassung handelt. Erforscht wurden insgesamt
15 mit grösseren Steinen gewölbeartig bedeckte Gräber, deren Wandungen und
Böden mit Kleinplatten belegt waren. Die ganze Anlage umgab eine Umfriedung.
Bemerkenswert ist, dass bei den Gräbern Feuerstellen mit auffallenden Steinsetzungen
gefunden wurden, die auf Opferriten deuten. An Beigaben wurden u. a. enthoben:
Ein Schwert mit Resten der Scheide und eine Lanzenspitze, beide aus Eisen, Bronze-
fibeln verschiedener Typen, darunter solche mit Emailverzierung; eine Doppel-
pauken- und eine Menschenkopffibel (wie in Luvis), ferner Eisenfibeln, zwei sogenannte Torques aus Bronze (schwere, übereinandergreifende Ringe von 13 cm Dm.),
Armbänder, Ketten aus Bronze und Eisen, Fingerringe aus Silber und Bronze und
eine Bernsteinkette. Sämtliche Funde deuten auf die La-Tène-Epoche I und II.
Aufbewahrt ist das Inventar im Rätischen Museum zu Chur.

Frühmittelalter. Bei den Ausgrabungen auf Grepault kam auch eine *Wehrmauer* mit Mörtelverband zutage, die den Süd- und Westrand des Plateaus (die
Hauptangriffseite) schützte. Sie bestand aus zwei aneinandergefügten, vielleicht
zu verschiedenen Zeiten entstandenen Mauerzügen von 75 und 140 cm Stärke, die
sich an der Westseite trennten, um hier eine Art Zwinger zu bilden. Im östlichen
Teil des Areals wurden die Fundamente einer kleinen geosteten *Kapelle* mit rechteckigem Schiff und halbrunder Apsis aufgedeckt. Annähernde Innenmaße: L. 4 m,
Br. 3,50 m. Tiefe der Apsis ca. 2,30 m. Dicht dabei wurde ein primitives, nur einseitig behauenes, gleicharmiges *Steinkreuz* von 15,5 cm Höhe gefunden, das den
Giebel der Kapelle geziert haben könnte. Über einen Anbau s. Bd. VII, S. 448. —
In einem Hühnerhof in Ringgenberg befindet sich ein rohes *Becken*, das von Grepault stammen soll (Dm. 84 cm, H. 15 cm) und als Weihwasserbecken zu betrachten
sein dürfte. Wehrmauer und Kapelle charakterisieren die Anlage als eine Kirchenburg (vgl. Bd. I, S. 60), deren Entstehung ins frühe Mittelalter zurückreichen wird.
Eine nähere Datierung ist mangels formierter Teile nicht möglich.

Literatur: Über Grepault zusammenfassend in JB SGU. 1937, S. 115—129,
gleichlautend BMBl. 1939, S. 65—86; kurzes Exzerpt auch in JB HAGGr. 1939,
S. 152f. — Einzelberichte JB SGU. 1931, S. 44, 1932, S. 40, 1933, S. 79f. und 130,
1934, S. 31. — Über Darvella zusammenfassend: F. JECKLIN und C. COAZ in ASA.
1916, S. 89—101, und 1923, S.67—77. — Einzelberichte in JB SGU. 1914, S. 74,
1915, S. 49, 1916, S. 77, 1943, S. 94.

Geschichte. Urkundlich wird Truns erstmals als ,,Taurentum" im Tello-
Testament von 765 erwähnt, doch schenkten die Victoriden dem Kloster Disentis
dort keinen Hof, sondern nur Kolonen, die zum Gut von Schlans gehörten (CD. I,
S. 15). Woher der später nachweisbare, nicht unbeträchtliche Disentiser Grundbesitz
in Truns dem Kloster zukam, ist nicht mehr zu ersehen. Im Hochmittelalter stand

Abb. 481. Truns. — Ansicht von Süden.
Rechts die Pfarrkirche St. Martin, in der Mitte das Casanova-Haus, links der „Hof".

Truns unter der Territorialhoheit der Abtei Disentis, in deren Gerichtseinteilung es mit der heutigen Gemeinde Somvix zusammen den „vierten Hof" bildete (Sprecher, Chron., S. 253).

Historische Bedeutung erhielt Truns durch die am 16. März 1424 unter dem Ahorn bei der St. Anna-Kapelle beschworene Gründung des Oberen oder Grauen Bundes, die ursprünglich alle zehn Jahre, später seltener und zuletzt 1778 an gleicher Stelle erneuert wurde. Durch den 13. Artikel des Bundesbriefes wurde Truns zum Tagungsort der Bundesversammlung bestimmt, die alljährlich am St. Jörgentag im dortigen Hof stattfand, zum letzten Male 1814.

Die heutige politische Gemeinde Truns umfasst ausser dem Hauptdorf noch die Weiler Campliun, Darvella und Ringgenberg (romanisch Zignau) sowie einige Höfe, wie Acladira, Cartatscha, Tireun u. a. Bergbau wurde auf Trunser Gebiet betrieben im Val Punteglias, wo Eisen- und Kupfererz gefördert wurde, was schon der Name des das Tal durchfliessenden Ferrera-Baches (Ferraria = Eisenbergwerk) andeutet, und auf Nadels, wo man silberhaltiges Blei abbaute.

Kirchlich bildete das Gemeindegebiet wohl schon seit frühester Zeit eine eigene Pfarrei; der im Tello-Testament (765) genannte Presbyter Sylvanus dürfte hierher zu beziehen sein (CD. I, S. 16). Darnach hören wir erst 1251 wieder von einem Plebanus (Wartmann, S. 2). Die Kollatur gehörte — unbekannt seit welcher Zeit — dem Stift Disentis.

Literatur: Eine monographische Darstellung der Gemeindegeschichte gibt P. A. VINCENZ, Historia della vischnaunca de Trun in Annales della Societad reto-romontscha Annada LIIII (1940), im folgenden zitiert nach Separatdruck.

Die Katholische Pfarrkirche St. Martin

Geschichte und Baugeschichte. Erste — nur mittelbare — urkundliche Nachricht von einem Gotteshaus in Truns erhalten wir schon 765 (s. oben). Am 13.Oktober 1272 fand eine Neuweihe der — dabei mit ihrem Patrozinium St. Martin bezeichneten — Kirche statt (GA., Nr. 1, ed. BMBl. 1933, S. 331). Daraus, dass

N

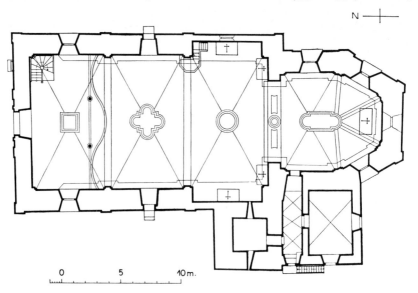

Abb. 482. Truns. — Die Katholische Pfarrkirche St. Martin.
Grundriss. — Maßstab 1:300.

sie zunächst nur einen Altar enthielt, darf man wohl schliessen, dass sie kurz zuvor von Grund auf neu gebaut und noch nicht völlig ausgestattet war. Aus diesem Neubau stammt offenbar der (romanische) Hauptteil des bestehenden Turmes, wenn er auch stilistisch schon im 12. Jahrhundert möglich wäre. Jene 1272 errichtete Kirche scheint es auch noch zu sein, die im Visitationsprotokoll vom 31. August 1643 beschrieben wird. Sie stand nach Osten gerichtet, also im rechten Winkel zur heutigen Kirche und zwar so, dass der Chor an der Südseite des Turmes lag, dort, wo sich jetzt die Sakristei befindet, und das Schiff im Westteil des heutigen Friedhofes[1]. Die Kirche war, wie 1643 bemerkt wird, viel zu klein. Schiff und Chor trugen flache Holzdecken, weshalb es näher liegt, eine rechteckige bzw. quadratische und nicht eine halbrund apsidiale Chorform anzunehmen. Doch spricht auch dies keineswegs gegen eine Datierung der Anlage auf 1275. Flach schliessende Chöre sind ja auch in romanischer Zeit nicht selten. Der Indulgenzbrief vom 4. Mai 1345 dürfte also nicht

1) Nach dem Visit.-Prot. lag die Turmtüre an der Evangelienseite des Chores. Westlich des Beinhauses soll man schon auf alte Mauern gestossen sein (also des Schiffes). BMBl. 1915, S. 12.

Abb. 483. Truns. — Die Katholische Pfarrkirche St. Martin.
Innenansicht gegen den Chor.

mit einem Neubau zusammenhängen, sondern für anderweitige Unterstützung der Kirche bestimmt gewesen sein. Am 1. August 1423 fand die Weihe eines Marienaltars statt (GA., Nr. 1, ed. im BMBl. a. a. O.). Weitere Ablässe, die ebenfalls mit bestimmten Baumaßnahmen nicht sicher zusammenzubringen sind (Turmerhöhung? s. unten), wurden am 20. August 1459 und am 6. Februar 1460 erteilt (Pf.A.). Die nachträglich durch zwei Emporen (an der Nord- und Westseite) notdürftig dem grösseren Raumanspruch angepasste Kirche wurde vor 1660 völlig niedergelegt. Weihe des Neubaues z. E. von St. Martin mit fünf Altären am 3. September 1662 (GA., Nr. 23). Gleichzeitig Erhöhung des Turmes. Renovation der Kirche 1887 und 1907, des Turmes 1935.

Literatur: NÜSCHELER S. 74. — RAHN in ASA. 1876, S. 718. — Edition des Visitationsprotokolles von 1643 in BMBl. 1915, S. 10 f.

Baubeschreibung. Inneres. Die einheitlich barocke, nach Süden gerichtete Anlage besteht aus einem dreijochigen Schiff und dem eingezogenen, dreiseitig geschlossenen Chor, beide überdeckt mit queroblongen Kreuzgewölben, im Schiff durch Gurten abgeteilt, im Chor durch Halbkuppel mit Stichkappen dem Polygon angepasst. Ausgebildete, nach aussen vortretende Seitenkapellen sind nicht vorhanden, doch wurden die Wände des südlichsten Joches (beim Chor) eingetieft, so dass eine kapellenartige Wirkung zustande kam. Diese Nischen liegen unterhalb des Hauptgesimses, das über gestuften Vorlagen und flachen Blendbogen in der ganzen Kirche ringsumläuft. Die Belichtung erfolgt unter dem Gesims durch hohe Stichbogenfenster, oben durch Oculi. Der Raum wirkt stattlich, doch etwas gedrungen. An der Nordseite eine geschweifte *Holzempore*, zu der ehemals (bis 1910) gewundene Treppen führten. — Das Äussere ist, wie die Innenwände, mit Pilastern und Blendbogen gegliedert. An der Fassade ausserdem noch Bildnischen mit belanglosen Malereien. Im Giebel steht das Datum 1660. Einheitliches Satteldach. Portal mit aufgelöster Verdachung.

Der **Turm** steht an der Westseite des Schiffes dicht am Choreinzug. Der romanische Teil reicht bis in die halbe Höhe des Schiffdaches und besteht aus sorgfältig zugehauenen Quadern. Die Wände sind durch Eckstreifen und vierteilige Kleinbogenfriese in zwei Kompartimente gegliedert, deren unteres durch einen Mittelstab geteilt ist. Die Bogen ruhen auf kleinen Konsolen, von denen eine als Köpfchen ausgebildet ist; die Gliederung fehlt an der Südseite, weil hier das alte Schiff anschloss. In diesem romanischen Teil des Turmes öffnen sich nur kleine, rundbogig geschlossene Fenster. Das Obergeschoss mit den Wimpergen und dem Spitzhelm wurde offenbar in gotischer Zeit aufgesetzt, vielleicht 1459—1460 (s. oben), jedenfalls aber nicht erst gelegentlich des Umbaues der Kirche um 1660[1]. In diesem Geschoss gekuppelte rundbogige Schallfenster mit Teilsäulen über zugeschrägten Sockeln; aufgemaltes Renovationsdatum ,,R 1887''. Das Zifferblatt 1938 neu gemalt. — In der Ecke zwischen Turm und Chor steht die Sakristei, die in ihrem Erdgeschoss ein gewölbtes Beinhaus birgt; hier der alte *Korntrog*, dat. 1703 (Chr. Caminada, Bündner Friedhöfe, S. 114).

Stukkatur und Wandmalerei. Die dekorativen Elemente sind hier nicht — wie bei den meisten unserer barocken Anlagen — auf den Chor konzentriert, sondern auf das davorliegende Joch, wo die vier Altäre mit dem Gewölbe- und Wandschmuck der Nischen zu einem geschlossenen Schmuckensemble zusammengefasst sind. An den Stirnseiten der ,,Kapellen'' Akanthuslaub und Engel, die Kartuschen

---

1) 1643 existierte der Spitzhelm und das Uhrengeschoss schon, er trug jedoch über dem Kreuz noch einen Hahn: ,,ascendit in summitate in acumen cum cruce et gallo. Campanea quinque et horologium'' (BMBl. a. a. O.).

Abb. 484. Truns. — Katholische Pfarrkirche.
Evangelisten-Figürchen am Tabernakel des Hochaltars, um 1660. — Text S. 418.

halten. Von den Wänden der Nischen selbst steigen gekröpfte und gerollte Rahmen
in die Gewölbe auf; dazwischen schweben Engelputten, alles in hochplastischem
Stuck italienischen Gepräges modelliert. Die Wandmalereien, von handwerks-
mässigem Charakter, sind stark aufgefrischt (1907), zum Teil ergänzt: Am Gewölbe der
östlichen Nische Szenen aus dem Leben Christi; zu seiten des Altares: St. Ignatius
und Franz Xaverius; in der westlichen Nische Bilder aus dem Marienleben.

Die **Altäre.** Der *Hochaltar* aus Holz (Abb. Bd. I, S. 213) ist ein prunkvolles,
figurenreiches Werk, das unter Verwendung von Teilen eines Aufsatzes aus der Zeit
um 1660 im Jahre 1766 umgebaut und dem Rokokogeschmack angepasst wurde. Zu
letzterem Datum s. Vincenz a. a. O., S. 29 Das Hauptgeschoss besteht aus drei Glie-
dern, dem von zwei Paar Säulen flankierten Altarblatt und zwei ebenfalls von Säulen
begrenzten Seitenteilen mit Reliquiennischen. Die innersten dieser Säulen und das
Mittelgebälk mit Verdachung gehören noch zum ersten Bestand, während die Flanken-
stücke mit dem stark bewegten Gesims jüngere Zutat sind. Auch die Architektur
des Giebels, der ursprünglich wohl ein Bild umschloss, stammt von dem früheren
Altar, ebenso die Mehrzahl der Figuren. Im Giebeldurchbruch steht eine plastische
Gruppe der Marienkrönung, seitlich, vor den Pilastern sieht man St. Katharina und

Ursula, auf dem Gebälk als Pendants St. Johann von Nepomuk und Joachim, St. Martin und Mauritius (als Reiter). In die Gesamtkomposition sind auch die jenseits der Fenster stehenden, annähernd lebensgrossen Figuren von St. Johannes und Jakobus d. Ä. einbezogen. Das architektonische Gerüst ist übersponnen von reichem Zierat aus Ranken, Blumen und Rocaille. Am Giebel Elemente des Knorpelstils. Das Altarblatt ist aus einem fein abgestimmten Sfumato grisaillehafter Töne mit zarten farbigen Akzenten von Olivgrün und Rosa aufgebaut und stammt ganz offenbar von gleicher Hand wie das Hochaltarbild von Danis. Im Vordergrund knien St. Sigisbert und Placidus, der sein abgeschlagenes Haupt in der Hand hält, in der ersten Anlage jedoch — wie durch die Übermalung hindurch sichtbar ist — auch noch den Kopf auf den Schultern trug. Dahinter stehen St. Luzius, Florinus und Martin; um 1660. — Gleichzeitiger *Tabernakel* in Form eines zweigeschossigen Tempels mit Unterbau, von gewundenen Säulen umgeben und mit Figürchen besetzt. Seitlich des Türchens am Unterbau die Evangelisten (Abb. 484, S. 417).

Abb. 485. Truns. — Katholische Pfarrkirche.
Holzstatuette der Mutter Gottes um 1750.
Text S. 420.

Abb. 486. Truns. — Katholische Pfarrkirche.
Bild des Seitenaltars östlich vom Choreingang, 1660. — Text unten.

Die vier Seitenaltäre bestehen aus Stuck, jeweils paarweise als Pendants komponiert, und stammen aus der Zeit des Neubaues um 1660. Die *Seitenaltäre beim Choreingang* sind aus marmorierten Halbsäulen und Segmentverdachungen mit Giebelstücken
aufgebaut. Das Altarblatt der Evangelienseite (hier Osten) steht an künstlerischer
Qualität erheblich über dem Durchschnitt unserer Altarbilder und gehört offenbar
dem venezianischen Kunstkreis an. Die Köpfe der Figuren bilden eine steil auf-
steigende Diagonale, die sich mit der Vertikale des Baumes in der Mitte schneidet;
kultivierte Abtönung von Blaugrau nach Rotlila; Maria — im Gewand einer vor-
nehmen Dame — hält den Jesusknaben auf dem Schoss, zu dem der kleine Johannes
hinauflangt. Rechts Johannes der Evangelist. Im Hintergrund Ausblick in eine
italienische Landschaft mit Burg, Stadt und Kirche. Rechts unten Wappen und
Inschrift des Stifters: JOANNES A TURRE VICARIUS FORANEUS CANONICUS CURIENSIS

PAROCHUS THRONI ANNO DŌNI M D C L X[1] (Abb. 486, S. 419). — Das Altarblatt der
Epistelseite stellt in wesentlich geringerer Malerei St. Barbara und Katharina dar.
Wappen und Inschrift der Stifterin: D^A BARBARA DE SACCIS 1661.

Die beiden *Nischen-Altäre* mit marmorierten Freisäulen und Segmentverdachungen wurden, wie schon erwähnt, kompositorisch in die Stuckdekoration der Wände
einbezogen. Altarblatt der Evangelienseite: Verherrlichung des Namens Jesu durch
eine Schar von Heiligen, unter denen man auch S. Carlo Borromeo erkennt. Tüchtige Malerei. Auf der Epistelseite: Rosenkranzmadonna mit St. Dominikus und
Katharina v. S., umgeben von Medaillons der Mysterien. Signiert: „Frater Fridolinus
Eggert, professus Disertinensis 1691". Nachtrag S. 466.

Die übrige Ausstattung. Der *Taufstein* in ungefüger Becherform (14. Jahrhundert?). — Die *Kanzel* polygonal, mit Intarsien und Applikationsornamenten
geziert; an der Rückwand datiert 1662. Kassettierter Schalldeckel. — Das *Chorgestühl* aus Nussbaumholz ist gegliedert durch Halbsäulen, an der Brüstung mit
Akanthus belegt. Die Füllungen sind mit eingelegten Rollwerk- und Doppeladler-
motiven geziert; am Fries Beschlägornamente. Sorgfältige Arbeit und gute Proportionen; um 1660, mit Ausnahme des oberen um 1750 angebrachten Abschlusses
aus durchbrochenem Gitterwerk und Rocaille (Abb. 494, S. 424). — Im Chor ein grosses klassizistisches *Ölbild* französischer Herkunft: Christus mit Maria und Martha[2]. —
Am Chorbogen ein *Kruzifixus* von derber Modellierung; Mitte des 16. Jahrhunderts. —

Abb. 487. Truns. — Katholische Pfarrkirche.
Barockkelch, um 1670. — Text nebenstehend.

In der Sakristei eine kleine graziöse *Ma-
rienstatuette* aus Holz (H. 60 cm) unter
Rokoko-Baldachin; um 1750 (Abb. 485,
S. 418, ohne Baldachin).

Kultusgeräte und Paramente. *Barock-Monstranz*, H. 54 cm, Silber mit neuer
Vergoldung; über geschweiftem getriebenem
Fuss ein kugelförmiger Nodus. Die Komposition des Aufsatzes steht auf der Vor-
stufe zur Sonnenmonstranz: um ein rechteckiges Fenster schlingt sich dichtes Laubwerk mit Reliefs von Maria und Joseph;
um 1680. Beschauzeichen Augsburg; Meistermarke „L S", nach Rosenberg Nr. 727
vermutlich LUDWIG SCHNEIDER, nachgewiesen von 1685 an, † 1729 (Abb. 488). — Ein
Barockkelch, Silber vergoldet, H. 24,5 cm;
der runde Fuss getrieben, mit Engelsköpfen
und Blattwerk, durchbrochener Korb; um
1670. Marken: Tab. I, 22, 23 (Abb. 487). —
Eine weisse *Casula* mit bunten, in Seide gestickten Blumen und Goldranken, auf neuen
Stoff übertragen; Mitte des 18. Jahrhunderts. — Geschnitztes und vergoldetes
Kreuzreliquiar, um 1730 (Abb. 489).

---

1) Johannes a Turre, Pfarrer in Truns 1637 bis
1687. Das Bild wurde offenbar in Italien gekauft und
nachträglich mit Wappen und Inschrift versehen.

2) Nach Mitt. des Herrn Bischofs Msgr. Caminada
wurde dieses Gemälde wie das Moses-Bild in Ruis
(S. 304) von den französischen Inhabern der Bergwerke
bei Truns gestiftet.

Truns. — Katholische Pfarrkirche.

Abb. 488 (links). Barock-Monstranz, um 1680.
Abb. 489 (rechts). Geschnitztes Kreuzreliquiar, um 1730. — Text S. 420.

Sechs **Glocken,** vier (Dm. 155, 85, 63, 49,5 cm) von GEBR. GRASSMAYR in
Feldkirch 1867, zwei (Dm. 122 und 98 cm) von FRANZ THEUS in Felsberg 1842[1].

Grabtafeln. Aussen an der Südwand eine *Tafel* mit Wappen v. Castelberg
und nahezu völlig verwitterter Inschrift mit Todesjahr 1724[2]. — Links vom Eingang
eine *Wandplatte,* deren Rokoko-Giebel ein in Lavezstein gemeisseltes Wappen Caprez
umschliesst. Inschrift in lateinischer Sprache für Adalbert von Caprez, Ritter des
Ludwigsordens, Landammann, † 5. März 1755 (abgebildet bei Chr. Caminada,
Bündner Friedhöfe, nach S. 82, Text S. 79). — Links vom Eingang zum Friedhof
ein *Rokokokreuz* in guter Schmiedearbeit (Abb. 490, S. 422), ehemals für die Familie
Frisch (nun neu verwendet für M. Rensch)[3].

1) Die Inschrift einer der älteren Glocken — von 1673 — lautete: „Sit procul a nobis tempestas, avertas
truces Deucalionis anovas" und erinnerte an die häufigen Überschwemmungen. Vgl. Chr. Caminada, Bündner ·
Glocken, S. 34. — Die grosse Glocke hatte 1688 Joachim Merz gegossen (Berchter Fam.-Chron., S. 96,
Stifts-Arch. Dis.). — 1752 weihte Abt Frank von Frankenberg zwei neue Glocken, s. Vincenz, S. 30.

2) Für Landschreiber Joh. v. Castelberg, † 21. Dezember 1724.

3) Abgeb. bei Caminada a. a. O., Taf. 11. Die dort auf Tafel 6—8 wiedergegebenen Kreuze Castelberg und Caprez sind nicht mehr vorhanden.

Holzskulpturen aus Truns in Museen. Im Klostermuseum zu Disentis: *St. Martin*, H. 95,5 cm. Der Heilige wirft eine Münze in die Schale des zu seinen Füssen kauernden Bettlers. Der linke Unterarm fehlt. Alte Fassung. Gute Arbeit um 1510 (Abb. 492).

Im Diözesan-Museum zu Schwyz fünf *spätgotische Figuren*, von denen die folgenden vier zum gleichen Altar gehörten: 1. Apostel ohne Attribut (vermutlich Jakobus d. Ä.), H. 78,5 cm; 2. St. Anna, das Marienkind auf der linken Hand tragend, H. 77 cm; 3. St. Katharina, H. 79 cm (ohne Krone gemessen); 4. St. Stephan, H. 80 cm. Alte, zum Teil abgeriebene Fassung. Dem Apostel fehlt die rechte Hand, dem Marienkind der rechte Unterarm und der rechte Fuss, St. Stephan die Finger der rechten Hand. Kräftige Arbeiten schwäbischer Provenienz, die wohl im Hochaltar

Abb. 490. Truns. — Friedhof bei der Pfarrkirche.
Schmiedeisernes Rokoko-Grabkreuz. — Text S. 421.

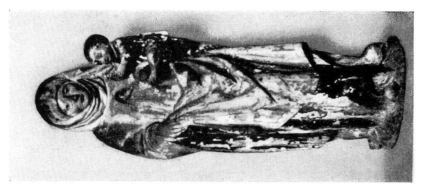

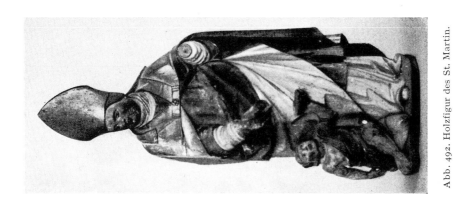

Abb. 491. Holzfigur des St. Stephan.
Nun im Diözesan-Museum zu Schwyz.

Abb. 492. Holzfigur des St. Martin.
Nun im Klostermuseum Disentis.

Abb. 493. Holzfigur der St. Anna.
Nun im Diözesan-Museum zu Schwyz.

Aus der Katholischen Pfarrkirche zu Truns. — Text S. 422.

zu seiten des zuvor genannten St. Martin standen; um 1510[1]. 5. St. Barbara, H. 53,5 cm, alte Fassung; von derberer, ungelenkerer Formgebung[2] (Abb. 491 und 493, S. 423).

Im Schweizerischen Landesmuseum zu Zürich: *Thronende Muttergottes* (Nr. L M 19681), H. 78 cm; in alter Fassung; nach Futterer der Konstanzer Schule angehörend, in stilistischem Zusammenhang mit der Werkstatt des Meisters Heinrich, zweites Viertes des 14. Jahrhunderts. Abb. Futterer, Taf. 4, Nr. 8. Beschreibung S. 164, Z. 8, sowie Plastik-Katalog L M, S. 15, Detail Abb. Taf. 12, Nr. 17.

Abb. 494. Truns. — Katholische Pfarrkirche.
Chorgestühl, um 1660 mit Abschluss um 1750. — Text S. 420.

Die Kapelle St. Anna

Geschichte und Baugeschichte. Die erste urkundliche Nachricht ist ein Konsekrationsbrief: Am 18. Oktober 1500 wird die Kapelle St. Maria in Truns z. E. der Jungfrau Maria, ihrer Mutter Anna und der Heiligen Andreas, Nikolaus, Wolfgang und Helene geweiht (GA., Nr. 8). Ob es sich um Gründung oder nur um einen Umbau handelt, ist nicht gesagt, doch scheint nach der Formulierung des Textes letzteres wahrscheinlicher[3]. Dass die Kapelle zum Gedächtnis an den unter dem Ahorn beschworenen Oberen Bund errichtet wurde, ist nicht zu vermuten. Der Schutzheilige des Bundes war St. Georg (vgl. das Siegel Bd. I, S. 263); die Patrone

---

1) Im Visit.-Prot. von 1643 fehlt leider die Beschreibung des Hochaltars.

2) Diese Figur stand vermutlich auf dem früheren, der Maria geweihten Altar (Evangelienseite), der als Nebentitel St. Barbara führte. Vgl. BMBl. 1933, S. 327 f.

3) Weihbischof Balthasar sagt, dass er die Marienkapelle in Truns zu Ehren der Jungfrau Maria, der St. Anna usw. geweiht habe. Dies klingt, als ob es sich um eine schon vorhandene Kapelle handelte.

Abb. 495. Truns. — Die Kapelle St. Anna.
Ansicht von Südosten.

St. Anna, Wolfgang und Helene deuten eher auf eine Beziehung zum Bergbau[1].
Am 15. Oktober 1515 wird das — nun ,,capella gloriose virginis Marie et Sancte
Anne" genannte — Gotteshaus abermals geweiht und zwar mit drei Altären (GA.,
Nr. 10). Von dem damaligen Bau ist heute nichts mehr vorhanden, die baugeschichtliche Bedeutung der Konsekrationen also unklar; vermutlich erfolgte 1500 ein
radikaler Neubau und bis 1515 die innere Ausstattung, vielleicht auch erst die Einwölbung. Der Anna-Titel, der in den beiden zitierten Weihebriefen eine sich stei-
gernde Betonung erfährt, war zu Sprechers Zeit (1617, Chron. 244) schon zum allei-
nigen Patrozinium aufgestiegen. Die heutige Kapelle ist ein am 13. Juli 1704 z. E.
von St. Anna mit drei Altären geweihter Neubau (GA., Nr. 26). Schon 1706 und
1778 bewilligten die Bünde Mittel für Wandmalereien und Sprüche in der Vorhalle,
die 1836 dann durch Gemälde von Ludwig Kühlental ersetzt wurden. Bei der
1924 durchgeführten letzten Gesamtrenovation (Arch. Schäfer & Risch, Chur)
machten sie den jetzigen Fresken von Otto Baumberger Platz: Gründung und
letzte Erneuerung des Bundes (1424 und 1778). Die heraldischen Dekorationen
wurden gleichzeitig von Chr. Schmidt, Zürich, ausgeführt.

---

[1] St. Anna und Helene sind Bergbauheilige, die letztere war insbesondere auch die Patronin der
Knappen in den Räzünser Herrschaften; St. Wolfgang weist nach Österreich, woher bekanntlich viele
Bündner Bergleute kamen. Näheres s. BMBl. 1934, S. 26—30.

Literatur: NÜSCHELER, S. 77. — P. A. VINCENZ, Der graue Bund, Chur 1924, S. 243. — K. FRY, Neues zur St. Anna-Kapelle in Truns, BMBl. 1933, S. 321—334. — E. POESCHEL, Das St. Anna-Patrozinium in Truns, BMBl. 1934, S. 17f.

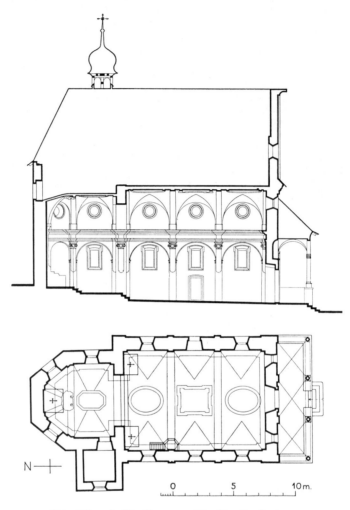

Abb. 496 und 497. Truns. — Die Kapelle St. Anna.
Oben: Längsschnitt. Unten: Grundriss. — Maßstab 1:300.

Baubeschreibung. Inneres. Die nach Norden gerichtete, einheitlich barocke Anlage besteht aus dem dreijochigen Langhaus und eingezogenem, dreiseitig geschlossenem Chor, überwölbt von Tonnen mit Stichkappen, im Schiff durch Gurten abgeteilt, im Chor dem Polygon angepasst. Die Wände sind durch Pilaster gegliedert, zwischen denen rundbogige Blendnischen liegen. Über den mit ionisierenden Kapitellen bekrönten Vorlagen läuft ein Hauptgesims in der ganzen Kirche ringsum. Die reichliche Belichtung erhöht die freie und leichte Wirkung des gut proportionierten Raumes; sie erfolgt in der Wandzone durch Rechteckfenster, in den Schilden durch Oculi. An der Südseite über dem Eingang eine Inschrift über die Weihe vom

Abb. 498. Truns. — Die Kapelle St. Anna.
Innenansicht gegen den Chor.

13. Juli 1704 durch Bischof Ulrich von Federspiel. Name des Pfarrers: Johannes von Castelberg, Domherr und Dekan.

Am Äusseren sind nur die Schiffswände durch rundbogige Blenden gegliedert, die hier aber höher hinaufsteigen und die Kreis- und Viereckfenster umrahmen. Am Chor wurden sie nur durch Bemalung imitiert. Im Giebel das Datum 1704. Der Südfront ist ein offener, auf vier toskanischen Säulen ruhender Portikus mit drei grätigen Kreuzgewölben vorgesetzt, der im ursprünglichen Plan anscheinend noch nicht projektiert war, denn sein Dach überschneidet die Bogengliederung der Fassade. Über Schiff und Chor liegt ein einheitliches Satteldach, auf dem ein Dachreiter mit geschweifter Haube sitzt.

Stukkatur und Wandmalerei. Ranken, Frucht- und Blattgewinde betonen die Kanten der Stichkappen und die Gurten; am Gewölbe Rahmen um gemalte Darstellungen: Immakulata, Stammbaum Christi, Geburt der Maria und Hl. Familie. Zu seiten des Chorbogens die Verkündigung. Die — 1924 aufgefrischten — Bilder stammen vermutlich von dem Disentiser Konventualen FRIDOLIN EGGERT, um 1704.

Ausstattung. Der *Hochaltar* besteht aus stucco lustro und bildet eine Ädikula mit zwei glatten Säulen, verbunden von einem segmentförmigen Gebälk, über dem sich ein geschweifter Giebel erhebt; um 1704. Das Altarblatt stellt Anna selbdritt mit St. Joseph dar; darüber Gottvater, im Hintergrund die Verkündigung an Joachim auf dem Feld. Das in dunkeln, schweren Tönen und etwas derber Formgebung gestaltete Bild ist signiert: „P. Fridolinus Eggert. Professus Disertinensis pinxit A° 1705". Im Giebel St. Placidus und Sigisbert. — Die beiden *Seitenaltäre* sind aus Holz und im Aufbau identisch. Sie stellen Tafelretabeln dar, ohne architektonische Elemente, mit schwungvollem, virtuos geschnitztem Akanthuslaub und Spiralranken. In den Giebel-Medaillons die Monogramme Christi und Mariae. Das hernach erwähnte Bilddatum 1717 passt auch für die Rahmen. Das Altarblatt der Evangelienseite: St. Andreas und Matthias, der Epistelseite: St. Johann Baptist und Nikolaus[1]. Auf letzterem Stifterinschrift des Pfarrers Johannes von Castelberg mit Wappen und Datum 1717, signiert: „J. Soliva pinxit" (vgl. Bd. I, S. 205, 222). Beide, aus goldbraunen Tönen entwickelte Bilder zeigen eine gewandte Hand und stammen vom gleichen Maler.

Die *Kanzel* ist ein gebauchter Polygonal-Korpus, am Fuss mit Blattgewinden belegt und in Marmorimitation bemalt. Schalldeckel mit Voluten aus der Zeit des Neubaues (1704). Die Wangen der, in den übrigen Teilen neuen, *Bänke* tragen flache Reliefschnitzerei des 18. Jahrhunderts. — Am Scheitel des Chorbogens hängt ein *Kruzifixus* aus Holz, den fliegende Engel aus Stuck zu tragen scheinen; drei Viertel Lebensgrösse, waagrecht ausgebreitete Arme, flatterndes Lendentuch; um 1500—1515, neue Fassung. — In einer Nische über dem Eingang eine barocke *Statuette* der hl. Anna selbdritt, zweite Hälfte des 17. Jahrhunderts (vielleicht von einem früheren Altar); neue Fassung.

Glocken. 1. Dm. 43 cm, Inschrift: SANCTA ANNA ORA PRO NOBIS ANNO DOMINI 1628. Bilder: Kruzifix, St. Anna und weibliche Heilige ohne Attribut. Giessermarke mit Initialen „N. S.". — 2. Dm. 33 cm, ohne Inschrift. Auf den Flanken vier Reliefs: 1. Das älteste 1426 entstandene Wallfahrtszeichen von Einsiedeln. 2. Muttergottes unter Baldachin mit der Unterschrift: „oberbueren", also vermutlich ein Wallfahrtszeichen dieses Ortes. 3. Ein unbekanntes Pilgerzeichen. 4. Vespergruppe. Der Guss der Glocke ist wegen Blasenbildung missraten, die Krone abgebrochen und durch Schrauben ersetzt; um 1500.

Der **Ahorn,** unter dem nach der erstmals von Campell 1574 mitgeteilten Tradition der Obere Bund gegründet wurde (Campell Top., S. 10), stand östlich neben der Anna-Kapelle. Da er abzusterben drohte, pflanzte man 1867 auf Veranlassung des damaligen Kantonsforstinspektors, J. Coaz, Samen vom letzten noch grünenden Ast. Der kräftigste Schössling wurde nachgezogen, nachdem ein Sturm am 28. Juni 1870 den alten Stamm geknickt hatte. Ein Rest des alten Baumes steht im Landrichtersaal des „Hofes" zu Truns (Abb. 513, S. 447).

Literatur: VINCENZ a. a. O., S. 241f., Abb. bei S. 190. — K. FRY, Der Trunser Ahorn, BMBl. 1928, Nr. 7—9. Dort eingehende Zusammenstellung der einschlägigen Literatur nebst einer Aufzählung der wichtigsten Abbildungen (S. 219f.).

Die Wallfahrtskirche St. Maria Licht in Acladira

Geschichte und Baugeschichte. Auf der Terrasse von Acladira (auch Chiltgadira) nördlich oberhalb Truns darf eine vorgeschichtliche Opferstätte vermutet werden, da hier noch Nachklänge des Stein- und Feuerkultes in der um einen erratischen Block (dicht oberhalb des Pfrundhauses) sich bewegenden Prozession wie im Scheibenwerfen bis in neueste Zeit weiterlebten. Auch die in der Gründungslegende der Kapelle umgehende Lichtsage[2] könnte als Rudiment eines alten Feuer-

---

1) Alle im Weihebrief von 1704 als Patrone der betreffenden Altäre genannt.

2) Nach der „Synopsis" (Mskr. im Stiftsarchiv Disentis) wird unter dem Datum 1664 erzählt, man habe am Standort der heutigen Kirche öfters ein Licht gesehen, und in der Nacht nach der Grundsteinlegung sei der ganze Hügel in einem hellen Leuchten erstrahlt.

Abb. 499. Truns. — Die Wallfahrtskirche St. Maria Licht.
Ansicht von Westen.

kultus zu deuten sein. Nach der ,,Synopsis" (a. a. O.) soll ehemals in Acladira
eine Sebastianskapelle gestanden haben. Als sie wegen Baufälligkeit hätte renoviert
werden sollen, sei der damalige Pfarrer durch überirdischen Anruf veranlasst worden,
dies zu unterlassen und eine neue Marienkapelle auf dem jetzigen Platz zu errichten.
Der Grundstein zu dieser Kapelle — ,,angusta quidem sed elegans" — wurde am
27. April 1663 gelegt, die Weihe — mit drei Altären — erfolgte am 4. Juli 1672 z. E.
der St. Maria zum Licht (romanisch ,,Nossadunna della Glisch"). 1681 wurde vom
Abt des Klosters Disentis, das von 1679 an etwa 200 Jahre lang die Benefiziaten
stellte, unter Abhaltung einer Pontifikalmesse an einem Tragaltar (,,prae foribus
Capellae") der erste Stein zu einer Vergrösserung der Kapelle gesetzt (Synopsis,
Stifts-Arch. Dis.). Im Rohbau vollendet 1682 und 1684 geweiht. Meister des Baues
und der Erweiterung war CHRISTIAN NIGG (,,Christianus Nichius"), beim zweiten

Bau in Zusammenarbeit mit dem Konventualen P. Carolus Decurtins. Gesamt-
restaurierung 1901. Letzte Renovation 1937/38. Die Umschreibung der einzelnen
Bauetappen geben wir in den „baugeschichtlichen Schlussfolgerungen" S. 431 f. —
In dem 1685 gebauten Pfrundhaus befand sich 1687—1691 die Disentiser Kloster-
druckerei (BMBl. 1940, S. 3). — Beachte den Nachtrag Bd. VII, S. 448.

Literatur: Fl. Spescha, La perfetg e devoziun, Immensee 1901. — Simonet,
Weltgeistliche, S. 198. — K. Fry, Die Wallfahrtskirche Maria Licht bei Truns, Bündner Tagblatt 1933, Nr. 208 und 209. — Ders., Die Votivtafeln der Wallfahrtskirche
Maria Licht in Truns. Schweiz. Arch. f. Volkskde., Bd. XXXVIII, S. 140—150, mit
3 Tafeln.

Baubeschreibung. Inneres. Die gegenwärtige Kirche besteht aus drei Raumteilen, in deren Abstufung sich, wie später auszuführen ist, die Baugeschichte aus-

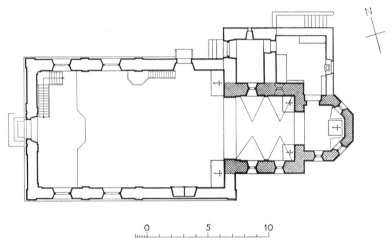

Abb. 500. Truns. — Die Wallfahrtskirche St. Maria Licht.
Grundriss. — Maßstab 1:300. — Die gekreuzt schraffierten
Mauerzüge sind die der ersten Kapelle. — Text S. 431.

spricht: 1. Chor, 2. Vorchor, 3. Schiff. Der nach Osten gerichtete *Chor* ist dreiseitig
geschlossen und mit einer durch Halbkuppel dem Polygon angepassten Tonne überwölbt, die über schwachen Lisenen aufsteigt. In den Längsseiten und den Schrägwänden je ein leeres Spitzbogenfenster, in der Abschlusswand ein Oculus; das seit-
liche Nordfenster ist durch die Sakristei zugesetzt. In der Nordwand gotisch gefaste
Türe zur Sakristei. Der Chorbogen schliesst halbrund. Der *Vorchor*, der sich ohne
Vermittlung eines Bogens ins Schiff öffnet und von einer Tonne mit Stichkappen
überwölbt ist, weist ebenfalls leere Spitzbogenfenster auf, je zwei in jeder Seite,
von denen die nördlichen vermauert sind. Über dem *Schiff* wölbt sich eine auf einfachem Gebälk ruhende tonnenförmige Holzdecke. Die Belichtung geschieht hier
durch grosse Viereckfenster mit stichbogigen Leibungen. In der Westwand über der
dort eingefügten Holzempore zwei kleine Lünetten. Die baugeschichtlich bedingte
dreistufige Grössenabstufung vom Schiff zum Chor wirkt sich räumlich als starke
architektonische Konzentrierung auf den Altar hin aus.

Äusseres. Gliederung durch flache Lisenen. An der Fassade drei kleine Bildnischen sowie das Datum 1683 (in neuen Ziffern). Die Dächer von Chor und Vorchor liegen etwas niederer als das Satteldach des Schiffes. Auf dem Vorchor ein
Dachreiter mit geschweifter Haube.

Abb. 501. Truns. — Die Wallfahrtskirche St. Maria Licht.
Innenansicht gegen den Chor.

Der **Turm** steht an der Nordseite des Vorchores und wird bekrönt von einem sehr schlanken, über Wimpergen aufsteigenden Spitzhelm. Östlich schliesst sich die 1937/38 umgebaute Sakristei an.

Baugeschichtliche Schlussfolgerungen. Die Aufeinanderfolge der Etappen geht schon aus dem Grundriss klar hervor: I. Die erste kleine, turmlose Kapelle bestand aus dem Chor und dem heutigen Vorchor, der das alte Schiff bildete[1]. II. Errichtung eines neuen, des gegenwärtigen Schiffes und Verwendung des alten als Vorchor. Nach den oben mitgeteilten Angaben der „Synopsis" sind für die erste Etappe 1663–1672, für die zweite 1682–1684 anzusetzen. Der Befund allein würde

1) Dieser Zustand ist auf dem Votivbild Joan Florin de Mutschnenga von 1671 (? letzte Zahl unsicher) zu sehen. Das Schiff ist um ein weniges niederer als der Chor, der Dachreiter von zwiebelförmiger Haube gekrönt.

zwar eine frühere Datierung der ersten Etappe nahelegen: Auffallend sind für 1663 zunächst die Spitzbogenfenster in Chor und Vorchor, weil ja in dieser Zeit die barocke Baubewegung in Graubünden schon völlig im Fluss war und gerade damals (1660) die Pfarrkirche von Truns durchaus in barocken Formen gebaut wurde. Zudem sind — wie vom Dachraum der Sakristei aus zu sehen ist — auf die nördliche Aussenwand des Vorchores Blendbogen aufgemalt, zu denen die Fenster nicht axial stehen, die also offenbar jünger sind als letztere. Diese Bemalung geht ferner hinter den Turm hinein, ist daher vor dessen Erbauung anzusetzen, mithin vor 1688, da ein Votivbild dieses Jahres (in der Kirche) den Turm bereits zeigt. Jedoch sind die Angaben der „Synopsis" über die Baugeschichte von Maria Licht so detailliert, dass an ihrer Richtigkeit kaum zu zweifeln ist. Sie sind mit dem Befund nur zusammenzubringen, wenn man annimmt, dass der Turm bei der Erweiterung von 1682 noch nicht projektiert war und erst nach 1684, aber vor 1688 gebaut wurde. Als ungelöster Rest bleibt aber auch dann noch der Anachronismus der Fensterform.

Die **Stukkatur** konzentriert sich auf die Dekoration des Chores und besteht aus Blattgewinden, die den Kanten der Stichbogen folgen, ferner aus Ranken, gerollten Kartuschen, Putten und Rahmenwerk, das insbesondere am Chorbogen angewendet ist. Im übrigen aber bleibt der Wand- und Deckenschmuck vor allem der reich angewendeten **Malerei** überlassen, die hier bisweilen auch Stuckmotive imitiert. Von den — auf Leinwand gemalten — in Stuckrahmen eingelassenen Marienbildern des Chorgewölbes ist das Mittelstück in ikonographischer Hinsicht dadurch bemerkenswert, dass Maria hier die Milch ihrer Brust in eine Opferschale fliessen lässt, die auch das Blut Christi auffängt; eine seltsame Kombination des Trinitätsidee mit eucharistischer Symbolik und dem Gedanken der Mitwirkung Mariae an der Erlösung, wie er auch in ihrer Rolle als Fürbitterin im Gerichtsbild (sogen. „Deesis") zum Ausdruck kommt.

Im Vorchor: In den Nischen der vermauerten Nordfenster die hl. Mystikerinnen St. Gertrud und ihre Lehrerin Mechthildis; am Gewölbe ein Arrangement von Girlanden, Putten und Kartuschen mit neun in Antiqua betitelten Szenen aus dem Marienleben (Abb. 502); an der Südwand die Inschrift: „sacellum hoc aedificatum 1664 depictum 1690".

Im Schiff: Die Fenster sind mit Architekturmotiven umrahmt und flankiert von je einem Paar der vier Evangelisten und der lateinischen Kirchenväter. Am Schild über dem Eingang zum Vorchor ist ein Triumphzug Mariae dargestellt, betitelt: TRIUMPHUS MARIANUS PER FILIOS DIVI BENEDICTI MATRI BENEDICTAE DECANTATUS. Darunter das Datum 1687. Der Zug wird geleitet von St. Benedikt, ihm folgen hl. Mönche (Beda, Bernhard, Maurus, Adalgott), dann paarweise in aufsteigender Rangordnung hl. Erzbischöfe, Kardinäle und Päpste, den Triumphwagen der Muttergottes ziehend, der über Häretiker hinwegrollt; gefesselte Schismatiker, von Erzengeln ausgetrieben, bilden den Schluss. Oben Gottvater und die Taube, umgeben von einem Engelreigen (Abb. 501, S. 431).

Die Holztonne ist durch Ornamentbänder in sechs Felder geteilt, in die achteckige, von Rollwerk-, Muschel- und Girlandenmotiven umrahmte Bilder eingeordnet sind. Sie stellen Szenen aus dem Marienleben dar (Abb. 503, S. 434). Die Meistersignatur steht bei der Verkündigung: „F. Fridolinus Eggert, professus Disertinensis pingebat 1690". Daneben die Inschrift über die Restaurierung von 1901. Die Signatur ist auf die gesamte Ausmalung des Schiffes und Vorchores zu beziehen, die im einzelnen nicht auf höherem künstlerischem Niveau steht, im ganzen jedoch von guter dekorativer Wirkung ist. 1901 überarbeitet (s. oben). — Die Malereien in den Bildnischen der Fassade, die stark beschädigt waren, wurden 1936 von

Abb. 502. Truns. — Die Wallfahrtskirche St. Maria Licht.
Chor und Vorchor.

R. A. Nüscheler renoviert und ergänzt. Damals wurde auch die Signatur „A. Biucchi pinxit ca 1742 etc." angebracht[1].

Die **Altäre** sind sämtlich aus Holz. Der *Hochaltar* ist um 1740—1750 entstanden. An Stelle des Altarblattes beherrscht das Gnadenbild, eine Madonna, „mit Behang" (bekleidete Figur), die Mitte; sie wird flankiert von drei Paaren gedrehter Säulen, deren mittlere hervortreten; das Gebälk ist in der Mitte in spätbarocker Art schon ganz durchbrochen, so dass sich also der reich bewegte Giebel mit dem Haupt-

---

1) Sie geht auf eine von Dr. C. Fry aufgefundene Mitteilung in einem Mskr. des Placidus a Spescha (Kaut.-Bibl.) zurück, ein „italienischer Maler" Biuchi habe diese Bilder gleichzeitig mit jenen an der Kirche St. Placi zu Disentis gemacht. „Terminus post quem" sei nach Spescha 1742. Doch ist die Qualität, soweit noch erkennbar, zu gering, um eine Zuschreibung an Carlo Ant. Biuchi, den Meister der Gemälde in Quinto (1732) zu rechtfertigen (geb. 1667). Wenn die Notiz also Glauben verdient, muss es sich um einen andern Maler dieses Namens handeln.

Abb. 503. Truns. — Die Wallfahrtskirche St. Maria Licht.
Detail der Deckenmalerei im Schiff; 1690. — Text S. 432.

geschoss zu einer malerischen Einheit verbindet. Durch Überbrückungen werden jenseits der Fenster stehende Seitenteile in die Gesamtkomposition einbezogen. Hier stehen schwungvolle Figuren des St. Sebastian (Patron der alten Kapelle von Acladira) und des Martin (Schutzherr der Pfarrei), letztere interessant noch dadurch, dass sie eine barockisierte Variante der gotischen, nun im Disentiser Klostermuseum aufbewahrten Statue aus der Hauptkirche darstellt (vgl. Abb. 492 u. 504). Von geringerer Qualität die andern Skulpturen (St. Paulus, Matthias, Luzius und hl. Ritter). Gleichzeitig wohl der eingeschossige, schon ganz ohne architektonische Elemente komponierte Tabernakel und das geschnitzte *Antependium*. Über den früheren Altar s. S. 435 mit Anm. 1.

Die beiden *Seitenaltäre* im Vorchor bilden eine einfache zweisäulige Ädikula und dürften um 1673 entstanden sein; die Seiten- und Bekrönungsranken sind indes spätere Zutaten. Die Bilder stammen offenbar von der Hand des Konventualen Fridolin Eggert: nördlich die hl. Familie mit St. Sebastian, südlich St. Anna mit Maria und Joachim.

Die *Seitenaltäre* im Schiff sind originelle, nicht mit Säulen, sondern nur mit Pilastern flankierte und mit pylonenartigen Gebilden bekrönte Aufsätze, deren

Ornamentik sich in den Motiven des Ohr-
muschel- und Knorpelstils bewegt. Die Altarblätter dürfen ebenfalls FRIDOLIN EG-
GERT zugeschrieben werden; nördlich: die
Disentiser Heiligen Placidus und Sigisbert,
südlich der Tod der hl. Scholastika (Abb.
501). *Antependien* von bemalter Leinwand.

An der Südwand hängt ein *Bild* von
Mariä Heimsuchung (Ölmalerei auf Leinwand). Es zierte den ehemaligen Hochaltar,
der eine von den erwähnten Figuren des
St. Sebastian und Martin flankierte Ädikula aus gewundenen Säulen und aufgelöster Segmentverdachung darstellte, wie
auf einem Votivbild von 1677 zu sehen ist[1].
Den Giebel schmückte eine nun im Pfarrhaus aufbewahrte geschnitzte Halbfigur
der Muttergottes im Strahlenkranz. Das
Heimsuchungsbild ist auf gedämpfte
,,Rauchtöne" angelegt, aus denen Hellblau
und Orange (Kopftuch und Mantel der
hl.Elisabeth) fein nuanciert entwickelt sind;
es ist dem Meister der Altarbilder von Danis
und Truns zuzuschreiben und um 1662
entstanden (Abb. 507, S. 438). Eggert hat
es als Vorlage für die Visitatio an der
Decke des Schiffes verwendet, aber einen
andern Hintergrund hinzugefügt.

Übrige Ausstattung. Die *Kanzel*, um
1684, belanglos. An der Rückwand hängt
ein Ölgemälde von Mariä Vermählung,
signiert: ,,F. Fridolinus Eggert, professus
Disertinensis invenit et fecit 1690". – An
der Nordwand des Schiffes ein *Kruzifix*
(Karfreitagskreuz) von vorzüglicher natu-

Abb. 504. Truns.
Wallfahrtskirche St. Maria Licht.
Holzfigur des St. Martin aus dem Hochaltar,
um 1740—1750. — Text S. 434.

ralistischer Modellierung und starkem Ausdruck. Höhe des Korpus 85 cm, das
Lendentuch vergoldet, die Figur selbst nur hell gefirnisst. Ende des 16. Jahrhunderts
(Abb. 506, S. 437). Detail Abb. Bd. I, S. 164. — Hinzuweisen ist ferner auf die
Votivgemälde, die mit 152 älteren Tafeln (von 1664 an) den grössten geschlossenen
Bestand an Votivbildern in Graubünden darstellen.

Kultusgeräte und Paramente. *Barockkelch*, Silber, getrieben und vergoldet, H.
25,5 cm. Auf dem mit Akanthus gezierten geschweiften Fuss Emailmedaillons mit Brustbildern von St. Benedikt, Scholastika und Carlo Borromeo. Am durchbrochenen Korb
gleichfalls Emailbildchen: Abendmahl, Emmaus und Muttergottes mit Umschrift: BEA-
TA VIRGO MARIA DE LUCE THRONENSIS. Beschau Augsburg, Meisterzeichen ,,F" in Oval,
bei Rosenberg Nr. 705, Name des Meisters unbekannt; nach 1701 (Abb. 505, S. 436).—
Eine *Casula* aus weisser Seide mit bunten Blumen und Goldranken gestickt; 18. Jahrh. ·

---

1) Wie ein Votivbild Caprez zeigt, hatte schon 1688 das Heimsuchungsbild einer bekleideten Marienfigur Platz gemacht. Siehe auch das Votivbild Capaul von 1690, abgebildet bei Fry, Votivtafeln a. a. O.
Nr. 10. Die Seitenaltäre hatten an Stelle eines Aufsatzes offenbar nur illusionistisch mit Einzelfiguren
bemalte Bildnischen.

Abb. 505. Truns.
Wallfahrtskirche St. Maria Licht.
Barockkelch, um 1690. — Text S. 435.

Glocken. 1. Dm. 104,5 cm, von GEBR. GRASSMAYR in Feldkirch 1867. — 2. Dm. 87,5 cm. Auf dem Schlagring die Giesserinschrift: GOS MICH MATHEUS ALBERT IN CHUR ANNO 1693. Auf der Flanke ein hl. Mönch, wohl St. Benediktus, der an Schnüren zwei Medaillons trägt. Auf dem einen stehen die Buchstaben des Zacharias-Segens (vgl. S. 273 nebst Anm. 1), das andere ist ein „Benediktus-Schild" mit den Buchstaben des Benediktus-Segens, der ausserdem noch im vollen Wortlaut auf der Glocke steht: VADE RETRO SATANE, NUNQUAM SUADE MIHI VANA, SUNT MALA QUAE LIBAS IPSE VENENA BIBAS; der zweite Teil unter dem erwähnten Relief: CRUX SACRA SIT MIHI LUX, NON DRACO SIT MIHI DUX. (Die Buchstaben dieses letzteren Satzes sind im Schild — allegorisch — in Kreuzform gesetzt.) — 3. Dm. 64 cm, Giesserinschrift und Datum wie Nr. 1. — Der Glockenstuhl ist datiert 1847.

Im Dachreiter hängen zwei weitere Glocken: 1. Dm. 52,5 cm, Inschrift: AVE MARIA GRATIA PLENA DOMINUS TECUM R · O · FR(A)NCESCO TERRA RECT. A. M D CC X V. Bilder: Kreuzigung, Muttergottes. — 2. Dm. 46,5 cm, Giesser GEBR. GRASSMAYR 1862.

Grabtafeln. Eine *Bodenplatte* mit Wappen Lombriser und dem Namen Udalricus Lombriser, das übrige unleserlich; offenbar für Ulrich Lombriser O. S. B., der 1725 als Benefiziat von Maria Licht vorkommt (Simonet, Weltgeistliche, S. 198). — An die nördliche Aussenwand wurde neuerdings versetzt: eine *Platte* mit dem Wappen Fontana und Inschrift für Augustinus Fontana, Konventuale von Disentis und Kaplan in Maria Licht, † 7. Mai 1720.

Die Kapelle St. Katharina in Campliun

Geschichte. Die Kapelle wurde am 14. August 1592 z. E. von St. Katharina mit einem Altar geweiht (GA., Nr. 19). Renovation und Errichtung einer gezimmerten Vorhalle 1658.

Baubeschreibung. Nach (Nord-)Osten gerichtete Kapelle mit eingezogenem, dreiseitig geschlossenem Chor; überdeckt von einem Tonnengewölbe, das im Chor durch Halbkuppel dem Polygon angepasst ist. Die Form der stichbogigen Fenster und der Türe offenbar von 1658[1]. Innere Maße: Chor L. 5,45 m, Br. 4,25 m; Schiff L. 9,70 m, Br. 6,20 m. — Das Äussere weist nur am Chor rundbogige Blendnischengliederung auf.

---

1) Nach Gaudy, S. 52, war dieses Datum auf dem Giebel der Vorhalle aufgemalt.

Abb. 506. Truns. — Wallfahrtskirche St. Maria Licht.
Kruzifix, Ende des 16. Jahrhunderts. — Text S. 435.

Vor der Westfront eine 1658 errichtete *Vorhalle*, deren aus Holz konstruierte
Front in letzter Zeit erneuert wurde. Ehemaliger Zustand s. Gaudy, Abb. 256. Einheitliches, ehemals geschindeltes Satteldach mit offenem Dachreiter, bekrönt von
einem schlanken Spitzhelm.

Wandmalerei. An der inneren Nordwand sind Reste verschiedener Heiligenfiguren zu sehen; in der Mitte eine weibliche Heilige mit Gefäss (wohl St. Barbara),
aussen kniende männliche Heilige, der eine davon gekrönt; ferner kleinere Fragmente von sechs weiteren Figuren. Eine — spätere — Rötelinschrift „Chuonrad
Jagmet von Disentis 1629" gibt den „terminus ante quem" der — recht tüchtigen —
Malereien an, die also offenbar um 1592 entstanden sind. Die gegenwärtigen Fenster
sind jünger, dürfen daher der Renovation von 1658 eingeordnet werden. Das
Kreuzigungsbild in der äusseren Südwand belanglos. — Nachtrag Bd. VII, S. 448 f.

Die **Altäre.** Am *Hochaltar*, aus Holz, steht in der von gedrehten Säulen flankierten Nische eine Figur der Titelheiligen, die durch nachträgliche Hinzufügung
der Attribute als St. Katharina charakterisiert ist; um 1750–1760. — Auf dem
südlichen der beiden sonst nicht erwähnenswerten (um 1658 entstandenen) Seitenaltäre steht eine spätgotische *Holzskulptur* der thronenden Muttergottes, H. 74 cm,
hinten abgeplattet und ausgehöhlt. Das bis zum Sitz herabwallende offene Haar
wird von einem Stirnreif zusammengehalten; behäbige bürgerliche Erscheinung
typisch seeschwäbischen Charakters. Ein Vergleich mit der Plastik des Churer

Abb. 507. Truns. — Wallfahrtskirche St. Maria Licht.
Das ehemalige Hochaltarbild Mariä Heimsuchung, um 1662. — Text S. 435.

Hochaltars (vollendet 1492) lässt in dem vortrefflichen Bildwerk eine eigenhändige Arbeit des JAKOB RUSS von Ravensburg erkennen (vgl. Bd. I, S. 66, 129). Gut erhalten in der originalen Fassung. Die Figur stammt wohl aus der Pfarrkirche St. Martin, wo ein Marienaltar stand (Abb. 508).

In der Kirche ausserdem vier *Ölgemälde* der Heiligen: S. Cäsarius, Baiulus, Florentia und Barbara; auf dem erstgenannten Bild findet sich die Signatur: „F. Frido. Eggert pi(n)xit 1690".

Glocken. 1. Dm. 43 cm, Inschrift: SANCTA MARIA ORA PRO NOBIS. Bilder: Joh. Evang., hl. Mönch. — 2. Dm. 34,5 cm, Inschrift: SANCTA CATHARINA ORA PRO NOBIS ANNO DOMINI 1(6)28. Giessermarke mit Initialen „N S" wie bei St. Anna Nr. 1. Bilder: Kruzifix und St. Katharina.

Abb. 508. Truns. — Kapelle St. Katharina in Campliun.
Holzfigur der thronenden Muttergottes von Jakob Russ, Ravensburg. — Text S. 437 f.

Die Kapelle St. Valentin in Cartatscha

Geschichte. Nach P. Placidus a Spescha wurde die an Stelle eines kleinen
Heiligenhauses erbaute Kapelle am 26. Juni 1706 durch Pfarrer Johannes von
Castelberg mit bischöflicher Vollmacht benediziert. Renovationen 1823 und 1931.
Literatur: P. A. Vincenz, Historia della vischnaunca de Trun, S. 50f.

Baubeschreibung. Kleine, nach Süden gerichtete Kapelle mit eingezogenem,
dreiseitig geschlossenem, gewölbtem Chor. Über dem Schiff liegt eine Holzdecke
in Tonnenform. Innere Maße: Chor L. 2,85 m, Br. 2,55 m; Schiff L. 3,80 m,
Br. 3,35 m. Satteldach mit geschindeltem Dachreiter. — *Wandmalereien.* Handwerkliche Schildereien, signiert: „Hans Jacobus Fecith (!) Anno 1706". (Johann

Jakob Riegg): Szenen aus der Passion, Marienkrönung und Heilige. — Der Altar besteht aus marmoriertem Stuck und stellt eine einfache, zweisäulige Ädikula dar. Im Giebel Halbfigur Gottvaters, seitlich St. Stephan und Paulus. Altarblatt datiert 1706: Rosenkranzmadonna mit St. Sebastian und Valentin von J. J. RIEG. — Geschnitztes *Rokoko-Antependium.*

Glocken. 1. Dm. 46 cm, Datum 1780. Keine Inschrift. Bilder: Madonna, Kreuzigung. — 2. Dm. 29 cm, Bild: Engel; undatiert.

Die Kapelle St. Joseph in Darvella

Baugeschichte. Die Kapelle wurde 1676 erbaut und am 24. Juni 1683 z. E. von St. Joseph gelegentlich einer bischöflichen Visitationsreise konsekriert (Pf.A.).

Baubeschreibung. Malerische kleine, nach Nordwest gerichtete Kapelle mit schwach eingezogenem, dreiseitig geschlossenem Chor, Tonnengewölbe und stichbogigen Fenstern. Innere Maße: Chor L. 3,15 m, Br. 3 m. Schiff L. 4,20 m, Br. 3,80 m.

Abb. 509. Truns. — Kapelle St. Joseph in Darvella.
Detail der Deckenmalerei, 1702. — Text S. 441.

Abb. 510. Truns. — Die Kapelle St. Joseph in Darvella.
Ansicht von Süden. — Text S. 440 ff.

Aussen ist das Schiff durch Lisenen eingefasst. Im Giebel das Datum 1676. Satteldach mit Türmchen unter geschweifter Kuppel. Vor der Westfront steht — auf
gemauertem Sockel — eine gezimmerte offene *Vorhalle*, deren First in der Hauptachse liegt. Hier wird an einem Aussenaltar am Kirchweihtag für die in Prozession
herkommende Gemeinde Messe zelebriert (Abb. 510).

Wandmalereien. Das Innere ist mit ländlich bunten, naiven Bildern von derb
dekorativer Wirkung ausgemalt. Am Chorgewölbe zwischen Blumenranken medail-
lonförmige Bildfelder mit Mariä Vermählung, dem Tod Josephs und Mariä Krönung.
Am Schild der Südwand: St. Nikolaus und die drei Bräute, am Schiffsgewölbe: Das
Jüngste Gericht, Gottvater mit Engelchor, St. Michael (Abb. 509). Auf dem Buch eines
Engels im Gerichtsbild steht die Signatur: ,,Johann Jakob Riegg pinxit 1702'' (vgl.
Bd. I, S. 205). Die gewölbte Holzdecke des Vorzeichens ist gleichfalls bemalt:
Dreifaltigkeit, Szenen aus der Kindheit Christi; um 1810–1820.

Der *Altar*, aus Holz, wird flankiert von zwei Säulen mit Gehängen und bekrönt
von einem römisch-korinthischen Gesims. Das Altarblatt stellt die Hl. Familie dar
und ist eine ziemlich getreue Replik des Bildes von Joh. Rudolf Sturn (1653) am
Rosenkranzaltar der Kathedrale zu Chur. Der wesentlichste Unterschied besteht
darin, dass in Darvella die obere Bildgrenze dicht über den Köpfen der Hauptfiguren
verläuft und so der Architekturhintergrund mit dem Ausblick auf das bischöfliche

Schloss weggefallen ist. Die Tonabstufung, insbesondere der Timbre des Inkarnates, ist wärmer als auf dem Churer Bild (vgl. Bd. I, S. 222). Das Bild ist augenscheinlich keine Kopie, sondern eine eigenhändige Variante Sturns. In der linken unteren Bildecke der kniende Stifter, als Domherr dadurch charakterisiert, dass er über der Alba die „Almucia", einen mit Schwänzchen besetzten Schulterkragen aus Pelz, trägt. Es ist, wie das erste der beiden vor ihm stehenden Wappen zeigt, Christoph von Mohr, Dompropst 1637–1655[1]; daneben das Wappen Hohenbalken (Abb. 511). Das um 1653 entstandene Bild muss aus einer andern Kirche stammen, wenn in Darvella nicht vor 1676 schon eine Kapelle stand. Geschnitztes *Antependium* um 1750.

Glocken. 1. Dm. 47 cm, gegossen von JOS. ANTON GRASMAYR in Feldkirch 1830. — 2. Dm. 39,5 cm, gegossen von GEBR. GRASMAYR in Feldkirch 1867.

Die Kapelle St. Brigida auf der Alp Nadels

Erbauung 1734 (s. Vincenz a. a. O., S. 52 f.). Die kleine, 1940 m ü. M., inmitten einer grossartigen Gebirgsszenerie liegende Kapelle „Sontga Brida" ist ein bescheidener, nach Süden gerichteter Bau mit leicht eingezogenem, unregelmässigem, polygonalem Chor. Schiff und Altarraum trugen ehemals Tonnengewölbe, wie noch vorhandene Reste zeigen, jetzt nur noch gewölbte Holzdecken. Fensterformen modern. Innere Maße: Chor L. 3,60 m, Br. 3 m. Schiff L. 3,90 m, Br. 3,60 m. Am Äusseren Ecklisenen; steiles, nachträglich erhöhtes Satteldach. Über der Front offener Glockenstuhl. — Letzte Renovation 1936.

Der ursprüngliche *Altaraufsatz* aus Stuck mit einem Giebel aus Voluten mit Muscheldekor ist hinter dem heutigen einfachen Holzaltar noch vorhanden.

Glocke. Dm. 40 cm, Inschrift: HEILIGE BRIGITA BITT FÜR UNS ANNO 1736 — ANTON KEISER VON ZUG GOSS MICH. — ST. JOHANES. — JACOB JACUMET. Bilder: Muttergottes, Kreuzigungsgruppe.

Die Katholische Filialkirche St. Jakobus und Christophorus in Ringgenberg (romanisch Zignau)

Geschichte und Baugeschichte. Eine „Christoffel-Kapelle" „im Ringgenberger Boden" kommt am 28. November 1487 urkundlich erstmals vor (GA., Nr. 5). Ein noch früheres Datum (1440) ergibt — unter Vorbehalt — eine Glocke, s. S. 444. Am 24. September 1509 wird, vermutlich nach einem Umbau, die „ecclesia seu capella Sancti Jacobi Apostoli in Rynckenberg" mit drei Altären neu geweiht; der Hochaltar ist St. Jakob, Christophorus, Conrad und Martin dediziert, das frühere Hauptpatrozinium also in den Rang eines Nebentitels herabgedrückt. Nach einem abermaligen Neubau weihte Abt Adalbert de Funs von Disentis mit bischöflicher Erlaubnis am 17. September 1713 die Kirche St. Jakob mit drei Altären (den Hochaltar z. E. von St. Jakob und Christophorus; Pf.A.). Sie hatte einen nach Süden gerichteten, flach geschlossenen Chor und einen am Chorhaupt stehenden Turm mit Wimpergen und Spitzhelm. An der Fassade war ein Christophorusbild aufgemalt. Am 25. September 1927 zerstörte eine Rüfe des Zavragiatobels mit einem grossen Teil des Dorfes auch die Kirche. Der Neubau wurde ausserhalb der Gefahrenzone durch Arch. P. A. FURGER, Luzern, errichtet und am Pfingstmontag 1931 geweiht. Die Stelle des Hochaltars der alten Kirche ist durch einen Bildstock im jetzigen Pfarrgarten gekennzeichnet. Eine eigene Kaplanei hat Ringgenberg seit 1678.

---

1) Das gleiche Wappen mit Unterschrift: „Christoff von Mor, Thuompropst Vicarius Generalis zu Chur 1637" ist an einer Wand der Erdgeschoss-Halle der Dompropstei zu Chur aufgemalt.

Abb. 511. Truns. — Kapelle St. Joseph in Darvella.
Altarbild von J. R. Sturn, um 1653. — Text S. 441 f.

Von der **Ausstattung** blieb erhalten und wurde in die neue Kirche übernommen:
Der *Hochaltar*, ein zweigeschossiger Aufbau vom Typus der Walliser Altäre (vgl.
Bd. I, S. 214 ff.) mit gewundenen, in schräg auswärts gerichteter Reihe stehenden
Säulen, segmentförmigen Gebälküberbrückungen und à-jour-geschnitztem Akanthuslaub. Auf den Gesimsen Figuren: St. Martin und Nikolaus, Jakobus und Luzius.
Altarblatt: Muttergottes mit St. Jakob d. Ä. und Christophorus, im Giebel ein Bild
der Marienkrönung; um 1713. Der *Tabernakel* ist ein Rokoko-Schränckchen mit be-
wegtem Umriss und ohne architektonisch strenge Gliederung malerisch komponiert;
um 1760. Aus der gleichen Zeit die *Front der Mensa* mit Band-, Gitter- und Rocailleschmuck. Auf dem Tabernakel ein geschnitztes *Kreuzreliquiar;* um 1713.
Die *Seitenaltäre* sind um 1670 entstanden und bestehen aus einer zweisäuligen
Ädikula mit Giebelgeschoss, eingerahmt von Knorpelranken. Altarblatt an der

Nordseite: St. Lorenz, Sebastian, Maria Magdalena; Giebelbild St. Placidus und Sigisbert; südlich moderne Marienfigur, im Giebel St. Scholastika. — Die *Kanzel*, um 1713, polygonal mit gebauchtem Fuss; in den Füllungen Reliefs der vier Evangelisten. Sämtliche genannte Ausstattungsstücke 1929/30 neu gefasst.

Kultusgeräte. Ein *Rokoko-Kelch*, Silber, vergoldet, H. 26,5 cm. Getriebener Rocailledekor, in Kartuschen Bilder von Heiligen, am Fuss St. Katharina, Barbara, Dorothea und das Wappen Cabalzar (?), an der Kuppa St. Jakob, Christoph und Matthias; um 1750—1760.

Im Disentiser Klostermuseum stehen zwei *spätgotische Noppengläser* (H. 8,5 und 9,5 cm), die dem Sepulcrum des alten Hochaltares enthoben wurden, wo sie als Reliquienbehälter gedient hatten. Um 1500 (Weihe 1509).

Glocken. Vierteiliges Geläute von RÜETSCHI A.G., Aarau 1930[1]. — Am Schulhaus hängt noch eine der älteren Glocken; Dm. 46 cm. Inschrift: anno · domini · m⁰ · ccccxl iar (1440) · ave · maria · gracia · plena · dominus · tecum. Wenn die Glocke nicht von anderwärts stammt, ist sie das älteste Zeugnis der Existenz einer Kapelle zu Ringgenberg.

Profanbauten

Der ,,Hof'' in Truns gehörte dem Stift Disentis, war Sitz der Bundesversammlungen am St. Jörgentag, Wohnung des Abtes und einiger bevorzugter Ratsboten für die Dauer der Tagungen und beherbergte wohl auch den Klostermeier. Nach der ,,Synopsis'' erfolgte 1588 unter Abt Nikolaus Tyron ein Um- und Neubau; der gegenwärtige Bau jedoch entstand im wesentlichen 1674—1679 unter Abt Adalbert de Medell; der symmetrisch und klar disponierte Grundriss macht es unwahrscheinlich, dass grössere Partien des älteren Hauses darin aufgegangen sind; jedoch wurden ältere Architekturteile wieder verwendet (z.B.Türgewände, s. unten). Der ,,Hof'' stand bis 1859 in Klosterbesitz, kam dann an die Familie Caveng und wurde 1934 von der Stiftung ,,Cuort Ligia Grischa'' erworben. Das Täfer der Abtstube sicherte die Rhätische Bahn durch Ankauf vor der Abwanderung. Darnach Renovation unter Leitung von Arch. NIC. HARTMANN, St. Moritz, und durch Arch. J. DECURTINS, Chur.

Das im ganzen Habitus dem gleichfalls um 1675 entstandenen ehemals Buolschen Haus in Chur (Rätisches Museum) ähnliche Haus ist ein regelmässig organischer Bau mit kreuzförmiger Korridoranlage, in deren Nordarm die Treppe eingeordnet wurde. Die verhältnismässig kleine Dimensionierung der symmetrisch angelegten Fenster lässt die kräftige Massenwirkung des Körpers ungebrochen zur Wirkung kommen. Die steilen Giebel erfahren durch die Querbänder der Gesimse eine entschiedene Horizontalteilung. Die Mittelachse der Südfront ist durch einen kleinen Giebel betont. Auf dem First sitzt ein Dachreiter (Abb. 512). An der Fassade ein Wandbild der Muttergottes mit Inschrift: ,,Amicta sole''. 18. Jahrhundert.

Bemerkenswerte Räume. Im ersten Oberstock: In der Südostecke ein in einen gewölbten Raum eingebautes *Täfer* mit Kassettendecke, über der Türe datiert 1697. Die vom Gewölbe bedingten Vorkragungen der Decke sind zu Schubladen ausgenützt. In der Mittelkassette das aufgemalte Wappen des Abtes Adalbert III. de Funs, datiert 1697. — Auch der daneben liegende Gewölberaum ist mit einer einfach gegliederten *Vertäferung* ausgekleidet. Das steinerne Türgericht gegen den Korridor hin mit gotisierenden überkreuzten Stäben stammt offenbar vom Bau von 1588. — Im zweiten Obergeschoss: In der Südostecke die sogenannte *Abtstube* mit

---

1) Die frühere grosse Glocke trug nach Nüscheler Mskr. die Giesserinschrift: ,,Michael Comerius fecit 1811.''

Abb. 512. Truns. — Der „Hof".
Ansicht von Süden. Im Hintergrund die Wallfahrtskirche St. Maria Licht.

reichem Täfer; die Wände sind durch komposite Halbsäulen gegliedert, die auf
hohen Sockeln stehen, darüber ein Applikationsfries und ein vorkragendes, Schubladen bergendes Mittelstück, das zur Maskierung des darunter aufsteigenden Gewölbes dient. Die Decke mit tiefen Kassetten, um einen Stern angeordnet, in dem
das Wappen des Abtes Adalbert II. de Medell-Castelberg mit der Umschrift: ADAL
BERTUS SECUNDUS ABBAS 1682 aufgemalt ist. Über der Türe zum Gang zwei sich
verschlingende Drachen in Reliefschnitzerei, über der anderen zum Nebenzimmer
die Inschrift: ADALBERTUS II · S · R · I (sancti Romani imperii) PRINZEPS MON(ASTE)RII
DISERT. ABBAS LIGAE SUP(ER)IORIS PRIMAS ET MONTIS S. GEORGII DOMINUS 1682.
Bei der Restaurierung des Täfers im Jahre 1936 wurde an der Rückwand einer Schublade folgende Bleistiftinschrift gefunden: „Ano 1682 hab ich bruder peter Soler diese
Stube getheflet"[1] (Abb. 514, S. 448). Der Raum birgt einen würfelförmigen *Specksteinofen* mit dem gemeisselten Wappen des Abtes Columban Sozzi (reg. 1764–1785).

In der Südwestecke liegt der Saal der Bundesversammlungen, der wegen seiner
Ausschmückung mit den Wappen der Landrichter (Vorsitzender des Bundesgerichtes
und Oberhaupt des Oberen Bundes) meist *„Landrichter-Saal"* genannt wird. Die

---

1) Die auch im Bürgerhaus, Bd. XVI, S. XIX, mitgeteilte Tradition, dass ein Obersaxer Tischler
die Täfer verfertigt habe, trifft also nicht zu.

Reihe beginnt in der Südwestecke der Deckenkehle, wo in einer Kartusche steht: „Anfang der Herren Land Richteren von Anno 1424" und läuft in den Kehlen aller vier Seiten ringsum. Über den Wappen stehen in Schriftbändern die Namen der Landrichter und deren Regierungsdatum; unmittelbar aufeinanderfolgenden Land-richtern der gleichen Familie ist jeweils nur ein Wappen zugeteilt. Den Anfang bildet „Johannes von Lombris 1424", den Schluss dieser Reihe Joh. Antoni von Buol 1708. Es sind dies 72 Wappen, die alle von der gleichen Hand gemalt sein dürften. An der Wand darunter wurden später dann jeweils die Namen und Wappen der Landrichter (bis 1798) und die Vertreter des Oberen Bundes in der Kantons-regierung bis 1869 (die bis 1848 noch den Titel „Landrichter" führten) beigefügt. Bei der Restaurierung von 1934 kamen ferner 18 weitere Wappen verdienter Magi-straten aus dem Gebiet des Oberen Bundes hinzu. Über die Decke zieht sich eine figurenreiche Komposition: im ovalen Mittelfeld die Gründung des Oberen Bundes, in den Eckmedaillons Allegorien der Weisheit, Mässigkeit, Stärke und Gerechtigkeit. Westlich des Mittelbildes die Wappen der III Bünde sowie des Abtes Adalbert de Medell-Castelberg mit Legende: ADALBERTUS II. D. G. (dei gratia) ABB. DIS. 1678, östlich die Wappen der „Hauptherren" bei der Bundesgründung mit den Unter-schriften: „Hanns Bruni, graff zuo Razins, Petrus Abbt zuo Disentis, Graff Hanns von Sax". Darunter das Wappen des Abtes Adalbert de Funs mit Legende: ADAL-BERTUS III. D. G. ABB. DIS. 1700. Um diese Bilder und Wappen Embleme des Krieges und ein Schwarm von Putten mit den Fähnchen der Gerichte des Oberen Bundes, deren Namen auf den Fahnenbändern stehen. Die ganze Deckendekoration ist offenbar um 1700 geschaffen worden und wurde von dem gleichen Maler — wohl dem Disentiser Konventualen FRIDOLIN EGGERT — durch die erwähnten Wappen bis 1708 erweitert. Der Wert der Malereien liegt weniger auf künstlerischem wie auf heraldischem Gebiet, da sie ein Kompendium der Wappen der meisten prominenten Familien sowie der Gerichte des Oberen Bundes darstellen. Restauriert 1934 durch die Firma CHR. SCHMIDT in Zürich (Abb. 513). — Das gotisierende *Steingewände* der Saaltüre gegen den Korridor von 1588 (vgl. S. 444).

Der *Speckstein-Ofen* mit den Wappen des Abtes Bernhard Frank von Franken-berg (reg. 1743—1763) in Relief auf der geschweiften Front ist eine Kopie des ins Haus Dr. H. Bodmer-Abegg in Flims gelangten Originals, das in einer Stube des ersten Stockwerkes stand.

Im Südgiebel des Dachgeschosses liegt die *Apollonia-Kapelle*. Die durch Gurt geteilten beiden grätigen Kreuzgewölbe sind bemalt mit Heiligenfiguren: St. Bene-dikt, Bernhard, Placidus, Sigisbert, Mechthild, Scholastika. Der als Umbau um das Fenster angeordnete *Altar* besteht aus zwei pylonenartigen Aufsätzen mit Halb-säulen und bogenartigen Füllungen. Bei der Restaurierung von 1934 wurde auf der Rückseite die Inschrift gefunden: „Anno 1683 habe ich unwürdiger Bruder Peter Soler diesen Altar gemacht". Aus dieser Zeit stammen auch die Statuetten von St. Apollonia und Barbara, während die beiden anderen — durch Überschriften damals auf St. Ursicinus und Adalgott getauften — Figuren zu einem spätgotischen Altar gehörten. Mittelmässige, neu gefasste Arbeiten.

Als heraldische Denkmäler sind einer Erwähnung wert eine Serie von gerahmten *Wappendarstellungen* mit Namen und Titulaturen; Ölmalerei auf Holz, H. 83 cm, Br. 67 cm. Vertreten sind folgende Administratoren der Herrschaft Räzüns und Gesandte bei den Drei Bünden: Antonius von Rost 1697, Aegidius Freih. von Greuth 1709, Ferdinand Heinrich Freih. von Rifenfels auf Weissenegg 1728, Paris Graf von Wolkenstein und Trostberg 1731, Jos. Ignatius Graf zu Weltsperg, ohne Datum (um 1754); ferner die Disentiser Äbte Gallus Deflorin 1716, Bernhard (Frank von Frankenberg, reg. 1743—1763), Hieronymus (Casanova) 1763.

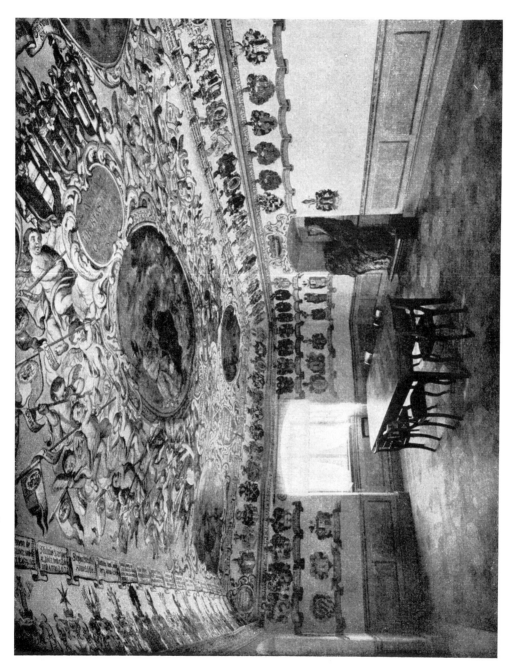

Abb. 513. Truns. — Der „Landrichter-Saal" im „Hof".
In der Nische rechts ein Rest des alten Ahorns. — Text S. 445 f.

Literatur: Bürgerhaus XVI, S. XIX f., XL, nebst Taf. 18—24. — Beschreibung der Malereien im Landrichtersaal nebst Inschriften und Wappenverzeichnis in ASA. 1935, S. 77—88. — BMBl. 1938, S. 194. — P. A. Vincenz, Historia etc. S. 17 ff.

Casanova-Haus (jetzt Carigiet) am Kirchplatz, erbaut 1769, wohl von Landammann Jakob Casanova[1]. Stattliches Haus, an der Nordfront bekrönt von kleinen Türmchen mit Zwiebelhauben; über dem ursprünglichen Haupteingang an der Strassenseite (Norden) das Casanova-Wappen, von einer Rocaille gerahmt. Im Giebel Datum 1769. Das gleiche Wappen, jedoch in Allianz mit dem Wappen Berther, auch an einem würfelförmigen *Speckstein-Ofen*, hier bezeichnet: ,,I. C. C. — M B B 1794'' (Jak. Christian Casanova und Maria Barbara Berther). — Vgl. Bürgerhaus XVI, S. XL und Taf. 21, 22, 30.

Wappenstein Caprez (Linie Truns) am Hotel Tödi. — Ein **Caprez-Haus** ist auch das Haus Desax mit getäferten Stuben, zweite Hälfte des 18. Jahrhunderts.

Burgruinen

Burgturm Cartatscha bei dem Hof gleichen Namens östlich der Valentinskapelle. Die Ruine wird nur von den Chronisten, nicht aber von Urkunden genannt.

---

1) Kaum — wie im Bürgerhaus vermerkt — von dem hernach (s. Ofen) genannten Hptm. Jak. Christ. Casanova, der damals erst 19 Jahre alt war. Vgl. HBLS.

Abb. 514. Truns. — Die ,,Abtstube" im ,,Hof", von Peter Soler, 1682. — S. 444 f.

Abb. 515. Die Burgruine Ringgenberg.
Ansicht von Südosten. Grundriss, Längsschnitt und Details Abb. 516—519, S. 450. — Text unten.

Der durch einen Halsgraben gegen die Hangseite gesicherte Turm hat noch eine Höhe von etwa 7 m und ist aus sorgfältig zugerichten langen, aber verhältnismässig niederen Quadern, zum Teil mit Randschlag, gefügt; da er eine ziemlich horizontale Mauerkrone und nur eine einzige Lichtscharte aufweist, ist anzunehmen, dass der Mauerstock einen gezimmerten Obergaden trug. Um 1100. Näheres s. BURGENBUCH, S. 132 f., 238 mit Zeichnungen und Taf. 62.

Fryberg (auch Friedberg, romanisch Farbertg). Die urkundlich erstmals 1249 genannte Burg (Mohr, Reg. Disentis Nr. 54) war ein Stützpunkt der Disentiser Territorialhoheit und Sitz eines Ministerialen. Gelegentlich eines Amtsmissbrauches des Grafen Hugo von Werdenberg wird sie 1327 zum letztenmal erwähnt (CD. II, S. 285). Die Ruine liegt östlich von Truns an der Strasse nach Schlans. Der Hügel war bergseits durch einen Graben gesichert und von einem Bering bewehrt. Der 1911 eingestürzte Mauerzahn eines Turmes zeigte noch vier Geschosse. Am NW-Hang ein zylindrischer Brunnen mit Überlauf.

Literatur: P. A. VINCENZ in BMBl. 1922, S. 193 ff. — BURGENBUCH, S. 149, 237 mit Zeichnungen und Taf. 61, 62. — Zeichnungen von J. R. RAHN vor dem Einsturz des Mauerzahnes in ASA. 1911, S. 163 f.

Ringgenberg. Die Burg gehörte wie Fryberg dem Stift Disentis und war Grenzfeste des Klosters. Die Herren dieses Namens, die ihrem Wappen nach genealogisch mit den Brienzer Ringgenberg zusammenhängen dürften, kommen in Graubünden urkundlich erstmals 1283 vor (Mohr, Reg. Disentis Nr. 70) und waren Ministerialen von Disentis und Chur. Die — wohl im 13. Jahrhundert gegründete — Burg liegt oberhalb des Dorfes Ringgenberg und war gegen den Hang hin durch einen Graben gesichert. Vom Bering sind noch Reste, von einem Zwinger (nördlich) nur schwache Spuren vorhanden. Aufrecht steht der viereckige Turm mit vier Geschossen, die sich durch stufenweise Verjüngung des Mauerwerkes im Innern abzeichnen. Hocheinstieg mit Kragsturz im dritten Geschoss, im vierten Türe zu einer Wehrlaube an der Südwand. Fenster mit Sitznischen und ein Schüttstein charakterisieren den Bau als Wohnturm. — Näheres s. BURGENBUCH, S. 74, 241 mit Zeichnungen, Taf. 64, 65, und P. A. VINCENZ in BMBl. 1922, S. 193 ff., sowie HBLS.

Über den mutmasslichen *Sitz* der wohl mit den Ringgenberg stammverwandten **Passel** in dem westlich des Zavragiabaches liegenden Dorfteil von Ringgenberg s. BURGENBUCH, S. 243.

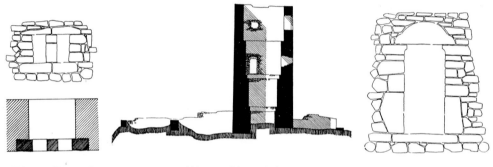

Abb. 516. Fenster in der Westwand. 1:100.

Abb. 517. Längsschnitt. Maßstab 1:500.

Abb. 518. Türe in der Ostwand. 1:100.

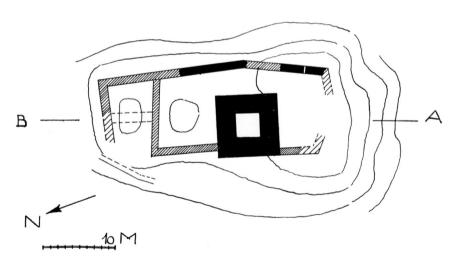

Abb. 519. Grundriss. — Maßstab 1:500.

Die Burgruine Ringgenberg.
Nach dem Burgenbuch.

TABELLE I: GOLDSCHMIEDEMARKEN

In diese Liste wurden nur solche Marken aufgenommen, die bei M. Rosenberg, Der Goldschmiede Merkzeichen Bd. I—IV, Frankfurt a.M. 1922—1928, nicht vorkommen. Die Marken sind in der Originalgrösse wiedergegeben.
Die Ziffern in der dritten Spalte der Liste B beziehen sich auf die laufenden Nummern der Liste A.

A. Beschaumarken

Lfde. Nr.	Marke	Beschau-Ort	Gegenstand	Standort	Zeit	Text-stelle
		Schweiz				
1.		Chur	2 Kelche	Valendas	1659	S. 124
2.		Chur	Kelch	Luvis	1761	S. 86
3.		Glarus	Kelch	Seth	um 1670	S. 316
4.		Glarus	Kelch	Seewis i.O.	1756	S. 116
5.		Zug	Monstranz	Seth	um 1690	S. 316
6.		Zug ? (Marke unvollständig)	Kelch	Schlans	um 1760	S. 389
		Ausland				
7.		Feldkirch	a) Kelch b) Kelch c) Kelch	Rumein Tenna Sagens	1.H. 17. Jh. 1691 um 1700	S. 178 S. 142 S.100, 102 Anm. 1
8.		Paris ?	Kelch	Lumbrein	um 1700	S. 185
9.		Prag	Kelch	Lumbrein	um 1580	S. 185
		Unbekannte Orte				
10.		Unbekannt	Kelch	Schlans	um 1650	S. 389
11.		Unbekannt	Kelch	Danis	um 1700	S. 376
12.		Unbekannt	Kelch	Schleuis	um 1710	S. 108

B. Meistermarken

Lfde. Nr.	Marke	Dazu-gehörige Beschau-marke	Meister	Gegen-stand	Standort	Zeit	Text-stelle
			Chur				
13.		Nr. 1	BARTHOLOME AMBÜEL Das Zeichen ist vermut-lich ungenau geschlagen und identisch mit der Marke Bd. II, Tab. I, 14	2 Kelche	Valendas	1659	S. 124
14.		Nr. 2	JOH. ULR. RECHSTEINER Die beiden Marken zu seiten des Beschauzei-chens, daneben Schild mit Zahl 13. Vgl. auch Bd. III, Tab. I, 11	Kelch	Luvis	1761	S. 86
			Übrige Schweiz				
15.		Nr. 3	Unbekannter Meister in Glarus	Kelch	Seth	um 1670	S. 316
16.		Nr. 4	Unbekannter Meister in Glarus. Der erste Buchstabe unsicher	Kelch	Seewis i. O.	1756	S. 116
17.		Nr. 5	Unbekannter Meister in Zug	Mon-stranz	Seth	um 1690	S. 316
18.		Nr. 6	Unbekannter Meister in Zug (?). Der 3. Buch-stabe unsicher	Kelch	Schlans	um 1760	S. 389
			Ausland und unbekannte Orte				
19.		Nr. 9	Unbekannter Meister in Prag	Kelch	Lumbrein	um 1580	S. 185
20.			Meister in Augsburg, vielleicht JEREMIAS GILG, Rosenberg Nr. 521	2 Mess-känn-chen	Lumbrein	um 1650	S. 185
21.		Nr. 10	Meister und Wohnort unbekannt	Kelch	Schlans	um 1650	S. 389
22.			Meister und Wohnort unbekannt. Eine der beiden Marken wohl Beschauzeichen	Kelch	Truns	um 1670	S. 420
23.							

Lfde. Nr.	Marke	Dazu-gehörige Beschau-marke	Meister	Gegen-stand	Standort	Zeit	Text-stelle
24.			Unbekannter Meister in Augsburg	Kelch	Vals	1687	S. 233
25.		Nr. 7	Vermutlich JOHANN ZWICKLI in Feldkirch Schmiedezunft 1698	Kelch	Tenna	um 1700	S. 142
26.		Nr. 7	Unbekannter Meister in Feldkirch	Kelch	Sagens	um 1600	S. 102
27.		Nr. 11	Meister und Wohnort unbekannt	Kelch	Danis	um 1700	S. 376
28.		Nr. 8	Unbekannter Meister in Paris (?)	Kelch	Lumbrein	um 1700	S. 185
29.		Nr. 12	Meister und Wohnort unbekannt	Kelch	Schleuis	um 1710	S. 108
30.			Meister und Wohnort unbekannt	Kelch u. Weih-rauchfass	Cumbels	1752	S. 148
31.			Meister und Wohnort unbekannt	Kelch	Versam	1823	S. 130

TABELLE II: ZEICHEN VON BAULEUTEN UND MALERMONOGRAMME

Lfde. Nr.	Zeichen	Meister	Ort des Vorkommens	Zeit	Text-stelle	Bemerkungen
		Baumeister und Steinmetzen				
1.		Unbekannter Steinmetz	Seth	um 1200	S. 320	
2.		Unbekannter Steinmetz	Sagens	1449	S. 98	
3.		Unbekannter Steinmetz	Ilanz	1483	S. 60 Anm. 4	
4.		SEBOLD WESTTOLF	Ilanz	um 1510	S. 62	Werk s. Bd. I, S. 99

Lfde. Nr.	Zeichen	Meister	Ort des Vorkommens	Zeit	Text-stelle	Bemerkungen
5.		Unbekannter Steinmetz	Ruis	1. Viertel des 16. Jh.	S. 310	
6.		Unbekannter Steinmetz	Tenna	1504	S. 142	
7.		Unbekannter Steinmetz und Baumeister („Ilanzer Meister")	Safien-Platz Ilanz	1510 1518	S. 134 S. 56	Werk s. Bd. I, S. 97 f., Bd. II Tab. II, 11, Bd. III, Tab. II, 5
8.		ANDREAS BÜHLER	Safien-Platz Flims	1510 1512	S. 132 134 S. 10	Werk s. Bd. I, S. 94 ff., Bd. II, Tab. II, 4, Bd. III, Tab. II, 3
9.		PETER STACHIUS	Ilanz	1513	S. 46	
10.		Steinmetz PAULUS GERING	Waltensburg	1580	S. 338	Vgl. Bd. II, Tab. II, 13
11.		Unbekannter Steinmetz	Valendas	1604	S. 127	
		Zimmermeister				
12.		Unbekannter Meister	Ilanz	1518	S. 56	Eventuell, jedoch weniger wahrscheinlich, der Maler der Fresken
		Maler				
13.		JÖRG KÄNDEL	Seewis i. O.	um 1520	S. 117	Werk, s. Bd. I, S. 127 f.
14.		Unbekannter Maler	Obersaxen-Platänga	1593	S. 295	
15.		Unbekannter Maler	Fellers	1623	S. 37	
16.		HANS JAKOB GREUTTER	Seth	1627	S. 319	Werk s. Bd. I, S. 158 f., 160 f.
17.		HANS JAKOB GREUTTER	Brigels	1630	S. 360	

ORTSVERZEICHNIS

Dieses Register enthält auch die Burgennamen. Über die Privathäuser siehe S. 458. Das Hauptvorkommen der Örtlichkeiten ist durch Kursivdruck der Seitenzahlen hervorgehoben.

NAMENVERZEICHNIS

Dieses Register führt auch die Privathäuser auf, da sie meist Familiennamen tragen. Die Künstler und Handwerksmeister siehe S. 463.

VERZEICHNIS
DER KÜNSTLER UND HANDWERKSMEISTER

Nur mit Vornamen benannte Meister siehe unter „Meister".

Abkürzungen:

A	= Architekt		**M**	= Maler
AB	= Altarbauer		**MM**	= Maurermeister
B	= Bildhauer und Schnitzer		**OB**	= Orgelbauer
BM	= Baumeister		**St**	= Stukkateur
GG	= Glockengiesser		**StM**	= Steinmetz
Gl	= Glaser		**T**	= Tischler
GM	= Glasmaler		**U**	= Uhrmacher
Gr	= Graphiker, Zeichner		**W**	= Waffenschmied
GS	= Goldschmied		**Z**	= Zimmermann
H	= Hafner und Ofenmaler		**ZG**	= Zinngiesser
I	= Ingenieur			

VERZEICHNIS DER PHOTOGRAPHEN

(Die Zahlen bezeichnen die Abbildungsnummern)

Über die Archivierung der Photos und der technischen Aufnahmen s. Bd. III, S. 567.

BERICHTIGUNGEN ZU BAND III

Seite **110, Schloss Paspels:** Die Renovation von 1892/93 fand unter Oberst E. F. von Tscharner (später auf Ortenstein) statt. Der Eigentumsübergang an Minister F. von Salis-Soglio erfolgte erst 1911.

Seite **455, Samnaun:** Aus einem nachträglich gefundenen Visitationsprotokoll von 1638 geht hervor, dass damals das Schiff der Kirche schon eine Flachdecke hatte, also das — nach den Streben anzunehmende — gotische Schiffgewölbe schon entfernt worden war und zwar vermutlich kurz zuvor; denn am 13. September 1638 fand eine Neuweihe statt.

Seite **472, Schuls:** Zu den Literaturangaben für Kloster Marienberg ist zu ergänzen: W. Sidler, Münster Tuberis, Jahrb. f. Schweizer. Gesch. 1906, S. 301 f., 318 f. — P. B. Zierler, Die Herren von Tarasp, in Forsch. u. Mitt. zur Gesch. Tirols u. Vorarlbergs, V. (1908), S. 11. Dort S. 24 siehe auch über **S. Jon** bei Schuls.

NACHTRÄGE ZU BAND IV

Seite **108, Schleuis:** Laut Arrestmandat auf Baron Oberst Melchior von Mont vom 9. September 1715 stammt das Altarblatt des Hochaltars von *Judas Thaddäus Sichelbein*, Maler in Wangen im württemberg. Allgäu. Näheres siehe B M Bl. 1952 S. 197 ff.

Seite **232.** Aus **Vals** sollen zwei ins Schweizerische Landesmuseum zu Zürich gelangte *Holzfiguren* stammen: a) *St. Barbara*, H. 67,5 cm, alte Fassung. b) *Weibliche Heilige ohne Attribut*, H. 65 cm. Beide vollrund und offenbar aus dem gleichen Altar; Ende 15. Jahrhundert. Katalog von J. Baier-Futterer, S. 49 und 53.

Seite **392.** Zur Geschichte der Pfarrkirche von **Somvix:** Ein Kopialbuch vom Jahre 1669 im GA Somvix enthält u. a. Abschriften folgender älterer Urkunden: 1313 Juni 20. Ablassbrief des Fr. Jacobus, Weihbischof des Bischofs Siegfried. — 1345 Juli 11. Weihe der Kirche St. Johann Bapt. durch Bischof Ulrich. — 1431 Juni 24. Weihe des Altars St. Sebastian und Barbara durch Fr. Pantaleon, Suffraganeus von Bischof Johann (Naso).

Seite **424.** In Zürcher Privatbesitz befinden sich zwei aus **Truns** stammende Holzfiguren: a) *St. Dorothea*, H. 77,5 cm. b) *Weibliche Heilige mit Buch;* das spezielle Attribut fehlt. H. 78,5 cm. Nahe Stilverwandtschaft zu der sitzenden Muttergottes von Campliun (S. 437, 439) und also aus der Werkstatt des Jakob Russ. Letztes Jahrzehnt des 15. Jahrhunderts. Die erwähnte Madonnenfigur nun neu gefasst.

Die Kunstdenkmäler des
Kanton

Die Kunstdenkmäler des
Kanton

9783764308063.3